W0004546

LEHRBUCH
DER FILM- UND FERNSEHREGIE

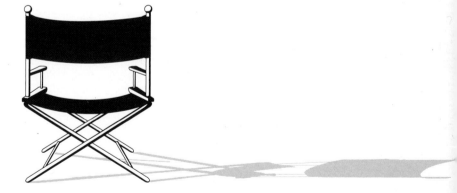

ALAN A. ARMER

LEHRBUCH DER FILM- UND FERNSEHREGIE

Aus dem Amerikanischen
von Gesine Flohr, Harald Utecht und Martin Weinmann

Zweitausendeins

Deutsche Erstausgabe.
1. Auflage, November 1997.

Die amerikanische Originalausgabe ist 1986 unter dem Titel
Directing Television and Film erschienen.
Die deutsche Ausgabe folgt der zweiten, erweiterten Auflage (1990)
der amerikanischen Ausgabe.

Copyright © 1990 by Wadsworth Publishing Co.,
A Division of International Thomson Publishing, Inc.

All rights reserved. No part of this book may be reproduced
or transmitted in any form or by any means, electronic or mechanical,
including photocopying, recording, or any information storage
and retrieval system, without permission, in writing, from the publisher.

Alle Rechte für die deutsche Ausgabe und Übersetzung
Copyright © 1997 by Zweitausendeins, Postfach, D-60381 Frankfurt am Main.

Alle Rechte vorbehalten, insbesondere das Recht der mechanischen,
elektronischen oder fotografischen Vervielfältigung,
der Einspeicherung und Verarbeitung in elektronischen Systemen,
des Nachdrucks in Zeitschriften oder Zeitungen,
des öffentlichen Vortrags, der Verfilmung oder Dramatisierung,
der Übertragung durch Rundfunk, Fernsehen oder Video,
auch einzelner Text- und Bildteile. Der *gewerbliche* Weiterverkauf und
der *gewerbliche* Verleih von Büchern, Platten, Videos
oder anderen Sachen aus der Zweitausendeins-Produktion bedürfen
in jedem Fall der schriftlichen Genehmigung durch die Geschäftsleitung
vom Zweitausendeins Versand in Frankfurt.

Das Glossar wurde von Harald Utecht für die deutsche Ausgabe
bearbeitet und erweitert. Das Register
der deutschen Ausgabe hat Ekkehard Kunze zusammengestellt.

Lektorat: Waltraud Götting und Martin Weinmann (Büro W), Wiesbaden.
Umschlaggestaltung: Fritz Fischer & Sabine Kauf.
Typographie, Satz und Herstellung:
Dieter Kohler & Bernd Leberfinger, Nördlingen.
Druck: Wagner GmbH, Nördlingen.
Einband: G. Lachenmaier, Reutlingen.
Printed in Germany.

Dieses Buch gibt es nur bei Zweitausendeins im Versand
(Postfach, D-60381 Frankfurt am Main,
Telefon 01805-23 2001, Fax 01805-24 2001) oder
in den Zweitausendeins-Läden in Berlin, Düsseldorf,
Essen, Frankfurt, Freiburg, Hamburg, Köln, Mannheim (ab März 1998),
München, Nürnberg, Saarbrücken, Stuttgart.

In der Schweiz über buch 2000, Postfach 89, CH-8910 Affoltern a.A.

ISBN 3-86150-165-1

Für Elaine

Inhalt

Vorwort XI
Danksagung XIV

Teil 1: Grundlagen

1 Was ist ein Regisseur? 3
Überblick 4 · Die Anfänge des Berufs 5 · Was ist ein Regisseur? 7
Der Regisseur bei der Arbeit 12 · Regiestile 26
Eigenschaften eines guten Regisseurs 29 · Der Reiz,
Regie zu führen 34 · Woher die Regisseure kommen 35
Zusammenfassung 36 · *Übungen 38*

2 Elemente der Unterhaltung 39
Überblick 40 · Vergnügen 41 · Information 57 · Flucht 59
Gemeinschaft 60 · Postskript 65 · *Zusammenfassung 66*
Übungen 67

3 Denken in Bildern 69
Überblick 70 · Bildkomposition 70 · Ausgewogenheit 71
Dominanz 82 · Rhythmus 91 · Der Goldene Schnitt 93
Das Lesen eines Bildes 96 · Visuelle Sensibilität 98 · *Zusammen-*
fassung 102 · *Übungen 103*

Teil 2: Fiction

Die Arbeit mit der Einzelkamera. Eine Vorbemerkung 106

4 Womit alles anfängt: Das Drehbuch 108
Überblick 109 · Eine Person hat ein Problem 109 · Spielhandlung und wirkliches Leben 115 · Handlungsprogression 119
Konflikt 120 · Dialog 124 · Drehbuchänderungen 133 · Checkliste
für Drehbücher 134 · *Zusammenfassung 135* · *Übungen 136*

5 Charaktere entwickeln 137

Überblick 138 · Regienotizen *138* · Thema (das »Rückgrat«) *140*
Sequenzen *142* · Charakterzeichnung *143* · Masken *148*
Arbeit mit den Schauspielern *149* · Rollenumsetzung
vor der Kamera *154* · *Zusammenfassung 158* · *Übungen 159*

6 Schauspielerführung 160

Überblick 160 · Der seidene Faden, an dem jede Inszenierung
hängt *161* · Die Richtschnur beim Inszenieren *162* · Gedanken
und Gefühle darstellen *163* · Aktivitäten *168* · Verborgene
Gedanken zeigen *169* · Innere Motivation *170* · Äußere Moti-
vation *173* · Wie Beziehungen symbolisiert werden *180*
Sequenzen *182* · Erst die Schauspieler, dann die Kamera *190*
Erst die Kamera, dann die Schauspieler *191* · Vorbereitung *192*
Zusammenfassung 200 · *Übungen 202*

7 Kameraführung 208

Überblick 208 · Das Geschehen photographieren *209*
Die richtige Gewichtung *236* · Stimmung und Atmosphäre *250*
Zusammenfassung 264 · *Übungen 266*

8 Spannung muß sein 267

Überblick 267 · Die Wurzeln der Angst *268* · Hitchcocks
Techniken *272* · Drehbuchaspekte *275* · Was ist Spannung? *280*
Zusammenfassung 283 · *Übungen 284*

Teil 3: Non-Fiction

Die Arbeit mit mehreren Kameras. Eine Vorbemerkung 286
Regiekommandos 287

9 Fragen und Antworten: Das Interview 292

Überblick 292 · Der Interviewer *293* · Kameraeinstellungen *300*
Das Interview-Spektrum *301* · Die Martha-McCuller-Show *314*
Zusammenfassung 320 · *Übungen 321*

10 Zeigen und erklären: Sachsendungen 327

Überblick 328 · Das Zuschauerinteresse *328* · Elemente der
Präsentation *329* · Zwei Beispiele *336* · *Zusammenfassung 345*
Übungen 346

11 Die Nachrichten 347
Überblick 348 · Bausteine 349 · Arbeitsabläufe 358 · Facetten
einer Arbeitsplatzbeschreibung 371 · *Zusammenfassung 374*
Übungen 376

12 »Und nun eine kurze Unterbrechung«: Die Werbung 377
Überblick 378 · Was verkaufen Werbespots? 378 · Der Produktions-
ablauf 380 · Produktionstechniken 396 · *Zusammenfassung 401*
Übungen 402

13 Musik 404
Überblick 405 · Wissen, was gespielt wird: Die Vorbereitung 405
Kamera und Schnitt 408 · Dramatisierung 418 · Studio oder
Originalschauplatz? 423 · Filmmusik 426 · *Zusammenfassung 433*
Übungen 434

Anmerkungen 437
Glossar 439
Weiterführende Literatur 453
Register 455
Bildnachweise 477
Über den Autor 479

Vorwort*

Das vor Ihnen liegende *Lehrbuch der Film- und Fernsehregie* ist kein Produktionshandbuch, Sie finden darin keine Anleitung, wie Sie ein Mischpult auseinandernehmen, den Gamma-Wert des neuesten Filmmaterials bestimmen oder einen Schriftgenerator so programmieren können, daß er noch vielseitiger einsetzbar ist.

Dieses Buch geht davon aus, daß Sie bereits wissen, was ein Mischpult, ein SG oder ein Color-Film ist. Sollten Sie das nicht wissen, müssen Sie deshalb aber nicht in Panik geraten, denn neunzig Prozent des hier abgehandelten Stoffs erklären sich selbst. Wenn Sie sich aber bereits mit der Film- und Fernsehproduktion beschäftigt haben, um so besser!

Nach meinem Wechsel von der Unterhaltungsindustrie zur Hochschule suchte ich nach einem geeigneten Lehrbuch für meine Regiekurse. Dabei mußte ich bald feststellen, daß es zwar viele ausgezeichnete Bücher zu diesem Thema gibt – Bücher, in denen beschrieben wird, was ein Regisseur tut, wie er es tut, auf welche Probleme er stößt, und die seine faszinierende und facettenreiche Arbeitswelt beleuchten –, daß aber keines dieser Bücher ausreichenden Einblick in die Hintergründe gewährt, warum ein Regisseur das tut, was er tut: in seine Überlegungen, in die Theorie, die ihn leitet. Dieses Buch ist der Versuch, dieses *Warum* herauszuarbeiten, auf dem Regiearbeit basiert.

Mit unserem Lehrbuch betreten wir zwei »Arenen«, in denen sich Regiearbeit abspielt: die des Fiktionalen (der durch Schauspieler dargestellten Spielhandlung) und die des Nicht-Fiktionalen (in der Studiowelt der konkreten und realen Fernsehsendung). Beide Felder sind eng miteinander verknüpft, denn viele Prinzipien des Fiktionalen finden auch im nicht-fiktionalen Bereich Anwendung. Die Theorien der Schauspieler- und Kameraführung sind auch Basis für die alltägliche Gestaltung der Tagesprogramme im Fernsehen. Den Prinzipien der Gewichtung muß in einer Nachrichtensendung oder einer Kochstudiosendung ebenso Rechnung getragen werden wie in einem guten Spielfilm. Darum empfehle ich Ihnen, bevor Sie sich der Regie des Nicht-Fiktionalen zuwenden, den Teil über die Regie des Fiktionalen zu lesen.

Dieses Buch hat drei Teile.

---

* Zur 2., erw. Auflage der amerikanischen Ausgabe, Auszug

Teil I, *Grundlagen*, untersucht, zu welcher besonderen Spezies die Regisseure überhaupt gehören, aus welchen Elementen sie eine Sendung, einen Spiel- oder Fernsehfilm zusammensetzen und nach welchen Kompositionsprinzipien sie kraftvolle, dynamische Bilder schaffen.

Teil II, *Fiction*, handelt fast ausschließlich von der Arbeit mit der Einzelkamera, also der bei der Film- und Spielfilmherstellung üblichen Arbeitsweise. Er untersucht so Grundlegendes wie das Drehbuch und fragt, welche Elemente nötig sind, um eine Geschichte zum Leben zu erwecken und was den magischen Zauber ausmacht, mit dem sich Schauspieler in plastische, mehrdimensionale Charaktere verwandeln. In ihm wird analysiert, wie der Regisseur für die Schauspieler Bewegungsabläufe und Gänge entwickelt, in denen deren Gedanken und Emotionen sichtbar werden, und wie die Kamera das Geschehen photographieren sollte. Außerdem wird die Überraschung als Grundlage dramatischer Spannung unter die Lupe genommen.

Teil III, *Non-Fiction*, handelt fast ausschließlich von der Arbeit mit mehreren Kameras, wie sie im Live-Fernsehen und manchmal auch bei der Filmaufnahme von Sitcoms gebräuchlich ist. Fünf wichtige Fernsehgenres werden aus der Sicht des Regisseurs eingehend untersucht: Nachrichten, Werbung, Interviews, Sach- und Bildungsprogramme und Musik.

Für die Schönen Künste und den Umgang mit der Leichten Muse gelten einige wenige, mehr oder minder feste, Regeln. Keine Zusammenstellung von Methoden und Techniken kann ein zu jeder Zeit und für jeden Fall hundertprozentig angemessenes Verfahren anbieten. Die in diesem Buch beschriebenen Methoden haben sich seit langem bewährt und werden von den meisten Regisseuren immer wieder eingesetzt. Ein angehender Regisseur tut gut daran, sich mit ihnen vertraut zu machen. Später, nach einigen Jahren eigener Erfahrung, werden manche dieser Methoden sich noch immer als wertvoll und nützlich erweisen, aber mit dem Arbeitsvertrag eines Senders oder eines Studios in der Tasche ist es jedem freigestellt, mit alten Regeln zu brechen und neue aufzustellen.

Während der Arbeit an diesem Buch sprach ich mit einer ganzen Reihe von Regisseuren über ihren Beruf: Ein Regisseur, was ist das überhaupt? Woher kommt er? Wie wird jemand Regisseur? Das, was mir an ihren Antworten wichtig erschien, findet sich in Kapitel 1 und in Kapitel 11. Auf der Suche nach einer Definition für den Begriff des Regisseurs stieß ich auf ganz bestimmte grundlegende Eigenschaften und Fähigkeiten, die mir immer wieder genannt wurden – Führungsfähigkeit, Geschmack, Sensibilität, dramaturgischer und technischer Sachverstand und Organisationstalent.

Dieses Buch kann aus Ihnen keine Führungspersönlichkeit machen. Es kann wahrscheinlich auch nicht viel für Ihren Geschmack oder für Ihre

Sensibilität tun. Es kann Ihnen aber den theoretischen Hintergrund vermitteln, der notwendig ist, um eine Spielszene zu inszenieren oder eine Nachrichtensendung vorzubereiten. Dieses Buch gibt Ihnen eine Einweisung in die Funktionen der unterschiedlichen Kameraeinstellungen, es sagt Ihnen, wie man Schauspieler motiviert und den Akteuren aus dem breitgefächerten Spektrum unterschiedlichster Sendungen und Formate mit Rat zur Seite steht, es bietet Einblicke in die raffinierten Methoden, mit denen Stimmung und Atmosphäre geschaffen werden, und es gibt Ihnen nicht zuletzt Ratschläge darüber, wie Sie sich verhalten sollten, wenn Sie in der Regie-Arena stehen.

Von den Eigenschaften, die für einen Regisseur notwendig sind, ist Organisationstalent die entscheidende. Selbstvertrauen, Sicherheit, ein gutes Gefühl im Bauch, das ergibt sich aus der *Vorbereitung* – daraus, daß er seine Hausaufgaben gemacht hat. Wäre Thomas Edison Regisseur gewesen (und er hätte zweifelsohne einen guten Regisseur abgegeben), hätte er es so erklärt: »Gute Regiearbeit besteht zu 98 Prozent aus Vorbereitung und zu 2 Prozent aus Inspiration.« Für den Erfolg sehr vieler guter Regisseure ist ihre peinlich genaue Vorbereitung verantwortlich – mehr als jeder andere Faktor.

Eine Lebenswahrheit: Kein Buch der Welt, auch dieses nicht, kann Sie in einen Regisseur verwandeln. Praktische Erfahrung, »Fronterfahrung«, das ist es, was zählt. Der Beitrag, den dieses Buch leisten kann, ist der, daß es Wegweiser aufstellt, mit deren Hilfe Sie auf den richtigen Pfad gelangen und auf ihm bleiben.

Ich wünsche Ihnen alles Gute. Und wenn Schauspieler und Team zusammenkommen und der Traum soweit vorbereitet ist, daß er zum Leben erweckt werden kann, dann hoffe ich, daß *Sie* es sind, daß es *Ihre* Stimme sein wird, die jenes Zauberwort ausspricht, mit dem der Traum zur Wirklichkeit wird: »Action!«

Vorwort ▮

Danksagung

Ich möchte folgenden Kollegen und Fachleuten aus der Film- und Fernsehbranche meinen herzlichen Dank dafür aussprechen, daß sie mir ihre Fachkenntnis zur Verfügung gestellt, ihre Meinungen, Erfahrungen und Berufserlebnisse mitgeteilt haben – und dafür, daß sie mir geholfen haben, meinen Part vernünftig auf die Bühne zu bringen: John Allyn, Tony Asher, Tom Burrows, George Eckstein, Dick Fleischer, Walter E. Grauman, Delbert Mann, Walter Mirisch, Wayne Parsons, Jay Roper und Sidney Salkow.

Mein Dank gilt auch den Verantwortlichen bei KNBC und bei KHJ-TV, die mir dabei behilflich waren, die Materialien für das Kapitel über Fernseh-Nachrichten zusammenzutragen. Bei NBC waren das Nachrichtenregisseur Tom Capra und Regisseur Gene Leong, bei KHJ-TV Nachrichtenregisseurin Stephany Brady, Redakteur Bill Northrup und Regisseur Chris Stegner.

Mein Dank geht auch an all die hilfsbereiten Menschen der Wadsworth Publishing Company für ihre freundliche einfühlsame und sachkundige Unterstützung. Im besonderen habe ich Chef-Lektorin Becky Hayden für ihre fortwährende Unterstützung und ihren Rat zu danken, Andrew Ogus, der das Buch gestaltet hat, und der Herstellerin Sandra Craig.

Mein Dank geht auch an jene Hochschullehrer, die sich selbstlos die Zeit genommen haben, kritische Kommentare zur ersten Auflage zu verfassen und das Manuskript für die zweite Auflage durchzusehen. Sie haben weit mehr zu diesem Buch beigetragen, als ihren kritischen Sachverstand. Durch ihre Fragen stieß ich auf wichtige Antworten. Die mir von ihnen freundlicherweise zugesteckten Perlen aus ihrem Wissens- und Erfahrungsschatz bereichern dieses Buch. Dank dafür an David Barker von der Texas Christian University, Lilly Ann Boruszkowski von der Southern Illinois University, Diane J. Cody von der University of Michigan, James Fauvell vom New York Institute of Technology, Jim Friedman von der Northern Kentucky University und Robert Musburger von der University of Houston.

Mein Dank und meine Liebe gilt allen Studenten aus allen meinen Kursen an der California State University, Northridge. Mein Leben ist durch sie reicher geworden. Besonders danken möchte ich Carol Chamberlin, Tim Sharman, Brian Shockley, Terry Spalding und Venessia Valentino, die mir gestattet haben, ihre Bilder zu verwenden.

TEIL 1

Die Grundlagen

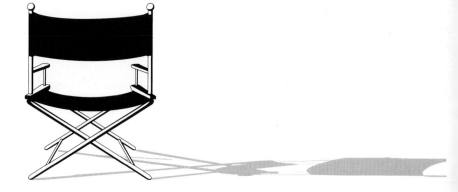

1

Was ist ein Regisseur?

> Wenn es, entgegen allen bisherigen
> Regeln, hieße »du mußt dafür Schlange
> stehen und Geld bezahlen, um diese Arbeit
> zu bekommen«, ich wäre der erste in der
> Schlange.
>
> *WILLIAM FRIEDKIN* [1]

Sie betreten ein Fernseh- oder Filmstudio. Über Ihnen nehmen Beleuchter letzte Korrekturen am Licht vor. In einer Ecke, umgeben von Spiegeln, legen Maskenbildner letzte Hand ans Make-up der Darsteller, an deren Haar sich Friseure mit Bürste und Spray zu schaffen machen. Am Rand des eingeleuchteten Set markiert die Kameracrew mit Kreidestrichen auf dem Boden die Kamerapositionen für die nächste Szene.

Eine Autoritätsperson, bedrängt von einem Dutzend Leuten aus dem Team, wird unerbittlich mit Fragen bestürmt und soll Entscheidungen zu Requisiten, zum Drehbuch, den Kostümen, zum Produktionszeitplan, zu Wiederholungen, zum Außendreh und ähnlichen Problemen treffen. Die Autoritätsperson antwortet schnell, winkt verneinend ab und nickt jemandem außerhalb des Bühnenraums zu. Jetzt bringt der Regieassistent die Schauspieler in den Set. Die Autoritätsperson flüstert letzte Anweisungen. Eine Glocke schrillt: Ruhe bitte! Außen über dem Studioeingang blinkt eine rote Lampe auf, die Vorbeikommende warnt. Drinnen hält ein Kameraassistent eine Klappe vor die Kamera. Jemand ruft »Läuft«. Und dann spricht die Autoritätsperson jenes zweisilbige Zauberwort, das erdachte Figuren lebendig werden läßt.

Diese Autoritätspersonen sind beim Film und beim Fernsehen das Rückgrat einer jeden Produktion. Sie organisieren, interpretieren und dramatisieren die einzelnen Elemente eines – wie auch immer gearteten – Schauspiels. Offensichtlich sind sie es, die aus Chaos Ordnung schaffen. Wir nennen sie **Regisseure***. Denn sie führen hier das Regiment, und das nicht nur über die

---

* Lehr- und Handbücher sollen Zusammenhänge so kurz und prägnant wie Lexika darstellen. Deshalb haben wir wie in einem Lexikon in diesem Buch die meisten Berufsbezeichnungen wie generische Begriffe behandelt, bei denen das natürliche Geschlecht

Kapitel 1 ▮ Was ist ein Regisseur?

Aktivitäten einer Vielzahl von Technikern und Handwerkern aus den unterschiedlichsten Berufen, sondern auch über die Leistungen kreativer Künstler. Und um die Sache noch schwieriger zu machen: Viele der sogenannten Techniker sind auch Künstler, und viele Künstler sind auch Techniker (zum Beispiel die Chefkameramänner, die Cutter, die Szenenbildner und die Experten für Spezialeffekte). Der Regisseur bewegt sich ständig in beiden Welten, der technischen und der künstlerischen, deshalb können wir ihn als einen Künstler-Techniker betrachten.

Kunst wird häufig als *Kommunikation* definiert. Bei Fernsehen und Film (der populären Kunst) steht der Regisseur im Zentrum dieses Kommunikationsprozesses: Er gestaltet und übermittelt die Botschaft des Senders (Autor/Urheber) an den Empfänger (Publikum). Er arbeitet dabei mit technischen und künstlerischen Mitteln, die möglichst stark auf das Publikum wirken sollen. Wenn es dem Regisseur gelingt, eine Botschaft geschickt und sensibel zu interpretieren, reagiert das Publikum mit emotionaler oder intellektueller Anteilnahme. Grundsätzlich gilt: je größer die Anteilnahme des Publikums desto erfolgreicher der Film oder die Sendung.

Im Bewußtsein eines Regisseurs spielen die Publikumsbedürfnisse allerdings selten eine übergeordnete Rolle. Ein Regisseur kann nicht abertausende von unterschiedlichen Zuschauerwünschen und -vorurteilen bedienen (oder sich ihrer auch nur bewußt sein). Er kann nur sich selbst zufriedenstellen. Sobald er eine Szene einrichtet, wird der Regisseur notwendigerweise zu deren kritischstem Zuschauer. Er verläßt sich dabei ganz auf seinen eigenen Geschmack und muß hoffen, daß sich in seiner dramaturgischen Beurteilung und seinem Regiestil die Welt und das Publikum von heute widerspiegeln. Wenn ein Regisseur erkennt, daß er den Geist der Zeit nicht mehr trifft, muß er seinen Geschmack auf den neuesten Stand bringen – oder sich aus dem Geschäft verabschieden.

Dieses Kapitel untersucht, was einen Regisseur ausmacht, wie seine Welt beschaffen ist und wie er in dieser Welt arbeitet – mit anderen Worten: die Überlegungen, theoretischen Grundlagen und die innere Logik, die seine Arbeit bestimmen. Diese Untersuchung ist in sieben Hauptpunkte gegliedert:

- **DIE ANFÄNGE DES BERUFS:** Ein historischer Überblick über den Beitrag des Regisseurs zur Entwicklung von Theater, Film und Fernsehen.
- **WAS IST EIN REGISSEUR?:** Künstler, Techniker und Psychologe.

der Personen nicht artikuliert wird: Wenn wir also vom »Regisseur« oder »Kameramann« sprechen, soll damit nur eine Person bezeichnet werden, die eine bestimmte Funktion innehat; gemeint sind dabei stets Frauen wie Männer. – **Fettgedruckte** Begriffe sind im Glossar erläutert. (A. d. R.)

- **DER REGISSEUR BEI DER ARBEIT:** Zwei Berufswelten – Aufzeichnung und »live«-Übertragung beim Fernsehen (Regie vom Regieraum aus und bei der Außenübertragung) und Filmregie (Kino- und Fernsehfilme).
- **REGIESTILE:** Der manipulative und der unsichtbare Ansatz.
- **EIGENSCHAFTEN EINES GUTEN REGISSEURS:** Fähigkeiten, die aus der Sicht von Regieprofis für den Erfolg eines Regisseurs entscheidend sind.
- **DER REIZ DER REGIEARBEIT:** Warum so viele Studenten und Profis aus der Unterhaltungsindustrie danach streben, Regie zu führen?
- **WOHER DIE REGISSEURE KOMMEN:** Auf welchen Wegen Regisseure das von ihnen gewählte Berufsziel erreicht haben.

Die Anfänge des Berufs

Wer bei Fernsehen oder Film am Produktionsbetrieb beteiligt ist, kann sich eine Arbeit ohne Regisseur schlechterdings nicht vorstellen. Die Produktionsabläufe sind in den letzten Jahren so unglaublich komplex geworden, daß sich ein Set, wie ich ihn zu Beginn dieses Kapitels beschrieben habe, ohne eine Autoritätsperson, die Orientierung und Struktur vorgibt, augenblicklich in ein Chaos verwandeln würde. Zu glauben, Regisseure habe es schon immer gegeben, wäre trotzdem falsch. In der weit zurückreichenden Geschichte des Schauspiels gab es lange Zeit niemanden, der für den ganzen Laden die Verantwortung trug.

> Als schließlich gegen Ende des 19. Jahrhunderts der Regisseur aufkam, war die Lücke, die er zu füllen hatte, so groß, daß er sehr schnell die Führungsrolle übernahm, die jahrhundertelang Stückeschreiber und Schauspieler innegehabt hatten … Das Erscheinen des Regisseurs leitete eine neue, schöpferische Theaterepoche ein. Seine Experimente, seine Niederlagen und seine Triumphe prägten die Bühnenpraxis und bestimmten die Entwicklung des Theaters.[2]

In der kurzen Zeit von einhundert Jahren, seit es Regisseure gibt, haben sie alle vier großen Unterhaltungsmedien – Theater, Film, Radio und Fernsehen – entscheidend mitgestaltet.

Als die großen Neuerer (Konstantin Stanislawskij, Adolphe Appia, Max Reinhardt und andere) auftraten, fanden sie ein Theater vor, das wenig strukturiert war und kaum einen Standpunkt besaß.

> Wenn das Theater seine einzigartige, ursprüngliche, für die Gemeinschaft bedeutsame Kraft wiedererlangen wolle, meinten sie, müsse der Regisseur einen Standpunkt durchsetzen, der Stück, Produktion und Zuschauer zu einer Einheit zusammenschließt. Der Regisseur würde aus der immer verwirrenderen Vielfalt unserer urbanen, industriellen Massengesellschaft durch seine Interpretation ein harmonisches Kunstwerk auf ein kohärentes Publikum beziehen.[3]

Kapitel **1** ▮ Was ist ein Regisseur?

In Amerika fanden sich immer weniger Theaterbesucher bereit, ihren Wirklichkeitssinn am Theatereingang abzugeben. Sie wollten mehr Realismus. Die Regisseure kamen diesem Bedürfnis nach, indem sie die dünnen Leinwandkulissen abschafften und eine lebensnahe, solide gezimmerte Bühnenwelt bauten. Um die Jahrhundertwende erschienen Schafherden, Dampflokomotiven und originale Kneipenausstattungen auf amerikanischen Bühnen. Aber das Publikum blieb unzufrieden. Der Film bot die Realität, nach der die Zuschauer verlangten – aber die Bühnentradition starb damit nicht einfach aus.

Frühe Filmregisseure, noch unsicher im Umgang mit ihrem neuen Medium, machten zahlreiche Anleihen bei den Techniken, die sie vom Theater kannten. Die feststehende Kamera beobachtete das Geschehen von einer Zuschauerposition aus wie über ein Proszenium hinweg. Die Schauspieler bewegten sich mit einigem Abstand zur Kamera von einer Seite zur anderen über eine Bühne. Sie waren übertrieben geschminkt, und ihre Gesten waren übersteigert, als gelte es, auch von den Zuschauern in der letzten Reihe noch wahrgenommen zu werden.

Innovative Regisseure brachen jedoch bald aus den erstarrten Formen aus. Sie experimentierten, fanden neue Formen und schufen eine Filmsprache. Edwin Porter, D. W. Griffith, Sergej Eisenstein und andere setzten die Kamera in Bewegung, führten sie näher heran, setzten sie höher, tiefer, schwenkten horizontal, vertikal, ließen sie fahren und verfolgen, ließen sie nicht länger nur Beobachterin sein, sondern zur Beteiligten an der dramatischen Aktion werden. Sie etablierten den Film als eine eigenständige Kunstform, erzeugten durch Licht Stimmungen, schufen vielschichtigere Charaktere und Handlungen und entwickelten Montagetechniken, die noch heute in Gebrauch sind.

Ende der zwanziger Jahre faszinierte und verblüffte die Einführung des Tons eine neue Generation von Regisseuren. Rundfunkregisseure entdeckten, daß sie allein durch Geräusche in der Vorstellung ihrer Zuhörer Bilder entstehen lassen konnten. Stummfilmregisseure, ungewohnt im Umgang mit Schauspielern, die einen hörbaren Text sprechen, überließen ihren Platz den anerkannten Experten für das gesprochene Wort, den Theaterregisseuren. Die scheiterten jedoch bald, weil ihnen die Erfahrung im Umgang mit den Filmtechniken fehlte. Sie verstanden nichts von der urtümlichen Kraft des Bildes und setzten dem Publikum wieder den abgestandenen Kaffee des »Proszenium-Kinos« vor. Bald mußten sie das Feld einer jungen, dynamischen Generation von Regisseuren überlassen – Ernst Lubitsch, Alfred Hitchcock, Rouben Mamoulian und andere – die Ton und Bild wirkungsvoll zu verbinden wußten, so daß beide Komponenten sich gegenseitig verstärkten.

Als Ende der vierziger Jahre das Fernsehen aufkam, benötigte dieses neue Medium auch eine neue Art von Regisseur. Viele der ersten Fernsehregisseure kamen vom Rundfunk und hatten hauptsächlich Erfahrung mit dem Ton. Die Arbeitsumgebung war ähnlich, die Fernsehstudios der ersten Stunde waren häufig umgebaute Hörfunkstudios. Mit viel Fingerspitzengefühl wurden die Techniken vom Film adaptiert. Da Fernsehkameras sehr beweglich waren, entwickelten die ersten Fernsehregisseure in ihren Einstellungen neue flüssige Bewegungsformen. Sie verfolgten die Schauspieler bei ihren Gängen durch den Set mit der Kamera oder gingen fließend, ohne Schnitt, von einer Zweiereinstellung in die Großaufnahme und dann in eine Dreiereinstellung über. Sie bewegten lieber die Kamera auf die Schauspieler (oder die Schauspieler auf die Kamera) zu, als ständig in andere Kameraeinstellungen umzuschneiden. (Cineasten werden zu Recht anmerken, daß Pioniere wie Max Ophüls und andere schon Jahre vor dem Fernsehen eine solche Beweglichkeit der Kamera als Stilmittel im Film verwendet haben.) Als viele dieser Fernsehregisseure dann zum Film hinüberwechselten, übertrugen sie diese Techniken in das ältere Medium und bereicherten es.

Was ist ein Regisseur?

Der Beruf des Regisseurs hat viele Facetten. Wie auf jenen Bildern von Picasso, die ein Gesicht gleichzeitig aus zwei oder drei unterschiedlichen Blickwinkeln zeigen, verkörpert ein Regisseur für verschiedene Menschen ganz unterschiedliche Personen: Er ist Vater und Mutter, Priester, Psychologe, Freund, Autor, Schauspieler, Photograph, Kostümbildner, Elektronikfachmann, Musiker, graphischer Künstler und spielt noch ein Dutzend weitere Rollen.

Die Arbeit des Regisseurs umschließt zwei Welten, die künstlerische und die technische, weshalb wir zu Beginn dieses Kapitels den Regisseur als Künstler-Techniker definiert haben. Diesen beiden, eng miteinander verknüpften Aspekten seiner Tätigkeit wenden wir uns zuerst zu.

Der Künstler

Wenn es um eine Spielhandlung geht, ist zunächst die künstlerische Seite des Regisseurs gefordert: er muß sich mit dem Drehbuch auseinandersetzen. Gute Regisseure wissen, daß ohne ein gutes Drehbuch nur selten ein guter Film zustande kommt. Mit ihrem Geschmack, ihrer Erfahrung und ihrem Gespür erkennen sie das Potential, das manchmal selbst in einem mittel-

Kapitel **1** ▮ Was ist ein Regisseur?

mäßigen Manuskript steckt. Muß ein Drehbuch umgeschrieben werden – was der Normalfall ist –, dann übernimmt der Regisseur diese Arbeit meist nicht selbst, sondern er sucht nach den besten Autoren, deren er habhaft werden kann, damit sie ihm seine Visionen zu Papier bringen. Die Fähigkeit, die Struktur eines Drehbuchs zu verstehen, den Handlungsablauf zu analysieren, die Fallstricke zu erkennen, farbige, plastische und lebendige Charaktere zu entwickeln, und dazu beitragen, daß straffe, treffende Dialoge entstehen, all das gehört zur kreativen Seite der Regie.

Auch bei Non-fiction ist das Skript ausschlaggebend für Erfolg oder Mißerfolg. Deshalb muß man sich möglichst früh und sehr genau mit ihm beschäftigen. Die künstlerische Bewertung und die Beurteilung der handwerklich-technischen Anforderungen gehen dabei Hand in Hand: Leistet das Buch, was es leisten soll? Sind die Produktionswerte zu verbessern? Ist die Sendung zu trocken, hat sie komische Elemente oder Witz und Humor? Ist sie logisch aufgebaut? Können die Elemente der Unterhaltung noch besser herausgestellt werden? (Siehe dazu Kapitel 2.) Falls es sich um einen Lehrstoff handelt: Wird er verständlich und lebendig vermittelt? Nicht zuletzt seine Fähigkeit zur unmittelbaren Umsetzung von Worten in plastische Bilder macht den Regisseur zum Künstler. Im Drehbuch liegen die Samenkörner für die Bilder, die zunächst in der Vorstellung des Regisseurs Gestalt annehmen, bevor sie in einem Studio Wirklichkeit werden.

Für Bildkomposition besitzt der sensible Regisseur das Auge eines geschulten Photographen. Er weiß, aus welcher Perspektive eine Szene am besten aufgenommen werden muß, ob von oben oder eher von unten, ob mit Bäumen im Hintergrund oder vor gekipptem Horizont. Mit dem Farbensinn eines Malers koordiniert er Sets, Kostüme und die Farbtönung des Filmmaterials und läßt auf diese Weise Stimmungen und Gefühle entstehen.

Um Schauspieler führen zu können, muß ein Regisseur wissen, worin die Kunst des Schauspielens besteht, er muß Schauspieler nicht nur intellektuell, sondern auf einer tieferen, intuitiven Ebene verstehen. Er mag einen Schauspieler hassen oder lieben, aber in seiner Eigenschaft als Regisseur muß er ein emphatisches Verständnis für ihn haben. Bei der Besetzung der Rollen, dem Casting, sind neben den schauspielerischen Fähigkeiten und den für die Rolle erforderlichen körperlichen Charakteristika auch die stilistischen Feinheiten, die eine Geschichte bereichern, und die Ausstrahlung jedes einzelnen wichtig. Auch die persönlichen Verträglichkeiten und Unverträglichkeiten zwischen den einzelnen Schauspielern sind von Bedeutung, denn durch sie gewinnt die Handlung zusätzlich an Tiefe.

Bemerkt ein Regisseur bei einem Schauspieler oder einer Schauspielerin Schwächen, wird er Beschützer, erkennt er dagegen Stärken, wird er sich nur mit Höchstleistungen zufriedengeben. (Erstaunlich viele Regisseure waren oder sind selbst Schauspieler, was ihr künstlerisches Potential erweitert.) Ob Sänger, Tänzer oder Komiker, ob Alleinunterhalter oder Varietékünstler: Gute Regisseure haben ein Gefühl für alle ihre Darsteller, sie unterstützen sie, treiben sie unerbittlich an und inspirieren sie zu ihrer Höchstform.

Künstlerische Fertigkeiten werden vom Regisseur auch in anderen Aufgabenfeldern verlangt. Für »Matinee Theater«, eine der ersten Spielserien des US-Fernsehens, forderte der **Produzent** von allen seinen Regisseuren, daß sie ihre Szenenbilder selbst entwarfen. Szenenbilder und Kostüme seien so eng mit der Inszenierung verbunden, meinte er, daß sie auch vom Regisseur entworfen sein sollten. Das ist nicht falsch, auch wenn sich der ungemein wichtige Beitrag, den **Bühnen-** oder **Szenenbildner** (Artdirectors) beim Fernsehen wie beim Film leisten, nicht leugnen läßt. Sie entwerfen die Sets und sind maßgeblich an allen Entscheidungen beteiligt, die das »Aussehen« einer Sendung oder eines Films betreffen. Die besten Szenenbildner haben gelernt, wie Regisseure zu denken, und entwerfen ihre Sets so, daß sie ein breites Spektrum effektvoller Inszenierungsmöglichkeiten zulassen.

Es ist nicht verwunderlich, daß sich der Regisseur einer Spielhandlung häufig an der Gestaltung des Szenenbildes intensiv beteiligt. Er hat die Charaktere der Personen studiert, er kennt und versteht sie normalerweise besser als ein noch so professioneller Szenenbildner. Da die häusliche Umgebung den Charakter der Personen widerspiegelt, die darin leben, ist der Regisseur dazu prädestiniert, diese Dimension einzubringen. Besser als jeder andere kann er den Geschmack der Figuren in bezug auf Möbel, Bücher, Gemälde und Accessoires beurteilen – und schlüpft damit in eine weitere künstlerische Rolle, in die des **Ausstatters**.

Zur künstlerischen Arbeit eines Regisseurs gehören darüber hinaus Schnitt, Spezialeffekte, Kostümbild, Maske (Make-up und Frisur), ebenso auch die graphische Gestaltung von Vor- und Nachspann.

Der Techniker

Um erfolgreich als Regisseur arbeiten zu können, sind mehr als nur die Grundkenntnisse für die technischen Abläufe bei Fernsehen und Film erforderlich. Möchtegern-Regisseure, die versuchen, sich durch ein Projekt durchzumogeln, Schlauberger, die weder technisches Know-how besitzen noch den Wunsch, es sich anzueignen, werden feststellen müssen, daß erstens die Verständigung mit den Fachleuten aus ihrem Team nicht klappt und zweitens ihr Projekt aus diesem Grund deutlich an Qualität einbüßt. Regisseure, die auch technische Finessen kennen und mit dem neuesten technologischen

Fortschritt vertraut sind, können mit den Spezialisten ihres Teams über solche Feinheiten diskutieren und ihrem Werk dadurch einen zusätzlichen Schliff geben.

Der technische Sachverstand des Regisseurs ist beim Film wie beim Fernsehen bereits in der Planungsphase, wenn die Produktionsmittel zusammengestellt werden, gefordert. Zu den anstehenden Entscheidungen, die normalerweise mit dem Team ausführlich diskutiert und in einer Produktionskonferenz festgelegt werden, gehören die Wahl der Kamera und der Objektive, des Filmmaterials, der Lichtausstattung, der Tonausrüstung sowie der Spezialeffekte, ebenso die Festlegung, wie groß das Team sein soll und wer dazugehört, wer als Ablösung und wer als Reserve vorgesehen wird, ob Funktelefone gebraucht werden und vieles andere mehr.

Beim Fernsehen gibt es enorme Unterschiede in den Produktionsbedingungen, von einer Ein-Mann- oder Zwei-Mann-EB-Einheit (EB = elektronische Berichterstattung) bei Außendrehs bis zu einer Studio-Sondersendung mit einer Hundert-Mann-Crew. Die Stärke des Teams hängt ab von den technischen Anforderungen, die der Regisseur stellt, vom geplanten Zeitrahmen und vom Inhalt der Sendung. Hat eine Produktion begonnen, so muß sich das technische Wissen des Regisseurs in Dutzenden von Detailfragen bewähren, von der Farbsättigung bis zur Mikrophoncharakteristik, von den Computergraphiken bis zur Nachbearbeitung im Schnitt. Beim Fernsehen dominieren elektronische Verarbeitungsverfahren, beim Film gibt es eine Vielzahl anderer, filmspezifischer Technologien. Die erforderlichen Kenntnisse beginnen bei Charakteristika von Kameras und Filmmaterial und enden bei **Automated Dialog Replacement (ADR)**, bei der Mischung von Musik und Geräuscheffekten (wenn sie in Dialoge integriert und zu einer Tonspur zusammengeführt werden) und der Analyse der Farbwerte der Nullkopie im Kopierwerk. Eine **Nullkopie** oder **Erstkopie** stellt den ersten Versuch des Kopierwerkes dar, die Farbwerte eines Films, dessen Tonspur bereits die Endmischung enthält, von Szene zu Szene versuchsweise auszubalancieren.

Aus Produktionshandbüchern kann man sich viel technisches Wissen aneignen, angehende Regisseure sind aber gut beraten, darüber hinaus Produktionsseminare zu besuchen.

Der Psychologe

In jeder Organisation, die auf die enge Kooperation hochprofessioneller und unter höchstem Druck arbeitender Spezialisten angewiesen ist, muß eine Autoritätsperson da sein, die den Dampfkessel vor dem Explodieren bewahrt. Bei Film und Fernsehen, wo kreative Menschen mit viel Temperament gebraucht werden und wo sich hinter großem Talent oft ein sehr zerbrechliches Ego verbirgt, muß diese Autoritätsperson ein wahrer Meister der Diplomatie sein.

Weil ganz unterschiedliche Fähigkeiten und Persönlichkeiten aufeinandertreffen, entstehen Konflikte. Weil Probleme subjektiv sind, verlangen sie zuweilen höchst unterschiedliche Lösungen, was wiederum zu Konflikten führt. Und weil der durch knappe Zeit- und Geldbudgets erzeugte Druck die Unsicherheit verstärkt, wird manche Stimme weinerlich und manch launischer Ausbruch bombastisch, gibt so mancher Darsteller auf, und so mancher Regisseur erwägt, seinen Beruf an den Nagel zu hängen.

Gute Regisseure halten die auseinanderstrebenden Elemente eines Teams zusammen, wie eine Mutter oder ein Vater die Familie – mit Disziplin und Liebe. Regisseure, die selbst gut vorbereitet sind, gehen dem Team mit gutem Beispiel voran. Wenn sie die Spielregeln vor versammelter Mannschaft bekanntgeben und damit für klare Verhältnisse sorgen, kann jeder in dieser Struktur ein Quentchen Sicherheit und Geborgenheit finden. Jeder arbeitet lieber auf einem entspannten und fröhlichen Set. Welche Arbeitsatmosphäre herrscht, liegt in der Hand des Regisseurs: Ein zufriedener Set spiegelt einen sicheren, ruhigen, sachlichen Regisseur, ein nervöser Set einen verkrampften, unsicheren Regisseur.

Die meisten Disziplinprobleme machen in der Regel die Darsteller. Da Schauspieler den größten Ego-Einsatz leisten müssen und sich am meisten exponieren, sind sie diejenigen mit den größten Unsicherheiten. Wenn sich Launen zu Konflikten ausweiten, hat das oft tieferliegende Gründe, beispielsweise eine persönliche Krise. Möglicherweise benötigt ein Darsteller eine straffere Führung oder ein klärendes Gespräch über seine Rolle – oder mehr Zuwendung. Hat er all das vom Regisseur bekommen und will trotzdem hartnäckig immer neue Ansprüche durchsetzen, beginnt er den Respekt seiner Kollegen zu verlieren. Die meisten Schauspieler sind auf ihre Professionalität stolz. Sie bei diesem Stolz zu packen, ist die stärkste disziplinarische Waffe des Regisseurs.

Ein Regisseur muß nicht unbedingt ein geschulter Psychologe sein, aber er braucht gesunden Menschenverstand und Durchblick – er muß sich in einen Schauspieler hineinversetzen können, sonst versteht er nicht, warum der sich unprofessionell verhält. Manchmal sind Fernsehschauspieler lustlos, weil ihnen ihre Rolle, verglichen mit denen der anderen Serienstars, nicht genug herzugeben scheint. Sie rebellieren, weil sie meinen, ihr Talent werde verkannt oder (was schlimmer ist:) unter Wert gehandelt.

Zuweilen fallen Schauspieler aber auch aus ganz anderen Gründen aus der Rolle, beispielsweise weil sie mit dem Produzenten im Streit liegen. Dabei

Kapitel 1 ▮ Was ist ein Regisseur?

kann es um Geld gehen, um die Rangfolge im Abspann oder um die Größe ihres Garderobenraumes. Oft gibt es auch Meinungsverschiedenheiten, die mit dem Drehbuch zusammenhängen, beispielsweise die Frage, wie eine bestimmte Rolle zu spielen sei. Solche Konflikte sollten möglichst vor Produktionsbeginn bereinigt sein. Natürlich können jederzeit auch persönliche Probleme dazukommen – der Tod eines Angehörigen, Krankheit oder eine Beziehungskrise –, die sich auf die Konzentration bei der Arbeit störend auswirken.

Kein Buch kann für alle Schwierigkeiten und Persönlichkeitsprobleme, die auf einem Set für Unruhe sorgen oder eine schauspielerische Leistung beeinträchtigen, die jeweils richtige Lösung parat haben. Kluge Regisseure haben Mitgefühl und Verständnis, lösen die Probleme, die gelöst werden können, und setzen Prioritäten. An erster Stelle steht: Ausschalten der Außenwelt. Jeder Schauspieler und jedes Teammitglied muß sich hundertprozentig auf die Produktion konzentrieren. Das ist allerdings nicht immer leicht durchzusetzen, der Regisseur benötigt dazu die Weisheit eines Salomon, die Freundlichkeit eines Heiligen Franz von Assisi und die Unerbittlichkeit eines Kompaniefeldwebels.

Der Regisseur bei der Arbeit

Bei der Live-Übertragung oder der Aufzeichnung einer Studiosendung – bei Musiksendungen, Shows, Fernsehspielen, Gameshows, Quizsendungen, Interviews, Sachfilmen oder den Nachrichten – sitzt der Regisseur in einem Regieraum, der »Regie«. Dort ist er umgeben von elektronischem Zauberwerk und hat mehrere Reihen verschiedener Monitore vor sich. Mit den Kameras, die in einiger Entfernung aufgestellt sind, ist er durch die Nabelschnur der Kabel verbunden. Wenn er mit den Akteuren kommunizieren möchte, muß er sich der Hilfe eines **Aufnahmeleiters** bedienen, der die Informationen weitergibt. Zusammenhängende Sequenzen oder ganze Sendungen werden schon während der Aufnahme bearbeitet und geschnitten.

Unter ähnlichen Bedingungen arbeitet der Regisseur auch bei größeren Sendungen, die außerhalb des Studios produziert werden, zum Beispiel bei Sportübertragungen, Preisverleihungen und anderen Ereignissen (Special Events). Auch diese Sendungen werden vom Regisseur direkt während des Geschehens geschnitten. Für Nachrichten- und Magazinbeiträge, die außerhalb des Studios aufgezeichnet werden, ist ein Regieraum nicht erforderlich. Der Regisseur steht neben der leichten EB-Kamera und koordiniert das Geschehen an Ort und Stelle. Das aufgezeichnete Material wird dann in der

Regel zu einem späteren Zeitpunkt entsprechend der Platz- und Zeitvorgaben der Sendung zusammengeschnitten.

Bei den Dreharbeiten zu einem Film steht der Regisseur im allgemeinen ebenfalls direkt neben einer einzelnen Kamera, nur einen Schritt entfernt von den Darstellern. Am Ende eines Drehtages wird der Film entwickelt, vorgeführt und geht dann in den Schnitt. Ist der Schnitt – Wochen oder Monate später – abgeschlossen, werden Geräusche und Musik hinzugefügt. Eine Ausnahme von diesem Produktionsverfahren bildet die mit mehreren Kameras gefilmte Situationskomödie (**Sitcom**), bei der der Regisseur die Aktionen vom Regieraum aus koordiniert. (Die hier beschriebenen Produktionsverfahren sind die allgemein üblichen – Ausnahmen und Modifikationen sind jedoch an der Tagesordnung.)

Die Technik ist bei Film und Fernsehen ziemlich verschieden, auch die Aufgabengebiete weichen voneinander ab, aber die Theorie, von der sich ihre Regisseure leiten lassen, ist ein und dieselbe. Ob ein Film an der Kinokasse fünfzig Millionen Dollar macht oder der Produzent sein letztes Hemd verliert, ob eine Fernsehsendung eine Einschaltquote von fünfzig oder von fünf Prozent erreicht, ob ein Publikum lacht, weint oder gähnt, hängt in beiden Medien von den gleichen Prinzipien ab. Und diese Prinzipien sind eng verknüpft mit Vorstellungen davon, was publikumswirksam ist, und von Regeln, wie ein Geschehen wirkungsvoll in Szene gesetzt werden kann, Auffassungen, die vor zweitausend Jahren bereits Gültigkeit besaßen und wahrscheinlich auch im Jahr 4000 nichts von ihrer Brauchbarkeit eingebüßt haben werden.

Live-Sendungen und Fernsehaufzeichnungen

Fernsehregisseure dienen vielerlei Herren: regionalen Fernsehstationen, Kabelkanälen, privaten und öffentlichen Anstalten, außerdem unabhängigen Produktionsfirmen, die einzelne Programmbeiträge und Werbespots herstellen. Das Programmspektrum reicht vom Schauspiel bis zur Werbung, von Musikshows bis zu den Nachrichten, von Kinderprogrammen bis hin zu Special Events.

Zwei Arten von Regisseuren arbeiten auf dem sich stetig weiterentwickelnden Fernsehmarkt: der eine ist Spezialist, der seine Begabung an einem bestimmten Typus von Sendung verfeinert hat, der andere, der vielfältig einsetzbare Generalist, ist in der Lage, eine Kochshow mit der gleichen Finesse und Stilsicherheit zu behandeln wie die Übertragung eines Symphoniekonzertes. Generalisten sind häufig Festangestellte. Aufgrund besonderer Begabung oder aus irgend einem Zufall entwickeln sie in einem bestimmten

Kapitel 1 ∎ Was ist ein Regisseur?

Programmtyp allmählich eine gewisse Meisterschaft und steigen so in den Rang von Spezialisten auf.

Ob der Regisseur von einem Regieraum aus arbeitet oder neben einer EB-Kamera steht, vorrangig muß es ihm immer darum gehen, was sich *vor der Kamera* abspielt. Schüler von Filmhochschulen und Teilnehmer an Regieübungen und Produktionsseminaren neigen häufig dazu, sich ganz auf die »Hardware« zu konzentrieren: auf den Kontroll-Schnickschnack im Regieraum, auf die Kamera, das Licht, auf Mikrophone und anderes Produktionsbrimborium. Das ist verständlich, denn es sind wunderschöne Spielsachen, die das Flair von Professionalität verbreiten. Der Aufwand an Technik und ihre unerbittliche Herrschaft scheint die Akteure vor der Kamera beim Fernsehen auf das Format von Zwergen schrumpfen zu lassen.

Wie falsch eine solche Überbewertung ist, wird sofort deutlich, wenn man Fernsehsendungen aus der Perspektive des Publikums betrachtet. Den Zuschauern sind die Charakteristika von Mikrophonen oder die Feinheiten der Ausleuchtung im allgemeinen nicht bewußt. Die meisten von ihnen sind (absichtlich) blind für Schnitte, nehmen Überblendungen nicht wahr und bemerken auch Kamerabewegungen nicht. Sie sind von den *Akteuren* gefesselt. Solange sie diese Akteure sehen und deutlich hören können, ist alles andere zweitrangig. Diese ernüchternde Realität wirkt auf Studenten, die sich mit allen Aspekten der Fernsehtechnik wunderbar auskennen, oft traumatisierend.

Die Arbeit mit mehreren Kameras. Nachdem der Fernsehregisseur das, was später während der Sendung geschehen soll, zu seiner Zufriedenheit arrangiert hat, bestimmt er die Positionen seiner elektronischen Kameras. Regisseure, die eine Spielhandlung inszenieren, gehen nach fast dem gleichen Muster vor. Zunächst wird die Szene – zuerst nur mit den Schauspielern **(trocken)**, dann zusammen mit den Kameras – sorgfältig geprobt. Danach weist der Regisseur jedem Kameramann seine speziellen Einstellungen zu, die sich dieser eventuell auf einer **Einstellungsliste** notiert, wenn er nicht eine vom Regisseur bereits vorbereitete Einstellungsliste benutzt.

Für die Übertragung einer Preisverleihungsgala sind Proben natürlich nur eingeschränkt möglich, da noch niemand die Preisträger kennt. Der Moderator und diejenigen, die die Preise überreichen, erhalten lediglich eine kurze Anweisung über Auftritte und Abgänge und über das, was im Prinzip von ihnen erwartet wird. Ihre Texte werden auf **Neger** übertragen oder in den TelePrompter (Autocue) eingegeben und ständig auf den neuesten Stand gebracht. Der Regisseur legt vorab für jede Kamera deren spezielle Einstellungen und Positionen fest. Manchmal nimmt man für die später in der

Sendung auftretenden Akteure während der Proben Namenskarten als Stellvertreter (oder läßt sie durch Hilfspersonal mit entsprechendem Namensschild doubeln), so daß die Kameramänner schon vorher wissen, wo jeder Star seinen Platz haben wird. Mit großzügigem Budget ausgestattete Produktionen werden selbstverständlich möglichst weitreichend und sorgfältig geprobt, die Arbeiten beginnen häufig schon viele Wochen vor dem Sendetermin.

Für die Übertragung von Sportveranstaltungen und Special Events kann kaum etwas geprobt werden. Jeder Kamera wird eine Position zugewiesen und ein Bereich, den sie zu erfassen hat. Da die eingesetzte Technik bei solchen Sendungen normalerweise sehr aufwendig und kompliziert ist, wird vorher alles doppelt und dreifach überprüft. Bei Special-Event-Sendungen arbeitet der Regisseur oft ohne Skript, sondern nur mit einem allgemeinen Ablaufplan. Daß sich die Abfolge der Ereignisse oft noch in letzter Minute ändert, ist beinahe die Regel, deshalb muß er jederzeit in der Lage sein, den Einsatz der Kameras kurzfristig zu variieren und ihre Aufgaben aus dem Stegreif der geänderten Programmabfolge anzupassen.

Unmittelbar vor der Sendung nimmt der Regisseur seinen Platz in der Regie ein (häufig in einem Übertragungswagen) und kontrolliert, ob die Vorbereitungen abgeschlossen sind und alles auf Abruf bereit steht. Wenn die Sendung beginnt, gibt er den Akteuren das Einsatzzeichen. Von da an besteht seine Aufgabe darin, das Bildmaterial direkt zu bearbeiten, das heißt, die Bilder, die ihm von den Kameras angeboten werden, zu schneiden. Er wählt dazu jeweils die Kamera, von deren Standpunkt aus das Geschehen am wirkungsvollsten oder am dramatischsten eingefangen wird. An ihm liegt es, die wichtigsten und interessantesten Aspekte herauszustellen. In einer Spielszene könnte der Regisseur etwa von einer Halbtotalen von Kamera 2 auf die Großaufnahmen der einzelnen Darsteller in den Kameras 1 und 3 **schneiden**. In einem Werbespot, live oder aufgezeichnet, könnte er von der »**Amerikanischen**« (Einstellungsgröße zwischen halbnah und nah) einer Verkäuferin in eine Detaileinstellung des Produktes, das sie gerade anpreist, umschneiden. Diese Schnitte werden ausgeführt, indem der Regisseur dem Bildmischer **(Bimi)**, der neben ihm vor dem **Bildmischpult** sitzt, die entsprechenden Anweisungen gibt. Ein Mischpult erlaubt eine große Vielfalt von Einstellungsübergängen, zum Beispiel harte Schnitte, Überblendungen oder Trickblenden, ferner ermöglicht es das Einsetzen eines Bildes in ein anderes, ebenso das Darüber- oder Darunterlegen durch **Einblenden** (matting) oder **Stanzen** (keying). Es gibt übrigens auch Sendungen, in denen der Regisseur selbst das Mischpult bedient – bei manchen (kleineren) Sendern ist das sogar die Regel.

Kapitel **1** ■ Was ist ein Regisseur?

Irgendwo im Regieraum, normalerweise durch Glasscheiben gegen störende Geräusche abgeschirmt, sitzt der Toningenieur. Dieses wichtige Mitglied des Produktionsteams ist zuständig für den Ton einer Sendung, sei es nun mit Mikrophon aufgenommene Musik oder Sprache aus dem aktuellen Geschehen, sei es von Band, Platte, Kassette, CD oder Bandschleife übernommener Ton aus der Regie. Auch der Redakteur sitzt normalerweise mit in der Regie.

Die Arbeit mit einer Kamera – EFP. Wird Spielhandlung an einem Drehort außerhalb einer kontrollierbaren Studiosituation aufgezeichnet, so wird sie normalerweise mit einer einzelnen Kamera aufgenommen. Dieses Produktionsverfahren heißt **Electronic Field Production (EFP)**. EFP ähnelt der traditionellen Spielfilmherstellung, denn auch hier erfolgt der Schnitt nicht während des Drehs, sondern erst nach Abschluß der Aufnahmen. Der Vorteil von EFP gegenüber einer Aufzeichnung mit mehreren Kameras ist, daß jede einzelne Einstellung genau geprobt werden kann; beim Ton, beim Licht, bei der photographischen Komposition und der Schauspielerleistung ist so allerhöchste Qualität zu erreichen. Das Allerwichtigste: Die Nähe des Regisseurs zum Schauspieler ermöglicht eine schnelle, direkte Kommunikation. Der größte Nachteil von EFP: Es ist sehr zeitaufwendig und darum teuer. Auch der Schnitt wird teurer, denn all die vielen einzelnen Einstellungen (und das können Hunderte sein) müssen in der logischen und dramaturgisch richtigen Reihenfolge zusammengefügt werden.

Bei EFP wird wie beim Spielfilm jede Szene Einstellung für Einstellung gedreht. Wenn sich also der Regisseur entschieden hat, eine Szene mit zwei Schauspielern in eine Haupteinstellung (Master), zwei Schüsse über die Schulter (Over-shoulder-shots) und zwei Großaufnahmen (Close-ups) aufzulösen, muß diese Szene fünfmal aufgenommen werden: einmal für die Haupteinstellung, zweimal für die Zweiereinstellungen (je einmal en face für jeden Darsteller) und zweimal für die Großaufnahmen. Der Regisseur einer solchen elektronischen Aufzeichnung hat die Möglichkeit, sich den einzelnen **Take** sofort nach Beendigung der Aufnahme vorführen zu lassen und zu kontrollieren. Notfalls kann er den Take wiederholen. (Die Arbeit mit einer einzelnen Kamera in Spielszenen wird in Kapitel 6 und 7 ausführlich behandelt.)

EFP wird nicht nur für Spielszenen eingesetzt. Produzenten, die einen überdurchschnittlichen Qualitätsstandard verlangen, lassen hochwertige Studiokameras und die entsprechende Tonausrüstung für jede Aufgabe, die diesen Aufwand rechtfertigt, an jeden Drehort bringen. EFP-Produktion bedeutet im allgemeinen eine höhere Qualität als normale Nachrichten- und

Magazin-Berichterstattung. Eine Faustformel: Je höher die geforderte Qualität, desto mehr Ton-, Licht- und Kamera-Ausrüstung ist erforderlich.

Die Arbeit mit einer Kamera – EB. Ein weit ökonomischerer Einsatz einer Einzelkamera ist die **elektronische Berichterstattung (EB)** (auch oft **externe Berichterstattung**), die üblicherweise von zwei Leuten gehandhabt wird. Gearbeitet wird mit einer kompakten, transportablen Kameraausrüstung, einem **Videorecorder**, der bequem und leicht überallhin mitgenommen werden kann (in moderne **Betamax**-Kameras ist der Recorder inzwischen integriert), und möglichst wenig Zusatzausrüstung. Wegen der großen Beweglichkeit eignet sich EB vorzüglich für die aktuelle Berichterstattung der Nachrichtensendungen. Der einzige Nachteil ist, daß die Bild- und Tonqualität etwas hinter der von Film oder EFP zurückbleibt.

Abgesehen von ganz besonders wichtigen Anlässen, setzen Sender und Redaktionen EB-Teams ohne einen Regisseur ein. Die Einweisung des Teams übernimmt ein Redakteur oder der Aufnahmeleiter vor Ort oder der Reporter selbst, der normalerweise aus der Nachrichtenredaktion des Senders kommt. In solcher Funktion kann ein angehender Regisseur wertvolle praktische Erfahrungen sammeln, und zwar in einer Vielzahl von unterschiedlichen Unterhaltungsbereichen. EB wird nämlich nicht nur für Nachrichtenberichte, sondern auch für die Produktion anderer Programmteile genutzt. Regionalmagazine beispielsweise, mit ihren fünf, manchmal sechs halbstündigen Sendungen pro Woche, setzen EB besonders gern ein, da sie ein breites Spektrum an Berichten und Geschichten aufzuzeichnen haben.

Filmregie

Filmregisseure arbeiten sowohl für das Kino als auch für das Fernsehen. Typische Filme fürs Fernsehen sind halbstündige bis einstündige Serienfolgen, Fernsehfilme und Fernsehspiele, die zwischen neunzig Minuten und acht Stunden lang sein können, Werbespots, Kinderanimationsfilme (das sind Zeichentrickfilme für Kinder, nicht Filme, um halbtote Kinder zu animieren!) und Dokumentarfilme. Spielfilme für das Kino dauern normalerweise zwischen 90 und 120 Minuten. Spielfilmproduzenten richten ihre Stories, unabhängig davon, ob sie einen ernsten oder komödiantischen Stoff auf den Markt bringen wollen, hauptsächlich auf ein Publikum aus, das zwischen 14 und 24 Jahre alt ist.

Was die praktischen Abläufe in der Produktion angeht, gibt es zwischen einem Spielfilm, einem Fernsehfilm oder einer Folge für eine Fernsehserie relativ wenig Unterschiede. Die Unterschiede liegen im Budget und im Stoff.

Kapitel **1** ■ Was ist ein Regisseur?

Spielfilme. Da für einen Spielfilm gewöhnlich ein wesentlich größeres Budget zur Verfügung steht als für einen Fernsehfilm, können Spielfilmregisseure ihrem Publikum weitaus aufwendigere Produktionen anbieten. Zum Luxus, den sie sich im allgemeinen leisten können, gehören neben der Zusammenarbeit mit Topautoren, mit Spitzenschauspielern, mit den besten Komponisten, Cuttern und Kameracrews, ein aufwendigerer Produktionsrahmen und nicht zuletzt mehr Zeit. Großer Aufwand, das bedeutet kunstvoll ausgestattete Szenenbilder, ausgefallene Originalschauplätze, Spezialeffekte, Tricks – kurz: alles, was die Wirkung der Filmbilder erhöht. Zusätzliche Produktionszeit mag demgegenüber auf den ersten Blick weniger wichtig scheinen, aber nahezu jeder erfahrene Regisseur entscheidet sich dafür, wenn er die Wahl hat. An Zeit scheint es immer zu mangeln, sowohl in der Vorbereitung als auch während der Produktion. Regisseure von Fernsehserien, denen die Fließbandproduktion zum Hals heraushängt, verfallen angesichts der Zeitvorgaben für Spielfilmproduktionen, die ihnen eher wie Freizeitplanungen erscheinen, in Melancholie.

Der zweite wesentliche Unterschied zwischen Fernsehfilm und Spielfilm betrifft die Stoffauswahl. Eine Spielfilmproduktion ist nicht gerade billig. Um ein Publikum aus dem bequemen Sessel zu Hause ins Kino zu locken, ist es, so meinen Filmproduzenten, nötig, Geschichten und Produktionselemente anzubieten, die die Kundschaft nicht frei Haus ins Wohnzimmer geliefert bekommt. In Kinofilmen sind die Sexszenen deshalb meist drastischer als im Fernsehen, und Gewalt wird viel unverdeckter gezeigt, als von Fernsehkontrolleuren geduldet wird. Auch die Geschichten sind (manchmal) anspruchsvoller als die auf den kleinsten gemeinsamen Nenner heruntergeschraubten Programme des Fernsehens. Durch die zunehmende Verbreitung von Videokassetten hat der Kinofilm allerdings von seiner Sonderstellung und Anziehungskraft wieder etwas verloren.

Fernsehfilme. Wenn es auch Mode geworden ist, Serienproduktionen abzuqualifizieren, für Regisseure jedenfalls sind sie eine Grundausbildung von unschätzbarem Wert. Nachmittagsprogramme, Sonntagmorgensendungen für Kinder, jedes Programm, ob kurz oder lang, teuer oder billig, bietet wertvolle Fronterfahrung und bereitet den Regisseur auf größere, anspruchsvollere und prestigeträchtigere Fernseh- oder Spielfilmprojekte vor. Mit wenig Zeit und Geld auskommen zu müssen, zwingt den Fernsehregisseur beständig, seine Phantasie einzusetzen, um in der Planung und bei der Inszenierung noch ökonomischere Lösungen zu finden. Das bedeutet, er muß die Zahl der Drehorte, der Schauspieler und der Statisten, ebenso die Anzahl der **Kameraeinrichtungen** (Kamerapositionen und die dazugehörigen Licht-

Teil 1 ▌ Grundlagen

einrichtungen), durch einfallsreiches Inszenieren der Schauspieleraktionen innerhalb eines Set so gering wie möglich halten. Gelingt es ihm zum Beispiel, eine Szene anstatt für drei Einstellungen für nur zwei einzurichten, dann kann damit vielleicht eine halbe Stunde oder mehr gespart werden. Wenn der Zeitplan eng ist, bedeutet eine gewonnene halbe Stunde pures Gold.

Die drei Phasen der Filmregie

Es ist vielleicht ganz aufschlußreich, einem Fernsehserien-Regisseur bei den drei klassischen Phasen der Filmherstellung über die Schulter zu schauen: bei der **Produktionsvorbereitung** (auch Produktionsvorlauf), der **Produktion** und der **Nachbearbeitung** oder **Postproduktion**. Da die Produktionsverfahren für Fernsehfilme denen von Spielfilmen weitgehend ähneln, gilt diese Beschreibung (mehr oder weniger) für das gesamte Spektrum der Filmherstellung. Der Regisseur, den wir in unserem Beispiel begleiten werden, ist eine junge Frau mit Namen Sarah.

Sarahs Odyssee beginnt damit, daß ihr Agent einen Vertrag mit einer Produktionsgesellschaft abschließt, die eine Fernsehserie mit dem Titel »Roßkastanien«* produziert. Sarah soll in einer Folge die Regie führen: sechs Tage Vorbereitung, sieben Drehtage. An dem und dem Tag soll sie sich im Studio melden. Wenn der Produktionsgesellschaft Sarahs Arbeit gefällt, wird sie von ihrem Optionsrecht für zwei weitere Folgen Gebrauch machen. Zu welchen Terminen, wird man sehen.

Produktionsvorbereitung. Einen Tag bevor Sarah sich im Studio melden soll, erhält sie das Drehbuch nach Hause zugeschickt. Die Titelseite läßt wissen: »Rohfassung – eingeschränkter Verteiler«. Beim Lesen versteht Sarah, warum das Buch nur ausgesuchte Leser zu Gesicht bekommen dürfen. Es ist peinlich und amateurhaft. Ihr rutscht das Herz in die Hose. Es handelt sich doch um eine qualitativ recht anspruchsvolle Serie! Warum drücken sie ihr solch ein zweitklassiges Buch aufs Auge? Sie überfliegt die Seiten, um sich einen ersten Überblick zu verschaffen. Kein schlechtes Konzept, aber da müßte einiges an Arbeit hineingesteckt werden, eine ganz beträchtliche Menge Arbeit sogar. Kann das Buch in der kurzen Zeit vielleicht doch noch in eine vernünftige Fassung gebracht werden? Sie liest es erneut, diesmal sorgfältiger, macht sich Notizen und versucht, sich die einzelnen Charaktere vorzustellen.

* Spottname für die Bewohner Ohios. (A. d. Ü.)

Kapitel 1 ▋ Was ist ein Regisseur?

Am nächsten Morgen meldet sie sich beim Produzenten und erfährt, daß er viele ihrer Änderungswünsche bereits selbst dem Autor vorgeschlagen hat. Er ist freundlich und sympathisch und versucht, ihre Bedenken zu zerstreuen, indem er ihr versichert, daß der Autor mit allen Änderungen spätestens in ein, zwei Tagen fertig sein wird. Er fragt, ob Sarah die Serie kennt. Ja, sie hat ein paar Folgen gesehen, aber sie würde sich gerne noch weitere anschauen, um sowohl mit den Personen der Serie als auch mit **Stil** und Produktionsmethoden besser vertraut zu werden. Sarah ist es vor allem wichtig, zu sehen, mit wievielen Kameraeinrichtungen andere Regisseure gearbeitet haben – mit wievielen unterschiedlichen Einstellungen pro Szene –, um der Produktionsfirma den Standard abzuliefern, den diese von ihr erwartet.

Als nächstes trifft sich Sarah an diesem ersten Tag mit der Leiterin des Besetzungsbüros. Die beiden sprechen ausführlich über die Figuren und diskutieren für einige der größeren Rollen bereits über Schauspieler, die als Besetzung in Betracht zu ziehen wären. Die Besetzungschefin will deren Honorarvorstellungen und Verfügbarkeit klären. Sobald ihr Rückmeldungen vorliegen und sie eine größere Liste von in Frage kommenden Schauspielern zusammengestellt hat, wird sie ein Meeting einberufen. Vielleicht schon morgen.

Sarahs nächste Gesprächspartner sind ihr **Regieassistent**, ein ernsthafter junger Mann, und der **Produktionsleiter**, ein echter Filmveteran, schroff und sehr direkt, der kopfschüttelnd darüber schimpft, daß das »Eingeschränkter-Verteiler«-Skript beträchtlich über dem Etat liege und völlig unrealistisch sei. Möglicherweise werde es überhaupt nie gedreht. Der Regieassistent gibt Sarah einen versteckten Wink, der soviel besagen soll, wie »Kümmere dich nicht um ihn! Er bekommt sein Geld dafür, daß er sich Sorgen macht!«

Der Assistent hat bereits die Rohfassung des Drehbuchs in die einzelnen Bilder aufgegliedert und Drehbuchauszüge angefertigt: Er hat die Szenen »ausgezogen«. Dazu hat er das Drehbuch auf viele einzelne Blätter übertragen, je ein Blatt pro Bild (Szene). Auf jedem Blatt gibt es Rubriken: für die Bildnummer, ob die Szene bei Tag oder Nacht spielt, die (vorgestoppte) Länge, welche Personen auftreten, wieviel Statisten, Stunts und Spezialeffekte voraussichtlich nötig sind. Diese Blätter werden dann in einem **Drehplan** so geordnet, daß alle Szenen mit demselben Drehort (Motiv) zusammenliegen. Außerdem werden die Szenen aus Gründen der Wirtschaftlichkeit, so gut es geht, nach den Auftritten der Personen zusammengestellt, denn je mehr Tage ein Schauspieler arbeitet, um so mehr Geld kostet er. Außendrehtage werden normalerweise an den Anfang des Drehplans gesetzt, damit der Produktionsfirma bei schlechtem Wetter eine Ausweichmöglichkeit bleibt – nämlich die, ins Studio zu gehen (würden die Außendrehs an das Ende des Drehplans gesetzt, ließe das der Produktionsfirma bei Regen keinen Spielraum, da dann alle Studiodrehs schon im Kasten wären).

Sarah geht mit ihrem Assistenten den Drehplan im einzelnen durch und schlägt mehrere Änderungen vor, die den Schauspielern und dem, was sie zu spielen haben, zugute kommen sollen. Wie die meisten Regisseure zieht auch sie es vor, die anspruchsvolleren Szenen im Drehplan nach hinten zu setzen, um den Schauspielern die Chance zu geben, sich richtig in ihre Charaktere einzuleben, »in ihre Rollen zu kommen«. Aus diesem Grund dreht sie auch am liebsten möglichst viele Szenen in ihrer logischen Aufeinanderfolge hintereinander weg.

Der Assistent hat sich bereits einige für die Außendrehs in Frage kommende Motive angesehen. Um der Regisseurin unnötige Arbeit zu ersparen, hat er die ganz offensichtlich nicht geeigneten schon aussortiert, so daß sich die Auswahl pro Motiv auf zwei oder drei Alternativen beschränkt.

Sarah sucht zusammen mit ihrem Assistenten und dem Szenenbildner die Motive (Locations) nacheinander auf und entscheidet sich für die Orte, die den Drehbuchvorgaben am ehesten zu entsprechen scheinen und die den Film darüber hinaus farbiger, interessanter und spektakulärer machen **(Produktions- oder Schauwerte)**. Auch ist sie bemüht, für das Arbeitspensum eines jeden Tages Drehorte zu finden, die nah zueinander liegen, damit lange (und kostspielige) Anfahrten vermieden werden. Mit einer Polaroidkamera macht der Assistent von jedem Motiv Photos, damit der Produzent im nachhinein noch die Möglichkeit hat, die von der Regisseurin getroffene Wahl gutzuheißen oder zu verwerfen (wenn sie die Zeit dazu finden, begleiten Produzenten ihre Regisseure bei der Motivsuche). Sarah bespricht mit dem Szenenbildner, wie sich auffällige Reklametafeln und andere Werbung, die Ärger mit dem Sponsor oder rechtliche Probleme verursachen könnten, kaschieren lassen. Sie vereinbaren, daß Schilder angefertigt werden, die den Schauplätzen ein den Anforderungen des Drehbuchs entsprechendes typisches Aussehen verleihen. Zufrieden registriert Sarah, daß ihr Assistent sowohl Einfühlungsvermögen besitzt, als auch zuverlässig arbeitet. Seine Motivvorschläge waren allesamt hervorragend. Sie wird ohne Bedenken Verantwortung an ihn delegieren können.

Vor ihr erstes schwerwiegendes Problem sieht sich Sarah während der Besetzungskonferenz am nächsten Tag gestellt. Die Leiterin der Besetzung und der Produzent versuchen gemeinsam, sie davon zu überzeugen, die Gaststarrolle mit einer ganz bestimmten Schauspielerin zu besetzen. Sarah erinnert sich, sie ein einziges Mal auf der Bühne gesehen zu haben, in einem miserablen Stück in einem Boulevardtheater. Zu Bewunderungsstürmen hatte sie das damals nicht hingerissen. Sarah weiß, daß gerade die Gaststar-

Kapitel **1** ∎ Was ist ein Regisseur?

rolle exzellent besetzt sein muß, soll nicht die ganze Folge den Bach hinuntergehen. Deshalb bittet sie um Filmausschnitte, auf denen diese Schauspielerin in verschiedenen Rollen zu sehen ist. Auch nachdem ihr die Ausschnitte vorgeführt worden sind, ist Sarah nicht davon überzeugt, daß die Schauspielerin gut genug ist. Sie fragt, ob ein Vorsprechtermin vereinbart werden könne. Die Leiterin der Besetzung ist entsetzt. Diese Schauspielerin sei sehr gefragt und werde wohl kaum für eine solche Rolle vorsprechen. Sarah bleibt hart. Schließlich ruft die Besetzungschefin den Agenten der Schauspielerin an und trägt Sarahs Wunsch mit Nachdruck vor. Zähneknirschend willigt der Agent ein, anzufragen, ob die Schauspielerin bereit sei, vorzusprechen.

Später, nach einem recht mäßigen Vorsprechen, lächelt der Produzent verlegen und bemerkt, daß man vermutlich jemand Besseren finden könne. Sarah hat sich schon zu oft die Finger verbrannt, weil sie der Meinung anderer Leute über einen Schauspieler vertraut hat. Sie hat sich geschworen, egal wo und für wen sie arbeitet, nie so zu tun, als ob sie einen Schauspieler, der ihr empfohlen wird, kenne, obwohl sie selbst über dessen konkrete Arbeit wenig oder nichts weiß. In einem solchen Fall besteht sie immer darauf, mindestens Filme oder Bänder vom jeweiligen Kandidaten vorgeführt zu bekommen.

Am nächsten Tag liegt das überarbeitete Drehbuch vor. Sarah ist nicht zufrieden. Es ist zwar besser geworden, aber immer noch keine wirklich runde Sache. Der Produzent läßt den Autor kommen. Gemeinsam mit Sarah gehen sie das Buch durch, Seite für Seite, manchmal Satz für Satz. Sie verbessern, schlagen Änderungen vor, verdichten. Sie versuchen, sowohl die künstlerischen Probleme des Drehbuchs zu lösen, als auch die Kosten zu senken.

Als sie fertig sind, will der Autor seine Sachen zusammenpacken und nach Hause gehen, um dort seine Arbeit zum Abschluß zu bringen. Lächelnd nimmt ihn der Produzent am Arm und führt ihn in ein Büro. Er soll die Änderungen hier, in diesem Raum, zu Ende bringen. »Hier?« schreit der Autor auf und jammert, daß er mindestens acht Stunden brauchen werde, vielleicht auch mehr. Der Produzent legt ihm einen Arm um die Schultern und verspricht ihm ein dickes saftiges Steak und Pommes frites zum Abendessen, seinetwegen auch ein paar Tänzerinnen im Baströckchen, wenn ihn das glücklich mache. Aber das Drehbuch müsse hier und heute Nacht fertig werden, damit es schnellstens in die Kopierabteilung gebracht und vervielfältigt werden könne.

Als am nächsten Tag die Kopien der überarbeiteten Fassung vorliegen, stößt Sarah einen Seufzer der Erleichterung aus. Obwohl es eine Qual für ihn war, hat der Autor seine Arbeit sehr gut gemacht. Langsam beginnt Sarah daran zu glauben, daß dies eine gute Folge werden könnte.

Fernsehserien werden meistens so produziert, daß Regisseur A eine Folge abdreht, während Regisseur B die nächste Folge vorbereitet. Während Regisseur A also gerade dreht, besucht Sarah das Studio, um den – für die Kameracrew verantwortlichen – **Chefkameramann** und ihren Hauptdarsteller, den »Star« der Serie, kennenzulernen. Letzterer, ein gutaussehender, aber relativ unerfahrener Schauspieler, ist offen und freundlich. Sarah beobachtet ihn bei der Arbeit und ihr wird klar, daß er einige Unterstützung brauchen wird. Da er das nächste Drehbuch noch nicht gelesen hat, gibt sie ihm eine kurze Einführung. Ihr Besuch dient vorrangig dem zwischenmenschlichen Kontakt: Der Star und das Team sollen sie bereits als Mitglied der Familie akzeptieren, wenn sie zwei Tage später die Arbeit an ihrer Folge beginnt.

Nachdem die finanziellen Details und die Statusfragen (dazu gehört unter anderem, an welcher Stelle im Vor- oder Nachspann ein Name erscheint) mit den Agenten geklärt worden sind, erscheinen die Schauspieler nacheinander in der Kostümabteilung. Den meisten begegnet Sarah zum ersten Mal. Sarah hat bereits mit der Kostümbildnerin für jede Rolle die notwendigen Kostümwechsel durchgesprochen. Nun werden alle Teile der Garderobe sorgfältig geprüft, ob ihre Farbe stimmt, ob sie zur Rolle passen und ob sie sich für die geforderten Aktionen eignen. Von einem Kostüm, das in einer Kampfszene oder einer anderen Actionszene getragen werden soll, sollen nach Möglichkeit zwei oder mehr Exemplare bereit liegen, falls es beschädigt wird und ersetzt werden muß.

Der Produktionstermin rückt näher. Die Besetzung steht, die Motive sind akzeptiert, alle Pläne für die Szenenbilder sind geprüft und abgenommen. Der Redakteur oder der Produzent gibt dem Drehbuch den allerletzten Schliff. Der Produktionsleiter beruft die Produktionskonferenz ein, an der alle Mitglieder des Teams teilnehmen. Auch der Kameramann wird, sofern es ihm möglich ist, dazukommen; er muß aber der Folge, die zur Zeit noch gedreht wird, Priorität einräumen. Auf der Konferenz geht Sarah das Drehbuch Seite für Seite durch und erläutert ihre Vorstellungen. Nachdem sie alle Details bereits vorher mit den zuständigen Leuten durchgesprochen hat, **Requisiten**, Szenenpläne und Kostüme, Transport, Stunts und andere produktionstechnische Fragen, möchte sie nun das Team auf ihre Auffassungen einschwören, Unklarheiten beseitigen und sicherstellen, daß jeder verstanden hat, was von ihm erwartet wird. Sie möchte verhindern, daß Probleme auftreten, für die dann in allerletzter Minute eine Lösung gefunden werden muß (zu Problemen wird es natürlich trotzdem kommen, aber sicher zu weniger und zu weniger gravierenden Problemen).

Kapitel **1** ▪ Was ist ein Regisseur?

Am Abend vor Produktionsbeginn arbeitet Sarah die Szenen, die am nächsten Tag gedreht werden sollen, gewissenhaft durch. Sie macht sich einfache Skizzen von Aktionen, Gängen, Bewegungen und Aktivitäten (siehe Kapitel 6) und überlegt, wie sie die Handlung in einzelne Einstellungen auflösen kann. Da sie morgen sechs Seiten Außenaufnahmen abdrehen muß, legt sie den Tagesablauf zeitlich ungefähr fest. Für eine größere Szene, die im Lauf des Vormittags gedreht werden soll, muß sie mehr Zeit einkalkulieren, als im Drehplan vorgesehen ist. Vermutlich wird sie deswegen zeitlich dem Plan zunächst hinterherhinken. Aber sie plant für den restlichen Tag, in einigen unwichtigen Szenen Vereinfachungen vorzunehmen und Einstellungen zu opfern (und so wieder Zeit aufzuholen), um die Planvorgaben für morgen doch noch zu erfüllen. Wenn sie die große Szene bis 15.00 Uhr im Kasten hat, ist sie aus dem Schneider – für diesen Tag. Sie nimmt sich vor, darüber mit ihrem Assistenten auf der Fahrt zum Drehort zu sprechen.

Sarah möchte für diese Produktionsfirma auch weiterhin arbeiten. Sie weiß aus Erfahrung, daß es nicht genügt, ein ausgezeichnetes Produkt abzuliefern. Falls sie das Budget überziehen sollte und leichtsinnig mit dem Geld der Firma umgeht, wird man sie mit Sicherheit nicht wieder engagieren (es kommt bisweilen vor, daß Regisseure, die ihrer Verantwortung nicht gerecht werden oder schlecht vorbereitet sind, noch während der Dreharbeiten ausgewechselt werden). Wenn aber der Film solide gemacht ist und dabei einigermaßen im Etatrahmen bleibt, ist jeder zufrieden. Jemand aus der Führungsetage einer Produktionsfirma hat Sarah einmal erzählt, daß in die meisten Etats ein kleiner Betrag als Puffer eingebaut ist, ein Notgroschen für Unvorhergesehenes.

Produktion. Sobald das Team am nächsten Morgen am Drehort eingetroffen ist, erklärt Sarah dem Kameramann die erste Einstellung, sprich Kameraposition. Dann geht sie mit den Schauspielern die Szene langsam durch. Sie überprüft die einzelnen Aktionen auf ihre logische Stimmigkeit und Spielbarkeit. Der Hauptdarsteller, der Star, ist erst für später eingeplant. Er mußte gestern abend bis spät in die Nacht arbeiten und hat Anspruch auf zehn drehfreie Stunden bis zu seinem nächsten Einsatz. Diese festgelegten Freistunden werden als **Ruhezeit** bezeichnet. Der Regieassistent hat sich bemüht, dem Hauptdarsteller zusätzliche Ruhezeit zu verschaffen, denn er hat ein immenses Arbeitspensum zu bewältigen.

Sarah ist vom Team sehr angetan. Es arbeitet schnell und effektiv, und sie kommen schneller voran, als sie dachte. Der Hauptdarsteller soll um 10.00 Uhr eintreffen. Um 10.30 Uhr ist er immer noch nicht da. Seine erste Szene (die größte Szene an diesem Tag) sollte um 11.00 Uhr gedreht werden.

Es ist 11.05 Uhr, als der Star erscheint. Er sieht fürchterlich aus, hat entsetzliche Kopfschmerzen und verquollene Augen. Sarah wirft ihrem Assistenten einen tadelnden Blick zu. Er hat ihr nicht erzählt, daß der Hauptdarsteller trinkt. Sie begrüßt den Star herzlich, besorgt ihm Kaffee und ändert im Geist die Inszenierung der großen Szene. Sie beschließt, die Haupteinstellung (Mastershot, Master) nun aus dem Rücken des Hauptdarstellers zu drehen und die Großaufnahmen von ihm auf später zu verschieben, wenn er sich besser fühlt.

Während alle darauf warten, daß der Star in der Maske fertig wird, probt Sarah mit den anderen Schauspielern. Dann geht sie zu ihm hinüber, um die Szene mit ihm unter vier Augen und ganz in Ruhe durchzusprechen. Er hat mit einigen Passagen Probleme. Sie bietet Alternativen an, die er akzeptiert. Sie verabreden, die Großaufnahmen für beide Versionen zu drehen, für die geschriebene und für die geänderte Fassung. Der Produzent soll mitentscheiden können.

Um 11.45 Uhr ist der Hauptdarsteller bereit zur Probe. Aber als Schauspieler und Team endlich bereit sind, die Haupteinstellung zu drehen, ist Mittagspause. Das Team ist jetzt sechs Stunden im Einsatz. Falls die Pausenzeit nicht eingehalten wird, droht eine Konventionalstrafe: zusätzliche und unnötige Kosten. Sarah trifft eine pragmatische Entscheidung. Es würde letztlich mehr Geld kosten, in die Mittagspause zu gehen, zurückzukommen, die Haupteinstellung erneut zu proben (da die Schauspieler dann »raus« sind), und sie erst dann zu drehen. Es erscheint günstiger, die Konventionalstrafe in Kauf zu nehmen und die Szene jetzt zu drehen. Sie teilt ihrem Assistenten ohne große Erläuterung ihre Entscheidung mit. Er grinst. »Gute Idee!« Sie drehen die Haupteinstellung. Sie ist zu lahm. Sie drehen die Szene noch einmal. In der Mitte der Szene vergißt der Star einen Satz. Macht nichts. Sie wollen die ganze Szene nicht noch einmal drehen, lieber nehmen sie sie mittendrin wieder auf, direkt vor dem Patzer. Der Rest der Szene läuft wunderbar durch. Sarah ist begeistert. Mittagspause für alle.

Um 15.25 Uhr hat Sarah alle Einstellungen für die Hauptszene komplett abgedreht, die Szene ist **gestorben**. Ihr Assistent hatte sie inständig gebeten, einige der von ihr für diese Szene vorgesehenen Einstellungen zu opfern, um die verlorene Zeit wieder hereinzuholen, aber sie ist hartnäckig geblieben. Diese Aufnahmen waren ihr zu wichtig. Sie wird gerne bereit sein, an anderer Stelle etwas zu opfern. Woran sie jetzt denken muß, ist, daß sie nur bis etwa 17.15 Uhr mit Tageslicht rechnen kann. Möglicherweise können sie deshalb den Drehplan für heute nicht ganz erfüllen. Sarah schluckt, gibt sich aber gelassen und arbeitet konzentriert weiter.

Um 17.15 Uhr baut die Mannschaft ab – **Drehschluß** für heute. Eine

Kapitel **1** ▌ Was ist ein Regisseur?

25

kurze **Sequenz** ist nicht mehr gedreht worden. Es soll versucht werden, sie morgen mitzunehmen. Das wird zwar die morgige Arbeitsbelastung erhöhen, aber Sarah weiß, daß sie das schaffen können. Trotz aller Probleme hat sie den ersten Tag überstanden. Das ist das Wichtigste. Sie hat ausgezeichnetes Material im Kasten, ihr fehlt nur eine einzige kurze, unwesentliche Sequenz. Als sie so tut, als mache sie sich wegen der fehlenden Einstellungen Sorgen, lacht der Assistent. Glaubt sie etwa, sie könne ihn veräppeln?

Nachbearbeitung. Als sie am Ende des zweiten Tages vom Drehort zurückkommt (jawohl, Sarah hat die fehlende Sequenz mitnehmen können), greifen sich Sarah, ihr Kameramann und ihr Assistent schnell ein paar Sandwiches und eilen in den Vorführraum, um sich die **Muster** anzusehen, das Material, das am Vortag gedreht wurde. Auch der Cutter ist dabei, obwohl er sich das gesamte Material bereits vorher mit dem Produzenten zusammen angesehen hat. Wie hat es dem Produzenten gefallen? Er war begeistert.

Während der **Mustervorführung** bespricht Sarah den Film mit dem Cutter. Sie wählt bestimmte Takes aus und schlägt vor, auf welche Weise die Szenen aneinandergeschnitten werden sollen. Später, nachdem der Cutter das gesamte Material in einem **Rohschnitt** aneinandergehängt hat, wird Sarah wieder dazukommen und die Montage begutachten. Sie möchte sichergehen, daß der Cutter ihre Vorstellungen umgesetzt hat. Falls nicht, wird sie bestimmte Änderungen vorschlagen, die ausgeführt werden müssen, bevor der Produzent sich das gesamte aneinandergehängte Material ansieht. Das Abkommen mit dem Verband der Regisseure (Directors Guild) garantiert dem Regisseur das Recht auf den »Ersten Schnitt«. Allerdings sind die Regisseure beim Fernsehen oft so überlastet, daß sie freiwillig auf dieses Privileg verzichten.

Ein paar Tage, nachdem der Produzent das aneinandergehängte Material gesehen hat, ruft die Geschäftsleitung bei Sarahs Agent an und teilt ihm mit, daß die Produktionsfirma von ihrem Optionsrecht Gebrauch machen und sie als Regisseurin für zwei weitere Folgen verpflichten möchte. Außerdem hätten sie da noch eine Frage: Wäre Sarah eventuell daran interessiert, für ihr Studio auch andere Filme zu inszenieren?

Regiestile

Wohl wissend, daß der Erfolg einer Sendung oder eines Films zum größten Teil von der emotionalen Anteilnahme des Publikums abhängt, versuchen die meisten Regisseure, sich »unsichtbar« zu machen – das heißt, dem Publikum sollen die Kunstgriffe verborgen bleiben, mit denen es gefesselt wird. Ein kluger Regisseur weiß, daß die Anteilnahme des Zuschauers oft dann einen Bruch erfährt, wenn er das Geschehen »hinter den Kulissen«, die Kamerapositionen, die Musikauswahl, die Schnittechnik oder gar Regietricks, bemerkt. Es gibt allerdings Fälle, in denen der Regisseur sich gezwungen sieht, zu zeigen, daß es ihn gibt.

Der manipulative Regisseur

Gelegentlich hält es ein Regisseur für notwendig, Raum oder Zeit zu verzerren und sich weit über den Realismus scheinbar ungestellter »Schnappschüsse« hinauszuwagen, wenn er in einem Spielfilm oder in einem mit Spielszenen angereicherten Dokumentarfilm sein Publikum emotional packen will. Bei einem derartigen Vorgehen offenbart der Regisseur zwangsläufig seine Existenz, auch wenn normalerweise nur die aufmerksamsten Zuschauer bewußt registrieren, daß sie gerade manipuliert werden sollen. Dieser manchmal als **expressionistisch** bezeichnete Stil benutzt Kamera, Licht, Musik, Szenenbild, Schauspieler und Spezialeffekte, um die Gefühle der Zuschauer in eine bestimmte Richtung zu lenken.

Die Eröffnungssequenz von Orson Welles *Citizen Kane* ist ein ausgezeichnetes Beispiel. Es ist Nacht. Die Kamera beginnt groß auf einem Schild »No Trespassing« (Durchgang verboten), das an einem Maschendrahtzaun befestigt ist. Die Musik ist bedrohlich, läßt Ungutes ahnen. Die Kamera schaut hoch, blickt über den Zaun und entdeckt ein schauriges Ungetüm, das Schloß Xanadu. Ein Fenster hoch oben in der Schloßmauer ist erleuchtet. Wir gelangen in den Raum, sehen in extremer Detailaufnahme Kanes Lippen, die das Wort *Rosebud* flüstern. Dann eine Großaufnahme von einer Glaskugel in Kanes Hand. In der Kugel: eine entzückende kleine Schneelandschaft. Plötzlich erschlafft die Hand. Die Kugel fällt und zerbricht. In einer Scherbe des zerbrochenen Glases spiegelt sich in verzerrter Untersicht eine Krankenschwester, die in den Raum stürzt.

Wir haben eine bizarre Abfolge von Bildern gesehen. Ihr Eindruck war so intensiv, daß er in uns nachwirkt. Wie ein Geisterbild überlagert er den gesamten weiteren Film und gibt ihm eine zusätzliche Erlebnisdimension. Dem Zuschauer entgeht nicht, daß diese Bilder über die eigentliche Realität hinausgehen und sich von ihr lösen. Der Regisseur hat eine Sequenz von »Effekt«-Einstellungen geschaffen, die, zusammen mit Musik und anderen expressiven Elementen, eine starke und verwirrende emotionale Resonanz hervorrufen.

Junge Regisseure, vor allem junge Spielfilmregisseure, weisen oft ganz gezielt auf ihre Präsenz hin, indem sie auffällige Kamerastandpunkte wählen, verzerrende Objektive benutzen, die Schauspieler bizarr anordnen oder das Licht melodramatisch einsetzen. Solche, durch den Stoff nicht gerechtfertigte Manipulationen sind unredlich, sie erzeugen eine Theatralik, die sich, sobald sie für nicht-theatralische Stoffe eingesetzt wird, zwangsläufig bemerkbar macht und stört. Es ist eine Art Eitelkeit, mit der diese Regisseure von sich reden machen oder ihr Ego stärken wollen. Ihre offensichtliche Manipulation zieht die Aufmerksamkeit vom Erzählinhalt ab. Die Zuschauer werden daran erinnert, daß die Zauberwelt, in die sie gerade hineinschauen, von Künstlern und Technikern geschaffen wurde. Sensible Regisseure hingegen setzen expressionistische Kunstgriffe nur ein, um die emotionale Botschaft ihres Werkes und damit die Anteilnahme des Publikums zu verstärken und es zu fesseln.

Der Regisseur bleibt unsichtbar

Der manipulativen Regie diametral entgegengesetzt ist die »Unsichtbarkeitsmethode«. Bei ihr bemerken die Zuschauer die Regie überhaupt nicht. Die meisten Dokumentarfilme werden nach diesem Unsichtbarkeitsverfahren gedreht. Das Thema steht klar und deutlich im Vordergrund, Stil und Technik scheint es gar nicht zu geben.

Obwohl die meisten Filme und Fernsehprogramme den Inhalt über die Form stellen und die Art und Weise, wie die Regie etwas präsentiert, nahezu unbemerkt bleibt, wäre es falsch, zu behaupten, daß Manipulation überhaupt nicht stattfände. Es ist für einen Regisseur nahezu unmöglich, irgendeinen Inhalt darzustellen und nicht gleichzeitig etwas von seiner persönlichen Haltung oder seiner Voreingenommenheit einfließen zu lassen. Allein der Standpunkt, von dem aus die Kamera einen Akteur aufnimmt, führt zu einer subtilen Beeinflussung des Zuschauers: eine hochgestellte Kamera macht den Akteur kleiner, setzt ihn herab, eine niedrige Kamera erweckt den Anschein von Stärke. Auch die Wahl des Hintergrundes stellt Bezüge her. Licht kann freundlich sein oder hart oder irgendwo dazwischen. Weil die Zeit, besonders in Nachrichtensendungen, ein wichtiger Faktor ist, kommt dem Schnitt große Bedeutung zu. Welche Worte werden weggelassen? Ändert sich durch Schneiden die Botschaft?

Wie ein Autor, der in allem, was er schreibt, etwas von sich selbst offenbart, so hinterlassen auch Regisseure, bewußt oder unbewußt, Spuren ihrer Gefühle und Haltung. So wird zum Beispiel ein Regisseur, der einen Schauspieler nicht ausstehen kann, kaum verhindern können, daß einige, wenn auch nur schwache, Anzeichen dieser Abneigung in seinem Film oder seinem Fernsehspiel zu sehen sein werden. Ein Regisseur mag mit der festen Überzeugung an die Arbeit gehen, die von ihm gewählte Form der Darstellung sei absolut objektiv, aber bis zu dem Tag, an dem der Computer den Regisseur ersetzt, wird es so etwas wie absolute Objektivität nicht geben.

Eigenschaften eines guten Regisseurs

Fragen Sie Regisseure, ob vom Fernsehen oder vom Film, ob Spezialisten für Dokumentarfilm oder für Fernsehspiel, welche Eigenschaften sie für ausschlaggebend halten, um in diesem Metier erfolgreich zu sein. Einige werden die Bedeutung der Phantasie herausstellen, andere Führungsfähigkeit. Manche werden mehr Gewicht auf das Talent legen, etwas wirkungsvoll in Szene zu setzen, und wieder andere Sensibilität oder Organisationsgeschick betonen. Selbstverständlich sind das alles wesentliche Eigenschaften eines guten Regisseurs. Einige dieser Fähigkeiten sind angeboren, andere können, zumindest bis zu einem gewissen Grad, erlernt werden.

Geschmack

Bei der Vorbereitung zu diesem Buch habe ich eine Reihe von Gesprächen mit Fernseh- und Filmregisseuren aufgezeichnet. Auf meine Frage, welche Eigenschaften ein Regisseur unbedingt haben müsse, war die häufigste Antwort: *Geschmack*. Ohne langes Zögern versicherten mir die meisten Interviewten, daß Geschmack zwar nur einen Teil des Gesamtbildes ausmache, daß aber der freundlichste, phantasievollste und am besten vorbereitete Regisseur erfolglos bleiben werde, wenn es ihm an Geschmack fehle.

Wie kann man sich als angehender Regisseur Geschmack aneignen? Indem man möglichst viele unterschiedliche kulturelle Angebote auf sich einwirken läßt und sich Anregungen holt: indem man Bücher guter Autoren liest, gute Musik hört, Kunstwerke der Malerei und Bildhauerei betrachtet, gute Theaterstücke besucht und gute Filme ansieht. Dadurch, daß wir uns (an der Hochschule oder auch außerhalb) mit den besten, den kreativsten Künstlern aller Gebiete aus allen Jahrhunderten auseinandersetzten und sie auf uns wirken lassen, haben wir die Möglichkeit, unsere Phantasie zu bereichern – und unseren Geschmack zu bilden.

Durch die Beschäftigung mit den Arbeiten der kreativsten Künstler unserer Zeit halten wir darüber hinaus unseren Geschmack *auf dem Laufenden*. Stile ändern sich unmerklich von Jahr zu Jahr – dies gilt für Kleidung, für Musik und neben vielem anderen auch für Filmstories. Weil sich dieser Prozeß aber so langsam vollzieht, nehmen wir ihn kaum wahr. Wenn wir uns abschotten, gehen sie an uns vorbei, und unsere Ansichten und unser Geschmack werden altmodisch und überholt. Rufen Sie sich einen Spielfilm in Erinnerung, von dem Sie vor zehn Jahren geschwärmt haben. Wenn Sie ihn heute vielleicht auf Videokassette noch einmal ansehen, werden Sie wahrscheinlich erstaunt darüber sein, wieviel Staub er inzwischen angesetzt hat.

Sachverstand

Studenten meinen oft, daß viele Regisseure es nur deshalb »geschafft haben«, weil sie Glück gehabt hätten. Glück ist zweifellos immer ein wichtiger Faktor. Aber meistens bekommen wir mehr als nur eine Chance, unsere Kreativität und unser Können unter Beweis zu stellen. Selbstverständlich öffnet uns Glück viele Türen. Aber wir müssen auch die Sachkenntnis besitzen, die uns über die Schwelle hilft.

Für jede Form von Kunst gilt, wie für jedes Handwerk auch, daß sich Sachkenntnis im wesentlichen aus drei verschiedenen Quellen speist: Studium, Neugierde und Erfahrung.

Studium. Universitäten und Filmhochschulen vermitteln im allgemeinen ein ausgezeichnetes Grundlagenwissen, was Kameras, die speziellen Unterschiede von Film und Video, den Umgang mit Mischpult und Tonausrüstung angeht. Viele bieten Schauspielkurse an, Seminare für Drehbuchschreiben, für Ästhetik und für Regie. 1984 hatten in den USA mehr als eintausend Schulen und Universitäten Kurse für Film- oder Fernseh-Produktionstechniken in ihrem Lehrplan. Und die Zahl der Ausbildungsstätten scheint weiter zu wachsen. Bücher wie das vorliegende sind eine weitere Quelle.

Neugier. Oft entspringt eine gesunde Neugierde dem Bedürfnis nach Erfolg. Neugier treibt angehende Regisseure dazu, über die auf der Schule und aus Büchern erworbenen Kenntnisse hinaus weiter zu lernen. Aus Neugierde stecken sie ihre Nase in Fernsehanstalten und Filmstudios, schauen bei einem Außendreh zu, sprechen mit Schauspielern und Mitgliedern des Teams, ziehen sich den Job des Assistenten vom Assistenten an Land und machen sich kundig, wann und wo Leute vom Fach einen Vortrag halten. Aus Neugierde schließen sie sich kleinen Theatergruppen an, bei denen sie für wenig oder gar kein Geld arbeiten, sich aber an Ort und Stelle wertvolle Kenntnisse über das Handwerk des Theaterschauspielers und -regisseurs erwerben können. Aus Neugier lesen sie Drehbücher von guten Filmautoren, um von ihnen mehr über Aufbau und Stil zu lernen.

Neugier ist es, die das Interesse an Filmen mit besonders guten schauspielerischen Leistungen und an außergewöhnlichen Fernsehshows weckt. Neugier ermutigt angehende Regisseure, bei den besten Lehrern der Welt auf die Schule zu gehen, nämlich bei Regisseuren selbst. Durch genaues und kritisches Hinsehen kann man lernen, wie sie Kameras einsetzen, wie sie Action inszenieren und welches die neuesten Entwicklungen auf dem Gebiet der Spezialeffekte bei Film und Video sind. Beim Hören von Dialogen kann man versuchen, herauszufinden, worin deren spezielle Wirkungsweise besteht, und sich bei Filmmusiken die Frage stellen, warum der Komponist eine ganz spezielle Musik als Hintergrund für eine ganz spezielle Szene geschrieben hat. Und wer die darstellerischen Leistungen guter Schauspieler genau untersucht, kann dabei lernen, mit welchen Mitteln sie lebendige und mitreißende Charaktere erschaffen.

Hier ein Tip: Wenn möglich, sollte man sich jedes Werk *zweimal* anschauen. Beim erstenmal neigen wir trotz aller guten Vorsätze dazu, uns wie ein ganz normaler Zuschauer in die Geschichte hineinziehen zu lassen, uns Sorgen um den Helden zu machen. Beim zweiten Anschauen können wir dann als Lernende zusehen und kritisch beobachten, wie der Regisseur die einzelnen Gestaltungselemente eingesetzt hat.

Videokassetten von gut inszenierten Filmen sind ebenfalls außerordentlich hilfreich. Man kann das Band anhalten und Schlüsselszenen so oft man will wiederholen, um die Inszenierungstechnik genau zu studieren.

Aus Neugier versuchen viele Nachwuchsregisseure einen eigenen Film zu drehen, auf Video oder auf Zelluloid, mit oder ohne Synchronton. Ein solches Projekt kann ins Geld gehen, aber es kann sich auch als eine ungeheuere Bereicherung erweisen, weil es wichtige Erfahrungen vermittelt.

Neugier ist selbstverständlich nicht das Privileg junger Regisseure. Auch viele alte Hasen bleiben ständige und unerbittliche Frager, immer darauf bedacht, ihre Kenntnisse und Fähigkeiten zu erweitern: Sie lesen Wirtschaftsmagazine und technische Fachzeitschriften, informieren sich in Seminaren über neue Techniken, besuchen private Vorführungen der Werke von Avantgarderegisseuren, um neuartige Ausdrucksweisen kennenzulernen, und experimentieren bei der eigenen Arbeit mit neuen Methoden. Sich in das grenzenlose Universum neuer Technologien hineinzuwagen, ist im Bereich der Unterhaltungsindustrie lebenswichtig, wenn man beim Publikum Aufmerksamkeit gewinnen will. Regisseure müssen sich beständig weiterbilden – oder ihren Job an den Nagel hängen.

Erfahrung. NBC-Nachrichtenregisseur Jay Roper rät Studenten, sich bereits während ihres Studiums in Fernsehanstalten oder Filmgesellschaften um

Jobs zu bemühen, notfalls um zweit- oder drittklassige. »Wenn Studenten erst dann in die Welt hinausgehen, wenn sie ihr Examen in der Tasche haben, dann ist es zu spät. Sie sollten vorher schon gelegentlich in der Branche gearbeitet haben. Sie müssen mit eigenen Augen gesehen haben, wie der Hase läuft.« Früh zumindest einen Fuß in der Tür zu haben, meint Roper, bedeutet zum einen zusätzliche Lernerfahrung und zum anderen professionelle Kontakte, die sich später als wertvoll erweisen können.

Die Meinung eines Profis

Daß Phantasie und Ausdauer zu den notwendigen Eigenschaften eines Regisseurs zählen, wird kaum jemand in Zweifel ziehen. Was Walter Grauman unter diesen beiden Begriffen versteht, mag einige zusätzliche Einsichten vermitteln.

> **Frage:** Welche Eigenschaften zeichnen einen guten Regisseur besonders aus?
> **Antwort:** Eine ganze Reihe von Eigenschaften. Phantasie – die sogar soweit gehen kann, daß möglicherweise manche Leute behaupten, er sei ein bißchen verrückt. Ein Regisseur sieht die Dinge nicht, wie der Durchschnittsmensch sie sieht. Ich denke, er sieht die Dinge gefiltert, aus einer leicht bizarren oder verdrehten Perspektive.
> **F.:** Was noch?
> **A.:** Hartnäckigkeit. Sture Beharrlichkeit. Daß der Regisseur zu dem steht, was er sieht oder fühlt oder sich im Geist vorstellt – egal, was es ist! Das Schlimmste für ihn ist, sich selbst zu betrügen, indem er auf die Meinung oder den Rat anderer Leute hört. Wenn du falsch liegst, liegst du falsch. Aber wenn du recht hast, dann ist es die eigene Überzeugung, aus der heraus du das Richtige tust.

Bildung

Delbert Mann, der frühere Präsident der Directors Guild of America, wies in einem Vortrag vor einer meiner Regieklassen darauf hin, wie überaus wichtig es für Regisseure sei, eine umfassende geisteswissenschaftliche Bildung zu besitzen. Kenntnisse in Geschichte, Literatur, Schauspiel und politischer Wissenschaft seien für einen guten Regisseur das A und O. Dieser Meinung schlossen sich auch andere Regisseure an. Interessanterweise stuften sie eine umfassende Bildung im Wert weit höher ein als technisches Know-how oder das Wissen um Produktionsabläufe. Aus eigener Beobachtung weiß ich, daß die meisten guten Regisseure belesene Leute sind. Sie wissen, was in der Welt vor sich geht. Sie kennen Tennessee Williams oder Molière, können aber auch die letzten Sportergebnisse herunterbeten. Sie wissen eine Menge über die Charakteristika von Objektiven und von Filmmaterialien, kennen Beleuchtungsmethoden und die neuesten Kniffe bei den computergesteuerten Spezialeffekten. Sie sind per definitionem sowohl Künstler als auch Techniker und bilden sich in beiden Bereichen weiter.

Wie Delbert Mann besuchte auch Richard Fleischer die Yale Drama School. Beide meinen, ihre schauspielerische Erfahrung habe sich als enorm wertvoll für ihre Regiekarriere erwiesen. Fleischer sagt:

> Der wichtigste Rat, den ich Studenten immer wieder mit auf den Weg gebe, Studenten, die Regisseur werden wollen – nicht Techniker, sondern Regisseur – ist, eine Theaterausbildung zu machen. Wenn sie die Wahl hätten zwischen Filmhochschule und Schauspielschule, ich würde sie drängen, auf die Schauspielschule zu gehen. Die wichtigste Aufgabe, die ein Regisseur hat, ist die, aus jedem Schauspieler eine gute Leistung herauszuholen, das heißt, er muß mit den Schauspielern reden, er muß sie verstehen, er muß wissen, welcher Art ihre Probleme sind. Er muß wissen, wie man eine Beziehung zu ihnen herstellt und wie man mit ihnen spricht.
>
> Ich habe große Hochachtung vor Schauspielern. Ich denke, jeder Regisseur sollte in seiner Laufbahn eine Zeitlang selbst gespielt haben. Er muß nicht unbedingt ein guter Schauspieler sein. Er muß nur selber spielen, sich selbst in die Situation des Schauspielers bringen, um die Probleme zu verstehen, die ein Schauspieler hat. Auch, um die Erfahrung zu machen, Gegenstand von Regie zu sein: daß da jemand ist, der dir erzählt, wie du zu spielen hast.

Eine klassische Anekdote aus den Anfangstagen des Fernsehens handelt von einem arroganten und relativ unerfahrenen Regisseur, der Schwierigkeiten hatte, eine Spielszene zu inszenieren. Nach einer Reihe von peinlich mißglückten Versuchen begannen die Schauspieler, ungeduldig zu werden. Schließlich machte einer einen konkreten Vorschlag, wie man die Szene auch anders arrangieren könnte. Anstatt dankbar zu sein, schnauzte der Regisseur: »Erzähl mir nicht, wie man Regie führt! Oder erzähl ich dir vielleicht, wie man spielt?« Gestandene Regisseure brechen bei dieser Geschichte in schallendes Gelächter aus, denn die allerwichtigste Aufgabe eines Regisseurs ist es, »Schauspielern zu sagen, wie sie spielen sollen«!

Fleischer fügte seinen Bemerkungen zur Schauspielerei noch einen Nachsatz an. Wissen, wie man ein Drehbuch schreibt, und Kenntnisse über dramaturgischen Aufbau sind »ebenso wichtig. Der Besuch von Schreibseminaren ist für einen Regisseur eine absolute Notwendigkeit. Wenn eine Szene nicht funktioniert, dann muß er zunächst erkennen, *warum* sie nicht funktioniert: Liegt es am Dialog oder ist der Szenenaufbau schlecht? Dann muß er Lösungen finden und die Sache in Ordnung bringen.«

Der Reiz, Regie zu führen

Regie zu führen ist etwas, das jeden in der Film- und Fernsehbranche reizt. Ob Cutter, Produzenten, Regieassistenten, Autoren, die meisten von ihnen wünschen sich insgeheim, lieber heute als morgen ihren Platz mit dem des Regisseurs zu tauschen. Für das Gros der Studenten, die in den Produktionsseminaren sitzen, ist die Regie das Ziel Nummer eins.

Für diese große Anziehungskraft gibt es mehrere Gründe. In erster Linie ist Inszenieren außerordentlich befriedigend für das Selbstwertgefühl. Wie schon zu Beginn dieses Kapitels angedeutet, ist der Regisseur die Autoritätsperson, von der jeder Antwort und Entscheidung erwartet. Er ist die treibende Kraft auf dem Set, er ist derjenige, der Wunder vollbringt, der Quell kreativer Inspiration, von ihm geht alle Macht aus, kein Problem, das er nicht lösen könnte, kurz, ein Superwesen, eigens vom Olymp herabgestiegen, um Wahrheit und Schönheit in die Welt zu bringen.

Über die Befriedigung des Selbstwertgefühls hinaus eröffnet die Regie die Möglichkeit zu echter, kreativer Kontrolle über ein Projekt. Für Uneingeweihte mag das Kriterium der kreativen Kontrolle kein so wesentlicher Faktor sein. Was ist denn mit dem Autor? Übt er nicht auch kreative Kontrolle aus? Oder der Schauspieler? Oder der Produzent? – Wie die Dinge liegen, ist dem nicht so. Für sie alle gilt, daß über ihnen immer noch jemand mindestens eine Stufe höher auf der Hierarchieleiter steht, jemand, dessen »Macht« größer ist, der jederzeit in der Lage ist, die Kontrolle an sich zu reißen. Für Künstler, denen die Integrität ihrer Arbeit ernsthaft am Herzen liegt, bedeutet der Eingriff eines anderen oft mehr als nur ein Frustrationserlebnis: sie leiden Todesqualen.

Und schließlich versetzt die Regiearbeit, gerade weil sie eine ständige Einsatzbereitschaft und Konzentration erfordert, in eine Art rauschhaften Zustand. Regie bedeutet hundert Prozent Hochspannung. Manchmal wird Inszenieren mit Bergsteigen verglichen. Allein die Schwierigkeit des Kletterns ist es, die herausfordert und lockt: Ein winziges Detail zu übersehen, bedeutet unweigerlich den tödlichen Absturz. Und dann der atemberaubende Blick vom Gipfel! Er macht wahnsinnig. Noch einmal Delbert Mann:

> Ich liebe meine Arbeit als Regisseur. Ich liebe die Verantwortung – das Gefühl, daß alles auf meinen Schultern liegt. Ich gehöre zu den glücklichen Menschen auf dieser Welt, weil ich mir meinen Lebensunterhalt damit verdienen kann, daß ich das tue, was ich am liebsten tue. Aber ich bin auch überglücklich, daß keiner meiner Sprößlinge in die Filmbranche einsteigen wollte.

Woher die Regisseure kommen

Daß ein Regisseur seine Karriere gleich als Regisseur beginnt, ist eher die Ausnahme. Regisseure nähern sich ihrem Beruf aus den unterschiedlichsten Richtungen. Beim Live-Fernsehen ist es ein normaler Weg, daß sich Aufnahmeleiter aufgrund ihrer Erfahrung und Kenntnisse für den Posten des Regisseurs qualifizieren. Beim Film hat ein solcher Aufstieg aus den eigenen Reihen eher Seltenheitswert. Selbst Regieassistenten werden normalerweise eher Aufnahmeleiter oder Produktionsleiter, wenn sie die Treppe hinauffallen.

Woher also kommen Filmregisseure? Die meisten sind ursprünglich Künstler und Handwerker/Techniker in einem der zahlreichen dem Film angegliederten Bereiche gewesen. Führt man sich vor Augen, daß der Regisseur über die Ausgabe von Hunderttausenden (und vielleicht Millionen) von Dollars das Sagen hat und damit gleichzeitig über das Wohl und Wehe eines Projektes bestimmt, so wird verständlich, daß ein Regisseur, der sein Können noch nicht unter Beweis gestellt hat, nicht einfach mal eben so zum Einsatz kommt. Selbst für eine Fernsehserien-Folge würde ein umsichtiger Produzent – der ausschließen muß, daß irgendeine Folge scheitert, und auf höchste Qualität in kürzestmöglicher Produktionszeit zu achten hat – nie, aber wirklich nie, einen unerfahrenen Regisseur einkaufen. Es sei denn …

Es sei denn, der fragliche Regisseur wäre zufällig der Chef des Produzenten. Oder der Regisseur wäre zufällig selbst der Produzent. Oder der Regisseur wäre zufällig einer der Hauptdarsteller der Serie, dem vertraglich das Recht zugesichert wurde, in einer Folge Regie zu führen. Oder der Regisseur wäre zufällig ein ausgezeichneter Autor, dessen Unterstützung der Produzent händeringend braucht (der Autor sagt zu, drei Folgen zu schreiben, und erhält im Gegenzug – na, was wohl?). Oder der ursprünglich vorgesehene Regisseur fällt in letzter Minute aus, wird krank oder ist anderweitig verhindert. Dann wäre der verzweifelte Produzent plötzlich unter Druck. Jetzt muß er einen Regisseur finden, gleichgültig wo und vor allem schnell. Solche Situationen zwingen einen Produzenten manchmal, auch einem Neuling eine Chance zu geben.

Aus Cuttern werden manchmal Regisseure (wie etwa Robert Wise), ebenso aus Schauspielern (D. W. Griffith, Charlie Chaplin, Orson Welles), aus Kameramännern und aus Künstlern, die zuvor in anderen visuell orientierten Bereichen gearbeitet haben (Stanley Kubrick, Haskell Wexler). Beispiele gibt es auch für Autoren (Robert Towne) und Szenenbildner (Marvin Chomsky). Und manchmal werden auch Regisseure zu Regisseuren, soll heißen, Regisseure aus der zweiten Reihe entwickeln sich zu Starregisseuren (Steven

Kapitel 1 ▌ Was ist ein Regisseur?

Spielberg, George Lucas). Diese zunächst unerfahrenen Regisseure engagieren sich erfolgreich in Lowbudget-Filmen und stellen plötzlich fest, daß sie gefragt sind.

Inzwischen sieht es so aus, daß Regisseure zunehmend häufiger auch aus den Filmhochschulen kommen. Steven Spielberg, einer der Regisseure, die sich aus der zweiten Reihe nach vorn gearbeitet haben, der Regisseur von *Der weiße Hai, Unheimliche Begegnung der dritten Art, E. T. – Der Außerirdische, Schindlers Liste* und anderen Filmen, mit denen alle Rekorde gebrochen wurden, besuchte die Filmfakultät der California State University, Long Beach. Der begeisterte Cineast hatte seit seiner Kinderzeit eigene Filme produziert, inszeniert und in ihnen auch gespielt. Während seiner Hochschulzeit führte er Regie in einem Übungsfilm, der später den leitenden Managern der Universal Studios vorgeführt wurde. Sie waren soweit beeindruckt, daß sie ihm die Chance gaben, in einigen Folgen von Universal-Fernsehserien Regie zu führen. Seine außergewöhnlich große Begabung führte dazu, daß er bald auch richtige Fernsehfilme inszenierte. *Duell*, einer seiner erfolgreichsten, kam später in Europa als Spielfilm in die Kinos. Die Eindringlichkeit von *Duell* und anderen Fernsehfilmen veranlaßte Zanuck-Brown, Spielberg die Regie von *Der weiße Hai* anzubieten, einem Film, der bis heute weit über einhundert Millionen Dollar eingespielt hat.

George Lucas, Regisseur von *American Graffiti* und Erfinder, Regisseur und in einigen Fällen auch Produzent der Trilogie *Krieg der Sterne* und der *Indiana-Jones*-Reihe, kam von der Filmfakultät der University of Southern California. Sein Abschlußfilm, *THX 1138*, später von Warner Brothers auf Spielfilmlänge erweitert, wurde zur Startrampe für *American Graffiti*.

Der Hauptproduzent von *American Graffiti*, Francis Ford Coppola, machte sein Examen an der Filmfakultät der UCLA. Aus dem Drehbuch, das er als Magisterarbeit vorlegte, wurde sein erster Spielfilm *Big Boy, jetzt wirst du ein Mann*. Später führte er Regie in *Der Pate I* und *II*, in *Apocalypse Now* und in *Der Dialog*. Die Reihe zeitgenössischer Regisseure, die aus Filmhochschulen hervorgingen, läßt sich fortsetzen, zum Beispiel mit Martin Scorsese, John Milius, Paul Schrader und Brian DePalma.

Zusammenfassung

■ Der Regisseur vermittelt dem Publikum seine Ideen und Vorstellungen durch den gezielten Einsatz von technischen und kreativen Gestaltungsmitteln. Gelingt es ihm, die Botschaft kunstgerecht zu interpretieren, reagiert der Zuschauer mit emotionaler oder intellektueller Anteilnahme.

- Bis vor etwa 100 Jahren gab es den eigentlichen Regisseur nicht. Er tritt erst gegen Ende des 19. Jahrhunderts in Erscheinung. Er integriert Spiel, Produktion und Publikum und übernimmt Funktionen, die vorher von den Stückeschreibern und den Schauspielern wahrgenommen wurden. Die ersten Spielfilmregisseure übernahmen Methoden der Schauspielbühne. Edwin Porter, D. W. Griffith und andere entdeckten neue, filmspezifische Techniken und gaben dem Kino seine eigene Form und Sprache. Als das Fernsehen aufkam, entwickelten dessen Regisseure die Methoden der Spielfilmproduktion für ihre Bedürfnisse weiter.

- Ein Regisseur erfüllt vielfältige Aufgaben: Er ist Künstler, Techniker und Psychologe. Als Künstler muß der Regisseur auch Autor, Photograph, Cutter, Schauspieler und Szenenbildner sein. In jedem dieser grundlegend wichtigen Bereiche muß er kreativ arbeiten. Als Techniker muß es ihm möglich sein, sich sach- und fachkundig mit Experten und Mitgliedern des Teams über Auswahl und Einsatz der Ausrüstung und über die Feinheiten einzelner Produktionstechniken zu verständigen. Als Psychologe muß er die Rolle einer klugen und verständnisvollen Autoritätsperson übernehmen, die persönliche Konflikte löst und die Disziplin von Darstellern aufrechterhält, deren Verhalten ins Unprofessionelle abzugleiten droht.

- Bei Liveproduktionen und Aufzeichnungen stehen einem Regisseur zwei grundsätzlich verschiedene Arbeitsmethoden zur Verfügung. Entweder arbeitet er in einem Regieraum — der »Regie« — eines Studios oder eines Übertragungswagens, vor sich eine ganze Reihe von Kontrollmonitoren, und wählt (schneidet) dort diejenigen Kameraeinstellungen, die das Geschehen am wirkungsvollsten ins Bild setzen, wobei er einem Bildmischer (Bimi), der die Schnitte ausführt, die entsprechenden Anweisungen gibt. Oder aber, er arbeitet bei Außendrehs mit einer vielseitig einsetzbaren EB-Einheit (EB = elektronische bzw. externe Berichterstattung), mit der er aktuelle Interviews oder »leichtverderbliche« Nachrichtenereignisse aufzeichnet.

- Einem Filmregisseur bieten sich vornehmlich zwei Arbeitsfelder: das Fernsehen und der Spielfilm. Die entscheidenden Unterschiede liegen in der Größe der Budgets und in der Auswahl der Stoffe. Einem Kinobesucher, der Eintritt bezahlen muß, bieten die Produzenten normalerweise das, was er nicht frei Haus ins Wohnzimmer geliefert bekommt: verschwenderisch ausgestattete Produktionen, mehr Sex und Gewalt und raffiniertere Stories. Die Arbeit an einer Fernsehserie gliedert sich für den Regisseur in die drei Abschnitte Produktionsvorbereitung (auch: Produktionsvorlauf), Produktion und Nachbearbeitung (Postproduktion). Die Produktionsvorbereitung beinhaltet so grundlegende Dinge wie Story- und Besetzungskonferenzen, Motivsuche, Besprechungen der Kostüme und der Szenenbilder sowie eine Produktionskonferenz. Die Produktion betrifft die eigentlichen Dreharbeiten für das Projekt an Originalschauplätzen (Locations) und im Studio. Zur Nachbearbeitung gehört die Arbeit mit dem Cutter, bei der eine Rohschnittfassung des Films erstellt wird.

- Es gibt zwei grundsätzlich verschiedene Regiestile. Häufig ist durch den Stoff bereits klar vorgegeben, welche Art der Umsetzung angemessen ist. Während

Kapitel 1 ▮ Was ist ein Regisseur?

einige Regisseure, um bestimmter emotionaler Effekte willen, Raum und Zeit verzerrt darstellen und so ihr Eingreifen und damit ihre Existenz erkennbar wird, bleiben andere lieber unsichtbar, um zu verhindern, daß die Anteilnahme des Publikums gestört wird.

- Gute Regisseure zeichnen sich meist durch folgende Eigenschaften aus: Geschmack, Phantasie, Führungsfähigkeit, Sensibilität, die Begabung, etwas wirkungsvoll in Szene setzen zu können, und Hartnäckigkeit. Manches mag angeboren sein, vieles kann durch Studium und praktische Erfahrung erworben werden. Von erfahrenen Regisseuren wird oft die Notwendigkeit einer umfassenden geisteswissenschaftlichen Bildung hervorgehoben, der sie den Vorzug vor technischer Schulung geben. Sie betonen, daß für die Umsetzung dramatischer Stoffe eigene schauspielerische Praxis wichtig sei, um sich in Schauspieler besser einfühlen zu können. Ebenso nützlich sind praktische Erfahrungen im Drehbuchschreiben und Dramaturgie.

- Regisseure kommen aus den unterschiedlichsten Berufsfeldern. Beim Live-Fernsehen sind es häufig Praktiker, die sich hochgearbeitet haben. Beim Film sind Regisseure oft ehemalige Schauspieler, Kameramänner, Cutter oder Szenenbildner. Immer mehr zeitgenössische Regisseure sind Absolventen einer Filmhochschule.

Übungen

1. Schauen Sie sich im Fernsehen eine Seifenoper an. Zwingen Sie sich dazu, sich ausschließlich auf die Regie zu konzentrieren. Wie echt/glaubwürdig sind Spiel und Aktionen der Schauspieler? Gibt es Ähnlichkeiten in der Inszenierung der einzelnen Szenen? Haben Sie das Gefühl, daß der Regisseur seine Darsteller bewußt in Positionen bringt, in denen er sie wirkungsvoll photographieren kann?

2. Studieren Sie einen bestimmten Regisseur genauer. Beschäftigen Sie sich mit seiner Person, werten Sie dazu Zeitschriften, Bücher und Wirtschaftsmagazine aus. Wie ist er Regisseur geworden? Haben Schul- und Berufsausbildung, Stärken und Schwächen seiner Arbeit, Auszeichnungen usw. Auswirkungen auf den Verlauf seiner Karriere gehabt? Wie wichtig war dabei der Faktor Glück?

3. Besuchen Sie, wenn möglich, eine Fernsehstation. Beobachten Sie Regisseure bei der Arbeit. Stellen Sie eine Liste seiner verschiedenen Tätigkeiten vor und während einer Sendung zusammen. Mit welchen Aspekten der Regiearbeit waren die meisten Probleme verbunden?

4. Schreiben Sie eine kurze Zusammenfassung eines Regie-Handbuches (nicht von diesem!).

5. Suchen Sie im Fernsehen oder in Kinofilmen Beispiele für den unsichtbaren Regisseur und für den Regisseur, der lauthals seine Existenz kundtut. Durch den Einsatz welcher Mittel hat sich letzterer in den Vordergrund gespielt?

2

Elemente der Unterhaltung

> Aufgabe des Films ist es, den Zuschauer in die
> Lage zu versetzen, »sich selbst zu helfen« –
> nicht, ihn zu »unterhalten«; ihn zu packen –
> nicht, ihn zu amüsieren; den Zuschauer mit Muni-
> tion zu versorgen – nicht, seine Energie,
> die er ins Filmtheater mitgebracht hat, zu zer-
> streuen. »Unterhaltung« ist in Wirklichkeit
> kein harmloser Begriff: Dahinter versteckt sich
> ein sehr konkreter, aktiver Prozeß.
>
> *SERGEJ M. EISENSTEIN*[1]

Es muß wohl eine gewisse natürliche Veranlagung den Homo sapiens dazu getrieben haben, sich in Gruppen zusammenzufinden, als sich unsere Vorfahren zum ersten Mal um ein Lagerfeuer scharten, um einem Medizinmann beim Erzählen von Mythen und Sagen zuzuhören. Dieselben elementaren Bedürfnisse hat Zuschauer dazu getrieben, an den rituellen Singtänzen teilzunehmen, die die Vorläufer der griechischen Tragödie* gewesen sind, zu den Gladiatorenkämpfen in den römischen Arenen zusammenzuströmen oder in abgedunkelten Salons handgemalte, von Kerzenlicht an eine Wand projizierte Lichtbilder anzustaunen. Das Bedürfnis, unterhalten zu werden, bildet das Rohmaterial, aus dem der Regisseur seinen Film oder seine Sendung formt.

Geselligkeit mag wohl zu solchen Zuschauerbedürfnissen gehören, aber es ist nicht das Grundbedürfnis – obwohl es ganz sicher erfolgversprechender ist, eine Comedy-Show vor einem größeren Publikum zu präsentieren als vor einigen wenigen Zuschauern. Ein Grund, warum Fernseh-Sitcoms häufig mit einer Lacher-Tonspur versehen sind, liegt darin, dem Zuschauer zu Hause die angenehme Sicherheit zu vermitteln, daß auch noch andere da sind, die mit ihm den Genuß des speziellen Humors dieser Sendung teilen.

Damit ein Regisseur eine Sendung wirkungsvoll gestalten kann – damit er vernünftige Entscheidungen trifft in bezug auf Drehbuch, Kamera, Musik und andere wichtige Produktionselemente –, muß er wissen, was eine Sen-

---

* Tragödie, von griech. *tragodia*, »Trauerspiel«, eigentlich »Bocksgesang«, entstanden aus dem Kultfest des Dionysos. [A. d. R.]

Kapitel **2** ▮ Elemente der Unterhaltung

dung für das Publikum attraktiv macht. Er muß verstehen, was Unterhaltung ausmacht.

In unserem Jahrhundert hat Unterhaltung so viele unterschiedliche Formen angenommen, daß eine genaue Definition von *Unterhaltung* schwierig geworden ist. Mit der steigenden Anzahl von Kabelkanälen und der weltweiten Verbreitung des Fernsehens werden die Unterhaltungsangebote immer komplexer, sie zu beurteilen und zu definieren wird immer schwieriger. Der Kommunikationswissenschaftler Stefan Melnik hat ein System zur Aus- und Bewertung von Unterhaltung vorgelegt, dessen Ansatz er »Nutzen und Befriedigung«[2] nennt. Melniks Theorie besagt, daß alle Medienfunktionen im Hinblick auf *Empfängerbedürfnisse* beurteilt werden müssen. Da der Regisseur im Zentrum des Kommunikationsprozesses steht, da er es ist, der die Botschaft des Senders interpretiert, und zwar so, daß der Empfänger davon intellektuell oder emotional befriedigt wird, scheint Melniks Ansatz für unsere Zwecke angemessen. Unsere Untersuchung der Elemente von Publikumswirksamkeit soll deshalb mit einer Analyse der Bedürfnisse und Erwartungen des Publikums beginnen.

In der Rezeptionsforschung werden die Publikumsbedürfnisse nach folgenden Hauptkategorien analysiert:

1. Das ästhetische Empfinden, das Vergnügen und das emotionale Erleben steigern.
2. Information, Wissen und Kenntnisse aneignen.
3. Den Druck persönlicher, beruflicher und sozialer Probleme mindern.
4. Soziale Kontakte zu Angehörigen und Freunden fördern.[3]

Einfacher ausgedrückt: In den ersten drei Kategorien sucht das Publikum *Vergnügen, Information* und *Flucht.* Weil darüber hinaus viele Fernsehzuschauer und Radiohörer (beispielsweise ältere Leute oder ans Haus gebundene Menschen) die Medien dazu benutzen, ihrer Einsamkeit zu entkommen, müssen wir die vierte Kategorie, die soziale Erfahrung, sich gemeinsam mit anderen unterhalten zu lassen, erweitern und darunter auch das Bedürfnis nach Gesellschaft, den Wunsch nach *Gemeinschaft* verstehen.

Wir wollen nun für jede Hauptkategorie untersuchen, mit welchen Darstellungsformen und Unterhaltungselementen Regisseure beim Film und beim Fernsehen normalerweise arbeiten. Dabei sind allerdings Überschneidungen zwischen den Kategorien unvermeidlich.

■ VERGNÜGEN: Diese Kategorie ist am weitesten gefächert und umfaßt die unsere Sinne ansprechenden Elemente: Spektakel, Überleben, Mann-Frau-Beziehung, Ordnung/Symmetrie sowie Überraschung und Komik.

- **INFORMATION:** Enthält die Zwillingselemente morbide Neugier und gesunde Neugier.
- **FLUCHT:** Vergleicht die Welt der Unterhaltung und die wirkliche Welt.
- **GEMEINSCHAFT:** Beschreibt die Beziehung, die der Zuschauer mit Unterhaltungskünstlern eingeht, und das entsprechende Verhältnis zu Schauspielern: die Identifikation.

Vergnügen

Von den vier Hauptkategorien der Unterhaltung besitzt *Vergnügen* die größte Anzahl an Komponenten, auf die der Regisseur einen unmittelbaren Zugriff hat. Zu verstehen, welche Elemente Vergnügen auslösen und auf welche Weise sie das tun, versetzt den Regisseur in die Lage, seinen Film oder seine Sendung attraktiver, bunter und ansprechender zu machen. *Spektakel, Überleben, Mann-Frau-Beziehung, Ordnung/Symmetrie* sowie *Überraschung* und *Komik* gehören in unterschiedlicher Mischung zu jeder guten Fernsehsendung und zu jedem guten Film.

Spektakel

Einer meiner Lieblingslehrer an der Highschool hat mir einmal das Geheimnis der Beliebtheit seiner Chemiestunden verraten. Sie wurden deshalb nie lahm oder langweilig, weil er anschauliche Experimente durchführte, bei denen es Feuer und Rauch gab, Flüssigkeiten, die ihre Farbe wechselten, manchmal sogar kleinere Explosionen oder gräßlichen Gestank. Mit solchen spektakulären Effekten gelang es ihm stets, seine Schüler für den Lehrstoff zu begeistern.

Von Kindheit an sind wir von Bildern und Klängen fasziniert, die unsere Sinne ganz direkt ansprechen. Das Wort **Spektakel** bezieht sich genaugenommen nur auf das visuelle Erleben, ich möchte diesen Begriff aber erweitern und damit alles bezeichnen, wovon ein außerordentlich starker sinnlicher Reiz ausgeht, vor allem *Klang, Bewegung* und *Farbe*. Wenn Sie sich die Spielsachen eines kleinen Kindes einmal genau betrachten, werden Sie sehen, daß diese Elemente einfach dazugehören: die Rassel (Klang), das Mobile mit sich langsam drehenden Plastiktieren (Farbe, Bewegung), die Spieluhr (Klang), die aufziehbaren Tiere (Farbe, Bewegung), die Zelluloidrosetten, die sich im Wind drehen (Farbe, Bewegung).

Auch wenn wir älter werden, bleibt die Anziehungskraft, die diese Elemente auf uns ausüben, ungebrochen. An Silvester zünden wir Knallkörper an und sind von den Feuerwerksraketen fasziniert, die farbige Kaskaden an

Kapitel 2 ∎ Elemente der Unterhaltung

den Himmel zaubern. Wir halten Kaleidoskope an unser Auge, beobachten die unzähligen Farbformen und bestaunen ihre sich ständig ändernde Zusammensetzung. Wir stehen bei Festumzügen am Straßenrand und sind von den bunt uniformierten Marschkapellen gefesselt, ihren zackigen Tambourmajorinnen und den festlich geschmückten Wagen mit den hübschen Mädchen darauf. Wir besuchen den Zirkus, freuen uns an den Clowns und Trapezkünstlern, den Dompteurnummern und der schrägen Musik: eine Bilderbuchrevue von Klang, Bewegung und Farbe.

Spektakel in diesem Sinn ist nicht nur das Knallige, Blendende, Fröhliche. Auch das Dunkle und Unheimliche zieht uns an, die tobenden Naturgewalten, Donner und Blitz, Feuerstürme, Überschwemmungen und Orkane, aber auch jene Grenzphänomene, bei denen scheinbar Naturgesetze überschritten werden und das Phantastische regiert: Zauber und Illusion, Hexerei, Dämonologie, Geister und Gespenster. Traditionelle Zauberkunststücke wie die Schwebende Jungfrau, die Zersägte Frau oder der Verschwundene Elephant verlieren nie ihre Faszination, weil sie der Logik und den Naturgesetzen widersprechen. Zum Teil ist solche Unterhaltung *Spektakel* (»Verstoß gegen Naturgesetze«), zum Teil auch *Rätsel*. Wir halten bei einem Levitationskunststück den Atem an und gleichzeitig fragen wir uns, wie das wohl gemacht wird.

Wenn vom *Spektakel* sinnliche Attraktion ausgeht, wie ist es dann möglich, daß uns so spektakuläre Kreaturen wie Hexen, Dämonen und Geister anziehen? Ganz einfach, weil wir uns in der Welt der Unterhaltung von ihnen Angst einflößen lassen und doch vor ihnen *sicher* sind. Wenn ein zehn Meter langer Hai oder ein Poltergeist oder ein Dämon uns terrorisiert, kommt uns ein köstlicher Schauer. Aus welch anderem Grund strömen die Zuschauer in die Kinos, um sich sogenannte Horrorfilme anzuschauen? Anspannung, Angst und Schreck ertragen wir deshalb, weil der realistischere Teil unseres Verstandes sich bewußt bleibt, daß wir Zuschauer im Kino sind. Wenn der Schrecken zu groß zu werden droht, öffnet sich ein Sicherheitsventil und erinnert uns daran, daß alles nur Schein ist. Auf diese Art wird der Schrecken zum doppelten Vergnügen: Wir erleben den Nervenkitzel eines intensiven Gefühls und sitzen dabei sicher im bequemen Sessel. Wir können uns jederzeit rückversichern durch bloßes Umhersehen im Kino, und wir belächeln andere Zuschauer, die vor den Bildern auf der Leinwand zurückzucken.

Nicht anders ist es, wenn wir in den Abendnachrichten Bilder einer Überschwemmung oder eines Hurrikans sehen oder in einem Fernsehfilm ein Tornado tobt. Wir werden blaß angesichts solch spektakulärer Naturgewalt, aber gleichzeitig sitzen wir weit vom Schuß in unserem warmen Wohnzimmer, kein Haar wird uns gekrümmt. Bevor uns der Schrecken übermannt, können wir jederzeit das Programm wechseln oder den Kasten abstellen. Spektakel steuert zu einem Spielfilm oder einer Fernsehsendung Sinnenlust bei. Kein einzelnes Element der Unterhaltung, auch das Spektakel nicht, kann eine schlecht konzipierte Story kompensieren, es kann aber helfen, sie genießbarer zu machen. Wir wollen uns ein paar unterschiedliche Programmarten genauer ansehen und untersuchen, welche Rolle das spektakuläre Element darin spielt.

Sport. Fast nirgendwo tritt das Spektakuläre so offen zutage wie beim Sport. Die Marschkapellen, die Cheerleader, die Ankündigungen der unterschiedlichen Sportarten, elektronische Anzeigetafeln, die schrille Musik und die Uniformen sind eine Apotheose von Klang, Bewegung und Farbe. Vor Jahren zeigte das Fernsehen dieses Beiprogramm noch weit ausführlicher. Nachdem das Sportpublikum sich an solch farbenprächtigem Pomp sattgesehen hatte, konzentrierte sich die Sportberichterstattung mehr auf das Sportereignis selbst und füllte die Halbzeitpausen mit Trainerinterviews und Expertengesprächen.

Das Sportereignis enthält stark spektakuläre Elemente, von denen der Konflikt am fesselndsten ist. Er kann durch zusätzliches Kolorit verstärkt werden, was jedoch nicht von der eigentlichen Dramatik ablenken oder sie überlagern darf. Clevere Toningenieure halten den Jubel, die Sprechchöre, die auf dem Spielfeld zugerufenen Instruktionen auch dann im Bewußtsein des Zuschauers, wenn die Kameras etwas anderes zeigen.

Nachrichten. In Nachrichtensendungen ist das Element des Spektakels gleichzusetzen mit *Bildmaterial*. Das Publikum möchte die meldenswerten Ereignisse sehen. Etwas Visuelles anbieten – MAZ, Film oder auch nur ein Photo – ist allemal besser, als nur einen an seinem Pult sitzenden Menschen zu zeigen, einen »sprechenden Kopf«, der das Ereignis beschreibt. Ersteres ist dynamisch, letzteres statisch. Ersteres erzeugt ein Gefühl von physischer Anwesenheit bei dem Nachrichtenereignis, das zweite ist nur wenig besser als das Lesen eines Zeitungsberichtes.

Weil Nachrichtenredakteure wissen, daß sie Bilder brauchen, nehmen sie häufig diejenigen Meldungen in die Sendung, für die Film- oder MAZ-Material vorliegt. Nachrichten, für die kein Bildmaterial vorhanden ist, werden häufig gekürzt oder fallen sogar ganz heraus. Bildmaterial macht eine Nachrichtensendung unterhaltsamer, übertreibt aber häufig auch den Wert einer Meldung. International bedeutsame Ereignisse und regionales Geschehen in einem ausgewogenen Verhältnis anzubieten, ist kaum möglich. Gibt es zu

Kapitel **2** ▮ Elemente der Unterhaltung

einer Meldung einen Film, kommt sie in die Sendung, ist das nicht der Fall, wird sie oft nicht einmal erwähnt.

> Eine moderne Version von Bischof Berkeleys Diktum ist weit verbreitet. Wenn im Wald ein Baum umgefallen ist, schrieb Berkley, und es war niemand dort, der es gehört hat, dann hat der umfallende Baum auch kein Geräusch gemacht. Genauso ist es heute mit den Fernsehnachrichten. Es gibt Ereignisse, die mehr oder weniger wichtig sind. Aber wenn keine Kamera und kein Reporter da ist, der das Geschehen festhält, dann ist es keine Nachricht, und mindestens fünfzig Prozent unserer Landsleute werden nie davon erfahren.[4]

Das Dilemma ist ein altes: Integrität oder Geschäft. Bei den Fernsehnachrichten liegt dieses Dilemma darin, ein ausgewogenes Verhältnis zwischen Weltnachrichten und den Meldungen zu schaffen, die nur deswegen in die Sendung kommen, weil für sie Film- oder MAZ-Material vorliegt. Und weil jeder Fernsehsender sich darum bemüht, Zuschauer von den Konkurrenzkanälen abzuziehen, obsiegt nicht selten das Geschäft. (Mehr über Bildelemente in Nachrichten in Kapitel 11.)

Spielhandlung. Opulent ausgestattetes Spektakel ist zum unabdingbaren Bestandteil der meisten Spielfilmproduktionen geworden und gleichzeitig ein schwindelerregend hoher Kostenfaktor. Früher stellten die Hollywoodstudios als Teil ihres Gesamtausstoßes sogenannte B-Filme her, billige »Programmfüller«, die relativ wenig spektakuläre Elemente enthielten. Mit dem Aufkommen des Fernsehens in den vierziger Jahren überließ Hollywood diesen Teil seiner Produktion dem neuen Konkurrenten. Alle Produktionen mußten nun ein Massenpublikum anziehen, und so bot man den Kinogängern das, was sie in der Röhre nicht zu sehen bekamen: teure Schauwerte, Stars mit großen Namen, offenen Sex und/oder Gewalt.

Der Begriff *Produktionswert* oder *Schauwert* entspricht in etwa dem des *Spektakels* und meint diejenigen Elemente eines Spielfilms oder einer Fernsehsendung, die zusammengenommen den Eindruck von verschwenderischer Pracht und Großzügigkeit machen, den Eindruck: Bei dieser Produktion wurde nicht gespart. Er besagt, daß an Originalschauplätzen gedreht wird, in kunstvollen Sets mit aufwendigen Kostümen, mit Spezialeffekten, Stunts, Verfolgungsjagden, eventuell auch extravaganten Masken und komplizierten Frisuren.

In den ersten Jahren des Fernsehens stiegen die Zuschauerzahlen sprunghaft. Fernsehspiele wurden meistens live gesendet. Die zur Verfügung stehenden Produktionswerte waren gering, aber den Zuschauern gefiel es. Sie fanden es toll, in ihrem Wohnzimmer zu sitzen, ein Drama zu sehen und keinen Pfennig Eintritt zahlen zu müssen. Als das Live-Fernsehen durch den Fernsehfilm ersetzt wurde, begnügte man sich weiterhin mit geringen Produktionswerten – zumindest eine Zeitlang. Als der Publikumsgeschmack anspruchsvoller wurde, zogen auch die Produktionswerte an. »Naked City« und »The Untouchables« waren die ersten US-Fernsehserien, die Original-**Nachtaufnahmen** (Night-for-Night Photography), viele aufwendige Außendrehs und Sets in Spielfilmqualität boten. (Original-Nachtaufnahmen werden tatsächlich bei Nacht gedreht, im Gegensatz zur **Amerikanischen Nacht** (Day-for-Night Photography), bei der Nachtaufnahmen unter Verwendung von Spezialfiltern am Tag gedreht werden, was weniger zeitaufwendig ist.) Andere Serien zogen bald nach.

In den letzten Jahren wurde das spektakuläre Element wahrscheinlich ein wenig mißbraucht (oder besser gesagt: überstrapaziert), in Fernsehserien häufiger als in jeder anderen Unterhaltungsform. Vermutlich um fehlende Substanz von Stories oder tragenden Figuren auszugleichen, haben Fernsehregisseure und Produzenten immer öfter auf leichter zu beschaffende Klang-, Bewegungs- und Farbelemente wie Autoverfolgungsjagden, Schlägereien, Stunts und Spezialeffekte zurückgegriffen. Ihr inflationärer Gebrauch wird vielfach durch den Druck gefördert, den die Sender im ewigen Kampf um Einschaltquoten auf Produzenten und Regisseure ausüben.

Als Reaktion auf den neuen teuren Look des Fernsehens erweiterte die Filmindustrie (sie war inzwischen in mehrere Teile zerfallen) im Lauf der Jahre ihren Horizont und ihr Repertoire und schuf ganz neue Dimensionen des Spektakels mit Science-fiction-Filmen (die Trilogien von *Krieg der Sterne* und *Star Trek, Alien – Das unheimliche Wesen aus einer anderen Welt, Unheimliche Begegnungen der dritten Art*), mit Fantasy-Abenteuern *(Superman, Jäger des verlorenen Schatzes, Indiana Jones und der Tempel des Todes)* und monumentalen Horrorgeschichten *(Amityville Horror, Poltergeist)*. Diese Filme erschlossen dem Spektakel neue Welten: die furchterregende Weite des Universums und außerirdische Lebensformen. Sie setzten neue Maßstäbe für die technische Perfektion computergesteuerter Miniaturisierung und in der Photographie von Spezialeffekten.

Aus der Sicht des Regisseurs sind spektakuläre Elemente normalerweise eine Bereicherung. Gute Regisseure sind dabei wie Kinder im Süßwarenladen: Sie möchten soviel leckere Sachen in ihr Projekt hineinstopfen wie nur irgend möglich (nicht nur Spektakel, sondern auch gute Schauspieler, ein gutes Team und gute Autoren). Hohe Produktionswerte sind dann etwas Gutes, wenn Drehbuch und Thema einen solchen Aufwand rechtfertigen. Spektakuläre Elemente, die auf Kosten der dramatischen Situation alle Auf-

Kapitel **2** ▌ Elemente der Unterhaltung

merksamkeit für sich in Beschlag nehmen, sind bloßer Firlefanz, den man entschieden ablehnen muß.

Wird beispielsweise die intime Geschichte einer Liebe erzählt, die zwischen zwei reizenden älteren Menschen aufkeimt, dann wäre *Schlichtheit* wahrscheinlich die beste Parole für die Regie, um in der Ausleuchtung, der Schauspielerinszenierung und in der Wahl von Kostümen, Motiven und Musik Intimität herzustellen. Von aus schnell aufsteigenden Hubschraubern gedrehte Einstellungen wären ebenso Fehl am Platz wie Schlagzeugwirbel.

Von der Forderung nach Redlichkeit in der Darstellung wäre allenfalls dann abzugehen, wenn ein Regisseur dazu verdammt ist, mit einem schlechten Buch oder mit (leider) hoffnungslos überforderten Schauspielern zu arbeiten. Solch ein Projekt ist fast zwangsläufig zum Scheitern verurteilt, es sei denn, dem Regisseur gelingt es, mit entsprechend theatralischem Pomp und Getöse für die nötige Attraktivität zu sorgen. In einem solchen Fall darf er alles nehmen, was immer er an Klang-, Bewegungs- und Farbelementen in das Projekt hineinpacken kann, damit der trügerische Eindruck von etwas Aufregendem entsteht.

Musiksendungen. Im Jahr 1984 eroberten Music-Clips explosionsartig die Fernsehschirme. Sie bedienten sich in einer bis dahin völlig unbekannten Weise der Elemente von Farbe und Bewegung und – selbstverständlich – der des Klanges. Diese visuell enorm ausdrucksstarken Rock-, Country- und Soul-Clips, die hauptsächlich das junge Publikum ansprechen, setzen sich aus bizarren Bildwelten, aus Computergraphiken, Tanz, Gesang und Spielhandlung, aus kaleidoskopischen und halluzinatorischen Spezialeffekten zusammen, wobei die Wahl der Gestaltungsmittel so gut wie keiner Beschränkung unterliegt, außer dem ganz allgemeinen Bezug zum musikalischen Thema oder zur Musikfarbe oder zu den Inhalten der Texte. In einigen Fällen stützen sich diese Video-Clips so nachdrücklich auf spektakuläre Elemente und beuten ganz offensichtlich den Effekt um seiner selbst willen aus, daß die eigentlichen musikalischen Inhalte dahinter fast verschwinden. Mehr als jede andere Form der Unterhaltung bietet das Musikvideo dem Regisseur die Möglichkeit, seiner Phantasie – fast unbegrenzt – freien Lauf zu lassen.

In traditionelleren Musiksendungen können Klang, Bewegung und Farbe nicht annähernd so extravagant eingesetzt werden. Für die Übertragung eines symphonischen Konzertes sucht der Regisseur nach unaufdringlicheren Formen des Spektakels. Hier kommen der umgebende Rahmen, Großaufnahmen von Musikinstrumenten und die unterschiedliche Theatralik der Dirigenten zur Wirkung. Für die spektakuläre Gestaltung von Gesangsnummern in Fernsehshows bietet sich an, das Bühnenbild, die Licht-

gestaltung und visuelle Spezialeffekte wie Rauch, Flashlights, sich über-
lagernde Bilder und dergleichen mehr zu nutzen (alles weitere über Musiksendungen in Kapitel 13).

Werbespots. Sieht man einmal von einigen wenigen ganz großen Spielfilmen ab, so benutzt keine andere »Unterhaltungsform« das Spektakel kon-
sequenter und effektiver als der TV-Werbespot. Es ist schon fast ein Klischee,
daß die Spots die sie umgebenden Programme oftmals in den Schatten
stellen.

Vor ein paar Jahrzehnten sperrte die gesamte amerikanische Werbebranche noch staunend Mund und Nase auf, als eine Dosensuppenfirma
einen Dreißigsekundenspot mit einer bekannten und beliebten Tänzerin für
fast 250 000 Dollar drehte. Heute sind solche Summen an der Tagesordnung.
Die Kosten für einen elegant montierten Werbespot von einer Minute Länge
gehen nicht selten in die Millionen.

Was veranlaßt Firmen, solch horrende Summen für einen Werbespot
auszugeben? Zwei Gründe: Der erste ist offensichtlich und bezieht sich direkt
auf das in diesem Kapitel bislang Gesagte. Man will sinnliche Attraktion
schaffen und damit Publikum anlocken. Man weiß, daß Fernsehzuschauer
häufig die Werbeblöcke nutzen, um aufs Klo zu gehen oder Bier aus dem
Kühlschrank zu holen. Werbeleute müssen deshalb zunächst einmal Auf-
sehen erregen, bevor sie verkaufen können.

Der zweite Grund, warum Firmen für ihre Werbung solch enorme
Summen ausgeben, liegt darin, daß sich hohe Schauwerte an das Produkt
binden. Bilder eines attraktiven, gutgelaunten Teenagerpaares, das miteinander Ball spielt, ein Segelboot anstreicht oder ein Picknick genießt, begleitet
von einem flotten Spruch, schaffen ein heiter gelöstes Ambiente, ein warmes
Gefühl der Geborgenheit in einer unbeschwerten Mann-Frau-Beziehung.
Im Kopf des Zuschauers werden diese Bilder eng mit dem jeweiligen Produkt verbunden. Schließlich *wird* das Ambiente das Produkt, beide sind voneinander untrennbar. Die Verkaufsbotschaft, die sich daraus ergibt, lautet:
»Kaufe unser Produkt, und du partizipierst an diesem unbeschwerten Lifestyle.«

Überleben

In seinem Buch *Die Drachen von Eden* diskutiert Carl Sagan die Ergebnisse
einer Untersuchung über die Träume von Collegestudenten. Das Thema des
Traums, von dem die Studenten am häufigsten berichten, ist die Angst vor
dem Fall in die Tiefe.

Kapitel **2** ▮ Elemente der Unterhaltung

Die Angst vor dem Fallen hat wohl eindeutig mit unseren baumbewohnenden Ursprüngen zu tun und ist eine Angst, die wir mit anderen Primaten teilen. Wenn man auf einem Baum lebt, ist die einfachste Art zu sterben, die Gefahr des Fallens zu vergessen.[5]

Der zweithäufigste Traum, von dem Oberschüler und Studenten berichten, ist der, *verfolgt oder angegriffen zu werden.* Wie der Traum vom Sturz in die Tiefe hat auch der zweite direkt mit dem Thema des Überlebens zu tun. Tief verankert im Gedächtnis unserer Gattung stellt er die Verbindung zu unseren vorzeitlichen Ursprüngen her, als grauenhafte Reptilien und räuberische Säugetiere miteinander Krieg führten: töten oder getötet werden, fressen oder gefressen werden.

Diese Schlacht tobt in unserem Unbewußten fort, peinigt uns heute noch in unseren Träumen und wird im Spiel und im Wettstreit sublimiert. Wir haben Zähne und Klauen gegen andere Formen des Aufeinandereinschlagens eingetauscht, aber wir nehmen noch immer Teil am Kampf auf Leben und Tod, indirekt zwar nur, dafür aber um so extensiver. Schauen Sie in die Gesichter der Fans bei einem Boxkampf, wie sie nach Blut lechzen.

Beobachten Sie junge Hunde beim Spiel. Sie kämpfen miteinander ohne Ende, sie knurren, beißen, greifen an, schnappen nach der Kehle, ziehen sich zurück und greifen erneut an – aber sie verletzen einander so gut wie nie. Für sie, wie für Menschen und andere Tiere, ist Konflikt Spiel: Spiel ist Konflikt und schafft Spannung. Es ist das Überlebensspiel, aus dem der Aspekt des »Auf-Leben-und-Tod« entfernt wurde. Das Überlebensspiel begegnet uns in Hunderten von relativ zivilisierten Formen – politischen, ökonomischen und sozialen. Hier interessiert uns die soziale Form, im besonderen das Fernsehen und der Spielfilm.

Der Kampf ums Überleben manifestiert sich am häufigsten in der Form des Konfliktes. *Konflikt* hat etwas äußerst Attraktives, er durchzieht alle dramatischen Formen, Sportsendungen, Quiz- und Gameshows, viele Dokumentationen, ja, sogar die Werbung. Das Bedürfnis nach Konflikt ist so tief in uns verankert, daß wir ihn selbst dort aufspüren, wo uns seine Teilnehmer völlig fremd sind. Wenn auf einem Bolzplatz eine Hakelei entsteht oder es an irgendeiner Straßenecke zu Handgreiflichkeiten kommt, sofort bildet sich ein Pulk von Schaulustigen. Wir sehen uns interessiert einen Werbespot an, nur weil ein Ehemann mit seiner Frau über den Gebrauch eines Deos streitet oder weil sich zwei Schotten über den Geschmack eines Lightbieres in die Haare geraten. Wir schauen sie uns an, die schlechten Filme, die blödsinnige Werbung, die Sportübertragungen, bei denen wir für keine Seite auch nur das geringste Interesse aufbringen, und das nur, weil darin Gladiatoren miteinander kämpfen: Unsere Urinstinkte wittern Blut.

Mehr noch als beim Sport werden wir in einer dramatischen Handlung durch **Identifikation** mit dem Protagonisten zum indirekt Beteiligten. Wir kämpfen ums Überleben, wenn wir uns mit den modernen Säbelzahntigern herumschlagen. In Quizsendungen und Gameshows identifizieren wir uns zwar manchmal auch mit den Kandidaten, häufiger aber treten wir aktiv in den Wettbewerb ein, konkurrieren mit ihnen, versuchen (indirekt) die Luxuslimousine oder die Ferienreise nach Tahiti zu gewinnen.

Gewiefte Regisseure wissen um die enorme Anziehungskraft, die Konflikte auf das Publikum ausüben. Mit diesem Wissen müssen sie zunächst die Struktur (das Format) einer Sendung beurteilen und dann entscheiden, ob das Element des Konflikts logisch hineingehört oder nicht (dieser Entscheidungsprozeß beginnt beim Produzenten und seinem Redaktionsteam). Die Bedeutung des Konflikts für eine Spielhandlung, im Sport, in Quiz- und Gameshows ist allgemein bekannt und akzeptiert, in anderen Unterhaltungsformen bleibt seine Funktion oft unbemerkt. Letztlich ist es der Regisseur, der nach Methoden suchen muß, einen Konflikt in die Sendung einzubauen, ohne sie aus dem Gleichgewicht zu bringen.

Wie könnte beispielsweise der Regisseur einer Kochsendung Konflikt als Mittel einsetzen, um das Interesse der Zuschauer zu wecken? Als bewährtes Mittel gilt, die Hobbyköche aufzufordern, ihre Lieblingsrezepte einzusenden (Konflikt zwischen Zuschauern), wobei die besten Rezepte einen Preis erhalten oder die Gewinner in die Sendung eingeladen werden. Vor einigen Jahren führte ich bei einer Kochsendung Regie, die von zwei Gastgebern, einem Ehepaar, moderiert wurde. Der Witz der Sendung lag darin, daß beide so taten, als wollten sie einander in allem übertreffen. Jeder bemühte sich, besser zu kochen und besser zu moderieren als der andere, und bei kleinen Fehlern machte sich der eine über den anderen lustig. Ihr Umgang miteinander war humor- und liebevoll – aber das *war* Konflikt.

In Nachrichtensendungen kann man Konflikt durch die freundschaftliche Rivalität zwischen dem Hauptmoderator und dem Kollegen von der Sportredaktion inszenieren. Unterschiedliche Ansichten über bevorstehende Fußballspiele, über die Spielstärke des jeweiligen Favoriten oder einzelner Spieler veranlassen den Zuschauer, selbst Stellung zu beziehen.

Konflikt muß nichts mit Aggressivität, Wut, Bedrohung oder Gewalt zu tun haben. Wie wir im Kapitel 4 entdecken werden, kann er auch *innerlich* stattfinden. So könnte zum Beispiel die Moderatorin einer Kochsendung bei dem Versuch, sich gewisse Verhaltensweisen abzugewöhnen (etwa zu naschen, bevor das Essen fertig ist), mit sich selbst in Widerstreit geraten. Innere Kämpfe können eine Sendung wunderbar bereichern, vor allem, wenn es um Eigenheiten geht, die der Zuschauer an sich selbst kennt.

Kapitel **2** ▮ Elemente der Unterhaltung

Wenn in einer Spielhandlung oder im Format einer Fernsehsendung Konfliktelemente angelegt sind, wird sie ein guter Regisseur auf keinen Fall schmälern oder gar unter den Tisch fallen lassen. Manchmal wird er sogar Konflikt in eine Spielszene einbauen, in der eigentlich keiner enthalten ist, nicht durch Änderung des Dialogs, sondern einfach durch die Art des Spiels. Ich erinnere mich an eine Szene in einem ausländischen Spielfilm, in dem ein Regierungsbeamter eine junge Frau befragt. Solche Erklärungsszenen, die Hintergrunddetails der Geschichte ins Spiel einführen sollen, sind oft ziemlich schwerfällig. Der Regisseur löste das auf sehr unterhaltsame Weise, indem er den Beamten wie ein Raubtier agieren ließ. Mit Blicken, Gesten und versteckten Anspielungen ging von ihm eine Botschaft aus, die im Dialog durch nichts gestützt wurde. Der Beamte war ganz offensichtlich an einem Abenteuer interessiert, was die junge Frau kühl übersah. Die Verwendung dieser den Dialog überlagernden Struktur hatte nichts Aufgesetztes. Sie brachte subtilen Konflikt in eine Szene, die sonst ziemlich spannungsarm gewesen wäre.

In Sportsendungen, in Quiz- und Gameshows befinden sich die Teilnehmer bereits eindeutig im Kriegszustand. Durch die Ansager oder die Conférenciers wird die latente Konkurrenz verstärkt. Man spürte, hinter Spaß und guter Laune tobt der Kampf der Gladiatoren.

Mann-Frau-Beziehung

Weil die Natur in uns diesen sonderbaren, bezwingenden Magnetismus eingepflanzt hat, den wir Sexualität nennen, dürfen viele der sogenannten Regeln der Unterhaltungskunst verbogen, gebrochen oder ein wenig ins Wanken gebracht werden. Es gab immer schon Tänzerinnen ohne Anmut, Sängerinnen ohne Stimme und Schauspielerinnen ohne Emotion, die allein aufgrund ihrer sexuellen Ausstrahlung das Publikum (vornehmlich männliches) in ihren Bann zogen. Jahrzehntelang hopsten Frauen, die weder Tänzerinnen noch Sängerinnen noch Schauspielerinnen waren, zu musikalischer Begleitung (mehr oder weniger) im Takt über die Bretter, die die Welt bedeuten. Die künstlerische Leistung dabei durfte angesichts der körperlichen Reize durchaus bescheiden ausfallen. Stripteasegirls und exotische Tänzerinnen und Tänzer haben längst demonstriert, auf wie vielfältige Art und Weise Zuschauer in Bann zu schlagen sind. Das voyeuristische Vergnügen der Zuschauer gehört in die Kategorie des Spektakels, des sinnlichen Reizes: Das Sehen allein verschafft Befriedigung, stimuliert und erregt, der Sehende glaubt sich in eine Traumwelt entrückt.

Alle Zweipersonenstücke, die auf amerikanischen Theaterbühnen mehrere Spielzeiten überlebt haben, sind ausnahmslos Stücke, in denen es um die Beziehung der Geschlechter geht. Die Zuschauer identifizieren sich mit den Figuren auf der Bühne, in der Regel mit der des eigenen Geschlechts, und erleben indirekt deren Paarungsrituale mit. Die Identifikation gewinnt in der Mann-Frau-Beziehung eine solche Macht, daß dafür häufig die ansonsten für das Erzählen einer dramatischen Geschichte geltenden strengen Regeln über Bord geworfen werden. Zum Beispiel halten sich professionelle Autoren meist an die Maxime, das Problem einer Geschichte möglichst früh einzuführen, um das Publikum »an den Haken zu kriegen«. Wenn jedoch ein attraktiver junger Mann einer attraktiven jungen Frau nachstellt (oder umgekehrt), dann sind die Zuschauer mit solchem Spaß dabei, daß sie bereit sind, von ihren Sehgewohnheiten abzuweichen. Die Darstellung einer ziemlich alltäglichen Situation, wie ein Junge und ein Mädchen in einem Vergnügungspark miteinander flirten, kann im Film oder im Fernsehen sehr weit ausgedehnt werden, zwar nicht bis in alle Ewigkeit, aber gewiß auf das Doppelte der Zeit, die für eine Begegnung ohne sexuelle Untertöne tragfähig wäre.

Fernsehwerbung. Vor Jahren wurde die Werbung für Bluejeans zum Vorreiter freizügig-eindeutiger Fernsehspots. Junge Frauen reckten ihre denimbekleideten blauen Hinterteile in die Kamera und taten auf diese Weise den guten Sitz und die Sinnlichkeit des Produktes kund. Die Plakat- und Anzeigenwerbung zog mit solchen Motiven nach: die frech und freizügig gezeigte Mann-Frau-Beziehung am Strand, auf Pferderücken oder in Bergeshöhn erklomm neue Gipfel der Sinnlichkeit, vorausgesetzt, die Beteiligten trugen Designerjeans. Die Jeanshersteller hatten entdeckt, was die Fabrikanten von Kosmetika, Deos, Mundwasser und einer ganzen Reihe anderer Artikel schon seit langem wußten: ein Produkt verkauft sich über das Versprechen von einem reicheren, sexuell erfüllteren Leben.

Sport. Regisseure von Sportübertragungen, die ihr überwiegend männliches Publikum kennen, streuen »**Honeyshots**« in die Berichterstattung: kurze Blicke auf attraktive Cheerleadergirls bei ihren aufreizenden Pflichtübungen für die Heimmannschaft. Auf die Frage, wie er auf die Idee mit den Honeyshots gekommen sei, antwortete der Sportregisseur Andy Sidaris von der PBS-Sendung »Seconds to Go«: »Ich erinnere mich noch, als ich siebzehn war, da bekam ich jedesmal das große Zittern, wenn ich mir ein Mädchen nur angeschaut habe. Und dann habe ich mir gedacht: ›Wenn ich das mag, vielleicht mögen das andere Leute auch.‹ Und wissen Sie was? Sie mögen es. Totsicher, sie mögen es!«

Kapitel **2** ∎ Elemente der Unterhaltung

Spielfilme. Nachdem das Fernsehen den Spielfilm als den Lieferanten für Massenunterhaltung verdrängt hatte, wurden die Filmgesellschaften mit dem Problem konfrontiert, Zuschauer aus ihren bequemen Wohnzimmersesseln in die Kinos zu locken. Untersuchungen ergaben, daß sich der größte Teil des Kinopublikums aus einer erstaunlich eng begrenzten Altersgruppe rekrutierte: aus den 14- bis 24jährigen. Kann sich jemand vorstellen, was die Angehörigen dieser Altersgruppe, männlich wie weiblich, normalerweise im Sinn haben? Ganz sicher nicht die politische Lage in Zentralafrika. Damit war klar, mit welchen Inhalten die Spielfilmproduzenten gegen das Fernsehen zu Felde ziehen mußten. Stories wurden mit anderen Augen gesehen, neue Stoffe wurden entdeckt. Eine Folge davon war, daß in den sechziger und siebziger Jahren in- und ausländische Filme zum ersten Mal unverhüllte Nacktheit und den Geschlechtsakt selbst zeigten. Diese deutliche, zum Teil drastische Darstellung sexueller Themen scheint in den achtziger und neunziger Jahren seltener geworden zu sein, vermutlich, weil das Publikum inzwischen abgestumpft ist.

Vermischtes. In Liedern, ob nun in Rock'n'Roll-Songs oder alten Folk-Balladen, ging und geht es immer um Liebe, um Liebesgeschichten, um die Beziehung von Mann und Frau. In den modernen Songs spiegelt sich die gegenwärtige Kultur wider, in der Erotik und Sexualität viel ungezwungener als früher zum Thema gemacht wird. Auch Magazine wie *Playboy* und *Penthouse*, in denen fast auf jeder Bildseite nackte Körper zu sehen sind und sich die meisten Texte um Sex drehen, belegen, daß heute allgemein größere Liberalität Einzug gehalten hat.

Regisseure müssen keine Lehrbücher lesen, um herauszufinden, daß Sex die Kinokassen klingeln läßt. Weil sie das wissen, lassen sie in Musikshows die Röcke kürzen, richten bei Ballettnummern die Kameras vornehmlich auf die Beine, engagieren Schauspieler und Schauspielerinnen, die in der Lage sind, in einen Film oder in ein Fernsehspiel sexuelle Untertöne hineinzubringen. Der bewußte Einsatz solcher Mittel kann sehr starke Wirkungen haben, in der Übertreibung zeigt sich oft nur schlechter Geschmack. Guter Geschmack und die Wahl angemessener Mittel zeichnen den guten Regisseur vor allem anderen aus. Den tiefen Einblick in ein freizügiges Dekolleté erwartet man vielleicht bei einer Anzeige im *Playboy*-Magazin, bei der Präsentation einer Nachrichtenmoderatorin im Fernsehen ist er völlig fehl am Platz. Eine sinnliche Kußszene ist in einem Erwachsenenfilm vielleicht angemessen, gehört aber nicht in einen Zeichentrickfilm für die Kindersendung am Sonntagvormittag.

Der Schlüssel zur richtigen Balance liegt häufig im *Understatement*

(»weniger ist mehr«). Die menschliche Vorstellungskraft ist und bleibt die ergiebigste Quelle für dramatische Wirkung. Wenn es der Regisseur der Phantasie des Zuschauers überläßt, sich das Ungesehene auszumalen, wird sein Film sinnlicher und stärker. Verhüllte Nacktheit ist im allgemeinen sinnlicher als blankes Fleisch. Andeuten fesselt mehr als direktes Zeigen.

Ordnung/Symmetrie

In den dreißiger Jahren, den Zeiten der Wirtschaftsdepression, grassierte in Amerika das Puzzlefieber. Mit verquollenen Augen verbrachten die US-Bürger Stunden, Tage, manchmal Wochen damit, Hunderte (oder auch Tausende) von winzigen, kompliziert geformten Puzzleteilen zusammenzufügen. War das Werk endlich vollbracht, lag als Belohnung vor ihnen ein schlichtes Landschaftsbild, mit dem eigentlich nichts anzufangen war. Warum aber der ungeheure Aufwand? Die Erklärung liegt in dem fundamentalen psychischen Bedürfnis des Menschen nach Ordnung. Scherben wieder zusammenzufügen beruhigt und befriedigt. Vielleicht war das wirtschaftliche Chaos in den dreißiger Jahren die Ursache dafür, daß sich dieses Grundbedürfnis gerade in dieser Form so heftig Bahn brach. Wenn sich der Durchschnittsbürger außerstande sah, die Weltwirtschaft, die in viele kleine Puzzleteile auseinandergebrochen war, zu einem Bild zusammenzufügen, wollte er wenigstens in seiner häuslichen Idylle ein Stück Ordnung herstellen.

Noch immer werden Puzzles in Spielzeugläden verkauft. Von einem Spielfieber kann zwar schon seit Jahrzehnten keine Rede mehr sein, aber das Bedürfnis gibt es nach wie vor. Heutzutage tragen Dutzende ganz anderer Puzzlevarianten diesem Ordnungsbedürfnis Rechnung – literarische Gattungen und Unterhaltungsformen, in denen sich das Puzzleelement wiederfinden läßt. Prominenteste Vertreter sind die Krimis: Der Privatdetektiv oder der Polizist stößt auf etwas, worin der Zuschauer eine aus den Fugen geratene Welt entdeckt. Ein Mord ist geschehen, die Ordnung kann erst dann wiederhergestellt werden, wenn die verschiedenen Teile des Puzzles zusammengesetzt sind und der Mörder entlarvt ist. In Horrorfilmen begeht ein Monster oder ein übernatürliches Wesen eine Serie von Greueltaten, die Welt des Dramas geht aus allen Fugen. Sobald die Geister vertrieben sind, das Monster getötet ist, ist auch die Ordnung wiederhergestellt.

Jede dramatische Handlung beschäftigt sich ihrem Wesen nach mit einem Ungleichgewicht. Im traditionellen Muster kämpft der rücksichtslose **Antagonist** gegen den Helden, um ihn daran zu hindern, ein lohnendes Ziel zu erreichen. Angst kommt auf. Das Problem verschärft sich, die Angst wird

Kapitel **2** ▌ Elemente der Unterhaltung

größer. Dann löst sich das Problem, und das Gleichgewicht ist wiederhergestellt. Selbst in Filmen ohne Happy-End wird gewöhnlich das Gleichgewicht zumindest zum Teil wiedergewonnen: Die Ehre des Helden ist wiederhergestellt, die Ehefrau kann ihren Mann aufs neue respektieren.

Häufig genügen Regisseure dem Publikumswunsch nach Ordnung und dem ihm eng verwandten Vergnügen, das uns Symmetrien machen, durch die Verwendung von Rhythmus. Im visuellen Medium bedeutet **Rhythmus** Wiederholung. Maler arbeiten mit diesem Prinzip in ihren Bildern. Sie wissen um das sinnliche Vergnügen, das beim Betrachten einer sich wiederholenden Linie oder Form entsteht, bei Bäumen, Torbögen, einem Schatten. Visuell anspruchsvolle Regisseure suchen in der Komposition einer Einstellung, in der Inszenierung der Schauspieler, in der Auswahl der Landschaften und Schauplätze sehr intensiv nach rhythmischen Wiederholungen. Wenn zum Beispiel in einer schräg-seitlichen Einstellung (Raking shot) von mehreren Gesichtern das immer kleiner werdende Profil sich wiederholt, erzeugt das einen visuellen Sog. Solche Einstellungen werden oft bei der Aufnahme von Symphonieorchestern eingesetzt: Die Kamera schaut an einer Reihe von Cellisten entlang, und durch die Aufeinanderfolge nahezu identischer Formen entsteht ein visuelles Muster von großem Reiz.

Der Einsatz von Wiederholung muß aber nicht allein auf den visuellen Bereich beschränkt bleiben. In der Filmmusik gibt es das **Leitmotiv**, ein immerfort wiederkehrendes Thema, das in der Regel mit einer Person oder einem bestimmten Inhalt (etwa einem Liebesthema) verknüpft ist. Jedesmal, wenn es zu hören ist, wird es vertrauter. Es entsteht eine emotionale Bindung (mehr darüber in Kapitel 13 im Abschnitt »Themen/Motive«). Der Song »As Time Goes By« in *Casablanca* ist ein besonders anschauliches Beispiel für ein Leitmotiv. Wiederkehrende Themen (Leitmotive) können auch in Dialogen auftauchen, sich wiederholende Worte und Sätze klingen wie ein Echo lange nach (»Ich schau dir in die Augen, Kleines«, *Casablanca*). Auch Schauplätze können erneut aufgesucht werden: Wenn in einer Liebesgeschichte die Liebenden an »ihren« verschwiegenen Ort zurückkehren (in das kleine China-Restaurant, wo sie sich zum ersten Mal trafen), erhält dieser Ort eine besondere Aura. In dem Film *Greystoke* sieht sich Tarzan wieder und wieder mit dem Tod konfrontiert, der unter den Mitgliedern seiner Primatenfamilie wütet. Er bringt seinen Schmerz dadurch zum Ausdruck, daß er die »Hand« des toten Tieres auf seinen Kopf legt. Durch die Wiederholung gewinnt diese Geste an emotionaler Tiefe. Wenn später im Film Tarzans Großvater stirbt und der Affenmensch diese Geste der Trauer wiederholt, ist die Wirkung überwältigend. Solche typischen, charakterisierenden Aktionen, **Aktivitäten** genannt, steigern oft die Dramatik einer Szene. Als wieder-

54   Teil **1** ▍ Grundlagen

kehrendes Motiv etablieren solche Aktionen eine Art Symmetrie in der dramatischen Darstellung.

Tendenziell erzeugen Symmetrien Entspannung und Gelöstheit. Aber es gibt auch Situationen, in denen der Zuschauer aus seiner Ruhe aufgeschreckt werden möchte.

Überraschung und Komik

Wie oft ist es Ihnen bei einem Fernsehfilm schon passiert, daß Sie den genauen Text wortwörtlich vorhersagen konnten, noch bevor der Darsteller überhaupt dazu kam, den Mund aufzumachen? Wie oft schon konnten Sie den Ausgang eines Films oder eine Wendung in der Handlung exakt vorhersagen? Der Grund für dieses Vertrautsein liegt in der ständigen Wiederbegegnung mit immer gleichen Dialog- und Handlungsmustern.

Ein unbekannter Pfad verspricht dem Wanderer aufregende Abenteuer und spannende Entdeckungen. Immer wieder denselben Pfad entlang zu gehen, erzeugt Langeweile. Wenn der Ausgang eines Films vorhersehbar ist, befindet sich die Unterhaltung auf einem ausgetretenen Weg, auf dem unweigerlich Zuschauer verlorengehen. Zwar muß sich die Auflösung einer Handlung sinnvoll aus dem zuvor Eingeführten ergeben, aber der gute Autor, wenn er denn wirklich gut ist, präsentiert dennoch eine unerwartete Lösung. In der Unterhaltung wie in der Kunst sind Innovationen meist willkommen. Die Neuartigkeit einer Idee oder die Frische ihrer Umsetzung machen aus einem vor sich hin dösenden Konsumenten einen aufmerksamen und interessierten Zuschauer.

Klischees begegnet man in vielen Sparten der Unterhaltung, bei Spielfilmen zunächst einmal im Drehbuch. Wenn einem Regisseur ein Buch angeboten wird, das voller Klischees steckt, dann bleiben ihm zwei Möglichkeiten: Entweder er versucht, verstaubte Dialoge, Charaktere und Handlung aufzupolieren, und schreibt das Buch um, oder er lehnt das Projekt ab. Auch bei der Auswahl der Schauspieler (Casting) stolpert man leicht in die Stereotypenfalle hinein. Wir alle kennen Schauspieler, die in den unterschiedlichsten Filmen immer wieder dieselbe Rolle spielen. Mit einem solchen Casting macht man es sich sehr bequem. Indem sie, ohne die Phantasie zu strapazieren, den für die Rolle naheliegendsten Schauspieler engagieren, wählen Regisseur, Besetzungschef und/oder Produzent den einfachen, den voraussehbaren Weg.

Wenn im Fernsehen eine Sendung, zum Beispiel eine bestimmte Serie, erfolgreich läuft, neigt der Produzent dazu, sich an den einmal bewährten Handlungsmustern festzuklammern. Zwar können solche Muster den

Kapitel 2 ▮ Elemente der Unterhaltung

Zuschauer für eine Weile bei der Stange halten, aber mit der Zeit werden sie fad. Der Produzent muß also entweder die ausgetretenen sicheren Pfade verlassen und auf Abwechslung, Überraschung und Abweichung vom Erwarteten setzen, oder er verliert sein Publikum.

Regisseure verfallen in ganz eigene, stereotype Muster. Jahrelang schien Theater-, Film- und Fernseh-Regisseuren, wenn sie in einer Szene eine Aktivität brauchten, nichts anderes einzufallen, als daß sich die Schauspieler eine Zigarette anzünden sollten. In den letzten Jahren wurde die Aktivität Rauchen durch die Aktivität Trinken ersetzt. Schauen Sie sich einmal drei oder vier Seifenopern daraufhin an und zählen Sie mit, wie oft ein Schauspieler einen Drink hinunterstürzt oder nachdenklich an einem Glas nippt, Eis hineintut oder sich nachschenkt. Regisseure, die unter Zeitdruck stehen, greifen manchmal (wie jeder andere streßgeplagte Mensch auch) nach den schnellen, den einfachen Lösungen. Aber einfache Lösungen sind gewöhnlich Klischees.

Inszenierungsmuster, etwa wie eine Szene in einzelne Kameraeinstellungen aufgelöst wird, können ebenso zu Stereotypen werden. Kürzlich war ich für mehrere Wochen Mitglied einer Jury. Tag für Tag sahen sich die Juroren Familienserien an, mehr gab es nicht zu tun. Die Inszenierungen waren Szene für Szene so gut wie identisch: Ein Schauspieler tritt auf (Halbtotale), trifft auf einen anderen; während sich beide aufeinander zubewegen, löst der Regisseur diesen Gang in Schüsse über die Schulter auf, um dann bei der anschließenden Konfrontation die – spannungsaufbauenden – Großaufnahmen zu benutzen. Gerät eine der beiden Personen in Erregung, hält der Regisseur unweigerlich groß auf das Gesicht des Gegenübers. Kurz darauf ein Schnitt, und die nächste Szene beginnt, in der andere Schauspieler ein (fast) identisches Schema durchlaufen.

Dramatische Überraschung und Komik hängen eng miteinander zusammen. Wenn wir erwarten, daß sich eine Geschichte in eine bestimmte Richtung entwickelt, und sie schlägt unerwarteterweise einen ganz anderen Weg ein, dann sind wir hereingelegt worden. Wir lachen, vielleicht aus Verlegenheit, weil wir mit unserer Vermutung falsch gelegen haben. Chaplin hat dieses Prinzip oft benutzt. In *Der Einwanderer* sieht ihn der Zuschauer auf einem Ozeandampfer, der im Sturm rollt und stampft, daß einem übel werden könnte. Der arme Charlie hat sich weit über die Reling gebeugt. Kurz darauf erscheint er mit einem Fisch an seiner Angel. Er war nicht seekrank, wie wir vermutet hatten, sondern er hat geangelt. Wir lachen, weil wir überrascht worden sind. In einem anderen Film dreht Charlie fachmännisch am Zahlenkombinationsschloß eines gewaltigen Safes. Als der sich endlich öffnet, nimmt Charlie einen Eimer und einen Putzlappen heraus. Er gehört nicht zu den Chefs, wie wir vermutet haben, er ist der Hausmeister. Wieder hat er uns reingelegt – und wir lachen.

Das Komische ist ein wichtiges Element und ein wertvolles Instrument in der Hand des Regisseurs. Um einer Person etwas mehr Pep zu geben, sorgt man am besten für Momente, in denen sie ihre komische Seite zeigen kann. Zuschauer lachen gern. Wer ihnen dazu Gelegenheit gibt, dem sind sie dankbar. Selbstverständlich ist das Lachen *mit* einem Akteur etwas ganz anderes als das Lachen *über* einen Akteur. Akteure, die über sich selbst lachen können, gewinnen die Leute im Sturm.

Mit dem Wissen darum, wie anziehend Humor auf Zuschauer wirkt, sollten Regisseure ihren Akteuren zu Gelegenheiten verhelfen, Humor zeigen zu können – den Humor, der zu ihrer Persönlichkeit am besten paßt. Aus demselben Grund ermutigen manche Nachrichtenredakteure die Mitglieder ihres Teams, überall in die Meldungen persönliche Bemerkungen einzustreuen und, wann immer möglich, einen Scherz zu machen. Wer Nachrichten präsentiert, soll sich als Mensch zeigen, nicht wie ein Roboter agieren. Wenn ein Nachrichtenmoderator Sinn für Humor hat, gewinnt er an Echtheit, er erhält ein persönliches Profil und wirkt dadurch wesentlich sympathischer.

Information

Wenn wir uns gezielt auf die Suche nach Information machen, dann treibt uns eine oftmals schief angesehene menschliche Eigenschaft, die Neugier. In unterschiedlichem Ausmaß besitzt sie jeder von uns. Neugier zeigt sich in zwei Gestalten: Es gibt morbide und es gibt gesunde Neugier. Beide lassen sich nicht immer auseinanderhalten, manchmal findet man bei der einen Spuren der anderen, vielleicht sind sie auch unentwirrbar ineinander verwoben.

Morbide Neugier

Eine Erinnerung aus Kindertagen: Ich verstieß gegen das ausdrückliche Verbot meiner Eltern, die Straße zu überqueren, weil ich unbedingt einen Blick auf eine zurückgezogen lebende alleinstehende Frau werfen wollte, die ein paar Häuser weiter lebte. Sie war ein Albino. Bei Kindern ist diese Art Neugier ein verständliches Fasziniertsein vom Andersartigen, vom offensichtlich Anomalen, und Teil des Lern- und Entwicklungsprozesses. Von dieser Art Faszination werden aber nicht nur Heranwachsende gepackt. Monstrositätenshows auf Jahrmärkten sind gut besucht, es fällt schwer, den Bettler, der

Kapitel **2** ▮ Elemente der Unterhaltung

keine Beine mehr hat, nicht anzustarren oder sich nicht nach dem alten Mann mit dem Buckel umzudrehen.

Morbide Neugier hat, wo wir uns zum Grausigen und Makaberen hingezogen fühlen, etwas Zwanghaftes. Aufgeregt versammeln sich Schaulustige um einen Verkehrsunfall und starren wie gebannt auf die Verletzten. Wenn aus einer Wunde ein Knochen herausragt, um so besser. Die Faszination des Grauens zieht viele Menschen in Horrorfilmen wie etwa *Blutgericht in Texas.*

Die Faszination des Makaberen löst in sehr vielen Menschen einen sonderbaren Konflikt aus: sie fühlen sich angezogen und abgestoßen zugleich. Zartbesaitete Zuschauer halten sich in Horrorfilmen während der besonders grauslichen Augenblicke die Augen zu – und blinzeln verstohlen zwischen den Fingern hindurch auf die Leinwand. Der Schauder, den wir beim Anblick einer Leiche empfinden, mag damit zu tun haben, daß wir uns an unsere eigene Sterblichkeit erinnert fühlen. Und vielleicht sind wir deshalb zugleich fasziniert, weil wir erleichtert sind, nicht selbst der oder die Tote zu sein. Ebenso, wie die Zurschaustellung von Monstrositäten, gehören Leichen zu einer dunklen Nische in unserer Kultur, vor der das Schild »verboten« steht. Wie Pandora wollen wir das sehen, was wir nicht sehen sollen.

Die Faszination des Andersartigen zieht uns in fremde Länder, zu indischen Fakiren und arabischen Kameltreibern. Wir stehen staunend vor der Sphinx und den Pyramiden. Naturschauspiele, ein rauchender Vulkan oder ein gewaltiger Wasserfall etwa, ziehen uns in Bann. Hierbei verliert die Neugier ihre Morbidität, denn es spiegelt sich in ihr das gesunde Verlangen, zu lernen und zu entdecken.

Gesunde Neugier

Der Forschungsdrang von Pionieren, das Bedürfnis, unbedingt herausfinden zu wollen, wer auf der anderen Seite des Berges wohnt, hat zu den größten Entdeckungen der Menschheitsgeschichte geführt. Deshalb ist Columbus in die Neue Welt aufgebrochen, erobern heute Astronauten den Weltraum, erforschen Wissenschaftler das Atom und die Ursachen von Krankheiten.

Weil wir etwas lernen wollen, lesen wir unsere Morgenzeitung, kaufen Bücher und Magazine und bereisen fremde Länder. Aus Wissensdurst gehen Studenten an die Universitäten, sehen wir im Fernsehen Lehrfilme und Dokumentationen an und verfolgen interessante Diskussionsrunden oder Ratesendungen. Wir bilden uns, um sozial und beruflich aufzusteigen und um gesellschaftlich geachtet zu werden.

Lernen ist aber nicht auf explizite Lehr- und Informationssendungen beschränkt. In Spielhandlungen sucht das Publikum auch nach Rollenvorbildern für das eigene Handeln und Auftreten oder nach auf das eigene Leben übertragbaren Mustern, wie persönliche Probleme gelöst werden können.[6] Das hat nicht immer positive oder wünschenswerte Folgen. Die in anderen Forschungen bestätigten Befunde von H. J. Eysenck und D. K. B. Nias[7] führen zu dem Schluß, daß unsichere und labile Menschen oft gewalttätiges und aggressives Verhalten imitieren, das ihnen von den Figuren in Fernsehserien und Filmen vorgeführt wird. Regisseure müssen sich deshalb ihrer Verantwortung für ihr Publikum und für die Gesellschaft bewußt sein. Leben, so will es scheinen, kopiert die Kunst!

Flucht

Während der Weltwirtschaftskrise in den dreißiger Jahren blieb der Besucherandrang an den Kinokassen erstaunlich stark. Jeder vierte Fabrikarbeiter war arbeitslos, Banken machten zu Hunderten Bankrott, Ersparnisse eines langen Arbeitslebens gingen über Nacht den Bach hinunter, Geschäftsleute sprangen von den Dächern der Bürohochhäuser. Aber es war möglich, sich einen Traum zu kaufen und dieser Welt für eine kleine Weile zu entkommen. Je drückender die Sorgen waren, desto unwiderstehlicher wurde das Angebot, ins Dunkel des Kinos einzutauchen und ein anderer zu werden. Nach 1932 stieg in den USA die Zahl der wöchentlichen Kinobesucher auf 80 Millionen und blieb für den Rest des Jahrzehnts auf diesem Niveau. Je zerrütteter das Leben wurde, um so drängender wurde das Bedürfnis, als ein anderer, aufregender Mensch in einer anderen, glamourösen Ersatzwelt zu leben.

In den folgenden Kriegsjahren blieb das Kino der Ort, an dem man der Angst und Einsamkeit entfliehen und für Stunden die Ungewißheit vergessen konnte, die der Krieg mit sich brachte. Das kleine Kino um die Ecke zeigte die Welt nicht, wie sie war, sondern so, wie die Zuschauer sie gerne gehabt hätten. Die Besucherzahlen stiegen während der Kriegsjahre auf 85 Millionen Zuschauer pro Woche. Sieht man von 1946 ab, waren dies die höchsten in der Geschichte der Branche.

Ein amerikanisches Wörterbuch definiert *Unterhaltung* als Zerstreuung, Zeitvertreib. Sich zerstreuen heißt, eine ernsthafte Beschäftigung beiseite legen, sich ablenken. Fernsehen und Kino entführen die Gedanken der Zuschauer, lenken sie ab von den Sorgen des Alltags. Flucht ist das einzige Element der Unterhaltung, über das der Regisseur keine *direkte* Kontrolle besitzt. Er besitzt relativ wenig Einfluß auf die Fähigkeit des Zuschauers, sich den Bedrängnissen des Lebens zu entziehen, sie ist eine individuelle und

Kapitel 2 ∎ Elemente der Unterhaltung

ganz persönliche Fähigkeit, die von der Schwere der Lebensnöte abhängt und davon, wie leicht jemand in eine Phantasiewelt abzutauchen vermag.

Indirekt tragen Regisseure allerdings enorm zum Gelingen der Flucht bei. Wenn wir den Fernseher einschalten oder ins Kino gehen, geschieht das in aller Regel nicht in der Absicht, sich die Realität anzuschauen. Realität kann glanzlos, trübselig und langweilig sein. Wer sich an eine Straßenecke stellt und die Passanten beobachtet, dem wird vielleicht für ein oder zwei Minuten ein wenig Zerstreuung geboten, jedoch kein einziges Element der Unterhaltung: weder Spektakel noch Information, weder Flucht noch Gemeinschaft. Das Defilee der freudlos und desinteressiert Vorüberhastenden berührt weder intellektuell noch emotional.

Nein, es ist ganz sicher nicht die oft schmerzhafte Realität, die wir im Fernsehen und im Kino suchen. Es ist die *Illusion* von Realität. Um mit Alfred Hitchcock zu sprechen: Wir wollen Leben sehen, »aus dem man die langweiligen Momente herausgeschnitten hat«. Die Geschichten, die wir uns anschauen, sind strukturierter als das wirkliche Leben. Die Welt der Fiktion hat Dialoge, Szenen und Charaktere, die ökonomischer, dichter und emotionaler sind (mehr über den Unterschied zwischen erfundener Spielhandlung und wirklichem Leben in Kapitel 4). Gleichwohl ist der Herr der Illusionen (auch bekannt unter der Bezeichnung Regisseur) normalerweise in der Lage, uns davon zu überzeugen, daß das, was wir sehen, das wahre Leben sei. Und in gewissem Sinn stimmt das auch, denn ein guter Film enthält immer auch die *Essenz* des Lebens. Indem der Herr der Illusionen intensiven emotionalen Erfahrungen mit viel Gespür und Geschick Gestalt verleiht, können wir Schmerz, Freude und Leidenschaft mit Wonne genießen, können der Langeweile entfliehen und der Verzweiflung entkommen.

Gemeinschaft

Die Menschen nehmen Radio- und Fernsehsendungen oft nur als ständige Geräuschkulisse oder Flimmern wahr, als Hintergrundrauschen, dem nicht wirklich Beachtung geschenkt wird.[8]

Es gibt zwei Formen von Gemeinschaft: eine aktive und eine passive. Wenn Unterhaltung zum Hintergrund wird, vor dem andere Aktivitäten stattfinden, wird eine Art von »passiver« Gemeinschaft erzeugt. Passive Gemeinschaft kann nur dem Fernsehen, nicht aber dem Kino zugeschrieben werden. Bei ihr sind Art und Inhalt des Programms zweitrangig, es zählt allein die bloße Präsenz von Klang (Musik, Nachrichten oder Dialog), der Einsamkeit erträglicher macht, der eine leere Wohnung oder ein ödes Büro zu beleben hilft.

Zur aktiven Form von Gemeinschaft kommt es, sobald der Zuschauer seinen Fernsehschirm oder die Kinoleinwand zum primären Gegenstand seines Interesses macht. Seiner Aufmerksamkeit tut ein beiläufiges Gespräch, das Naschen von Popcorn oder Eis, ein Gang zum Telephon, in die Küche oder zur Toilette keinen Abbruch; wichtig ist, daß das Hauptanliegen des Zuschauers darin besteht, sich mit den Personen auf dem Bildschirm oder der Leinwand in eine Beziehung einzulassen.

Persönliche Beziehung

Daß der Zuschauer zu einer Figur oder einem Akteur eine Beziehung entwickelt, ist die Basis jeder dramatischen Handlung wie der meisten anderen Formen von Unterhaltung. *Beziehung entsteht von Mensch zu Mensch.* Einem Feuerwerk applaudiert das Publikum, es ist entzückt vom Knallen, von der Bewegung und den Farben. Der dressierte Seehund und der zahme Elephant können die Zuschauer belustigen. Beim Spiel von Licht- und Wasserorgeln hält das Publikum den Atem an, ruft Ooooh und Aaaah. Aber solange die Akteure keine Menschen sind (oder ihnen nicht wenigstens menschliche Eigenschaften beigelegt werden), entsteht beim Zuschauer meist auch keine tiefer reichende emotionale Anteilnahme.

Wohin wir uns auch wenden, sei es in der Kunst, sei es im Alltag, wir suchen nach Menschen, und zwar in der (möglicherweise durchaus narzißtischen) Absicht, ein Spiegelbild unserer selbst zu finden. Wenn ich in ein Museum für abstrakte Kunst gehe, so suche (und finde!) ich selbst in der wildesten Farbkomposition noch menschliche Formen oder Gesichter.

Das Bedürfnis nach Identifikation ist so stark, daß der Zuschauer selbst in Filmen, in denen – wie in manchen avantgardistischen Werken – überhaupt keine Schauspieler auftreten, nach Spuren menschlicher Präsenz sucht und notfalls Tiere oder Maschinen mit menschlichen Zügen ausstattet. Auf der Basis solchen Anthropomorphismus schuf Walt Disney eine ganze Dynastie. Ein halbes Jahrhundert lang erfand er Kreaturen, die Tieren ähneln, sich aber verlieben, Spaghetti essen, sich vor dem Spiegel hübsch machen, lächeln, sich betrinken, einander begehren, weinen und lachen. Disneys Tiere zeigen so eindeutig menschliche Eigenschaften, daß wir uns sofort mit ihnen identifizieren können.

Spielhandlung. Während einer dramatischen Handlung identifiziert sich das Publikum mit dem Protagonisten oder Helden. Wenn keine Identifikation, keine echte emotionale Beteiligung entsteht, haben Autor, Regisseur oder Schauspieler versagt. Die Beziehung zwischen Zuschauer und Protagonist wird vielfach sehr innig und führt dazu, daß das Publikum die Emotionen des Protagonisten teilt und durchlebt: es verzweifelt an seinen Problemen und frohlockt über seine Erfolge. Im Idealfall verliert der Zuschauer für die Dauer des dramatischen Geschehens die Orientierung und das Gefühl für die eigene Identität.

Psychologen und Kommunikationswissenschaftler haben über die Gründe spekuliert, warum Zuschauer bei einer Spielhandlung diese tiefe persönliche Betroffenheit erleben können. Weil »Stücke dazu da sind, beim Publikum eine emotionale Reaktion hervorzurufen«,[9] und diese emotionale Reaktion, wie man annimmt, eine Läuterung von Schuld, eine »Katharsis«, ermöglicht. Die meisten von uns tun im Lauf ihres Lebens irgendwann Dinge, auf die sie alles andere als stolz sind. Um weiterleben und -arbeiten zu können, verdrängen wir unsere Schuldgefühle ins Unbewußte, wo sie weiter an uns nagen und zum Nährboden für Neurosen werden. Wenn wir uns einen Film ansehen und uns mit dem Protagonisten so stark identifizieren, daß wir alle Höllenqualen mit ihm durchleiden, können wir einige der Dämonen, die uns peinigen, vertreiben. Das erklärt auch, warum wir wie erlöst aufatmen und ein Gefühl der Befreiung erleben, wenn eine Geschichte ihre Lösung gefunden hat.

> Wenn uns eine Geschichte tief bewegt, mit einer Intensität, die wir nur schwer verstehen können, dann liegt das daran, daß wir sie insgeheim als unsere eigene akzeptiert haben, daß wir uns mit den Menschen in der Geschichte *identifiziert* haben. Identifikation – das ist der Mechanismus, der das Tor zu den eingesperrten Emotionen aufstößt. Wenn Zuschauer weinen, so weinen sie nicht über das schwere Los der Heldin, sondern über ihr eigenes Los. Wenn sie lachen, dann lachen sie nicht, weil die Anspannung des Helden sich löst, sondern ihre eigene.[10]

Nachrichten. Die Spektakel-Elemente Klang, Bewegung und Farbe ziehen zwar die Aufmerksamkeit des Publikums auf sich und vermögen sie auch für kurze Zeit zu fesseln, aber das *menschliche Element* bindet die Aufmerksamkeit weitaus länger. Feuersbrünste und Überschwemmungen in den Hauptnachrichten machen vielleicht vorübergehend betroffen, aber ein Bericht über eine obdachlose Familie oder eine Mutter, die ihr Kind verloren hat, erzeugt beim Zuschauer wesentlich intensivere Anteilnahme. Eine Mutter, die ihr Kind verloren hat, das ist Drama in Reinform. Daran wird einmal mehr deutlich, daß die verschiedenen Elemente von Unterhaltung sich immer überlagern. Elemente, die zum einen Bereich gehören, sind für einen anderen oft ebenso kennzeichnend.

Der Wettbewerb, der zwischen den Fernsehstationen entbrannt ist, hat dazu geführt, daß die Wahl der Person des Nachrichtenmoderators zu einer äußerst bedeutsamen Angelegenheit geworden ist. Es gibt Moderatoren, die auf Zuschauer anziehend, andere, die geradezu abschreckend wirken. Journalistische Erfahrung ist zwar Grundvoraussetzung für diese Arbeit, aber schauspielerische Begabung, ein ansprechendes Äußeres und persönlicher Charme sind nicht minder wichtig. Was ist Charme? Ganz einfach die Fähigkeit, beim Zuschauer Anteilnahme und Interesse zu wecken, Betroffenheit hervorzurufen. Selbstverständlich benötigen nicht nur Nachrichtenmoderatoren und -moderatorinnen Charme.

Akteure. Persönlicher Charme ist eine Grundvoraussetzung im Showgeschäft und ein Plus in jeder Lebenslage. Wenn wir unsere Lebensversicherung bei einem Vertreter abschließen, den wir für seriös halten, dann besitzt dieser Versicherungsagent vermutlich genau diese schwer faßbare Eigenschaft. Realistisch betrachtet sind Nachrichtenmoderatoren, Komödianten, Gesangskünstler oder Tänzer nichts anderes als Verkäufer. Das Produkt, das sie verkaufen, sind sie selbst. Wenn Fernsehakteure gut sind, lachen oder applaudieren wir, wenn nicht, drücken wir auf den Zauberknopf unserer Fernbedienung und schicken sie in das Reich des Vergessens.

Vielfach scheint persönliche Attraktivität mit Energie und Tatkraft zusammenzuhängen. Das Leben zieht uns an, der Tod stößt uns ab. Wir fühlen uns zu Menschen hingezogen, die vor Humor, guter Laune und Dynamik überschäumen, von den »Farblosen«, den in sich Verschlossenen, rücken wir nervös ab. Musiker, die ihr Instrument mit Begeisterung spielen, die Spaß und Enthusiasmus ausstrahlen, füllen die Säle. Musiker, die technisch vielleicht viel besser sind, aber stur und in unerschütterlicher Konzentration vor sich hinspielen, entfachen nur selten Begeisterungsstürme.

Energie auszustrahlen (»lebendig zu sein«) ist eine der Eigenschaften, die zur Publikumswirksamkeit gehören. Sie stimuliert als Reaktion eine ebensolche Lebendigkeit in denen, die zuschauen, reißt sie mit hinein in die Stimmung des Akteurs, erzeugt das Gefühl, »dabei zu sein«. Als die Designer der Fernsehwerbung »Coke adds life« (etwa: »Coke ist Leben«) ihren Softdrink mit diesem Appeal ausstatteten, haben sie ganz bewußt auf das enorm attraktive Attribut der »Lebendigkeit« gesetzt.

Ein Wort zur Warnung: Ein Regisseur sollte niemals künstlich und forciert etwas »lebendig« machen wollen. Er sollte Akteure nicht dazu verleiten, eine Maske der Fröhlichkeit aufzusetzen und Gefühle vorzutäuschen, die sie

Kapitel **2** ▌ Elemente der Unterhaltung

nicht empfinden. Der überwiegende Teil des Publikums reagiert sehr sensibel auf falsches Lächeln und gekünsteltes Benehmen.

Ziel des Regisseurs sollte dreierlei sein: Erstens sollte er die Akteure dazu ermutigen, zu *empfinden*, die Hochstimmung tatsächlich zu erleben, die mit einem öffentlichen Auftreten verbunden ist; zweitens sollte er ihre Hochstimmung *verstärken*; und drittens sollte er sie ermuntern, die Hochstimmung zu *äußern*, spürbar werden zu lassen. Beobachten Sie die wirklich guten Sänger, Tänzer oder Instrumentalisten. Achten Sie darauf, wie sich in ihren Gesichtern und Körperbewegungen die wechselnden Stimmungen der Musik widerspiegeln. Um dieser Sensibilität, dieser Fähigkeit willen, sich in die Freude, Heiterkeit, Trauer oder den Überschwang einer Musik hineinzuversetzen, lassen sich Zuschauer auf Akteure ein und fühlen sich mit ihnen verbunden. Sie lassen sich von ihren Stimmungen gefangen nehmen, weil diese Künstler nicht nur auf einen von außen kommenden Reiz reagieren, sondern mit diesem Reiz, mit der Musik und ihrer Stimmung eins geworden sind: Sie geben diesem Reiz mit allen physischen Mitteln, die ihnen zu Gebote stehen, Gestalt, ihr Gesichtsausdruck, ihre Gesten und Körperbewegungen machen die Stimmungen und Emotionen sichtbar. Damit sich diese Gefühle über eine räumliche Distanz hinweg auf den Zuschauer übertragen lassen, müssen sie verstärkt werden; und je größer die Distanz ist, desto höher ist der Grad der notwendigen Verstärkung.

Kommen wir zum letzten Punkt, der einen Akteur befähigt, uns als Beteiligte miteinzubeziehen: zur *Souveränität*. Leider ist **Souveränität** eine Eigenschaft, die ein Regisseur nur in den seltensten Fällen anderen Menschen einzuflößen vermag. Im Normalfall wächst die Souveränität mit der Erfahrung und ist eng mit dem Selbstvertrauen verknüpft. Es gibt Akteure, die den Zuschauern am Bildschirm in Unruhe versetzen, weil sie eine gewisse Nervosität oder Unruhe ausstrahlen, oder weil vielleicht zu spüren ist, daß sie ihr Publikum nicht unter Kontrolle haben. Dieses Fehlen von Souveränität verschwindet oft mit zunehmender Erfahrung – aber nicht immer. Ein souveräner Akteur »reißt die Show an sich«. Johnny Carson und Joan Rivers sind blendende Beispiele dafür, wie man sein Publikum kontrolliert. Sie sind entspannt und sicher – oder vermitteln zumindest diesen Eindruck. Sollte wirklich einmal etwas schiefgehen, nutzen sie das Mißgeschick zu ihren Gunsten, machen ihre Witze darüber und geben mit ihrer Gelassenheit dem Publikum die Sicherheit zurück.

Ein Regisseur kann den Akteuren helfen, Souveränität zu erlangen. Er kann sie unterstützen, ihnen Rückendeckung geben, kurz, das Selbstbewußtsein unterfüttern. Vertrauen ist ansteckend. Wenn ein Regisseur eine natürliche Sicherheit ausstrahlt, das Gefühl vermittelt, daß er alles im Griff hat, färbt das auf den Akteur ab, der dann auch größere Selbstsicherheit zeigen kann. Das gilt aber auch umgekehrt: Ein aufgeregter und nervöser Regisseur, der seine Leute anschreit, steckt sie mit seiner Unsicherheit an und nimmt ihnen womöglich jenes Selbstvertrauen, zu dem sie gerade erst mühsam gefunden hatten.

Ein unsicherer Akteur kann vor äußeren Einflüssen, die seine Unsicherheit eventuell noch vergrößern, geschützt werden. Indem der Regisseur jeden Punkt, der den Akteur betrifft (Musik, Mitakteure, Aufnahmeleiter usw.) doppelt abcheckt und sicherstellt, daß alles peinlich genau abgesprochen oder geprobt ist, kann er eine Atmosphäre der Sicherheit schaffen, die dem Akteur das Gefühl vermittelt, daß alles wie am Schnürchen läuft, daß jeder im Produktionsteam genau weiß, was anliegt. Eine solche Atmosphäre bedeutet eine beträchtliche Rückendeckung.

Flucht oder Gemeinschaft

Wie bereits angedeutet, überlappen sich die einzelnen Elemente der Unterhaltung – Vergnügen, Information, Flucht und Gemeinschaft – und stützen sich gegenseitig. Wenn wir mit den Charakteren auf der Leinwand oder den Akteuren auf dem Bildschirm ein gemeinschaftliches Verhältnis aufbauen, dann betreten wir ihre Welt und lassen unsere eigene bedrückende Welt hinter uns. Folglich wird das Element der Flucht zwangsläufig zu einem Bestandteil von Gemeinschaft, Gemeinschaft wird zu einem Teil der Flucht.

Postskript

Hollywoodfilme aus der Zeit vor dem Fernsehen wurden hin und wieder wegen ihrer auf Hochglanz polierten Oberfläche kritisiert: bestechende Photographie, makellose Dialoge, ekstatische Musik und ein voraussagbarer, klar strukturierter, am Massengeschmack orientierter Plot. Cineasten wie Kritiker waren mit diesen Hochglanzprodukten nicht immer glücklich, die zwar ein weltweites Publikum ansprachen, denen es aber oft an Sensibilität und Substanz fehlte: mehr Schein als Sein, viel Form und wenig Inhalt.

Wenn in diesem Kapitel die Faktoren der Publikumswirksamkeit abgehandelt werden, so ist damit nicht gemeint, daß eine gute Sendung oder ein guter Film bereits dadurch zustande kommt, daß man einfach zu einem Teil Spektakel drei Teile Komik dazugibt, gut durchschüttelt und eine Prise Konflikt darüberstreut. Das wäre absurd. Die Elemente der Publikumsattraktion müssen auf dem festen Fundament einer klaren Konzeption ruhen.

Kapitel 2 ▌ Elemente der Unterhaltung

Ohne stichhaltige *Konzeption* ist nahezu jede Art von Film, Fernsehsendung oder Bühnenvorstellung zum Scheitern verurteilt – wie sehr die jeweiligen Schauwerte auch glitzern mögen.

Jede Show braucht definitionsgemäß jemanden, der zuschaut. Wenn ein Sender keinen Empfänger hat, findet keine Kommunikation statt. Nur wenn Regisseur und Produzent jene magische Gleichung herausfinden, in der die Elemente der Unterhaltung eine Konzeption erfüllen und bereichern und zugleich ein Publikum begeistern, nur dann ist ihnen echte Kommunikation gelungen.

Zusammenfassung

- Um effektiv arbeiten zu können, sollten Regisseure die Grundelemente kennen, die in allen Formen von Unterhaltung vorkommen. Die Kommunikationsforschung unterscheidet vier für Unterhaltung maßgebliche Kategorien: Vergnügen, Information, Flucht und Gemeinschaft.
- Ein Hauptbestandteil von Vergnügen ist *Spektakel*. Es spricht vornehmlich unsere Sinne an, und zwar im wesentlichen durch Klang, Farbe und Bewegung. Spektakuläre Elemente erfreuen uns im Zirkus, bei Feuerwerken und Paraden, aber auch bei Sportveranstaltungen (Musikkorps, Uniformen), farbenfrohen Motiven, opulenten Sets von Spielfilmen und in der Werbung. Als Konzentration auf visuelle Elemente ist Spektakel auch in Nachrichtensendungen enthalten.
- Eine zweite Komponente von Vergnügen ist *Überleben* (Konflikt). Dabei werden archaische Erfahrungen vom Kampf auf Leben und Tod angesprochen, an die wir uns unbewußt erinnern. Diese ursprüngliche Gewalt ist in sportlichen Wettkämpfen, in Quizsendungen und Gameshows ebenso wie im traditionellen dramatischen Geschehen, in dem ein Antagonist gegen einen Protagonisten Krieg führt, wiederzufinden.
- *Symmetrie* ist ebenfalls ein Bestandteil von Vergnügen. Im menschlichen Bewußtsein gibt es ein Verlangen nach Ordnung. Dies macht einen Teil der Faszination von Puzzlespielen aus. Die meisten dramatischen Handlungen schaffen – und darin liegt ihr Sinn – einen Zustand des Ungleichgewichtes. Das Zuschauervergnügen besteht zum Teil darin, mitzuerleben, wie das Gleichgewicht wiederhergestellt wird. Das Publikum hat bei einer Spielhandlung seine Freude an der Symmetrie bestimmter Rhythmen: an wiederkehrenden musikalischen oder visuellen Motiven, an sich wiederholenden Schlüsselsätzen oder Handlungsmustern einer Figur.
- Die *Mann-Frau-Beziehung* spricht ein anderes Primärbedürfnis an: den Sexualtrieb. In der Werbung hat Sexualität enorme Bedeutung gewonnen. Das Publikum wird mit aufreizenden Akteuren oder mit erotisch aufgeladenen Geschichten geködert.

Deren Inszenierung erfordert den guten Geschmack ds Regisseurs. Weniger ist oft mehr: Die menschliche Phantasie ist sehr wohl in der Lage, sich das vorzustellen, was nicht gezeigt, sondern angedeutet wird.

■ Die letzte Komponente des Vergnügens ist *Komik und Überraschung*. Ein Publikum, das im vorhinein weiß, was kommt, wird kaum in Spannung versetzt werden. Stereotype Geschichten, Dialoge, Besetzungen oder Regiemuster sind Zuschauergift. Komik entsteht oft aus dem Unerwarteten: Die Zuschauer lachen (über sich selbst), weil sie falsche Erwartungen hegten.

■ Die zweite Hauptaufgabe von Unterhaltung ist, Information zu vermitteln. Die Neugier des Zuschauers wird befriedigt. Morbide Neugier veranlaßt uns, das Abnorme, das Grausige, das Verbotene zu suchen. Sie hat zwei Seiten: Wir sind zugleich abgestoßen und angezogen. Neugier enthält auch einen gesunden Aspekt: Wir lernen und entdecken. Weil wir neugierig sind, besuchen wir eine Hochschule oder sehen uns einen Lehrfilm an. Häufig spielt auch der Wunsch, zu den Gebildeten zu gehören oder im Beruf voranzukommen, eine große Rolle.

■ Die dritte Funktion von Unterhaltung ist Flucht, Ablenkung vom Alltag. Außer, daß er sich darum bemüht, Charaktere so zu gestalten und Akteure so zu beeinflussen, daß sie das Publikum mitreißen, kann der Regisseur relativ wenig tun, um dem Publikum Fluchtwege zu eröffnen. Das Bedürfnis und die Fähigkeit, der Wirklichkeit zu entfliehen, liegt im Zuschauer selbst.

■ Der vierte Aspekt von Unterhaltung ist Gemeinschaft. Beim Fernsehen kann sie passiv und ungerichtet sein, es gibt lediglich den Hintergrund für andere Aktivitäten ab. In der aktiven Form richtet der Zuschauer seine Aufmerksamkeit auf den Bildschirm oder die Leinwand, er sucht die emotionale Anteilnahme an den Figuren und hofft, sich zu verlieren und seine Alltagssorgen zu vergessen.

■ Der Zuschauer tritt mit Menschen in Beziehung, mit denen er sich identifizieren kann. In Nachrichtensendungen berühren ihn Geschichten weit mehr, die an sein Mitgefühl appellieren, als Bilder einer Feuersbrunst oder einer Überschwemmung. Er fühlt sich zu denjenigen Akteuren (Sängern, Komödianten, Tänzern und Musikern) hingezogen, die persönlichen Charme, Energie und Souveränität ausstrahlen.

Übungen

1. Stellen Sie sich vor, Sie sollen einen Film inszenieren, zu dem die bekannte Aschenputtel-Geschichte (Cinderella) als Vorlage dient. Wie können Sie jedes der folgenden Elemente des Vergnügens einsetzen, um Ihren Film zu bereichern?
   a) Spektakel;
   b) Überleben (Konflikt);
   c) Mann-Frau-Beziehung;
   d) Ordnung/Symmetrie;
   e) Überraschung und Komik.

Um diese Elemente unterzubringen, können Sie die Aschenputtel-Geschichte, wenn nötig, ausweiten oder ändern. Thema und Geist der Originalgeschichte sollten Sie dabei aber treu bleiben.

2. Benutzen Sie dieselben Elemente, um die Geschichte vom Rotkäppchen auszuschmücken und zu bereichern.

3. Finden Sie in der Fernsehwerbung drei Beispiele für die Verwendung der Mann-Frau-Beziehung. Wie effektiv ist dieses provokative Element für den Verkauf jedes der Produkte?

4. Formulieren Sie eine originelle Filmidee (nicht mehr als ein oder zwei Absätze), worin als Publikumsköder das Element der morbiden Neugier eingesetzt wird.

5. Welche Filmfigur aller Spielfilme, die Sie kennen, hat Sie am heftigsten mitgerissen und bei Ihnen die tiefste emotionale Reaktion ausgelöst? Welche Faktoren waren für diese starke emotionale Reaktion verantwortlich?

6. Versuchen Sie, sich an einen guten Spielfilm oder Fernsehfilm zu erinnern, in dem das Element des Konfliktes völlig fehlte.

3
Denken in Bildern

Zwei plus zwei ist vier. Aber ein Bild ist nur dann wert, im Gedächtnis behalten zu werden, wenn es mehr ist als die Summe seiner Teile.

ALBIN HENNING[1]

Studenten, die eine klassische Regieausbildung am Theater erhalten haben, neigen bei ihren ersten Versuchen als Film- oder Fernsehregisseur zur Überbewertung des gesprochenen Wortes. Auf der Theaterbühne entwickelt sich eine Geschichte hauptsächlich durch den Dialog. Wegen ihrer räumlichen Begrenztheit finden größere Ereignisse außerhalb der Bühne statt, nicht auf ihr; sie werden nicht gezeigt, von ihnen wird im Dialog berichtet.

Der Wechsel von der Theaterbühne zu den stärker an Bildern orientierten Medien Fernsehen und Film erfordert ein Umdenken, einen Wechsel der Gewichtung. Dazu gehört, daß man (1) die Prinzipien der Bildkomposition begreift, daß man (2) »visuell zu denken« lernt und daß man (3) diese Prinzipien einzusetzen versteht, um eine Botschaft zu transportieren. Der erste dieser Schritte ist relativ leicht zu bewerkstelligen, die beiden anderen erfordern Praxis, denn sie betreffen Fähigkeiten, die sich entwickeln müssen.

Vielen Kunststudenten (und einigen ihrer Lehrer) widerstrebt es, Komposition auf ein paar mathematische Grundsätze zu reduzieren. Weil es im Auge des Betrachters liege, etwas als schön zu empfinden oder nicht, müsse die Komposition eine ganz individuelle Entscheidung bleiben und sei von Thema zu Thema und von Künstler zu Künstler verschieden. Absolute Wahrheiten könne es nicht geben. Wer sich gern über den Wust von Regeln und Vorschriften amüsiert, wird eine solche Sichtweise begrüßen. Sie hat ohne Zweifel manches für sich, ignoriert aber die Tatsache, daß bestimmte Arrangements von Linien, Formen und Farben vom menschlichen Auge seit Urzeiten als angenehm empfunden werden. Harmonie, Ausgewogenheit und Rhythmus üben auf uns immer eine fundamentale emotionale Anziehung aus. Es ist zwar möglich, die Gesetze, denen sie unterliegen, zu ignorieren, aber das ist mit einem gewissen Risiko verbunden.

Dieses Kapitel beschreibt einige wesentliche Prinzipien der visuellen **Komposition**. Weder können in diesem Rahmen alle Prinzipien untersucht werden, noch können die dargestellten Prinzipien in allen Details abgehandelt werden. Dazu würde es eines eigenen Lehrbuches bedürfen (siehe die Literaturempfehlungen im Anhang). Statt dessen wollen wir uns auf einige Grundfragen beschränken und versuchen, dem angehenden Regisseur wenigstens das elementare Handwerkszeug zu liefern.

- ▬ BILDKOMPOSITION: Was eine Komposition ausmacht und warum ein dominanter Hauptblickpunkt notwendig ist.
- ▬ AUSGEWOGENHEIT: Welche Kräfte innerhalb eines Bildrahmens wirken und wie sie den Erfordernissen des Fernsehens und des Films anzupassen sind.
- ▬ DOMINANZ: Wie Personen oder Objekte durch Kontrast, Plazierung und Linie Dominanz erlangen.
- ▬ RHYTHMUS: Wie durch Wiederholung von Linien, Formen oder Farben eine sinnliche Wirkung zu erzielen ist.
- ▬ DER GOLDENE SCHNITT: Wo innerhalb eines Bildrahmens jene Punkte liegen, die angeblich die ästhetisch perfekte Plazierung für Personen oder Objekte darstellen.
- ▬ DAS LESEN EINES BILDES: Wie unsere Augen ein Bild abtasten, um dessen Inhalt aufzunehmen.
- ▬ VISUELLE SENSIBILITÄT: Vorschläge zur Erlangung visueller Bewußtheit, mit praktischen Übungen.

Bildkomposition

Eine Komposition ist ein harmonisches Arrangement von zwei oder mehr Elementen, von denen eines interessanter ist als alle anderen. Weil dieses Element eine größere Anziehungskraft auf das Auge ausübt, wird es zu einem Brennpunkt, den wir Zentrum des Interesses oder auch Hauptblickpunkt nennen.[2]

Wir gehen von einem leeren Bildrahmen aus. Gegenwärtig haben Fernsehbildschirme das Format 4:3 (Breite:Höhe), das entspricht den Proportionen, die einst auch die Filmleinwand besaß. Auf der Oberfläche des leeren Bildschirms wollen wir Formen, Linien, Strukturen und Farben plazieren. Durch ihre unterschiedliche Anordnung (Arrangement) wollen wir Ausgewogenheit oder Unausgewogenheit, Harmonie oder Disharmonie herstellen, je nachdem, welche psychische Verfassung wir beim Betrachter entstehen lassen wollen.

Wegen der kleineren Abmessungen des Bildschirms verlangt das Fernsehen in der Regel in seinen Kompositionen eine größere Schlichtheit als der Film. Die Notwendigkeit, das Interesse auf einen dominanten, zentralen Punkt zu lenken, ist deshalb zwingender. Nebensächlichkeiten dürfen vom primären Inhalt nicht ablenken. Außerdem verliert das in 625 Zeilen unterteilte Fernsehbild an Klarheit, wenn es zu viele kleine und kleinste Formen enthält, die auf einer riesigen Filmleinwand klar und deutlich zu erkennen wären. Erinnern wir uns an die zahlreichen Monumentalverfilmungen biblischer Stoffe mit ihren Tausenden von Statisten, Pferden und kunstvoll gearbeiteten Kostümen. Wie anders wirkten diese Filme, als wir sie dann später im Fernsehen wiedergesehen haben. Wie schwierig war es in vielen Szenen, Details zu unterscheiden. Wie oft haben wir Anzüge oder Krawatten mit schmalen Streifen oder feinen Mustern gesehen, die zu verschwimmen schienen und stroboskopartig zwischen den Zeilen des Fernsehbildes flimmerten.

Ein einziger, dominanter Hauptblickpunkt! Soweit so gut, aber wohin sollen wir ihn plazieren?

Ausgewogenheit

In Abb. 3.1 ist der Hauptblickpunkt exakt in der Mitte des Bildrahmens plaziert. Genaugenommen ist das noch keine Komposition, weil es sich nur um eine einzelne Fläche handelt. Da aber Fernsehen und Film sehr häufig nur eine einzelne Figur in einen **Bildkader** hineinsetzen (zum Beispiel bei Großaufnahmen), wollen wir unsere Definition von Komposition für den Augenblick etwas weiter fassen.

Die Fläche in Abb. 3.1 wirkt ruhig, stabil und wohltuend. Grund für diese Stabilität ist aber nicht etwa fehlende Spannung. Im Gegenteil, jede Komposition, sogar eine so einfache, enthält Kräfte, die auf ihre Elemente einwirken.

> Der Mittelpunkt ist nicht tot; kein Zug in irgendeiner Richtung wird fühlbar, weil dort alle Kräfte sich ausgleichen. Das Gleichgewicht des Mittelpunktes ist für das aufmerksame Auge mit Spannung erfüllt. Man denke an ein bewegungslos gespanntes Tau, an dem zwei Männer mit gleicher Kraft ziehen. Es ist ruhig, aber mit Kraft gespannt.[3]

In der wissenschaftlichen Forschung über visuelle Wahrnehmung geht man davon aus, daß es bestimmte Kräfte gibt, die auf die Elemente in einem Bildrahmen so etwas wie eine magnetische Anziehung ausüben. Beispielsweise wollen die Ränder eines Bildes – wie das Bildzentrum – die Objekte

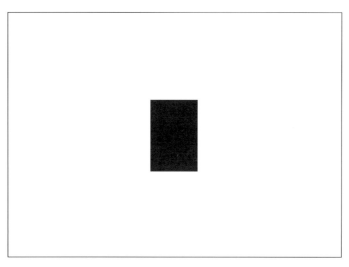

Abbildung 3.1 Ein genau ins Zentrum eines Bildrahmens gesetztes Objekt stellt noch keine Komposition dar. Erst zwei oder mehr Elemente ergeben eine Komposition.

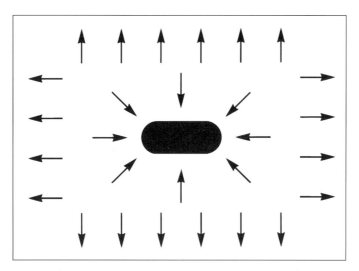

Abbildung 3.2 Innerhalb eines Bildrahmens scheinen magnetische (der Schwerkraft vergleichbare) Kräfte Objekte an sich zu ziehen.

an sich ziehen. So wird die Fläche in Abb. 3.1 durch die magnetischen Kräfte, die von den Bildrändern her auf sie einwirken, und durch die magnetische Anziehung des Zentrums in Position gehalten. Bildecken scheinen weniger Anziehungskraft zu besitzen als Ränder oder Zentrum (siehe Abb. 3.2). Kein Punkt innerhalb des Bildrahmens ist frei von diesen Ein-

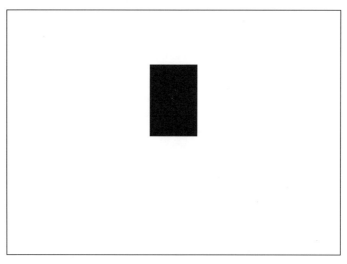

Abbildung 3.3 Eine oberhalb des Zentrums plazierte Fläche teilt den Raum ungleich auf. Dadurch ist das Arrangement weniger statisch und wird interessanter.

flüssen. Im übrigen handelt es sich bei diesen Kräften selbstverständlich um psychologisch wirkende Kräfte, die nur in der Vorstellung des Betrachters existieren.

Obwohl die zentrale Plazierung eine Figur im perfekten **Gleichgewicht** hält, schließen viele Künstler eine solche Komposition generell aus, weil sie zu statisch sei. Wie so viele Regeln, wurde aber auch diese von Künstlern, angefangen bei Leonardo da Vinci bis hin zu Picasso, mehr als einmal – und mit großem Erfolg – verletzt.

In Abb. 3.3 ist die Fläche oberhalb des Zentrums plaziert. Der Raum oberhalb und unterhalb ist also ungleich aufgeteilt und darum interessanter als in Abb. 3.1. Die Fläche liegt auf der horizontalen Mittelachse, in der Schwebe zwischen Oberkante und Zentrum. Die Anziehungskraft, die von jedem dieser magnetischen Orte ausgeht, hält die Fläche in perfektem Gleichgewicht. Die Anordnung in Abb. 3.3 entspricht der Position des Kopfes in Großaufnahmen im Film- oder Fernsehbild. In den meisten Großaufnahmen wird der Kopf allerdings noch von den Schultern unterstützt, so daß es zu einer stabilen und soliden Dreiecksform kommt.

Die Plazierung eines Gesichtes oberhalb des Zentrums ist in einer Großaufnahme immer dann akzeptabel und angemessen, wenn sich der Akteur direkt an den Zuschauer wendet und in die Kamera schaut. Üblich ist diese Positionierung in Werbespots, in Lehr- und Demonstrationsfilmen, in Nachrichtensendungen, Gameshows und Quizsendungen. In Spielszenen ist der Blickkontakt mit dem Zuschauer prinzipiell tabu. Daß es ein Wissen um den

Kapitel 3 ▮ Denken in Bildern

Abbildung 3.4 Dem Handlungs- und Blickfeld einer Person kommt im Rahmen eines Bildes immer ein eigenes Gewicht zu. In Blickrichtung wird deshalb einem Schauspieler zusätzlich Bildraum eingeräumt, damit das Bild ausgewogen bleibt.

Zuschauer (die Kamera) gibt, soll nicht erkennbar werden, sonst würde die Illusion von der vierten Wand zerstört. Durch Blickkontakt wird der Zuschauer zum Teilnehmer und verliert seine Rolle als unsichtbarer Beobachter. In Spielhandlungen ist der Blick in die Kamera eigentlich nur erlaubt, wenn ein Schauspieler aus seiner Rolle heraustritt, um zum Zuschauer **beiseite** zu sprechen.

Herstellen von Ausgewogenheit

Bei Großaufnahmen in einer Spielhandlung gibt der Regisseur normalerweise den Köpfen der Schauspieler vorne, in Blickrichtung, etwas mehr Raum als hinten. Eine Person, die aus einem Bild nach links oder rechts hinausschaut, schafft auf dieser Seite des Bildes nämlich ein zusätzliches Gewicht, und der Regisseur muß zusätzlich Raum geben, um dieses Übergewicht wieder auszugleichen. Der Kopf hat dann (siehe Abb. 3.4) nicht mehr zu allen Bildrändern den gleichen Abstand.

Abbildung 3.5 In seinem *Der Apostel St. Andreas* hat El Greco den Raum vor der Figur bewußt gering bemessen und dadurch Spannung erzeugt.

Die **Blicklinie** einer Person ist so stark, daß sie die Aufmerksamkeit des Zuschauers in ihre Richtung ziehen kann (mehr über die Blicklinie in Kapitel 6).

Das Gewähren von zusätzlichem Raum vor einer Person ist mittlerweile bei filmischen Großaufnahmen mehr oder weniger Standard. Die berühmtesten Maler der Welt haben allerdings auch diese Regel oft ignoriert, was wiederum bestätigt, daß Kompositionsgesetze eben nur Faustregeln sind. In Abb. 3.5 ist zu sehen, wie der Maler El Greco den Raum vor St. Andreas verkleinert hat, um damit beim Betrachter eine unangenehme Spannung zu erzeugen, die mit der Verzweiflung auf dem Gesicht des Apostels korrespondiert. Mit derselben Technik können auch beim Filmen einengende oder überfüllte Bildrahmen benutzt werden. Ein Beispiel: Eine Filmfigur könnte durch die Entwicklung der Handlung in die Enge getrieben werden und sich in einer ausweglosen Zwickmühle fühlen. Zwängt der Regisseur diese Figur in ein vollgestopftes Bild hinein, übermittelt er dieses Gefühl von Klaustrophobie dem Zuschauer.

Kapitel 3 ∎ Denken in Bildern

Abbildung 3.6 Wenn zwei Flächen einen Bildrahmen in zwei gleiche Hälften teilen, ist die Komposition statisch.

Abbildung 3.7 Zweier-Naheinstellung, bei der das Interesse des Zuschauers gleichwertig auf beide Figuren aufgeteilt wird. Eine solche Einstellung ist eher statisch, ihr fehlt visuelle Dynamik.

Abbildung 3.8 Obwohl beide Personen noch immer gleichrangig behandelt werden, wirkt der engere Bildausschnitt dynamischer als Abb. 3.7. Daß die Gesichter größer sind, steigert die Bildwirkung.

Die Zweiereinstellung

In Abb. 3.6 teilen sich zwei Flächen in einen Bildrahmen. Sie sind beide gleich weit vom Zentrum entfernt und auch in Größe und Gewicht gleich. Hier haben wir es nun wirklich mit einer Komposition zu tun, aber sie ist statisch. Die oben zitierte Regel von Thornton Bishop verlangt, in jeder Komposition müsse ein Element dominieren. Da keine der beiden Flächen dominiert, wirkt diese Komposition hier langweilig und fad, ihr Bildschwerpunkt ist gespalten. Die Bildkomposition selbst ist ausgewogen. Durch die Anziehungskräfte, die von den Bildrändern und vom Bildzentrum auf sie einwirken, sowie durch die, die sie gegenseitig aufeinander ausüben, werden die Flächen im Gleichgewicht gehalten. Dabei begegnen wir nun einer dritten Art von Anziehung, den Kräften, die von Objekten innerhalb eines Bildrahmens ausgehen. Für sie gilt: je größer das Objekt, um so größer seine Anziehungskraft. In Abb. 3.6 entwickelt jede Fläche ihre eigene Anziehungskraft. Ihre Wirkungsweise kann mit der der Schwerkraft verglichen werden.

Abb. 3.7 zeigt (in Anlehnung an Abb. 3.6) eine typische **Zweiereinstel-**

Abbildung 3.9 Hier scheinen die Personen durch die starken Anziehungskräfte der Bildränder voneinander weg gezogen zu werden. Eine solch ungünstige Bildaufteilung irritiert und erzeugt Unbehagen.

lung: Zwei Personen, beide von der Kamera im Profil aufgenommen, stehen sich gegenüber und teilen den Bildrahmen in zwei gleiche Hälften. Solche Einstellungen findet man zwar in Film und Fernsehen ziemlich häufig, sie besitzen jedoch wenig Tiefe und Dynamik: Das Interesse wird aufgespalten, das Bild ist statisch. Schauen wir uns an, was passiert, wenn sich die Köpfe näher kommen und die Kamera den Bildausschnitt verengt (Abb. 3.8). Nun gewinnt die Einstellung wesentlich an Dynamik. Der größer gewordene Bildgegenstand und die Verringerung des toten Raumes schaffen Gewicht.

Was passiert, wenn wir die Figuren weiter auseinanderrücken (Abb. 3.9)? Jetzt, mit extrem viel Zwischenraum, werden sie durch die starken Anziehungskräfte der Bildränder voneinander weggezogen. Der Zuschauer fühlt sich unwohl, meint, »zurückfahren« zu müssen, möchte mehr Abstand gewinnen, um so den Raum zwischen den Figuren mit dem Raum in ihrem Rücken auszubalancieren und die magnetischen Kräfte auszugleichen.

Jetzt schauen wir uns an, was passiert, wenn wir die Figuren dicht zusammenrücken und dabei extrem viel Raum in ihrem Rücken entstehen

Abbildung 3.10 Die beiden Personen werden aufeinanderzugezogen. Intuitiv möchten wir näher herangehen, um die Anziehungskräfte des Bildzentrums mit denen der Bildränder auszubalancieren.

lassen (Abb. 3.10). Wieder fühlt sich der Zuschauer unwohl, wieder fehlt es an Ausgewogenheit. Jetzt sind die Anziehungskräfte der Bildränder kaum noch spürbar, und die beiden Figuren werden aufeinanderzugezogen. Wir empfinden das Bedürfnis nach einer »Ranfahrt«, wir möchten »dichter dran sein«, um den Raum hinter den Personen zu eliminieren und so die Kräfte auszugleichen.

In den meisten Fällen versucht der Regisseur, die Personen innerhalb des Kamerabildes so ausgewogen zu plazieren, daß die Kräfte, die sie aufeinanderzuziehen, sich genau mit denen die Waage halten, die sie zu den Bildrändern hinziehen. Dafür gibt es kein elektronisches Meßgerät, der Regisseur muß sich auf sein Auge und seine Sensibilität verlassen. Filmregisseure bedienen sich gelegentlich absichtlich einer unausgewogenen Einstellung, wenn der emotionale Gehalt einer Szene nahelegt, daß der Zuschauer sich unwohl fühlen *soll*. Zum Beispiel kann der Regisseur andeuten wollen, daß die Figuren durch Kräfte, auf die sie keinen Einfluß haben, voneinander weggezogen werden. Oder er will zeigen, daß jemand durch äußere Um-

Kapitel 3 ▪ Denken in Bildern

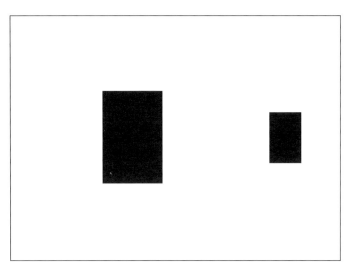

Abbildung 3.11 Wie zwei ungleich schwere Personen auf einer Wippe balancieren sich die beiden Flächen gegenseitig aus.

stände unter Druck steht, eingeengt oder eingeschlossen ist, und rückt ihn deswegen quälend eng an den äußeren Rand des Bildes. In solchen Fällen tritt das Streben nach formaler Bildausgewogenheit zwangsläufig hinter die Bedürfnisse inhaltlich-dramaturgischer Bildgestaltung zurück.

Ausbalancieren von Bildern: die Hebelwirkung

Wenn das Hauptmotiv vom Zentrum des Bildes entfernt plaziert wird, muß auf der gegenüberliegenden Seite ein zusätzlicher sekundärer Blickpunkt eingeführt werden, damit sich ein Gleichgewicht bildet. Es ist, als würde dank der Hebelwirkung ein leichteres Objekt ein schwereres aufwiegen, indem es weiter vom Angelpunkt entfernt wird. In allen Kompositionen, in denen ungleichwertige Schwerpunkte miteinander ein Gleichgewicht halten, ist die Existenz eines Angelpunktes spürbar.[4]

In Abb. 3.11 haben die große und die kleinere Fläche das gleiche Gewicht, weil letztere weiter vom »Angelpunkt« entfernt wurde. Stellt man sich die kleinere Fläche näher an das Zentrum des Bildrahmens gerückt vor, kann man erkennen, daß die große Fläche allmählich mehr Gewicht bekommt. Stellen wir uns eine Wippe vor, auf der ein Erwachsener auf der einen Seite des Balkens in der Nähe des Angelpunktes und ein kleines Kind auf der anderen Seite ganz am äußersten Ende des Balkens sitzen. Das Gleichgewicht, das die beiden halten, wird gestört, wenn das Kind auf den Angel-

Abbildung 3.12 Standardschuß über die Schulter. Die der Kamera zugewandte Person hat das größere Gewicht. Würde die junge Frau uns ihr Gesicht zuwenden, ginge das vorrangige Interesse auf sie über.

punkt zu oder wenn der Erwachsene weiter nach hinten zum Ende des Balkens rutscht.

Der in Filmen übliche Schuß über die Schulter (Over-shoulder shot) scheint diesem Prinzip zu widersprechen. Nach dem, was wir soeben gelernt haben, müßte in Abb. 3.12 der große Kopf am Bildrand ein Übergewicht haben über das kleinere, uns zugewandte Gesicht. In unserer Untersuchung der dramaturgischen Gewichtung (Kapitel 6 und 7) werden wir später lernen, daß der Kamera zugewandte Personen deutlich größeres Gewicht haben als Personen, die der Kamera den Rücken zukehren. Dieses dramaturgische Gewicht kompensiert leicht jede kompositorische Unausgewogenheit. Wie man anhand von Abb. 3.12 leicht feststellen kann, richten sich unsere Augen sofort auf den jungen Mann, der uns zugewandt ist. Den Hinterkopf im Vordergrund nehmen wir kaum wahr. Was wäre, wenn sich die junge Frau umdreht und sich uns zuwendet? Dann sehen wir zwei Gesichter, das eine sehr groß im Vordergrund und das zweite, kleinere, im Hintergrund. Die Gewichte würden dadurch drastisch verschoben. Weil sie dramaturgisch gleichrangig präsentiert werden, erhält der große Kopf jetzt ein viel größeres Gewicht, oder anders ausgedrückt, er gewinnt Dominanz.

Kapitel 3 ∎ Denken in Bildern

Dominanz

Für eine Spielhandlung ist eine perfekt ausgewogene Bildgestaltung nicht immer wünschenswert. Wie eine klaustrophobisch enge Bildführung vorhersagbare psychische Reaktionen beim Zuschauer hervorruft, so vermitteln auch unausgewogene Bildkompositionen Empfindungen, mit deren Hilfe der Regisseur ganz bestimmte dramaturgische Effekte erzielen kann. In den meisten Szenen ist eine bestimmte Figur dominant. Indem der Regisseur gezielt eine kompositorische Unausgewogenheit zugunsten dieser dominanten Figur herstellt, kann er deren Bedeutung visuell stärker machen.

Wie in einem Drehbuch das Hauptthema alle Nebenthemen dominiert, so sollte auch in einer Kameraeinstellung eine Figur alle anderen dominieren. Sobald sekundäre Blickpunkte die Aufmerksamkeit auf sich ziehen und vom Hauptblickpunkt ablenken, entsteht Durcheinander. Wenn sich mehrere Figuren gegenseitig die Beachtung durch den Zuschauer streitig machen, hat der Regisseur zu entscheiden, welche Figur die wirklich wichtige ist. Dann kann er sie mit photographischen oder dramaturgischen Mitteln hervorheben. Die Mittel der photographischen Gewichtung sind *Kontrast, Plazierung* und *Linie*.

Kontrast

Sind Objekte von ungefähr gleichgroßem Interesse, zieht dasjenige Objekt, das sich von den anderen deutlich abhebt, im allgemeinen die Aufmerksamkeit auf sich. Der Kontrast zu anderen Objekten kann in Größe, Farbe, Tonwert, Dichte, Struktur oder Form eines Objektes bestehen oder in seiner körperlichen Beschaffenheit. Wenn wir uns zum Beispiel ein Bild mit zwei Kindern anschauen, die ein Kätzchen betrachten, so bleibt unser Blick – wenn wir von anderen Aspekten der Komposition einmal absehen – wahrscheinlich auf dem Kätzchen hängen, weil es sich in der Größe unterscheidet und ein Lebewesen anderer Art ist. In Abb. 3.13, einem Portrait von John Singer Sargent, zieht der Junge, obwohl die Mutter größer und näher am Zentrum plaziert ist, unsere Aufmerksamkeit auf sich, weil seine Kleidung sich besonders auffällig vom Hintergrund abhebt. Zwar besitzen weder dieses noch die anderen als Beispiel gezeigten Ölgemälde das Bildformat eines Fernsehbildschirms oder einer Kinoleinwand, sie veranschaulichen aber dennoch sehr schön die hier beschriebenen Prinzipien.

Bei mehr als zwei Objekten erhält dasjenige die größte Aufmerksamkeit, das sich von den anderen abhebt. Abb. 3.14 macht deutlich, daß das kontrastierende Objekt sowohl größer als auch kleiner sein kann als die anderen.

Abbildung 3.13 In *Portrait von Mrs. Edward L. Davis und ihrem Sohn* von John Singer Sargent wendet sich unsere Aufmerksamkeit zuerst dem Jungen zu, weil sich sein Matrosenanzug sehr auffällig vom Hintergrund abhebt.

Plazierung

Gesetzt, alle anderen Faktoren sind gleich, dann zieht dasjenige Objekt die größte Aufmerksamkeit auf sich, das dem Zentrum des Bildes am nächsten ist. In der Anzeige für Crown Royal (Abb. 3.15) weckt der beworbene Artikel deshalb das größte Interesse, weil die Flasche genau im Bildzentrum steht, weil sie größer ist als die beiden Gläser und sich von ihnen in Form und Charakter unübersehbar abhebt. Es ist die Flasche, die unsere Aufmerksamkeit mit Beschlag belegt.

In vielen Fällen ist es aus formalen oder werbetechnischen Gründen nicht möglich, ein Objekt in den Bildmittelpunkt zu setzen. Fehlt es ihm außerdem an Kontrast zu den anderen Elementen im Bild, dann kann die Aufmerksamkeit des Betrachters durch das Gestaltungsmittel der Linie auf dieses Objekt hingelenkt werden.

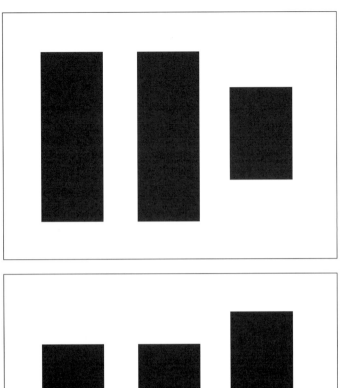

Abbildung 3.14 Bei mehr als zwei Objekten gewinnt dasjenige die Aufmerksamkeit, das sich von den anderen unterscheidet, gleichgültig ob es größer oder kleiner ist.

Linie

Linien, die wir in der Natur vorfinden, sind in der Regel Trennungslinien zwischen unterschiedlichen Formen, die Horizontlinie etwa, die Meer und Himmel voneinander trennt, oder die Hanglinie eines Berges, an der sich Land und Himmel scheiden. Daß wir von Linien geradezu umzingelt sind, verdanken wir der Zivilisation: von den unzähligen Straßen (mit ihren Bordsteinkanten und Fahrbahnmarkierungen), von Telegraphenmasten, elektri-

Abbildung 3.15 Zentrale Plazierung sorgt in der Regel für größtmögliche Wirkung. Die Crown-Royal-Flasche ist außerdem größer als die Gläser und hat eine andere Form.

schen Leitungen, Schienensträngen, Kirchtürmen, Hochhäusern und von tausend anderen Bauwerken.

In der Art und Position einer Linie liegen starke emotionale inhaltliche Aussagen. **Horizontale Linien** oder Flächen erzeugen im allgemeinen eine angenehme Gelassenheit, Ruhe und Ausgeglichenheit – die Welt liegt geordnet vor uns. Vertikale Linien oder Flächen lesen wir oft als Kraft und Energie; manchmal wecken sie auch spirituelle Assoziationen: Etwas reicht hinauf bis zu den himmlischen Mächten, eine Vorstellung, die in Kirchtürmen Gestalt angenommen hat.

Sich schneidende Linien. Bei der Komposition photographischer Bilder sind Linien ein sehr starkes, die Aufmerksamkeit steuerndes Element. Wie stark ihr Einfluß ist, hängt von ihrer Anordnung innerhalb des Filmbildes ab. Am einfachsten und zugleich effektivsten lenkt man die Aufmerksamkeit auf einen bestimmten Bereich durch sich schneidende Linien. Unser Auge folgt einer Linie bis zu dem Punkt, wo sie eine andere kreuzt. Dort bleiben wir mit unserer Aufmerksamkeit hängen, und genau das war die Absicht des Regisseurs oder des Photographen.

Abbildung 3.16 Rahmen, die von sich schneidenden Linien gebildet werden (beispielsweise Türen oder Fenster), geben dem Bildgegenstand, den sie umschließen, Gewicht. In dieser Szene aus *Doktor Schiwago* gilt unsere größte Aufmerksamkeit Rod Steiger und Julie Christie. Die Blickrichtung des beobachtenden Dritten erzeugt zusätzliches Gewicht.

In einer Filmszene ziehen in Türen oder Fenstern plazierte Personen zwangsläufig die Aufmerksamkeit auf sich, weil sie von sich schneidenden vertikalen und horizontalen Linien eingerahmt werden. Abb. 3.16 zeigt eine Szene aus *Doktor Schiwago*, in der Rod Steiger und Julie Christie in den Rahmen eines Sprossenfensters eingeschlossen sind. Dieses Rechteck zentriert unsere Aufmerksamkeit auf die beiden Personen. Die gespannte Aufmerksamkeit der Gestalt im Vordergrund verstärkt unser Interesse zusätzlich. Auf ähnliche Weise hält der Fensterrahmen in dem Bild *Portrait von des Künstlers Sohn* (Abb. 3.17) unsere Aufmerksamkeit innerhalb des Gemäldes, obwohl der starrende Blick des Jungen sie eher nach außen lenkt. Im Bildhintergrund ist ein zweites Rechteck zu sehen – der Rahmen einer Leinwand auf einer Staffelei, der ein Mädchen umschließt. Dieser Rahmen gleicht dem Fensterrahmen, wiederholt ihn, so daß wir es mit drei in ihren Proportionen ungefähr gleichen Rechtecken zu tun haben: mit den Umrissen des Bildes selbst, mit dem Fensterrahmen und mit der Leinwand.

In Abb. 3.18, einer Zeichnung der kalifornischen Künstlerin Ellen More,

Abbildung 3.17 In Martin Drollings *Portrait von des Künstlers Sohn* lenkt der Fensterrahmen unsere Aufmerksamkeit nach innen. Ähnlich wirkt der Rahmen der Leinwand im Bildhintergrund, der dem jungen Mädchen Gewicht verleiht. Ihr Blick zum linken Bildrand hilft, die starke Linie auszubalancieren, die durch den Blick des Jungen geschaffen wird. Bemerkenswert ist die Formkorrespondenz von Violine und Vogelbauer.

bilden die kraftvollen Linien der Arme ein starkes, solides Grundmuster, das die Augen des Betrachters zu ihrem Kreuzungspunkt auf dem Stuhlsitz hinzwingt. Auch die Linien des Oberschenkels führen wie die der Stuhlbeine unseren Blick auf diese Schnittstelle.

Konvergierende Linien schneiden sich oft nicht wirklich, ihr Schnittpunkt kann ein gedachter sein, ihr tatsächliches Zusammentreffen findet im Unendlichen statt – in der Vorstellung des Betrachters. In Abb. 3.19 zum Beispiel leiten die architektonischen Linien der Seitenwände ebenso wie die konvergierenden Linien des Fußbodens unseren Blick auf den hinteren Gewölbebogen der Kirche. Diese konvergierenden Linien sind so mächtig, daß es fast unmöglich ist, sich dieser Blickrichtung zu verweigern.

Eine Linie muß nicht notwendigerweise tatsächlich graphisch vorhanden sein. Ihre Existenz kann auch nur angenommen werden. Jede Figur – auf einem Gemälde oder in einem Film –, die in eine bestimmte Richtung schaut,

Abbildung 3.18 Wie stark sich schneidende Linien wirken, zeigt dieser *Männliche Akt* von Ellen More.

gibt damit eine Linie vor, der die Aufmerksamkeit des Betrachters folgen will. Die Person im Vordergrund von Abb. 3.16 veranschaulicht dieses Prinzip ganz gut. Je näher eine Person zur Kamera steht, um so zwingender ist ihre Blicklinie für die Zuschauer. Sie reagieren ähnlich wie ein zufälliger Passant, der an einer Straßenecke eine Gruppe von Menschen sieht, die alle nach oben starren: Dem Drang, ebenfalls nach oben zu schauen, wird er kaum widerstehen können (natürlich spielt dabei auch Neugierde eine Rolle). Linien können durch die Aufeinanderfolge mehrerer Objekte zustande kommen, die so plaziert sind, daß das Auge von einem zum anderen weitergeleitet wird. Die Segelboote in Monets Bild *Strand bei Honfleur* bilden eine solche Linie, mit der unsere Aufmerksamkeit auf den Leuchtturm gelenkt wird.

Figuren so zu gruppieren, daß das Auge an ihnen in Richtung auf das Zentrum des Interesses entlangwandert, ist eine der möglichen Methoden. Ist in einer Komposition die Aufmerksamkeit einer Figur auf die Hauptperson gerichtet, so ist damit auch dem Betrachter die Richtung vorgegeben, in die er sehen soll.

Abbildung 3.19 Auch Linien, die sich nur in der Vorstellung des Betrachters schneiden, fesseln unsere Aufmerksamkeit, wie dieses Bild *Das Innere einer Kirche bei Nacht* der niederländischen Maler Anthonie de Lorme und Ludolf de Jongh veranschaulicht.

Häufig wird eine solche Linie durch die Armhaltung gebildet. Leonardo da Vinci verwendet diese Methode in seinem *Abendmahl*, in dem die Gesten der Jünger das Auge des Betrachters auf die zentrale Figur lenken.[5]

In Abb. 3.20 sind die Blicke aller Figuren, die Christus unmittelbar umgeben, auf ihn gerichtet und machen es uns damit fast unmöglich, anderswo hinzusehen. *Fast* unmöglich. Der Maler, Rocco Marconi, hat in sein Bild Finessen hineinkomponiert, die es komplexer machen, als es auf den ersten Blick den Anschein hat. Während die ihn umgebenden Figuren unsere Aufmerksamkeit auf Christus hindrängen, lenkt dessen Blick unsere Augen nach links, vorbei an der ihn anflehenden Frau, auf die zwei finsteren Gestalten am äußeren linken Bildrand, die irgend etwas aushecken. Die Person direkt über ihnen, von einem Fenster umrahmt, leitet unsere Aufmerksamkeit

Abbildung 3.20 Die Aufmerksamkeit folgt der Linie der Blickrichtung. Das Gemälde *Christus und die Frauen von Kanaan* von Rocco Marconi ist dafür ein sehr schönes Beispiel.

zurück auf die Christusfigur und setzt so eine Kreisbewegung innerhalb des Bildes in Gang. Derart zwingend kann die Wirkung der Blickrichtung sein.

Die diagonale Linie. Von allen Linien, die den Blick lenken, ist die Diagonale weitaus die wirkungsvollste und zwingendste. Nehmen wir uns fünf Minuten Zeit, blättern in unserer Lieblingszeitschrift und sehen uns die Werbung an. Im Aufbau der meisten Anzeigen sind unschwer die Kompositionsprinzipien wiederzuerkennen, die in diesem Kapitel abgehandelt werden. Sehr oft sind es kräftige diagonale Linien, die das Auge des Lesers auf ein Produkt lenken sollen.

Viele Maler der niederländischen und der flämischen Schule benutzten als Grundlage für ihre Kompositionen die Kraft der **diagonalen Linie**: Aus einem Fenster hoch oben im Bild fällt ein Lichtstrahl schräg nach unten und führt unseren Blick auf ein Objekt, das dort von ihm beleuchtet wird. Auf dem Gemälde in Abb. 3.19 liegen die Fluchtlinien des Kirchenschiffs und des Fußbodens auf den Bilddiagonalen. Das ist der Grund, weshalb wir geradezu in das Bild hineingezogen werden.

In einer Spielfilmszene wird eine Frau, die am Fuß eines Treppengelän-

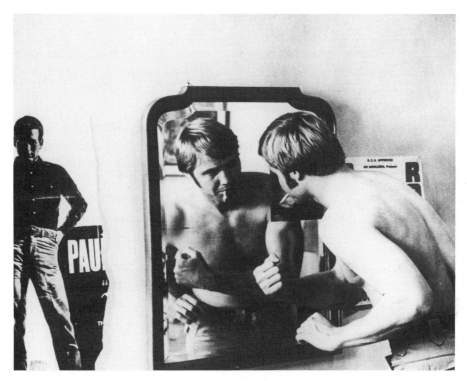

Abbildung 3.21 Szene aus *Asphalt-Cowboy*. Der Spiegel bewirkt eine reizvolle Bildwiederholung. Außerdem schafft er einen inneren Rahmen, der unsere Aufmerksamkeit an Jon Voight bindet.

ders steht, schneller und intensiver wahrgenommen, weil uns das Geländer zu ihr hinführt. Sehr deutlich wird die Kraft der Diagonalen auch in Abb. 3.18.

Bislang haben wir die formalen Gestaltungselemente der Bildkomposition behandelt. Nun ist vom Rhythmus zu reden, einem Element, das beim Betrachter sinnliches Vergnügen weckt.

Rhythmus

Rhythmus finden wir in primitiven Tänzen, auf den Friesen griechischer und römischer Tempelarchitrave, ebenso auf byzantinischen Mosaiken, Amphoren oder archäologischen Fundstücken. Rhythmus ist wahrscheinlich die älteste künstlerische Ausdrucksform überhaupt. *Rhythmus* impliziert in der Regel eine Form der *Wiederholung*. Rhythmus spricht unsere Sinne an. In der Musik bedeutet Rhythmus, Laute nach einem vorgezeichneten festen, sich wiederholenden Takt zu betonen oder die Wiederholung einer melodischen Figur. In der Rhetorik bedeutet Rhythmus Wiederholung von Wörtern und Sätzen (zum Beispiel: »vom Volk, durch das Volk und für das Volk«). In der Dichtung bezeichnet Rhythmus normalerweise eine metrische Struktur (zum Beispiel einen fünffüßigen Jambus) oder ein rhythmisches Muster, dessen wiederkehrende Klangfolge dem Ohr angenehm ist.

In den visuellen Medien bedeutet Rhythmus eine Wiederholung von Linien, Formen oder Farben. In Abb. 3.19 erzeugt die Wiederholung von Säulen und Bögen einen Großteil der Schönheit dieses Gemäldes und bereitet dem Betrachter ein sinnliches Vergnügen. Regisseure, die besonders auf visuelle Wirkung achten, arbeiten bei der Komposition von Kameraeinstellungen, der Inszenierung der Schauspieler und der Wahl von Landschaften und Schauplätzen häufig mit dem Element der Wiederholung. Einer der Gründe, warum in Filmen so oft Einstellungen mit Spiegeln zu sehen sind, ist der, daß die Spiegelung dem Zuschauer eine als angenehm empfundene Wiederholung zeigt: Bild und Abbild. Die Einstellung aus *Asphalt-Cowboy* in Abb. 3.21 ist dafür ein typisches Beispiel. Außerdem gibt der Spiegel für Jon Voight einen Rahmen ab, der unsere Aufmerksamkeit innerhalb seiner Umgrenzung festhält.

Die Nike-Anzeige in Abb. 3.22, Teil einer Kampagne, die wegen ihrer guten Bildwirkung hoch gelobt wurde, benutzt die Wiederholung als Kernmotiv. Die sich wiederholenden Linien der Zuschauerbänke leiten unsere Augen unweigerlich zu der Sportlerin mit den Nike-Schuhen. Die Künstler, die für diese Anzeigen verantwortlich zeichnen, haben verstanden, wie die meisten Betrachter ein solches Bild »lesen«, in welche Richtung ihre Augen wandern.

Die Crown-Royal-Anzeige (Abb. 3.15) bringt mit den beiden Gläsern zwei sich wiederholende Elemente ins Spiel, die, an den beiden einander gegenüberliegenden Bildrändern plaziert, eine Art Echo der Flasche hinter ihnen bilden. Der Überleger aus Puzzleteilumrissen überzieht die Anzeige mit dem feinen Netz einander ähnlicher Stanzformen. Stellen Sie sich dieselbe Anzeige ohne die Linien des Puzzles vor. Sie würde viel von ihrem Reiz verlieren.

In Diego Riveras Gemälde *Blütentag* (Abb. 3.23) fällt als Formwiederholung zunächst das Meer von Lilien ins Auge. Doch die Lilien ahmen ihrerseits die Umrisse von Kopf und Schultern des Verkäufers nach, und ihre Farbe wiederholt sich in der Kleidung der sitzenden Frauen. Wiederholung findet man auch in den Blättern und Stielen, die der Verkäufer in den Händen hält. Oder: Die sitzende Gestalt zur Linken spiegelt fast genau die Gestalt zur Rechten. Weil Wiederholung wesentlich interessanter ist, wenn sie Variation einschließt, wenn also eine Form *nicht exakt* die andere dupliziert, sind

Abbildung 3.22 Diese Nike-Anzeige, Teil einer preisgekrönten Kampagne, arbeitet auf sehr ansprechende Weise mit serieller Wiederholung. Vor den Linien der Zuschauerbänke hebt sich die Sportlerin besonders stark ab. Bemerkenswert ist auch, daß sie ganz nah am Goldenen Schnitt plaziert ist.

die sitzenden Figuren nicht identisch. Wenn Sie das Bild genauer ansehen, werden Sie weitere sich wiederholende Elemente finden, die zu entdecken reizvoll ist.

Das Bild *Blütentag* ist aber auch ein schönes Beispiel für die anderen Kompositionsprinzipien, über die wir gesprochen haben. Die sitzenden Figuren richten ihren Blick auf den Verkäufer und schaffen damit Blicklinien, die uns zwingen, ebenfalls auf ihn zu schauen. Sein Kopf erhält besonderes Gewicht, weil er so auffällig mit den Blumen dahinter kontrastiert. In dieser Dreieckskomposition wird der Verkäufer fast zu einer Heiligenfigur, die den vor ihr sitzenden Frauen den Segen erteilt.

Der Goldene Schnitt

Seit der Antike suchen Künstler nach einer mathematischen Formel, mit der sich die vollkommene Gestaltung berechnen läßt. Eine der Formeln, der sogenannte **Goldene Schnitt**, wurde erstmals vom griechischen Mathe-

Abbildung 3.23 Diego Riveras *Blütentag* zeigt, wie wohltuend das Element der Wiederholung sein kann. Die beiden sitzenden Figuren sind fast spiegelbildlich. Die Lilien wiederholen sich ununterbrochen selbst und gleichen den Rundungen der drei Köpfe sowie des Korbes im Vordergrund.

matiker Euklid gefunden (manche Historiker schreiben diese Entdeckung auch Pythagoras zu).

In der Sprache der Geometrie sagt man, eine Strecke sei dann stetig beziehungsweise im Verhältnis des Goldenen Schnitts geteilt, wenn die gesamte Strecke sich zum größeren Abschnitt so verhält, wie der größere Abschnitt zum kleineren. In Abb. 3.24 verhalten sich die Strecken AC zu CB wie CB zu AB. Die Verfechter der Theorie des Goldenen Schnitts glauben, daß diese Aufteilung die ideale Basis für die bestmögliche Plazierung von Figuren innerhalb eines Bildes sei, nämlich an jedem der vier Punkte, in denen sich die Linien schneiden.

In vielen photographischen Schulen wird dieses Prinzip in wesentlich vereinfachter Form gelehrt. Man zieht zwei horizontale und zwei vertikale Linien, die das Bild in gleiche Drittel teilen. Die vier auf diese Weise gewonnenen Schnittpunkte fallen annähernd mit denen des Goldenen Schnitts zusammen. Bei dem Gemälde von Monet *Strand bei Honfleur* (Abb. 3.25)

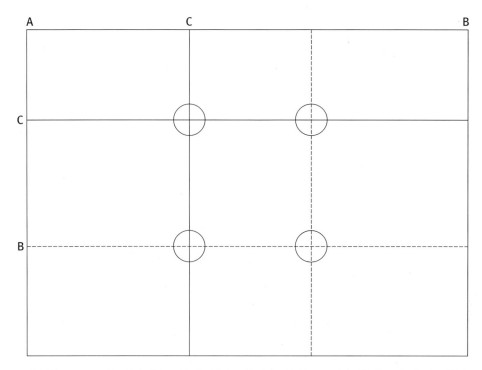

Abbildung 3.24 Der Schnittpunkt der Linien liegt im Goldenen Schnitt. Innerhalb des Bildrahmens sollen die vier Positionen einen der möglichen ästhetisch vollkommenen Hauptblickpunkte bezeichnen.

konzentriert sich unsere Aufmerksamkeit auf den Leuchtturm, der an der Schnittstelle von Land und Meer steht, ganz nah an der vom Goldenen Schnitt vorgegebenen Position. Außerdem fällt auf, daß Monet die Gestalt des Mannes nach dem Goldenen Schnitt plaziert hat.

Man muß allerdings beachten, daß die vom Goldenen Schnitt vorgegebenen Bereiche den dort angesiedelten Bildgegenständen keinerlei Gewichtung verleihen. Sie geben aber möglicherweise die ästhetisch perfekten Orte für die Plazierung der Blickpunkte an und stellen die Objekte in ein »ideales Verhältnis« zueinander. Monet hat dem Leuchtturm dadurch sehr kunstvoll Bedeutung verliehen, daß er dort gleich mehrere Linien sich schneiden läßt: die Küstenlinie, die Linie des Hügels, die Linie, die von den Segelbooten gebildet wird, den Horizont sowie die Vertikale des Leuchtturms selbst. Seine Bedeutung erhält er durch die sich schneidenden Linien, nicht aus seiner Position im Goldenen Schnitt. In diesem Bild fallen beide Prinzipien zusammen, die Position der Dominanz deckt sich mit dem Punkt des Goldenen Schnitts.

Abbildung 3.25 In Claude Monets *Strand bei Honfleur* liegt der Leuchtturm nahe beim Goldenen Schnitt. Die Männerfigur steht fast genau an einem anderen Punkt des Goldenen Schnitts.

Das Lesen eines Bildes

Beim Betrachten eines Bildes gehen die Augen normalerweise – das gilt für die westliche Zivilisation – zunächst von links oben hinein, dann gehen sie nach rechts und nach unten. Vielleicht läßt sich diese Sehgewohnheit darauf zurückführen, wie wir eine gedruckte Buchseite lesen: oben beginnend und von links nach rechts. In einigen östlichen Kulturen sind die Lesegewohnheiten anders, dort liest man von rechts nach links oder in vertikalen Zeilen von oben nach unten. Fernseh- und Filmbilder werden in diesen Kulturen womöglich ganz anders als in der westlichen Zivilisation »gelesen«. Untersuchen wir die beiden schrägen Linien in Abb. 3.26.[6] Welche steigt? Welche fällt? Weil die meisten von uns ein Bild von links nach rechts lesen, interpretieren Sie wahrscheinlich die obere Linie als ansteigend, die untere als abfallend. Wenn unsere Augen von rechts in das Bild hineingegangen wären, hätten wir die Linien wahrscheinlich genau andersherum gedeutet.

Der Schweizer Kunsthistoriker Heinrich Wölfflin hat die These auf-

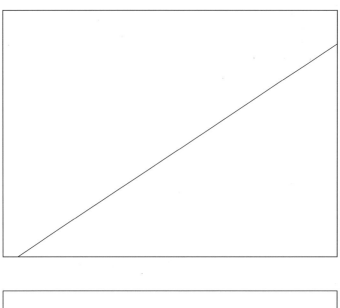

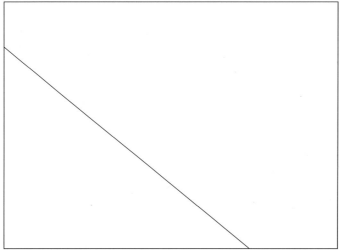

Abbildung 3.26 Wenn Sie die Linie im oberen Feld als ansteigend, die im zweiten als abfallend interpretieren, gehen Ihre Augen von links in den Bildrahmen hinein. In den meisten westlichen Kulturen wird ein Bild üblicherweise nach diesem Muster »gelesen«.

gestellt, daß die rechte Seite eines Bildes, weil wir es von links nach rechts lesen, »schwerer« als die linke sei und deshalb durch ein zusätzliches Gewicht auf der linken Seite ausbalanciert werden müsse.[7]

Nehmen wir an, Wölfflin habe recht, dann würde das heißen, daß in einer Zweiereinstellung der Schauspieler auf der rechten Bildseite immer mehr Zuschaueraufmerksamkeit erhält als der Schauspieler auf der linken.

Einige Schauspieler und auch einige Regisseure sind da anderer Ansicht. Sie sind der Meinung, daß gerade die Person auf der linken Bildseite mehr Zuschaueraufmerksamkeit auf sich zieht, weil sie zuerst gesehen wird. Es ist gar nicht so selten, daß Schauspieler, die ja immer darauf bedacht sind, nicht übersehen zu werden, von ihrem Regisseur verlangen, sie auf die linke (oder, je nach dem, auf die rechte) Seite des Kamerabildes zu stellen, damit sich die Aufmerksamkeit auf sie konzentriert und sie die Szene dominieren. In der Praxis besitzen freilich auch die vielen dramaturgischen Faktoren ein beträchtliches Gewicht; sie können Prinzipien der Bildkomposition durchaus überlagern oder sogar unterlaufen (siehe Kapitel 6 und 7).

Einige Autoren und Kritiker behaupten, daß die obere Bildhälfte prinzipiell schwerer sei als die untere. Wenn die Horizontlinie ein Bild genau in der Mitte teilt, drückt der Himmel, weil schwerer, auf die Erde und dominiert die Figuren in der unteren Hälfte des Bildes. John Ford hat in vielen seiner Western mit diesem Effekt gearbeitet, um beispielsweise die Schwäche und das Ausgeliefertsein seiner Personen, die die Einöde einer Wüste durchqueren, auszudrücken. Diese Wirkung kann man noch verstärken. Setzt man die Horizontlinie im Bild so tief, daß der Himmel den größeren Teil der Bildfläche einnimmt, wird er noch weit bedrohlicher. Ziehen an einem derart dominanten Himmel dann auch noch dunkle, unheilvolle Wolken auf, entsteht ein wahrhaft furchteinflößender Effekt.

Visuelle Sensibilität

Wie es Musiker gibt, die einen angeborenen Sinn für melodische Wirkungen zu haben scheinen, so scheinen manche Regisseure die Begabung zu besitzen, ein Bild so zu komponieren, daß es eine Idee oder eine Gefühlsregung allein mit visuellen Mitteln ausdrückt. Möglicherweise ist das wirklich eine Begabung, ein Geschenk der DNS, aber man kann sich diese Fähigkeit auch durch Studium und Beobachtung aneignen.

Zu Beginn eines jeden Semesters geraten in meinen Drehbuchseminaren regelmäßig einige Studenten in tiefe Verzweiflung, weil sie sich nicht vorstellen können, jemals aufregendes Material für eine Geschichte zu finden. Wochen später stellen sie mit Erstaunen fest, daß sie auf Schritt und Tritt – zu Hause, bei ihren Freunden, in der Zeitung, in ihrer Klasse, einfach überall – Geschichten entdecken. Diese Geschichten waren natürlich schon immer da. Nur haben sich die Studenten in den wenigen Wochen eine neue Brille aufgesetzt und können diese Geschichten plötzlich auch erkennen: sie haben ein Storybewußtsein entwickelt.

Visuell zu denken bedeutet mehr, als nur auf Ausgewogenheit, Dominanz, Linie und Rhythmus zu achten. Für die Hauptaufgabe des Regisseurs, eine Botschaft zu übermitteln oder zu interpretieren, ist die Visualisierung meistens das eigentlich Entscheidende. Hauptziel des Regisseurs ist es, zu unterhalten, zu informieren oder zu überzeugen. Um eine Sache verständlich darlegen und sein Publikum fesseln zu können, muß er das gesamte visuelle Spektrum in seine Überlegungen mit einbeziehen, das heißt: alles, was *sichtbar* ist, im Gegensatz zu allem, was *hörbar* ist. Innerhalb des visuellen Spektrums ist das, was die Akteure tun, und wie wirkungsvoll sie in ihren Aktionen eine Idee oder ein Gefühl transportieren (»rüberbringen«), von herausragender Bedeutung. Aktionen übermitteln dem Zuschauer Einsichten, die mit Worten allein niemals zu transportieren wären. Was Akteure *tun*, hat bei weitem mehr Gewicht als das, was sie *sagen*.

Ähnlich wie beim Storybewußtsein, läßt sich auch ein visuelles Bewußtsein entwickeln.

Ausbildung

Um sich mit den Grundfragen visueller Komposition vertraut zu machen, besuchen Sie vielleicht einfach einen Malkurs oder einen Kurs über Kunstgeschichte, besser noch beide. In einem Malkurs lernen Sie vor allem, wie man ein Bild aufbaut und wie man mit Farben umgeht. Und wenn Sie sich in einem kunstgeschichtlichen Kurs mit Werken großer Meister auseinandersetzten, wird das Ihrer visuellen Sensibilität zugute kommen und Ihr Auge auch für kompliziertere und ausgefallenere Kompositionen empfänglich machen.

Nutzen Sie jede Gelegenheit, Photoausstellungen, Galerien und Kunstmuseen zu besuchen, auch Ausstellungen zeitgenössischer Kunst. Wenn Sie sich mit den jüngsten Entwicklungen vertraut machen, verlieren Sie aber nicht zu schnell die Geduld. Oft werden Sie beim ersten Blick eher abgestoßen sein, Dinge für schwierig, kindisch oder auch für bizarr halten. Aber das geht nicht nur Ihnen so; einen Grund, beunruhigt zu sein, hätte Sie eher im umgekehrten Fall: Bei Kunstwerken, die auf Anhieb gefallen, ist Mißtrauen angebracht. Kehren Sie zum Stein des Anstoßes zurück und sehen Sie sich jene Dinge, die Sie ärgern oder verwirren, von neuem an. Ziehen Sie die Werkhefte zu Rate, die in den meisten Galerien ausliegen. Wahrscheinlich werden Sie bemerken, daß Sie in vielen Dingen verstehen und schätzen gelernt haben, was Sie einige Monate zuvor noch vor den Kopf gestoßen hatte.

Kapitel 3 ▮ Denken in Bildern

Beobachtung

Schauen Sie die Menschen in Ihrer Umgebung genau an. Probieren Sie aus, wie weit Sie in der Lage sind, etwas über das zu erzählen, was in deren Köpfen gerade vor sich geht. Anhaltspunkte dafür können Nebensächlichkeiten sein, die häufig unbewußt unterlaufen, kleine Gewohnheiten, mit denen sich die Menschen verraten. Der kleine Ganove, der wegen eines Autodiebstahls verhaftet wurde und nun verzweifelt versucht, cool zu erscheinen, fährt sich verstohlen mit der Zunge über die Lippen, weil sein Mund trocken ist. Das Mädchen, das verbergen möchte, daß sie auf einem Ohr fast taub ist, dreht ihren Kopf im Gespräch leicht zur Seite, um besser hören zu können. Die wirklich guten, die ausgezeichneten Regisseure besitzen für derartige Handlungen und Gesten ein feines Gespür (mehr darüber in den Kapiteln 5 und 6), gute Schauspieler und Autoren ebenso. Wirklich kreative Menschen sind fast immer auch scharfe Beobachter.

Spiele

Auch spielerische Übungen können helfen, den Blick zu schärfen. In meiner Regieklasse zeige ich meinen Studenten manchmal kurze Spielfilmszenen und stelle dazu dann Fragen. In der Regel sind die Sequenzen vollgepackt mit Action und mit aufregenden Details so überladen, daß die Studenten gar nicht alles aufnehmen können. Diejenigen, die in den ersten »Tests« relativ schlecht abschneiden, stellen normalerweise zu ihrer großen Freude fest, daß sich ihr visuelles Bewußtsein von Woche zu Woche verbessert. Ich stelle Fragen zur Kleidung der Personen, zu ihren Aktionen, zu Details aus dem Hintergrund und zum Einsatz der Kamera. Eine bekannte Variante dieses Spiels ist das Bilderrätsel. Eine Photographie mit einem bizarren Sammelsurium der verschiedensten visuellen Elemente wird den Studenten für ein paar Sekunden gezeigt, dann wird abgefragt, was sie wahrgenommen und behalten haben.

Ein anderes Spiel besteht darin, die Studenten über Gegenstände zu befragen, die sie tagtäglich sehen (oder eben nicht sehen). Zum Beispiel, welche Buchstaben fehlen auf der Wählscheibe (amerikanischer) Telephone? Ist rot in der Ampel oben oder unten? Welche Form hat ein Stopschild? Die einfachsten Fragen entpuppen sich oft als die schwierigsten. Eine Frage, die in meinen Kursen sehr häufig nicht beantwortet werden kann, lautet: Welche Farbe hat das Gebäude, in dem wir hier sitzen? Solche Spiele bringen uns bei, unsere Umwelt besser zu beobachten und bewußter wahrzunehmen – eine für einen guten Regisseur absolut notwendige Fähigkeit.

Geschichten in Bildern erzählen

Fernsehfilme – und besonders Serienfolgen – sind weitgehend auf das gesprochene Wort angewiesen, um ihre Geschichten zu erzählen. Allzuoft hören wir Personen lediglich über ungeheuer dramatische Ereignisse reden, bekommen diese Ereignisse aber nie zu Gesicht. Eine der Besonderheiten des Stummfilms war seine Fähigkeit, eine Geschichte visuell, ohne Dialog, zu erzählen. Zwar haben viele dieser frühen Filme Zwischentitel zu Hilfe genommen, um eine Geschichte zu erklären oder einen Dialog zu umschreiben, die Werke der besten Regisseure (Chaplin, Griffith, Eisenstein) waren aber konzeptionell und gestalterisch so konsequent auf Visualität hin durchgearbeitet, daß es nur selten solcher Krücken bedurfte.

Eine ausgezeichnete Übung, das Erzählen in Bildern zu lernen, ist es, ein Drehbuch zu schreiben (nicht mehr als fünf oder sechs Seiten lang), das völlig ohne Ton auskommt: kein Dialog, kein Erzähler, keine Musik und keine Geräusche! Die Geschichte soll ausschließlich mit *visuellen Mitteln* erzählt werden, durch Aktionen und Ereignisse. Keine Zwischentitel! Keine »sprechenden Köpfe«! Das Buch soll Einstellung für Einstellung genau vorgeben, wie der fertig geschnittene Film schließlich aussehen würde. Falls Schwierigkeiten bei der Ideensuche auftreten, hier ein kleiner Tip: Eine Verfolgungsjagd ist eine der dramatischen Grundmuster, in deren äußerer Handlung sich eine Geschichte von selbst erzählt.

Daß eine solche Übung sich eher an angehende Autoren als an Regisseure zu wenden scheint, muß Sie nicht irritieren. Einem Regisseur geht es immer darum, Wege und Möglichkeiten der Visualisierung zu finden. Mit dieser Übung stellen Sie sich auf eine Stufe mit den großen Stummfilmregisseuren, die Aktionen und Ereignisse erfanden, mit deren Hilfe sie ihre Ideen und Vorstellungen völlig ohne gesprochenes Wort, allein durch Bilder, in eine Geschichte umsetzen konnten. Durch Gesten, durch Mimik oder durch Aktivitäten vermittelten sie dem Zuschauer sehr verständlich die Gedanken und Gefühle einer Person. Diese Fähigkeit ist mit den Regisseuren der Stummfilmzeit keineswegs ausgestorben. Wenn Sie gute Spielfilme oder gute Fernsehfilme daraufhin untersuchen, werden Sie feststellen, daß wir auch heute noch Regisseure haben, die die Kunst, mit Bildern zu erzählen, ausgezeichnet beherrschen.

Wenn es sich machen läßt und nicht gar zu teuer wird, dann sollten Sie Ihr Buch nehmen und es in Film oder Video umsetzen. Oft werden solche Projekte dadurch realisierbar, daß man die Unterstützung von Freunden mit ähnlich gelagerten Interessen gewinnt. Wenn Sie Student oder Schüler sind, bietet es sich an, ein solches Projekt im Rahmen eines Film- oder Fernseh-

produktionskurses anzugehen. Wenn Sie einen »rein visuellen« Film inszenieren, dann stellt sich unmittelbar und schnell heraus, ob Sie Ideen in Bilder umzusetzen und verborgene Gefühle durch äußere Handlung sichtbar zu
machen verstehen. Sie können zeigen, was Sie können! Ein solches Projekt
motiviert Sie und Sie sammeln wertvolle Erfahrungen als Regisseur.

Zusammenfassung

- Während auf der Theaterbühne dem Dialog eine vorrangige Bedeutung zukommt,
  legen Fernsehen und Film größeres Gewicht auf visuelle Elemente. Angehende
  Fernseh- und Filmregisseure sollten darum die klassischen Regeln der Bildkomposition lernen und ihre Fähigkeit schulen, in Bildern zu denken.
- Eine Bildkomposition ist ein harmonisches Arrangement von zwei oder mehr
  Elementen, von denen eines, das bedeutendste und interessanteste, alle anderen
  dominiert. Der Größenunterschied zwischen Kinoleinwand und Fernsehbildschirm
  erklärt, warum im allgemeinen Fernsehbilder einfacher gestaltet sein sollen.
- Die Plazierung des Hauptblickpunktes hängt von einer Reihe kompositorischer Faktoren ab. Bilder mit einem genau in die Mitte gestellten Bildobjekt empfinden die
  meisten Betrachter eher als spannungsarm und statisch. Ein höher im Bildrahmen
  sitzendes Objekt macht eine Komposition interessanter. Denn der darunter liegende Raum hält und stützt ein Objekt. Werden Akteure in einer Großaufnahme im
  Profil gezeigt, wird die Blickrichtung meist durch zusätzlichen Raum aufgewertet.
- Es gibt Maler und Mathematiker, die der Überzeugung sind, der ästhetisch ideale
  Hauptbildpunkt könne mit dem Goldenen Schnitt konstruiert werden. Wenn man
  durch einen Bildrahmen Linien zieht, die ihn vertikal und horizontal in gleiche
  Drittel teilen, entsprechen die Schnittpunkte ungefähr dem Teilungsverhältnis des
  Goldenen Schnitts.
- Teilen zwei Objekte einen Bildrahmen gleichwertig untereinander auf, ist das
  noch keine Komposition. In einer Komposition muß es ein Zentrum geben, muß ein
  Objekt dominieren. Eine Einstellung mit zwei gleichgroßen Profilen wirkt zum
  Beispiel normalerweise wenig interessant.
- Das Gewicht, das Objekte innerhalb eines Bildrahmens bekommen, pendelt sich
  nach Prinzipien ein, die denen der Hebelwirkung gleichen – wie Kinder, die auf
  einer Wippe spielen. Kleinere Objekte am Rand eines Bildrahmens balancieren
  größere Objekte aus, die näher am Zentrum plaziert sind. Prinzipien der dramaturgischen Gewichtung nehmen Einfluß auf diese Balance. So erzeugen Akteure,
  die der Kamera zugewandt sind, mehr Gewicht, als Akteure, die ihr den Rücken
  zukehren.
- Wenn sich Objekte gegenseitig die Aufmerksamkeit streitig machen, muß einem
  von ihnen Dominanz gegeben werden. Eine solche Dominanz läßt sich durch Kontrast, Plazierung oder Linie herstellen.

- Hebt sich in einem Bild ein Objekt von anderen Objekten durch Größe, Farbe, Tonwert, Dichte, Struktur oder Form ab, richtet sich die Aufmerksamkeit des Zuschauers auf dieses kontrastierende Objekt. Bei zwei großen und einem kleinen Objekt neigen wir zum Beispiel dazu, auf das kleinere Objekt zu sehen.
- Gesetzt, alle anderen Faktoren sind gleich, dann zieht normalerweise dasjenige Objekt, das dem Zentrum des Bildrahmens am nächsten plaziert ist, die Aufmerksamkeit auf sich.

Übungen

1. Beobachten Sie Ihre Umgebung und notieren Sie Eigenheiten, die verraten, was Menschen denken oder fühlen. Sie werden dabei vermutlich feststellen, daß für viele Eigenheiten, wie etwa Nägelkauen oder Haarezwirbeln, vor allem Anspannung und Unsicherheit die Ursache ist. In unserer Gesellschaft werden wir darauf trainiert, unsere Schwächen zu verbergen, aber für gewöhnlich verraten wir uns in kleinen Handlungen und Gesten.

2. Suchen Sie in Zeitungen und Zeitschriften nach Anzeigen, die besonders mit folgenden Methoden der visuellen Gewichtung arbeiten:
   a. Größenunterschied;
   b. Farbkontrast;
   c. Kontrast in Form oder Gestalt;
   d. diagonale Linie;
   e. sich schneidende Linien.

3. Suchen Sie in Zeitungen und Zeitschriften nach Anzeigen, die Rhythmus einsetzen und mit Wiederholungen von folgenden Elementen arbeiten:
   a. Linie;
   b. Form;
   c. Farbe.

4. Suchen Sie in Zeitungen und Zeitschriften nach Anzeigen, die durch ihre Ausgewogenheit besonders überzeugen.

5. Wenn Sie das Drehbuch für den »rein visuellen« Kurzfilm, von dem in diesem Kapitel die Rede war, geschrieben haben, setzen Sie die Ihnen am besten gelungenen Sequenzen in ein Storyboard um. Ein Storyboard besteht aus einer Reihe von Zeichnungen, deren Bildrahmen das Größenverhältnis eines Filmbildkaders oder eines Fernsehbildes, also in der Regel 4:3, besitzt und die die einzelnen Aktionen Einstellung für Einstellung so zeigen, wie die Kamera sie sehen würde. Benutzen Sie dazu einen Filzschreiber.

6. Falls Sie das Drehbuch für den »rein visuellen« Film nicht geschrieben haben, können Sie auch einen originellen 60-sek-Werbespot konzipieren, bei dem Sie besondere Sorgfalt auf seine visuellen Qualitäten verwenden. Zeichnen Sie dafür ein Storyboard. Kontrollieren Sie, ob die einzelnen Bilder auch tatsächlich die von Ihnen beabsichtigte Botschaft transportieren.

Kapitel 3 ▌ Denken in Bildern

TEIL 2

Fiction

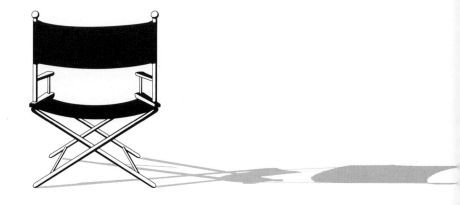

Die Arbeit mit der Einzelkamera

Eine Vorbemerkung

Im Mittelpunkt des in Teil II behandelten Themenkreises steht die Arbeit mit der Einzelkamera. Eine solche Arbeitsweise »Filmmethode« zu nennen, ist nicht mehr angebracht, da die Einzelkamera längst auch in Fernsehproduktionen eingesetzt wird. Gegenüber der Arbeit mit mehreren Kameras besitzt die Einzelkamera-Methode zwei entscheidende Vorzüge: Bei ihr ist leichter auf Qualität zu achten und sie begünstigt die direkte Kommunikation.

Die schauspielerische Umsetzung, bestimmte technische Faktoren sowie eine gewisse Detailgenauigkeit lassen sich bei dieser Arbeitsweise besser kontrollieren und steuern. Die meisten Chefkameramänner werden bestätigen, daß es fast unmöglich ist, eine Szene vernünftig auszuleuchten, wenn sie – bei ein und derselben Ausleuchtung – von drei verschiedenen Positionen aus photographiert werden soll. Bei einer Comedy-Show oder einer Sitcom mag das noch angehen, weil es zu diesem Genre paßt, daß die Szene hell und ohne Schatten ausgeleuchtet wird. Ganz anders aber bei einer Spielhandlung. Da sind Schatten notwendig; da müssen Gesichter herausmodelliert werden. Wird jeder Aufbau und jede Einstellung individuell ausgeleuchtet, können Filmaufnahmen eine Qualität haben, die ohne weiteres das Niveau professioneller Portraitphotographie erreichen.

Bei der Arbeit mit der Einzelkamera ist der Regisseur direkt mit dabei: Wenn er seine Hand ausstreckt, kann er seine Schauspieler fast berühren. Aber es ist nicht nur die räumliche Nähe. Zwischen den Takes kann er seinen Arm um den Schauspieler legen, kann ihn beiseite nehmen, ihm Anweisungen zuflüstern, kann helfen und führen, er kann den Schauspieler direkt fordern, anregen und ihn auf die Szene und seine Figur einstimmen. Das alles ist ihm nicht möglich, wenn er weit weg und isoliert vor seinen Monitoren in der Regie sitzt und Kommunikation nur über den Aufnahmeleiter oder über Studiolautsprecher erfolgen kann.

Detailgenauigkeit erlaubt die Einzelkamera in weit größerem Umfang als die Arbeit mit mehreren Kameras. Denn die Aufmerksamkeit konzentriert sich auf eine einzelne Kameraeinstellung, auf einen Schauspieler allein, nicht auf womöglich drei oder vier Einstellungen. Frisur, Kostüm, Make-up können genau überprüft werde, ebenso feinste Nuancen in Mimik und Gestik. Und außerdem kann eine Einstellung notfalls sofort wiederholt werden.

Die Arbeit mit nur einer Kamera hat aber auch Nachteile. Sie ist teuer und zeitaufwendig. Mit mehreren Kameras kann man drei oder vier Einstellungen gleichzeitig drehen, mit nur einer Kamera muß jede Einstellung einzeln aufgenommen werden. Viel Zeit geht für Kamera-Umbauten und neues Einleuchten verloren. Hinzu kommt, daß die Kosten für Filmmaterial und Labor recht hoch werden können.

Ein weiterer Nachteil: Der Regisseur ist bei der Beurteilung der Kameraeinstellung und des Bildausschnittes weitgehend auf den Kameramann angewiesen. In der Regel fragt der Regisseur den Kameramann am Ende einer Szene: »Wie war's?« Daß sich der Regisseur bei dieser wichtigen Einschätzung auf einen anderen verlassen soll, ist eigentlich ein Unding. Arbeitet er dagegen mit mehreren Kameras, schaut er auf seine Monitore und sieht genau, welchen Bildausschnitt mit welchem Bildinhalt jede einzelne Kamera anbietet.

Heutzutage ist es üblich geworden, bei Filmaufnahmen eine an die Filmkamera gekoppelte Videokamera (»Slave«) mitlaufen zu lassen. Damit kann der Regisseur den jeweiligen Bildausschnitt auf einem Monitor selbst sehen, entweder direkt oder, sobald die Szene abgedreht ist, als Aufzeichnung. Ist er dann mit irgend etwas unzufrieden, kann er sofort nachdrehen lassen.

Bislang haben Produzenten und Regisseure den Film wegen seines höheren Auflösungsvermögen der Magnetaufzeichnung (MAZ) vorgezogen. Das könnte sich demnächst jedoch ändern. Ich habe eine Vorführung von High Definition Television (HDTV) auf MAZ gesehen, mit digitalem Ton und im 5:3-Format statt des traditionellen 4:3-Fernsehbildschirms. Obwohl das Verfahren technisch noch nicht ganz ausgereift ist, war die Bildqualität ausgezeichnet. Die Magnetaufzeichnung könnte in Zukunft zu einer billigeren Alternative werden, um die Vorteile der Einzelkamera-Methode zu nutzen.

Kapitel 4 ▊ Vorbemerkung

4
Womit alles anfängt: Das Drehbuch

> Was Sie als junger Regisseur zuerst brauchen,
> das ist ein Drehbuch. Sie können die Millionen am
> Roulettetisch nicht gewinnen, wenn Sie keinen
> Jeton besitzen, den Sie setzen können – und Ihr
> Jeton im Filmgeschäft ist ein Drehbuch.
>
> *MICHAEL WINNER*[1]

Der Gemeinplatz, Film sei ein visuelles Medium, ist eine Halbwahrheit, die Cineasten manchmal glauben läßt, die Kamera sei der Gott des Kinos, und Objektive, Ausleuchtung und außergewöhnliche Einstellungen seien die ausschlaggebenden Faktoren, die über den Erfolg eines Films entscheiden. Für sie ist der Regisseur ein Visionär, eine Art Zauberer, der Kamera und Schauspieler an seine Lieblingsschauplätze mitnimmt, wo sie in einer Art Fieberrausch der Inspiration die Story erfinden und ihnen die passenden Dialoge zufliegen. Aus diesem mystischen Erlebnis entsteht dann ein preisgekrönter Film oder ein umjubeltes Fernsehspiel, etwas von überwältigendem künstlerischen Wert, mit eindrucksvollen visuellen Metaphern, von Wahrheit und Schönheit durchweht.

Das ist natürlich absurd. Auch der kreativste Regisseur der Welt, selbst wenn ihm die raffinierteste Trickabteilung der Filmindustrie zur Verfügung steht, kann keinen ausgezeichneten Spielfilm oder kein ausgezeichnetes Fernsehspiel machen, wenn er nicht ein ausgezeichnetes Buch hat. An einem schwerfälligen Drehbuch kann ein Regisseur beweisen, ob er Phantasie und Einfälle hat, er kann Tempo hineinbringen und ein Buch sicherlich besser erscheinen lassen, als es in Wirklichkeit ist. Aber wenn der Text keine Substanz hat, dann wird auch das Endprodukt keine Substanz haben.

Ernest Lehman, einer der kreativsten Filmautoren (und ein sehr rational denkender), drückt das auf seine Weise aus:

> Ich gehöre nun einmal zu jenen irrationalen Menschen, die glauben, ein Film kann niemals ein guter Film sein, wenn er nicht gut geschrieben ist. Das gibt es einfach nicht. Wenn ein Film schlecht ist, dann ist er es aller Wahrscheinlich-

keit nach, weil er schlecht geschrieben war. Die meisten, wenn auch nicht alle schlechten Filme lassen sich auf ein schlechtes Drehbuch zurückführen.[2]

Das **Drehbuch** (oder das Skript) ist der Grundstein, auf dem jedes dramatische Werk aufgebaut ist, sei es für's Theater, für's Radio, für's Fernsehen oder für den Film. Es ist ein sorgfältig ausgeklügelter Plan, nach dem Schauspieler, Regisseur und Techniker arbeiten werden. In einer Folge von dramatischen Szenen entfaltet das Buch die Vision des Autors von einer fiktiven Welt, in der erdachte Figuren kämpfen, weinen, sich verlieben, nach den Sternen greifen oder sterben ... eine Welt, die vom Regisseur interpretiert und gestaltet und von Schauspielern einem Publikum vorgeführt wird.

Weil das Drehbuch für den Erfolg eines jeden dramatischen Werkes von so entscheidender Bedeutung ist, muß jeder ernsthafte Regisseur neben den klassischen Prinzipien der Dramaturgie auch die Regeln beherrschen, die für das Drehbuchschreiben heute gelten. Die klassischen Prinzipien des Dramas gehen auf Aristoteles zurück und werden wahrscheinlich noch in tausend Jahren nichts von ihrer Gültigkeit verloren haben.

In diesem Kapitel werden die Prinzipien wirkungsvollen Drehbuchschreibens unter fünf Aspekten erörtert. Die spezielle Thematik der *Charaktere* in einem Drehbuch, die für den Regisseur von ganz besonderer Bedeutung ist, wird in Kapitel 5 untersucht.

- ■ EINE PERSON HAT EIN PROBLEM: Das ist der Nenner, auf den sich jede Drehbuchgeschichte bringen läßt.
- ■ SPIELHANDLUNG UND WIRKLICHES LEBEN: Zwei Welten im Vergleich.
- ■ HANDLUNGSPROGRESSION: Das Entwicklungsmuster, das in jeder dramatischen Handlung zu finden ist – im Akt, in der Szene, im Dialog.
- ■ KONFLIKT: Dieses Grundelement des Dramatischen wird in seinen vier Kategorien untersucht.
- ■ DIALOG: Was gute und was schlechte Dialoge kennzeichnet.
- ■ DREHBUCHÄNDERUNGEN: Was passieren kann, wenn Drehbücher während der Produktion »repariert« werden.

Eine Person hat ein Problem

Um ein Drehbuch schreiben zu können, muß man wissen, was ein Drama ausmacht. Daß ein Drehbuch zu schreiben äußerst schwierig und kompliziert sei, ist eine Mär, die bestimmte Lehrbücher in die Welt gesetzt haben, deren Autoren sich mit strukturellen Paradigmen und solch abstrusen intellektuellen Konzepten wie der Einheit der Gegensätze und These versus Antithese tiefgründig auseinandersetzen. Ich bringe frohe Botschaft: Der Kern jedes Dramas läßt sich kurz und bündig mit fünf Worten zusammenfassen.

Doch bevor wir uns mit diesem Fünf-Worte-Satz näher beschäftigen, möchte ich gerne zwei ganz unterschiedliche Personen vorstellen. Die erste ist Wendy Curtis, eine gutherzige junge Frau, um die zwanzig, mit einem offenen Gesicht, Sprecherin ihres Anfangssemesters auf dem College und für die Hälfte aller jungen Frauen und Mädchen auf dem Campus so etwas wie eine große Schwester. Wendy ist keine wirkliche Schönheit, aber wenn sie lächelt, vergißt du Miss America.

Noch etwas sollten wir über Wendy wissen: Ihre Periode ist seit zwei Monaten überfällig.

Sobald sie ganz sicher weiß, daß sie schwanger ist, bringt sie es vorsichtig ihrem Freund Rick bei. Der ist begeistert. Wegen finanzieller Probleme hatten die beiden die Heirat schon mehrmals verschoben. Jetzt soll Wendys Schwangerschaft endlich den Anstoß zu dem großen Ereignis geben. Wie denken Wendys Eltern über die Schwangerschaft? Sie sind ebenfalls begeistert. Seit über einem Jahr haben sie bereits auf die Heirat gedrängt.

Die Trauung findet in der College-Kapelle statt, es wird Reis geworfen, Glückstränen werden vergossen, und ein stürmischer Achtundvierzigstunden-Honeymoon wird zelebriert.

Nachdem Rick seinen Abschluß gemacht hat, findet er eine gutdotierte Stellung in einer kalifornischen Computerfirma. Das Baby kommt gesund und kräftig zur Welt, und das Paar lebt glücklich und zufrieden. Der Sohn wächst und gedeiht prächtig, in dem Jungen steckt ein künftiger Präsident der Vereinigten Staaten.

Bevor ich mich zu Wendys Geschichte weiter äußere, möchte ich noch eine andere, ebenso faszinierende Person vorstellen: Sam Gutterman. Er ist ein Penner, über fünfzig, unrasiert, riecht nach altem Schweiß und hat langes, bis auf die Schultern hängendes, ungekämmtes Haar. Leider lügt, betrügt und stiehlt er hin und wieder. Sam haust im zweiten Stock eines Wohnblocks in einem Dreckloch voller Müll und Abfall. Die Leute gehen Sam lieber aus dem Weg, weil er praktisch nie badet und nach billigem Fusel stinkt.

Sam wirft gerade einen Blick aus dem Fenster seiner Bude, als zwei Polizeiwagen vorfahren. Die Bullen sind gekommen, weil sie ihn einlochen wollen. Aus welchem Grund? Vor ungefähr einer Woche hat Sam eine kleine, zierliche alte Dame zusammengeschlagen und ausgeraubt. Letzte Nacht ist sie gestorben.

Sam stürzt aus seiner Wohnung, hastet die Hintertreppe hinunter und rennt durch eine Gasse hinter seinem Block. Er kommt an eine kleine Seitenstraße und bleibt plötzlich, starr vor Schreck, wie angewurzelt stehen. Eine wildentschlossene Gestalt schreitet auf ihn zu, das Gewehr im Anschlag. Es ist der Ehemann der alten Frau. Er ist gekommen, um Sam zu töten.

Entsetzlich! Kein Ausweg? Läuft Sam zurück zu seiner Wohnung, hat er die Polizei am Hals. Bleibt er auf der Straße, wird ihn der Ehemann über den Haufen schießen. Was soll der Arme bloß tun?

Kümmert das irgend jemanden?

Diese beiden Geschichten sind nicht gerade Oscar-verdächtig, aber an ihnen kann man lernen, was das Wesen des Dramatischen ausmacht. Sehen wir sie uns näher an.

Ein Fernsehpublikum wird sich Wendy Curtis' Geschichte eine Zeitlang ansehen, weil die Zuschauer die junge Frau mögen. Sie können um sie besorgt sein. Sie können ihr die Daumen drücken. Aber allmählich wird der Zuschauer unruhig, dann ungeduldig – und schließlich schaltet er um. Warum? Weil in Wendys Geschichte ganz einfach das *Problem* fehlt. Ohne Problem kann keine Geschichte der Welt ein Publikum für längere Zeit fesseln. Das Publikum will sich Sorgen machen. Die Zuschauer lieben es, wenn der Kummer anderer Leute sie leiden läßt. Das ist es, worum es beim dramatischen Geschichtenerzählen geht. Entzückt hatten wir uns in unserem Sessel zurückgelehnt, um uns Wendys Kampf gegen Freund und Eltern anzusehen. Aber anstatt Schwierigkeiten heraufzubeschwören, löst die Schwangerschaft sämtliche denkbaren Probleme. Alle leben von nun an glücklich und zufrieden, und die Geschichte wird langweilig.

In Sam Guttermans Geschichte begegnen wir dem entgegengesetzten Fall. Sam hat ein Problem auf Leben und Tod: die Polizei im Nacken und vor sich einen rachedurstigen Ehemann. Machen wir uns Sorgen um Sam? Leiden wir mit ihm? Nicht die Bohne. Sam ist eine Figur, die kalt läßt, die abstößt. Dazu, daß ihm jemand die Daumen drückt, kommt es gar nicht, kann es nicht kommen. Wir nehmen zu keinem Zeitpunkt Anteil an seiner Angst und seinem Entsetzen; es kümmert uns nicht, was da passiert.

Sieht man sich die unterschiedlichen Mängel dieser beiden Geschichten genauer an, kristallisiert sich ein Muster heraus, das die wesentliche Struktur des Dramatischen definiert und auf die einfache Formel gebracht werden kann: *Eine Person hat ein Problem.* Mit diesem Fünf-Worte-Satz haben wir einen Maßstab, den wir an den dramatischen Grundgehalt der meisten Filmstories anlegen können.

Die Person

Wie muß eine Person beschaffen sein, damit aus ihr ein **Protagonist** (Held) wird? Es muß eine Person sein, an der wir *emotional* Anteil nehmen (ich betone das Wort *emotional,* denn im Dramatischen dreht sich alles um Emotion). Diese Person muß nicht unbedingt eine Wendy Wundervoll sein, schließlich sind die meisten menschlichen Wesen alles andere als vollkommen. Was uns ein Protagonist aber zeigen muß, sind Eigenschaften, die uns dazu veranlassen, uns mit ihm zu identifizieren, oder die uns auf andere Weise emotional an ihn binden.

Wendy erweckt *Sympathie,* und darum identifiziert sich der Zuschauer mit ihr. Er wird selbst zu Wendy, erleidet ihre Schwierigkeiten und feiert ihre Triumphe. Sympathie ist die Emotion, die am häufigsten die Anteilnahme des Publikums hervorruft. Die zweite Haltung, die Identifikation ermöglicht, ist *Empathie,* das Verstehen der Emotionen, die eine Figur antreiben, das Wissen um die Bedingungen, die sie so handeln läßt, wie sie handelt. Figuren, die Empathie hervorrufen, können unter Umständen alles andere als sympathisch sein, wenn wir aber wissen und verstehen, »woher sie kommen«, können wir eine Beziehung zu ihnen herstellen.

Kommen wir zur dritten Haltung, die ebenfalls die Beteiligung des Publikums hervorruft: zur *Antipathie.* Schon immer ist es dem Drama gelungen, Anteilnahme für die größten Schurken zu erwecken. Shakespeares Tragödien sind voll von dieser Spezies (Lady Macbeth, Richard III., Shylock). Wenn wir uns auch mit diesen Charakteren nicht unbedingt identifizieren, so wecken sie in uns doch gewiß starke Emotionen. Wir mögen sie nicht, wir hassen sie, wir verachten sie vielleicht sogar. Diese starken Emotionen stehen dem Grad der Anteilnahme, den die Sympathie weckt, sicherlich in nichts nach. Wenn wir eine Leinwandfigur hassen, dann möchten wir sie auch liebend gerne bestraft sehen, wir möchten sehen, daß sie bekommt, was sie verdient hat. Es gibt Stars, die ihre Karriere auf dieser Form von Zuschauerbindung aufgebaut haben: Erich von Stroheim (»der Mann, den man zu hassen liebte«), Bela Lugosi, Vincent Price, Peter Lorre, Sidney Greenstreet und andere.

Kurz, die »Person« aus unserer Fünf-Worte-Definition des Dramatischen muß durch *Sympathie, Empathie* oder *Antipathie* eine Beteiligung des Publikums hervorrufen. Je höher der Grad der emotionalen Beteiligung, um so eher verzeihen die Zuschauer Unzulänglichkeiten des Drehbuchs (oder andere Mängel). Es gibt zahlreiche Filmkunstwerke aus dem asiatischen und europäischen Raum, die lediglich ein Minimum an Handlung (plot) besitzen, dafür aber so hinreißende Charaktere zeigen, daß wir gezwungen sind, ihnen zuzuschauen.

Sie werden als Regisseur bald entdecken, daß das Bedürfnis des Publikums nach persönlicher Anteilnahme vielerlei Auswirkungen auf Ihre praktische Arbeit hat. Wenn der Protagonist laut Drehbuch zum Beispiel etwas

tun oder sagen soll, was in irgendeiner Weise die Anteilnahme des Zuschauers beeinträchtigen könnte, sollten solche Texte oder Handlungen sorgfältig überprüft und dann umgeschrieben oder eventuell gestrichen werden.
Bei manchen Projekten muß man zusehen, wie man etwas aus einer »farblosen« Figur machen kann, die kaum Publikumsemotionen weckt. Sollte
diese Figur im Drehbuch nicht ausgebaut werden können, bleibt dem Regisseur eine letzte Zuflucht: die Rolle mit einem Schauspieler zu besetzen,
der durch seine Erscheinung, durch seine Ausstrahlung oder durch seine
offensichtliche Verletzlichkeit die Sympathien des Publikums erobert.

Das Problem

Es gibt zwei verschiedene Wege, Probleme in ein Drehbuch einzuführen.
Beim ersten steckt der Protagonist in der Tretmühle des Alltags, und – *peng!* –
ganz unerwartet aus heiterem Himmel taucht ein Problem auf. Plötzlich
gerät seine Welt aus den Fugen. Er muß kämpfen, um mit dem Kopf über
Wasser zu bleiben, muß versuchen, zu entkommen oder das Problem zu
beseitigen. Ein Paradebeispiel für dieses Grundmuster sind Entführungs-
geschichten.

Mary Lou Hennessy ist mit einer Freundin auf dem Nachhauseweg von
der Schule. Eine schwarze Limousine stoppt mit quietschenden Reifen am
Bordstein, zwei bullige Kerle springen heraus, stoßen die Freundin beiseite,
packen Mary Lou, schieben sie in das Auto und fahren davon. Das Problem
ist aus dem Nichts aufgetaucht und spitzt sich unweigerlich noch zu, bevor es
sich lösen läßt. Die Filme *E.T. – Der Außerirdische, Poltergeist* und *Der weiße Hai*
sind Beispiele für diese Art von Problem. Auch die meisten Krimis funktionieren nach diesem Prinzip.

Auf die Frage, worauf sich eine gute Filmdramaturgie gründet, antwortete Steven Spielberg:

> Meiner Meinung auf jemanden – auf einen Protagonisten –, der sein Leben
> nicht mehr im Griff hat, der die Kontrolle verliert und sie irgendwie wieder-
> erlangen muß. Das ist ein guter dramatischer Stoff. In allen meinen Filmen
> wirken Mächte von außen auf den Protagonisten ein. In fast jedem Hitchcock-
> Film verliert der Protagonist bereits zu Beginn des ersten Aktes die Kontrolle. Er
> muß sie nicht nur zurückgewinnen, er muß sich darüber hinaus auch auf die
> neu entstandene Situation einlassen. Das gleiche Thema zieht sich auch durch
> meine Filme.[3]

Die zweite, weitaus alltäglichere Art von Problemen entsteht dann, wenn ein
Gegenspieler (der Antagonist) mit anderen Meinungen oder Plänen dem
Helden Steine in den Weg legt. Aschenputtel möchte auf den Ball gehen, um

Kapitel 4 ∎ Das Drehbuch

den schönen Prinzen zu sehen. Ihre Stiefmutter und die garstigen Stiefschwestern verbieten es ihr und werden damit zu Aschenputtels Problem, zum Hindernis, das es zu überwinden gilt. Es gibt viele alte Märchen, in denen der Prinz um die Hand der schönen Prinzessin anhält. Und jedesmal verlangt ihr Vater (der König) vom adeligen Freier irgendeine schier übermenschliche Tat, etwa den Drachen mit den drei Köpfen zu erschlagen: auch hier ein dramatisches Hindernis, um den Prinzen davon abzuhalten, sein Ziel zu erreichen.

In beiden Mustern hat der Protagonist ein *Ziel*. In beiden Mustern muß der Protagonist ihm feindlich gesonnene Mächte überwinden, um an sein Ziel zu gelangen. Kämpfe entstehen, ein Tauziehen beginnt, wobei der Protagonist sein Ziel erreicht oder nicht. Oder aber, das Ziel ändert sich.

Der Kern des dramatischen Problems ist eigentlich ziemlich einfach, aber selbst erfahrene Autoren verlieren manchmal aus dem Blick, daß der geschürzte Knoten klar und verständlich sein muß. Sie verheddern sich in den Beziehungen der Figuren, verlieren sich in komplizierten Nebenhandlungen und irgendwelchen Parallelgeschichten. Auf diese Weise geht dann beim Schreiben irgendwann die Schubkraft der Story verloren. Die ersten Entwürfe eines Drehbuchs sind häufig eher literarisch, genügen selten dramaturgischen Anforderungen. Sie wandern einfach nur von einer Episode zur nächsten. Als Folge davon verliert das Buch seinen Schwerpunkt, es verliert an Klarheit und an Energie. Und, was das Wichtigste ist, es verliert die notwendige Voraussetzung – oder zumindest verschlechtern sich die Bedingungen – dafür, daß »eine Person ein Problem hat«.

Eine Anmerkung noch zum Problem: *Führe es frühzeitig ein!* Produzent und Regisseur Nat Perrin spricht von einem lustigen kleinen Mann mit schwarzem Bart und schwarzem Hut, der eine dieser kugelförmigen schwarzen Bomben vor sich her trägt, wie man sie aus Comics kennt. Irgendwann in jedem Film, in jeder Sendung und in jeder Vorstellung, sagt Perrin, betritt dieser kleine Mann mit seiner Bombe in den Händen die Szene. Er legt sie auf dem Boden ab, zündet ein Streichholz an und setzt die Zündschnur in Brand. Solange die Lunte – soll heißen: das Problem der Geschichte – nicht angezündet worden ist, kann der Zuschauer das Theater jederzeit verlassen. Wenn die Zündschnur erst einmal zischt, wird das Publikum auf seinen Sitzen bleiben und gespannt auf die Explosion warten, von der alle wissen, daß sie unvermeidlich kommt.

Kinobesucher sind im allgemeinen geduldiger als Fernsehzuschauer. Sie haben für ihr Auto einen Parkplatz gesucht und sie haben Eintritt bezahlt. Deshalb kann man das Problem etwas gelassener einführen. Beim Fernsehen dagegen, vor dem die Zuschauer mit gezückter Fernbedienung sitzen, tut man gut daran, das Problem sehr schnell vorzustellen, am besten in den ersten drei bis vier Minuten, bevor sie das Werk mittels des allseits gefürchteten Knopfdrucks vom Bildschirm kicken.

Wenn Sie Drehbücher prüfen, achten Sie besonders auf die *Person, die ein Problem hat.* Kann eine der Hauptfiguren eine emotionale Anteilnahme erwarten? Eine wirkliche, tief empfundene Anteilnahme? Hat diese Figur ein klar definiertes Ziel? Wenn nicht, wird der Autor dieses Ziel noch stärker herausarbeiten müssen. Gibt es eine Person oder eine Macht, die versucht, den Protagonisten davon abzuhalten, sein Ziel zu erreichen, und entsteht dadurch ein Problem?

Spielhandlung und wirkliches Leben

Manche Theoretiker glauben, ein dramatisches Werk sei um so wirkungsvoller, je genauer es sich an die Realität hält. Jeder Regisseur sollte wissen, daß Spielhandlung und wirkliches Leben zwei grundverschiedene Dinge sind. Der Filmautor versucht zwar, sein Publikum glauben zu machen, es sehe die Realität, in Wahrheit aber sehen die Zuschauer eine sorgfältig geplante und inszenierte Illusion. Die dramatische Nachbildung darf nie buchstäblich beim Wort genommen werden, die Personen und Ereignisse scheinen nur das wirkliche Leben widerzuspiegeln. Ist der Autor aber tatsächlich ein Künstler, enthalten die von ihm erfundenen Szenen allerdings die Essenz des Lebens.

Fiktionen unterscheiden sich vom wirklichen Leben in dreifacher Hinsicht: Erstens durch ihre *Ökonomie,* denn es werden nur die Ereignisse, Figuren und Gespräche ausgewählt, die von Bedeutung sind, zweitens durch ihre *Logik,* womit eine gewisse dramaturgische Unausweichlichkeit gemeint ist, und drittens durch die *Progression,* das Ansteigen von Spannung und Handlung, ohne das es das Dramatische nicht gibt.

Ökonomie

Vor einigen Jahren schaffte der Regisseur Craig Gilbert eine Kameracrew samt Tonausrüstung in das Haus von Pat und William Loud in Santa Barbara, Kalifornien. Sein Projekt: in einer amerikanischen Familie eine filmdokumentarische Studie im Stil des Cinéma-Vérité durchzuführen und sie Tag für Tag in ihrer häuslichen Umgebung zu filmen. Sieben Monate lang nahm Gilberts Kamera von 8.30/9.00 Uhr am Morgen bis manchmal um 22.00 Uhr am Abend die wichtigsten Ereignisse eines jeden Tages auf.

Gilbert hatte Glück. Während er mit seiner Kamera dabei war, passierten

Kapitel 4 ∎ Das Drehbuch

zwei außergewöhnliche Ereignisse: Pat und William Loud entschlossen sich, ihre langjährige Ehe zu beenden, und ihr Sohn Lance, der in New York lebte, kam nach Hause und schockierte seine Familie mit der Eröffnung, daß er schwul sei.

Insgesamt filmte Gilbert 300 Stunden. Stumpfsinnige Alltagsroutine, die banalen, für ein Publikum nur wenig reizvollen Details ließ sein Team bereits bei der Aufnahme außer acht. Kamera und Mikrophon wurden nur eingeschaltet, wenn es interessant zu werden versprach oder repräsentativ oder bedeutsam schien, nur für »die Sahne« also.

Als die Sendung unter dem Titel »Eine amerikanische Familie« von PBS ausgestrahlt wurde, waren die 300 Stunden auf zwölf zusammengeschnitten worden. Dem Regisseur hatte sich also die seltene Gelegenheit geboten, aus der Fülle des vorhandenen Materials nur die wirklich dramatischen Sequenzen zu senden. 288 Stunden, 96 Prozent also, konnte er aussondern. Aber irgendwie war »die Sahne« sauer geworden.

Gilberts akademische Übung, von einigen als soziologischer Meilenstein bejubelt, wurde vom Gros der Kritik verrissen. Die Einschaltquoten waren verschwindend gering. Ich selbst habe nur zwei Folgen gesehen. Sie waren so langweilig, daß ich nur mit Mühe durchhielt. Es stimmt zwar, daß es nie die Intention war, dramatische Handlung zu zeigen; es war dem Film aber auch nicht gelungen, beim Zuschauer nur den leisesten Hauch eines Interesses zu wecken, von Erregung oder Spannung ganz zu schweigen. Daran änderten auch die beiden dramatischen Höhepunkte, die Trennung der Eheleute und das Geständnis des Sohnes, nichts.

Warum war und bleibt das Material so öde? Naja, wie soll man das sagen? Das wirkliche Leben ist nun einmal über weite Strecken öde. Und wenn das wirkliche Leben auch manchmal voller *Dramatik* steckt, ergibt das doch in unserem Sinn noch lange keine *dramatische Handlung.*

Wer einmal genau beobachtet, wie Unterhaltungen zu Hause beim Mittagessen, im Bus oder im Restaurant ablaufen, der wird feststellen, daß sich die Sprechenden unablässig wiederholen, daß sie um ein Thema herumreden und sich selbst bei wirklich interessanten Geschichten mit unwichtigen und unnötigen Einzelheiten aufhalten.

Ein geschickter Autor achtet in dreierlei Hinsicht auf Ökonomie: beim *Dialog,* bei den *Personen* und bei der Anzahl der *Szenen.* Aus dem Dialog entfernt er unnötige oder verwirrende Worte und dampft den Sprechtext solange ein, bis nur noch die Essenz übrigbleibt. Da er realistisch sein will, bleiben die Dialoge umgangssprachlich, aber alle Aus- und Abschweifungen werden getilgt. Der ökonomische Einsatz von Personen bedeutet, daß der Autor auf Rollen, die nicht unbedingt notwendig sind, verzichtet. Bei nahezu jedem Roman, der verfilmt wurde, ist festzustellen, daß der Film nur einen Bruchteil der Personen nutzt, die im Buch vorkommen. In dem preisgekrönten Film *Kramer gegen Kramer* blieben von den Personen der Romanvorlage nur ein Viertel übrig. Bei der Anzahl der Szenen läßt sich der Autor ebenfalls von ökonomischen Gesichtspunkten leiten. Eine Szene, die nichts Neues zur Entwicklung der Handlung oder zur Charakterisierung einer der Hauptpersonen beiträgt, kann mit Sicherheit ganz entfallen.

Ist der Drehbuchautor über das Ziel hinausgeschossen, dann muß der Regisseur den Wildwuchs zurückschneiden. Die richtige Zeit, um Überflüssiges zu eliminieren, ist, bevor die Kamera läuft. Eine Szene zu drehen, die zu guter Letzt doch aus dem Film herausgeschnitten wird, kostet alle Beteiligten Zeit und Geld. Überflüssige Figuren verwirren die Handlung; sie mitzuschleppen, geht immer auf Kosten der wichtigen Personen. Überflüssige Sätze nehmen dem Dialog den Biß, verwässern oder entstellen ihn (siehe hierzu die Beispiele weiter unten in diesem Kapitel). Ein kluger Regisseur trennt sich vom »Fett« und nimmt nur das »schiere Fleisch«.

Logik

Das zweite Merkmal, das Spielhandlung und wirkliches Leben unterscheidet, ist die Logik. Eine dramatische Geschichte ist schlüssig, das wirkliche Leben ist es nicht.

Ben Chapman braucht dringend 20000 Dollar. Vor zwei Wochen wurde seine Tochter bei einem Verkehrsunfall schwer verletzt, der Fahrer beging Fahrerflucht. Es besteht die Gefahr, daß sie ihr Augenlicht verliert. Mit 20000 Dollar kann er mit ihr nach Boston fliegen und sie operieren lassen. Ben besitzt aber noch nicht einmal 1000 Dollar. Die bereits angefallenen Arztrechnungen haben die Ersparnisse der Familie aufgezehrt, und Ben ist seit Monaten arbeitslos. Gerade kommt er vom Arbeitsamt zurück. Er ist verzweifelt. Wo soll er so viel Geld auftreiben? Niedergeschlagen geht er nach Hause, als er auf dem Pflaster einen prall gefüllten Umschlag aus braunem Packpapier entdeckt. Er bückt sich und hebt ihn auf, öffnet ihn und schaut hinein. Na, und was enthält der Umschlag? Wer hätte das gedacht? Er enthält *Geld!* Fast 21000 Dollar!

Weil Ben ein ehrlicher Mensch ist, meldet er seinen Fund bei der Polizei und gibt in der Zeitung eine Suchanzeige nach dem Verlierer auf. Aber niemand meldet sich und erhebt Anspruch auf das Geld. Ben darf es behalten. Seine Tochter kann operiert werden, und ihr Augenlicht wird gerettet. Welch ein unglaublicher Glücksfall!

Diese rührende Geschichte (Human Interest Story) könnte man viel-

Kapitel 4 ∎ Das Drehbuch

leicht in einer Zeitung bringen, den Ansprüchen eines dramaturgisch durchgearbeiteten Drehbuchs genügt sie aber keinesfalls. Warum nicht? Weil die Lösung für Bens Problem sich nicht logisch aus dem Aufbau der Geschichte ergibt. Der Autor hat sie Ben bequemerweise einfach in den Schoß fallen lassen. In den antiken griechischen Tragödien fanden Probleme manchmal dadurch ihre Lösung, daß im letzten Akt des Stückes ein goldener Wagen aus den Soffitten (der oberen Abdeckung einer Kulisse) herabschwebte, dem eine Gottheit entstieg, die flugs ein Wunder vollbrachte, das jedes und jedermanns Problem löste. Solche bequemen Lösungen, Deus ex machina (der Gott aus der Maschine) genannt, stoßen bei Zuschauern generell auf Ablehnung. Sie fühlen sich betrogen. Offensichtlich war der Autor nicht in der Lage, seine Geschichte schlüssig zu Ende zu bringen.

Weil erfundene dramatische Handlung in sich logisch ist, sollten Ereignisse, die im dritten Akt stattfinden, auf Elemente zurückgreifen, die in den ersten beiden Akten eingeführt wurden. Ereignisse aus dem zweiten Akt sollten sich aus dem Stoff des ersten Aktes entwickeln. In einer dramatischen Handlung darf die Auflösung eines Problems nicht einfach aus heiterem Himmel herabschweben. Wie bei Bens Entdeckung des braunen Packpapierumschlags, haben diese leichten Auflösungen den Beigeschmack des Zufälligen. Und weil Zufall die Gesetze der Logik unterläuft, spielt er im Dramatischen nur eine sehr begrenzte Rolle.

Ist Zufall in einem Drehbuch überhaupt zulässig? Im Prinzip ja, aber nur in zwei Fällen. Der Zufall darf erstens zu Beginn einer Geschichte auftauchen. Viele von Hitchcocks erfolgreichsten Filmen beginnen mit einem haarsträubenden Zufall. In *Der unsichtbare Dritte* zum Beispiel verlangt ein Werbeleiter, gespielt von Cary Grant, in der Plaza-Bar in New York ein Telefon, weshalb ihn ausländische Spione für einen CIA-Agenten halten und er in einen Strudel recht sonderbarer Mißgeschicke gerät. Das Publikum akzeptiert solche Anfangszufälle aus dem einleuchtenden Grund, daß die Geschichte nie hätte stattfinden können, wenn es zu diesem Zufall nicht gekommen wäre.

Zweitens akzeptiert das Publikum den Zufall, wenn sich durch ihn das Problem des Protagonisten verschärft. Ein kleiner Junge flüchtet durch ein Höhlenlabyrinth und rennt unglücklicherweise direkt in seinen Verfolger hinein. Ein solches Unglück (der Zufall) wird vom Publikum nicht nur akzeptiert, sondern geradezu genossen. Der Autor sucht sein Heil nicht in einer Abkürzung oder schnellen Patentlösung, im Gegenteil, der Junge steckt jetzt noch tiefer im Schlamassel als vorher, und der Autor muß viel härter arbeiten, um ihn da wieder herauszuholen. Wie ich bereits angedeutet habe: Das Publikum liebt Stolpersteine und Aufregungen. Zufällige Gründe, sich noch mehr aufzuregen, werden dankbar angenommen.

Wer es als Regisseur mit einem Drehbuch zu tun bekommt, in dem der Autor den Zufall zur Krücke macht, mit der er seine Probleme löst, muß den Zufall entweder *eliminieren,* indem er andere Lösungen findet, oder er muß den Zufall *vorbereiten,* das heißt, er muß einen logischen Anschluß schaffen. Den Zufall vorbereiten kann man, indem man weiter vorn im Drehbuch die Voraussetzungen dafür schafft.

Nehmen wir als Beispiel Ben Chapmans bequeme Entdeckung eines mit Geld gefüllten Umschlags. Wie können wir diese Entdeckung logisch erscheinen lassen, als etwas, das sich an Vorhergehendes anschließt? Eine Möglichkeit wäre vielleicht, zu erklären, wieso das Geld mitten auf der Straße liegt. Hätte der Autor zum Beispiel noch einen anderen Faden in das Gewebe der Geschichte eingesponnen, indem er etwa von Bankräubern erzählt, die einen Teil ihrer Beute verloren haben, dann wäre das Publikum auf Bens Fund vorbereitet. In diesem Fall könnten die Räuber Bens Suchanzeige in der Zeitung lesen, sie hätten aber Angst, sich zu melden, weil sie befürchten müssen, in eine Falle der Polizei zu tappen. Wenn ein Zufall sich aus dem Zusammenhang der vorhergehenden Handlung ergibt, gilt er nicht mehr als Zufall.

Handlungsprogression

Ein Grund, warum ein spezielles, klar erkennbares Ziel für ein gutes Drehbuch so wichtig ist, ist der, daß ein Ziel eine *Bewegung* impliziert. Bewegung ist ein wichtiger Bestandteil des Dramatischen. Sie hält den Zuschauer dadurch in Bann, daß sich die Geschichte entfaltet oder in einer Folge von Auseinandersetzungen eskaliert. Begünstigt die Geschichte in ihrer Entwicklung abwechselnd zunächst den Protagonisten und dann den Gegenspieler, spitzt sich das Problem immer weiter zu.

Wenn wir den Schatz auf dem Gipfel des Berges heben wollen, dann gibt es nur eins, wir müssen diesen Berg besteigen. Unsere Bewegung kennt dann nur eine einzige Richtung: aufwärts. Versucht ein Gegenspieler (das Wetter, unsere eigenen Ängste, der gräßliche Schneemensch) uns aufzuhalten, wird die Vorwärtsbewegung durch eine Reihe von Gefechten unterbrochen, die uns bald bergauf in greifbare Nähe des Schatzes bringen, bald zum Rückzug bergab zwingen. Die dramatische Bewegung wird traditionell mit einem Diagramm veranschaulicht, das einem stark gezackten Blitz ähnelt (siehe Abb. 4.1). Die aufsteigende Linie (die unsere Bergbesteigung entspricht) stellt die fortschreitende dramatische Handlung dar. Spannung kommt dadurch in eine Geschichte, daß eine Reihe kleinerer Krisen auf einen dramatischen Höhepunkt, die Katastrophe, zusteuert, an dem das Problem des Protagoni-

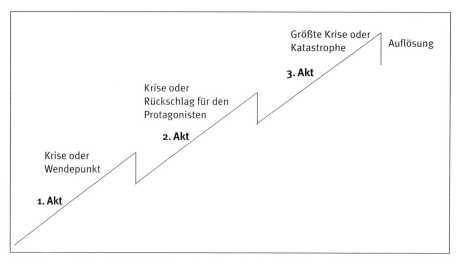

Abbildung 4.1 Schema des Ansteigens der dramatischen Handlung, die sich in einer Folge von Krisen entwickelt.

sten gelöst wird. Das Diagramm zeigt die Entwicklung dreier größerer Krisen: der klassische Aufbau eines Dramas in drei Akten. Die meisten Kinofilme sind nach diesem dreiaktigen Muster gebaut, wenn auch in der Regel zwischen den einzelnen Krisen kein Vorhang fällt oder ein anderer klarer Einschnitt erfolgt.

Konflikt

Ich habe dargelegt, daß ein wesentlicher Bestandteil des Dramatischen das *Problem* ist. Wie aber soll dieses Problem dramatisiert werden? Durch eine Folge von Auseinandersetzungen zwischen Protagonist und Antagonist, durch ein beständiges Tauziehen, bei dem erst der eine im Vorteil scheint, dann der andere. Ein solcher Konflikt ist Wesensbestandteil des Dramatischen. In Kapitel 2 kam der Konflikt als ein Element der Unterhaltung zur Sprache, das in die Trickkiste des Regisseurs gehört; hier betrachten wir ihn als einen Bestandteil des Dramatischen. Diese atavistische Suche nach dem Konflikt ist sicherlich einer der Gründe, warum das Drama durch die Jahrhunderte hindurch seinen Reiz und seine Anziehungskraft hat behaupten können, auf der Bühne wie auf dem Fernsehschirm, auf der Kinoleinwand wie im Kasperletheater. Konflikt ist das Herzstück des Dramatischen: Protagonist und Antagonist stehen einander nicht selten in einer Auseinandersetzung auf Leben und Tod gegenüber, und der Zuschauer kann den Schrecken und den Kitzel eines Kampfes miterleben.

Konfliktmuster

Es ist üblich, drei Konfliktmuster zu unterscheiden: Konflikt mit anderen, Konflikt mit der Umwelt und Konflikt mit sich selbst. Angesichts der zahlreichen Fantasy-Filme, die in den letzten Jahren auf den Markt gebracht wurden, möchte ich eine weitere Kategorie hinzufügen, die nicht genau in dieses Schema paßt: den Konflikt mit dem Übernatürlichen.

Von diesen vier Spielarten erscheint der Konflikt mit anderen am häufigsten auf dem Bildschirm und auf der Leinwand. Ein Sheriff auf der Jagd nach einem gemeinen Banditen, eine Studentin, die sich mit ihrem Freund herumzankt, ein Boxer, der einen verhaßte Gegner herausfordert, das alles sind Variationen dieses Themas. Die meisten gut geschriebenen Stücke enthalten gleich mehrere dieser Konflikttypen.

Der Konflikt mit der Umwelt wird in dramatischer Form üblicherweise als Konflikt mit der Natur oder einen Konflikt mit der Gesellschaft umgesetzt. Der Sheriff, der dem Banditen hinterherjagt, wechselt in eine andere Konfliktkategorie, sobald der Drehbuchautor ihn halbverdurstet durch die Wüste schickt und ihn gegen die erbarmungslose Sonne, einen zur Neige gehenden Wasservorrat und den Biß einer Giftschlange kämpfen läßt. Den Prototyp der Unterkategorie Konflikt mit der Gesellschaft veranschaulichen der Spielfilm *1984* und seine Romanvorlage.

Hat der Sheriff den Banditen endlich gefangengenommen, und beide machen sich auf den langen Weg nach Hause, beweist der Bandit seine menschliche Größe, indem er das Leben des Sheriffs rettet. (Haben wir das nicht alle schon einmal im Kino gesehen?) Nun gerät der Sheriff in ein furchtbares Dilemma: Kann er den Banditen den Bewohnern seiner Stadt übergeben, die ihn ohne viel Federlesens am nächsten Baum aufknüpfen werden, oder muß er das Vertrauen, das die Bürger in ihn gesetzt haben, enttäuschen und den Verbrecher laufen lassen? Die Geschichte hat sich zu der gehaltvollsten Konfliktform, zum Konflikt mit sich selbst, entwickelt, bei dem ein Progatonist mit seinem Gewissen kämpfen muß.

Ein nützliches Instrument

Szenen, die nicht recht funktionieren wollen und blaß und nichtssagend zu werden drohen, fehlt häufig der Keim eines Konfliktes. Sie schütteln vielleicht über die Behauptung den Kopf, daß jede Szene an Gehalt gewinnt, wenn sie einen Konflikt enthält. Jede, wirklich *jede* Szene? Selbstverständlich nicht *jede* Szene! Konflikt kann eine Szene natürlich nur dann bereichern, wenn er glaubwürdig motiviert ist. Eine Szene mit zwei Menschen, die in

Kapitel 4 ▮ Das Drehbuch

allem und jedem miteinander übereinstimmen, sollte wahrscheinlich besser konfliktfrei bleiben. Aber eine solch inhaltsleere Szene sollte sich ein Autor gar nicht erst ausdenken.

Konflikt nimmt viele Formen an. Er kann offenkundig sein, sich in wütendem Gebrüll oder gewalttätig äußern. Er kann aber auch unter der Oberfläche brodeln, sich sammeln und Druck aufbauen – dann äußert er sich in atmosphärischen Untertönen, die die Schauspieler ihren Worten verleihen, oder in kleinen versteckten Gesten – Finger, die ein Papier zerknüllen, eine Hand, die sich zur Faust ballt. Konflikt zeigt sich auch in einer Neckerei zwischen einem Mädchen und einem Jungen, die miteinander flirten, oder wenn sich Verliebte gegenseitig auf den Arm nehmen.

Das Krimiformat wirft häufig Probleme auf, für den Autor wie für den Regisseur. Meistens können sie dadurch gelöst werden, daß eine wohldosierte Prise Konflikt beigemischt wird. In vielen Krimis muß der Protagonist in der Anfangsphase Tips und Hinweise sammeln. Normalerweise muß er deshalb Menschen begegnen, die Licht in das Dunkel der Ereignisse rund um das Verbrechen bringen können und wollen – oder auch nicht können oder nicht wollen. Erhält der Detektiv seine Antworten schnell und problemlos, ist jede Szene langweilig. Eine Aneinanderreihung mehrerer solcher Szenen verwandelt jeden Film in einen faden Brei, den niemand will.

Der Detektiv besucht die Zimmerwirtin des Mordopfers. »Guten Tag, gnädige Frau. Ich untersuche den Mord an Natalie Plum. Hat sie am 7. Juli hier gewohnt?«

»Ja.«

»Haben Sie sie nach diesem Tag noch gesehen?«

»Nein.«

»Hat sie irgendwelche Besucher empfangen?«

»Nein, nie.«

»Haben Sie vielen Dank.«

Ende der Szene. Der Detektiv schwingt sich in seinen italienischen Sportwagen und braust davon. Eine aufregende Szene? Voller Spannung? Das ist ungefähr genauso aufregend, wie einem Barthaar beim Wachstum zuzuschauen.

Wenn wir den Job des Detektivs etwas schwieriger gestalten, wird die Szene interessanter. Nehmen wir an, die junge Zimmerwirtin findet den Detektiv attraktiv. Sie bittet ihn, hereinzukommen und mit ihr etwas zu trinken. Der Detektiv hat es aber eilig und will sich keine Zeit für den angebotenen Drink nehmen. Er stellt seine Fragen, es kommt aber nichts dabei heraus, die Frau hat Schwierigkeiten, sich zu erinnern. Als sie ihn erneut einlädt, mit ihr auf ein Bier hineinzugehen, lehnt er geschäftsmäßig ab und fährt fort, sie mit seinen Fragen zu bombardieren. Als die Vermieterin weiterhin nur herumdruckst, begreift er schließlich (er hat eine etwas lange Leitung), daß er nur etwas aus ihr herausbekommen wird, wenn er auf ihre Einladung eingeht. Drinnen, bei einem Bier und Popcorn, erhält er die Informationen, die er haben wollte, und die Vermieterin hat die Gesellschaft, die sie haben wollte. Beim Abschied treffen sie eine Verabredung für ein Wiedersehen.

Die nächste Station seiner Odyssee führt den Detektiv zu einem siebzigjährigen Erfinder. Der hat aber keine Zeit für blödsinnige Fragen. Er ist ganz bei seiner Arbeit, will sich nicht stören lassen und versucht, den Detektiv hinauszuekeln. Aber unser Held läßt sich nicht abwimmeln. Geduldig geht er auf den verrückten alten Mann ein und bewundert dessen Tüftelei. Schließlich erhält er die Information, die er braucht.

Sein nächster Gesprächspartner ist ein kleiner Junge mit einer sehr lebhaften Phantasie. Der Kleine hat Schwierigkeiten, Einbildung und Realität auseinanderzuhalten. Dem Detektiv stellt sich nun die Aufgabe, herauszufinden, was wirklich geschehen ist. Vielleicht versucht er es mit einem Hörnchen Eiscreme.

Jede dieser Szenen könnte auch in einer langweiligen Frage-und-Antwort-Manier gespielt werden. So aber zündet bei uns der Funke, und wir sind interessiert. Der Grund dafür sind die zusätzlich eingeführten Unterhaltungselemente und die farbigen Charaktere – und noch etwas, etwas, das viel wesentlicher ist als farbige Charaktere: Für jede der oben beschriebenen Situationen habe ich mir eine Möglichkeit ausgedacht, *Konflikt* in die Szene einzuführen. Solange der Protagonist mühelos seine Antworten erhält, ist es langweilig; sobald es *schwierig* wird, werden die Szenen unterhaltsam.

Wir lernen hier eine wichtige Lektion, für das Dramatische wie über das Leben: Dinge, die man ohne Schwierigkeiten bekommen kann, sind anscheinend nur von geringem Wert, während Ziele, für die wir uns einsetzen oder für die wir beträchtliche Hindernisse aus dem Weg räumen müssen, in ihrem Wert steigen. In jeder dramatischen Situation sollte der Protagonist darum ein schweres Leben haben und sein Ziel nur mit großer Mühe erreichen können. Wer seinem Publikum den Luxus verschafft, sich Sorgen machen zu dürfen, der wird von ihm geliebt.

Gegensätzliche Charaktere

Personen mit gleichen Ansichten, mit demselben ethnischen, kulturellen und politischen Hintergrund streiten kaum miteinander. Wenn sie zusammen in einer Szene auftreten, lächeln sie, egal bei welchem Thema, einander nur kurz an und sind sich einig. Das ist öde, es geht um nichts, der Konflikt

Kapitel 4 ▌ Das Drehbuch

fehlt. Beide, Autor wie Regisseur, müssen sich, wo immer es möglich ist, um gegensätzliche Charaktere bemühen. Eine Szene wird durch Gegensatz gehaltvoller als durch Gleichartigkeit. Gegensätzliche Charaktere geben durch ihre unterschiedliche Sicht der Dinge einer Szene erst Substanz. Sie erzeugen Spannung, weil der Ausgang einer Szene im Ungewissen bleibt. Sie sind unterhaltsam wegen ihres knisternden, funkensprühenden Konflikts.

Hauptfiguren, die sich scharf voneinander abheben, bringen so viel Kraft und Energie in jede dramatische Konzeption, daß daraus das dramaturgische Rückgrat für ungezählte Bühnenstücke und Kinofilme und selbst für ganze Fernsehserien entwickelt wurde. Der Prototyp dafür ist die Serie *Felix und Oskar* von Neil Simon: der saft- und kraftlose, korrekte, feinfühlige Felix Unger teilt sich eine Wohnung mit dem schlampigen, Zigarren rauchenden Oskar Madison, einem Menschen mit großem Durst und in jeder Hinsicht unersättlich. Gleichgültig, was für eine Situation sich ein Autor für eine Folge dieser Fernsehserie einfallen ließ, das ungleiche Paar stellte sich ihr. Jeder kämpfte auf seine Weise darum, die Lage in den Griff zu bekommen. Gleichgültig, in welche Richtung sich die Handlung entwickelte, durch ihre gegensätzliche Grundeinstellung blieben die beiden immer auf Kollisionskurs, und die Geschichte mündete unausweichlich in ein offenes Gemetzel.

Da ein kluger Regisseur weiß, daß gegensätzliche Charaktere Spannung erzeugen, nimmt er jede Gelegenheit wahr, unterschiedliche Haltungen in die Figuren eines Drehbuches einzubauen und deren Gegensätze durch die Besetzung der Rollen womöglich noch zu verstärken.

Dialog

Der Dialogtext ist die Komponente des Drehbuchs, an die man sich am einfachsten halten kann, und deshalb wird sie generell kritischer unter die Lupe genommen als alle übrigen. Obwohl sie also am sorgfältigsten von Autoren, Produzenten, Regisseuren und Schauspielern geprüft werden, sind die Dialoge in den meisten Kino- und Fernsehproduktionen merkwürdigerweise oft alles andere als exzellent. Textmängel untergraben die Illusion von Realität, für die das Produktionsteam so hart arbeitet. Sie untergräbt auch die Publikumsbindung an die Figuren. Liegt ein schlechter Text »weit genug daneben«, kann das dazu führen, daß die Zuschauer, peinlich berührt, mit Gelächter reagieren.

Da der Text einer Figur der offenkundige Ausdruck ihres Charakters ist, nimmt ein aufmerksamer Regisseur Textschwächen schon frühzeitig sehr ernst. Wenn ihn der Dialog nicht zufriedenstellt, fordert er eine Überarbeitung des Drehbuchs, und zwar bevor die Produktion beginnt. Er geht kein Risiko ein, wartet nicht ab, ob der Text im Mund des Schauspielers vielleicht ganz passabel klingt. Für einen guten Dialog sind folgende vier Faktoren entscheidend: Ökonomie, Schlichtheit, charakteristische Sprache und Unsichtbarkeit.

Ökonomie

Als wir die Unterschiede zwischen Spielhandlung und wirklichem Leben untersuchten, haben wir festgestellt, daß Ökonomie ein wesentliches dramatisches Prinzip ist. Nirgends ist diese Grundregel wichtiger als beim Schreiben von Dialogen. Gedanken, die wieder und wieder geäußert werden, sind langweilig. Ein aufgeblähter Text wirkt unklar und wirr. Erfahrene Profis prüfen Texte sehr sorgfältig und streichen jede Passage auf das wirklich Wesentliche zusammen.

Daß gute Dialoge schlank sind, heißt jedoch nicht, daß jedes Wort gestrichen werden soll, das die Handlung nicht vorantreibt. Oft trägt das, was eine Figur sagt, zum Verständnis ihres Charakters bei oder hilft, eine bestimmte Stimmung zu erzeugen. Um einer vorgeblichen Ökonomie willen zu kürzen, wäre in einem solchen Fall eine Verstümmelung.

In vielen Fernsehserien stoßen wir auf weitschweifigen Dialog. Da sind wahrscheinlich Drehbuchautoren am Werk, die entdeckt haben, daß eine Geschichte im Dialog zu erzählen einfacher ist, als für eine Idee prägnante Bilder zu finden. Da kehren die alten Bühnenmethoden wieder, Personen über Ereignisse außerhalb der Szene sprechen zu lassen. Im Theater ist das eine notwendige Technik, weil auf der begrenzten Bühne großräumige Ereignisse nicht gezeigt werden können. Aber Fernsehen und Film kennen derartige Grenzen nicht. Gute Autoren wissen, daß es weitaus wirkungsvoller ist, eine Handlung zu zeigen, als über sie zu reden. Ein Geschehen ins Bild zu setzen, macht es lebendig. Zu sehen, wie etwas geschieht, fesselt mehr, als zu hören, wie jemand ein Ereignis beschreibt.

Es kann vorkommen, daß die Wirkung, die ein Ereignis auf eine Figur hat, bedeutsamer ist als das Ereignis selbst. Dann sollte selbstverständlich besser die Beschreibung, die diese Figur vom Geschehen gibt, ins Bild gesetzt werden. Ein Beispiel: Der frischgetraute Ehemann ist bei einem Autounfall ums Leben gekommen, seine junge Frau ist völlig am Boden zerstört. Ihre gestammelte Beschreibung des Unfalls ist sicher stärker, *emotional* stärker, als es Bilder vom Unfall wären. Das ist aber die Ausnahme. Im allgemeinen macht es dramaturgisch mehr Sinn, das Ereignis zu zeigen als darüber zu reden.

Kapitel 4 ▌ Das Drehbuch

In Kapitel 6 wird ausführlich über die Tatsache gesprochen, daß Worte oft unzuverlässig und unzureichend sind. Was eine Person tut, ist häufig aufschlußreicher und der Wahrheit näher als das, was sie sagt.

Schlichtheit

Auch ich habe auf der Highschool immer versucht, bei den Lehrern Eindruck dadurch zu schinden, daß ich in jeden Aufsatz möglichst alle kompliziert klingenden Fremdwörter, die ich kannte, eingebaut habe – und vielleicht auch einige, die ich nicht kannte. (Meine ganz besonderen Lieblingswörter waren *omnipotent* und *omniscient*. Es ist mir tatsächlich gelungen, diese beiden Wörter praktisch in jedem Aufsatz unterzubringen.) Obwohl großartige Fremdwörter aus Schulaufsätzen und Seminararbeiten nicht wegzudenken sind, in der Umgangssprache sind sie eher selten.

Hören Sie zu, wenn sich Ihre Familie, wenn sich Ihre Freunde unterhalten. Wie oft fallen Ausdrücke wie *omnipotent* und *omniscient?* Fast nie. Die meisten Menschen benutzen in ihrer Alltagssprache Wörter, die kurz, einfach und leicht auszusprechen sind. Diese Wörter transportieren unsere Gedanken ungezwungen und mühelos, kommen dem Gemeinten nicht in die Quere und beanspruchen keine besondere Aufmerksamkeit für sich selbst.

Gute Autoren wissen, daß die Alltagssprache schlicht ist. Die Figuren, die sie sich ausdenken, reden im allgemeinen in kurzen, schnörkellosen Sätzen und wählen einfache, leicht zu artikulierende Worte. Wer Zugang dazu hat, sollte Film- und Fernsehdrehbücher studieren (viele sind mittlerweile auch im Buchhandel erhältlich). Bemerkenswert ist, wie schlicht der benutzte Wortschatz ist. Noch so vertrackte Gedankengänge lassen sich in simplen Worten der Umgangssprache ausdrücken.

Wenn Sie nicht sicher sind, ob ein Text nicht doch falsch oder gekünstelt klingt, dann sollten Sie ihn laut lesen. Zwischen Dialog in einem Roman und in einem guten Drehbuch besteht ein Riesenunterschied. Die Nagelprobe ist, ob sich der Text laut sprechen läßt. Er muß spontan klingen, so, als ob der Person die Gedanken, die mit den Worten ausgedrückt werden sollen, gerade in den Sinn gekommen wären. Gestelzte und komplizierte Konstruktionen oder komplizierte Ausdrücke fallen sofort auf, wenn Texte laut gelesen werden. Die Lösung für »nicht sprechbare« Sätze ist im Normalfall die Vereinfachung.

Die meisten von uns kennen Leute, denen es einfach Spaß macht, Fremdworte zu benutzen. Ärzte, Wissenschaftler und Professoren verwenden gern gelehrt klingende Fachbegriffe. Nur wer den Jargon beherrscht – so die Botschaft – gehört dazu. Wie sollen nun Ärzte oder Wissenschaftler in einem Drehbuch reden? Von der Schlichtheitsregel abzugehen und sie ihre komplizierte Insidersprache sprechen zu lassen, kann gerechtfertigt sein – *kann*, muß aber nicht!

Unter meinen Bekannten sind etwa dreißig Hochschullehrer und ein halbes Dutzend Ärzte. Und wie sprechen diese Leute? Meistens ganz einfach. Trifft man einen Professor auf der Straße, dann sagt er auch »Hallo, guten Tag, wie geht's?«, wie jeder andere. Die meisten Leute sprechen fast immer in kurzen, schlichten Sätzen und nehmen kurze, schlichte Worte. Selbst Ärzte, Wissenschaftler und Professoren.

Charakteristische Sprache

Leute sprechen ganz verschieden. Wie einer spricht, hängt von seiner Herkunft und von seiner sozialen und wirtschaftlichen Stellung im Leben ab. Die meisten nehmen in ihrer Kindheit die Sprechweise ihrer Eltern an. Ob jemand im tiefen Süden oder im hohen Norden, in Sachsen oder im Rheinland aufwächst, ist zu hören – auch wenn zu Hause kein Dialekt gesprochen wird. Wenn wir auf die Oberschule wechseln, wird unsere Sprache von unseren neuen Freunden und der neuen Schule, auf der man anders redet, geprägt. Mit dem Eintritt in das Berufsleben wandelt sich unsere Sprache erneut, der Wortschatz wird größer, vor allem durch die Übernahme eines berufsspezifischen Fachjargons.

Jeder Mensch hat seine eigene, unverwechselbare Art zu sprechen. Wenn bei der Fußballübertragung im Fernsehen ein Tor fällt, schreit der eine »Klasse!«, der andere sagt: »Bewundernswert!« und der dritte brummelt ein unanständiges Wort vor sich hin. Jede Subkultur schafft sich ihre eigenen Sprachmoden, erfindet neue Wörter oder gibt gängigen Begriffen einen anderen Sinn. Viele dieser Modewörter gelangen schließlich in den allgemeinen Sprachgebrauch.

In einem guten Drehbuch ist jede Figur an der ihr eigenen Sprechweise zu erkennen, die in allen Szenen die gleiche bleibt. Drehbücher, in denen der Text zwischen den Personen austauschbar ist, zeugen im allgemeinen von einem ungeschickten oder unsensiblen Autor.

Wenn Sie ein Drehbuch lesen, das unter Rennbahn-Wettspezialisten spielt oder von Männern auf einer Ölplattform oder von Bakteriologen handelt, und die Dialoge kommen Ihnen lahm und farblos vor, ohne »Stallgeruch« und ohne spürbaren Realitätsbezug, was machen Sie dann? Erstens können Sie den Produzenten dazu bringen, einen Autor zu beauftragen, der sich in der Welt der Figuren auskennt oder der bereit ist, diese Welt zu erkunden. Zweitens können Sie sich selbst in diese Welt begeben, deren Far-

Kapitel 4 ▮ Das Drehbuch

bigkeit, ihren besonderen Geruch in sich aufnehmen. Sie können mit den Leuten reden, ihr Verhalten studieren, ihre Art zu sprechen und ihr Vokabular kennenlernen und sich mit ihrer Art zu leben vertraut machen. Sie können mit einem Kassettenrecorder Gesprächsaufnahmen machen, die später eine wertvolle Hilfe für die Schauspieler sind. Eine solche Recherche ist mehr wert als ein akkurater Text. Sie vermittelt dem Regisseur die Atmosphäre der Welt, in der seine Figuren zu Hause sind. Sie lebendig nachzubilden wird ihm nur gelingen, wenn er sie mit eigenen Augen gesehen hat.

Wenn Sie nicht persönlich vor Ort recherchieren können, gehen Sie in eine öffentliche Bibliothek und lesen Sie sich das Wissen über die Welt an, in der die Personen des Drehbuchs leben. Bücher und Zeitschriften geben oft wertvolle Einblicke. Besonders aufschlußreiches Material sollte für die Schauspieler photokopiert werden.

Unsichtbarkeit

Damit sich der Zuschauer auf das Geschehen einläßt, tun Regisseur, Autor und Schauspieler alles, um ihn glauben zu machen, was er sehe, sei Realität, nicht Fiktion. Diese das Spiel tragende Illusion kann durch mancherlei zerstört werden, durch eine schrille, sich vordrängende Musik, durch einen verrückten Regieeinfall, durch eine Übertreibung der Schauspieler oder auch durch einen Text, der auf sich selbst aufmerksam macht. Ein Autor, der mit »raffiniertem« Dialog protzt, stößt das Publikum darauf, daß hier keine lebende Person sagt, was sie wirklich denkt und fühlt, sondern einen von einem Autor entworfenen Text spricht.

Und was ist mit den Komödien von Mel Brooks und Woody Allen? Was mit solch verrückt-komödienhaften Abenteuerfilmen wie denen der James-Bond-Serie? Der komische, raffinierte, oft bizarre Dialog in diesen Filmen zieht ganz gewiß die Aufmerksamkeit auf sich, keine Frage! Aber diese Art Filme versucht auch nur selten das Publikum glauben zu machen, es schaue der Realität zu. Die Zuschauer sind sich in der Regel bewußt, daß hier »Theater gespielt wird«, daß nur das Spiel und der Spaß zählen. Die Realität ist beurlaubt. In Komödien ist alles, was einen Lacher bringt, erlaubt. In einem Film, der die Zuschauer wirklich das Geschehen miterleben lassen will, müssen dagegen alle Produktionselemente unsichtbar bleiben.

Schlechter Dialog. Was tun?

Häufig fällt das Wort *Kitsch,* wenn es darum geht, schlechten Dialog zu charakterisieren. Dieser sehr allgemeine Begriff meint normalerweise eine gekünstelte, melodramatische oder altmodische Sprache. In den meisten Fällen gibt es einen ganz speziellen, genau zu definierenden Grund, weshalb ein Satz kitschig klingt. Ein Regisseur muß dafür ein Gehör haben, er muß einem Autor sagen können, warum eine Szene nicht funktioniert oder was mit dem Dialog nicht stimmt.

Unter Garantie gewinnt die folgende kurze Szene auf jedem Filmfestival der Welt den Preis »Entsetzlichster Dialog des Jahres«. Versuchen Sie einmal herauszufinden, warum die folgenden Sätze so kitschig klingen.

WOHNUNG – INNEN – TAG
Greg schaut sich im Fernsehen eine Seifenoper an, nuckelt dabei hin und wieder an seiner Flasche Bier. Plötzlich wird die Tür aufgestoßen, und Lorna betritt ärgerlich und mit schnellem Schritt den Raum. Greg erhebt sich erstaunt.

> GREG
> Lorna! Was machst du hier zu Hause, zweieinhalb Stunden bevor dein Dienst beendet ist?

> LORNA
> Ich verlasse dich, Greg. Ich bin fertig mit dir. Es ist aus und vorbei! Es steht mir bis hier!

> GREG
> Was meinst du damit, du verläßt mich?

> LORNA
> Glaubst du, ich weiß nicht, wer Julia Murphy ist? Glaubst du, ich weiß nichts über die Wohnung drüben in der Nordulmenstraße, in der ihr beide dreizehn Monate zusammengelebt habt?

Sie schaltet den Fernseher ärgerlich aus.

> LORNA (fortfahrend)
> Wie lange, glaubst du, kannst du mir noch Sand in die Augen streuen? Alle diese Wochenenden, an denen du sagtest, daß du deine Mutter besuchst! Hör zu, Greg, deine Mutter war monatelang in Übersee, du konntest gar nicht bei ihr gewesen sein.

> GREG
> Lorna, *hör* mir zu . . .

> LORNA
> Wozu? Damit du mich weiter belügen kannst? Hast du mich

Kapitel 4 ▮ Das Drehbuch

nicht verstanden, Greg? Ich hasse dich. Ich kann deinen Anblick nicht länger ertragen.

Sie nimmt eine Pistole aus ihrer Handtasche.

GREG
Woher hast du diese Pistole?

LORNA
Ich werde dich töten, Greg. Ich werde dich erschießen. Ich werde dir eine Kugel ins Herz jagen. Du bist hier vollkommen überflüssig!

GREG
Lorna, um Gottes willen...

LORNA
Goodbye, Greg.

GREG
Lorna...

Sie feuert die Pistole ab, und Greg stürzt zu Boden.

Eine unglaublich schlechte Szene mit unglaublich schlechtem Dialog. Warum ist er so schlecht? Wir wollen die Szene Satz für Satz untersuchen – sofern der Magen das noch einmal mitmacht – und die Gründe dafür herausfinden.

Erster Satz: »Lorna! Was machst du hier zu Hause, zweieinhalb Stunden bevor dein Dienst beendet ist?« Warum klingt dieser Satz so gekünstelt? Weil Greg mehr sagt, als er müßte, bloß damit der Autor die Möglichkeit hat, dem Publikum eine Zusatzinformation zu geben. Es mag zwar wichtig sein, daß Lorna früher als erwartet nach Hause gekommen ist, aber die zweieinhalb Stunden sind völlig überflüssig. Würde Greg (oder irgend jemand) wirklich so reden? Nie!

In jedem Drehbuch gibt es gewisse Informationen, die der Zuschauer haben muß, um die Geschichte verfolgen und begreifen zu können. Diese Informationen nennt man **Exposition**. Ein geschickter Autor arbeitet sie unauffällig ein, so daß der Zuschauer nie das Gefühl hat, daß ihm etwas eingetrichtert werden soll. Mittelmäßige Autoren kippen ihre Exposition so plump über dem Zuschauer aus, daß sie mit Händen zu greifen ist. Am schlimmsten sind Szenen, in denen zwei Figuren sich Dinge mitteilen, die ihnen beiden längst bekannt sein müßten und die nur deshalb zur Sprache kommen, weil das für das Verständnis des Zuschauers wichtig ist. Das ist der

Grund dafür, warum Greg fragt: »Lorna! Was machst du hier zu Hause, zwei-einhalb Stunden bevor dein Dienst beendet ist?« Wäre der Satz nicht viel glaubwürdiger, wenn er ganz einfach sagen würde: »Hallo, du bist aber heute früh.«

Nächster Satz: »Ich verlasse dich, Greg. Ich bin fertig mit dir. Es ist aus und vorbei! Es steht mir bis hier!« Einer der schwersten Fehler beim Schrei-ben (nicht nur von Drehbüchern) ist der Gebrauch von Floskeln. Diese Szene enthält gleich drei oder vier. »Es ist aus und vorbei! Es steht mir bis hier!« Andere sind: »Wie lange, glaubst du, kannst du mir noch Sand in die Augen streuen?« und »Ich kann deinen Anblick nicht länger ertragen.« All das sind unerträgliche Klischees!

Lornas Text weist noch andere Probleme auf. Wie ich weiter oben bereits erklärt habe, soll ein Dialog *ökonomisch,* er soll dicht sein. In dieser Passage drückt Lorna ein und denselben Gedanken auf vier verschiedene Arten aus. Es wäre viel besser, sich mit der Feststellung zu begnügen: »Ich verlasse dich, Greg.« Wie eine Filmgeschichte von Szene zu Szene und von Akt zu Akt, soll sich auch ein gut gebauter Dialog vom weniger wichtigen Inhalt zum wichtigsten schrittweise aufbauen. (»Einige Soldaten wurden verwundet, manche verloren Arme und Beine und andere wurden zu Staub auf längst vergessenem Schlachtfeld.«) In Lornas Text baut sich überhaupt nichts auf. Er bringt nur einen einzigen Gedanken vor und wiederholt ihn.

An anderer Stelle, später in der Szene, fehlt nicht nur eine Steigerung, sondern ihre Sätze verlieren sogar: »Ich werde dich töten, Greg. Ich werde dich erschießen. Ich werde dir eine Kugel ins Herz jagen. Du bist hier voll-kommen überflüssig!« Eine solche umgekehrte – absteigende – Progression quittiert das Publikum nicht selten mit einem Lacher. Lajos Egri erinnert an einen klassischen Satz, in dem vor Mord gewarnt wird, weil dieser zur Trunksucht führen kann, die oftmals zum Rauchen verleitet, was meistens die Mißachtung des Sabbath zur Folge hat.[4] Die normale dramatische Ent-wicklung umzukehren erzeugt beste Komik – und miserablen Dialog.

Nächster Satz: »Was meinst du damit, du verläßt mich?« Der arme Greg hat in der ganzen Szene nicht eine einzige gehaltvolle Zeile. Er ist zum **Stich-wortgeber** degradiert. Was er sagt, ist belanglos und nur dazu da, Lornas Text zu unterbrechen. Wir können fast alles streichen, ohne daß dadurch etwas verlorengeht. Hin und wieder muß jeder Autor ein paar Sätze erfinden, um eine Figur »am Leben zu erhalten«, um zu verhindern, daß der Text der dominanten Figur zu einem Monolog wird. Aber diese Was-meinst-du-da-mit?-Sätze sind ermüdend und dümmlich.

Nächster Satz: »Glaubst du, ich weiß nicht, wer Julia Murphy ist? Glaubst du, ich weiß nichts über die Wohnung drüben in der Nordulmenstraße, in der ihr beide dreizehn Monate zusammengelebt habt?« Noch mehr Exposition, Sätze, die sich nicht an den Dialogpartner richten, sondern allein für die Zuschauer eingefügt wurden. Alles, was Lorna zu sagen hätte: »Ich weiß Bescheid über Julia.«

Wir merken, daß sich ein Muster herauskristallisiert? Um jede der aufgeführten Textstellen zu verbessern, muß der Autor sie straffen, er muß die Sätze schlichter und glaubwürdiger machen, er muß die erste Regel für das Schreiben von Dialog beachten: sparen!

Vielleicht ist Ihnen noch etwas aufgefallen, ein Fehler, den unerfahrene Autoren gerne machen: Sie verwenden den Namen der Personen zu häufig. Wer wiederholt denn jedesmal den Namen desjenigen, mit dem er gerade spricht? Niemand! Es würde lächerlich klingen. Aber Lorna und Greg reden sich ständig mit Namen an, fast in jedem Satz.

»Ich werde dich töten, Greg.«

»Lorna, um Gottes willen . . .«

»Goodbye, Greg.«

»Lorna!«

Namen sind dann wichtig, wenn eine neue Figur eingeführt wird. Der Zuschauer braucht Hilfe. Wer ist die neue Person? Wie ist ihre Beziehung zu den Personen, die wir schon kennen? Der Zuschauer ist dankbar, wenn jemand der neuen Figur ein Schild um den Hals hängt. Hinweise auf die Identität der Figur – »Robert, ich möchte, daß du meine Mutter kennenlernst« oder »Mama, das ist mein Freund Tim« – geben dem Zuschauer Orientierung.

Zum Abschluß noch zwei Bemerkungen. Zunächst zu Gregs Zeile: »Woher hast du diese Pistole?« Abgesehen davon, daß der Satz ziemlich blöde ist (wen interessiert schon, woher sie die Pistole hat), ist er deswegen bemerkenswert, weil er den Rückfall in ein anderes Medium bedeutet. Im Hörspiel muß der Dialog beschreiben, was passiert, weil es der Zuhörer nicht sieht. Das zwingt ihn, seine Phantasie einzusetzen. Dramatische Aktionen, Schauplätze, die Gesichter der Personen und deren Kostüme muß er sich ausmalen und vorstellen. Dazu braucht er Hinweise. Darum äußern Hörspielfiguren gewöhnlich Sätze wie: »Was ist das denn da auf dem Fußboden? Guter Gott, da liegt ja jemand!« oder »Liebling, dein Gesicht ist ja voller blauer Flecken. Warst du in eine Schlägerei verwickelt?« oder »Woher hast du diese Pistole?« **Hörspieltext** ist in einem visuellen Medium selbstverständlich unangebracht. Erstaunlicherweise schleicht er sich aber immer und immer wieder in Drehbücher ein. Dann hilft nur der Rotstift.

Der andere Punkt. Melodramatische Szenen kippen leicht. Mit platten Dialogen werden sie fast immer schräg. Stumpfe, schwerfällige Dialoge, Platitüden, die Selbstverständlichkeiten aufblasen, lassen dem Zuschauer keinen Raum für Interpretation oder Partizipation.

Wenn eine Szene so melodramatisch ist, wie die Konfrontation zwischen Lorna und Greg, kann sie realistischer und weniger platitüdenhaft werden, indem »gegen« das Melodrama gesprochen und angespielt wird. Das Konzept des **Gegenanspielens** bedeutet ganz einfach, einen dramatischen Gegenkurs zu steuern, das entgegengesetzte Extrem zu betonen. Ein einfacherer Dialog würde das in der Luft liegende Melodram in der obigen Konfrontation unterlaufen. Ironische oder sardonische Untertöne hätten einen ähnliche Effekt.

Eine Szene gegen ihre emotionale Stoßrichtung zu inszenieren, verlangt vom Regisseur lediglich, die Haltung der beteiligten Spieler zu verändern. Solange er seinen Figuren erlaubt, ein jämmerliches Gesicht aufzusetzen und in Selbstmitleid zu baden, driftet die Szene unweigerlich ins Schmalzige ab. Wenn aber gegen das tragische Element angespielt wird, wenn die Figuren die Traurigkeit überspielen und mit einer gewissen Leichtigkeit kaschieren, dann wird die Szene äußerst bewegend.

Drehbuchänderungen

Was macht ein Regisseur, der mit einem schlechten Buch dasitzt. Versucht er, das später beim Drehen »hinzubiegen«?

Nein!

Er macht genau das, was Sarah in Kapitel 1 getan hat: Er spricht mit dem Produzenten. Er stellt die Probleme dar und schafft Abhilfe, bevor die Produktion beginnt. Die Probleme erst während der Dreharbeiten zu beheben, kann sehr, sehr teuer werden. Das kostet Produktionszeit. Und noch wichtiger: Überstürzte Änderungen können das ganze Gebäude ins Rutschen bringen.

Die meisten Drehbücher, die in Produktion gehen, sind mehrfach geprüft, vom Produzenten, vom Autor und oft auch noch von vielen anderen. Bevor der Regisseur das Drehbuch in die Hand bekommt, hat es normalerweise mindestens fünf oder sechs Stationen der Begutachtung und Beurteilung durchlaufen. Auf den ersten Blick nebensächliche Dialogsätze können in Wirklichkeit ungeheuer wichtig sein, um einen dramaturgischen Wendepunkt (Plot Point) einzuleiten oder eine spätere Handlung vorzubereiten. Bei Änderungen während des Drehs, die der Regisseur in der Hitze des Gefechtes gutheißt, werden solche weitreichenden Konsequenzen für den Plot leicht übersehen. Darüber hinaus sind Drehbücher vielfach auch von Juristen und Zensoren des Senders sowie von Produktionschefs geprüft und abgenommen worden. Mit Änderungen beim Drehen geht man das Risiko ein, eines der Tabus – wenn nicht gleich mehrere – dieser Herren zu verletzen.

Wenn Schauspieler einen Text ändern, der ihnen unbequem ist, ersetzen sie die vermiedene Hürde oft durch ein Klischee. Klischees sind einfach zu sprechen, sie gehen leicht von der Zunge, aber sie sind und bleiben schlechter Text und schwächen den ganzen Film. Ein guter Regisseur muß vor solchen von Schauspielern vorgenommenen Änderungen sehr auf der Hut sein.

Aber machen wir uns nichts vor, es gibt Fälle, in denen eine Szene einfach nicht funktioniert und etwas geändert werden muß. Was sollte der Regisseur dann tun? Mein Rat: zum Telefonhörer greifen, den Produzenten in Kenntnis setzen und, wenn der Autor in der Nähe ist, ihn auf den Set kommen lassen. Der Regisseur muß das Problem mit ihnen *gemeinsam* lösen, nicht gegen sie. Film- und Fernsehproduktionen sind Teamarbeit. Spielen Sie nicht den Helden, der alles alleine verantwortet.

Checkliste für Drehbücher

Bei der Prüfung eines Drehbuchs im Hinblick auf eine Realisation muß sich der Regisseur folgende Fragen stellen – und beantworten:

1. Ist das Konzept originell und unverbraucht oder ist es klischeehaft? Ein frisches, unverbrauchtes Konzept macht leicht ein Dutzend Probleme wett. Die Herkulesarbeit, ein zweitklassiges Buch zu analysieren, zu diskutieren, zu überarbeiten und aufzupolieren, lohnt sich nur bei einem originellen Konzept. Ist die Geschichte wirklich wert, erzählt zu werden?

2. Gibt es in dem Drehbuch einen Protagonisten, um den man sich Sorgen machen kann, dem man die Daumen drücken kann und an dem man emotional Anteil nimmt? Läßt sich die Anteilnahme des Zuschauers zusätzlich verstärken?

3. Sieht sich der Protagonist einem einzelnen, schwerwiegenden Problem gegenüber? Entsteht dieses Problem durch einen starken, vielleicht furchterregenden Antagonisten?

4. Ist das Element Konflikt in jeder Szene vorhanden? Zieht sich Konflikt wie eine unterschwellige Strömung (Spannung) durch das gesamte Buch?

5. Entwickelt sich die Geschichte (und die Spannung) kontinuierlich? Enthält das Drehbuch überflüssige Szenen, die bereits gezeigte Handlung wiederholen oder Charakterzüge auswalzen? Wenn das der Fall ist: streichen!

6. Genügt der Dialog den genannten Kriterien: Ökonomie, Schlichtheit, charakteristisches Sprechen und Spontaneität? Oder tappt er in eine der in der Beispielszene beschriebenen Fallgruben?

Zusammenfassung

- Für den Erfolg dramatischer Werke ist vor allem der Text oder das Drehbuch ausschlaggebend. Gute Regisseure kennen die klassischen Prinzipien der Dramaturgie.

- *Eine Person hat ein Problem:* Auf diese Formel muß sich ein Drehbuch bringen lassen. Der Protagonist muß das Publikum emotional so fesseln und an sich binden können, daß es dessen Ziele und Schwierigkeiten zu den seinen macht. Zuschauerbindung kann aus Sympathie, Empathie oder Antipathie erwachsen.

- Das Problem gelangt auf zwei Wegen in die Spielhandlung: Entweder fällt es unerwartet von Himmel und sorgt für Chaos im Leben des Helden, oder jemand tritt auf, der dem Helden Steine in den Weg legt. Wichtig ist, daß in beiden Mustern das Problem an das Ziel gekoppelt ist. Im ersten Fall liegt das Ziel des Protagonisten darin, der Katastrophe zu entkommen.

- Dramatik lebt von Spannung. Das Problem des Helden spitzt sich von Akt zu Akt zu, so daß die Spannung des Publikums ständig wächst. Die Handlungsprogression, die aufsteigende, sich aufbauende Handlung, ist für die Dramatik wesentlich.

- Spielhandlung ist nicht Realität, sie ist die *Illusion* von Realität. Die vorgeführte Illusion für Wirklichkeit ausgeben zu können ist eine Kunst. Zwei Faktoren unterscheiden Spielhandlung und wirkliches Leben: Ökonomie und Logik. Das wirkliche Leben ist voll langweiliger Wiederholungen, Nebensächlichkeiten und sinnlosen Details. Die Spielhandlung vermeidet Langeweile. Nur das »Eigentliche«, das für die Geschichte und ihre Entwicklung Wichtige, wird aufgenommen. Das wirkliche Leben ist häufig unlogisch und voller Zufälle, die Spielhandlung benutzt die für die Entwicklung der Story notwendigen Elemente.

- Das Problem des Protagonisten äußert sich in der dramatischen Handlung grundsätzlich als *Konflikt*. Wenn antagonistische Kräfte auftreten, die versuchen, den Helden daran zu hindern, sein Ziel zu erreichen, ist Konflikt unvermeidlich. Vier Formen sind möglich: Konflikt mit anderen, Konflikt mit der Umwelt, Konflikt mit dem Übernatürlichen und Konflikt mit sich selbst. Indem der Regisseur gegensätzliche Charaktere (unterschiedliche ethnische Zugehörigkeit und soziale Herkunft, unterschiedliche Einstellungen und Ansichten) zeichnet, eröffnet er Felder, auf denen Konflikte entstehen können.

- Guter Dialog ist generell *schlicht*. Die meisten Menschen – unabhängig von Beruf und Lebensumständen – sprechen in einfachen, kurzen Sätzen und benutzen den Grundwortschatz. Guter Dialog ist *ökonomisch,* er wiederholt nicht, ist ohne Ballast und irrelevante Details. Guter Dialog ist in der *charakteristischen Sprache* derjenigen Person geschrieben, die ihn spricht. Guter Dialog vermeidet es, die Aufmerksamkeit auf sich selbst zu ziehen.

- Dialog ersetzt keine Handlung. Geschickte Autoren setzen ein Ereignis lieber ins Bild, als Personen davon erzählen zu lassen. Selbst Augenzeuge eines Ereignisses zu werden, macht auf den Zuschauer größeren Eindruck als eine verbale Darstellung.

Kapitel 4 ▮ Das Drehbuch

- Schlechter, kitschiger Dialog entsteht durch Klischees, durch peinliche oder ungeschickte Exposition (die den Zuschauer mit Informationen versorgt, aber den Dialog nicht voranbringt), durch Platitüden, die Selbstverständlichkeiten auswalzen, durch »Hörspiel-Sätze«, die beschreiben, was der Zuschauer ohnehin sieht, und schließlich dadurch, daß sein dramaturgischer Aufbau schwach ist.
- Ein guter Autor versucht, »gegenan zu spielen«, um zum Beispiel melodramatische oder tragische Szenen nicht in Kitsch umkippen zu lassen. So wählt er konterkarierend für eine tragische Szene einen unbeschwerten oder komischen Ton oder bleibt schlicht und ehrlich, wenn es melodramatisch wird.
- Drehbuchprobleme sollten vor Beginn der Dreharbeiten ausgeräumt werden. Änderungen während der Produktion sind teuer und riskant.

Übungen

1. Erfinden Sie zu jedem der folgenden Probleme eine geeignete *Person*:
   a. Die Person muß als Zeuge gegen jemanden auftreten, den sie fürchtet.
   b. Vor Jahren hat sich die Person einmal eine schwerwiegende Indiskretion zuschulden kommen lassen. Jetzt taucht diese alte Geschichte plötzlich wieder auf und droht, die Person zu vernichten.
2. Erfinden Sie für jede der folgenden Personen ein geeignetes *Problem*:
   a. für einen idealistischen Teenager, der mit liebevollen Eltern gesegnet ist;
   b. für einen Wissenschaftler, der ein Heilmittel gegen Krebs entdeckt hat;
   c. für einen Polizisten, der kurz vor seiner Pensionierung steht.
3. Eine echte Herausforderung: Schreiben Sie eine kurze Szene (zwei oder drei Seiten), in der alle vier Konflikttypen enthalten sind:
   a. Konflikt mit anderen;
   b. Konflikt mit der Umwelt;
   c. Konflikt mit sich selbst;
   d. Konflikt mit dem Übernatürlichen.
4. Schreiben Sie sechs Sprachklischees auf, die Sie in letzter Zeit gehört haben, und finden Sie für jedes einen besseren, unverbrauchten Ausdruck.
5. Eine Übung für charakteristische Sprechweise: Schreiben Sie zwei Versionen eines Telefongesprächs. In der einen wirft eine Prostituierte, in der anderen ein Geistlicher dem Bruder, den sie lieben, vor, sie um eine Erbschaft betrogen zu haben. Beachten Sie dabei, daß wir jeweils nur die eine Seite des Gesprächs hören, den Bruder hören wir nicht.

5

Charaktere entwickeln

> Du stellst dich als die Person vor,
> die der Autor geschrieben hat, und du
> versenkst dich ganz in diese Vorstellung.
> Dann kommt, möglicherweise, eine
> völlig andere Stimme aus deinem Mund.
> *LYNN FONTANNE[1]*

Wenn der Regisseur eine Figur zu konzipieren beginnt, ist ihm dafür vom Autor nur ein Skelett vorgegeben. Haben Schauspieler und Regisseur das Konzept diskutiert, geprüft und ausgearbeitet, hat dieses Skelett Muskeln und Sehnen, Fleisch und Blut bekommen. Auf dem Set schließlich, vor der laufenden Filmkamera oder vor den Fernsehkameras, beginnt es zu leben.

Wie gelingt es einem Regisseur, die einzelnen Knochen eines Skeletts zu einer plastischen Figur zusammenzusetzen? Er schöpft dabei aus dem gleichen Fundus wie ein Schauspieler: der eigenen Lebenserfahrung. Wenn ein Regisseur ein Drehbuch liest, dann rühren die Figuren an die bewußte oder unbewußte, mehr oder weniger vage Erinnerung an wirkliche oder ausgedachte Personen, die ihn irgendwann in seinem Leben bewegt haben und eine Ähnlichkeit mit einer der Drehbuchfiguren besitzen: Familienangehörige, Freunde, zufällige Bekanntschaften, Personen aus Büchern und Zeitschriften, von der Bühne, aus dem Fernsehen oder von der Leinwand. Das können auch Erinnerungsfetzen sein: eine bestimmte Art zu gehen, eine Geste, ein Gesichtsausdruck. Die Phantasie setzt die verschiedenen Personen und ihre Eigenheiten neu zusammen. Papierene Namen treten wie in einem Kaleidoskop als Figuren in Erscheinung.

Dieses Kapitel setzt sich mit den Methoden auseinander, mit denen ein Regisseur seine Vorstellungsbilder entwickelt und wie er ihnen in Regienotizen, in Vorbesprechungen mit den Schauspielern und Diskussionen bei den Proben plastische Gestalt verleiht.

Im einzelnen werden wir uns mit den folgenden Themen beschäftigen:

Kapitel 5 ▌ Charaktere entwickeln

- REGIENOTIZEN: Die Hintergrundgeschichte von Figuren umreißen.
- THEMA (DAS »RÜCKGRAT«): Die Figur wird durch Motive, Bedürfnisse und Ziele konturiert und mit der Struktur der Gesamtgeschichte in Beziehung gesetzt.
- SEQUENZEN: Szenen setzen sich fast immer aus kleineren Einheiten, Unterszenen, den *Sequenzen,* zusammen. Beim Inszenieren die Sequenz zu erfassen, ist für Schauspieler und Regisseur sehr hilfreich.
- CHARAKTERZEICHNUNG: Fünf Wege, wie man zeigen kann, was einer wirklich ist.
- MASKEN: Eigenschaften, die verborgen sind und sich nur indirekt erfassen lassen.
- ARBEIT MIT DEN SCHAUSPIELERN: Anspannung abbauen; Schauspieltechniken für die glaubwürdige und ausdrucksstarke Charakterdarstellung.
- ROLLENUMSETZUNG VOR DER KAMERA: Arbeitsbedingungen bei Proben und Probleme zwischen Schauspielern und Regisseur.

Regienotizen

Bevor ein Regisseur versucht, den Charakter der Figuren festzulegen, muß er das Drehbuch genau studiert haben und die Rolle jeder einzelnen Figur in ihrem Verhältnis zum Thema, zur zentralen Aussage des Drehbuchs bestimmen. Seine Überlegungen hält er in Notizen fest. Seine Vorstellungen und Gedanken schriftlich zu fixieren und auszuformulieren, hilft dabei, die Ziele und Motivationen der Hauptfiguren herauszukristallisieren. Solche Notizen können die unterschiedlichsten Einfälle und Gedankensplitter enthalten: bildhafte Beschreibungen, die später für die Schauspieler nützlich werden, wenn sie den Charakter einer Rolle anlegen; Requisiten, die über verborgene Charakterzüge Aufschluß geben; ein Ereignis in der **Hintergrundgeschichte,** das einer Charakterdarstellung größere Plastizität verleiht.

Meines Wissens sind (in den USA) solche Notizen, die sich ein Regisseur für einen Film oder eine Fernsehaufzeichnung gemacht hat, noch nie publiziert worden. Es gibt aber hervorragende Arbeitsdokumentationen zu Bühneninszenierungen, sogenannte Regiebücher, die hin und wieder veröffentlicht wurden und die uns die seltene Gelegenheit bieten, einem Starregisseur bei der Arbeit über die Schulter zu sehen und seine Methoden zu studieren.

Erfahrene Profis pflegen noch vor der eigentlichen Drehbuchanalyse zur eigenen Vorbereitung ein paar Seiten Hintergrundgeschichte zu schreiben, in der die Vergangenheit jeder Hauptfigur beleuchtet wird. Sich auf diese Weise den einzelnen Charakteren zu nähern ist eine ausgezeichnete Möglichkeit, die Emotionen, Haltungen und Ziele zu verstehen, die ihren Handlungen und Einstellungen zugrunde liegen. Dadurch werden sie lebendig.

Der Oscar-Preisträger Frank Pierson, Regisseur und Autor, definiert eine solche Hintergrundgeschichte folgendermaßen:

Was wir brauchen, ist eine Biografie der Gefühle: Wie fühlt sich die Person, wenn sie reich ist oder wenn sie arm ist, wenn sie ein altes Auto fährt oder ein neues...?

Daß sie ihren Abschluß in Radcliffe 1968 summa cum laude gemacht hat, daß ihre Mutter 1978 in Hingham, Massachusetts, gestorben ist und die ganze Familie bei der Beerdigung anwesend war, ist unwichtig. Entscheidend ist, wie sie sich *gefühlt* hat, als ihre Mutter starb, und daß sie nur äußerst ungern zum Begräbnis gegangen ist, weil sie wußte, daß sie dort ihrem Vater begegnen würde.

Es ist nicht wichtig, daß sie vor ihrem Vater Angst hatte, weil er sie als Kind mißbraucht hat. Entscheidend ist, daß sie im Grunde das Durcheinander widersprüchlicher Gefühle fürchtet, das durch die Gegenwart ihres Vaters hervorgerufen wird. Dies ist eine kranke und traurige und verwirrte Figur, aber man kann nur erkennen, worin ihre Verwirrung, ihre Krankheit und ihre Traurigkeit besteht, wenn man weiß, wie sie fühlt.[2]

In seinem Buch *Art of Dramatic Writing* stellt Lajos Egri für die Entwicklung eines Charakters eine Art dialektisches Modell vor, in dem die Figuren durch innere oder äußere Widersprüche sich wandeln und wachsen. Das Hintergrundstudium für eine Figur unterteilt Egri in drei Kategorien: Physiologie, Soziologie und Psychologie.[3] Für die Konstruktion einer das Gefühlsleben einer Figur prägenden Vorgeschichte sind diese Kategorien sehr brauchbar: *Physiologie* meint die körperliche Statur, die äußere Erscheinung einer Person, *Soziologie* den Platz, den die Person in der Gesellschaft und in der Familie einnimmt, und mit *Psychologie* sind die Charaktereigenschaften einer Person gemeint, ihr Temperament, ihre Einstellung zum Leben, ihre Ängste, ihre Motive, ihr Witz und ihre Phantasie. Für den Regisseur erweist sich die zuletzt genannte Kategorie, die Psychologie, oft als die wertvollste.

Indem er Einzelheiten der Hintergrundgeschichte festlegt, kann der Regisseur ein ziemlich vertrautes Verhältnis zu seinen Hauptpersonen entwickeln. An die Figur einer jungen Frau könnte er etwa folgende Fragen stellen: Wie war ihre Kindheit? Welches waren ihre frühesten Ängste? War sie brav? Oder eher frech und keß? Wie kam sie mit ihren Brüdern und Schwestern zurecht? Wurde sie irgendwann einmal sexuell mißbraucht? War sie in der Schule erfolgreich? Wie lange ging sie zur Schule? Welche Schule besuchte sie? Ging sie in die Kirche? Hatte sie viele Freundinnen oder war sie eine Einzelgängerin? Wann hat sie zum ersten Mal mit jemandem geschlafen?

Jede Hauptfigur kann auf diese Weise zu einem vielschichtigen Charakter werden. Eine gewissenhafte Schauspielerin wird ihre Rolle ebenfalls gründlich erforschen und aus ihrem eigenen Erfahrungsschatz auffüllen.

Kapitel 5 ▍ Charaktere entwickeln

Ihre Auffassungen sind natürlich nicht dieselben wie die des Regisseurs, aber die Hauptelemente des Hintergrundes stimmen doch erstaunlich oft überein. Es ist allerdings gar nicht wichtig, ob sie nun übereinstimmen oder nicht. Die Schauspielerin wird schnell merken, ob der Regisseur die Figur gut kennt und verstanden hat. Hat er seine Hausaufgaben gemacht, wird sie ihn auch respektieren.

Es ist ratsam, daß sich der Regisseur ganz am Anfang mit jedem Hauptdarsteller gesondert trifft. Bei einem Mittagessen oder bei einer Tasse Kaffee können sich beide Seiten abtasten und herausfinden, welche Rollenauffassungen sie haben. Liegen sie meilenweit auseinander, ist immer noch Zeit, Klarheit zu gewinnen und Vorstellungen zu überdenken. Werden solche Diskrepanzen erst bei Beginn der Dreharbeiten aufgedeckt, kann das katastrophale Folgen haben. Nur zu leicht passiert es, daß Konflikte viele Stunden wertvolle Produktionszeit kosten.

Ein erfahrener Regisseur hält selten despotisch an seiner Rollenauffassung fest. Er respektiert einen guten Schauspieler und freut sich über dessen Vorschläge und Anregungen. Manchmal sind sie so farbig, kreativ und so viel stärker als die ursprüngliche Konzeption, daß ganze Szenen oder Dialoge umgeworfen und der neuen Konzeption angepaßt werden. Wenn aber ein Schauspielerkonzept schief und wenig durchdacht ist, dann muß der Regisseur das ganz deutlich sagen. Ohne jemanden vor den Kopf zu stoßen, sollte er vorschlagen, den Text neu zu lesen, oder alternative Möglichkeiten für die Anlage der Rolle aufzeigen.

Hin und wieder trifft man auf Schauspieler, die nicht bereit sind, sich sofort auf eine bestimmte Charakterisierung ihrer Rolle festzulegen. Sie brauchen Zeit, ihre Rollenauffassung muß langsam reifen. Das wird nur dann zu einem Problem, wenn der erste Drehtag näher rückt und der Schauspieler sich noch immer nicht entschieden hat. Dann muß der Regisseur mit Überredungskunst, mit Autorität oder mit einem sanften, aber bestimmten Druck die Festlegung der Rolle erzwingen.

Thema (das »Rückgrat«)

Die zentrale Aussage oder Botschaft eines Drehbuchs wird sein *Thema* oder sein **Rückgrat** genannt. Konstantin Stanislawskij, der große Schauspiellehrer, nannte das die *Überaufgabe:*

Die zentrale Aussage eines Stückes ist häufig in dem enthalten, was die Haupthandlung ausmacht oder was das Ziel der Hauptfigur oder der Hauptfiguren darstellt. Bevor der Regisseur seine Interpretation entfalten kann, muß er jede Figur im Stück analysieren und ihre Motivation und Beziehung zu den anderen Figuren kennen.[4]

Regisseure, die nach der Stanislawskij-Methode arbeiten, versuchen Verben zu finden, mit denen sich die elementaren Handlungen und Auseinandersetzungen der Figuren beschreiben lassen. Dabei stellen sie fest, daß der Grundgedanke ihres Drehbuchs ganz eng mit den elementaren Wünschen, Bedürfnissen, Beweggründen und Zielen der handelnden Figuren verknüpft ist. In dem Film *Eine verhängnisvolle Affäre* ist es zum Beispiel das Ziel oder **Motiv** des Protagonisten (Michael Douglas), die Zerstörung seiner Familie zu verhindern. Als Thema und »Rückgrat« des Films könnte man den Kampf bezeichnen, mit dem die Konsequenz aus dem Sündenfall (»Denn was der Mensch sät, das wird er ernten.«[5]) vermieden werden soll. Zu beachten ist, daß sich beide, Thema des Films und Motiv des Protagonisten, unmittelbar aufeinander beziehen. Was das Thema eines Films ist und sein »Rückgrat« ausmachen soll, hängt freilich von der individuellen Interpretation ab. Der Regisseur eines Films kann die dem Drehbuch zugrundeliegende Botschaft zum Beispiel völlig anders interpretieren als dessen Autor.

Die Motive der anderen Hauptfiguren in *Eine verhängnisvolle Affäre* sind, wie in nahezu jedem Drehbuch, mit dem Motiv des Protagonisten verbunden und verflochten. So verbündet sich die Frau des Protagonisten mit ihm im Kampf gegen die Antagonistin (gespielt von Glenn Close), weil diese ihre Familie zu zerstören droht. Das Motiv der Antagonistin steht in direktem Gegensatz zu dem des Protagonisten: Sie will seine Familie zerstören, um die ihr zugefügte Kränkung zu vergelten – und um vielleicht den Protagonisten für sich zu gewinnen.

In Bernardo Bertoluccis *Der letzte Kaiser* sucht der Protagonist, blind für die politischen Realitäten, seine Kaiserwürde zurückzuerlangen. Das ist das Motiv der Figur. Das Thema der Story, ihr Rückgrat, könnte auf die Formel »Hochmut kommt vor dem Fall« gebracht werden. In *Krieg der Sterne* könnte das Rückgrat der Geschichte lauten: »Das Gute bleibt über das Böse immer Sieger.« Luke Skywalkers Motiv läßt sich in dem Satz »Ich muß die Prinzessin aus der Herrschaft des Bösen befreien« zusammenfassen. Darth Vaders Motiv (im direkten Gegensatz dazu): »Ich muß Skywalker daran hindern, die Prinzessin zu befreien.« In jedem dieser Filme ergibt sich das Thema der Story direkt aus dem Motiv der Hauptfiguren.

Der Regisseur versteht seine Drehbuchfiguren, wenn er weiß, was sie wollen, wenn er ihre Beweggründe, ihre Bedürfnisse, Sehnsüchte, Motivationen und Ziele kennt – nicht für ihr ganzes Leben, aber für den im Dreh-

Kapitel 5 ▮ Charaktere entwickeln

buch behandelten Lebensabschnitt. Autor und Regisseur Robert Towne *(Chinatown)* meint, man könne eine Figur dann verstehen, wenn man weiß, was sie am meisten fürchtet. Townes Sichtweise definiert die Konzeption vom Motiv einer Figur lediglich anders herum, das heißt, die Figuren fürchten am meisten das, was die Befriedigung ihrer grundlegenden Bedürfnisse vereiteln könnte.

Viele der besten Regisseure sind ehemalige Schauspieler und kennen die Nöte und Bedürfnisse derjenigen, die im Rampenlicht stehen. Und sie wissen, wie man sich fühlt, wenn man von jemandem »inszeniert« wird. Solche Erfahrungen erleichtern es einem Regisseur sehr, ein Drehbuch aus der Perspektive der darin enthaltenen Rollen zu lesen, so, als solle er jede einzelne selber spielen. Das sorgfältige und auf die Rollen konzentrierte Lesen kann enorm hilfreich sein, um für jede Figur das Motiv, ihr »Rückgrat«, herauszufinden.

Sequenzen

Viele Schauspieler, besonders die mit einer Stanislawskij-Ausbildung, unterteilen Szenen in kleinere Bausteine, sogenannte **Sequenzen.** In der Tat bestehen die meisten gut geschriebenen Szenen aus einer Anzahl kleinerer dramatischer Einheiten, von denen normalerweise jede auf ihren eigenen kleinen Höhepunkt hin angelegt ist. Sequenzen sind Szenen innerhalb von Szenen. Jede neue Sequenz ist normalerweise gekennzeichnet von einer Änderung der Richtung im Dialog oder in der Handlung. Manche enden oder beginnen mit dem Auftritt oder dem Abgang einer Person.

Welchen Sinn macht es, eine Szene in Sequenzen zu unterteilen? Den Schauspielern hilft diese Zerlegung häufig, den Zeitpunkt für eine Änderung in der Emotion oder in der Haltung genau zu bestimmen. Mit der Festlegung auf bestimmte Sequenzen können sie emotionale Entwicklungen innerhalb einer Szene klar voneinander abgrenzen, vom Spaß (sagen wir mal) über den Ernst bis zum Ärger.

Sequenzen zu definieren hilft auch dem Regisseur, die Bedeutung einer Szene herauszuarbeiten. Viele Regisseure versehen jede einzelne Sequenz mit einem *Etikett.* Zum Beispiel: (a) John bemerkt Debbies Ärger nicht (Ahnungslosigkeit), (b) er versucht, sich lachend darüber hinwegzusetzen (Nicht-wahr-haben-wollen), (c) schließlich schlägt er zurück (Gegenangriff), (d) ihr wird klar, daß sie ihn verletzt hat (Aussöhnung). Jeder Schauspieler bestimmt die Sequenzen aus der Perspektive seiner Rolle, für andere Schauspieler sind unter Umständen ganz andere Wendepunkte maßgeblich. Und der Regisseur, der die Szene aus einer objektiveren Perspektive betrachtet, definiert die Sequenzen wieder anders. Um deutlich zu machen, wie subjektiv eine solche Einteilung ist: ein zweiter Regisseur könnte die Sequenzen völlig anders definieren als der erste.

Die Sequenzen zu bestimmen hilft dem Regisseur beim Arrangieren und **Einrichten** der Szenen. Eine neue Sequenz kann bedeuten, die Personen in eine andere räumliche Beziehung zueinander zu stellen, sie gibt den Anlaß für die Bewegung einer oder mehrerer Personen oder zu einer Angleichung der äußeren Situation an die veränderten inneren Beziehungen. Manchmal erfordert eine neue Sequenz eine Veränderung der Kameraposition, eine neue Haupteinstellung. Weitere Überlegungen zum Thema Sequenzen sowie ein praktisches Beispiel, wie nützlich Sequenzen beim Stellen einer Szene sein können, werden in Kapitel 6 folgen.

Charakterzeichnung

Sind sich Regisseur und Schauspieler über das Konzept eines Charakters oder dessen Konturen einig, müssen sie entscheiden, wie sich dieser Charakter dem Publikum gegenüber offenbaren soll. In der Praxis vollzieht sich das beinahe von allein und ergibt sich aus dem Rollenbewußtsein des Schauspielers, aus seiner Art, die Figur zu *sein* und die Gedanken und Emotionen der Figur zu erleben. Das Bild, das sich der Zuschauer von einer Figur macht, ergibt sich aus fünf Informationsquellen:

1. die äußere Erscheinung der Person;
2. ihre Eigenheiten und Ticks;
3. was sie tut oder unterläßt;
4. was sie sagt oder verschweigt;
5. wie sich andere ihr gegenüber verhalten.

Die äußere Erscheinung

Zur Beschreibung der äußeren Erscheinung einer Figur bieten die Autoren selten mehr als ein oder zwei Sätze an. Häufig beschränken sie sich auf Name, Alter und allgemeines Erscheinungsbild (zum Beispiel: Elaine Garibaldi, 22 Jahre alt, dünn, fürchterlich schüchtern), manchmal geben sie den einen oder anderen Hinweis auf einen charakterlichen Grundzug, aber das ist eher selten. Warum stehen im Drehbuch keine umfassenderen Charakteranalysen? Weil sich der Charakter einer Figur am besten durch ihr *Verhalten* beschreiben läßt. Außerdem lassen die minimalen Angaben zur Person dem

Kapitel 5 ▮ Charaktere entwickeln

Produzenten wie dem Regisseur ein beträchtliches Maß an kreativer Freiheit bei der Auswahl der Schauspieler und beim Entwurf der Charaktere. Daß der Autor nicht jede Pore und jede Falte beschreibt, bedeutet aber keineswegs, daß er seine Hausaufgaben nicht gemacht hat. Bevor ein guter Autor mit dem eigentlichen Schreiben des Drehbuchs beginnt, erarbeitet er sich zu jeder Hauptfigur seitenweise detaillierte Angaben.

In die sparsamen Skizzen des Drehbuchs trägt der Regisseur erste Farbtupfer ein, nuanciert die einzelnen Charaktere und Figuren – ihr Erscheinungsbild, ihre Körperhaltung, ihre Kleidung, ihre Art zu gehen, biographische Details, ihre Moralvorstellung, ihre Lebenseinstellung, Frisur, Denkgewohnheiten und Sprechweisen. Darauf hat natürlich auch Einfluß, wie der Schauspieler aussieht, der diese Figur verkörpern soll, und wie verwandlungsfähig er ist. Schließlich gehen Schauspieler und Rolle ineinander auf: Der Schauspieler nimmt die Eigenschaften und Eigenheiten der Rolle an, während sich die Figur verändert und sich dem Stil, dem Verhalten und dem Erscheinungsbild des Schauspielers anpaßt.

Durch wiederholtes Lesen und kreative Beschäftigung mit dem Drehbuch entwickelt der Regisseur für jede der Hauptrollen in seiner Vorstellung eine Fülle von Einzelheiten, die sich auf die unterschiedlichsten Lebensbereiche erstrecken. Ist solch minutiöse Detailversessenheit in diesem Stadium der Arbeit nicht Zeitverschwendung? Keinesfalls, sie erweist sich in den Gesprächen mit dem Szenenbildner, dem Ausstatter und denjenigen, die für Make-up, Frisur, Kostüme und Transport zuständig sind, als ungemein hilfreich.

Ist die Person dick? Wabbelig fett oder nur ein bißchen nett gepolstert? Oder ist sie dünn? Ausgezehrt dürr oder elegant schlank? Hat der Mann eine Glatze? Ist sein Haar ordentlich frisiert oder ungepflegt, lang oder kurz? Trägt er eine Punk-Frisur? Hat er einen Vollbart oder einen Schnurrbart, ist der Bart gepflegt oder ist er wild und struppig? Trägt er eine Brille? Ein Hörgerät?

Wie kleidet er sich? Nach dem letzten Schrei oder altmodisch? Neue oder abgetragene Sachen? Sauber oder voller Flecken, frisch gebügelt oder zerknittert? Sind seine Schuhe ausgelatscht oder blank poliert? Bevorzugt er elegante Lederschuhe oder Mokassins? Haben die Sohlen Löcher? Trägt er einen Schlips? Ist seine Krawatte breit oder schmal, konservativ gestreift oder mit knallig bunten Blumen gemustert? Was für einen Wagen fährt die Person? Neu oder alt? Ist das Auto sorgfältig gewartet oder eine scheppernde Rostlaube? Hat es einen Aufkleber? Was steht drauf? Hängt ein Maskottchen am Innenspiegel?

Welche Art von Kommentar würde das Schlafzimmer der Person auslösen? Ist der Raum aufgeräumt? Oder liegen auf dem Fußboden überall

Kleidungsstücke herum? Ist das Bett gemacht? Sitzen Plüschtiere darauf? Was für Bilder hängen an der Wand? Picasso-Kunstdrucke, Pin-up-Girls aus dem *Playboy* oder Poster von Rockkonzerten? Liegen auf dem Nachttisch Lehrbücher oder Illustrierte? Was für Zeitschriften, *Geo* oder *Penthouse?* Liegen Pfeifen oder Zigaretten auf der Garderobe. Quellen die Aschenbecher über? Gibt es eine Stereoanlage? Welche Art von Musik wird gehört: Kuschelrock, Bigband-Jazz oder Klassik? In welcher Farbe sind die Wände gestrichen? Gibt es Wolkenstores?

All das gibt Aufschlüsse über eine Figur. Das Publikum hat keine Möglichkeit, das Drehbuch zu studieren. Im Film gibt es keinen gottähnlichen Erzähler, der die Personen eindringlich beschreibt oder charakterisiert. Statt dessen muß der Zuschauer Detektiv spielen und sich die Charaktere aus den verschiedenen Informationen, die er bekommt, erschließen. Aus all diesen Hinweisen setzt er sich Stück für Stück ein Bild zusammen, ein Mosaik, dessen Teile Regisseur und Schauspieler sorgfältig zusammengetragen und ausgebreitet haben.

Eigenheiten und Ticks

Eigenheiten und Manierismen sind deswegen von Bedeutung, weil sie häufig verborgene Gefühle oder Gedankenprozesse aufdecken, die im Dialog nicht immer eigens formuliert werden (siehe dazu Kapitel 6, »Aktivitäten«). Gedanken werden im Dialog oft *verdeckt*. Gilt es nicht als Zeichen von Schwäche, seine Gefühle zu offen zu zeigen? Deshalb bleiben wir lieber »cool« und verbergen unsere Emotionen so gut es geht hinter einem Lächeln oder einer schlagfertigen Entgegnung. Was wir hinter dieser Maske wirklich fühlen, verraten wir aber oft unbewußt durch kleine, kaum bemerkbare Handlungen und Gesten.

Wer genauer beobachtet, wie sich Menschen verhalten, der entwickelt schnell eine Antenne für die Bedeutung von abgebissenen Fingernägeln, was es besagt, daß jemand seine Hände nicht stillhalten kann oder sich ständig am Kopf kratzen muß. Was teilt jemand über sich mit, der beständig seine Brille putzt? Was verrät er uns, wenn er sich in jedem Spiegel zulächelt oder sich immer wieder kämmt? Richard Fleischer, ein Altmeister der Filmregie, prägte kürzlich den Begriff von der *wachen Aufmerksamkeit* als der hervorstechenden Grundhaltung, die gute Regisseure kennzeichnet.

> Ein Regisseur ist vor allem ein Beobachter. Du mußt alles um dich herum, vor allem das Verhalten von Menschen, aufmerksam registrieren. Du mußt die jeweils gerade ablaufende Szene stets genau im Auge behalten und die Leute

Kapitel 5 ∎ Charaktere entwickeln

beobachten, wie sie sich in bestimmten Situationen verhalten. Du mußt aufmerksam auf ihre Körpersprache achten und (in einer Unterhaltung) auf ihre Verlegenheitspausen.

Ich glaube, man kann sich eine solche wache Aufmerksamkeit, sofern man nicht zu sehr mit sich selbst beschäftigt ist, Schritt für Schritt aneignen. Bei gesellschaftlichen Anlässen läßt sich beobachten, welche Spiele Menschen, die in einem Raum beisammen sind, hinter ihrer Fassade miteinander spielen. Du kannst die kleinen subtilen Veränderungen bemerken, die an Menschen vor sich gehen, wenn sie sich plötzlich verletzt fühlen . . . oder was sie zum Lachen bringt . . . oder wer wem an der Tür den Vortritt läßt. Früher oder später ertappst du dich dabei, wie du diese Situation in einem Drehbuch verarbeitest.[6]

Ist man erst einmal zu einem gewohnheitsmäßigen Menschenbeobachter geworden, entdeckt man sie überall, die Fußwipper, die Zähneknirscher, die distinguierten Ängstlichen, die sich hinter vorgehaltenen Händen oder dunklen Brillengläsern verschanzen, die Lippenkauer, die Haarezwirbler, die Blinzler und andere mehr. Während viele solcher Ticks und Gewohnheiten auf eine unspezifische Form der Anspannung hindeuten, lassen andere sehr viel deutlichere Rückschlüsse auf eine bestimmte innere Verfassung zu. Fotos, die während der Produktion eines Films aufgenommen wurden, den wir in Utah gedreht haben, zeigen mich, wie ich immer wieder mit schützend vor der Brust gekreuzten Armen, die Hände auf die Schultern gelegt, dastehe. Diese Pose ist für mich vollkommen untypisch. Sie verrät, daß ich mich offensichtlich unbewußt gegen die Welt und den unerbittlichen Druck eines extrem schwierigen und problembeladenen Projektes abschirmen wollte.

Auch die Art, wie ein Mensch geht, ist aufschlußreich. Ein müder Mensch geht anders als ein munterer, alte Menschen gehen normalerweise anders als junge Leute. Und die Art, wie Menschen sprechen: Stammeln sie? Sprechen sie schnell, sprudeln die Worte wie ein Sturzbach aus ihnen heraus? Sprechen sie vorsichtig, lassen sie jedes Wort auf der Zunge zergehen, prüfen sie, ob es auch das richtige ist? Sprechen sie laut, als wollten sie jemanden einschüchtern? Oder bringen sie ihre Sache eher zaghaft vor, damit ja niemand Anstoß nimmt?

Handeln oder Nicht-Handeln

Wir lernen über eine Person viel aus ihren Handlungen. Wie wir in Kapitel 6 noch sehen werden, sind Handlungen oft ein genaueres Barometer der Gefühle als Worte. Etwas weniger offensichtlich ist, daß das Unterlassen einer Handlung genauso aufschlußreich sein kann.

Wenn ein Mann, der verzweifelt um sein Leben rennt, innehält, um jemandem zu helfen, und dabei einiges riskiert, zollen wir ihm Hochachtung. Wenn dieser Mann an einer Gruppe von Kindern achtlos vorbeigeht, die seine Hilfe dringend benötigen, und dabei so tut, als sähe er sie nicht, strafen wir ihn mit Verachtung, weil er augenscheinlich nur an sich selbst denkt. Ist er, weil selbst in Gefahr, zunächst hin- und hergerissen, ob er helfen soll oder nicht, und hastet dann plötzlich doch davon, so ist seine Unentschlossenheit nicht minder aufschlußreich und sagt etwas über den Druck aus, der auf dem Mann lastet. In den letzten Jahren haben sich in den Zeitungen Berichte über Fälle gehäuft, bei denen Passanten achtlos an Frauen vorbeigingen, die angegriffen worden waren und um Hilfe riefen. Dieses Sich-auf-nichts-einlassen-Wollen spricht Bände. Was geht in solchen Situationen in diesen Menschen vor? Was denken sie? Was fühlen sie?

Reden oder Schweigen

Ein anderes Kriterium für die Beurteilung einer Figur ist ihr Text: das, was sie sagt, und das, was sie nicht sagt. Geht es dem Jungen leicht von den Lippen, einem Mädchen zu sagen, daß er sie liebt, oder ist er unfähig, seine Gefühle zu äußern? Zeigt die Hausfrau den Mörder bei der Polizei an oder ist sie eingeschüchtert und hält lieber still? Schreit die frischvermählte Ehefrau ihren Mann an, weil er sich nicht an den Hausarbeiten beteiligt, oder schweigt sie lieber? Schweigt sie aus Angst oder aus Liebe? Gesteht die alte Frau, daß sie den Brand im Altersheim verursacht hat, oder hält sie den Mund, auch wenn einem Unschuldigen dafür die Schuld gegeben wird?

Im Dramatischen hallt das unausgesprochene Wort oft lauter als das ausgesprochene.

Im Spiegel der anderen

Eine weitere Quelle, aus der der Zuschauer schöpft, wenn er sich ein Urteil über den Charakter einer dramatischen Person bildet, ist ihre Spiegelung in den Reaktionen anderer Personen des Stückes. Deren Beurteilungen und Einstellungen müssen jedoch nicht maßgeblich sein und zutreffen. Wenn in einer Kleinstadt alle Frauen die gutaussehende junge Witwe verachten, heißt das dann, daß die Witwe ein Luder, ein schlechter Mensch ist? Vielleicht, vielleicht auch nicht. Es ist ebenso gut möglich, daß diese Kleinstädterinnen eifersüchtig sind und hinterhältig. In diesem Fall hätte die Witwe sogar unsere Sympathie. Was solche Hinweise besagen, können wir erst beurteilen, wenn wir den Charakter der Nebenfiguren einschätzen können.

Kapitel 5 ▐ Charaktere entwickeln

In den ersten Szenen eines Stückes bilden wir uns anhand der Reaktionen der Mitwirkenden sozusagen vorläufige Hypothesen, wir sind durchaus bereit, unser Urteil wieder zu revidieren. Wenn ein sympathischer Protagonist eine Person auf den Tod nicht ausstehen kann, dann machen wir uns diese Feindseligkeit zu eigen – bis die Entwicklung der Handlung die Person entlastet und sich unsere Feindseligkeit als ungerechtfertigt erweist.

Masken

1925 schrieb Eugene O'Neill *Der große Gott Brown,* ein Theaterstück, in dem er seine Personen Masken tragen läßt. Viele dieser Masken stellen Jugend oder Stärke oder zynische Blasiertheit dar, sie verbergen die Verletzlichkeit ihrer Träger (und schützen sie). Die Personen verlieben sich, aber nicht in eine andere Figur, sondern in deren Maske.

O'Neill hatte erkannt, daß wir alle Masken tragen, daß wir unseren Eltern ein anderes Gesicht zeigen als unseren Feinden und wieder ein anderes unseren Partnern. Welches Gesicht gehört wirklich zu uns? In unserer heutigen streßgeplagten Gesellschaft tragen die meisten von uns die »coole« Maske, die unsere Ängste verbirgt und uns schützt. Bei jemand, den wir lieben, erlauben wir uns manchmal schwach zu sein, und legen unsere Maske ab. Aber kommt dann darunter nicht eine andere zum Vorschein?

Wenn sich ein Schauspieler eine Rolle erarbeitet, gestaltet er eine vielschichtige, mehrdimensionale Person, die Masken trägt, um sich zu schützen oder Emotionen und Spannungen zu verbergen, die sie nicht zeigen will. Solche Schichten (Masken unter Masken) bringen Fülle in eine Charakterdarstellung. Fehlen sie, entsteht eine flache, am Schreibtisch erdachte Figur, für die das Publikum schnell nur noch ein müdes Gähnen übrig hat. Gefesselt wird es, wenn verborgene Schichten an den Figuren zu entdecken sind.

Ein sensibler Regisseur beschäftigt sich eingehend mit den emotionalen Irritationen, die unter der Oberfläche des Dialogs oder der Handlung verborgen liegen: mit der Angst des Draufgängers, der mit einem Lächeln kaschierten Scham, mit Schuldgefühlen, die durch Gesten übertriebener Zuwendung überspielt werden. Das Gesicht, das wir nicht sehen können, zieht uns an. Es fasziniert uns, weil es den Reichtum unserer Phantasie fordert.

Die Suche des Regisseurs nach einer plastischen, vielschichtigen Person ist letztlich die Suche nach den vielen Seelen, die in einer einzigen Brust wohnen, von denen einige im Widerstreit miteinander liegen und alle zur Kontur und Farbe einer Figur beitragen.

Teil 2 ∎ Fiction

Arbeit mit den Schauspielern

Sie haben die Rollen in Ihrem Film besetzt. Mit dem Segen des Produzenten und der Hilfe der Besetzungschefs haben Sie eine Gruppe von fähigen Schauspielern ausgewählt, die Sie kennen und schätzen. Sie haben Klischeebesetzungen vermieden und keine Rolle mit einem Schauspieler besetzt, der »sich anbietet«, weil er unzählige Male ähnliche Rollen gespielt hat. Sie haben einige Rollen bewußt »gegen den Typ« besetzt, um die Erwartungen des Publikums zu unterlaufen. Ihre Schauspieler werden sich in der Welt Ihres Drehbuchs gegenseitig ergänzen. Sie trauen ihnen zu, nicht nur eine glaubhafte Darstellung zustande zu bringen, sondern auch eine Atmosphäre, an der sich die Phantasie entzündet und in der sich etwas entwickeln wird.

Sie hatten Vorgespräche mit allen Hauptdarstellern und haben gemeinsam die Charaktere ausgelotet, die sie spielen werden. Nun geht es an den aufregendsten Teil der Regiearbeit: an die Erarbeitung der Darstellung.

Leseprobe

Das Ensemble-Lesen, am Theater die Regel, wird hin und wieder auch bei Fernseh- und Spielfilmproduktionen praktiziert; es ist ein ausgezeichnetes Verfahren, um Figuren natürlich und ungezwungen entstehen zu lassen, ein Prozeß von »trial and error«, versuchsweiser Erkundungen und glückhafter Entdeckungen. Leseproben mit dem gesamten Ensemble – alle sitzen um einen Tisch herum, mit dabei der Regisseur, der Autor und der Produzent – bieten auch eine zeitige Gelegenheit, das Buch zu verbessern. Wenn hier eine Szene nicht funktioniert, kann der Autor sie noch mit nach Hause nehmen und überarbeiten. Oft verzweifelte und hastige Änderungen auf dem Set können so vermieden werden.

Unerfahrene Regisseure geraten beim ersten gemeinsamen Lesen manchmal in Panik, weil sich die Wesenszüge der Figuren dort nur selten so zeigen, wie sie sie erwarten. Viele Schauspieler halten sich bewußt zurück, um sich nicht zu früh festzulegen. Sie verstecken sich gern noch etwas beim Lesen und nehmen sich Zeit, mit dem Text ihrer Rolle, den Beziehungen zu den anderen Figuren und ihrem Regisseur vertraut zu werden. Einmal warm geworden, gewinnen sie an Zutrauen, und der von ihnen zu spielende Charakter tritt nach und nach immer deutlicher hervor. Bei der gemeinsamen Leseprobe gibt es auch Raum für Diskussion. Wenn sich Schauspieler unklar sind über einen Charakterzug oder eine Handlungsweise oder eine bestimmte Textpassage, dann ist hier die Gelegenheit, die Probleme mit dem

Kapitel 5 ▮ Charaktere entwickeln

Regisseur auszuloten und Klarheit zu schaffen. Manchmal werden Schlüsselszenen auch »trocken« (ohne Szenenbild und ohne Kamera) durchgespielt, damit die Schauspieler mit dem, was die Figuren tun und wie sie es tun, vertraut werden.

Proben

Wenn mit nur einer Kamera gearbeitet wird, proben die meisten Regisseure mit den Schauspielern eine Szene unmittelbar vor dem Drehen. Während dieser Probe schaut das Produktionsteam zu und plant das Licht, eventuelle Kamerabewegungen und die Mikrophonpositionen. Bei der Arbeit mit mehreren Kameras (bei einer Sitcom zum Beispiel) geht der Aufzeichnung gewöhnlich eine längere Zeit des Probens voraus.

Manche Spielfilmregisseure, zumal am Theater ausgebildete oder ehemalige Schauspieler, bestehen auf einer Probenzeit vor der Produktion. Sie sind fest davon überzeugt, daß das in jedem Fall der Plastizität der Darstellung zugute kommt. Der bekannte Regisseur Sidney Lumet (der selbst Kinderdarsteller war) beschreibt seine Probenerfahrung bei dem Film *Die Flucht ins Ungewisse*.[7]

> Frage: Proben sind für alle Ihre Filme wichtig gewesen, besonders für »Die Flucht ins Ungewisse«, weil die Familie sehr eng zusammengewachsen sein mußte.
>
> Lumet: Richtig. Und nicht nur für die Beziehungen untereinander. River Phoenix hatte noch nie vorher geprobt. Er ist ein Filmschauspieler. Ihn machte das (die Proben) sehr nervös. Er dachte, das wäre der Tod der Spontaneität. Ich sagte zu ihm: »River, meiner Meinung nach wirst du bald sehen, daß genau das Gegenteil passiert. Wenn du weißt, wohin die Reise geht, dann weißt du in jedem Moment, wo deine Figur sein sollte. Du wirst in gewisser Weise freier und mußt dich nicht ständig fragen ›Wo bin ich? Worum geht es im Augenblick? Was ist in der letzten Szene passiert (denn wir haben nie in logischer Folge gedreht)? Was ist als nächstes dran?‹ Diese Gedanken brauchst du dir nicht mehr zu machen, du weißt immer genau, wo du gerade bist. Du bist frei und kannst dich ganz auf das Gespräch konzentrieren. Und dann passieren sie, all die schönen, die guten, die unvorhergesehenen Dinge. Es ist tatsächlich viel spontaner so.«
>
> Frage: Sie lassen also den Schauspielern großen Raum für eigene Ideen und Beiträge?
>
> Lumet: Unbedingt. Es gibt einen ziemlich genau festgelegten Weg, im Sinn von: Darum geht es in diesem Stück, und dahin wollen wir kommen. Aber innerhalb dieser Ufer bleibt dem Fluß dann eine Menge Freiheit.

Spielen

Leider ist in einem Regielehrbuch nicht genügend Platz für eine umfassende Beschäftigung mit der Schauspielkunst. Um etwas über die Feinheiten des Spielens zu lernen, ist es mit Abstand am besten, *selbst zu spielen.* Nehmen Sie Schauspielunterricht, werden Sie Mitglied in einer kleinen Theatertruppe. Viele erfolgreiche Regisseure teilen meine Meinung, daß eigene Schauspielerfahrung ganz wesentlich für jeden ist, der in einem Spielfilm Regie führen will. Darüber hinaus gibt es dazu eine ganze Reihe ausgezeichneter Bücher (siehe Literaturempfehlungen im Anhang). Im folgenden nur einige Faustregeln:

Entspannung. Wenn ein Schauspieler ins Studio kommt, sieht er sich einer Gruppe von Fremden gegenüber: Beleuchtern, Bühnenbauern, der Kameracrew, eifersüchtigen Kollegen. Am Anfang hat er nur einen einzigen Verbündeten, den Regisseur. Eine der Hauptaufgaben eines Regisseurs ist es, jedem einzelnen Schauspieler das Gefühl zu vermitteln, daß er gebraucht wird, daß ihm niemand böse will, daß er sich zu Hause fühlen kann. Er soll sich ganz entspannen können.

Ein Schauspieler muß seinen Emotionen den Weg bahnen. Das kann er nur, wenn er entspannt ist. Angst und Anspannung erzeugen Hemmungen. Wenn sich Schauspieler unsicher fühlen, mögen sie funktionieren, ihre Bewegungen, ihre Gänge und Gesten machen und Gefühle zeigen, aber ihr Spiel bleibt gekünstelt und oberflächlich.

Erstaunlich viele Schauspieler, auch einige der besten, werden leicht unsicher. Im Scheinwerferlicht zu stehen, sich den prüfenden Blicken der Kritiker und des Publikums auszusetzen (und vielleicht der Lächerlichkeit), ist immer wieder eine Belastung für sie: aufs Stichwort in ihrer Rolle sein zu müssen, weinen oder lachen zu müssen – und zwar überzeugend und das manchmal immer und immer wieder.

Ein Regisseur kann die Schauspieler auf verschiedene Art unterstützen. Zu allererst kann er ihnen dadurch Sicherheit geben, daß er mit ihnen ihre jeweilige Rolle genau durchspricht, sie zu eigenen Beiträgen ermuntert, Einvernehmen herstellt über Hintergrund, Stil der Kleidung, Lebensumstände, Moral, Eigenheiten und Ticks der jeweiligen Figur, selbst über die Automarke, die sie fährt. Besteht über die Rolle keine Klarheit und keine Einigkeit, entsteht Unruhe. Das Gefühl, daß der Regisseur über ihre Figur genauso gut (wenn nicht besser) Bescheid weiß wie sie, flößt Schauspielern Sicherheit ein.

Aber er muß nicht nur die Rollen, der Regisseur muß auch die Schauspieler selbst genau kennen. Schauspieler fühlen sich sicher, wenn sie merken, daß der Regisseur sie kennt und etwas von ihnen gesehen hat und sich über ihre Stärken und Schwächen im klaren ist. Dann können sie sich entspannen, denn sie haben das Gefühl, daß der Regisseur sie vor einem Absturz bewahren und es niemals zulassen wird, daß sie in eine Spielsituation geraten, in der sie schlecht aussehen. Wenn sie außerdem noch merken, daß er sich nicht mit mittelmäßigen Leistungen zufrieden gibt und ihnen immer das Äußerste abverlangt, wandelt sich die Angst häufig in freudige Erwartung, wenn nicht sogar in Begeisterung.

Eine besondere Belastung kann sein, daß der Schauspieler das Team oder die Schauspielerkollegen nicht kennt. Der Regisseur kann für ein gutes Klima auf dem Set sorgen, er kann verhindern, daß die Schauspieler im Tratsch über ihr Privatleben ersticken, und er kann Freiraum schaffen, in dem sie ihre Rolle entwickeln und zu den anderen Ensemblemitgliedern einen guten Kontakt herstellen können.

Es gibt Regisseure, die tatsächlich alle Teammitglieder und Gäste bitten, das Studio zu verlassen, wenn wichtige Szenen geprobt werden. In der privaten Atmosphäre eines leeren Studios, von den kritischen Blicken aller nicht direkt Beteiligten befreit, verlieren die Schauspieler ihre Befangenheit. Dann können sie Neues erproben und Rollenentwicklungen erforschen, ohne befürchten zu müssen, sich zu blamieren.

Energie. Manchmal zeigen Schauspieler alles, was die Rolle von ihnen verlangt, dennoch bleiben selbst gefühlsbeladene Szenen nichtssagend, kraftlos und ohne Energie. Wie kann der Regisseur daran etwas ändern?

Dem Schauspieler einfach sagen, er solle mehr Energie in sein Spiel legen, hat nur bis zu einem gewissen Grad Erfolg. Die Bewegungen kommen dann vielleicht schneller und die Gesten mögen emphatischer, das Sprechen temporeicher oder lauter werden. Aber diese schwer faßbare Qualität, die wir »Energie« nennen, will sich trotzdem einfach nicht einstellen.

> Ich glaube, daß Energie ganz eng damit zusammenhängt, wie intensiv du dich um das kümmerst, was gerade geschieht. Wenn der Inhalt einer Szene – wenn das, was in deiner Bühnen-Existenz geschieht – wichtig genug ist, dann hörst du intensiv zu; du nimmst intensiv auf und reagierst intensiv – daraus entsteht die erforderliche Energie.[8]

Was Tony Barr sagt, hilft uns weiter. Als ehemaliger Vizepräsident von CBS und Eigentümer des erfolgreichen Film Actors Workshop weiß Barr, wie ungeheuer wichtig es ist, daß sich ein Schauspieler um die Aussage einer Szene kümmert. Wir haben alle schon Darsteller gesehen, die unsere Aufmerksamkeit wie von selbst gewinnen. Wir achten auf sie, auch wenn sie in der Szene nur wenig zu tun haben. Sie scheinen Energie auszustrahlen. Dabei sind sie auch nur Schauspieler, körperlich zeichnet sie vor anderen nichts aus. Sie besitzen keine Drüse, die Energie absondert. Worin liegt dann der Unterschied? Es ist ihre Haltung, ihre »Präsenz«. Selbst wenn sie keinen Text haben, sind sie Beteiligte; denn sie bekunden Interesse für alles, was in der Szene passiert, alles ist für sie wichtig, geht sie etwas an. Ein fünf Jahre altes Mädchen, das einen Streit zwischen seinen Eltern beobachtet, hat selbst keinen Text und keinerlei Aktion, und doch, weil seine heile Welt gerade zusammenbricht, richten sich unsere Blicke auf dieses Kind.

> Sofern die Situation nicht ausdrücklich verlangt, sich nicht zu kümmern, muß man sich immer dafür entscheiden, sich um das zu kümmern, was gerade geschieht, und zwar so intensiv, wie das der Kontext und die Logik der Geschichte zulassen.[9]

Zuhören. Gute Schauspieler hören zu. Sie hören zu mit allen Sinnen. Sie hören nicht nur die Worte, die von den anderen Schauspielern gesprochen werden, sondern auch die Worte hinter den Worten, die ungesagt bleiben. Sie hören die Gedanken, Stimmungen und Emotionen, die zu den Worten geführt haben. Zum Zuhören gehört eine umfassende *Wahrnehmung,* die zusammengebissene Zähne oder sich plötzlich verengende Pupillen registriert und ihre ganze Aufmerksamkeit und Konzentration auf eine andere Person richtet. Es gibt Regisseure, die behaupten, das aktive Zuhören sei ganz sicher die wichtigste Fähigkeit für einen Schauspieler.

Wenn Schauspieler in diesem emphatischen Sinn zuhören, werden sie zu Beteiligten. Und als Beteiligte reagieren sie, sie *agieren gefühlsmäßig.* Sie vergessen, daß sie Schauspieler sind, in einer Dekoration stehen und darauf warten, daß ihnen jemand ihr Stichwort gibt. Sie vergessen die Angst vor dem Vergessen und verlieren, selbst wenn sie unerfahren sind, ihre Befangenheit. Nichts lenkt sie mehr ab, verwirrt sie und verfälscht die Spontaneität ihrer Reaktionen. Sobald ein Schauspieler zuhört, wirklich zuhört, wird sein Spiel ausdrucksstärker und facettenreicher.

Schlichtheit. In den letzten Jahren scheint der Slogan »weniger ist mehr« in vielen Sparten der Kunst an Bedeutung gewonnen zu haben. Für die Schauspielpraxis in Film und Fernsehen hat er ein besonderes Gewicht.

Zuschauer neigen dazu, das zu sehen, was sie zu sehen erwarten (siehe Kapitel 7, »Nähe«). Wenn der Ehemann seiner Frau nebenbei erzählt, er habe von ihrer Ehe genug und werde sie verlassen, um seine Sekretärin zu heiraten, wird der Zuschauer Mitgefühl mit der Ehefrau empfinden. Im

Kapitel 5 ▮ Charaktere entwickeln

Gegenschuß, der sie groß zeigt, werden die Zuschauer ihren Schmerz und ihre Verlassenheit »sehen« und fühlen, was die Frau gerade fühlt. Wenn aber die Schauspielerin nur ein wenig überzeichnet und nur der leiseste Anflug von Unehrlichkeit erkennbar wird, bricht die emotionale Zuwendung des Zuschauers schlagartig in sich zusammen.

Stünde die Schauspielerin auf einer Theaterbühne, müßte sie ihre Emotionen bis auf den letzten Sitz im 5. Rang hinauf transportieren. Sie müßte ihre Reaktionen verstärken, um sie wirkungsvoll über die Rampe zu bringen. Film und Fernsehaufzeichnung stellen völlig andere Anforderungen an den Schauspieler. Weil eine Großaufnahme so intim ist und keine Regung verborgen bleibt, ist das Einfache, das Schlichte, die Untertreibung in diesem Medium das Stärkste. Weniger ist mehr.

Klischees

Angesichts der unübersehbar vielen im Fernsehen gesendeten Filme und Fernsehspiele ist es nicht verwunderlich, daß es heute von Rollenklischees nur so wimmelt. Schauspieler neigen bei der Konzeption ihrer Rolle gerne dazu, in geläufige und sattsam bekannte Stereotypen zu verfallen. Der Regisseur muß sie davon überzeugen, daß ihr Gefühl von Sicherheit trügerisch ist und nur auf dem hinlänglich Bekannten beruht. Einen neuen Weg einzuschlagen macht Angst, den vertrauten Pfaden zu folgen ist bequem (wie ein Paar gut eingelaufener Schuhe). Ein guter Regisseur ermuntert die dazu fähigen Schauspieler, sich auf ein Abenteuer einzulassen, neue Wege auszuprobieren, etwas zu wagen. Ein guter Regisseur bewahrt sie vor Mißgriffen, spendet ihren Bemühungen Beifall, ermutigt sie und lotst sie in ein unverbrauchtes und tragfähiges Charakterbild.

Rollenumsetzung vor der Kamera

Szenen nicht in ihrer logischen Aufeinanderfolge nacheinander zu drehen, die sogenannte (inzwischen auch bei Fernsehaufzeichnungen übliche) »Filmmethode«, wirft für die Schauspieler eine Reihe von Problemen auf und kann sich auf die Charakterdarstellung sehr störend auswirken. Alle Szenen, die in einem bestimmten Set spielen, hintereinanderweg (ohne Rücksicht auf den Handlungszusammenhang) zu drehen, hat für die Produktionsgesellschaft gewaltige finanzielle Vorteile, birgt aber auch mentale und emotionale Gefahren – für Schauspieler wie für Regisseure.

Auf der Bühne hat ein Schauspieler Zeit, »in seine Rolle zu kommen«, weil eine Vorstellung sich allmählich, von Szene zu Szene in kontinuierlicher Handlung aufbaut. Wenn nicht in der Handlungsfolge gedreht wird, haben Regisseur und Schauspieler diesen Luxus nicht. Sie stehen dann oft vor dem Problem, die emotionale Intensität einer bereits vor Wochen gefilmten oder aufgezeichneten Szene, deren Stimmung und Energie, noch einmal herstellen zu müssen. Im Drehbuch folgt unmittelbar auf die bereits gedrehte Szene A die erst viel später gedrehte Szene B. Wenn diese Szenen später im Schnitt aneinandergeklebt werden, wird jeder Fehler der Schauspieler (und des Regisseurs) sofort sichtbar. Das emotionale Niveau am Beginn der Szene B muß genau an das vom Ende der Szene A anschließen.

Dieses Wiedereinfangen einer Stimmung ist noch schwieriger, wenn Szene B zuerst gedreht wird. Dann müssen Regisseur und Schauspieler die emotionale Intensität, die in Szene A erreicht werden wird und die vielleicht erst Wochen später auf dem Drehplan steht, im Vorhinein abschätzen. Ausgehend von dieser groben Einschätzung müssen sie dann den Anfang von Szene B gestalten und darauf hoffen, daß sie ihr Gedächtnis, wenn sie an der Szene A arbeiten, nicht im Stich läßt und der Höhepunkt von Szene A nahtlos an die früher aufgenommene Szene B anschließt.

Diese Probleme der Rollengestaltung und Darstellung in den Griff zu bekommen ist eher Aufgabe des Regisseurs als der Schauspieler. Bevor eine Szene gedreht wird, verbringt der Regisseur normalerweise die Zeit, in der das Team das Licht setzt, mit den Schauspielern, probt mit ihnen und spricht die Stimmung der Szene, das Tempo und eventuelle Stellprobleme mit ihnen durch – er räumt die Stolpersteine aus dem Weg. Bei dieser Gelegenheit beschreibt er gewöhnlich auch das emotionale Niveau der angrenzenden Szenen, um die zu probende Szene anzugleichen. Handelt es sich um einen kritischen Anschluß, läßt sich ein kluger Regisseur die benachbarten Szenen vielleicht ein paar Stunden vorher noch einmal vorführen, damit er mit ihrer emotionalen Intensität wieder vertraut wird. Manchmal verlangt er auch, daß eine **Moviola** (ein Schneidetisch) oder ein Video-Player ins Studio gebracht wird, um den Schauspielern kurz vor der Aufnahme die bereits gedrehten Szenen zeigen zu können. Auf diese Weise holen sich Regisseur und Schauspieler nur wenige Augenblicke, bevor die neue Szene gedreht wird, die Stimmung oder das emotionale Niveau der bereits fertigen Szenen frisch ins Bewußtsein.

Der Regisseur mag jede Szene noch so sorgfältig durchgesprochen haben, manche Schauspieler brauchen Zeit und Raum, sich allein vorzubereiten. Sie ziehen sich vom Set zurück und nehmen sich ein paar ruhige Momente, um sich einzustimmen. Wie andere kreative Künstler haben auch Schauspieler oft ganz individuelle Bedürfnisse und sehr persönliche Methoden der Vor-

Kapitel 5 ▌ Charaktere entwickeln

bereitung. Während er sich von der realen Welt zurückzieht, betritt der Schauspieler die Welt seiner Rolle und taucht in die mentalen und emotionalen Verhältnisse der nächsten Szene ein.

Genauso wie sich jeder Schauspieler auf seine individuelle, unterschiedliche Weise vorbereitet, genauso unterschiedlich ist auch die Zeit, die jeder braucht, um sich richtig einzustimmen. Ein Regisseur muß sehr sorgsam darauf achten, daß ein Schauspieler die emotionale Tiefe einer Szene nicht zu früh erreicht und schon beim Proben mit voller Intensität spielt. Ein wachsamer Regisseur unterbricht sie dann und rät ihnen, die Szene einfach nur technisch durchzugehen, denn er muß befürchten, daß ihre Darstellung vielleicht schon jene emotionale Tiefe erreicht, die dann später, wenn die Kamera läuft, nicht mehr wiederholbar ist. In den Jahren, als Fernsehspiele noch live gesendet wurden, konnte ich beobachten, wie Regisseure Kostümproben immer wieder unterbrachen und so taten, als hätten sie am Licht oder am Ton etwas auszusetzen, nur um die Schauspieler davor zu bewahren, sich emotional zu früh zu verausgaben. Sie sollten nicht, wenn die Sendung begann, schon »alles gegeben« haben.

Der Regisseur Delbert Mann erzählte von einer Erfahrung, die er mit Sophia Loren gemacht hat. Sie hatte die Rolle einer Mutter zu spielen, die ihr Kind verloren hat. Der Loren, die diese Erfahrung im wirklichen Leben schon einmal durchgemacht hat, traten bereits beim ersten Durchsprechen der Szene die Tränen in die Augen. Mann, der die Gründe kannte und sie verstand, bat sie, die Szene einfach nur technisch durchzugehen und darauf zu verzichten, sie zu spielen. Selbst das fiel ihr schwer, so tapfer sie es auch versuchte.

Als die Haupteinstellung (in der Totalen) gedreht werden sollte, warnte Mann sie erneut, die Szene nicht zu »spielen«, unterkühlt zu bleiben und ganz wenig Emotion zu zeigen. Er wußte, zu welch tiefem Gefühl sie fähig war, und wollte, daß sie ihr ganzes Können für die größeren Einstellungen aufbewahrte. Augenblicke später lief die Kamera. Die Szene entwickelte sich wunderbar, bis die Schauspielerin ungefähr auf der Hälfte zu schluchzen begann. Sie war mit ihrer Rolle verschmolzen und vom emotionalen Gehalt der Szene überwältigt. Es war ein ungemein bewegender Moment – aber die Szene war nur in einer sehr weiten Totalen gedreht worden, bei der die Anteilnahme des Publikums lediglich gering sein würde.

Als der Regisseur dann später die Großaufnahmen drehte, bot die Loren alles auf, was ihr an Emotion zur Verfügung stand. Aber der richtige Augenblick war vorüber. Ihr Spiel in den Großaufnahmen war technisch makellos, reichte aber nie an die herzzerreißende Szene heran, die in der Totalen gedreht worden war.

Einige Jahre später stand Mann vor einer ähnlichen Situation. Eine sensible junge Schauspielerin hatte ein so hochemotionales Verhältnis zu ihrer Rolle, daß der Regisseur ahnte, daß sie ihre Tränen schon in der Totalen vergießen würde. Heimlich wies er seinen Kameramann an, ein Objektiv mit langer Brennweite auf die Kamera zu setzen und sie die ganze Szene über in Großaufnahme zu filmen. Tatsächlich gab die Schauspielerin eine tränenreiche, tiefbewegende Vorstellung, und diesmal hatte Mann die Szene als große Einstellung im Kasten.

Es gibt Schauspieler, die in die Gefühlswelt einer Rolle leicht hineinfinden, andere haben große Schwierigkeiten. Wir alle kennen Geschichten, wie Regisseure Schauspieler »auszutricksen« versuchen, um sie über sich selbst hinauswachsen zu lassen. Sie beschimpfen oder schockieren sie, erzählen ihnen erfundene Geschichten oder fordern sie bis an den Rand der emotionalen Erschöpfung. Obwohl es wenig seriös anmutet, mit derartigen Manövern zu arbeiten: Wenn die konventionelleren Mittel versagen und es mit solchen Tricks gelingt, die notwendigen Tränen, Ärger, Wut und Angst vor die Kamera zu bringen, sind sie vielleicht doch gerechtfertigt.

Es gibt zwar Regisseure, die Schauspieler schroff und autoritär behandeln und damit Erfolg haben, aber die Mehrzahl bevorzugt andere Methoden. Heute wissen die meisten, wie fragil das menschliche Selbstbewußtsein ist und daß sich mit Zuspruch und Unterstützung mehr erreichen läßt. Wenn ein Regisseur eine mißlungene Aufnahme wiederholen lassen muß, schickt er seiner Kritik normalerweise ein paar positive Bemerkungen voraus. Und was er anders haben möchte, sagt er dem Schauspieler nicht vor versammelter Mannschaft, sondern unter vier Augen, außerhalb des Set.

Natürlich gibt es auch die sogenannten temperamentvollen Schauspieler, die mit dem Regisseur über jeden Vorschlag, den er macht, streiten. Häufig ist eine gewisse Unsicherheit der Grund, vielleicht aber auch Unzufriedenheit – mit der Größe ihrer Garderobe oder daß ihr Name im Nachspann erst an dritter Stelle erscheint. Ein kluger Regisseur schlägt sich dann nicht mit den Symptomen herum, sondern versucht, die wahren Gründe dafür herauszufinden, warum ein Schauspieler unglücklich ist (siehe Kapitel 1, »Der Psychologe«).

Etwas in Frage zu stellen ist eine gesunde Haltung für Schauspieler. Schließlich wollen sie sich in die tiefsten Schichten einer Rolle hineingraben, um ihren ganzen Reichtum auszuschöpfen. Es ist aber etwas grundsätzlich anderes, ob jemand eine Frage stellt oder streitsüchtig ist. Wenn die Zeit drängt, muß ein Regisseur notfalls ein Machtwort sprechen.

Kapitel 5 ▮ Charaktere entwickeln

Zusammenfassung

- Den Charakter einer Figur findet ein Regisseur auf ähnliche Art wie ein Schauspieler: Seine Quellen sind das Drehbuch und die eigene Erfahrung. Die fiktive Figur baut er aus Charakterzügen von Menschen zusammen, die ihm irgendwann einmal begegnet sind. Sein Konzept der Figur diskutiert und konkretisiert er mit dem Schauspieler, der die Rolle spielen soll.

- Am Drehbuch interessiert den Regisseur zunächst, worin das Rückgrat der Geschichte und ihrer Figuren besteht. *Rückgrat,* das meint: die Grundstruktur, die eine Geschichte oder eine Figur »aufrecht hält«. Das kann bei einer Figur ein Ziel, ein Bedürfnis oder ein zu erfüllender Traum sein, bei einer Geschichte das Thema oder die Grundidee des Stückes. In der Regel sind die Motive der Hauptfiguren eng mit dem Thema der Geschichte verbunden.

- Viele Regisseure und Schauspieler unterteilen Szenen in kleinere Einheiten, Unterszenen, die *Sequenzen* genannt werden. Jede Sequenz bezeichnet innerhalb einer Szene eine inhaltliche Richtungsänderung, einen Umschwung im emotionalen Grundton und in der Art der Inszenierung.

- Bei der Erfindung der Hintergrundgeschichte einer Figur halten sich einige Regisseure an drei sehr praktische Kategorien: Physiologie (körperliche und sonstige äußere Merkmale), Soziologie (gesellschaftliche Stellung der Figur) und Psychologie (Eigenschaften, Wertvorstellungen, Ängste, Lebenseinstellung). Indem der Regisseur den Hintergrund einer Figur untersucht, leistet er Vorarbeit für die Schauspieler, die in ihrer eigenen Vorstellung leichter nach Rollenvorlagen graben können. Vor Produktionsbeginn trifft sich der Regisseur in der Regel einzeln mit allen Schauspielern von wichtigeren Rollen und diskutiert mit ihnen das jeweilige Rollenkonzept.

- Die von Regisseur und Schauspieler festgelegte Figur muß für das Publikum durch ihre äußere Erscheinung, ihre Eigenheiten und Ticks, durch das, was sie tut oder unterläßt, was sie sagt oder verschweigt, sowie durch die Spiegelungen in anderen Personen faßbar gemacht und ausgedrückt werden. Ein guter Regisseur ist ein scharfer Beobachter, der zu allen Charakterzügen der Figuren etwas beizusteuern weiß.

- Die meisten Menschen tragen »Masken«, hinter denen sie, wenn sie der Welt gegenübertreten, Schutz suchen. Sensible Regisseure und Schauspieler entwickeln mit der Konzeption von Masken vielschichtige Rollendarstellungen: Hinter dem Draufgänger ist der Ängstliche, hinter dem Lächeln die Schamhafte zu ahnen.

- Viele Schauspieler sind oft unsicher. Aufgabe des Regisseurs ist es, sie zu stützen, zu schützen und eine Atmosphäre zu schaffen, die sie fordert und anspornt.

- Ein guter Schauspieler strahlt in seiner Darstellung dadurch Energie aus, daß er *sich kümmert.* Wenn sich ein Schauspieler ausreichend um die Aussage einer Szene kümmert, wenn sichtbar wird, daß ihm das, was geschieht, wichtig ist, wirkt er »präsent« und zieht die Aufmerksamkeit des Publikums auf sich. Ein guter Schauspieler *hört zu.* Indem er seine ganze Aufmerksamkeit auf eine andere

Person richtet, vergißt er seine Hemmungen und fühlt, was die anderen Personen fühlen. Und schließlich: gute schauspielerische Darstellung ist in der Regel *schlicht*; Großaufnahmen decken alles Künstliche, alles Unechte und jede Übertreibung gnadenlos auf.

■ Ein sensibler Regisseur spürt, wann ein Schauspieler an seine Grenzen gelangt und seine Fähigkeiten ausschöpft. Vorher gibt er sich nicht zufrieden. Beim Proben bremst er notfalls, damit sich Schauspieler nicht leerspielen.

Übungen

1. Sprechen Sie für eine Rolle vor, entweder an einer Universitätsbühne oder bei einem kleinen Theater in Ihrer Nähe. Halt, halt, Moment mal! Nicht einfach diese Aufgabe überspringen! Es ist ganz normal, wenn Sie bei dem Gedanken, vor fremden Menschen vorsprechen zu sollen, Angst bekommen, besonders wenn Sie nur wenig oder gar keine Schauspielerfahrung haben. Jeder hat diese Angst. Aber es lohnt sich! Wer weiß, vielleicht sind Sie von sich selbst überrascht – und erhalten die Rolle.

2. Besuchen Sie einen Schauspielkurs.

3. Holen Sie sich bei einer Universitätsbühne oder in einer kleinen Theatertruppe die Erlaubnis, Proben beiwohnen zu dürfen. Besuchen Sie mehr als nur einen Probentermin. Studieren Sie die Beziehung zwischen Regisseur und Ensemblemitgliedern. Analysieren Sie, wie er die äußere Handlung arrangiert. Analysieren Sie, wie der Regisseur den Schauspielern hilft, eine Rolle zu entwickeln.

4. Interviewen Sie einen Schauspieler oder den Regisseur des Stückes, bei dem Sie zugeschaut haben. Unterhalten Sie sich mit ihnen darüber, wie sie arbeiten. Fragen Sie, wie sie das Stück erarbeiten, die Charaktere entwickeln, die Gänge, Gesten und die Aktionen entwickeln und wie sie proben. Falls Sie für einen Produktionskurs an einer Hochschule eingeschrieben sind, versuchen Sie, ob Sie nicht für ein Referat (von mindestens fünf Seiten), das auf diesem Interview beruht, einen Schein bekommen können.

5. Lesen Sie die kurze Spielszene am Ende von Kapitel 6 (»Übungen«). Machen Sie sich Notizen, in denen Sie die Hintergrundgeschichte der beiden Figuren in allen Einzelheiten beleuchten. Wenn es Ihnen hilft, halten Sie sich dabei an die Kategorien Physiologie, Soziologie und Psychologie. Wichtig ist, von welchen Ereignissen Leben und Charakter der beiden Figuren bestimmt wurden.

6. Steigen Sie noch tiefer in die Charaktere von Amy und John ein. Welches sind ihre Lieblingsfilme, ihre Lieblingssendungen im Fernsehen? Wie sind sie in dieser Szene gekleidet? Welche Zeitschriften lesen sie? Was wollen sie im Leben erreichen? Beschreiben Sie sehr genau, in was für einem Wohnviertel jede der beiden Personen lebt.

Kapitel 5 ▮ Charaktere entwickeln

6

Schauspielerführung

> Letztlich besteht Regie darin, Psychologie
> in Verhalten zu übersetzen.
>
> *ELIA KAZAN*[1]

Elia Kazans Sentenz umreißt, worum es in diesem Kapitel gehen soll: Wie verhalten sich Schauspieler vor der Kamera? Der Prozeß, der Psychologie in Verhalten verwandelt, der Gedanken und Emotionen in dramatische Aktion übersetzt, besteht unter anderem im *Stellen* oder **Arrangieren** und im **Einrichten** oder **Festlegen**. Der Regisseur stellt oder arrangiert die Positionen und Gänge der Schauspieler, und er legt die Positionen und Bewegungen der Kamera fest, er richtet die Kamera ein. Mit dem Einrichten der Kamera beschäftige ich mich am Ende dieses Kapitels und im folgenden Kapitel.

Beim Inszenieren einer Spielhandlung sind die Schauspieler für den Regisseur ein sehr wichtiges kreatives Element, sie sind die Tür, durch die der Zuschauer eine Geschichte betritt. Ihre Bewegungen, Gesten und Positionen in bezug auf andere Schauspieler folgen dramaturgischen Prinzipien, die so alt sind wie das Theater. In diesem Kapitel sollen diese Prinzipien, gegliedert in die folgenden Themenkreise, untersucht werden:

- **DER SEIDENE FADEN, AN DEM JEDE INSZENIERUNG HÄNGT**: Die Rolle des Regisseurs bei der Planung und Vorbereitung einer Szene für die Probe.
- **DIE RICHTSCHNUR BEIM INSZENIEREN**: Die besondere Bedeutung von Logik und Publikumswirksamkeit.
- **GEDANKEN UND GEFÜHLE DARSTELLEN**: Die Glaubwürdigkeit von Dialog und Aktion.
- **AKTIVITÄTEN**: Begleitende Aktionen, die *Aktivitäten*, ihr dramaturgischer Zweck und ihre Funktion in bezug auf die Figur.
- **VERBORGENE GEDANKEN ZEIGEN**: Wie der Regisseur Einblicke in Gedanken- und Gefühlswelten vermittelt.
- **INNERE MOTIVATION**: Drei emotionale Grundzustände, die das Handeln und Verhalten einer Figur bestimmen.

- **ÄUSSERE MOTIVATION**: Was das Drehbuch verlangt und wie dramaturgische Akzente gesetzt werden; Vergleich mit dem Theater.
- **WIE BEZIEHUNGEN SYMBOLISIERT WERDEN**: Die Anordnung der Figuren im Raum ist häufig ein Schlüssel zum Verständnis ihrer Beziehungen zueinander.
- **SEQUENZEN**: Kleinere Einheiten innerhalb einer Szene, die dem Regisseur helfen, Aktionen zu inszenieren.
- **ERST DIE SCHAUSPIELER, DANN DIE KAMERA**: Die besondere Bedeutung der Zuschauer-Schauspieler-Beziehung und die Notwendigkeit einer ehrlichen Darstellung.
- **ERST DIE KAMERA, DANN DIE SCHAUSPIELER**: Wann erhält die Kamera Vorrang vor den Schauspielern?
- **VORBEREITUNG**: Arbeitsschritte in der Zeit vor und während der Produktion, die notwendig sind, damit die Verwandlung von »Psychologie in Verhalten« gelingt.

Der seidene Faden, an dem jede Inszenierung hängt

Wir schauen uns im Fernsehen eine Szene an. Todd, ein gesetzter Mann von etwa vierzig Jahren, dessen Haar langsam schütter wird, bittet seine Frau inständig, ihre Mutter in ein Altersheim zu bringen. Debbie, seine Frau, lehnt das ärgerlich ab. Sie tritt ans Fenster. Todd geht ihr nach, faßt sie am Arm. Er sei es leid. Das sei kein Zusammenleben mehr, die alte Frau mache ihre Ehe kaputt.

Durch die einen Spaltbreit geöffnete Tür können wir Debbies Mutter sehen, wie sie im Raum nebenan zuhört. Ihre Hände zittern, als sie nach einer Stuhllehne greift.

Debbie reißt sich von ihrem Mann los und läßt sich, ganz nah vor der Kamera, auf die Couch fallen. Sie starrt auf die Häkelarbeit ihrer Mutter auf der Couch und nimmt sie fast zärtlich in die Hand. Die Kamera schwenkt von der Häkelarbeit hoch auf Debbies Gesicht. Ihre Augen sind mit Tränen gefüllt. Nach einiger Zeit nickt sie mit dem Kopf. In Ordnung, sie wird alles Notwendige in die Wege leiten. Die Kamera schwenkt zur Tür. Die Schultern der alten Frau sinken herunter, und sie verläßt den Raum.

Dächten die Zuschauer einen Moment darüber nach, kämen die meisten sicherlich zu der Überzeugung, die Gänge und Bewegungen der Schauspieler in solchen Szenen seien ganz spontan und ergäben sich ganz natürlich aus der Situation. Warum reißt sich Debbie von Todd los, als er sie am Arm nimmt? Zuschauer nehmen solche Aktionen für bare Münze: Debbie ist aufgewühlt und wehrt ab, das treibt sie dazu, sich sofort von ihrem Mann zu entfernen. Leute vom Fach, mit dramatischer Inszenierung vertraut, wissen, daß das alles, Schritt für Schritt, von einem Regisseur aus einem Drehbuch

Kapitel 6 ▮ Schauspielerführung

entwickelt, mit den Schauspielern geprobt, geändert, verbessert und wieder verbessert wurde. Das fertige Produkt wirkt einfach, natürlich, zwangsläufig: Kunst, die alles Künstliche verbirgt.

Gewöhnlich wird den Zuschauern ein dramaturgisches Arrangement nur dann bewußt, wenn die Gänge und Bewegungen falsch wirken und ganz offensichtlich nicht mit den Gedanken und Emotionen der Personen übereinstimmen. Man ist irritiert, ohne genau zu wissen, warum. Man registriert, daß »etwas nicht stimmt«, führt das aber nicht darauf zurück, daß sich der Regisseur oder ein Schauspieler verkalkuliert hat. Die Irritation erzeugt einen Bruch in der Aufmerksamkeit des Zuschauers, er zieht sich aus der Zauberwelt, an der er teilgenommen hat, über das Proszenium des Bildschirms oder der Leinwand hinweg zurück, um wieder ein leidenschaftsloser Betrachter zu werden.

Die Richtschnur beim Inszenieren

Wenn ein Regisseur die Inszenierung einer Szene plant, dann basieren seine Überlegungen zu dem Arrangement der Schauspieler normalerweise auf zwei Faktoren: auf *Logik* und auf *Dramaturgie.*

Was mit Logik gemeint ist, leuchtet unmittelbar ein. Der Regisseur stellt sich die einfache Frage: »Was würde diese Person logischerweise in dieser Umgebung zu dieser Tageszeit tun? Welche Handlungen erscheinen am ehrlichsten und am glaubwürdigsten, wenn diese junge Frau ihren verhaßten Vater trifft, und welche, wenn sie ihrem Geliebten gegenübertritt?« Wenn sich Personen aufeinander zu oder voneinander weg bewegen, entspringen diese Bewegungen, diese Gänge, einer besonderen inneren oder äußeren Motivation. Sie folgen aber auch einer Logik, denn sie sind entweder durch Emotionen ausgelöst oder für den Fortgang der Handlung notwendig. Manchmal stehen diese Aktionen schon im Drehbuch, häufiger muß der Regisseur sie erfinden und greift dabei jeden Hinweis auf, der ihm in den Regieanweisungen und im Dialog gegeben wird.

Mit dem Faktor »Dramaturgie« verhält es sich ein wenig komplizierter. Ihm ist vieles zuzuschlagen, was unter dem Oberbegriff »Publikumswirksamkeit« eine Story lebendig und emotional bewegend macht. Das wirkliche Leben, unser Alltag, ist oft ziemlich langweilig und öde. Deshalb sucht der Regisseur nach Wegen, wie er eine Geschichte aufwerten, sie dramatischer, für das Publikum anregender machen kann. Die Wahl des Schauplatzes, die Wahl der Aktionen der Figuren, ihrer Haltungen, selbst die Wahl der Kostüme können eine Szene inhaltlich bereichern. *Dramaturgie* meint in diesem Zusammenhang auch, daß es zum Handwerk des Regisseurs gehört, den emotionalen Gehalt einer Szene aufzudecken, klarzumachen oder hervorzuheben.

Wie ihm das gelingt, soll in diesem und dem folgenden Kapitel ausführlich besprochen werden.

Gedanken und Gefühle darstellen

Woran ist zu erkennen, daß jemand ein Gefühl tatsächlich empfindet? An dem, was jemand sagt, oder an dem, was jemand tut?

Die alte Formel »Eine Tat wiegt mehr als tausend Worte« gilt für alle visuellen dramatischen Medien in besonderem Maße. In der Regel gibt der Dialog zwar verläßliche Einblicke in die Gedanken und Gefühle einer Person, es ergeben sich jedoch immer wieder Situationen, in denen man Worten nicht trauen kann. Ein typisches Beispiel: Menschen lügen, wenn es um ihre Schwächen geht. Ein Feigling leugnet steif und fest, daß er Angst hat. Eine Frau, die in einer neuen beruflichen Situation unter Druck gerät, täuscht Gelassenheit vor. Fragen Sie eine Handvoll Leute, wie es ihnen geht. Einige übertreiben, andere untertreiben, und wieder andere suchen Ihr Mitgefühl und erfinden irgendwelche körperlichen Leiden.

Ein schüchterner Junge und ein scheues Mädchen in einer Vollmondnacht können über hunderterlei zufällige Dinge reden, nur nicht davon, was beide gerade wirklich denken und fühlen. Das wäre aber der wesentliche Gehalt der Szene. Deshalb muß das Ziel des Regisseurs sein, diese Gefühle *sichtbar zu machen* und dem Zuschauer deren Art und Tiefe auf irgendeine Weise nahezubringen.

Die Glaubwürdigkeit von Dialog

Häufig hat der gesprochene Text nur wenig Bezug zu dem, was eine Szene wirklich bewegt. Manchmal ist er bloßes Beiwerk. Dazu fällt mir eine Szene aus einer Folge der Serie »Auf der Flucht« ein, in der Regisseur Billy Graham die Kamera einen kleinen zusammengefalteten Zettel verfolgen läßt, der heimlich von einer Person zur nächsten weitergereicht wird. Die Gesichter der Personen ignoriert er vollkommen. Gewiß, wir hören ihren Dialog. Manchmal erwischen wir auch einen kurzen Blick auf die Personen. Aber der Kern der Szene liegt in dem Zettel, der Dialog ist lediglich Geräuschkulisse.

Ein Ehepaar unterhält sich mit Freunden auf einer Party über Belanglosigkeiten. Während sie miteinander plaudern, entdecken die Augen des

Kapitel 6 ∎ Schauspielerführung

Ehemannes eine hübsche, dunkeläugige Frau auf der anderen Seite des Raumes. Sie fängt seinen Blick auf und gibt ihn neugierig zurück. Der Mann lächelt, von seiner Frau unbemerkt, zu ihr hinüber. Die Schöne hebt ganz leicht ihr Champagnerglas, als tränke sie ihm zu, dann wendet sie sich ab. Wie im vorigen Beispiel ist auch hier der Dialog bloßes Beiwerk. Mittelpunkt der Szene ist der Augenkontakt zwischen dem Mann und der dunkeläugigen Frau.

Ein extremeres Beispiel liegt vor, wenn eine Person das eine sagt und etwas völlig anderes meint. Eine Mutter besucht am Tag der offenen Tür die Schule ihrer Tochter. Als sie in den Kunstunterricht hineinschaut, stellt sie erschrocken fest, daß es sich bei dem Lehrer um den Mann handelt, mit dem sie vor etwa einem Jahr eine Affäre hatte. Auch er erkennt sie sofort. In Gegenwart der Tochter können sie sich aber nur über die ausgestellten Skizzen und Aquarelle der Schüler unterhalten. Was sie reden, ist bedeutungslos. Aber hinter den banalen Worten findet ein zweites, viel wesentlicheres Gespräch statt. Wie sich die Blicke kreuzen, daß bei der Begrüßung die Hand einen Moment zu lange gehalten wird, die versteckten Anspielungen und Andeutungen – darum geht es in der Szene. Der Zuschauer, der von der früheren Liebesaffaire weiß, wird seine Aufmerksamkeit auf den Subtext richten, der nicht *in*, sondern zwischen den Worten zu hören ist und der, weil hinter dem scheinbar harmlosen Eltern-Lehrer-Kontakt verborgen, ungemein eindringlich wird.

Im Kern einer dramatischen Handlung geht es meist um Emotion, darum, was die Figuren empfinden und wie sie auf diese Empfindungen reagieren. Gefühlen wahrnehmbare Gestalt zu verleihen (»Psychologie in Verhalten zu verwandeln«), ist die Aufgabe. Sie können sich in der Mimik des Schauspielers spiegeln, in seinen Aktivitäten und Handlungen oder in seinem Text. Um den wesentlichen Gehalt einer Szene auszudrücken ist Dialog nur eine Möglichkeit unter anderen (Abb. 6.1).

Tony Barr war früher Vizepräsident von CBS und leitet heute eine erfolgreiche und sehr gefragte Werkstatt für Film- und Fernsehschauspieler in North Hollywood. Eine der Übungen, die er seinen Schülern vorlegt, besteht in einer kurzen Szene mit einem banalen Text, der unterschiedliche Interpretationen zuläßt.[2]

ER
Guten Morgen.

SIE
Guten Morgen.

ER
Wie fühlst du dich?

SIE
Großartig.

ER
Das ist schön.

SIE
Was möchtest du zum Frühstück?

ER
Egal.

SIE
Ich mach dir ein paar Rühreier.

ER
Prima.

SIE
Gehst du heute morgen zur Arbeit?

ER
Ich muß.

SIE
Oh.

ER
Möchtest du, daß ich zu Hause bleibe?

SIE
Das mußt du wissen.

ER
Ich kann nicht.

SIE
Hab ich ja gesagt: Das mußt du wissen.

Barr bittet seine Schüler, die Szene mehrmals hintereinander vor laufender Kamera zu spielen. Für jeden Durchgang gibt er ihnen eine vollkommen andere **Vorgabe** (Grundlage für die emotionale Haltung). Beim ersten Mal kommen die beiden gerade von ihrer Hochzeitsreise zurück. Es ist der erste Morgen nach Tagen voller Leidenschaft. Beim zweiten Durchgang ist der

Kapitel 6 ▮ Schauspielerführung

165

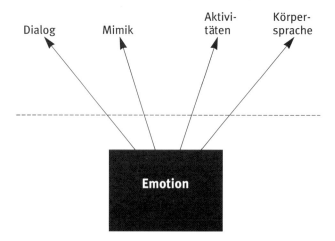

Abbildung 6.1 Emotion ist der wesentliche Inhalt der meisten Szenen. Da sie aber unter der Oberfläche liegt und nicht zu sehen ist, muß sie durch Dialog, Mimik, Aktivität und Körpersprache ausgedrückt und sichtbar gemacht werden.

Mann morgens um vier von einem Seitensprung mit seiner Sekretärin nach Hause gekommen, was einen heftigen Streit zwischen den Eheleuten auslöste. Beim letzten Durchgang gibt Barr vor, daß das Paar erst gestern erfahren hat, daß der Mann todkrank ist.

Der Witz ist, daß in allen drei Versionen der Text der gleiche bleibt. Auf sich allein gestellt, ohne irgendwelche Regiehilfen, versuchen die Schauspieler die Gefühle hinter den Worten auszudrücken. Selbst mit relativ unerfahrenen Schauspielern sind die Unterschiede zwischen den drei Versionen verblüffend.

In der ersten Version erscheinen Dialog und hinzuerfundene Aktionen sinnlich, erotisch, voller versteckter Andeutungen. Die Schauspieler hängen eng aneinander und fassen sich an. Die Kamera ist nah dabei, was die Intimität der Situation hervorhebt.

In der zweiten Version kommen die Worte schroff und abgehackt, aus ihnen spricht Groll und Verbitterung. Mann und Frau bleiben jeder für sich, getrennt durch den Frühstückstisch. Seine Schuldgefühle machen es dem Mann fast unmöglich, auf dem Stuhl sitzen zu bleiben. Er schaut seine Frau nicht an.

Die dritte Version spielen die Schauspieler manchmal als Tragödie, manchmal nehmen sie das Tragische zurück; die Erschütterung scheint nur in einem nicht zu Ende gesprochenen Wort oder einem abgebrochenen Satz durch. Manchmal ist die Frau die ganz Sanfte, manchmal versucht sie, die traurige Nachricht zu überspielen; und wenn ihr das nicht gelingen will, wendet sie sich ab, um ihre Tränen zu verbergen. Welche Haltung die Schauspieler auch wählen, die zugrundeliegenden Emotionen drücken sich nicht nur in der Klangfarbe ihrer Stimme und in ihrer Mimik, sondern auch in Körperhaltung und Bewegungen aus. Obwohl der Text in allen drei Durchgängen der gleiche ist, entstehen drei völlig unterschiedliche Szenen. Worte sind also nicht alles. Was zählt, ist die Emotion, die hinter den Worten steht.

Die Glaubwürdigkeit von Handlungen

Sowenig im Dialog Gedanken und Emotionen unverstellt zum Ausdruck kommen, sowenig ist das bei Handlungen der Fall. Auftrumpfendes Gehabe kann Schüchternheit maskieren und Gleichgültigkeit Liebeskummer. Wir mimen alle gern den Lässigen, wenn wir Ängste zu verstecken haben (siehe Kapitel 5, »Masken«).

Handlungen können die Wahrheit verdrehen, spiegeln sie aber treuer als Worte. Herr Meyer nimmt seine Kündigung schnodderig und gelassen entgegen – bis auf seine Finger, die den Radiergummi am Kopf des Bleistiftes malträtieren. Marianne behauptet, in den Jungen verliebt zu sein, mit dem sie sich zum Rendezvous getroffen hat. Aber man sieht, wie sie immer wieder von ihm abrückt und verstohlen auf die Uhr schaut.

In der kurzen Szene zu Beginn dieses Kapitels lesen wir Debbies Anspannung ab an dem, was sie tut, wie auch an dem, was sie sagt. Wir erkennen die Angst ihrer Mutter am Zittern ihrer Hände und bemerken ihre Enttäuschung, als sie die Schultern hängen läßt.

Zeigen ist dem Erzählen meist überlegen: es ist anschaulicher, ehrlicher und, was am wichtigsten ist, überzeugender. Warum überzeugender? Weil Zeigen ein gewisses Maß an *Beteiligung* vom Zuschauer verlangt, denn er muß Handlungen interpretieren und daraus die richtigen Schlüsse ziehen.

Wenn Debbie sagt »Ich liebe meine Mutter«, fällt uns eine Information einfach in den Schoß, und es entsteht keinerlei Interaktion zwischen Debbie und uns. Wenn Debbie aber die Häkelarbeit ihrer Mutter nimmt, sie an ihre Wange schmiegt und sich ihre Augen mit Tränen füllen, sind wir unmittelbar beteiligt. In früheren Szenen konnten wir die Mutter immer wieder beim Häkeln beobachten. Diese knifflige Handarbeit ist so zu seinem Symbol für die ältere Frau geworden. Wenn Debbie den halbfertigen Pullover an ihre Wange führt, nimmt sie gleichsam ihre Mutter in den Arm. Ihre Tränen bringen den unausgesprochenen Gedanken zum Ausdruck, daß sie die alte Frau liebt und es sie schmerzt, sie in ein Heim zu bringen.

Kapitel 6 ▌Schauspielerführung

Die schrittweise Rekonstruktion dieser Sequenz scheint nur zu formulieren, was eigentlich offen auf der Hand liegt. Aber das genaue Hinschauen ermöglicht uns, den Unterschied zwischen der Aktion, so schlicht sie auch ist, und Debbies expliziter Äußerung, die keinerlei Zuschauerbeteiligung erfordert, richtig einzuschätzen. Aktionen verlangen vom Zuschauer, daß er seine eigene Erfahrung einbringt. Indem er diesen Beitrag leistet, wird er automatisch tiefer in das Geschehen hineingezogen.

Aktivitäten

Debbies Aktion mit der Häkelarbeit nennt man im Fachjargon eine *Aktivität.* Der Begriff bezeichnet die nebenbei laufenden Tätigkeiten von Schauspielern, zum Beispiel nähen, Zeitung lesen, Fingernägel lackieren oder Auto waschen. Im Idealfall sollte die Aktivität eine Aussage enthalten, sei es über die Person oder über die Situation. Daß ein Mann sich fortwährend die Haare kämmt, sagt etwas über seinen Charakter. Eine Bildhauerin, die mit Hammer und Meißel arbeitet, hat wahrscheinlich eine andere Begabung als eine Wahrsagerin, die aus einer Glaskugel die Zukunft liest, oder eine Frau, die in einem Vorstadt-Nachtclub Schlamm-Ringkämpfe vorführt. Was eine Person *tut,* zeigt, wer sie *ist.*

Der russische Regisseur und Filmtheoretiker W. I. Pudowkin benutzte den Begriff **plastisches Material** für visuell ausdrucksstarke Aktionen, die einen Charakter zu verstehen helfen. Er beschreibt eine Sequenz von Einstellungen aus dem Stummfilm *Der Überfall auf die Virginia Post,* um seine Auffassung zu illustrieren:

1. Der Landstreicher – ein heruntergekommener, roher Bursche, das Gesicht von Bartstoppeln überwuchert – ist im Begriff, ein Haus zu betreten, hält aber inne, irgend etwas hat seine Aufmerksamkeit erregt.
2. Großaufnahme vom Gesicht des Landstreichers: Er beobachtet etwas.
3. Es wird gezeigt, was er sieht: ein kleines, wuscheliges Kätzchen, das in der Sonne schläft.
4. Wieder der Landstreicher. Er hebt einen schweren Stein auf in der unmißverständlichen Absicht, das schlafende Tierchen damit zu zerschmettern, und nur der unabsichtliche Stoß eines Kumpels, der gerade etwas ins Haus trägt, hindert ihn, sein bösartiges Vorhaben auszuführen.

Auf diese Weise wird »der schwere Stein in der Hand des riesigen Menschen ein treffendes Sinnbild brutaler, sinnloser Grausamkeit« (Pudowkin) und zeigt, was dieser Landstreicher für ein Mensch ist.[3]

Aktivitäten können auch zur Dynamik einer Szene beitragen. Das Reinigen eines Gewehres gibt einer Szene, in der ein Mann finster Forderungen an jemanden richtet, eine unausgesprochene Bedrohlichkeit. Die Liebeserklärung einer Frau wird Lügen gestraft, wenn sie sich dabei die Fingernägel lackiert. Wenn ein junger Mann seiner Freundin den Rücken mit Sonnenöl einreibt, dann fügt das seinem Vorschlag, sie sollten doch zusammenziehen, Sinnlichkeit und eine versteckte Anspielung hinzu.

Der vermutlich einleuchtendste Grund, solche Aktivitäten zu erfinden, liegt darin, daß sie zu der Illusion von Realität beitragen. Im wirklichen Leben stehen ganz selten Leute mitten in einem Raum und halten sich gegenseitig Reden. Meist sind wir mit einer der tausend Kleinigkeiten beschäftigt, aus denen sich unser Alltag zusammensetzt. Eine Frau, die in einem Büro arbeitet, könnte sich Notizen machen, Akten auf ihrem Schreibtisch ordnen oder telefonieren, während sie eine Szene mit einem Arbeitskollegen spielt. Wenn durch diese Aktionen die Szene dramatischer wird, um so besser. Ein Mann könnte bei sich zu Hause die Hecke schneiden, den Rasen mähen oder den Garten sprengen, während er eine Szene mit einem Nachbarn spielt. Diese Aktionen tragen zur Illusion von Realität bei, sie sagen zugleich aber auch etwas über den Menschen. Offensichtlich kümmert er sich um sein Zuhause. Ein anderer Charakter könnte zum selben Text ein Bierchen kippen und sich dabei ein Pornovideo reinziehen. Aktivitäten zu erfinden fällt meist dem Regisseur zu, im Drehbuch sind sie fast immer ausgespart. Sie sollten sich natürlich und logisch einfügen und der Person, die sie ausführt, entsprechen (und sie charakterisieren).

Jahrelang haben Regisseure – die der Bühne wie die des Films – wann immer sie eine kleine, beiläufige Aktivität benötigten, den Schauspieler aufgefordert, sich eine Zigarette anzuzünden. Rauchen wurde zu einem Regieklischee. Heute lassen sie ihn Drinks zubereiten und an diversen Gläsern nippen. Das ist nicht minder öde und derart überstrapaziert, daß es fast nichts mehr besagt.

Verborgene Gedanken zeigen

Daß Debbie die Häkelarbeit ihrer Mutter in die Hand nimmt, ist eine einfache Aktivität, darüber hinaus aber auch ein Beispiel für eine weitere Regietechnik. Wie kann der Regisseur dem Publikum zeigen, was eine Figur denkt? In einem Roman oder einer Kurzgeschichte geht das leicht: Der Autor *erzählt* einfach, was in den Köpfen seiner Figuren vor sich geht. Für einen Regisseur ist das schwieriger.

Kapitel 6 ▮ Schauspielerführung

Ein Weg ist, mit Symbolen zu arbeiten. Wir sind von Symbolen umgeben: ein witziges T-Shirt, das uns jemand geschenkt hat, eine Sportauszeichnung aus der Schulzeit, ein Stoß vergilbter Briefe, ein abgegriffener Teddybär aus unserer Kindheit. Solche Symbole, welchen Wert sie für jemand haben, wie er damit umgeht, gibt Aufschluß über Gedanken und Gefühle. Wenn ein ehemaliger Schwergewichtsboxer wehmütig seine Boxhandschuhe ansieht, die an einem Nagel an der Wand hängen, läßt sich erahnen, welche Gedanken ihm durch den Kopf gehen. Wenn eine Frau das Fahrrad putzt und wienert, das ihrem verstorbenen Sohn gehört hat, dann versteht das Publikum, was sie fühlt.

Das Publikum ist wesentlich intelligenter, als die Zyniker des Showbusineß zu glauben scheinen. Es stürzt sich auf jeden Hinweis, den der Regisseur ihm gibt. Es möchte verstehen und Gedanken und Gefühle investieren, braucht dazu aber einen Einstiegspunkt – ein Symbol für einen Ort, ein Ereignis oder eine Person. Den muß ihm der Regisseur geben.

Innere Motivation

Als ich meinen ersten Regieauftrag bekam, fiel ich für einige Stunden in ein schwarzes Loch. Was wußte ich schon? Literatur zu diesem Thema gab es kaum. Natürlich hätte ich mir lieber auf die Zunge gebissen, als zuzugeben, daß ich Rat brauchte. Ein erfahrener Regieprofi ahnte das wohl und gab mir von sich aus eine Faustregel mit auf den Weg: Jede Szene ist eine Verfolgungsjagd. Ein Mann verfolgt eine Frau um den Küchentisch. Er holt sie ein. Dann stehen sie sich in einem Showdown gegenüber. Dann weicht vielleicht der Mann zurück, und die Frau verfolgt ihn. Welch simple Lösung! Ich war gerettet!

Naja, es dauerte keine vierundzwanzig Stunden, bis ich herausgefunden hatte, daß diese sogenannte Faustregel doch ein ganz beträchtliches Stück von der Unfehlbarkeit entfernt ist. Sie funktioniert – aber eben nur manchmal. Die Szene zwischen Debbie und Todd ist ein solcher Fall. Todd verfolgt Debbie. Das Faß ist voll, er will nicht, daß seine Ehe kaputt geht. Debbie weicht vor Todd zurück und auch vor ihren eigenen Ängsten, bis sie schließlich, in die Ecke gedrängt, eine Entscheidung trifft.

Daß die Idee der Verfolgungsjagd als die treibende Kraft einer Szene manchmal funktioniert und manchmal nicht, gab mir zu denken. Was gibt den Ausschlag, daß in einer Szene jemand zum Verfolger wird, in einer anderen zum Verfolgten? Die genaue Betrachtung von verschiedenen Szenen mit verschiedenen dramatischen Konstellationen zeigte, daß ein **Gang** oder eine Geste am häufigsten *im Inneren* einer Figur ausgelöst wird. Die inneren Motive, die Gedanken, Empfindungen und Emotionen, sind im allgemeinen in eine von drei Kategorien einzuordnen: Einbeziehung, Distanzierung und emotionaler Aufruhr.

Einbeziehung

Bewegung *auf* eine andere Person *zu*, das Bemühen, jemanden einzubeziehen oder selbst einbezogen zu werden, kann von einer breiten Palette von Emotionen motiviert sein: Wut, Ärger oder Verdruß, Sadismus, Begierde, Verlangen, Liebe oder Zuneigung. Auch das Bedürfnis nach Verständnis, nach Information (oder auch, eine Information preiszugeben), nach Vergebung, nach Zuwendung oder der Wille, etwas in seinen Besitz bringen zu wollen, kann eine Person dazu veranlassen, sich auf jemand zuzubewegen. Dabei gilt ganz allgemein: Je drängender die Emotion, um so heftiger ist die Aktion, die ihr entspringt. Wenn sich Habsucht oder Wut ins Krankhafte steigert, gerät die Vorwärtsbewegung zur Attacke, dann gibt es Tote und Verletzte.

Die Liste der aggressiven und der suchenden Motivationen ist (wie die der anderen, die noch folgen) bei weitem nicht vollständig. Aber sie gibt erste Anhaltspunkte für Motive, aus denen sich Gänge und Gesten der Figuren herleiten. Der Regieschüler wird bei genauerer Betrachtung gut inszenierter Fernseh- und Kinofilme mit Gewißheit weitere Emotionen entdecken, die eine Figur auf eine andere zutreibt.

Distanzierung

Gesten und Gänge der Vermeidung, der Ablehnung, des Rückzugs – Bewegung *weg von* einer anderen Person – sind im allgemeinen ausgelöst von Gefühlen wie Furcht, Scham, Schuld oder Schüchternheit, von Haß, Abscheu, Ekel oder Desinteresse, von Wut, Ärger oder Verdruß, aber auch von Koketterie oder von dem Wunsch, jemanden zu reizen (Verführung). Zu beachten ist, daß die Emotionen Wut, Ärger und Verdruß sich in der Annäherung wie in der Distanzierung äußern können,.

In einer Verfolgungsjagd ist der Verfolger oft (aber nicht immer) von einer einbeziehenden Emotion getrieben und der Verfolgte von einer distanzierenden. In der Szene am Anfang dieses Kapitels wird Todd von Ärger und Frustration getrieben, Debbie von Schuld. Das ist natürlich sehr vereinfachend und schablonenhaft. In jeder guten dramatischen Arbeit werden Motivationen zu einem komplexen Gemisch von Emotionen mit individuel-

Kapitel 6 ▌ Schauspielerführung

len Charakterzügen, die von einem ganz bestimmten Schauspieler für eine ganz bestimmte Rolle in einem ganz bestimmten Drehbuch geschaffen werden. Ein schüchterner Charakter neigt im allgemeinen dazu, sich zurückzuziehen, ein aggressiver Charakter rückt lieber vor. Was eine bestimmte Szene von einer Figur verlangt, muß das in der Figur angelegte Charakterbild überlagern. Auf diese Weise modifiziert, können sich Schablonen in Nuancen oder auch ganz radikal ändern oder sich verfestigen. Ein angespannter, hochneurotischer Charakter kann zum Beispiel, wenn er in Angst gerät, untypisch agieren und jemanden angreifen, anstatt sich zurückzuziehen. Wie überall in der Kunst gibt es auch beim Inszenieren keine starren Regeln. Worauf ich lediglich hindeuten will, ist, daß die meisten Gesten und Gänge der Personen in der überwiegenden Zahl der Fälle von den genannten Emotionen ausgelöst werden.

Oft weichen Figuren zur Distanzierung in *Aktivitäten* aus. Wenn Ellen den verärgerten Vorwürfen ihres Mannes nicht länger zuhören will, flieht sie und fängt hingebungsvoll zu kochen an. Wenn Michael seinen lärmenden Kindern entfliehen will, vertieft er sich in die Abendzeitung. Manchmal ziehen sich Personen aus einer langweiligen oder unangenehmen Situation zurück und finden im sicheren Hafen ihrer Phantasiewelt Zuflucht. Auch in meinem Seminar bekommen Studenten hin und wieder (leider) jenen glasigen Blick, der mit der Phase der Alpha-Wellen einhergeht. Körperlich sind sie im Seminar, aber in Gedanken sind sie woanders, beim Rendezvous der letzten Nacht oder beim Basketballspiel am nächsten Samstag.

Emotionaler Aufruhr

Gänge und Gesten, die *nicht gerichtet* sind, Bewegungen, die in keinem Bezug zu einer anderen Person stehen, beruhen häufig auf einem emotionalen Aufruhr. Auslöser können Ängste sein, die von Schuldgefühlen, Sorgen, Ärger, drohenden Katastrophen, Liebesverlust oder zerstörten Gewißheiten hervorgerufen wurden. Aber auch positive Gefühle wie Ekstase, Freude, Aufregung, Eifer oder Ausgelassenheit rufen eine ungerichtete Bewegung hervor. Auch Orientierungsverlust oder der Verlust des inneren Gleichgewichts – etwa durch Alkohol, Drogen oder einen psychotischen Zustand – werden zum Auslöser. Manchmal ist die ungerichtete Bewegung, ebenso wie aggressives oder schüchternes Verhalten, im Charakter angelegt. Jeder von uns kennt Menschen, die innerlich ruhelos sind und immer hektische Betriebsamkeit brauchen.

Gute Regisseure sind gute Psychologen – was nicht heißt, daß sie Motive immer erklären können. Häufig schlägt ein Regisseur einem Schauspieler einen Gang oder eine Bewegung vor, einfach weil es »richtig aussieht«. Solch intuitive Anweisungen entstammen langer Erfahrung, sie basieren auf Beobachtungen und auf intensiven Studien, auf Schulung, auf einem geschärften dramatischen Instinkt, auf Erfolgen und auch auf Mißerfolgen. Die wenigsten Regisseure wären in der Lage, das Wesen der Motivation in so viele Worte zu fassen, wie ich es hier getan habe. Daß sie nach diesen Prinzipien verfahren, wird aber in jeder Szene eines jeden Films deutlich, in dem sie Regie führen.

Äußere Motivation

Es gibt Gänge und Gesten, die durch Gedanken und Emotionen, durch innere Motivation, ausgelöst werden, es gibt andere, deren Gründe *außerhalb* der Person und ihres Charakters liegen.

Drehbuch

Die meisten äußeren Motivationen gibt das Drehbuch vor. Schließlich ist eine der Hauptaufgaben des Regisseurs, die Geschichte zu erzählen. Das Arrangement der Szenen, die Art, wie Charaktere sich im Set bewegen, ihre Aktivitäten, ihre Gesten und ihre unterschiedliche Mimik, all das hat den Zweck, die Wendepunkte der Handlung (Plot Points), wie sie vom Autor vorgegeben wurden, vorzuführen. Figuren küssen und töten, sie kämpfen, trinken Gift, ziehen sich aus und ziehen sich an, treten in einer Szene auf und gehen wieder ab, um eine Geschichte zu erzählen und weiterzutreiben. Wenn das Drehbuch verlangt, daß ein Telefon klingelt, dann muß der Protagonist darauf reagieren. Damit ist durch das Drehbuch ein Gang zum Telefon vorgeschrieben. Doch dem Regisseur bleiben eine Reihe von Gestaltungsmöglichkeiten: zum Beispiel, wohin er das Telefon plaziert und auf welche Position er den Protagonisten vor dem Klingeln stellt.

Der Autor kann für das Arrangement einer Szene Vorschläge machen – normalerweise eher allgemein gehaltene, manchmal aber auch sehr detaillierte –, dem Regisseur steht es jedoch frei, sie zu benutzen oder sie nach seinen Vorstellungen zu verändern. Da der Regisseur anerkanntermaßen für die Inszenierung zuständig ist, kann er häufig an den Vorschlägen des Autors noch Verbesserungen anbringen. Autor und Regisseur arbeiten als Team zusammen.[4] Der Regisseur baut ein Gebäude nach den Plänen, die der Autor gezeichnet hat. Wenn beide ihren Job gut gemacht haben, dann ist ihr Wolkenkratzer nicht nur statisch einwandfrei, sondern auch ein ästhetischer Genuß.

Kapitel 6 ▮ Schauspielerführung

Die Gewichte verteilen

Eine wichtige Aufgabe der Regie besteht darin, die Aufmerksamkeit des Zuschauers auf das zu lenken, was in jedem einzelnen Moment in einer sich entwickelnden Geschichte das größte dramaturgische Gewicht besitzt. Seine Hauptinstrumente dafür sind Schauspieler- und Kameraführung. Zusätzlich benutzt er verschiedene Techniken, mit denen er die Wirkung der einzelnen Einstellungen auf den Zuschauer entsprechend den dramaturgischen Anforderungen dosieren kann.

Bühnentechniken. Zur Bestimmung der Mittel, mit denen ein Film- oder Fernsehregisseur Wesentliches betont, wollen wir zunächst die Techniken untersuchen, mit denen im Theater Gewichtungen vorgenommen werden. Es gibt erstaunlich viele.

- *Bühnenbereich:* Schauspieler, die vorn an der Rampe genau in der Mitte stehen, ziehen das Höchstmaß an Publikumsaufmerksamkeit auf sich. Dieses Gewicht verringert sich praktisch mit jedem Schritt, den sie zur Seite oder tiefer in den Bühnenraum hinein tun.
- *Die Ausrichtung des Körpers:* Wenn Schauspieler sich dem Publikum *zuwenden,* haben sie das größte Gewicht. Je mehr sie sich abwenden, um so mehr verlieren sie. Die Wirkung ist am geringsten, wenn er dem Publikum den Rücken zuwendet. (Ausnahme: wenn er als einziger einer Gruppe sich ganz abwendet, hebt ihn dies wieder ein wenig hervor.)
- *Blickrichtung der Schauspieler:* Wenden sich mehrere Schauspieler einem einzelnen zu, erhält dieser Gewicht.
- *Absonderung von der Gruppe:* Ein Schauspieler, der abseits von anderen steht, gewinnt meistens größere Aufmerksamkeit.
- *Bewegung:* Ein Schauspieler, der sich bewegt, zieht mehr Aufmerksamkeit auf sich, als einer, der sich nicht vom Fleck rührt.
- *Ebenen:* Ein Schauspieler, der sich auf einer anderen Bühnenebene befindet als andere Schauspieler, erhält mehr Gewicht, ähnlich wie ein stehender Schauspieler mehr Aufmerksamkeit auf sich zieht als ein sitzender. Stehen alle, kann dem sitzenden Schauspieler das größere Gewicht zufallen.
- *Licht:* Ein besonders hell ausgeleuchteter Schauspieler oder ein Schauspieler ohne Licht, von dem nur die Silhouette zu sehen ist, zieht mehr Aufmerksamkeit auf sich als normal ausgeleuchtete Schauspieler.
- *Kostüm:* Ein Schauspieler, der sich durch sein Kostüm von den anderen unterscheidet, erhält zwangsläufig Beachtung.
- *Bildkomposition:* Strukturelle Elemente des Bühnenbildes können die Blicke der Zuschauer auf einen Hauptakteur lenken. Die diagonale Linie einer Treppe zum Beispiel lenkt die Aufmerksamkeit auf einen Schauspieler, der auf einem Treppen-

absatz steht. Bögen, Türen und Fenster geben dem Schauspieler eine Umrahmung (und damit Gewicht).

Beachtenswert ist, daß in mehreren dieser Inszenierungstechniken die Gewichtung durch *Unterscheidung* erzielt wird, also dadurch, daß eine Figur in irgendeiner Form abgesondert wird oder sich von anderen durch Kostüm, Licht oder Position unterscheidet.

Indem er diese Techniken einsetzt, kann der Regisseur einem bestimmten Schauspieler in einem bestimmten Schlüsselmoment Gewicht verleihen und, sobald sich das dramatische Zentrum einer Szene verlagert, die Aufmerksamkeit auf einen anderen lenken.

Ein Vergleich mit Film und Fernsehen

Von den Inszenierungstechniken, die wir gerade aufgelistet haben, lassen sich die meisten unmittelbar auf den Film oder das Fernsehen übertragen. Wenn in einer Filmszene drei Schauspieler ihre Aufmerksamkeit auf einen vierten richten, dann schaut auch der Zuschauer auf diesen vierten. Ein Schauspieler im Profil hat weniger Gewicht als einer, der sich der Kamera zuwendet. Der wesentliche Unterschied zwischen Bühne und Bildschirm oder Leinwand ist, daß die Kamera an die Stelle des Theaterpublikums tritt. In Film und Fernsehen ergibt sich die Beziehung zum Publikum aus seiner Beziehung zur Kamera: Je näher er der Kamera ist, um so mehr Gewicht erhält er, um so größeres Gewicht haben seine Aktionen, seine Reaktionen und der von ihm gesprochene Text. Die größte Einstellung in *Citizen Kane* ist die von Kanes Mund, als er »Rosebud« sagt. Diese außergewöhnliche Gewichtung signalisiert, von welch großer Bedeutung dieses Wort ist (Abb. 6.2).

Wenn es unbeholfen wirken würde, den Schauspieler zur Kamera zu bringen, kann der Regisseur die Kamera auch zum Schauspieler bringen. Eine Kamera, die auf einen Schauspieler zufährt, erreicht die gleiche Wirkung (was die Gewichtung angeht) wie ein Schauspieler, der in einer Theatervorstellung aus dem hinteren Bühnenraum nach vorne (auf das Publikum zu) geht. Ein Schauspieler erhält größeres Gewicht, indem er näher an den Zuschauer herankommt. Im Film kann durch Umschneiden in eine größere Einstellung (zum Beispiel von einer Naheinstellung in eine Großaufnahme) von einem Augenblick auf den anderen größere Gewichtung erzeugt werden.

Kapitel 6 ▐ Schauspielerführung

 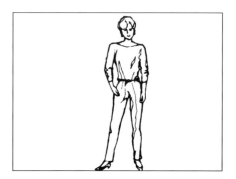

Abbildung 6.2 Je näher die Darstellerin dem Publikum rückt, desto größer ist ihre Wirkung.

Auftritte und Abgänge

Auftritte besitzen normalerweise mehr Dynamik als Abgänge. Eine Person, die eine Szene betritt, erzeugt Erwartung – neue Figuren bringen neue Entwicklungen in eine Geschichte. Dabei erscheinen Auftritte in Richtung Kamera gewichtiger als Auftritte von der Seite. Um dieses Prinzip zu verallgemeinern: Die *meisten* Aktionen, die in Richtung auf die Kamera stattfinden, besitzen Gewicht. Wenn eine Person eine andere schlägt, wirkt der Schlag wuchtiger, wenn er in Richtung Publikum/Kamera (vielleicht in einem Schuß über die Schulter) geführt wird, als wenn er von hinten aufgenommen wird.

Ein Auftritt ist eine wirkungsvolle Möglichkeit, einen Film oder ein Fernsehspiel beginnen zu lassen. Psychologisch gesehen betritt das Publikum die Welt der Erzählung gemeinsam mit den darin handelnden Figuren. Umgekehrt eigenen sich Abgänge oft, eine Geschichte zu beenden. Während sich die Filmhelden auf den Horizont zubewegen, zieht das Publikum seine Aufmerksamkeit aus der Geschichte zurück. Man denke nur an die vielen Filme von Charlie Chaplin, in denen der kleine Tramp in der Schlußeinstellung entlang der Eisenbahngleise davontrottet, bis von ihm nur noch ein Punkt am Horizont bleibt.

Ein Abgang kann innerhalb eines dramatischen Aufbaus aber auch nur die Handlung verzögern. Achten Sie bei Ihrem nächsten Kinobesuch einmal darauf, wie Regisseur und Cutter mit Abgängen umgehen. Die meisten Cutter schneiden Abgänge heraus, denn die eigentliche Handlung der Szene ist bereits abgeschlossen, und das ungeduldige Publikum drängt vorwärts. Hin und wieder haben Abgänge für eine Geschichte eine besondere Bedeutung. Wenn das der Fall ist, sollten sie selbstverständlich voll ausgespielt werden. Wenn zum Beispiel jemand besiegt wurde und sein Abgang ein Sinnbild für diese Niederlage ist, dann liegt in ihm eine Aussage, die hervorgehoben werden sollte.

Gewichtung durch Aktivität

Eine Gewichtung kann auch durch das Verhältnis von Text zu Aktivität, von Text zu Geste oder Gang erreicht werden. Eine alte Faustregel am Theater besagt: Aktion vor Text betont (legt das Gewicht auf) den Text, Text vor Aktion betont die Aktion. Hätte sich Debbie in unserer Szene von der Couch erhoben, wäre langsam zu Todd hinübergegangen, hätte geseufzt und dann gesagt: »Ich sorge dafür, daß sie am Freitag nicht mehr hier ist«, läge das Gewicht auf ihrem *Text*. Hätte sie aber erst gesagt: »Ich sorge dafür, daß sie am Freitag nicht mehr hier ist«, und wäre danach zum Fenster hinübergegangen, hätte dort ihre Stirn an die kalte Scheibe gepreßt und gegen die Tränen angekämpft, dann hätte die *Aktion* den stärkeren Eindruck hervorgerufen. Betrachten wir folgendes Beispiel:

> BLAISDELL
> Warum ich dich jetzt töten werde?

Er starrt auf sein Messer, prüft die Schärfe der Klinge.

> BLAISDELL (fährt fort)
> Weil du mich anödest!

und vergleichen das Verhältnis von Text zu Aktivität:

> BLAISDELL
> Warum ich dich jetzt töten werde? Weil du mich anödest!

Er starrt auf sein Messer, prüft bedächtig und höhnisch die Schärfe der Klinge.

Kapitel 6 ▐ Schauspielerführung

Im ersten Beispiel erhält Blaisdells Satz »Weil du mich anödest!« Gewicht, weil er ihn durch das Prüfen der Klinge vorbereitet. Die vorgeschaltete Aktivität erregt Neugier, spannt auf die Folter.

Im zweiten Beispiel erhält die Aktivität mit dem Messer das größere Gewicht, der Text hat sie vorbereitet.

Was ist das Wesentliche?

Um richtig zu gewichten, muß der Regisseur wissen, welche Momente in einem Stück wesentlich sind und welche nicht. Er muß den *Grad* ihrer Bedeutung, der sich aus der Handlung und dem Charakter der Handelnden ergibt, kennen. Mit einem Wort, er muß wissen, was dramaturgisch notwendig ist. Das ist weitgehend subjektiv, jeder Regisseur hat andere Präferenzen. Dennoch mögen ein paar Hinweise nützlich sein.

Keine Spielhandlung darf durchgehend aus konzentrierter Handlung bestehen. Das Publikum braucht Perioden der Entspannung, in denen es sich von den Augenblicken dramatischer Hochspannung erholen kann. Ohne kontrastierende Momente würde die Spannung erlahmen. Der Gebrauch der Farce in den Shakespeareschen Tragödien zeigt deutlich, wie wirkungsvoll solche Kontraste sind.

Der Spannungsaufbau ist normalerweise im Drehbuch vorgezeichnet. Wie bereits in Kapitel 4 angedeutet, setzt jeder Akt meist in eher ruhiger Tonlage ein. Dann steigern sich die Emotionen von Szene zu Szene (und schrittweise innerhalb jeder Szene), um ein immer höheres Intensitätsniveau zu erreichen. Sie gipfeln schließlich, gegen Ende des Aktes, in einem Moment der Krisis. Je intensiver die Emotion, desto größer muß ihre Gewichtung sein. In Momenten emotionaler Belastung ist die Kamera normalerweise nah. In Momenten *extremer* Belastung ist die Kamera *extrem* nah. Vorrangig ist also, daß die Gewichtung dem Niveau der in der Szene enthaltenen dramatischen Spannung entspricht.

Untersuchen wir nun eine Reihe weiterer Faktoren, die bei der Gewichtung beachtet werden müssen.

Schmerz. Schmerz ist eng an dramatische Spannung gekoppelt, aber doch bedeutsam genug, um eine eigene Kategorie zu rechtfertigen. Die Darstellung des Schmerzes sollte ein Gewicht haben, das dem Leiden der Figuren angemessen ist. Wächst die Intensität des Schmerzes, wächst auch die Notwendigkeit, seiner Darstellung Raum und Gewicht zu geben. In den meisten Szenen ist es deshalb gerechtfertigt, der gepeinigten Figur ein größeres Gewicht zukommen zu lassen als den anderen Figuren. Dieses Prinzip wird

Teil 2 ▮ Fiction

allerdings durch den Grad der emotionalen Beteiligung des Zuschauers an einer Figur direkt beeinflußt und modifiziert. Je mehr sich der Zuschauer in die Figur hineinversetzt, um so bedeutsamer wird ihr Leiden für ihn. Kümmert sie ihn nicht, ist ihr Schmerz für ihn relativ belanglos.

Entscheidungen. Viele Szenen entwickeln sich auf einen Punkt hin, an dem eine Figur einen entscheidenden Schritt tun muß. Der Augenblick, *bevor* diese Entscheidung fällt, wird zum szenischen Höhepunkt, der darum besonders gewichtet werden sollte. Dies geschieht oftmals durch ein Hinauszögern, ein Dehnen des Augenblicks. Größere Entscheidungen müssen allerdings nicht unbedingt am Ende einer Szene liegen. Wann immer eine Figur eine Entscheidung zu fällen hat, mit der sich ihre Absicht, ihr Vorgehen oder ihr Ziel in der Geschichte wesentlich ändert, verdient dieser Moment eine besondere Gewichtung.

Schablonen haben, wie bereits erwähnt, oft etwas Willkürliches. Sie vereinfachen zu stark. Wir müssen uns klar darüber sein, daß der Moment vor einer wichtigen Entscheidung notwendigerweise ein Moment starker Belastung ist. Ein solcher Augenblick erzeugt emotionale Spannung und seelischen Druck. Alle für die Gewichtung relevanten Kategorien überlappen sich also, verstärken einander und stützen sich gegenseitig.

Enthüllungen. Wichtige Enthüllungen in bezug auf die Handlung oder eine Figur, erhalten vom Regisseur im allgemeinen besonderes Gewicht. Sie sind oft Wendepunkte der Handlung oder ändern das Bild, das sich der Zuschauer von einer Figur gemacht hat. In dem Film *Der dritte Mann* zum Beispiel erfahren wir, daß Harry Lime (gespielt von Orson Welles) schon vor Beginn der Story getötet worden ist. Wenn später aufgedeckt wird, daß Lime gesund und munter ist, ist es gerechtfertigt, diesem Moment eine besondere Gewichtung zu geben.

Enthüllungen geben dem Zuschauer manchmal das Privileg, mehr zu wissen als die Personen im Film. Wenn der trauernde Sohn zum Begräbnis seiner Mutter erscheint und wir sehen, wie er ein Lächeln zu verbergen sucht, dann ist das etwas, das hervorgehoben und besonders gewichtet werden muß, weil dieses Lächeln erstens einen wesentlichen Aspekt seines Charakters offenbart und es uns zweitens mit privilegiertem Wissen versorgt, das die Geschehnisse in anderem Licht erscheinen läßt. Die Detailaufnahme von Mae Marshs Händen in *Intoleranz* von D. W. Griffith zeigt, wie sie ihre Finger nervös umeinander dreht, und offenbart, was sie empfindet, während sie den Mordprozeß ihres Mannes verfolgt.

Regisseure müssen oft auf dem schmalen Grad zwischen angemessener

Kapitel **6** ∎ Schauspielerführung

Gewichtung und Überbewertung wandeln, besonders bei Situationen, die ans Melodramatische grenzen. Wenn wir zum Beispiel entdecken, daß die liebende Ehefrau in Wahrheit einen Plan für das vorzeitige Ableben ihres Mannes schmiedet oder daß der schüchterne Bankkassierer in Wahrheit ein psychotischer Mörder ist, muß der Regisseur sehr behutsam eine Übergewichtung vermeiden, um solche Einblicke nicht zur Platitüde zu degradieren.

Das nächste Kapitel wird sich ausführlicher mit der Gewichtung beschäftigen, ganz besonders mit der Rolle der Kameraführung.

Wie Beziehungen symbolisiert werden

Haben Sie im Flugzeug schon einmal einen Film verfolgt, ohne die Ohrhörer zu benutzen? Oder haben Sie sich bei abgedrehtem Ton intensiv eine Familienserie angesehen? Sofern der Film gut inszeniert war, konnten Sie wahrscheinlich über die Beziehungen zwischen den Personen ein paar ziemlich kluge Schlüsse ziehen – nicht so sehr aus den Gesten und der Mimik, sondern daraus, wie sich ihre Bewegungen und Positionen im Raum zueinander verhalten.

Kehren wir ein letztes Mal zur Szene mit Todd und Debbie zurück. Drehen wir den Ton ab und tun so, als wüßten wir nichts von ihrer Geschichte. Wir sehen einen Mann mit schütterem Haar, der eine attraktive Frau um die Vierzig verfolgt. Sie reißt sich von ihm los und setzt sich auf die Couch. Er stellt sich hinter sie, überragt sie, starrt auf sie hinunter. Sie sagt etwas und beginnt zu weinen. Kann sein, daß er ihr Untreue vorwirft, oder auch, daß sie sein Geld zum Fenster hinauswirft. Solange wir nicht hören, was sie sagen, wissen wir das natürlich nicht. Aber das, was wir sehen, bietet uns Hinweise auf ihre *Beziehung.*

Der Mann mit dem schütteren Haar ist ganz klar der Aggressor, die dominante Person, die etwas will. Die Frau steckt in Schwierigkeiten, ist auf dem Rückzug und nicht in der Lage, ihm etwas entgegenzusetzen. All das vermitteln allein die Bilder. In jeder dramatischen Szene sollten im Idealfall das Verhalten und die Positionen der Personen solche Rückschlüsse auf den dramatischen Kontext zulassen und eine nachvollziehbare symbolische Darstellung ihrer emotionalen Beziehung ergeben.

Anhand einer typischen Situation aus einer Seifenoper wollen wir untersuchen, auf welche Weise die Positionen der Figuren deren emotionale Beziehung symbolisieren oder widerspiegeln könnten. Larrys Chefin stattet seiner Frau einen Besuch ab. Der Grund: Sie will die Frau dazu überreden, sich von Larry scheiden zu lassen, damit er sie heiraten kann. Larrys Frau trifft beinahe der Schlag. Sie ist vollkommen überrascht davon, daß ihr Mann eine Affäre mit seiner attraktiven Chefin hat. Nach dem ersten Schock kocht sie vor Wut. In diesem Moment kommt Larry, früher als erwartet, von der Arbeit nach Hause.

Wohin würde ein Regisseur Larry in dieser Szene stellen? Anfangs wahrscheinlich in die Mitte, die Chefin auf die eine Seite, seine Frau auf die andere: Er ist gleichsam hin- und hergerissen zwischen den beiden Frauen, die ihn lieben. Was empfindet Larry für die beiden Frauen? Nehmen wir an, er liebt seine Frau aufrichtig, dann geht er zu ihr, versucht, ihr sein Verhalten zu erklären, und bittet sie um Verzeihung. Wird sie neben ihm stehenbleiben und ihm diese Nähe erlauben? Wahrscheinlich nicht. Von Wut und Enttäuschung getrieben, wird sie sich von ihm wegbewegen. Sie ist emotional zu ihrem Mann auf Distanz gegangen und distanziert sich nun auch körperlich von ihm. Das äußere Verhalten spiegelt das innere Erleben wider. Wie reagiert die Chefin? Wenn sie Larry liebt, wird sie seine Nähe suchen und zu ihm gehen. Vielleicht bewegt er sich dann von ihr weg, weist sie zurück. Vielleicht wird sich die Chefin auch zwischen den Mann und seine Frau stellen, körperlich wie symbolisch, als die Macht, die sich zwischen die Eheleute drängt.

In dieser nüchternen Beschreibung und mit eindimensionalen Figuren erscheint eine solche Inszenierung simpel, altmodisch, melodramatisch und beliebig. Fügen wir aber die Vielschichtigkeit voll ausgebildeter Charaktere hinzu und stellen das Ganze in raffinierte Handlungszusammenhänge, gewinnt die Szene an Plastizität und Glaubwürdigkeit. Das Einrichten einer Szene beginnt immer mit Fragen. Welches sind die Emotionen, von denen die Figuren getrieben werden? Sind sie wütend aufeinander, sind sie emotional weit voneinander entfernt? Dann sollte die Inszenierung sie vielleicht auch weit voneinander entfernen. Wenn die Entwicklung der Szene ihnen erlaubt, ihre Liebe zueinander Schritt für Schritt wiederzuentdecken und sich emotional wieder anzunähern, sollte das Arrangement diese Entwicklung nachvollziehen und sie auch physisch nach und nach näher zusammenbringen, so daß in den Schlußmomenten der Szene eine Atmosphäre liebevoller Nähe und Wärme entsteht.

Ein Regisseur untersucht eine Szene zunächst so, wie sie der Autor geschrieben hat. Er stellt sich die Gänge und Bewegungen der Figuren bildhaft vor, bildet sich aus ihren Emotionen seine Phantasiebilder, läßt die Art ihrer Beziehung über ihre Positionen zueinander bestimmen. Dann zeichnet er mit einigen Strichen eine schematische Skizze der Bewegungsabläufe in der Szene, so wie er sie sich vorgestellt hat. Nun folgt die Probe aufs Exempel:

Kapitel 6 ▮ Schauspielerführung

Wäre ein Zuschauer in der Lage, aus den Positionen der Figuren deren Beziehung zueinander abzuleiten?

Schauen Sie sich Spielhandlungen im Fernsehen an. Drehen Sie den Ton ab. Wenn die Sendungen handwerklich sauber inszeniert sind, sprechen die stummen Bilder eine deutliche Sprache.

Sequenzen

In Kapitel 5 haben wir gelernt, daß die meisten Szenen aus kleinen Einheiten, aus *Sequenzen,* zusammengesetzt sind. Sequenzen sind Szenen innerhalb einer Szene, von denen normalerweise jede auf ihren eigenen kleinen Höhepunkt zusteuert. Jede Sequenz markiert einen Richtungswechsel, häufig führt sie ein neues Thema oder eine neue Betrachtungsweise ein. Schauspieler, die in der berühmten »Methode« des New Yorker Actors Studio ausgebildet wurden, die Lee Strasberg entwickelt hat, bereiten sich auf ihre Arbeit vor, indem sie eine Szene in individuelle Sequenzen zerlegen, denen sie manchmal auch einen Namen geben – zum Beispiel »Ekel« oder »neues Verständnis für Vater«. Dadurch kommen sie besser in die geforderte emotionale Haltung hinein und können den Übergang von einer Sequenz zur nächsten besser vorbereiten.

Sequenzen zu definieren bleibt subjektiv; zwei Schauspieler können durchaus über die Bestimmung der Sequenzen innerhalb derselben Szene verschiedener Auffassung sein, weil jeder einen anderen Charakter darstellt und mit einer anderen emotionalen Haltung in die Szene hineingeht. Und da der Regisseur einen objektiveren Standpunkt einnimmt, sind seine Unterteilungen möglicherweise wiederum ganz andere.

Wofür sind Sequenzen wichtig? Sie sind nützliche Interpretations- und Inszenierungshilfen. Da eine neue Sequenz eine Richtungsänderung markiert, bedeutet der Sequenzwechsel oft, daß sich die Schauspieler anders bewegen, einen Gang machen, eine andere Position einnehmen. Eine neue Sequenz kann einem Schauspieler die Gelegenheit bieten, sich zu erheben und zum Fenster hinüberzugehen oder eine Zeitschrift beiseite zu legen, in der er herumgeblättert hat.

Lesen Sie die folgende Szene einmal ganz durch. Versuchen Sie anschließend, sie in kleinere dramatische Einheiten zu zerlegen. Jede Sequenz wird durch einen Wechsel in der Richtung, in der Haltung oder im Thema angezeigt.

DER LETZTE VORHANG[5]

Ort: Auf der Hinterbühne eines Theaters. Später Abend,
die Vorstellung ist zu Ende. Die Schauspielerin Anne Foley
durchquert den Raum, nimmt ihren Mantel vom Haken und
wendet sich dem Ausgang zu, als sie Erik, den Regisseur des
Stückes, bemerkt, der sie anstarrt.

> ERIK
> Glückwunsch, Anne! Du hast dich heute abend wirklich
> selbst übertroffen.

> ANNE
> Danke.

> ERIK
> Es war vermutlich die oberflächlichste Vorstellung, die du je
> abgeliefert hast.

> ANNE
> Ach komm, Erik! Das Publikum hat mich geliebt.

> ERIK
> Natürlich haben sie dich geliebt. Aber du kannst besser sein.

> ANNE
> Hör zu, ich bin müde! Laß uns morgen darüber reden, okay?

> ERIK
> Es könnte ein fabelhaftes Stück sein, Anne. Aber dafür muß
> man sich ein bißchen anstrengen. Heute abend haben wir
> ausgesehen wie eine Laienspielgruppe.

> ANNE
> Danke.

> ERIK
> Ich habe das Gefühl, daß du schauspielerst, wenn du da
> draußen auf der Bühne stehst. Du ziehst eine große Show ab
> und versuchst, jeden damit zu beeindrucken, wieviel Talent
> du hast.

> ANNE
> Irgend jemand muß ja wohl beeindruckt gewesen sein.
> Oder hast du den Applaus nicht gehört?

Kapitel 6 ▌ Schauspielerführung

ERIK
Es geht nicht darum, was das Publikum meint.
(schiebt die Stühle zusammen)
Also, das hier ist die Couch. Und dieser Tisch ist die Bar,
wo...

ANNE
Verdammt noch mal, Erik, ich bin müde! Wenn du unbedingt
proben willst, dann können wir das morgen gerne tun.

ERIK
Morgen bist du kalt. Wir proben jetzt!
Okay?

ANNE (nach einer Pause)
Okay.

ERIK
Prima. Das hier ist der Tisch, auf dem das Messer liegt.

Er holt ein Messer, legt es auf den Tisch, bindet sich ein Halstuch um und zieht es zurecht.

Also, fangen wir mit meinem Auftritt an – Mitte des letzten
Aktes. Du sitzt auf der Couch.

Anne sitzt auf der »Couch«, Erik kommt quer durch den Raum
auf sie zu.

ERIK
Stichwort.

ANNE
Jeff!

ERIK
Hier lebst du also! Ganz schön schick für eine Kellnerin.

ANNE
Diese Wohnung gehört... einem Freund von mir.

ERIK (packt sie grob)
Wer?

ANNE
Ist doch egal.

184

Teil 2 ∎ Fiction

ERIK
Ich will wissen, *wer!*

ANNE
Jeff, bitte, ich möchte dich nicht verletzen.
(nach kurzer Pause)
Okay! Es ist . . . David.

ERIK
Mein Bruder? Du lügst.

ANNE
Nein, Jeff, ich lüge nicht. Wir lieben uns. Wir wollen
heiraten.

ERIK
Komm her! Näher! So ist's gut. Du wirst David nicht
heiraten. Tut mir leid, aber das kann ich nicht zulassen.
Er hat schon immer alles bekommen, was eigentlich mir zustand. Schon als wir Kinder waren. Aber diesmal nicht!

ANNE
Erik, du tust mir weh . . .

Erik hält sie fest umklammert, seine Fingernägel graben sich
in ihre Haut. Sie reißt sich los, aber Erik verfolgt sie. Eine Hand
noch am Halstuch, starrt er sie traurig an.

ANNE
Erik, *hör auf* damit!

Er kommt langsam aus seiner Rolle heraus, seine Hand läßt das
Halstuch los, fällt herunter.

ANNE
Du darfst deine Rolle nicht leben.

ERIK
Warum nicht? Vielleicht ist das genau dein Problem. Du
willst es nicht Wirklichkeit werden lassen. Wie kannst du
eine Schauspielerin sein, wenn du nicht willst, daß es
Realität wird?

ANNE
Weil . . . weil die Szene völlig unecht ist. Sie wäre in der Wirklichkeit gar nicht denkbar.

Kapitel 6 ▌Schauspielerführung

ERIK
Nein?

ANNE
Denk doch mal drüber nach! Du willst mich mit dem Halstuch erwürgen. Und siehe da, zufällig liegt ein Küchenmesser griffbereit auf der Bar, und ich nehme es und steche zu. Das soll wirkliches Leben sein?

ERIK
Du könntest es Wirklichkeit werden lassen.

ANNE
Nie! Es ist gekünstelt und unecht.

ERIK
Na gut, vielleicht hast du recht. Vielleicht liegt der Fehler in der Szene. Weißt du, ich habe gerade gedacht...

ANNE
Was?

ERIK
Ich dachte gerade, daß das Stück viel Ähnlichkeit hat mit...

ANNE
Womit?

ERIK
Na, ist ja egal.

ANNE
Nein, nein, sags schon! Ähnlichkeit womit?

ERIK
Daß die Leute in dem Stück – ich meine Jeff und Marlene – eine ganze Menge... Ähnlichkeit haben mit dir und mir.

ANNE
Ach, komm, das ist doch... das ist Blödsinn. Es gibt keine Ähnlichkeit mit dir und mir. Sie ist Kellnerin...

ERIK
Nein, ich meine die Art, wie sie empfinden. Die Art... die Art, wie Jeff für Marlene empfindet.

ANNE (nervös)
Ich weiß nicht, was du meinst.

ERIK
Das weißt du ganz genau. Jeff ist verrückt nach Marlene.
Und ich... Anne, du weißt, was ich für dich empfinde.
Du weißt das schon seit langem.

ANNE
Das ist doch nicht dein Ernst! Du hast nie ein besonderes
Interesse für mich...

ERIK
Du wußtest, was ich für dich empfunden habe – was ich für
dich fühle.

ANNE
Es ist wirklich spät, Erik. Wir können morgen darüber
reden.

ERIK
Und du, du bist genau wie Marlene, hab ich nicht recht?
Lächelnd, einladend... bis ich dir die Hauptrolle in dem
Stück gegeben habe. Und dann heißt es: »Tut mir leid, Erik.
Wir können morgen darüber reden.«

ANNE (aufgebracht)
Das ist nicht fair. Ich habe dir niemals etwas vorgemacht,
um die Hauptrolle zu bekommen! Ich habe dich niemals »eingeladen«! Hör zu, alles, was du für mich getan hast, weiß ich
sehr zu schätzen, aber...

ERIK
Aber du liebst mich nicht.

ANNE
Natürlich nicht. Das ist doch lächerlich. Du hast mir nie
auch nur die Chance gegeben, dir...

ERIK
Siehst du. Es *ist* genau wie im Stück.

ANNE
Nein, ist es nicht! In keiner Weise! Gute Nacht!
(will zum Ausgang gehen)

Kapitel 6 ∎ Schauspielerführung

ERIK
Und jetzt bist du Marlene: sagst mir »Gute Nacht«,
(packt sie)
läufst einfach davon und stößt mich aus deinem Leben ...

ANNE
Erik, laß mich los! Ich schreie, ich schwöre dir ...

ERIK
Na los, Marlene, schrei doch!

ANNE (wehrt sich)
Das ist doch verrückt! Was ist los mit dir?

ERIK
Wenn du mich nicht liebst ...

Er umklammert sie fest mit einem Arm. Mit der anderen Hand greift er nach seinem Halstuch und macht es los.

ANNE (reißt sich los)
Bleib mir vom Leib! Hau ab!

ERIK (kommt auf sie zu, dreht das Halstuch zusammen)
... dann sollst du auch keinen anderen lieben!

Anne blickt verstört um sich, entdeckt das Messer auf dem Tisch, packt es.

ANNE
Komm mir nicht näher!

Er macht einen Satz nach vorn und windet ihr das Messer aus der Hand.

ANNE
Erik!

Im nächsten Moment schleudert er – mit einem Lächeln – das Messer auf den Boden.

ERIK
Ach ja, das Stück ist also nicht realistisch. Es klingt nicht ehrlich. Und das Messer ist gekünstelt und unecht. In deinem ganzen Leben hast du noch keine bessere Vorstellung gegeben.

ANNE
Vorstellung?

ERIK
Das war sehr überzeugend. Wollen mal sehen, ob du das
morgen abend auf der Bühne genauso gut hinkriegst.

ANNE
Aber... du meinst... du?...

ERIK
Ich muß jetzt nach Hause. Meine Frau wartet bestimmt
schon auf mich.
(mit einem freundlichen Lächeln)
Gute Nacht, Anne.

Er geht hinaus. Anne läßt sich völlig erschöpft in einen Sessel
fallen.

Nehmen Sie sich jetzt, bevor Sie weiterlesen, einen Augenblick Zeit, und
finden Sie die einzelnen Sequenzen dieser Szene heraus. Machen Sie jeweils
einen dicken langen waagerechten Strich, um die Sequenzen voneinander zu
trennen.

Jetzt wollen wir sehen, ob Ihre Unterteilung mit der meinigen überein-
stimmt. Die erste Sequenz könnten wir mit »Vorbereitung« bezeichnen. Sie
endet, wenn die Schauspieler ihre Positionen einnehmen, um mit der Probe
zu beginnen. Der Schauspieler, der den Erik spielt, könnte seine erste Sequenz
»Empörung«, »Wut« oder »Enttäuschung« nennen. Die Schauspielerin, die
die Anne spielt, könnte ihre erste Sequenz mit »Ungeduld« überschreiben.

Die zweite Sequenz ist ganz klar das Spiel im Spiel, das mit Annes Sätzen
»Erik, du tust mir weh« und »Erik, *hör auf* damit!« endet.

Bei der dritten Sequenz wird es kniffliger. Ich habe mich selbst gefragt, an
welchem Punkt Erik die Idee zu seiner Farce gekommen ist. Meiner Meinung
nach liegt der Schnitt zwischen den Sätzen »Na gut, vielleicht hast du recht.
Vielleicht liegt der Fehler in der Szene«, und »Weißt du, ich habe gerade
gedacht«. Ziehen Sie Ihre Trennlinie mitten durch diese Passage.

Die vierte Sequenz schließlich (die meisten Szenen haben nicht so viele)
ist die eigentliche Farce, in der Erik so tut, als sei er in Anne verliebt, die sich
bis zu dem Punkt entwickelt, an dem er das Messer auf den Boden wirft.

Die letzte Sequenz ist die der Nachwirkung, in der sich Anne darüber klar
wird, daß Erik sie mit seiner vorgetäuschten Liebe in die Irre geführt hat, damit sie die Marlene besser spielt.

Stimmt Ihre Unterteilung mit meiner überein? Das muß nicht sein. Ver-

Kapitel 6 ∎ Schauspielerführung

schiedene Regisseure können über die dramaturgisch richtigen Sequenzen völlig unterschiedlicher Meinung sein, jeder Regisseur hat seine eigenen Vorstellungen, wie eine Szene ablaufen soll.

Versuchen Sie jetzt, sich die Inszenierung von »Der letzte Vorhang« vor Augen zu führen. Lesen Sie den Text noch einmal und stellen Sie sich die Aktionen Sequenz für Sequenz bildlich vor. Ich nehme an, Sie werden entdecken, daß jede Sequenz einen Bewegungs- oder Haltungswechsel der Schauspieler markiert. Wenn Erik zum Beispiel die Idee zu seinem Possenspiel kommt, dann bewegt diese Idee ihn gleichzeitig auf Anne zu (**einbeziehende Bewegung**), und in dem Moment, als Anne nervös und ängstlich wird, will sie sich von ihm zurückziehen (**distanzierende Bewegung**).

Erst die Schauspieler, dann die Kamera

Routinierte Regisseure beginnen die Dreharbeiten an einer Szene meistens damit, daß sie mit den Schauspielern zusammen die Szene durchstellen. Erst, wenn der Regisseur mit den Gängen, Aktionen und Aktivitäten zufrieden ist – wenn die Schauspieler sich damit wohlfühlen, wenn sie in ihrer Rolle sind und überzeugen und die Szene als ganze steht – erst dann richtet er die Kamera(s) ein, um das, was geschieht, in einzelne Einstellungen aufzulösen. Warum nicht umgekehrt? Warum nicht zuerst dynamische Kameraeinstellungen festlegen und die Positionen der Schauspieler daraufhin abstimmen? Weil – wir haben bereits früher darauf hingewiesen – der Zuschauer eine Beziehung zu *Menschen* eingeht. Seine Beziehung ist so eng, daß er für die Dauer des Spiels selbst zum Protagonisten wird. Jeder falsche Zungenschlag, jede Unglaubwürdigkeit in der Inszenierung oder Darstellung bedeutet eine Störung oder Blockierung dieser Wechselbeziehungen.

Während sich Regisseur und Team stets bewußt bleiben, wie entscheidend die Kamera ist, ist sie für den Durchschnittszuschauer lediglich ein Steinchen im großen Produktionsmosaik. Seine Wahrnehmung von Kamerapositionen, Einstellungen und Kamerabewegungen bleiben meist unbewußt. Erstaunlicherweise gilt das selbst für alte Hasen vom Fach. Auch sie verlieren sich als Zuschauer ganz leicht in einer Spielhandlung, vergessen zeitweise die technischen Aspekte völlig und tauchen in eine Phantasiewelt ein – bis eine ungewöhnliche Kamerabewegung oder eine auffällige Schnittfolge sie wieder herausreißt.

Wenn ein Regisseur zuerst die Kameraeinstellungen festlegt und nicht mit dem Arrangieren der Schauspieleraktivitäten beginnt, wirkt eine Inszenierung schnell gekünstelt. Die Bewegungen der Schauspieler, nun in einen festen Rahmen gezwungen, müssen sich den Erfordernissen des glasäugigen Monsters anpassen, statt sich frei und ungebunden aus den Gedanken und Emotionen der Figur zu entwickeln.

Die Hand des Regisseurs sollte unsichtbar bleiben. Aufgesetzte oder unmotivierte Aktionen stoßen das Publikum immer wieder darauf, daß die Menschen auf der Leinwand oder auf dem Bildschirm Schauspieler in Kostüm und Maske sind, die einen vom Drehbuch vorgeschriebenen Text vor aufgemalten Kulissen sprechen.

Unerfahrene Regisseure tun mit auffälligen Kameraeinstellungen und spektakulären Überdrehtheiten ihre Anwesenheit kund. Jede übertriebene Einstellung schreit: »Schaut mich an! Hier führe ich Regie!« Sie ziehen eine große Schau ab und zerstören damit die Show. Die Illusion geht verloren, weil sie dadurch, daß sie für sich Aufmerksamkeit fordern, das Publikum darauf hinweisen, daß alles nur trickreich erdachter, künstlicher Schein ist.

Ein Film mit guten schauspielerischen Leistungen und einer guten Regie kann trotz mittelmäßiger Kameraführung Erfolg haben, eine mittelmäßige Darstellung und Inszenierung verurteilt einen Film aber für gewöhnlich zum Scheitern, auch wenn die Kameraführung noch so brillant ist.

Erst kommen die Schauspieler, dann die Kamera!

Erst die Kamera, dann die Schauspieler

Ist es überhaupt jemals angebracht, etwas von der Kamera her zu entwickeln? Selbstverständlich. Es gibt sogar eine ganze Reihe von Situationen, die es erforderlich machen, daß der Regisseur seine Planung mit der Kamera beginnt.

Am Anfang eines Films oder einer einzelnen Sequenz braucht man oft eine *Orientierung.* Wo findet das Geschehen statt? Auf einem anderen Planeten? In einem Mietshaus? In einem U-Boot? Wenn Orientierung anfänglich wichtiger ist als Emotionen und Ideen, dann muß eine Einstellung gewählt werden, die das Publikum mit der Örtlichkeit bekannt macht. Diese Filmmeter geben oft den Hintergrund für die Vorspanntitel ab und stimmen auf die Atmosphäre des Films ein – wie die Ouvertüre zu einem Musical oder einer Operette.

Es gibt Fälle, in denen die Kamera einen *Plot Point* zu gestalten hat. Vielleicht muß die Einstellung auch den Wandschrank rechts hinter der Hauptdarstellerin mit ins Bild nehmen, in dem sich der Schurke versteckt hält. Vielleicht muß eine Szene auf einem Zigarrenstummel in einem Aschenbecher beginnen, weil man erfahren soll, daß der Schurke in diesem Raum gewesen

Kapitel 6 ▮ Schauspielerführung

ist. Vielleicht muß in einer Szene die Identität des Schurken noch verborgen bleiben. Dann kann für die Kamera eine spezielle Einstellung gewählt werden, die nur seinen Schatten zeigt, oder nur seine Beine oder seine Hand, an der er einen unverwechselbaren Ring trägt.

In Filmen oder Fernsehspielen, die gar nicht realistisch sein wollen, bleibt die Anfangseinstellung völlig freigestellt. Eine Farce zum Beispiel hat nur das eine Ziel, Lacher zu erhalten. Wenn man dazu unglaubwürdige Aktionen, lächerliche Sprechweisen oder optische Verzerrungen braucht, sei's drum. Sobald sich die Komödie aber von der Farce entfernt und näher an die Realität heranrückt (etwa eine Sitcom), wird Glaubwürdigkeit wieder ein wichtiger Faktor.

Manchmal werden Kameraposition und -einstellung von der Stimmung und der Atmosphäre einer Szene bestimmt, etwa wenn die Kamera auf einem offenen im Wind schlagenden Türflügel beginnt, um zu zeigen, daß stürmisches Wetter herrscht.

Manchmal erzwingen auch optische Effekte oder Tricks eine bestimmte Kameraposition. Vielleicht soll in eine Szene, nachdem sie abgedreht ist, eine brennende Fabrikhalle einkopiert werden. Um die Maske dafür einpassen zu können, muß die Kamera in einer festen Haupteinstellung bleiben. In solchen und anderen Fällen kann das szenische Arrangement der Schauspieler bei der Einrichtung nicht den Vorrang haben.

Ist eine Szene durchgestellt, in Einstellungen aufgelöst, geprobt und eingeleuchtet, müssen die Schauspieler zur Erhöhung der ästhetischen und/ oder dramaturgischen Wirkung häufig noch Kleinigkeiten an ihren Positionen und Gängen ändern, damit die vom Regisseur beabsichtigte Aussage zustande kommt. Manchmal behindert ein Schauspieler, der quer durch den Raum auf die Kamera zugeht, einen Kollegen oder wirft einen störenden Schatten. Jeder ausgebildete Schauspieler ist zu derartigen Änderungen in der Lage, ohne daß dies die Intensität seines Spiels beeinträchtigt. Wenn es darauf ankommt, daß ein Schauspieler eine bestimmte Position ganz genau einnimmt, dann sollte diese Position deutlich sichtbar mit Kreide oder Tape auf dem Boden markiert werden (Abb. 6.3).

Vorbereitung

Die meisten Regisseure planen die Einrichtung einer Szene im voraus, am Abend vor dem Dreh oder sogar noch früher. Worauf ich bereits hingewiesen habe und worauf ich ganz sicher noch des öfteren hinweisen werde: Das Qualitätsmerkmal guter Regisseure ist die sorgfältige Vorbereitung.

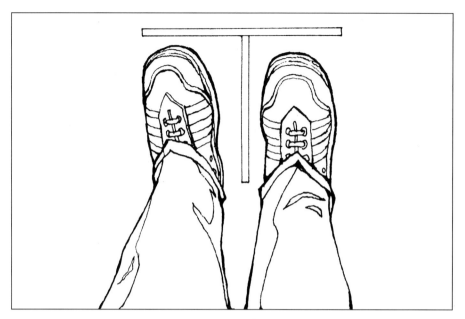

Abbildung 6.3 Die Positionen der Schauspieler werden häufig mit Kreide oder Tape auf dem Boden markiert. Zwei Streifen Tape in Form eines »T« helfen den Schauspielern, ihre Position genau zu »treffen«.

Während der – immer viel zu kurzen – Vorbereitungszeit hat der Regisseur die Motive für die Außendrehs ausgesucht, mit Produzent und Autor das Drehbuch und etliche Neufassungen durchgesprochen, Requisiten begutachtet, mit dem Kameramann und dem Technischen Leiter den Stil und das »Aussehen« des Films besprochen, die Hauptdarsteller und die Schauspieler für die Nebenrollen ausgewählt, die Dekorationen abgenommen, er hat über dem Drehbuch geschwitzt, Striche gemacht, die aus Kostengründen notwendig waren, und er hat für alle Rollen die Kostüme und die Entwürfe der Maskenbildnerin für Make-up und Frisuren abgenommen. Außerdem hat er hundert andere Sachen erledigt. Jeder Vorbereitungstag war voller Probleme. Wie immer sah es auch dieses Mal so aus, als werde das Projekt niemals von der Piste abheben.

Wenn der Regisseur dann schließlich mit den Dreharbeiten beginnt, kennt er jede Szene in- und auswendig. Besonders die Charaktere kennt er bis in jede Einzelheit. Jede Figur hat er gründlich untersucht, ihre Kindheit erforscht, weiß, wie sie spricht, wie sie geht, wie sie sich kleidet, wovor sie Angst hat und welche Autos sie fährt, er kennt ihre Beziehungen zu anderen Figuren und, falls nötig, ihre sexuellen Vorlieben.

Vom Szenenbildner erhält der Regisseur vor Produktionsbeginn von allen wichtigen Sets Grundrißzeichnungen und von allen wichtigen Motiven Photographien oder Skizzen. Damit kann er die Szenen für die Schauspieler und für die Kamera einrichten. Unweigerlich stellt er sich schon in der Vorbereitungsphase viele Schlüsselszenen bildhaft vor und hat im Kopf, wie sie ablaufen sollen. Es ist klar, daß sich daran noch manches ändert, sobald das Drehen beginnt und die Figuren Gestalt annehmen.

Wie eine Szene nun tatsächlich eingerichtet werden soll und ob alles wie vorgesehen bleiben kann, darüber wird meist am Vorabend des jeweiligen Drehtags entschieden. Mit den Grundrissen und dem überarbeiteten Drehbuch macht sich der Regisseur daran, die Aktionen und Tätigkeiten der Personen in jeder einzelnen Szene zu arrangieren. Ein Regisseur, besonders wenn er noch wenig Erfahrung besitzt, sollte sich zu jeder Szene Fragen folgender Art stellen:

1. Sind mir die Intentionen des Autors wirklich klar? Habe ich die Szene an der richtigen Stelle in den Handlungsverlauf eingeordnet? Welche Szene geht voraus, welche schließt an? Wie sehen die Übergänge aus? Handelt es sich um eine Schlüsselszene oder ist sie relativ unbedeutend?

2. Wann sind die Figuren zum letzten Mal aufeinandergetroffen? Was passierte damals? In welchem Verhältnis standen sie damals zueinander? Hat sich in der Zwischenzeit irgend etwas ereignet, das ihre Beziehung verändert haben könnte?

3. Was machen die Figuren, unmittelbar bevor die Szene einsetzt? Nimmt das, was sie vorher getan haben, Einfluß auf die Szene?

4. Was würden die dargestellten Personen normalerweise zu dieser Tageszeit in dieser Umgebung tun (gesucht wird eine logische *Aktivität* für die Szene)?

5. Wie ist der Gemütszustand der Figuren? Ändert er sich während der Szene? Wie beeinflußt er ihre Bewegungen, Gänge und Aktivitäten?

6. Was ist, Einstellung für Einstellung, der Punkt, um den es geht? Worauf liegt – in jedem einzelnen Augenblick – das Hauptgewicht? Wie kann ich die Aufmerksamkeit des Zuschauers mit dem angemessenen Nachdruck darauf lenken?

7. Aus welcher Position sieht der Zuschauer diese Szene? Wie kann ich Spannung (Suspense) erzeugen und die Szene so aufbauen, daß sie auf einen Höhepunkt zuläuft?

8. Wirft die Szene spezielle Probleme für die Kamera oder für die Lichtführung auf? Habe ich diese Probleme mit dem Kameramann oder dem Technischen Leiter durchgesprochen? Und ganz allgemein: Welche Kameraeinstellungen verlangt die Szene?

9. Läßt sich der Text flüssig sprechen? (Eigentlich sollte er bereits zu einem früheren Zeitpunkt durchgearbeitet worden sein, aber bei hektischen Fernsehproduktionen wird das oft versäumt.) Muß der Dialog noch an inzwischen vorgenommene Änderungen angepaßt werden?

10. Wieviel Zeit gebe ich mir, um die Szene abzudrehen? Es gibt beträchtliche Unter-

schiede, wieviel Zeit gebraucht wird, meist steht es in direktem Verhältnis zur Bedeutung, die der Szene im Drehbuch zukommt. Bei der Zeitplanung gibt es noch anderes zu berücksichtigen: Sonderfaktoren wie Nachtaufnahmen an Originalschauplätzen, Wetterrisiken oder technische Probleme, die mit Stunts, Hubschraubereinsätzen oder der Arbeit mit Tieren zusammenhängen.

Nachdem der Regisseur eine vorläufige Einrichtung erarbeitet hat, hält er sie als grobe Skizze im Drehbuch fest, in der Regel auf der leeren, dem Dialog gegenüberliegenden Seite. Beispiele für solche Skizzen zeigt Abb. 6.4. Während einige Regisseure mit wenigen Strichen einfach den Szenenablauf skizzieren, zeichnen andere detaillierte Pläne, in denen jedem Schauspieler eine eigene Farbe zugeordnet wird und sich jeder Gang in der Szene verfolgen läßt. Auch die Kamera bekommt eine eigene Farbe, selbst technische Ausrüstung und besonders wichtige Requisiten werden farbig eingetragen.

Der Regisseur hat das ganze Tagespensum sorgfältig vorbereitet. Er betritt das Studio und strahlt Zuversicht aus. Wie packt er die Proben an? Das ist sehr unterschiedlich; der Ablauf, den wir im Folgenden beschreiben, ist aber ziemlich typisch.

Während das Team zuschaut, geht der Regisseur mit den Schauspielern die Szene durch und probiert Schritt für Schritt das von ihm entwickelte Arrangement. Sind die Bewegungsabläufe und Gänge für die Schauspieler bequem, ergibt sich daraus die gewünschte dramatische Aussage? Daß der Regisseur eine Szene bereits auf dem Papier eingerichtet hat, heißt noch lange nicht, daß sie am Ende auch so gedreht wird. Das Ergebnis seiner Hausarbeit stellt manchmal die perfekte Inszenierung einer Szene dar, manchmal muß etwas geändert werden, manchmal war aber auch die ganze Mühe für die Katz. Schauspieler kommen oft mit hervorragenden Ideen. Dafür müssen aber die Gänge und Aktivitäten einer Szene komplett verändert oder zumindest angeglichen werden. Mit einem gut vorbereiteten Konzept im Rücken kann der Regisseur dann flexibel reagieren. Er kann die vorgeschlagene Variante objektiv beurteilen und muß nicht auf seiner einmal festgelegten Einrichtung beharren. Sind die Änderungsvorschläge nicht geeignet, muß er fest bleiben, auf seinen ursprünglichen Instinkt setzen und zum eigenen Inszenierungskonzept zurückkehren.

Das Probieren einer Szene in der Dekoration beginnt normalerweise damit, daß sie inhaltlich kurz durchgesprochen wird, dann folgt das Ausloten des szenischen Arrangements. Die Schauspieler probieren verschiedene Verhaltensmuster, ertasten sich selber einen richtigen Weg, lassen sich auf die emotionale Entwicklung der Szene ein und verarbeiten dabei auch die Vorschläge des Regisseurs.

Kapitel 6 ▌ Schauspielerführung

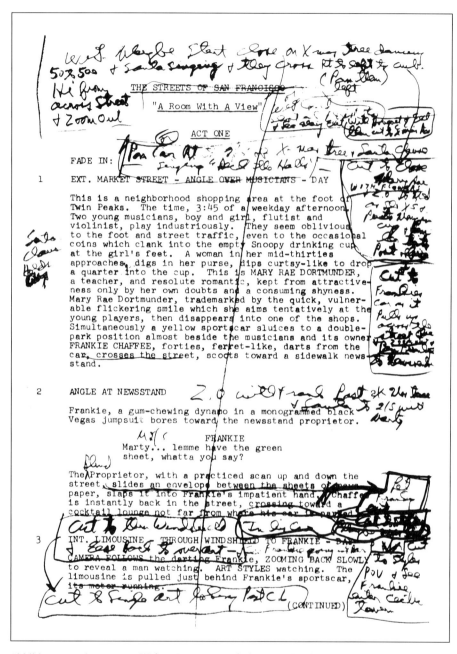

Abbildung 6.4 Auszug aus Walter Graumans Arbeitsexemplar des Drehbuchs zu einer Folge von »Die Straßen von San Francisco«. Man ahnt, wieviel Aufmerksamkeit der Regisseur Details widmet und wie komplex Inszenierungsprobleme sein können. Die folgende Skizzen wurden auf eine Rückseite gezeichnet. Aus dem Drehbuch für »Zimmer mit Aussicht« von Del Reisman und Cliff Gould.

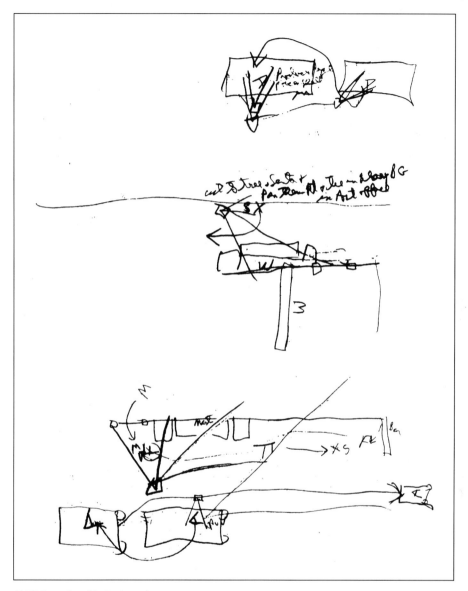

Abbildung 6.4 (Fortsetzung)

Wenn Schauspieler ihrem Instinkt folgen und ihre Gänge, Aktionen und Aktivitäten selbst entwickeln, stelle sich, so Regisseur Walter Grauman, häufig heraus, daß ihr Arrangement auf das hinausläuft, was er sich am Abend vorher zu Hause ausgedacht hat. Es gibt Schauspieler, die sich sicherer fühlen, wenn sie ihre Gänge und Positionen selbst entwickeln. Andere ziehen es vor, einem Regisseur zu folgen, der sie führt. *Alle* Schauspieler aber

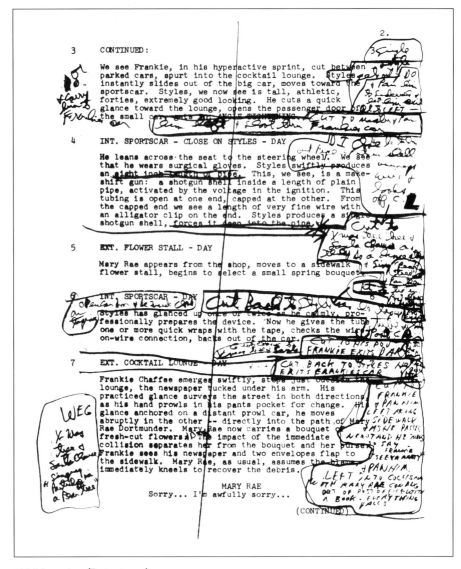

Abbildung 6.4 (Fortsetzung)

brauchen die Sicherheit eines Regisseurs, der die Szene durchgearbeitet hat und Lösungen anbieten kann, wenn Fragen und Probleme auftauchen. (Zur Probentechnik siehe auch Kapitel 5.)

Wenn Regisseur und Schauspieler mit dem Arrangement der Szene einverstanden sind, werden die Positionen der Schauspieler auf dem Boden markiert, und der Regisseur spricht mit dem Kameramann die Einstellungen durch. Auch ihm gibt ein erfahrener Regisseur nicht nur Anweisungen, sondern er ermutigt ihn normalerweise, Vorschläge zu machen; oft kommen von Kameraleuten ausgezeichnete Ideen, wie sich Szenen visuell erschließen lassen.

Jetzt verlassen Regisseur und Schauspieler den Set, sie machen Platz für Kameracrew und Beleuchter. Lichtdoubles nehmen zum Einleuchten den Platz der Hauptdarsteller ein, während der Regisseur in einer ruhigen Ecke mit den Schauspielern den Dialog der Szene durchgeht. Sie sprechen über das dramatische »Rückgrat« der Szene, das emotionale Beziehungsgeflecht der Figuren, ändern einzelne Ausdrücke oder feilen an sperrigen Sätzen.

Manchmal setzt der Regisseur bei Fernsehaufzeichnungen (bei Filmproduktionen seltener) vor Beginn der Produktion Leseproben für das gesamte Ensemble an. Alle, auch Produzent und Autor, sitzen um einen Tisch herum und lesen und interpretieren intensiv den Text. Manchmal stehen für Leseproben mehrere Tage zur Verfügung. Szenen, die nicht richtig funktionieren, oder schlecht sprechbare Passagen gehen an den Autor zurück, der sie dann umschreibt. Auch Probleme in der Charakterisierung einzelner Figuren und in ihren Beziehungen untereinander werden so im Vorfeld schon aus dem Weg geräumt, was zumindest etwas Druck aus dem Produktionszeitplan herausnimmt.

Sobald der Set eingeleuchtet ist, beginnen Regisseur und Schauspieler mit den abschließenden Proben. Jetzt ist die Kamera dabei. Damit gibt es eine neue Aufgabe für den Regisseur: Er muß entscheiden, wann die Schauspieler »in der Szene drin« sind, wann sie ihre Höchstform erreicht haben und wann das Zusammenspiel mit der Kameracrew perfekt ist. In der Regel verlangt ein Regisseur von seinen Darstellern nicht, daß sie bereits während der Probe Bestleistungen vollbringen. Die meisten Schauspieler halten sich ohnehin zurück, weil sie ihren vollen Einsatz für die Aufnahme aufsparen. Sie wollen den Gipfel nicht zu früh erreichen, da sie die gewonnene Intensität womöglich nicht wieder erreichen können. Es gibt Profis, die berüchtigt dafür sind, sich immer bis zu den Großaufnahmen zurückzuhalten. Auf diese Weise, hoffen sie, steigen die Chancen dafür, daß ihre Großaufnahmen in der Endfassung des Films enthalten sein werden.

Hat ein Schauspieler ein Problem mit der Darstellung oder seinem Text, bringt ihn ein erfahrener Regisseur nicht dadurch in Verlegenheit, daß er ihn vor aller Welt korrigiert. Er wird ihn in aller Ruhe beiseite nehmen und das Problem mit ihm durchgehen. Ebenso spricht er, wenn er mit der Arbeit eines Mitglieds der Kameracrew nicht ganz glücklich ist – eine Dollyfahrt war zu schnell, ein Schwenk war zu langsam –, ganz ruhig nur mit dem verantwortlichen Kameramann, der die Probleme und Änderungswünsche dann wiederum mit dem Mitglied seiner Crew erörtert.

Kapitel 6 ▮ Schauspielerführung

Sobald alle für einen »Take« bereit sind, werden letzte Korrekturen am Licht vorgenommen. Maskenbildner und Friseure stürzen schnell noch einmal in den Set und sorgen dafür, daß das Outfit der Schauspieler stimmt und kameragerecht ist.

Der Regieassistent ruft den Film und den Ton ab. Hat die Tonmaschine ihre Aufnahmegeschwindigkeit erreicht, kommt vom Regisseur das Wort **»Action«** oder **»Bitte«**. Die Aufnahme beginnt. Es können mehrere Takes notwendig werden, ehe der Regisseur das Gefühl hat, die Szene sei gelungen. Dann weist er den Kamera-Assistenten an, diesen Take als »Kopierer« einzutragen. Normalerweise legt der Regisseur danach neue Kamerapositionen fest, um die Einstellungen für die einzelnen Schnitte zu drehen. Dazu löst er die Haupteinstellung (Master) in Zweiereinstellungen, Großaufnahmen oder in andere, für die Dramaturgie notwendige Einstellungsgrößen auf.

Zusammenfassung

■ Elia Kazans »Letztlich besteht Regie darin, Psychologie in Verhalten zu übersetzen« faßt dieses Kapitel zusammen. Anders als die Zuschauer meinen, sind die Gänge und Gesten der Schauspieler in einer Szene nicht spontan, ihnen liegt ein ausgefeiltes Drehbuch, das Konzept eines Regisseurs und sorgfältige Probenarbeit zugrunde. Die Arbeit, bei der Regisseur und Schauspieler auf dem Set entwickeln, wer warum was wann wo und wie zu tun oder zu sprechen hat, wird *stellen* oder *arrangieren* genannt.

■ Die Aktionen einer Figur bringen meist deren Gedanken und Emotionen besser zum Ausdruck als ihr Text. In vielen Szenen ist der Dialog gegenüber dem, was sich aus den Aktionen herauslesen läßt, nebensächlich. Aktionen erfordern eine größere Beteiligung des Zuschauers, da er ihre Bedeutung erschließen muß.

■ Zum Spiel gehörende Tätigkeiten, beispielsweise Haare kämmen oder Drinks mixen, nennt man *Aktivitäten*. Aktivitäten machen eine Szene realistischer, sie sollten aber zugleich immer auch Facetten der Persönlichkeit desjenigen zum Ausdruck bringen, der sie ausführt, oder die Szene voranbringen und zuspitzen.

■ Zur Aufgabe eines Regisseurs gehört es, Aktionen zu erfinden, in denen die Gedanken und Emotionen der Figuren zum Ausdruck kommen. Oft gelingt das durch Symbole. Wie eine junge Frau mit dem Stofftier umgeht, das ihr Freund ihr geschenkt hat, zeigt beispielsweise, was sie für ihn empfindet. Wirft sie das Tier in die Mülltonne, wirft sie gleichsam auch ihn auf den Müll.

■ Wenn Figuren in einer Szene ihre Positionen verändern, gibt es dafür normalerweise ein *inneres Motiv*. Motivationen lassen sich in drei Kategorien unterteilen: Einbeziehung, Distanzierung oder emotionaler Aufruhr. *Einbeziehung* treibt eine Person auf andere zu, das geschieht entweder aggressiv oder suchend, also aus

Gefühlen wie Wut oder Liebe. Ihr Zugehen kann auch dem Bedürfnis nach einem Objekt oder einer Information entspringen. *Distanzierung* meint Rückzug, Bewegung weg von anderen Personen; dahinter stehen im allgemeinen Gefühle wie Angst, Haß oder Wut. Personen ziehen sich oft auf bestimmte Aktivitäten zurück. *Emotionaler Aufruhr* ist eine ungerichtete Bewegung und wird ausgelöst durch Ängstlichkeit oder Nervosität. Nichtgerichtete Bewegung kann auch durch Drogen, Alkohol oder durch eine Psychose hervorgerufen werden.

- Bewegungen und Gänge müssen nicht immer psychologisch motiviert, sie können auch von Einflüssen bestimmt sein, die *außerhalb* des Charakters liegen. Solche Bewegungen sind meist vom Drehbuch vorgegeben. Es verlangt vom Schauspieler, daß er telefoniert, küßt, tötet, sich aus- oder anzieht. Solche Aktionen sind notwendig, um die Geschichte zu erzählen. Es gibt noch eine zweite Art nichtpsychologischer Gründe für Bewegungen und Gänge: Mit Bewegungen und Gängen kann man auch dramatische Akzente setzen.
- Auf der Theaterbühne werden durch die Wahl unterschiedlicher Positionen Gewichte erteilt. Ein Bühnenregisseur gibt einem Schauspieler dadurch Gewicht, daß er ihn nach vorne an die Rampe kommen läßt, daß er ihn in die Mitte der Bühne stellt, daß er ihn in Richtung zum Publikum spielen läßt, daß er ihn durch Kostüm, Licht etc. von den anderen Darstellern abhebt oder ihn räumlich von ihnen trennt und isoliert. Viele dieser Inszenierungstechniken sind auch beim Fernsehen oder Film brauchbar, wobei die Kamera den Platz des Theaterpublikums einnimmt.
- Welche Position Personen innerhalb eines Bildrahmens in bezug zueinander einnehmen, symbolisiert häufig auch ihre emotionale Beziehung zueinander. Figuren, die emotional weit voneinander entfernt sind, stehen oft auch räumlich weit voneinander entfernt: Die äußere Situation spiegelt die innere.
- Bei der Inszenierung einer Szene stellt der Regisseur sie in der Regel mit den Schauspielern durch, *bevor* er die Kamerapositionen und -einstellungen festlegt. Der Grund: Was *vor* der Kamera passiert, ist für die Zuschauer wichtiger als die Arbeit der Kamera.
- Die Belange der Kamera können auch Vorrang haben: Wenn das Publikum eine Orientierung (am Anfang eines Films oder einer Sequenz) bekommen soll, wenn ein Plot Point gestaltet oder eine bestimmte Stimmung oder Atmosphäre hergestellt werden muß oder um photographisches Ausgangsmaterial für Tricks und optische Effekte zu drehen.
- Sorgfältige Vorbereitung ist das Kennzeichen des guten Regisseurs. Die Vorbereitungsphase erreicht ihren Höhepunkt am Abend vor dem Dreh. Der Regisseur legt für jede Szene des folgenden Drehtags die Inszenierung fest, arrangiert die Aktionen der Schauspieler (oder überarbeitet seine bereits früher entworfenen Einrichtungen) und kontrolliert alle Vorbereitungen für den kommenden Tag.
- Bei der Probe auf dem Set schlägt der Regisseur die Gänge und Aktionen vor, es sei denn, die Schauspieler finden ihre Positionen und Aktionen lieber selbst, indem sie sich von der emotionalen Schubkraft der Szene leiten lassen. Gleichgültig, wie vorgegangen wird, der Regisseur sollte immer vorbereitet sein.

Kapitel 6 ∎ Schauspielerführung

Übungen

1. Die neunzehn Jahre alte Stephanie fürchtet, unheilbar an Krebs erkrankt zu sein und sterben zu müssen. Welche Aktivitäten, die ihre Angst sichtbar machen, können Sie für Stephanie erfinden? Sie ist allein in ihrer Wohnung.

2. Schreiben Sie den Text für ein Telefongespräch, in dem Stephanie ihre Ängste hinter Fröhlichkeit versteckt und ihrer überfürsorglichen Mutter von ihren Erfolgen an der Hochschule berichtet. Finden Sie für die junge Frau eine Aktivität während des Telefonierens, die ihre aufgesetzte Fröhlichkeit Lügen straft. Die Mutter müssen wir nicht hören.

3. Finden Sie Aktivitäten, die den dramatischen Gehalt der folgenden Szenen steigern:
   a. Ein junger Mann versucht, eine schüchterne junge Frau dazu zu bewegen, ihm ihre Liebe zu gestehen.
   b. Eine Mörderin versucht, ihren Freund einzuschüchtern und ihn schwören zu lassen, über ihr Verbrechen Stillschweigen zu bewahren.
   c. Ein achtjähriger Junge versucht, vor seiner Mutter eine Vase zu verstecken, die er zerbrochen hat. Wenn Sie wollen, können Sie daraus eine Komödie machen.

4. Schauen Sie sich eine Familienserie an. Machen Sie sich eine Liste von den (a) Bewegungen der Einbeziehung, (b) Bewegungen der Distanzierung und (c) der beziehungslosen Bewegungen. Versuchen Sie ein Beispiel dafür zu finden, wie sich eine Figur auf eine Aktivität zurückzieht.

5. Richten Sie auf dem Papier die folgende Szene zwischen Aschenputtel (Cinderella – Cindy) und ihrer Stiefmutter ein: Cinderella möchte auf den Ball gehen. Ihre Stiefmutter weigert sich, sie gehen zu lassen. Denken Sie beim Arrangieren an die einbeziehenden und abwehrenden Bewegungen und Gänge und an symbolische Beziehungen (Positionen im Raum, die eine emotionale Position ausdrücken). Sie sollen nicht den Dialog schreiben. Die Szene soll drei Sequenzen aufweisen: (a) Cindy bittet inständig, die Stiefmutter lehnt ab, (b) Cindy kommt eine rettende Idee (mit ihrer Patentante, der guten Fee, zu telefonieren) und versucht, ihre Aufregung darüber zu verbergen, (c) ihre Stiefmutter, plötzlich mißtrauisch, fragt Cindy, was sie vorhat. Die Szene soll in der Küche spielen. Zeichnen Sie eine grobe Skizze mit den Gängen und Positionen innerhalb einer Küchendekoration.

6. Arrangieren Sie für die folgende Szene die Aktionen der Personen, aber zeichnen Sie diesmal die wichtigsten Augenblicke als Bilder für ein **Storyboard:** eine Folge von Skizzen (Bildkader) im Bildschirmformat 4:3. Jedes Bild zeigt einen entscheidenden Moment einer Szene, *wie ihn die Kamera sieht*. Zeichnerisches Talent wird nicht verlangt. Abb. 6.5 zeigt typische Storyboard-Bilder.
   Dies ist eine anspruchsvolle Aufgabe. Nehmen Sie sich ruhig Zeit. Wie sieht das Szenenbild aus? Welche Gänge, welche Aktionen machen Ihre Figuren innerhalb der Dekoration? Welche Requisiten brauchen Sie, um aus ihnen Aktivitäten ableiten zu können, die Verborgenes offenlegen? Ihr Storyboard sollte mindestens

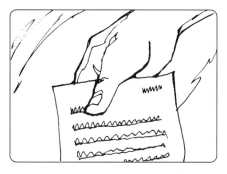 

Abbildung 6.5 Typische Storyboard-Bilder

zehn entscheidende Momente festhalten. Überlegen Sie, wo Sie Ihre Kamera für die gewählten Einstellungen hinstellen werden.

Wenn Sie sich in Ihrer Phantasie eine konkrete Vorstellung von der Szene gemacht haben (Sie können natürlich mit Notizen und Skizzen arbeiten), zeichnen Sie die Storyboard-Bilder mit einem Kugelschreiber oder einem Filzstift. Nachdem Sie ein Bild fertig haben, beschreiben Sie auf der Rückseite die Aktion, die das Bild zeigt.

Achtung: Mit dem Wort **Filter** ist der dünne metallische Klang einer Telefonstimme gemeint (siehe Glossar).

Das luxuriös eingerichtete Büro der Präsidentin von Bronwood Pharmaceuticals; Amelie Ashley, 29 Jahre alt, schüttelt sich aus einem Fläschchen zwei Aspirin in die Hand und spült sie mit einem Glas Wasser hinunter. Ihr Geschäftspartner John Lynch, 31 Jahre alt, betritt das Büro.

AMELIE
Weißt du nicht mehr, wie man anklopft?

JOHN

Klopfst du an, wenn du in mein Büro kommst? Hör zu, wir
haben ein Problem.

AMELIE

Das muß warten.

JOHN

Tut mir leid, das kann nicht warten.

AMELIE

Mir tut's auch leid, aber ich habe Kopfschmerzen. Ein ander-
mal, okay?

JOHN

Du wirst noch viel stärkere Kopfschmerzen haben, wenn ich
fertig bin.
(schaltet die Gegensprechanlage aus)

AMELIE

Was, zum Teufel, machst du?

JOHN

Ich will sicher sein, daß uns im Vorzimmer niemand zuhört.

AMELIE

Ganz schön melodramatisch. Hat Erika einen Detektiv angeheuert, der hinter uns herspioniert?

JOHN (reicht ihr den Bericht rüber)

Das ist gerade aus dem Labor gekommen. Unsere letzte
Sendung Diahexen war verunreinigt.

AMELIE

Toxisch?

JOHN

Der Chemiker sagt, es greift das Nervenzentrum an. Erblin-
den sei von allem, was passieren könne, noch das Ange-
nehmste.

AMELIE

Wie . . . wieviel sind davon in den Versand gegangen?

JOHN

Nur vier Kisten. Genug, um hundert Menschen blind werden
zu lassen.

AMELIE
Wohin sind die Kisten gegangen?

JOHN
Zwei in den Osten, eine nach Kanada. Die andere ist hier in
der Stadt ausgeliefert worden. Ich habe für das Gesundheitsamt einen Rückruf vorbereitet. Wir haben die Suchmeldungen bis zum Mittag raus.

AMELIE
Nein!

JOHN
Das ist der schnellste Weg, Amelie. Das Amt schickt ein
Telex raus. Und unsere Suchmeldungen werden . . .

AMELIE
Ich sagte: Nein! Vergiß deine Meldung fürs Gesundheitsamt,
vergiß die Suchmeldungen.

JOHN
Bist du verrückt? Der Stoff ist giftig.
(Pause)
Was soll ich deiner Meinung nach tun?

AMELIE
Telefoniere unter der Hand ein bißchen herum und hol das
Zeugs wieder zurück, aber ohne Öffentlichkeit. Keinen
Wirbel, keine Panik! Es geht niemanden etwas an, <u>warum</u>
wir es zurückrufen.

JOHN
Angenommen, wir kriegen nicht alles zurück, was dann?
Wenn der Stoff bei uns erst mal raus ist, haben wir keine
Kontrolle mehr, was damit passiert. Laß mich um Himmels
willen die Behörden verständigen, Amelie.

AMELIE
Tut mir leid, lieber Kollege, aber meine Antwort ist:
Nein! Als du mir diesen Stuhl angeboten hast, warst du
auch damit einverstanden, daß ich das letzte Wort habe.
So ist das bisher auch ausgezeichnet gelaufen – oder
nicht?

Kapitel 6 ▮ Schauspielerführung

JOHN

Bisher! – Aber jetzt ... du bist dabei, russisches Roulette zu spielen.

AMELIE

Ein Glücksspiel, na und? Als Spieler sind wir doch beide keine Anfänger mehr, oder?

JOHN

Ich werde da nicht mitmachen.

AMELIE

Doch, du wirst! Was ist mit dem Chemiker? Weiß er Bescheid?

JOHN

Er weiß nur, daß der Stoff verunreinigt ist. Er weiß nicht, daß er schon ausgeliefert wurde.

AMELIE

Gut. Dann ist der Fall erledigt.

JOHN

Nichts ist erledigt. Ich besitze genauso viele Anteile an dieser Firma wie du. Und ich werde, solange wir das verhindern können, nicht riskieren, daß Menschen blind werden. Diesmal bist du überstimmt!

AMELIE

Wenn du das Gesundheitsamt informierst, dann – ich schwör's dir, so wahr mir Gott helfe – dann erzähle ich Erika unsere ganze Geschichte. Ich ruiniere deine Ehe, wie du die Firma ruinierst.

JOHN

Das glaube ich dir nicht.

AMELIE

Es liegt bei dir, John. Willst du Eigentümer der Hälfte einer millionenschweren Firma sein, mit Sondergratifikationen ... oder willst du das sofortige Desaster? Entscheide dich!

Das Telefon klingelt. Amelie hebt ab.

STIMME DER SEKRETÄRIN (Filter)
Dr. Feldmann ist in der Leitung.

AMELIE
Danke.
(sie drückt einen Knopf)

FELDMANNS STIMME (Filter)
Hallo, Amelie, ist es Ihnen recht, wenn wir unseren Termin
auf morgen verschieben? Ich habe einen Notfall.

AMELIE
Ich hatte gehofft, heute zu Ihnen kommen zu können. Ich
habe wieder diese Kopfschmerzen . . .

FELDMANNS STIMME (Filter)
Das wundert mich aber. Besonders nach der Spritze, die ich
Ihnen am Montag gegeben habe. Diahexen bewirkt angeblich
Wunder.

AMELIE
Was . . . was haben Sie gesagt?

FELDMANNS STIMME (Filter)
Diahexen. Wir hatten gerade eine Sendung von Ihrer Firma
reinbekommen. Sie waren sogar die erste, die ich damit behandelt habe.

Amelie läßt den Hörer sinken.

JOHN
Was ist los?

AMELIE (nach einer Weile)
Sag . . . sag beim Gesundheitsamt, sie sollen die Meldung per
Telex rausposaunen.

John starrt sie einen Moment lang an, er weiß nicht recht, was
er tun soll. Dann stürzt er hinaus. Entsetzt und verstört schüttelt Amelie ihren Kopf.

Kapitel 6 ∎ Schauspielerführung

7
Kameraführung

> Man muß Bilder so komponieren wie die alten Meister, mit der gleichen Leidenschaft, mit der sie vor der Leinwand um Wirkung und Ausdruck gerungen haben.
> *MARCEL CARNÉ*[1]

Die Kamera hat drei Grundfunktionen. Die erste liegt auf der Hand: *Die Kamera photographiert das Geschehen.* Sie erzählt die Geschichte, sie zeigt, was passiert. Wenn sie diese Funktion schlecht erfüllt, will das Publikum von den beiden anderen Funktionen gar nichts mehr wissen, sondern steht auf und geht.

Die zweite Funktion hat mit dem Thema des vorhergehenden Kapitels zu tun. Die Kamera steuert die Aufmerksamkeit, sie zeigt auf das Bedeutsame, drängt das Unwesentliche in den Hintergrund oder blendet es ganz aus. Sie bringt bedeutungstragende Elemente in eine Ordnung abgestufter Wirkungsgrade, kurz: *Die Kamera schafft angemessene Gewichtung.* Die Erörterung der Gewichtungstechniken für die Kamera setzt die Untersuchung über die Gewichtungstechniken in der Schauspielerführung (Kapitel 6) fort.

Die dritte Kamerafunktion ist weniger augenfällig, als es die ersten beiden sind: *Die Kamera schafft Stimmung und Atmosphäre.* Jeder Aspekt der Kameraarbeit macht, mehr oder weniger unterschwellig, eine genau bestimmbare dramaturgische Aussage, die zur Beeinflussung der emotionalen Reaktion des Publikums beiträgt.

Im folgenden wird nicht auf die technischen Aspekte der Arbeit mit der Kamera eingegangen. Schon im Vorwort habe ich darauf hingewiesen, daß dieses Buch kein Produktionshandbuch sein kann (würde ich auch die technischen Aspekte der Film- und Fernsehproduktion erörtern, müßte dieses Buch den doppelten, wenn nicht dreifachen Umfang haben). Dieses Kapitel setzt sich mit den drei Grundfunktionen der Kamera auseinander:

- **DAS GESCHEHEN PHOTOGRAPHIEREN:** Diskussion der unterschiedlichen Methoden, wie ein Geschehen in einzelne Einstellungen aufgelöst werden kann. Wir untersuchen detailliert die Haupteinstellung (Master Angle) und erörtern an

Teil 2 ▮ Fiction

einem konkreten Beispiel, wie eine dramatische Szene photographiert werden könnte.

- ■ DIE RICHTIGE GEWICHTUNG: Die Gewichtungstechniken der Kamera werden unter den Begriffen Nähe, Vereinzelung, Position, Dauer, Wechsel und Bildkomposition diskutiert.
- ■ STIMMUNG UND ATMOSPHÄRE: Wie beeinflussen Kameraposition, Kamerabewegung, Objektive und Filter die Zuschaueremotionen und welche Schlußfolgerungen ergeben sich daraus?

Das Geschehen photographieren

Die einfachste Methode, eine Spielszene zu filmen, wäre, eine Kamera in einiger Entfernung von den Schauspielern aufzustellen und das gesamte Geschehen in einer festen weiten Einstellung aufzunehmen. Genau so haben die Pioniere des Films zunächst die Stummfilme gedreht. Als hätte die Kamera, auf einen Sitz in der vierten oder fünften Reihe montiert, ein Theaterstück mitgefilmt, wurde das Geschehen wie in einem Guckkasten durch einen **Proszeniumsbogen** hindurch photographiert. Schauspieler bewegten sich von einer Seite zur anderen durch das Bild, kamen selten, wenn überhaupt, auf die vordere Bühne, also nah an die Kamera heran und hielten sich auch nur selten im hinteren Bereich auf. Zwangsläufig wurden sie von Kopf bis Fuß abgebildet oder waren Teil einer noch größeren Totalen. Als David Wark Griffith versuchte, seine Kamera näher an die Schauspieler heranzubringen, schrie sein Produzent Zeter und Mordio. Nie würden die Zuschauer sich mit einem halben Schauspieler zufriedengeben.[2]

Die Kreativität siegte. Griffith entdeckte, daß eine größere Einstellung nicht nur die Mimik und mehr Details deutlicher zeigt, sondern auch mehr Ausdruckskraft gewinnt. Holte man die Kamera aus der vierten Reihe heraus und stellte sie »auf die Bühne«, also mitten in die Szene hinein, wurden das Geschehen sofort dynamischer und die Einstellungen interessanter. Der Zuschauer wurde zum *Teilnehmer* an dem sich entfaltenden dramatischen Geschehen, er blieb nicht länger bloß Betrachter.

Die meisten Produktionsmethoden und -techniken, mit denen die heutigen Regisseure arbeiten, wurden von den Filmpionieren in den ersten Jahrzehnten des zwanzigsten Jahrhunderts erfunden: Kamerafahrten, Schwenks, **Bildteilung** (split screen), **Trickblenden** und Überblendungen. Aus dem stetig wachsenden Hollywood wurde die Welthauptstadt des Films, und die Filmherstellung entwickelte sich zur Massenproduktion. Der Ausstoß dieser Industrie stieg von Jahr zu Jahr. Damit setzten sich in der Filmproduktion Routinen und formale Standards durch. Die meisten Szenen begannen mit

Kapitel 7 ▮ Kameraführung

einer Totalen (wenn der Produzent schon 10 000 Dollar für ein Szenenbild hingeblättert hatte, dann wollte er, zum Donnerwetter, auch, daß das Publikum es zu sehen bekam). Nach und nach, mit dem schrittweisen Aufbau der Spannung, rückte die Kamera mit ihren Einstellungen immer näher an das Geschehen heran, bis sie, auf dem Höhepunkt der Szene, gewöhnlich bei der Großaufnahme anlangte.

Das war, von der Jahrhundertwende über die zwanziger bis in die dreißiger Jahre hinein, das Hollywood-Grundmuster, wie man eine Geschichte filmt. Und so wird das meistens auch heute noch gemacht.

Die Bandbreite der Kameraeinstellungen

Handlung photographieren, eine Geschichte mit der Kamera erzählen, kann man auf tausenderlei Weise; das hängt ab von der individuellen Handschrift des Regisseurs und den dramaturgischen Anforderungen jeder Szene. Einige Regisseure (besonders jene, die ihr Handwerk in den frühen Tagen des Live-Fernsehens erlernt haben) vermeiden es, häufig in unterschiedliche Einstellungen umzuschneiden. Sie ziehen eine fließende Bewegung, mit der die Kamera das Geschehen innerhalb des Sets verfolgt, vor.

Andere Regisseure drehen eine Szene zunächst in einer einzigen **Haupteinstellung** (Master Angle, Master Shot), womit gemeint ist, daß eine Einstellung die gesamte Handlung der Szene abdeckt (covert). Meistens ist die Haupteinstellung eine weite Einstellung. Danach lösen sie die Szene in nähere und größere Einstellungen auf: in **Naheinstellungen,** in **Schüsse über die Schulter** und in **Großaufnahmen.** Der Cutter baut aus diesen Einzelteilen dann eine sich steigernde Struktur, er klebt die unterschiedlichen Einstellungen zusammen und unterschneidet dabei die totaleren Einstellungen mit Nah- und Großaufnahmen, um die größtmöglichen dramatischen Effekte zu erzielen. Für solche sich gegenseitig ergänzenden Einstellungen von einer Szene steht der englische Begriff **Coverage,** für den es im Deutschen keine Entsprechung gibt. Beim Fernsehen mit seinen festen Sendeplänen ist Coverage unentbehrlich, denn nur damit kann der Cutter das Material auf die vorgegebene Sendelänge bringen.

Das »Covern« der Handlung durch unterschiedliche Einstellungen gibt dem Cutter außerdem größeren Spielraum für das Setzen dramaturgischer Akzente. Coverage erlaubt, eine Szene zu straffen, die zu langsam ist, oder Augenblicke zu dehnen, die hervorragend gelungen sind. Schlecht gesprochener oder überflüssiger Text kann herausgenommen werden, und man kann ausgezeichnete Schauspieler herausstellen und schlechte verstecken. In erster Linie ist Coverage aber eine der Techniken zur dramaturgischen Gewichtung. Damit habe ich mich bereits in Kapitel 6 beschäftigt, in diesem Kapitel werde ich noch einmal darauf zurückkommen.

Kameraprogression

Wenn Sie das nächste Mal ins Theater gehen, achten Sie einmal auf das, was mit Ihrer Aufmerksamkeit geschieht. Sie haben Ihren Sitzplatz eingenommen und blättern in Ihrem Programm, da bemerken Sie, daß der Mann neben Ihnen einen fürchterlichen Husten hat. Unwillkürlich wenden Sie sich von ihm ab. Die Frau vor Ihnen trägt eine Turmfrisur, die fast die gesamte Bühne verdeckt. Um besser sehen zu können, neigen Sie sich nach links. Zwei Reihen vor Ihnen sitzt ein junges Pärchen, das sich küßt und schmust. Sie versuchen, nicht hinzusehen. Wenig später verlischt das Licht, der Vorhang geht auf, und das Stück beginnt.

Ganz allmählich, während die Schauspieler die Personen des Stückes und deren Probleme vorstellen, wächst Ihr Interesse. Sie vergessen den Mann mit dem Husten, Sie bemerken die Turmfrisur nicht mehr, und Sie denken auch nicht mehr an das knutschende Paar. Während ein kleiner Teil Ihres Bewußtseins im Zuschauerraum zurückbleibt und weiß, daß Sie sich eine Theatervorstellung ansehen, bewegt sich der größere Teil Ihres Bewußtseins immer näher an die Bühne heran (»die Kamera fährt darauf zu«).

Zunächst sind Sie damit beschäftigt, sich mit dem Bühnenbild vertraut zu machen und herauszufinden, wer die Personen sind und wie sie zueinander stehen. Sobald Sie tiefer in das Stück hineingezogen worden sind, hängt sich Ihre Aufmerksamkeit mal an den einen und mal an den anderen Schauspieler. Ihre Konzentration wächst, Sie richten Ihre Aufmerksamkeit verstärkt auf die einzelnen Gesichter. Ihre Aufmerksamkeit hat sich gewissermaßen von einer **Totalen** über eine Naheinstellung bis zu den individuellen Großaufnahmen an das Geschehen herangewegt. Wenn der Vorhang am Ende des ersten Aktes fällt, »fahren Sie zurück«, wenn auch widerwillig, bis Sie wieder auf Ihrem Platz im Zuschauerraum sitzen. Wenn die Beleuchtung angeht, bemerken Sie wieder den hustenden Mann neben sich und die anderen Menschen um sich herum. Sie hatten Ihre Umgebung völlig vergessen.

Wenn Sie Ihr Verhalten während einer Theatervorstellung oder bei anderen dramatischen Darbietungen beobachten, dann können Sie die psychologische Stimmigkeit der Kameraprogression erkennen, die Hollywood bereits vor so vielen Jahren eingeführt hat. Dadurch, daß der Regisseur eine Abfolge stetig näherrückender Einstellungen schafft, vollzieht er die Bewegung nach, die im Bewußtsein des aufmerksamen Beobachters abläuft.

Kapitel **7** ▪ Kameraführung

Könnten Sie die Augen der Leute beobachten, die um Sie herum im Theater sitzen, würden Sie sehen, wie sie zwischen den Schauspielern pendeln und wie die Aufmerksamkeit immer dorthin springt, wo es gerade am dramatischsten zugeht. Wenn zum Beispiel eine Frau ihrem Ehemann erzählt, daß sie ihn wegen eines anderen Mannes verläßt, schaut das Publikum automatisch zu ihm, um zu sehen, wie er reagiert. Regisseur und Cutter versuchen, dieses instinktive Wahrnehmungsmuster nachzuvollziehen: *Sie zeigen dem Zuschauer, was er sehen will.*

Wenn ein Regisseur zwischen mehreren Personen hin und her schneidet, geht es um zweierlei: erstens, dem Zuschauer zu zeigen, was dieser sehen will, und zweitens, dem Zuschauer zu zeigen, was er, der Regisseur, ihn sehen lassen will. In jeder Szene wechselt der Interessenschwerpunkt viele Male. Regisseur und Cutter versuchen zu erahnen, worauf der Zuschauer seine Aufmerksamkeit richten wird. Dabei lassen sie sich von ihrer Erfahrung und ihrem Gespür leiten. Regisseure haben ihre eigenen Vorstellungen davon, welche Wirkung eine Szene erzeugen und worauf sich die Aufmerksamkeit des Zuschauers konzentrieren soll. Sie versuchen deshalb, bedeutsame Augenblicke groß herauszustellen und langweilige Stellen eher klein zu halten. Wenn es die Dramaturgie erfordert (häufig in sogenannten Thrillern), verhindern sie auch manchmal absichtlich, daß der Zuschauer das zu sehen bekommt, was er gerne sehen möchte. Bis zu einem gewissen Grad manipulieren also Regisseur und Cutter den Zuschauer, indem sie ihm vorschreiben, wohin er zu gucken hat.

Die Einrichtung

Wenn der Regisseur die Kamera auf eine neue Position stellt, um die Handlung aus einem anderen Blickwinkel zu photographieren, bezeichnet man diese neue Position als Kameraeinrichtung oder kurz als **Einrichtung.** Jede neue Kameraeinrichtung erfordert einen Wechsel in der Ausleuchtung. Und weil Einleuchten, abhängig von der Größe des Szenenbildes und der Komplexität der Inszenierung, oft viel Zeit erfordert und jede Minute Produktionszeit sehr viel Geld kostet, ist jede neue Einrichtung eine teure Angelegenheit. Überflüssige Einrichtungen machen nicht zu verantwortende Kosten. Für einen großen Spielfilm mit opulentem Budget ist die Anzahl der Einrichtungen nicht das Hauptproblem, aber bei vielen Fernsehproduktionen ist Geld knapp. Hier muß ein Regisseur sehr genau überlegen, wie viele Einrichtungen sich pro Drehtag bewältigen lassen.

Kann eine Szene in zwei Einrichtungen abgedreht werden? Oder werden drei benötigt? Oder vier? Bei der Planung des täglichen Arbeitspensums muß

212   Teil 2 ∎ Fiction

der Regisseur eines Fernsehfilms in solchen Kategorien denken. Manchmal kann er sich den Luxus einer zusätzlichen Einrichtung in einer Hauptszene leisten, indem er in einer unwichtigen Szene eine Einrichtung streicht, oder er kann dank der gewonnenen Zeit an einem zusätzlichen Originalschauplatz drehen und damit dem Film ein großzügigeres Aussehen geben.

Bei der Inszenierung seines Films muß der Regisseur folglich zwei Dinge zusammenbringen: Was macht den Film dramaturgisch besser und wie ist das im Rahmen des vorgesehenen Budgets zu realisieren. Es ist zwar Aufgabe des Produktionsleiters und des Produzenten, auf die Einhaltung des Budgets zu achten, aber jeder Regisseur, der wieder beschäftigt werden möchte, muß kostenbewußt arbeiten.

Die Haupteinstellung

Üblicherweise beginnt eine Szene mit einer **Eröffnungseinstellung** (Establishing Shot) oder einer Haupteinstellung (auch *Master shot* oder einfach *Master*), hauptsächlich, um eine Orientierung zu ermöglichen. Der Zuschauer möchte wissen, wo das Geschehen stattfindet, welche Personen dort auftauchen und was sie dort tun. Es gibt Regisseure, die eine Szene in der **Halbtotalen** durchspielen lassen, die Kamera unverrückt auf einer Position. Andere beginnen mit einer weiten Einstellung und fahren (oder zoomen) dann in eine engere Einstellungsgröße. Ein Regisseur, der eine ganze Szene in einer einzigen, alles abdeckenden Haupteinstellung durchdreht, hat aber nur selten vor, dieses Material in seiner gesamten Länge bis in die letzte Schnittfassung hinein unbearbeitet beizubehalten. Eine Szene, besonders eine wichtige oder eine sehr lange, durchgängig in einer totalen Einstellung zu zeigen, würde zu viel an Wirkung verschenken. Meist ist beabsichtigt, zusätzlich engere Einstellungen zu drehen, um damit die Haupteinstellung zu unterschneiden und die dramaturgisch notwendigen Akzente zu setzen.

Haupteinstellungen geben das Grundmuster ab, in das die größeren Einstellungen eingepaßt werden. Sie geben die Stimmung und das Tempo der Szene vor und legen die Gänge, Bewegungen und Aktionen der Personen fest. Ein gewisser Spielraum, um in den größeren Einstellungen Veränderungen vorzunehmen, bleibt dennoch. Wenn sie allerdings dem von der Haupteinstellung vorgegebenen Handlungsmuster zuwiderlaufen, lassen sich die zusätzlichen Einstellungen nicht stimmig in die Haupteinstellung hineinschneiden. Wenn zum Beispiel eine Frau in der Master aufgeregt hin- und herläuft, in der Naheinstellung jedoch nicht, kann der Cutter diese beiden Einstellungen auch nicht gegeneinander schneiden: die eine Aktion würde mit der anderen nicht zusammenpassen.

Kapitel 7 ▮ Kameraführung

Pickups. Was ist, wenn ein Schauspieler am Ende einer vier Minuten langen, schwierigen und komplizierten Haupteinstellung einen Satz vergißt? Muß man dann wieder von vorne beginnen und die Haupteinstellung in voller Länge noch einmal drehen? Es gibt Regisseure, die tatsächlich genau das tun, insbesondere dann, wenn es sich um einen Spielfilm handelt. Wenn aber Zeit und Geld knapp sind, nehmen die meisten die Szene ein paar Sätze vor dem Fehler wieder auf und steigen einfach mittendrin wieder ein. Eine Szene aufnehmen oder in eine Szene einsteigen bedeutet, daß alles, was in der Haupteinstellung vorher gedreht wurde, genommen wird, und die restliche Szene in der gleichen, nur neu angesetzten Haupteinstellung zu Ende gedreht wird. Der Regisseur kann davon ausgehen, daß die Szene ohnehin geschnitten werden muß und daß in langen Passagen im Mittelteil engere Einstellungen eingesetzt werden, die den Bruch zwischen der originalen, unvollständigen ersten Master und der neuen Master, dem »**Pickup**«, überbrückt werden. Vielleicht erinnern Sie sich: Sarah, die Regisseurin in Kapitel 1, benutzte ein Pickup, als die Zeit drängte.

Die relativ totale Haupteinstellung einer Szene erscheint normalerweise in der letzten Schnittfassung nur noch gelegentlich: am Anfang (zur Orientierung), zwischendurch, um Gänge und Bewegungen von Personen zu zeigen, und vielleicht noch einmal zum Schluß. Deswegen kann der Regisseur, ohne damit den Cutter vor größere Probleme zu stellen, mit einem Pickup viel wertvolle Zeit einsparen.

Szeneneröffnung mit einer Großaufnahme. Wenn Szene um Szene mit einer Totalen beginnt, können diese zur Orientierung gedachten Einstellungen langweilig werden. Ein sich ständig wiederholendes Muster ist ein Zeichen von Einfallslosigkeit. Ein guter Regisseur bemüht sich um dynamische Eröffnungsvarianten, die dem Publikum trotzdem verhältnismäßig schnell die nötige Orientierung geben. Es kann sehr ausdrucksstark sein, auf dem Gesicht eines Schauspielers, der gerade einen prägnanten Satz sagt, mit einer Großaufnahme eines Requisits oder einer bedeutungsvollen Aktivität zu beginnen. Eine solche, wenn auch etwas abgenutzte Eröffnung ist das klingelnde Telephon: Sobald die Hand, die zum Hörer greift, ins Bild kommt, fährt die Kamera zurück (oder schwenkt hoch) und zeigt die Person, die abhebt. Daß eine Szene auf einer Hand beginnt, die einen Drink eingießt, oder auf einem Schallplattenspieler, der in einer Rille der Platte hängengeblieben ist, oder groß auf einem Spiegelbild, haben wir auch schon öfter gesehen. Besonders wirkungsvoll sind enge Eröffnungseinstellungen, wenn die vorhergehende Szene in einer totaleren Einstellung endete. Der Wechsel der Einstellungsgrößen schafft einen erfrischenden visuellen Kontrast.

Teil 2 ∎ Fiction

Beginnt eine Szene mit einer engen Einstellung, muß der Regisseur dem Zuschauer allerdings bald eine Orientierung geben, vor allem dann, wenn die Szene länger dauert als ein oder zwei Minuten. Diese Orientierung kann durch eine Rückfahrt der Kamera erreicht werden, durch einen Schnitt in eine totalere Einstellung oder durch einen Schwenk, der einen Schauspieler quer durch den Set verfolgt und so dem Zuschauer den Ort des Geschehens vorführt.

In einer Szene von *Gottes vergessene Kinder* zeigt die Regisseurin Randa Haines *elf* Einstellungen, ehe sie eine Übersichtseinstellung anbietet. Sie beginnt groß mit einem Schwenk über eine Bankreihe gehörloser Schüler, stellt dann mit einer **subjektiven Einstellung** die Verbindung von ihrem Lehrer (gespielt von William Hurt) zu ihnen her und macht anschließend mit einer Einstellung die räumliche Beziehung zwischen Schülern und Lehrer deutlich. Es vergeht aber über eine Minute, bis sie einen umfassenden Überblick über die gesamte Szenerie gibt. Eine Szene muß durchaus nicht immer mit einer weiten Einstellung beginnen.

Haupteinstellung ohne zusätzliche Auflösung. Es gibt mehrere Gründe, eine Szene komplett ohne irgendeine zusätzliche Auflösung in einer einzigen Einstellung abzudrehen: (a) wenn die Szene relativ unwichtig ist, (b) wenn sie kurz ist, (c) wenn sie nach keiner besonderen Gewichtung verlangt und Gänge/Bewegungen enthält und (d) wenn eine durchgängige Einstellung wirkungsvoller ist, als es mehrere wären.

Beispiel für die Fälle (a) und (b) könnte eine Frau sein, die mit dem Auto an einem Haus vorfährt, aussteigt und in das Haus hineingeht. Diese Szene benötigt wahrscheinlich keine weitere Auflösung. Zwei Ausnahmen sind vorstellbar: Erstens, die Aktion kostet zu viel Zeit, und der Regisseur will dem Cutter eine zusätzliche Einstellung anbieten, um die Szene kürzen zu können (siehe dazu den Abschnitt »Kürzen durch Schnitt« in diesem Kapitel), und zweitens, die Szene hat mehr zum Inhalt als nur das gewöhnliche Betreten eines Hauses. Wenn die Frau zum Beispiel äußerst nervös und aufgeregt ist oder wenn sie Angst davor hat, das Haus zu betreten, sind größere Einstellungen hilfreich, um ihren Gemütszustand sichtbar zu machen.

(c) Szenen, die keiner besonderen Gewichtung bedürfen, können in einer einzigen Einstellung abgedreht werden, vorausgesetzt, es findet in ihnen genügend äußere Bewegung statt. Wenn die Kamera seitlich neben zwei Personen herfährt, die durch einen Park gehen, dann ist normalerweise keine weitere Auflösung nötig, weil der beständig wechselnde Hintergrund in dieser **Parallelfahrt** die Szene davor bewahrt, statisch zu werden. Sollte in dieser Parkszene allerdings ein wichtiger emotionaler Gehalt liegen, wird der

Regisseur wahrscheinlich größere Einstellungen drehen wollen – vielleicht zwei Großaufnahmen aus einer **Vorausfahrt** während des Spaziergangs.

(d) Bei einem guten Drehbuch und mit hervorragenden Schauspielern kann aber auch eine einzige enge Zweiereinstellung anrührende Momente von solch außergewöhnlicher Qualität entstehen lassen, daß eine Auflösung in andere Einstellungen die Szene nur verwässern würde. Ein unsicherer Regisseur wird wahrscheinlich trotzdem größere Einstellungen drehen, aber wenn die Haupteinstellung stark genug ist, läßt ein guter Cutter sie ungeschnitten.

Unerfahrene Regisseure drehen manchmal zusätzliche Einstellungen »auf Teufel komm raus«. Aber für jeden Schnitt sollte es einen vernünftigen dramaturgischen Grund geben, er sollte nicht nur aus einer Laune heraus entstehen, einfach nur, um visuelle Abwechslung zu bekommen oder um Tempo hineinzubringen. Tempo muß aus der Szene selbst kommen, aus der Art, wie sie gespielt wird. Häufiges Hin- und Herschneiden macht eine schleppende Szene nicht schneller.

Das gleiche gilt für die Bewegungen und Gänge der Schauspieler; auch sie sollten immer motiviert sein – in der Handlung oder in den Charakteren. Bewegung um der Bewegung willen macht Szenen konfus und die Zuschauer konfuser. Anschauungsmaterial, wozu das führt, kann man gelegentlich in den frühabendlichen Seifenopern entdecken, wenn die Probenzeit zu kurz war und der Regisseur glaubte, er müsse »die Szene in Bewegung halten«.

Regisseure stehen häufig unter Zeitdruck, vor allem bei Fernsehproduktionen. Um die zeitaufwendige Auflösung in mehrere Einstellungen zu vermeiden, inszenieren sie eine Zweipersonen-Szene manchmal so, daß sich beide Darsteller frontal auf die Kamera zu bewegen. Eine solche dynamische Einstellung enthält durch die beiden Gesichter, die der Kamera ganz zugewandt sind, soviel Gewicht und visuellen Reiz, daß das für eine kurze Zwischenszene vollauf genügt. Ein Beispiel: Ein Ehemann kann seiner Frau nicht in die Augen sehen, schuldbewußt bewegt er sich weg von ihr (auf die Kamera zu). Ärgerlich, nach Gründen suchend, setzt sie ihm nach. Aber er kann ihr immer noch nicht ins Gesicht sehen, sondern bleibt weiter der Kamera zugewandt. Schließlich, am Ende der Szene, dreht er sich um und geht ab. Die Kamera schwenkt entweder mit dem Mann zur Tür oder bleibt auf dem Gesicht der Frau, auf dem sich ihre Gefühle spiegeln. So ist eine kleine Szene vollständig in einer einzigen Einstellung abgedreht, ohne daß eine weitere Auflösung notwendig wäre.

Mehrere Haupteinstellungen. Bei langen oder komplizierten Szenen wird manchmal mehr als eine Master gedreht. Neue Haupteinstellungen signalisieren normalerweise einen inhaltlichen Richtungswechsel. In Kapitel 5 wurden diese Richtungswechsel als **Sequenzen** bezeichnet und als Szenen in der Szene definiert. Sie beginnen mit dem Auf- oder Abtritt einer Person oder leiten einen Handlungsumschwung ein.

Eingangs der oben beschriebenen Klassenraumszene sitzt der Lehrer an einem Tisch, seinen gehörlosen Schülern gegenüber. Er will sie dazu bringen, laut zu sprechen, und fragt sie nach dem Sinn und Zweck von Sprache. Einer der Studenten antwortet in der Zeichensprache: »Um ein Mädchen, das hören kann, aufzureißen.« Lächelnd läßt der Dozent zwei Studenten und zwei Studentinnen nach vorne an ein kleines Tischchen kommen, wo sie eine »Aufreiß«-Situation zu spielen beginnen. Weil die Szene eine neue Richtung nimmt, verwendet die Regisseurin eine neue Haupteinstellung, eine Gruppeneinstellung von den fünf um das Tischchen herum versammelten Personen.

In Fernsehserien oder Low-budget-Spielfilmen wird wesentlich seltener mit mehreren Haupteinstellungen gearbeitet als in Spielfilmen. Mehrere Haupteinstellungen sind einfach teurer, allein schon deshalb, weil das neue Einleuchten jedesmal so viel Zeit braucht. Die Standardauflösung einer Szene mit einer weiten Einstellung zu beginnen, dann zu Naheinstellungen und schließlich zu Schüssen über die Schulter oder zu Großaufnahmen überzugehen, ist weit weniger zeitaufwendig, als für eine neue Haupteinstellung von vorne zu beginnen, neu durchzustellen, die Kamera neu einzurichten und den Set umzuleuchten. Achten Sie beim Fernsehen einmal darauf! Sie werden entdecken, daß in den meisten Fernsehfilmen die Szenen überwiegend für nur eine Haupteinstellung inszeniert sind.

Kamerafahrt als Haupteinstellung. Für einige Regisseure hat eine statische totale Einstellung als Haupteinstellung gefühlsmäßig etwas Altmodisches. Sie bevorzugen eine Master, die sich von selbst an die Gänge der Schauspieler anpaßt, die Schlüsselmomente gewichtet und vielleicht sogar noch die Auflösung in andere Einstellungen erleichtert. Das kann wunderschön werden, ein sorgfältig choreographiertes Ballett für Schauspieler und Kamera.

Hier ein typisches Beispiel: Der Regisseur Paul Wendkos hat in einer Fernsehserienfolge eine drei Seiten lange Szene für eine einzige Haupteinstellung inszeniert: Die Kamera beginnt mit der Tür eines Arbeitszimmers. Wenn Schauspieler A eintritt, fährt die Kamera mit ihm zurück, bis er auf Schauspieler B trifft. Die Schauspieler bewegen sich so, daß die Einstellung zu einem Schuß über die Schulte wird und sich verdichtet, wenn die Emotionen intensiver werden. Nach einem kurzen, wütenden Wortwechsel tritt Schauspieler A schnell ans Fenster, die Kamera schwenkt mit und fährt

Kapitel 7 ▌ Kameraführung

näher an ihn heran (Schauspieler B ist nun nicht im Bild). Für etwa eine Seite Dialog bleiben sie in dieser Position, dann kehrt Schauspieler A (Kameraschwenk) zu Schauspieler B zurück, packt ihn und bedroht ihn. Die Kamera bleibt für diesen letzten Wortwechsel in einer engen Zweiereinstellung. Dann geht Schauspieler A ab, während die Kamera auf Schauspieler B bleibt, zu einer Großaufnahme heranfährt und zeigt, wie er perplex den Kopf schüttelt. Den türenschlagenden Abgang von Schauspieler A haben wir nur gehört. Wendkos mußte nur noch zwei weitere Einstellungen drehen, um die Szene zu vervollständigen: den ergänzenden Schuß über die Schulter (Gegenschuß) beim Anfangsgespräch der beiden und die ergänzende Großaufnahme von Schauspieler B, wenn Schauspieler A am Fenster steht.

Das mag auf den ersten Blick kompliziert scheinen, aber Kamerafahrten in der Haupteinstellung sind oft noch viel komplizierter. Eine auf einen **Dolly** montierte Kamera, die Bewegungen in alle Richtungen (auch auf- und abwärts) ausführen kann, protokolliert nicht nur das Geschehen, sie fängt die wichtigsten Momente in großen Bilder ein und bestimmt Stimmung und Atmosphäre einer Szene. Solche Haupteinstellungen erfordern sorgfältige Probenarbeit, in der jede einzelne **Kameraposition** ganz genau auf dem Boden markiert wird. Sie können ebenfalls sehr zeitaufwendig sein.

Szenen ohne Haupteinstellung. Ganz selten gibt es auch Szenen, die aufgrund ihrer speziellen Eigenart ohne Haupteinstellung auskommen. Sie bestehen aus einer **Montage** von einzelnen Einstellungen, die in ihrer Zusammensetzung das Gesamtbild ergeben.

Nehmen wir die berühmte Duschszene aus *Psycho*, für die Alfred Hitchcock siebzig (!) verschiedene Kameraeinstellungen einrichten ließ, um daraus fünfundvierzig Sekunden schockierender Handlung zusammenzubauen. Es ist ein Mosaik von sehr schnell aufeinanderfolgenden Schnitten: Janet Leigh in der Dusche, das Gesicht nach oben gewandt, Wasser rinnt aus der Brause, ein Eindringling mit einem Messer, das Messer sticht zu, ihr Mund schreit, das Messer sticht zu, Entsetzen auf dem Gesicht, Blut rinnt in den Abfluß, ihre Hand reißt am Duschvorhang, das Messer sticht zu, ihre Hand sucht an der gekachelten Wand nach Halt, ihr nackter Körper fällt, Blut rinnt in den Abfluß, ihr Gesicht auf dem gefliesten Fußboden, die offenen Augen. Eine solche Szene ist ohne Haupteinstellung dynamisch, ihr Stakkato überwältigt, die nebeneinandergestellten Bilder erschüttern, ihre Anhäufung erzeugt Grauen.

Im allgemeinen verzichten Regisseure auf eine Haupteinstellung, wenn eine Szene oder eine Sequenz große emotionale Intensität besitzt (wie die

Szene in *Psycho*) oder so breit angelegt ist, daß eine durchgehende Haupteinstellung relativ bedeutungslos wäre. Die Sequenz der Odessaer Hafentreppe in Eisensteins *Panzerkreuzer Potemkin* ist ein Beispiel für letzteren Fall (Eisenstein hat vielleicht eine Haupteinstellung gedreht, aber in der Endfassung des Films ist davon nichts zu sehen). Jedes einzelne Element der Sequenz ist wie in Hitchcocks Duschszene in einer individuellen Einstellung aufgenommen. Wie in einem Puzzlespiel erhält jede Einstellung ihre Bedeutung erst durch die Nachbareinstellungen. Räumliche Beziehungen werden in der Sequenz der Odessaer Treppe manchmal durch subjektive Einstellungen angedeutet, etwa wenn der Student sich entsetzt abwendet und sieht, wie der Kinderwagen die Stufen hinunterrollt. Eine solche räumliche Beziehung wird auch in der Szene in *Gottes vergessene Kinder* angedeutet, als der Schüler wegschaut und die Regisseurin in eine subjektive Einstellung vom Lehrer an seinem Pult umschneidet.

Das Inszenieren einer Szene

An einer einfachen Szene mit zwei Personen wollen wir untersuchen, mit welchen Techniken der Kameraführung der Regisseur ein Geschehen filmisch auflösen kann.

> *Die Handlung:* Ellen erklärt ihrem Freund David, daß sie ihn verläßt. Sie ist in ihrer Firma auf einen leitenden Posten befördert worden. Ihr neuer Arbeitsplatz liegt in einer anderen Stadt, und sie hat sich entschlossen, allein dorthin zu ziehen. Während sie ihre Sachen packt, erinnert David sie an die guten Zeiten, die sie miteinander verbracht haben, und bittet sie, ihren Entschluß zu überdenken. Ellen lehnt kühl und distanziert ab. David schreit wütend, sie solle sich für immer aus seiner Wohnung scheren. Sie will ein Photo von ihnen beiden einpacken, aber David nimmt es, reißt es in der Mitte durch und gibt ihr die Hälfte zurück, auf der sie zu sehen ist. Er hat ein gequältes Grinsen, als sie den Kofferdeckel zuschlägt und aus dem Zimmer stürmt.

Schlichtheit. Am ökonomischsten (wenn auch wahrscheinlich nicht besonders ausdrucksstark) läßt sich die Handlung dieser Szene in einer einzigen Kameraeinstellung zeigen. Dafür stellen wir (Abb. 7.1) das Bett einfach in die Mitte des Sets, Ellen, die ihren Koffer packt, auf die eine Seite und David gegenüber auf die andere.

Welche Stärken hat diese Inszenierung? Nun, da wäre die räumliche Trennung von David und Ellen, in der sich symbolisch ihre emotionale Trennung zeigt. Vielleicht geht er einmal in der Szene um das Bett herum, nämlich dann, wenn er sie darum bittet, zu bleiben. Aber sie macht sich von ihm

Kapitel 7 ▮ Kameraführung

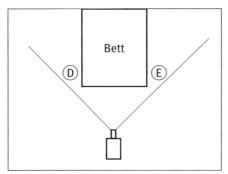 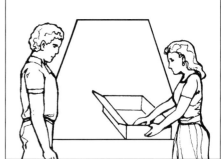

Abbildung 7.1 Die Kamera nimmt David und Ellen im Profil auf, in einer statischen seitlichen Einstellung, mit sehr geringem Gewicht.

Abbildung 7.2 Was die Kamera in Abb. 7.1 zeigen würde: durch ein Bett voneinander getrennt wirken die Figuren noch kleiner, haben ein noch geringeres Gewicht, als hier dargestellt.

frei, nimmt ihren Koffer und geht. Damit ist die Trennung vollzogen. Die Kamera fährt auf David zu bis zur Großaufnahme, um seine Reaktion zu registrieren.

Welche Schwächen hat diese Inszenierung? Erstens nimmt die Kamera beide Darsteller über weite Strecken im Profil auf, was wenig wirkungsvoll ist. Zweitens erfordert die räumliche Trennung eine weite Einstellung, was die Wirkung (zusätzlich) mindert. Drittens zeigt die Einstellung eine ausbalancierte, symmetrische und statische Komposition, der jede visuelle Dynamik abgeht (Abb. 7.2). Das ist nicht besonders aufregend, oder?

Angenommen, ich stelle das Arrangement etwas um und rücke das Bett in den *Vordergrund.* Ellen kommt durch eine Tür im Hintergrund, zieht ihren Koffer unter dem Bett hervor und beginnt zu packen. David tritt hinter ihr auf. Jetzt sind beide Schauspieler *der Kamera zugewandt* (Abb. 7.3). Ellen ignoriert seine Bitten, fährt fort, eilig zu packen, geht von Zeit zu Zeit zur Kommode hinüber, wobei die Kamera mitschwenkt, denn diese Gänge helfen, die Bilder visuell interessant zu halten. Der Zuschauer sieht beide Personen über weite Strecken der Szene von vorne und in räumlicher Tiefe. Die Bilder gewinnen dadurch an Ausdruck und Dynamik.

Einige Regisseure begnügen sich mit einer so einfachen Inszenierung, wenn sie mit der Zeit haushalten müssen. Das ist ein ganz brauchbares Verfahren, wenn eine Szene kurz oder ohne große dramaturgische Bedeutung ist.

Wenn es die Zeit erlaubt, kann der Regisseur die Auflösung ein wenig erweitern und Ellen erlauben, sich an einer entscheidenden Stelle nach hinten umzudrehen, so daß sie David gegenübersteht. Dazu wird eine weitere

 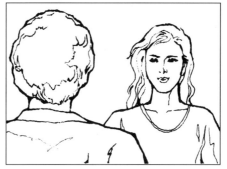

Abbildung 7.3 Mit David hinter Ellen und beide der Kamera zugewandt, wird die Einstellung deutlich stärker. Der gestrichelte Ausschnitt zeigt eine engere Einstellung, in die die Kamera näher heranfährt oder heranzoomt.

Abbildung 7.4 Gegenschuß der engeren Einstellung von Abb. 7.3: Was die Kamera aufnehmen würde, wenn sich Ellen zu David umdreht.

Einstellung gebraucht, ein Schuß über Davids Schulter, der Ellen von vorne aufnimmt (Abb. 7.4). Mit dem Material dieser zusätzlichen Einstellung kann der Cutter zwischen den beiden Einstellungen hin und her schneiden, wobei er zuerst David von vorne zeigt und dann, sobald sich die dramatische Gewichtung verlagert, Ellen.

Eine typische Inszenierung. Steht mehr Zeit zur Verfügung und ist die Szene für den Handlungsverlauf von entscheidender Bedeutung, kann der Regisseur eine etwas ambitioniertere Inszenierung versuchen, für die dann zusätzliche Kameraeinrichtungen notwendig sind.

Hierzu schauen wir uns Abb. 7.5 an. Der Buchstabe D markiert Davids Position zu Beginn der Szene, E zeigt Ellens Auftritt und ihren Gang zu David, der etwas am Kleiderschrank repariert. Die Kamera ist so aufgestellt, daß sie eine Haupteinstellung für die gesamte Szene aufnehmen kann. Zu beachten ist, daß der Regisseur von dieser Grundposition der Kamera aus entweder eng auf David beginnen könnte, um die Einstellung dann zu erweitern und die Tür für Ellens Auftritt mit ins Bild zu nehmen, oder aber eng auf der Tür für Ellens Auftritt (wofür Davids Anfangsposition leicht verändert werden müßte), um dann zurückzufahren und David mit ins Bild zu nehmen, wenn Ellen auf ihn zugeht. Beide Varianten haben unterschiedliche Implikationen. Auf David anzufangen würde unterschwellig andeuten, daß die Szene »seine« Szene ist, die im Prinzip aus seiner Perspektive gesehen wird. Mit Ellens Auftritt zu beginnen, würde den gegenteiligen Schluß nahelegen.

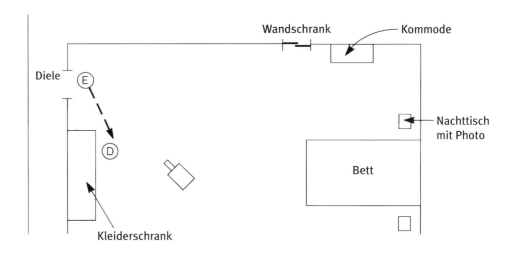

Abbildung 7.5 Davids und Ellens Schlafzimmer. Die Skizze zeigt die Kameraposition, wenn Ellen eintritt und auf David zugeht.

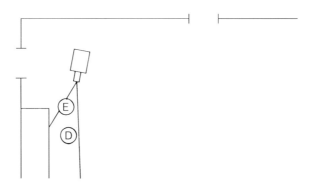

Abbildung 7.6 Der Gegenschuß (zu Abb. 7.5), wenn Ellen und David sich gegenüberstehen.

Der Regisseur könnte die erste Konfrontation in der Haupteinstellung durchspielen lassen. Um Davids Reaktion auf Ellens Ankündigung mitzubekommen, würde er dann eine zweite Einrichtung benötigen, einen Gegenschuß zur Haupteinstellung (Abb. 7.6). Haupteinstellung und Gegenschuß wären beides relativ weite Einstellungen über die Schulter (Abb. 7.7 und 7.8).

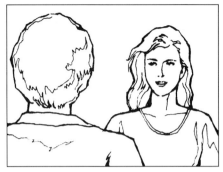 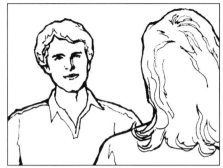

Abbildung 7.7 Was die Kamera in Abb. 7.5 aufnimmt: Schuß über die Schulter von David auf Ellen.

Abbildung 7.8 Gegenschuß zu Abb. 7.7: Schuß über die Schulter von Ellen auf David.

Der Achssprung. In den Abb. 7.7 und 7.8 ist David im Bildkader links zu sehen, Ellen rechts. Sollte der Regisseur, nachdem die erste Einstellung abgedreht ist, die Kamera versehentlich zu weit in Richtung Tür (in Abb. 7.6) rücken, die Kamera also über die zwischen beiden Darstellern verlaufende imaginäre Linie geraten, und die zweite Einstellung aus dieser Position photographieren, entstünde beim Aneinanderkleben der beiden Einstellungen ein verwirrender *Sprung*. David würde abrupt seine Position wechseln, von der linken auf die rechte Seite des Bildkaders hinüberspringen, während Ellen umgekehrt, von rechts nach links, springen würde. Eine solche Folge von nicht zueinander passenden Einstellungen, ein **Achssprung,** ist peinlich und verwirrend – und verrät, daß ein Regieamateur am Werk war. Solange die Kameraeinstellungen von derselben Seite der magischen, beide Schauspieler verbindende Linie aufgenommen werden, bleibt deren Position von Schnitt zu Schnitt konstant (Abb. 7.9 und 7.10).

Weiterentwicklung der Szene. Nehmen wir an, daß Ellen nach einem kurzen Wortwechsel ungeduldig zum Wandschrank hinübergeht, einen kleinen Koffer herausnimmt und ihn auf das Bett stellt. Im Verlauf der Szene geht sie mehrmals zur Kommode hinüber, nimmt Kleidungsstücke aus den Schubladen und verstaut sie eilig im Koffer. Man kann sich die Aktion bildlich vorstellen: Die Kamera schwenkt in der Haupteinstellung (Abb. 7.11) mit, wenn Ellen erst zum Wandschrank und dann zum Bett geht. Bei ihrem Gang zur Kommode, wenn sie ihre Sachen holt, bewegt sie sich in der Einstellung nach hinten (von der Kamera weg).

Sobald David ihr folgt und ebenfalls zum Bett geht, kommt er in die Haupteinstellung wieder hinein, die ihn verlassen hatte, als die Kamera Ellen

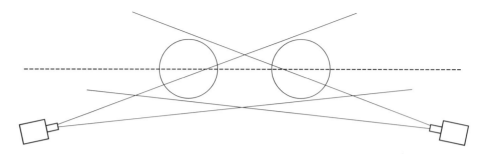

Abbildung 7.9 Bei dieser Anordnung haben die beiden Kameras die richtige Position für Schuß und Gegenschuß.

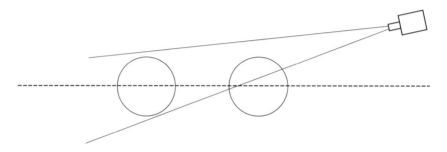

Abbildung 7.10 Die Kamera hat die imaginäre Linie überschritten, die durch die Darsteller verläuft. Einstellung 2 schließt nicht an Einstellung 1 an, weil damit die Position der Darsteller im Bildkader vertauscht wird.

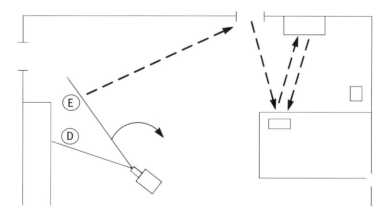

Abbildung 7.11 Die Kamera schwenkt nach rechts, wenn Ellen zum Wandschrank hinübergeht, den Koffer holt und ihn zum Bett trägt. Dann geht Ellen zwischen Kommode und Bett hin und her, trägt ihre Sachen zum Bett und packt sie in den Koffer.

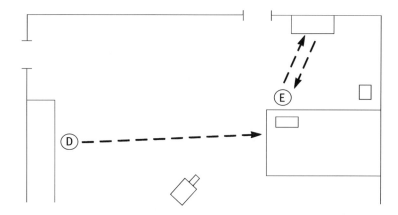

Abbildung 7.12 David geht von seiner Anfangsposition zum Bett hinüber und kommt in die Haupteinstellung der Kamera, die zu einer relativ weiten Einstellung über die Schulter wird.

bei ihrem Gang zum Wandschrank verfolgte. Nun ergibt sich erneut eine Zweiereinstellung. Damit ein sauberer Schuß über die Schulter entsteht (Abb. 7.12), muß die Kameraposition eventuell etwas angepaßt werden.

Wie in der Eingangseinstellung am Kleiderschrank schaut die Kamera mit David im Vordergrund auf Ellen, die jetzt geschäftig packt und ihn kaum beachtet. Wir benötigen noch eine letzte Einstellung, eine, die David von vorne aufnimmt, wenn er an der Ecke vom Bett steht. Es ist der Gegenschuß zur Haupteinstellung, der Schuß auf David mit Ellen im Vordergrund. Wir beginnen mit dem noch am Kleiderschrank stehenden David und bringen ihn in die Zweiereinstellung, damit der Cutter die Möglichkeit hat, dieses zusätzliche Material mit Ellens Aktion gegeneinanderzuschneiden. Abb. 7.13 zeigt diese dritte Kameraposition. Die Kamera schaut an Ellen, die im Profil zu sehen ist, vorbei auf David, der jetzt fast vollständig der Kamera zugewandt ist, während er sie anfleht, bei ihm zu bleiben.

Und schließlich kann, wenn Ellen das auf dem Nachttisch stehende Photo holt, die Kamera auch diesen Gang durch einen Schwenk, der Ellen zum Nachttisch begleitet und sie wieder zurück zum Koffer bringt, in die Haupteinstellung mit einbeziehen (Abb. 7.12).

Möchte der Regisseur die Konfrontation zwischen Ellen und David am Schluß der Szene statt in komplementären Schüssen über die Schulter lieber in Großaufnahmen zeigen, muß er »lediglich« die Optik wechseln. Diese engeren Einstellungen machen aus einer mit drei Einrichtungen aufgenommenen Szene sozusagen eine mit fünf Einrichtungen – und zwar ohne großen Zeitverlust. (Ich habe *lediglich* in Anführungszeichen gesetzt, weil

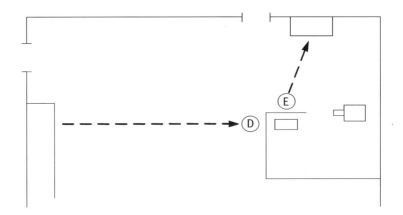

Abbildung 7.13 Die Kamera ist nun in der Gegenschußposition und nimmt David bei seinem Gang vom Kleiderschrank zum Bett von vorne auf.

der lichtsetzende Kameramann eventuell doch einige Korrekturen vornehmen möchte, um die Ausleuchtung den geänderten Bildausschnitten anzupassen.)

Diese Szene so – vergleichweise einfach – zu inszenieren, war willkürlich. Sie könnte in hundert anderen Arten arrangiert werden, mit Dutzenden von Kameravariationen für jedes Arrangement. In diesem Fall ist das Szenenbild eigens für die Inszenierung entworfen worden. Es paßt zu den geplanten Aktionen und erlaubt eine wirkungsvolle und zugleich ökonomische Auflösung. Genausogut könnten aber auch die Aktionen auf ein vorgegebenes Szenenbild zugeschnitten werden. Wenn Produktionsfirmen, wie das heute allgemein im Trend liegt, an Originalschauplätzen drehen, muß sich der Regisseur mit seiner Inszenierung an die vorgefundene Umgebung anpassen, ganz gleich, wie sie aussehen mag. In den meisten Produktionen arbeiten Regisseur und Szenenbildner eng zusammen, um Set und Ausstattung den spezifischen Anforderungen der Inszenierung entsprechend zu gestalten.

Kreative Planung. Wir wollen den gedanklichen Prozeß nachvollziehen, der mich zu dem Entwurf des Szenenbildes für die Ellen-David-Szene geführt hat, um die Verzahnung von Szenenbild, Ausstattung, Requisiten und äußerer Handlung besser zu verstehen.

In gewisser Weise wedelt hier der Schwanz mit dem Hund. Die Aktion des Kofferpackens schien mir wesentlich zu sein. Sie treibt die Szene an, gibt ihr ihre Unmittelbarkeit und verleiht ihr Nachdruck. Damit diese Aktion

Abbildung 7.14 Eine Dreiecks-Dreiereinstellung. In zusätzlichen Zweiereinstellungen müssen die relativen Positionen der einzelnen Personen zueinander beibehalten werden: Theresa muß auf der linken Seite bleiben, Vanessa auf der rechten. Tim, der am Scheitelpunkt des Dreiecks steht, schaut nach links zu Theresa und nach rechts zu Vanessa. Richtungsangaben werden immer in bezug auf die Kamera gemacht, also »links« *von der Kamera aus gesehen* und »rechts« *von der Kamera aus gesehen.*

nicht unbeholfen wirkt, mußten Wandschrank (Aufbewahrungsort des Koffers), Kommode und Bett relativ nah beieinander sein. Für David mußte ich eine Tätigkeit (Aktivität) für den Anfang der Szene finden. Gewiß, er hätte Zeitung lesen oder fernsehen können, aber beides sind eher passive Beschäftigungen, die vielleicht den Eindruck erweckt hätten, daß David nur faul zu Hause herumhängt, während Ellen arbeitet. Wesentlich besser war es, ihm irgendeine Arbeit zu geben, ihn den Kleiderschrank anstreichen oder reparieren zu lassen.

Um Kameraeinrichtungen zu sparen, habe ich die Tür an einer Stelle vorgesehen, von der aus Ellen nach ihrem Eintritt sofort in eine Zweiereinstellung – in den Schuß über die Schulter von David – gelangt. Wäre an einem Originalschauplatz gedreht worden, hätte der Regisseur für David einen Platz gesucht, um von einer ähnlichen Kameraposition aus in gleicher Weise verfahren zu können. Er hätte auch das Bett in die Nähe des Wand-

Abbildung 7.15 In der Zweiereinstellung über Theresas Schulter schaut Tim nach links zu Theresa.

schranks gebracht, damit die Kamera Ellen bequem mit einem Schwenk in ihre zweite Position (kofferpackend am Bett) bringen kann und der Vorteil der einen Haupteinstellung erhalten bleibt.

Einstellungen mit drei Personen

Die Auflösung in einzelne Kameraeinstellungen muß, wenn drei Personen an einer Szene beteiligt sind, viel sorgfältiger geplant werden als für Szenen mit zwei Personen, da es viel schneller zu Desorientierung und Verwirrung kommen kann. Wie erwähnt, orientiert sich der Regisseur bei einer Zweiereinstellung an einer imaginären, zwischen beiden Personen verlaufenden Linie. Solange die Kamera diese Linie nicht überquert, behalten die Personen ihre relativen Positionen im Bildkader von Schnitt zu Schnitt bei.

Dasselbe Prinzip gilt auch für die Auflösung einer Drei-Personen-Konstellation. Abb. 7.14 zeigt, wie die Kamera die Positionen der drei Personen in der Haupteinstellung aufnehmen würde. Werden Dreiereinstellungen in

Abbildung 7.16 Im Gegenschuß zu Abb. 7.15 schaut Theresa nach rechts zu Tim.

Zweiereinstellungen und Einzeleinstellungen aufgelöst, muß die unsichtbare Linie zwischen jeweils zwei Personen auch dabei beachtet werden. Drei Personen bilden – sofern man sie nicht in einer Reihe aufstellt (was visuell statisch ist und deshalb vermieden werden sollte) – immer in irgendeiner Form ein Dreieck.

In welchen Einstellungen würde also ein Regisseur die drei Personen in Abb. 7.14 aufnehmen (genauer gefragt: wie würde er die Dreiereinstellung in Zweiereinstellungen auflösen)? Um den Zuschauer nicht zu verwirren, müssen die Personen an jedem Schenkel des Dreiecks die gleichen relativen Positionen zueinander behalten (Abb. 7.15 bis 7.18). Theresa bleibt also im Bild immer links, wenn sie Tim oder Vanessa anschaut. Vanessa bleibt im Bild immer rechts, wenn sie Tim oder Theresa anschaut, während Tim, der am Scheitelpunkt des Dreiecks steht, immer nach *rechts* schaut, wenn er Vanessa anspielt, und nach *links,* wenn er Theresa anspielt.

In Großaufnahmen muß die *Blickrichtung* der jeweiligen Person ebenfalls diesem Muster gehorchen: Tim muß also nach rechts zu Vanessa und nach links zu Theresa schauen. In der Praxis darf der Regisseur bei der Blickrichtung der Personen in bezug auf die Kameraposition allerdings ein

Kapitel 7 ∎ Kameraführung

Abbildung 7.17 In der Zweiereinstellung über Vanessas Schulter schaut Tim nach rechts und Vanessa nach links, wobei sie die gleichen relativen Positionen zueinander beibehalten wie in der ursprünglichen Dreiecks-Dreiereinstellung.

wenig **mogeln und dem Zuschauer** einen frontaleren Blick auf die Darsteller verschaffen, ohne daß er ihm dadurch die Orientierung nehmen würde.

Wenn die Personen ihre relative Position zueinander wechseln oder die Kamera ihre relative Position in bezug auf die drei Personen verändert, entsteht ein neues Dreieck – mit anderen räumlichen Beziehungen. Der Regisseur muß dann die Kameraeinstellungen den neuen Positionen sorgfältig anpassen, damit die Zuschauer nicht verwirrt werden.

Die Bewegungsrichtung

Die Zuschauererwartung gehorcht einer einfachen Logik. Wenn die Kavallerie die Indianer über einen Hügel verfolgt, reiten die einen wie die anderen in ein und dieselbe Richtung. Wenn der Regisseur in seiner Auflösung jeder Partei eigene Einstellungen zuordnet – was er sogar muß, wenn die Indianer

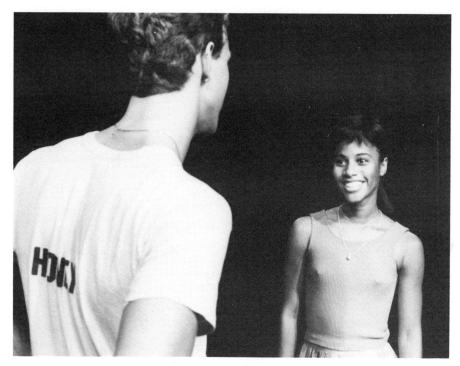

Abbildung 7.18 Im Gegenschuß zu Abb. 7.17 schaut Vanessa nach links zu Tim.

der Kavallerie zu weit voraus sind –, erwartet der Zuschauer logischerweise, daß alles so bleibt und beide Gruppen auch auf der Leinwand oder dem Bildschirm in dieselbe Richtung reiten – entweder von rechts nach links oder von links nach rechts (Abb. 7.19).

Losgelöst vom Handlungszusammenhang geben Schnitte von einer Gruppe zur anderen keinerlei Aufschluß darüber, wer nun wen verfolgt. Die Indianer könnten genausogut die Kavallerie jagen, wie die Kavallerie die Indianer jagt. Aber allein die Tatsache, daß die Einstellungen gegeneinandergeschnitten sind, bedeutet, daß zwischen beiden eine *Beziehung* besteht: In irgendeiner Weise haben die einen mit den anderen zu tun. Wenn zu sehen wäre, daß die Indianer immer wieder hinter sich schauen oder daß die Kavalleristen nach vorne schießen, würde das selbstverständlich klarstellen, wer wen verfolgt.

Was passiert, wenn nur eine der beiden Kriegsparteien ihre Richtung ändert? Angenommen, die Kavallerie stürmt von links nach rechts, während die Indianer von rechts nach links jagen. Wie würde man das verstehen? Das käme auf die Geschichte an. Im Prinzip gibt es aber nur zwei Möglichkeiten: Entweder reiten Kavallerie und Indianer *voneinander weg* (vielleicht nach

Kapitel 7 ▎Kameraführung

Abbildung 7.19 Solange die Kavallerie angreift, muß ihre Bewegungsrichtung im Bild von Einstellung zu Einstellung konstant bleiben (von links nach rechts oder von rechts nach links), andernfalls kann der Zuschauer die Orientierung zu verlieren.

einem Kampf) oder sie reiten *aufeinander zu* (und treffen demnächst aufeinander).

Die praktische Anwendung. Autoren und Regisseure nutzen häufig die Schlußfolgerungen, die sich aus der Bewegungsrichtung von Figuren ergeben, um Spannung aufzubauen. Es ist später Abend. Eine junge Sekretärin hat bis jetzt gearbeitet. Sie schließt das Büro ab und macht sich auf den Heimweg. Sie geht von links nach rechts. In einer Seitenstraße schleicht ein psychotischer Mörder durch die Dunkelheit. Er geht von *rechts nach links!* Es ist völlig klar, was das Gegeneinanderschneiden dieser beiden Einstellungen bedeutet: Der Killer wird die Sekretärin abfangen. Sofort ist das Publikum besorgt.

Durch die Grundmuster der **Bewegungsrichtung** entsteht im Kopf des Zuschauers eine Art Landkarte. Ist die junge Sekretärin schon mehrmals vom Büro nach Hause und dabei immer von links nach rechts gegangen, hat sich beim Zuschauer die Vorstellung gebildet, daß ihre Wohnung irgendwo rechts vom Büro liegen muß. Ist ein solcher »geographischer« Bezug erst einmal hergestellt, kann es beim Publikum nur Verwirrung stiften, wenn der Regisseur gegen die Richtungsregel verstößt und das Mädchen plötzlich von rechts nach links nach Hause gehen läßt.

Ähnlich ist es mit Flugzeugen, Bussen und Zügen. Der Zuschauer unterlegt den Bewegungen auf der Leinwand oder dem Bildschirm unbewußt eine Landkarte, sei es von Deutschland, Europa oder wovon auch immer. Ein Flugzeug, das von Paris nach München fliegt, sollte sich deshalb von links nach rechts bewegen, ein Zug von Berlin nach Köln sollte von rechts nach links fahren. Bei einer Reise vom Norden in den Süden oder umgekehrt ist die Bewegungsrichtung frei wählbar.

Änderung der Bewegungsrichtung. Wenn die Kavallerie die Indianer in einer Bewegung von rechts nach links verfolgt hat und der Regisseur – aus irgendeinem guten Grund – die Bewegungsrichtung ändern muß, kann er die Verfolgungsjagd nicht einfach in die entgegengesetzte Richtung schicken, ohne das Publikum konfus zu machen.

Sein Problem läßt sich auf zwei Arten lösen. Der Regisseur kann *die Richtung innerhalb einer Einstellung ändern.* Wenn die Indianer zum Beispiel von links nach rechts geritten sind, und plötzlich taucht vor ihnen eine senkrechte Felswand auf, dann müssen sie anhalten, die Pferde wenden und in eine andere Richtung jagen: von rechts nach links. In der nächsten Einstellung erreichen die Reiter der Kavallerie ebenfalls die Steilwand, lesen die Hufabdrücke in der weichen Erde und folgen den Indianern in die von ihnen eingeschlagene Richtung. Ebenso ändern Kavallerie und Indianer innerhalb nur einer Einstellung die Bewegungsrichtung, wenn die Kamera während der Einstellung ihre Position ändert und dabei die Linie der Bewegungsrichtung kreuzt. Mit einem Hubschrauber läßt sich das leicht machen, die Kamera fliegt von einer Seite der dahinpreschenden Kavallerie zur anderen Seite hinüber.

Der Regisseur kann die Richtung der Bewegung auch dadurch ändern, daß er eine *Einstellung ohne Bewegungsrichtung zwischen die beiden Einstellungen mit unterschiedlicher Richtung* einschneidet. Wenn die Indianer in Einstellung A von links nach rechts reiten und dann in Einstellung B *direkt auf die Kamera zu* reiten, können sie in Einstellung C von rechts nach links galoppieren, ohne daß die Zuschauer in Konfusion geraten.

Es gibt Regisseure (John Ford etwa), die diese »Regeln« auch einmal verletzt haben, ohne daß das Publikum die Orientierung verloren hätte – womit einmal mehr bewiesen ist, daß es in einem kreativen Medium zwar Prinzipien, aber keine unumstößlichen Gesetze gibt.

Kapitel 7 ▮ Kameraführung

Komplementäreinstellungen

Eine weitere, von den Zuschauern akzeptierte Konvention in der Kameraführung ist die Verwendung von sich ergänzenden Einstellungen, sogenannten **Komplementäreinstellungen.** Wenn David und Ellen einander zu Beginn der Szene gegenüberstehen, werden bei der Auflösung zwei gleichartige Schüsse über die Schulter gegeneinandergestellt, der eine zeigt David von vorn, der andere Ellen. Die Konfrontation am Ende der Szene wird in Großaufnahmen aufgelöst: eine von David, eine von Ellen.

Aber wenn große Einstellungen doch in erster Linie zur Gewichtung benutzt werden – um besonderes Gewicht auf eine Aktion, eine Reaktion oder einen Satz zu legen –, ist es da nicht möglich, einen wichtigen Moment herauszuheben, ohne daß dabei von *jeder der beiden* Personen eine Großaufnahme gemacht werden muß? Ja sicher, natürlich ist das möglich. Hin und wieder sehen wir auch solche Auflösungen im Fernsehen und selbst in Kinofilmen. Aber Regisseure haben drei gute Gründe, komplementäre Einstellungen vorzuziehen: die Sehgewohnheit des Zuschauers, die dramatische Progression und die Ausgewogenheit.

Sehgewohnheit. Bereits seit den zwanziger Jahren werden Filmszenen gewöhnlich in komplementären Einstellungen photographiert. Als das Live-Fernsehen in den späten vierziger Jahren (in den USA) immer populärer wurde, übernahm man einige der Filmtechniken aus Hollywood in das neue Medium. Und als sich dann in den nächsten Jahren das Live-Fernsehspiel zu einer fernsehadäquaten Filmproduktion entwickelte, kam es zu einer vollständigen Übernahme der filmischen Grundformen samt den von der Filmindustrie bis dahin entwickelten Geräten, Einrichtungen und Techniken.

»Das haben wir schon immer so gemacht«, ist noch nie ein vernünftiger Grund gewesen, an einer bestimmten Praxis festzuhalten. Aber einem Fernsehregisseur mit kleinem Budget und wenig Zeit für formale Experimente bietet die saubere, professionelle Symmetrie von Komplementäreinstellungen eine gewisse Sicherheit. Er weiß, daß er seine Zuschauer mit einem visuell und dramaturgisch wirkungsvollen Muster bedient, in dem sie sich zu Hause fühlen werden. Symmetrie ist allerdings der unwesentlichste Grund für den Einsatz von komplementären Einstellungen.

Dramatische Progression. Die meisten gut geschriebenen Szenen besitzen ein stetig steigendes Konfliktniveau. Dieses Aufsteigen ist gewöhnlich das Resultat eines Zusammenspiels zweier Figuren, die sich die Bälle zuwerfen und deren Emotionen sich gegenseitig hochschaukeln. In einer Szene mit mehreren Personen ist es nur selten möglich, eine Person herauszustellen, ohne daß dabei nicht zwangsläufig auch für die anderen große Momente entstehen. Eddie erzählt seinem Vater, daß er sein Studium hinwerfen will. Als sein Vater versucht, vernünftig mit ihm darüber zu reden, bleibt Eddie stumm. Sein Vater wird ärgerlich. Eddie schluckt seinen Ärger zunächst hinunter, explodiert aber schließlich doch. Sein Vater droht ihm mit finanziellen Konsequenzen. Eddie rauscht aus dem Zimmer und schlägt die Tür hinter sich zu. Solche dramatischen Höhepunkte gehen selten nur von einer Seite aus, ihr Entstehen kann durch immer größer werdende komplementäre Einstellungen wirkungsvoll wiedergegeben werden.

Ausgewogenheit. In jeder Kameraeinstellung liegt eine bestimmte Aussage. Wenn in einer Zwei-Personen-Szene eine Person in Großaufnahmen und die andere in Naheinstellungen gezeigt wird, folgert der Zuschauer, daß die Szene aus der Perspektive der Person zu sehen ist, die in Großaufnahmen erscheint: das ist »ihre« Szene. In der dramatischen Konfrontation zwischen Eddie und seinem Vater könnte der Regisseur Eddie in engen und den Vater in weiten Kameraeinstellungen zeigen. Das würde signalisieren, daß Eddies Text, seine Aktionen und Reaktionen bedeutsamer sind als die seines Vaters. Die Einstellungen vom Vater würden dann (nahezu buchstäblich) Eddies Sicht wiedergeben

Eine solch ungleiche Auflösung, wäre sie durchgängig in der ganzen Szene beibehalten, hätte einen zweiten – zwangsläufig negativen – Effekt: Sie würde der Person in der Großaufnahme ein größeres Gewicht zugestehen als der mit mehr Distanz aufgenommenen Person. So entschieden Eddies Vater seine Einwände formuliert, sie würden allein dadurch, daß er nicht in einer großen Einstellung gezeigt wird, an Gewicht verlieren. Wie bereits gesagt, baut sich eine Szene gewöhnlich durch die Spannung zwischen zwei Personen auf, zu der beide ihren Teil beitragen. Wenn der Eindruck entsteht, als erfolge dieser Spannungsaufbau einseitig, als werde er mit ungleicher Intensität vorangetrieben, kommt die Szene auf einem gesunden starken und einem schwachen kranken Bein dahergehumpelt. Deshalb entwerfen die meisten Regisseure, wenn es darum geht, eine Szene auf einen ausdrucksstarken Höhepunkt hin aufzubauen, ein Muster komplementärer Kameraeinstellungen, in denen die Figuren ungefähr die gleiche Größe erhalten und im Bildkader in etwa eine gleichwertige (komplementäre) Position einnehmen. Um das Ganze abzurunden, sollte die Brennweite des Objektivs in beiden Einstellungen die gleiche sein.

Regeln sind allerdings keine starren Vorschriften: Regisseure können sich – um der Stimmung willen, wegen der Bedeutung einer Figur oder aus

Kapitel 7 ▪ Kameraführung

stilistischen Gründen – ganz bewußt dafür entscheiden, keine komplementären Einstellungen zu benutzen. Aber für sehr viele Regisseure sind in den meisten dramatischen Situationen Komplementäreinstellungen eine große Hilfe beim Aufbau der dramatischen Intensität.

Die richtige Gewichtung

In jeder Spielszene gibt es Momente, die offensichtlich bedeutsamer sind als andere. Bestimmte Figuren oder Aktionen sollen in diesen Momenten die konzentrierte Aufmerksamkeit des Zuschauers erhalten und brauchen dafür die größtmögliche Gewichtung durch den Regisseur.

Wir untersuchen sechs Methoden, mit denen die Kamera die Aufmerksamkeit des Publikums lenken und unterschiedliche Gewichtungen herstellen kann: Nähe, Vereinzelung, Position, Dauer, Wechsel und Bildkomposition.

Nähe

In Kapitel 6 wurden die Techniken des Theaterregisseurs untersucht, mit denen er in besonderen Momenten die Aufmerksamkeit auf spezielle Personen oder Aktionen lenkt. Eine seiner Techniken, einer Person Bedeutung zu verleihen, besteht darin, sie nach vorne an die Rampe treten zu lassen. Bei Film und Fernsehen, wo die Kamera das Auge des Publikums ist, bestimmt ihre Distanz zum Schauspieler (oder anders ausgedrückt: die Größe des Bildes) weitgehend den Grad der Gewichtung. Eine Großaufnahme verleiht mehr Gewicht als eine Naheinstellung, und eine Nahaufnahme besitzt mehr Gewicht als eine Totale (Abb. 6.2).

Was aber, wenn ein Regisseur in eine enge Einstellung von einer völlig unwichtigen Person umschneidet, einer Person, die lediglich Zuschauer einer Aktion ist? Würde ein solcher Schnitt wirklich ihre Bedeutung erhöhen? Natürlich nicht. Er würde das Publikum schlicht und einfach auf die Anwesenheit dieser Person aufmerksam machen, mehr nicht. Ihr Gewicht erhält eine Person ausschließlich von der dramaturgischen Bedeutung, die sie im jeweiligen Augenblick besitzt. Nähe allein genügt nicht. Nur wenn von einem bestimmten Moment dramatische Spannung ausgeht und eine Person direkt zu dieser Spannung beiträgt, erhöht eine Großaufnahme deren Bedeutung. Eine Großaufnahme *verstärkt* oder *intensiviert* also im Prinzip lediglich die dramatischen Inhalte, die bereits vorgegeben sind.

Enge Einstellungen haben andere dramaturgische Funktionen. Sie *verdeutlichen,* indem sie Details zeigen, die in einer totalen Einstellung nicht zu erkennen sind. Eine Träne im Augenwinkel würde in einer halbnahen Einstellung verlorengehen. Wenn sich Finger so verkrampfen, daß die Knöchel weiß werden, ist das in einer Totalen ebenso leicht zu übersehen wie der Umstand, daß die naive Schöne nervös auf ihrer Unterlippe herumkaut. Großaufnahmen können Gedanken oder Empfindungen offenlegen und zeigen, was in jemandem vorgeht. Eine Großaufnahme kann subtil sogar so etwas wie einen sich verdüsternden Blick zeigen.

Wieviel Faszination eine Spielhandlung auf Zuschauer ausübt, hängt zum Teil davon ab, wie groß der emotionale Beitrag ist, den sie selbst leisten. Ein klassisches Beispiel für diese Zuschauerbeteiligung ist das berühmte Experiment des russischen Regisseurs Lew Kuleschow aus den zwanziger Jahren. Aus einem Spielfilm schnippelte er eine neutrale, völlig emotionslose Großaufnahme von Iwan Mosschuchin heraus und teilte diese Einstellung willkürlich in drei Teile. Dann klebte er zwischen diese Teile der Großaufnahme drei andere Einstellungen: eine dampfende Suppenschüssel, ein kleines Mädchen, das mit einem Teddybär spielt, und einen Sarg mit dem Leichnam einer alten Frau. Um es noch einmal zu sagen, der Gesichtsausdruck des Schauspielers blieb während der gesamten Sequenz unverändert. Als dieser kurze Streifen einem Publikum vorgeführt wurde, lobten die Zuschauer Mosschuchins große schauspielerische Wandlungs- und Ausdrucksfähigkeit: wie hungrig seine Augen seien, wenn er die Suppenschüssel sehe, wie sanft und liebevoll er sei, wenn er seine Tochter beim Spielen beobachte, und wie traurig er aussehe angesichts des Todes seiner Mutter. Kuleschows Experiment hatte eigentlich etwas anderes zeigen wollen, es belegt aber sehr anschaulich die Fähigkeit des Zuschauers, seine eigenen Gedanken und Emotionen in das, was er sieht, hineinzuprojizieren. (Hätte ein Zuschauer, der keine Suppe mag, Mosschuchins Gesichtsausdruck beim Anblick der dampfenden Suppenschüssel als Widerwillen interpretiert?)

Film- und MAZ-Cutter, die die Projektionsbereitschaft ihres Publikums kennen, »stehlen« manchmal, wenn ihnen Material fehlt, die Großaufnahme eines Schauspielers aus einer Szene des Films und schneiden sie in eine andere Szene ein. Ein solcher Betrug fällt praktisch nie auf, denn die Zuschauer sehen im Gesicht eines Schauspielers die Emotionen oder Reaktionen, die sie erwarten.

Nähe, und damit kommen wir zu einer weiteren dramaturgischen Funktion großer Einstellungen, *schafft Empathie* zwischen Publikum und Figur. Wird die Großaufnahme einer Person mehrmals wiederholt, entsteht der Eindruck, daß die Geschichte aus der Perspektive dieser Person erzählt wird. Großaufnahmen erzeugen ein Gefühl von physischer Nähe, von Beziehung, so daß der Zuschauer sich leichter mit einer Person identifizieren kann.

Kapitel 7 ▌ Kameraführung

Abbildung 7.20 Wird eine Gruppe von drei Schauspielern in eine Zweiereinstellung und eine Einzeldarstellung aufgelöst, so bedeutet dies eine Gewichtung zugunsten des Darstellers in der Einzeldarstellung.

Vereinzelung

Wenn die Kamera eine Person von einer Gruppe abtrennt und damit die Aufmerksamkeit auf diese Person lenkt, nutzt sie ebenfalls ein Prinzip der Theaterbühne. Weiter vorne in diesem Kapitel habe ich über die Bildauflösung einer Dreieckskonstellation – drei Personen stehen sich gegenüber – in Zweiereinstellungen gesprochen. In dieser Grundform hat jede Person das gleiche Gewicht. Was passiert nun, wenn der Regisseur das Dreieck in eine Einzel- und eine Zweiereinstellung aufteilt? Die vereinzelte Person wird plötzlich wichtiger (Abb. 7.20). Im Film und im Fernsehen wie auf der Bühne bedeutet die Abtrennung einer Person von einer Gruppe, daß diese Person etwas Besonderes ist. Der Regisseur kann das noch unterstreichen, indem er mit der Kamera näher heranfährt.

Wann immer mehrere Personen sich einen Bildkader teilen, kommt es logischerweise auch zu einer Aufteilung der Gewichte. In der Zweiereinstellung (Abb. 7.20) erhält die Person, die der Kamera näher und somit größer ist, mehr Bedeutung als die Person im Hintergrund. In einer Szene mit drei Personen erhält also die Person das größte Gewicht, die einen Bildkader für sich allein in Anspruch nehmen kann, die Figur im Vordergrund der Zweiereinstellung belegt den zweiten Rang und die Figur im Hintergrund den letzten.

Treten vier Personen in einer Szene auf, kann der Regisseur sie in zwei Zweiereinstellungen photographieren. Dann erhält niemand Gewicht. Unterteilt der Regisseur die Bildauflösung aber in eine Dreiereinstellung und eine Einzeleinstellung, wird die vereinzelte Person sofort herausgehoben.

Position

Eine weitere Parallele zum Theater: Jede Person, die ihr Gesicht frontal der Kamera zuwendet, erhält mehr Gewicht als eine Person, die nur im Profil erscheint. Generell, im Film wie im Fernsehen, haben Kameraeinstellungen, die eine Person im Profil zeigen, eher etwas Unbefriedigendes. Sie nehmen uns die Chance, der Person in die Augen zu sehen. Manchmal machen Studenten meiner Regieklasse eine Großaufnahme von einem Darsteller im Profil und wundern sich, daß die Einstellung nicht die Ausdruckskraft besitzt, die von einer Großaufnahme zu erwarten wäre. Nähe schafft zwar Gewicht – aber nur, wenn die Person ihr Gesicht der Kamera zuwendet. Das Gewicht, das eine enge Kameraeinstellung schafft, wird gleich wieder verschenkt, wenn der Darsteller nur im Profil zu sehen ist.

Von zwei gleich groß abgebildeten Personen in einem Bildkader erhält diejenige die größere Aufmerksamkeit, die der Kamera etwas mehr zugewandt ist. Sind beide im Profil zu sehen, herrscht Gleichgewicht, die eine besitzt soviel Gewicht wie die andere (Abb. 7.21).

Fährt die Kamera auf einem Kreisbogen weiter nach links oder rechts (Kreisfahrt), um eine der beiden Personen mehr von vorne zu nehmen, erhält diese Person nach und nach mehr Gewicht, während die Bedeutung der anderen abnimmt. Sobald die Kamera auf ihrer Fahrt in eine Position gelangt ist, in der sie eine Person vollständig von vorne zeigt, wird die Einstellung zu einem traditionellen Schuß über die Schulter.

Regisseure benutzen Einstellungen, die über die Schulter einer Person auf eine andere gehen, gern, um auszudrücken, daß zwischen den Personen eine Beziehung besteht. Man stelle sich eine Liebesszene vor, die ausschließlich in Großaufnahmen gezeigt wird. Großaufnahmen sind zwar ausdrucksstärker, aber in ihnen ist jede Person von der anderen getrennt, isoliert, beschränkt auf den eigenen Bildkader. Diese Aufsplitterung in einzelne Bilder wirkt steril. Die gleiche Szene in engen Einstellungen über die Schulter vereint die beiden Liebenden im selben Bild, bringt sie einander körperlich und emotional nah. Der Unterschied ist augenfällig. Beim Schuß über die Schulter plaziert die Kamera außerdem die ihr zugewandte Person im Bildkader genau im Goldenen Schnitt, von dem manche meinen, er sei ästhetisch die ideale kompositorische Lösung.

Dauer

Diese Erfahrung kennt jeder: Das Glück verfliegt und scheint nur Momente zu dauern, das Unglück hingegen hat lange Weile, ist zäh und zieht sich

Abbildung 7.21 Wenn zwei Personen gleiche Anteile am Bildkader haben, dann erhält eine Person genauso viel Gewicht wie die andere.

über Stunden. Der Stoff, aus dem die Zeit gemacht ist, scheint elastisch: Bei Schmerzen und Qualen dehnt sie sich endlos, bei Vergnügungen schnurrt sie zusammen.

Wie die wirklich erlebte Zeit, so ist auch Film- oder Fernsehzeit verzerrt – wie lange etwas dauert, hat mit der Qualität des Augenblicks zu tun. Im wirklichen Leben sind solche Verzerrungen vor allen Dingen psychisch bedingt, in Film und Fernsehen werden sie in der Hand des sensiblen Regisseurs zu Instrumenten der Gestaltung. Im wirklichen Leben werden die Zeitverzerrungen bestimmt von Erlebnisqualitäten wie Vergnügen, Langeweile oder Schmerz, im Fernsehen und im Film hängen sie vornehmlich von der Bedeutung des dramatischen Ereignisses ab und davon, wieviel Gewicht ihm gegeben werden soll.

Einer der großen sowjetischen Filmtheoretiker und Regisseure, Sergej Eisenstein, entdeckte während der Arbeit an *Panzerkreuzer Potemkin,* daß es möglich ist, mehr Gewicht auf einen dramatischen Moment zu legen, indem man ihn einfach *dehnt*. Für eine Sequenz, in der ein aufständischer Matrose einen Teller zerschlägt, photographierte Eisenstein die Aktion in mehreren Einstellungen aus unterschiedlichen Richtungen. Als er das Material zusammenmontierte, wiederholte er an jeder Klebestelle ein paar Bilder aus der vorherigen Einstellung und verlängerte so die Dauer der Aktion.

Eisensteins Methode, eine Zeitspanne zu dehnen, wird heute nur noch gelegentlich angewandt. In *Poltergeist* gleitet, von unsichtbaren Geistern aus dem Jenseits angeschoben, ein Stuhl quer durch die Küche. Regisseur Tobe Hooper nahm diese Aktion in zwei Einstellungen auf, die eine jeweils als Gegenschuß zur anderen. Bei der Montage dieser beiden Einstellungen verlängerte der Cutter die Bewegung des Stuhles, indem er wie Eisenstein den mittleren Teil der Aktion verdoppelte. Diese überlappende Aktion ließ die Küche länger erscheinen, als sie tatsächlich war, was das Publikum aber nicht bemerkt hat.

Regisseur Bob Fosse filmte in *Hinter dem Rampenlicht* Roy Schneider (in Wirklichkeit ein Stuntdouble), wie er in der Kuppel eines Zirkuszeltes auf einem Hochseil balanciert. Als Schneider in das unter ihm aufgespannte Netz fiel, photographierte Fosse die Aktion aus vier verschiedenen Blickwinkeln. Mit diesem Material konnte der Cutter die Dauer des Falls verlängern und ihm so ein größeres Gewicht verleihen.

Heute haben Regisseure andere Methoden, die Dauer von Ereignissen zu manipulieren und damit hervorzuheben, beispielsweise durch Zeitlupe oder Schnitt. Durch Schneiden können wichtige Augenblicke gedehnt werden, sie lassen sich aber auch beschleunigen, indem Langweiliges eliminiert wird.

Die Zeitlupe. Die bekannteste, sofort erkennbare Methode für die Verlängerung eines dramatischen Moments ist die Zeitlupe. Beim Kinofilm wird für eine **Zeitlupe** (slow motion) eine Aktion schneller als mit der normal üblichen Geschwindigkeit von 24 Bildern pro Sekunde (beim Fernsehfilm 25 Bilder/Sek.) photographiert. Wird der Film dann später mit der normalen Geschwindigkeit projiziert, verlangsamt sich die Aktion, der Moment ist gedehnt und wird dadurch in der Regel hervorgehoben. Bei allen Video-Verfahren läßt sich eine Zeitlupe (Slomo) einfach dadurch erreichen, daß das Band, auf dem die Aktion aufgezeichnet wurde, langsamer abgespielt wird – bei Sportübertragungen eine alltägliche Praxis.

In einer Spielhandlung ist diese Akzentuierungsform vor allem in großen, breit angelegten Szenen oder bei gewalttätigen Aktionen gut und wirkungsvoll einzusetzen: wenn ein Verbrecher in einer explodierenden Wolke aus Glassplittern durch ein Fenster im zwölften Stock in den Tod springt oder wenn in der Schlußszene von *Bonnie und Clyde* der Moment verlängert wird, als das Gangsterpaar im Kugelhagel eines Maschinengewehrs den Tod findet.

Kapitel 7 ▮ Kameraführung

Akzentuierung durch Zeitlupe hat zusätzlich eine besondere emotionale Qualität: Sie besitzt eine gewisse Grazie, sie zeigt ein fast poetisches Fließen der Bewegung. So schrecklich die Schlußszene von *Bonnie und Clyde* auch sein mag, es entsteht der Eindruck eines Pas de deux, eines grotesken, vom Teufel persönlich choreographierten Balletts. In *Henrys Liebesleben* setzt Regisseur Roy Hill die Zeitlupe vor allem wegen ihrer ballettartigen Wirkung ein. In Zeitlupe wird das Herumtollen zweier Teenager-Mädchen, die durch die Straßen toben, über Feuerhydranten hüpfen und an Laternenpfählen herumschwingen, zu einem Stück visueller Poesie.

Dehnen durch Schnitt. Wichtige Momente lassen sich einfach durch das Hinzufügen von Schnitten, in denen Reaktionen gezeigt werden, dehnen. Im Idealfall verlängert diese Technik nicht bloß die Dauer, sondern erhöht auch die dramatische Spannung. Kehren wir noch einmal zu Ellens Trennung von David zurück. Wir wollen den Kontext ändern und annehmen, daß sich die Szene auf ein Geständnis Ellens zubewegt, sie sei von David schwanger. Der Regisseur oder der Cutter beschließt, daß eine so wichtige Mitteilung unbedingt in einer Detailaufnahme (einer extremen Großaufnahme) gezeigt werden muß, um sie möglichst stark herauszustellen. Davids Reaktion muß ebenfalls in einer Detailaufnahme gezeigt werden, weil sie aufschlußreicher sein kann, als die Ankündigung selbst. Weil es ein so wichtiger Augenblick ist, würden viele Regisseure und Cutter danach wieder Ellen einschneiden, die sich nicht anmerken lassen will, wie aufgewühlt sie ist, und anschließend noch einmal David, der sie ungläubig anstarrt. Im wirklichen Leben dauert das alles vielleicht eine Sekunde, vielleicht weniger. Fernsehen und Film können die Dramatik der Situation steigern, indem sie die Spannung in die Länge ziehen: Auf einem Videoband oder Film kann eine solche Situation ohne weiteres drei oder vier Sekunden lang sein.

Natürlich haben wir alle schon gesehen, daß diese Schnittechnik auch falsch eingesetzt werden kann. Manchmal versucht der Regisseur oder der Cutter, etwas groß herauszustellen, was überhaupt nicht da ist. Es wird versucht, Dramatik aus einer Szene zu ziehen, in der überhaupt keine Dramatik liegt. Die Szene wird zwar länger, gewinnt aber nichts, und was dabei herauskommt, ist häufig nur komisch.

Davids erster Reaktion auf Ellens Mitteilung sollte besondere Beachtung geschenkt werden. Eine Reaktion kann beim Zuschauer unter Umständen eine weit stärkere emotionale Anteilnahme hervorrufen als die sie motivierende Aktion oder Äußerung. Die Reaktion einer Figur wird zum Katalysator für die Reaktion des Zuschauers.

In den frühen Tagen des Fernsehens produzierte ich eine NBC-Serie, in der junge Berufsschauspieler sich zum ersten Mal einem größeren Publikum vorstellen konnten. Ich hatte zusammen mit meinen Partnern eine Szene geschrieben, in der ein psychotischer französischer Maler droht, sein junges Modell umzubringen. Als wir mit den Proben begannen, kam die Schauspielerin, die das Modell spielen sollte, in Tränen aufgelöst zu uns: ihr Partner in dieser Szene habe den größten Teil des Textes, und ihr blieben lediglich ein paar Zeilen. Das sei doch nicht fair!

Wir versicherten ihr, daß diese Szene wirklich ihre Szene sei. Sie hätte die meisten Reaktionen, und Reaktionen seien weitaus interessanter als Text. Sie nickte, glaubte uns aber nicht. Als sie dann die fertigen Aufnahmen sah, war sie begeistert. Unser Regisseur, ein alter NBC-Hase, hatte sofort erkannt, daß die Dramatik der Szene aus ihrer zunehmenden Hysterie erwachsen muß, und hatte die Stürme, die sich in ihrem Gesicht spiegelten, zum Mittelpunkt der Szene gemacht.

In dramatischen Situationen kommt es zwischen Figuren und Zuschauern zu einer Art Resonanz, sie spiegeln einander. Beide reagieren auf denselben Stimulus. Durch Identifikation *werden* wir als Zuschauer zu demjenigen, der reagiert. In der Szene zwischen dem Maler und dem Modell weinen wir die Tränen des Mädchens. Ihre Angst weckt – und *steigert* – die unsere.

Die zeitliche Dehnung wird häufig auch eingesetzt, um Spannung aufzubauen. In einer kleinen Stadt im Wilden Westen betritt ein Räuber lässig eine Bank. Sein umherschweifender Blick registriert in individuellen Schnitten, ob sich jedes einzelne Mitglied seiner Bande wie verabredet eingefunden hat. Einer steht an einem Stehpult und füllt einen Einzahlungsschein aus, ein anderer steht in einer Schlange vor einem Kassenschalter, ein dritter hat sich als Hausmeister anstellen lassen und wischt gerade den Boden in der Nähe des Tresors. Schließlich wartet noch einer draußen vor der Bank und paßt auf die Pferde auf.

Der Anführer sondiert mit lebhaften Augen den Raum. Wieder wird auf jedes einzelne Mitglied der Bande geschnitten und gezeigt, wie sie mit ihrem Anführer Blicke tauschen. Dann nehmen sie für ihr gutgeprobtes Überfallszenario die Positionen ein. Und *wieder* zeigen Regisseur oder Cutter jeden einzelnen von ihnen, bereiten die nächste Stufe vor, zögern den Moment hinaus, in dem die Gewalt ausbrechen wird, dehnen Sekunden zu Minuten. Die Ahnung kann sich verdichten, die Spannung kann wachsen.

Dehnen durch Aktion. Dramatische Wendungen oder wichtige Augenblicke können auch durch die Aktion einer Person gedehnt werden. In *Das Messer* läßt ein Unbekannter der Verteidigerin Glenn Close belastende Zettel zukommen, die auf einer alten Corona-Schreibmaschine getippt wurden. Als sie eine Schreibmaschine dieses Typs in der Abstellkammer des Mannes entdeckt, den sie liebt und den sie vor Gericht verteidigt hat, ist sie am Boden zerstört. Mit flatternden Händen tippt sie einen Satz, um zu sehen, ob auf der Maschine der Buchstabe defekt ist, der auf der Notiz jedesmal unkorrekt getippt war. Sie tippt »er ist unschuldi...«, dann zögert sie, spannt uns auf die Folter, baut den dramatischen Moment auf. Als sie schließlich den entscheidenden Buchstaben tippt und das höhergestellte verwischte »g« auf dem Papier steht, ist bewiesen, daß ihr Mandant, ihr Liebhaber, am Ende doch schuldig ist.

Beispiele, wie dramatische Momente durch Aktionen einer Figur gedehnt werden, gibt es in fast jedem Kino- und Fernsehfilm. Achten Sie einmal darauf! (Siehe Kapitel 8, »Die Enthüllung hinauszögern«.)

Ebenso, wie Momente gedehnt werden können, um sie aufzuwerten, kann man dramaturgisch unwichtigere Momente kürzen oder ganz auf sie verzichten.

Kürzen durch Schnitt. Eine der Entdeckungen des Regisseurs D. W. Griffith war, daß eine Szene nicht immer von Anfang bis Ende durchgespielt werden muß. Häufig ersticken Szenenanfänge unter einem Wust unnötiger und bedeutungsloser Details. Für Griffith war es oft wirkungsvoller, mitten in eine Szene hineinzuspringen und ohne große Präliminarien zum Kern der dramatischen Situation zu kommen. Ähnlich verhält es sich, wie er ebenfalls feststellte, bei Schlußsequenzen, denen oft, um der dramaturgischen Ökonomie willen, eine Amputation gut tut. So manches Händeschütteln und Lebewohlsagen ist entbehrlich.

Die Regisseure unserer Tage machen bei Griffiths Technik Anleihen, wenn sie überflüssiges Fett wegschneiden, wenn sie eliminieren, was langweilig und verzichtbar ist, um das Tempo zu erhöhen und die Zuschauer mitzureißen. Der Regisseur Jack English machte mich bei der allerersten Fernsehserie der 20th Century Fox, bei »Flicka«, mit der Technik der **Zeitverdichtung** bekannt. Das Drehbuch verlangte, daß der Junge Ken auf der Veranda des Farmhauses von seinem Vater eine Standpauke erhielt. Dann sollte Ken zum Stall hinübergehen und Flicka, seinem Pferd, sein Herz ausschütten. Der Stall war ungefähr dreißig Meter vom Haus entfernt. Dem Jungen dabei zuzuschauen, wie er diese Entfernung zurücklegt, hätte etwa dreißig Sekunden langweiligstes Filmmaterial ergeben. Was machte English? Am Ende der Standpauke geht Ken aus der Zweiereinstellung heraus, während die Kamera auf dem Vater bleibt, der bedauernd seinem Sohn nachblickt. Die nächste Einstellung beginnt im Stall mit einer Großaufnahme des Pferdes und schwenkt dann zur

Stalltür, als Ken eintritt. Kein Zuschauer vermißt, was doch nur öde Filmmeter gewesen wären. Da ihm nicht gezeigt wird, welche Entfernung Ken zurückzulegen hatte, akzeptiert er auch die Zeitspanne. Zeitverdichtung eliminiert langweilige Filmmeter dadurch, daß sie durch Schnitte umgangen werden. Daß innerhalb einer dramatischen Sequenz sofort in die nächste Einstellung gesprungen wird, treibt die Geschichte voran. In der Werbung, in der jede Sekunde zählt, gehört Zeitverdichtung zur Lebensphilosophie.

Eine andere Form der Zeitverdichtung ist der **Zwischenschnitt.** Wenn sich eine Aktion zu lange hinzieht, schneidet der Regisseur einfach auf etwas anderes, sagen wir mal auf einen Zuschauer, und dann wieder zurück auf die Aktion, die nun beinahe oder ganz abgeschlossen ist. In *Fletch – Der Troublemaker* zeigt Regisseur Michael Ritchie, wie Chevy Chase auf das Dach eines Maklerbüros klettert, eine Scheibe einschlägt und sich in das Fenster hinabläßt. Um die Aktion zu beschleunigen, schneidet er hin und wieder auf einen gefährlich bissigen Hund, der den Einbrecher beobachtet. Mit jedem Zwischenschnitt auf den Hund werden viele Meter ödesten Filmmaterials eliminiert.

Varianten der Zeitverdichtung werden von fast allen Film- und Fernsehregisseuren benutzt. Die dramatische Zeit ist elastisch. Sie läßt sich dehnen, um das Bedeutsame oder das Unterhaltsame hervorzuheben, sie läßt sich verkürzen, um das Langweilige zu minimieren oder zu eliminieren. Wäre es nicht wunderbar, wenn es solche Techniken auch im wirklichen Leben und im grauen Alltag gäbe?

Wechsel

Wir haben vier verschiedene Möglichkeiten betrachtet, das dramaturgische Gewicht einer Figur oder einer Aktion zu erhöhen. Wir haben aber bislang die Tatsache außer acht gelassen, daß die Gewichtung im Verlauf einer Szene notwendigerweise wechselt.

Schnitt. Das **Schneiden** des Videobandes oder Films scheint die nächstliegende Technik zu sein, wie innerhalb einer Szene Gewichtungen vorzunehmen sind. Erstaunlicherweise haben viele Leute in der Unterhaltungsindustrie (einige Regisseure eingeschlossen) nicht so ganz begriffen, warum ein Cutter von einem Schauspieler zum anderen schneidet. Normalerweise sollen diese Schnitte die Dramatik erhöhen, sie sollen dem Publikum zeigen, wo der Interessenschwerpunkt liegt. Da der Interessenschwerpunkt sich aber zwangsläufig von Augenblick zu Augenblick verlagert, werden Schnitte von einem Schauspieler zum anderen erforderlich, um mit den sich ändernden Wertungen Schritt zu halten.

Kapitel 7 ▌ Kameraführung

Ein Regisseur manipuliert sein Publikum, indem er ihm nur das zeigt, was er es sehen lassen will. Weil er seine eigene Vorstellung von dem potentiellen Drama, das in den Szenen steckt, besitzt und sie entsprechend dieser Vorstellung gedreht hat, wird er sie auch nach dieser Vorstellung schneiden und die Dramatik dabei vielleicht noch erhöhen. Manchmal, meist wenn es um Spannung geht, hindert der Regisseur sein Publikum absichtlich daran, das zu sehen, was es gerne sehen möchte. Es soll nicht wissen, sondern dunkel ahnen.

Ellen, die ihrem Freund sagt, daß sie ihn verläßt, werden die meisten Cutter bei dieser Ankündigung in einer Großaufnahme zeigen, so daß uns das mit voller Wucht trifft. Danach aber wird der Cutter wahrscheinlich das Gewicht verlagern und auf Davids Gesicht schneiden, in dem sich der Schreck zeigt, und dann wieder zurück auf Ellens Gesicht, das weicher wird und ihr Bedauern spiegelt. Im Fachjargon heißt das »im richtigen Moment auf dem richtigen Gesicht sein«. Man muß immer dorthin die Aufmerksamkeit lenken, wo die dramatische Situation ihre größte Brisanz hat.

Für gewöhnlich zeigt der **Schnitt** dem Publikum aber auch das, was es selbst am liebsten sehen möchte. Beobachten Sie an sich selbst, wie Sie während einer Theateraufführung die Schauspieler wahrnehmen – oder wie Sie im wirklichen Leben den Leuten zuschauen, die sich nach einem Autounfall auf der Straße streiten. Während die Beteiligten miteinander reden, wandert Ihr Interesse von einem zum anderen. Ihre Augen springen zwischen den Gesichtern hin und her. Aber nicht immer beobachten Sie den, der gerade spricht. Häufig suchen Sie den, an den das Wort gerichtet worden ist, um zu sehen, wie er den Brocken verdaut, der ihm eben hingeworfen wurde. Oder Sie verfolgten (im Theater) denjenigen, der heimlich etwas macht, was die anderen nicht bemerken sollen (etwa das Schlafpulver oder Gift in ein Glas schütten). Ihre Augen folgen Ihrem Interesse und bleiben dort hängen, wo gerade am »meisten zu sehen« ist, wo das Wichtigste passiert.

Die fertige Fassung eines Films ist aber eigentlich immer ein Kompromiß: Einerseits wird das gezeigt, was das Publikum sehen möchte, andererseits das, was der Regisseur das Publikum sehen lassen will.

Selektive Schärfe. Ein häufig eingesetzter Kunstgriff, um mit der Kamera die Wahrnehmung zu steuern, ist die **Schärfenverlagerung** (»die Schärfe ziehen«), womit gemeint ist, daß der Schärfenbereich des Kameraobjektivs von Objekten oder Personen im Vordergrund auf Objekte oder Personen im Hintergrund verlagert wird. Die Aufmerksamkeit des Betrachters folgt verständlicherweise der Schärfe, sie ist an dem interessiert, was am leichtesten zu erkennen ist. Die Veränderung der Schärfe bildet nach, was unsere Augen

Abbildung 7.22 In *Citizen Kane* arbeitete Orson Welles mit großer Schärfentiefe, Vordergrund wie Hintergrund sind gestochen scharf abgebildet.

ständig tun: Wenn wir unsere Konzentration auf eine einzelne Person in einem Raum richten, fallen alle anderen Personen (ohne daß uns dies bewußt wird) automatisch aus dem Schärfenbereich unserer Augen heraus.

Im Lauf der Jahre sind eine Handvoll Filme entstanden, die mit großer **Schärfentiefe** photographiert wurden, bei denen also Vordergrund und Hintergrund gleich scharf abgebildet sind. Die Ausweitung des Schärfenbereichs wird durch die Benutzung einer extrem kleinen Blendenöffnung (mit großem **Blendenwert**) am Objektiv und durch den Einsatz von entsprechend mehr Licht erreicht. Die Filme *Citizen Kane* und *Die wundervollen Ambersons,* beide in der Regie von Orson Welles und photographiert von Gregg Toland, sind gefeierte Beispiele dafür (Abb. 7.22).

Einige Kritiker haben verkündet, große Schärfentiefe trage entscheidend zur realistischen Struktur eines Filmes bei.[3] Im wirklichen Leben sagt uns niemand, wohin wir sehen sollen. Wir machen unsere Aufmerksamkeit dort fest, wo wir es möchten, und es gibt keine Schnitte von einem Gesicht auf ein anderes, genausowenig wie vorgefertigte Wechsel in der Schärfe, die erst auf dem einen und dann auf dem anderen Freund liegt. Ganz ähnlich, so

Kapitel 7 ▌ Kameraführung

Abbildung 7.23 Die selektive Schärfe gibt dem Regisseur ein Instrument zur Steuerung der Gewichtung an die Hand. Bei zwei Schauspielern richtet sich die Aufmerksamkeit des Zuschauers auf den Schauspieler, der scharf abgebildet ist. Die Aufmerksamkeit verlagert sich mit der Veränderung der Schärfe.

Abbildung 7.24 Häufig benutzen Regisseure zur visuellen Gewichtung von Personen Linien, die die Umgebung bietet. Szene aus *Asphalt-Cowboy*.

behaupten diese Kritiker, lasse die extreme Schärfentiefe dem Betrachter die Freiheit, unmanipuliert seine Aufmerksamkeit dorthin zu wenden, wohin er möchte.

In der überwiegenden Zahl der Filme und Fernsehaufzeichnungen liegt die Schärfenebene des Kameraobjektivs meist bei einigen gestochen scharf abgebildeten Personen, während andere sich im unscharfen Bereich befinden. Diese **selektive Schärfe** ist und bleibt ein altehrwürdiger Kunstgriff, wie man steuern und kontrollieren kann, wo die Schwerpunkte liegen. In Abb. 7.23 richtet sich die Aufmerksamkeit des Betrachters, wenn die Schärfe auf dem Mann liegt, auf diesen. Wird die Schärfe auf die Frau verlagert, verlagert der Betrachter seine Aufmerksamkeit auf sie – in der Regel, ohne sich bewußt zu werden, daß er beeinflußt worden ist.

Bildkomposition

Während ein Theaterregisseur seine Personen (u. a.) mit Elementen des Bühnenbildes hervorhebt (Kapitel 6), arbeitet der Film- oder Fernsehregisseur mit Bildkompositionstechniken. Die sich schneidenden Linien von Türen und Fenstern konzentrieren die Aufmerksamkeit des Zuschauers auf die Person innerhalb solcher Rahmungen (Abb. 3.16 und 3.21). In Abb. 7.22 sind es die beiden Säulen mit ihren starken **Vertikalen,** die die Aufmerksamkeit des Betrachters hinunter auf die Gestalt des Citizen Kane ziehen. Auch zwei weitere kompositorische Kräfte sind in diesem Bild wirksam: Die gespannte Aufmerksamkeit der Person links erzeugt eine Linie, die unseren Blick auf Kane lenkt. Und schließlich hebt sich Kanes Gestalt stark vom Hintergrund ab. Auch dieser Kontrast lenkt den Blick auf diese Figur.

Regisseur John Schlesinger hat am New Yorker Originalschauplatz Elemente von Rahmungen gefunden (Abb. 7.24), die Jon Voight und Dustin Hoffman umgeben und einsperren und damit unsere Aufmerksamkeit auf sie fixiert. Die kraftvolle Diagonale des hölzernen Balkens saugt den Blick in diesen Rahmen hinein. Bemerkenswert ist auch, daß das Arrangement nicht nur dazu zwingt, unsere Aufmerksamkeit auf die beiden Figuren zu richten: Es erzeugt auch dramatische Spannung, es preßt die Personen zwischen die klaustrophobisch engen Wände, es trägt entscheidend zu Stimmung und Atmosphäre der Szene bei.

Stimmung und Atmosphäre

Jede Geschichte hat ihren eigenen Ton und Charakter, ihren besonderen Stil und ihre eigene Atmosphäre. Beim Lesen eines Drehbuchs spüren Regisseure oft schon in der allerersten Szene diesen Grundcharakter heraus, der auf alle wichtigen kreativen Entscheidungen abfärbt: auf die Auswahl von Schauspielern und Musik, darauf, wie geschnitten wird, auf Dekorationen, Schauplätze, Kostüme, Requisiten und Frisuren; er wird abfärben auf die schauspielerische Umsetzung und selbst darauf, wie die Beziehungen zwischen den Figuren angelegt werden. Und er wird die Kameraführung des Regisseurs prägen.

Handelt es sich um einen aggressiven zeitgenössischen Stoff, der auf Großstadthinterhöfen spielt und nach einem grobkörnig-naturalistischen Zuschnitt verlangt? Oder handelt es sich um eine Liebesgeschichte aus dem neunzehnten Jahrhundert, die an sepia-getönte Bilder und dieses sanfte, durch Nebelfilter erzeugte Schimmern denken läßt? Schon während der Vorbereitung entwickeln die meisten Regisseure eine Vorstellung von ihrem zukünftigen Film, sie haben einen »Look« vor Augen, von dem sie meinen, er könne ihm angemessen sein. Wenn der Regisseur klug ist, diskutiert er diesen »Look« in der Vorbereitungszeit mit dem Kameramann und dem Technischen Leiter und macht deutlich, daß ihm kreative Beiträge willkommen sind.

Stimmung und Atmosphäre werden durch folgende Faktoren des Kameraführung ganz wesentlich geprägt: durch *Position*, durch *Bewegung* sowie durch *Objektive und Filter*.

Kameraposition

Aus der Kameraposition im Verhältnis zu den Schauspielern zieht der Zuschauer bestimmte Schlußfolgerungen. Viele Regisseure plazieren ihre Kamera instinktiv. Dieser »Instinkt«, durch Übung und Erfahrung erworbene Kenntnisse, hat offenkundig mit dem Mechanismus zu tun, der eine Geschichte in Gang setzt und vorantreibt. Aber es ist nicht nur Instinkt, auch andere Faktoren spielen eine Rolle. Die Beziehung zwischen Kamera und Schauspielern schafft in einer Szene den emotionalen Unterton, sie macht subtile, fast sublime Aussagen über die Beziehungen zwischen den einzelnen Figuren, zwischen ihnen und ihrer Umwelt und über ihre Geisteshaltung und Gemütsverfassung.

Üblicherweise steht die Kamera auf Augenhöhe, denn das entspricht unserer normalen Sicht auf die Welt. Wenn wir unsere Freunde ansehen, dann schauen wir ihnen ins Gesicht, Auge in Auge. Es gibt jedoch viele Gelegenheiten, bei denen der Regisseur die Kamera absichtlich über oder unter Augenhöhe aufstellt.

Aufsicht. Wenn wir auf jemanden hinunterschauen oder herabsehen, im buchstäblichen wie im übertragenen Sinn, bringen wir ihn in eine unterlegene Position. Er wird zur untergeordneten Figur, wird zweitrangig, kleiner als wir. Ein unsicherer Lehrer ohrfeigt während einer heftigen Auseinandersetzung eine seiner Schülerinnen. Aus Protest stehen alle Schüler auf und verlassen den Klassenraum. Der Lehrer sinkt wie betäubt auf seinem Stuhl zusammen, beschämt und krank von dem, was er angerichtet hat. Der Regisseur, der die Szene inszeniert, könnte diesen Schlußmoment in einer weiten, von oben kommenden Einstellung photographieren, wohlwissend, daß die **Aufsicht** (in der Malerei »Kavaliersperspektive« genannt) den Lehrer zu einer kleinen bedauernswerten Gestalt macht, umgeben von leeren Stühlen, allein in einem menschenleeren Raum. Diese Einstellung photographiert nicht nur ein Geschehen, sie kommentiert und emotionalisiert.

Ein kleiner Junge zerbricht ein wertvolles Familienerbstück, nun droht ihm von seiner Mutter Strafe. Eine hohe Kameraposition bietet eine Aufsicht

Kapitel 7 ▌ Kameraführung

auf den Jungen, macht ihn kleiner, zeigt, wie klein und unbedeutend er sich fühlt, und weckt Mitgefühl.

Einstellungen von oben herunter sind ideal, um den Schauplatz einer Szene vorzustellen. Sie geben Orientierung über die örtlichen Verhältnisse und räumlichen Beziehungen der Personen und Gegenstände, sie geben einen Überblick.

Eine selten benutzte Variante der Aufsicht ist die **Vogelperspektive,** bei der die Kamera nicht von schräg oben auf den Darsteller herabschaut, sondern senkrecht über ihm plaziert ist. In dieser Position nimmt die Kamera eine losgelöste, gottähnliche Rolle ein, beobachtet unpersönlich von hoch oben die Schauspieler, die sich dort die Seele aus dem Leib spielen. Die Vogelperspektive war in den frühen dreißiger Jahren beliebt. Busby Berkeley photographierte aus dieser Position kunstvolle Tanznummern mit ausgefeilter Choreographie. Die hoch über allem aufgestellte Kamera betonte die Strukturen und ließ die Menschen hinter das abstrakte Bewegungsmuster zurücktreten.

Zuweilen wird die Vogelperspektive auch für Überraschungs- oder Schockeffekte benutzt. Regisseur Walter Grauman dachte sich eine solche Einstellung für einen Fernsehfilm aus, in dem Edward G. Robinson die Hauptrolle spielte. Die Kamera begann groß auf dem Gesichts des Schauspielers, soweit, wie es schien, eine ganz normale Großaufnahme. Dann zoomte die Kamera plötzlich in die Vogelperspektive und zeigte, daß Robinson, auf einem Bett festgeschnallt, in einer psychiatrischen Klinik lag.

Untersicht. Zu Menschen, denen wir Respekt entgegenbringen, die einen höheren gesellschaftlichen Rang haben, uns intellektuell überlegen sind, mehr Einfluß haben oder erfolgreicher sind als wir, »schauen wir auf«. Etwas Ähnliches geschieht, wenn der Regisseur die Kamera unterhalb der Augenhöhe plaziert, so daß sie zur Figur aufschaut: Die Figur bekommt Dominanz, Stärke, Wichtigkeit. Vielleicht stammt dieses Gefühl noch aus unseren Kindertagen, als wir zu den erwachsenen Riesen hinaufstarrten, die unsere Welt beherrschten.

In der besagten Klassenraumszene hätte ein anderer Regisseur den Streit zwischen Lehrer und Schülerin vielleicht aus zwei unterschiedlichen Blickwinkeln gezeigt: eine Aufsicht, die auf die Schülerin hinunterschaut, um sie klein erscheinen zu lassen, und eine **Untersicht,** die zum Lehrer hinaufblickt, um ihm Dominanz zu geben. Eine Einstellung, die von unten hinauf zum Lehrer schaut, würde am Ende der Szene zu einer Aussage führen, die der im letzten Abschnitt beschriebenen gänzlich zuwiderliefe, denn der Lehrer würde in eine starke, machtvolle Position geraten.

Es gibt in fast jeder Szene dominante und weniger dominante Personen, darum glauben einige Regisseure, daß die Kamera nur in Ausnahmefällen in Augenhöhe aufgestellt werden sollte. Andere – eine fehlgeleitete Minderheit – drehen mit Vorliebe Szene um Szene aus einer tiefergestellten Kameraposition. Sie behaupten, daß solche Einstellungen »dynamischer« seien, daß eine Untersicht automatisch eine theatralische Komponente hinzufüge. Sachlich richtig ist, daß die Untersicht sehr eindrucksvoll ist, weil alle Personen die Kamera überragen und die Perspektive eine melodramatische Welt diagonaler Linien und dominierender Phantasiegestalten entstehen läßt. Theatralisches funktioniert in Szenen, die nach Theatralik verlangen. Horrorszenen oder Szenen von brutaler Gewalt, Verfolgungsjagden, Schießereien – letztlich jede melodramatische Handlung – können durch den zeitweiligen Einsatz einer Untersicht oder anderer bizarrer Kameraeinstellungen gewinnen und ausdrucksstärker werden. Wenn solche Theatralik aber in normale, auf Glaubwürdigkeit angelegte Spielszenen hineingebracht wird, wirkt das schnell übertrieben und läßt eine ansonsten ernstgemeinte Dramaturgie unglaubwürdig erscheinen.

Für die Aufnahme von Tanznummern benutzen Regisseure oft die tiefergestellte Kamera, weil sie Beine und Füße besonders betont und hervorhebt. Solche Aufnahmen lassen die gekonnte Beinarbeit zur Geltung kommen und vermitteln außerdem einen gewissen sinnlichen Reiz.

Subjektive Einstellungen. In den meisten Fällen bildet die Kamera das Geschehen leidenschaftslos ab, sie ist *objektiv*. Manchmal aber wird sie zur Beteiligten, ihr Blickwinkel wird zur Perspektive einer Figur. Die gebräuchlichste Form einer solchen Beteiligung wird **Subjektive,** Point of View (POV) Shot oder *subjektive Einstellung* genannt. Häufig geht einer solchen Einstellung eine Großaufnahme voraus, in der eine Person auf eine Aktion außerhalb des Bildes starrt. Die direkt daran anschließende Einstellung wird dann zum Blickwinkel dieser Person, die Kamera sieht die Welt mit deren Augen.

Es gibt einen ganzen Film, der ausschließlich mit der **subjektiven Kamera** gedreht wurde. In dem 1946 entstandenen Streifen *Die Dame im See* wird die Geschichte buchstäblich aus dem Blickwinkel des Protagonisten gezeigt, den Robert Montgomery spielt. Die Zuschauer bekommen ihn nur ein einziges Mal zu sehen, als er in einen Spiegel schaut.

Gewöhnlich zeigt die subjektive Einstellung den tatsächlichen Blickwinkel einer Figur. Wenn jemand an einem Turm emporschaut, erfolgt die Subjektive notwendigerweise aus der **Froschperspektive** (der Extremform der Untersicht). Allerdings wird bei subjektiven Einstellungen aus Gründen der Inszenierung oder weil der Zuschauer etwas besser sehen soll häufig

Kapitel 7 ▪ Kameraführung

gemogelt. Beispielsweise kann die **gemogelte Subjektive** näher heranrücken, damit die Schlagzeile einer Zeitung zu lesen ist. Für die Verfolgungssequenz in *French Connection – Brennpunkt Brooklyn* hat Regisseur William Friedkin bei der subjektiven Voraussicht des Fahrers gemogelt und die Kamera an der Stoßstange des Wagens befestigen lassen. Diese niedrige Kamera, unter der, nur wenige Zentimeter tiefer, das Straßenpflaster vorbeisaust, vermittelt einen sehr intensive Eindruck von hoher Geschwindigkeit – und das Publikum akzeptiert diese Einstellung noch als die tatsächliche Perspektive des Fahrers.

Die Subjektive ist das am leichtesten zu verstehende und das am häufigsten praktizierte Beispiel für die subjektiv eingesetzte Kamera. In einem etwas erweiterten Sinn kann jedoch die gesamte stilistische Gestaltung eines Films oder eines Fernsehspiels die Gemütsverfassung einer Person widerspiegeln und darstellen. Berühmtestes Beispiel dafür ist der deutsche expressionistische Film *Das Kabinett des Dr. Caligari,* in dem die verzerrten Dekorationen und grotesken Aktionen die Perspektive des wahnsinnigen Erzählers sichtbar machen.

Beispiele für dieses umfassendere Konzept der subjektiven Kamera hat jeder von uns schon öfter gesehen. Wenn etwa eine Hauptfigur in Depression versinkt, ändert sich die gesamte Atmosphäre. Der Himmel wird grau, die Begleitmusik klingt gedrückt, die Farben erscheinen gedämpft, die **Lichtführung** ist dunkel und kontrastarm (Low Key). Gerät eine Figur dagegen in Hochstimmung, bildet die Atmosphäre des Films diese Begeisterung nach und verstärkt sie durch einen blauen Himmel und strahlenden Sonnenschein, lebendige Musik, eine fröhliche Umgebung und eine heitere, lächelnde Welt. Wie oft haben wir im Fernsehen und im Kino schon Begräbnisszenen gesehen, bei denen die Trauergäste unter ihren Regenschirmen Schutz suchen müssen?

Filmtheoretiker sprechen von **anthropomorpher Natur**, wenn die äußere Welt, gewöhnlich die Natur, die innere Verfassung einer Figur widerspiegelt. In Begräbnisszenen spiegelt also der sich verdunkelnde Himmel die Trauer der Hinterbliebenen, wenn es regnet, weint der Himmel stellvertretend ihre Tränen.

Auch **Rückblenden** (Flashbacks) werden manchmal (nicht immer) mit den Augen einer Figur gesehen, können also subjektive Einstellungen sein. Erinnerte Personen und Begebenheiten erscheinen in der Rückblende oft durch Erinnerung verzerrt, sind manchmal kaum wiederzuerkennen. Wenn etwa eine alte Frau selig von ihrer Kindheit träumt, können in der Rückblende Eltern und Geschwister in ein so positives Licht getaucht sein, daß das wenig mit der wirklichen Welt zu tun hat: die Szenen sind mit Nebelfiltern

Teil 2 ❚ Fiction

aufgenommen, rosarote Farben überwiegen und die Lichtführung ist hell und kontrastreich (High Key). Alles signalisiert: Welch eine glückliche Zeit! Ruft sich ein Verbrecher seine trostlose Jugend ins Gedächtnis zurück, zeigt die Rückblende Verhältnisse, die hart, schroff und weit grausamer sind, als sie es in Wirklichkeit vermutlich waren. Die tatsächlichen Verhältnisse interessieren aber gar nicht, denn die Rückblende ist durch den Filter der Erinnerung gegangen, und die Gefühle und seither vergangene Zeit haben den Blick darauf verändert.

Halten wir den Unterschied zwischen den beiden Formen subjektiver Kamera fest. Ein Mann betrinkt sich, und seine Welt erfährt dadurch eine Art beschwipster Entstellung. Schneidet nun der Cutter in eine Einstellung um, die den subjektiven Blickwinkel buchstäblich übernimmt, dann sieht der Zuschauer den Raum verzerrt oder verschwommen, also *mit den Augen des Betrunkenen, wie dieser die Welt sieht.* Wenn das Publikum dagegen den Betrunkenen eine Straße hinunterschwanken sieht (objektive Kamera), und die Bilder drehen sich oder werden verschwommen oder bewegen sich im Zickzack, dann *suggerieren* diese Bilder eher den geistigen Zustand, als daß sie im wörtlichen Sinn den subjektiven Blickwinkel des Betrunkenen abbilden. Der Zuschauer zieht dann seine Schlüsse auf die Verfassung des Betrunkenen aus der gesamten stilistischen Gestaltung, zu der die Kameraführung gehört, aber ebenso auch die Musik, die Geräusche, die Spezialeffekte und was sich die Phantasie des Regisseurs sonst noch hat einfallen lassen.

Gekippte oder gekantete Kamera. Sie stehen auf der Veranda vor Ihrem Haus und genießen den Blick auf den weiten Horizont, der Ihnen ein Gefühl von Gelassenheit, Stabilität und Sicherheit vermittelt. Was aber, wenn der Horizont sich plötzlich zur Seite neigt? Was für ein Gefühl hätten Sie dann? Schreck? Panik? Schwindel?

Um mit einer Kameraeinstellung eine Aussage zu treffen, bedienen sich Regisseure häufig grundlegender menschlicher Emotionen und psychischer Reaktionen. Die gekippte Einstellung ist ein Paradebeispiel dafür. Sie suggeriert eine Welt, die in Schieflage geraten ist, aus der die normalen Sicherheitsstandards entschwunden sind.

Regisseure wollen die geistige oder emotionale Verfassung einer Figur möglichst angemessen ausdrücken. Eine **gekippte** oder **gekantete Kamera** (Dutch Angle) suggeriert **Ungleichgewicht.** Eine solche Einstellung könnte für den oben beschriebenen betrunkenen Herrn angemessen sein, auch für einen Wahnsinnigen, dessen Welt aus den Fugen geraten ist, oder für jemanden auf einem LSD-Trip. Sie paßt wunderbar zu »rotgoldenen Bäumen

Kapitel 7 ▮ Kameraführung

und zitronengelben Himmeln«.* Eine solche Einstellung könnte sogar eine Liebesszene angemessen kommentieren, bei der sich Gefühle so ins Ekstatische steigern, daß selbst der Horizont auf dem Kopf steht.

Gekippte oder gekantete Einstellungen sind sehr wirkungsvoll in Montagesequenzen einzusetzen. Wenn sich Bild über Bild legt, entsteht ein Kaleidoskop visueller Eindrücke. In den meisten Fällen ziehen gekippte Einstellungen aber lediglich die Aufmerksamkeit auf sich selbst. Sie sind bizarr und nervtötend: Man sollte sie sparsam verwenden!

Handkamera. Wir haben oft Assoziationen, die wir überhaupt nicht registrieren. Wenn in einem Drehbuch eine Figur den Namen Erika trägt, schwingt in dieser Figur etwas von jeder Erika mit, die wir gekannt oder gesehen oder über die wir gelesen haben. Automatisch setzen wir sie in Beziehung zu unseren Erfahrungen und Empfindungen. Ebenso kommen uns, wenn ein Fernseh- oder Kinofilm sepiafarben getönt ist, sofort bräunlich verblichene Photoabzüge in den Sinn, und wir verstehen das als eine Anspielung auf das neunzehnte Jahrhundert – und genau das war die Intention des Regisseurs.

Mit dem Einsatz einer Hand- oder Schulterkamera werden meist Nachrichten und aktuelle Übertragungen besonderer Ereignisse assoziiert. Wenn ein Fernsehsender eine Crew mit tragbaren Kameras zu einem Großfeuer schickt, dann werden Bilder gemacht, so gut es eben geht: Die Bewegungen der Kamera sind ungelenk und wackelig, die Einstellungen unruhig, weil der Kameramann gestört und angerempelt wird. Wenn ein Regisseur eine Handkamera für eine Filmsequenz einsetzt, dann tut er das im Bewußtsein, daß eine solche Bildauflösung beim Zuschauer genau solche Assoziationen weckt. Eine **Handkamera** erzeugt das Gefühl des Beteiligtseins an einer aufregenden Aktion, vermittelt den Eindruck, die Bilder seien sozusagen auf der Flucht entstanden. Sie bekommen ein ungeschliffenes, dokumentarisches Aussehen, sie stammen nicht aus der »glatten und glänzenden« Bilderwelt, mit der Hollywoodproduktionen häufig assoziiert werden.

Kamerabewegung

Inzwischen dürfte klar geworden sein, daß in einer gut inszenierten Spielhandlung kaum etwas passiert, wofür es nicht auch einen Grund gibt, daß in einem Drehbuch jedes Wort dazu da ist, der Handlung oder den Figuren beim Erreichen ihrer Ziele dienlich zu sein, daß jede Bewegung eines Schauspie-

---

* »Tangerine trees and marmalade skies«, Zeile aus dem Beatles-Song *Lucy in the Sky with Diamonds,* der angeblich auf den LSD-Rausch anspielt.

lers, jeder Gang und jede Aktivität im Idealfall durch einen Gedanken oder ein Gefühl motiviert ist.

Ähnlich sollten auch Kamerabewegungen weder willkürlich noch das Produkt eines launischen Einfalls sein. Jedesmal, wenn die Kamera horizontal oder vertikal schwenkt oder eine Fahrt macht, sollte dafür ein genau bestimmbarer dramaturgischer Grund vorliegen. Solche Gründe haben teilweise mit Inszenierungskonzepten zu tun, die wir bereits kennen.

Ranfahrt und Rückfahrt. Sobald das Interesse an einer Szene wächst, beginnt der Zuschauer seine Aufmerksamkeit auf die Gesichter der Schauspieler zu richten, er rückt ihnen näher und näher. In den frühen Hollywoodfilmen wurde diese zunehmende Anteilnahme in einer Aufeinanderfolge von Einstellungen umgesetzt, jede näher an der Aktion als die vorherige.

Die **Fahrt** auf etwas zu (vorwärts) erfüllt denselben Zweck, ist aber viel flüssiger, fließender. Dramaturgisch motivierte Schnitte (solche, die dem Interesse des Zuschauers folgen) werden kaum bemerkt, aber die langsame Vorwärtsfahrt **(Ranfahrt)** ist noch weniger auffällig, sie ist nahezu unsichtbar, denn sie spiegelt in den meisten Szenen, was sich im Bewußtsein des Zuschauers abspielt. Umgekehrt entspricht die **Rückfahrt** (weg von etwas) einem Loslassen, einem Zurücknehmen der Aufmerksamkeit. Sie distanziert den Zuschauer von der Szene.

Wenn die Kamera auf eine Person zufährt, wächst mit der Bildgröße auch deren Gewicht. *Die Gewichtung zu erhöhen* ist für die meisten Ranfahrten der Hauptgrund. Befindet sich die fahrende Kamera in einer niedrigen Position, dann wird während der Ranfahrt die Perspektive immer steiler, der Grad der Untersicht immer extremer, so daß die Figur zugleich mehr *Gewicht* und mehr *Dominanz* erhält.

Die wachsende Spannung in einer Szene ist der Hauptgrund für eine Ranfahrt, aber es kann für sie auch äußere Gründe geben. Wenn die Ranfahrt eine Person (oder eine Aktion) begleitet, scheint die Person die Vorwärtsbewegung der Kamera anzutreiben. Eine solche Fahrt ist sowohl elegant wie inhaltlich begründet.

Definitionsgemäß bewegt sich bei einer Fahrt die Kamera im Raum, zum Beispiel vorwärts oder rückwärts. Bei einer **Zoomaufnahme** wird lediglich die Abbildungsgröße verändert. Während sich bei einer Fahrt die Kamera tatsächlich innerhalb einer Dekoration bewegt und sich die Perspektive im Verlauf der Bewegung ständig ändert, verändert der Zoom die Brennweite des Objektivs und verkürzt den Raum in einer eindimensionalen, auf einer Ebene liegenden Bewegung. Vario-Objektive bieten dem Regisseur viele Annehmlichkeiten, sind aber in den letzten Jahren überstrapaziert worden.

Kapitel 7 ▮ Kameraführung

Parallelfahrt, Vorausfahrt, Hinterherfahrt. Typisch für eine Parallelfahrt ist, daß die Bewegung der Kamera in der Regel lateral (seitwärts) erfolgt und fast immer die Bewegung einer Figur begleitet. Eine traditionelle **Parallelfahrt** (Tracking Shot) begleitet gehende Personen und nimmt sie aus einer leicht schräg-seitlichen Position heraus auf. Einfallsreiche Regisseure lassen häufig Laternenpfähle, Passanten oder was sonst zur Umgebung gehören könnte, zwischen Kamera und Personen vorbeiziehen, um etwas von der Atmosphäre des Schauplatzes einzufangen.

Wenn die Kamera einer Person vorausfährt, also zurückweicht, während die Person auf sie zugeht, spricht man von einer **Vorausfahrt,** entsprechend heißt die Fahrt, die einer Person folgt, **Hinterherfahrt** (beides: Tracking Shot). Mit letzterer wird besonders das Ziel hervorgehoben, auf das die Person zusteuert, oder die Richtung, in der sie sich gerade bewegt. Weil alle drei Fahrten von den Bewegungen der Figuren angetrieben werden, sind sie dramaturgisch motiviert.

Für viele Regisseure leistet die bewegliche Kamera, während sie die Gänge der Hauptfiguren verfolgt, mehr als nur ein mechanisches Abphotographieren des Geschehens. In anspruchsvollen Filmen gilt das Prinzip »Stil ist Ausdruck des Gehalts«. Kamerabewegungen sind sehr oft Stilmittel. Dem deutschen Regisseur Max Ophüls *(Der Reigen, Lola Montez)* sind sie poetischer Ausdruck einer romantischen Welt. Lange melancholische Fahrten über Treppen, durch Korridore und Opernfoyers charakterisieren seine Figuren und die von ihnen ausgehende Stimmung, die darin ihren betont eigenen, überschwenglichen Ausdruck findet. Vergleicht man eine solche elegante Kamerabewegung mit einer Stakkato-Serie schneller Schnitte, die einer Figur von Raum zu Raum folgen, so ist der Unterschied in der Stimmung in den unterschiedlichen Inszenierungen kaum zu übersehen.

Kranfahrten. Wenn die Kamera auf einem **Kran** – einem langen stählernen Arm – befestigt ist, kann sie plötzlich ausgedehnte schwungvolle Bewegungen, normalerweise nach oben oder nach unten, machen. In der Eröffnungseinstellung vieler Western schaut die Kamera von hoch oben auf eine kleine Westernstadt hinunter und bietet dem Publikum auf diese Weise eine wirkungsvolle Orientierung. In der Ferne, am Ende der Straße, erscheint ein einsamer Reiter. Sobald er näher kommt, fährt die Kamera langsam abwärts, und wenn er sein Pferd vor den Saloon lenkt, um es dort anzubinden, ist sie ganz unten am Boden angekommen und schaut zum mythischen Helden auf, dem sie dadurch eine Aura von Stärke verleiht.

Die hohe Kamera ist objektiv, leidenschaftslos, gottähnlich. Sie kommentiert kaum. Während sie abwärts fährt, egal ob schnell oder langsam, wird sie zur Teilnehmerin der sich entfaltenden Spielhandlung und zieht den Zuschauer mit hinein. In der großen, majestätisch-schwungvollen Bewegung des Kranarms liegt Dramatik, ja Theatralik. Am Schluß des Westerns reitet der Held fort, hinaus in die Wüste. Die Kamera macht eine Kranfahrt aufwärts, läßt ihn als kleine, einsame Gestalt erscheinen und betont die weite, endlose Landschaft, die ihn umgibt.

Horizontaler und vertikaler Schwenk. Bei allen bisherigen Beispielen für Kamerabewegungen (den Fahrten) muß mit der Kamera immer auch ihre Basis, ihr Unterbau, das Kamerapodest mitbewegt werden. Die Kamera ändert jeweils ihre Position im Verhältnis zu den Schauspielern oder zum Schauplatz. Beim **Schwenk** bleibt die Basis der Kamera stationär, nur der Kopf des Stativs bewegt sich mit der Kamera. In einem **horizontalen Schwenk** (Pan, Panning Shot) dreht sich der Kopf mit der Kamera von einer Seite zur anderen, das Blickfeld wandert horizontal von rechts nach links oder von links nach rechts. In einem **vertikalen Schwenk** (Tilt, Tilting Shot) neigt sich der Kopf mit der Kamera aufwärts oder abwärts, das Blickfeld der Kamera wandert vertikal, von unten nach oben oder von oben nach unten.

Der häufigste Grund für einen Schwenk ist der, daß die Kamera Gänge und Bewegungen einer Figur verfolgt. Sie schwenkt mit, wenn eine Person einen Raum durchquert, sie schwenkt hoch, wenn die Person eine Leiter hochklettert. Gelegentlich benutzt der Regisseur einen horizontalen Schwenk als Orientierungseinstellung. Stellen wir uns zum Beispiel eine Eröffnungssequenz vor, vielleicht als Hintergrund für die Titel, in der die Kamera langsam über ausgedehnte Wiesen und Felder schwenkt (ein Panorama, woraus sich der amerikanische Begriff *Pan* für den horizontalen Schwenk herleitet), schließlich einen Sportwagen erfaßt und ihn bei seiner schnellen Fahrt die staubige Straße entlang verfolgt.

Ein weiterer Grund für einen Schwenk ist die Verfolgung der Blickrichtung einer Person mit der Kamera, anstelle der üblicheren subjektiven Einstellung. Ein junges Mädchen schaut zum Beispiel zu einem Fenster und schreit auf. Die Kamera schwenkt langsam zum Fenster, um dort ein gräßliches Gesicht zu zeigen, das lüstern zu ihr hinübergrinst. Der Schwenk spannt das Publikum mit seiner Langsamkeit absichtlich auf die Folter, er läßt die Spannung wachsen, indem er die Aufdeckung der Ursache verzögert. Zurück zu dem Mädchen wird der Regisseur dann wahrscheinlich eher mit einem Schnitt kommen, ein nochmaliger Schwenk wäre wohl recht schwerfällig.

Ein **Reißschwenk** (Swish Pan, Whip Pan) erschreckt und schockiert. In dem oben angeführten Beispiel würde das Entsetzen noch stärker akzen-

Kapitel **7** ▮ Kameraführung

tuiert, wenn die Kamera unerwartet, in einer einzigen, atemberaubend schnellen Bewegung zum Fenster hinüber *gerissen* worden wäre. Der Regisseur von *Poltergeist* hat manchmal mit solchen sehr schnellen, an den Nerven zerrenden Schwenks gearbeitet.

Objektive und Filter

Objektive und Filter beeinflussen die Qualität der Bilder, die auf Film oder Videoband entstehen. Objektive sind für die optischen Eigenschaften eines Bildes verantwortlich, **Filter** modifizieren entweder durch ästhetische Korrekturen oder durch ästhetische Raffinessen, indem sie die Farbabstimmung beeinflussen oder die Belichtung verändern.

Objektive. Objektive können in drei Gruppen eingeteilt werden: Normal- oder Standardobjektive, Weitwinkelobjektive und Teleobjektive. Weil Normalobjektive (mit ihren mittleren Brennweiten) relativ verzeichnungsfrei arbeiten, werden sie von der Mehrzahl der Regisseure in den meisten Szenen benutzt. Der Bildwinkel dieser Objektive entspricht in etwa dem des menschlichen Auges.

Die beiden anderen, **Weitwinkelobjektive** und **Teleobjektive,** verzeichnen das photographische Bild. Je kürzer beziehungsweise länger die Brennweite des Objektivs ist, um so größer ist der Grad der Verzeichnung. Regisseure arbeiten gezielt mit Verzeichnungen, um ästhetischen oder praktischen Anforderungen einer dramatischen Situation zu entsprechen.

Wie der Name sagt, bieten Weitwinkelobjektive (»Objektive mit **kurzer Brennweite**«) einen umfassenden Überblick und werden daher oft für Orientierungseinstellungen eingesetzt. Eine solche Orientierung sollte jedoch nicht mit einem Schwenk verbunden werden, weil Objektive mit extrem kurzen Brennweiten das Bildfeld sphärisch verzeichnen und dadurch der Eindruck entsteht, als würde sich das Bildfeld um die Bildmitte krümmen. Weitwinkelobjektive sind ideal für Ran- und Rückfahrten, weil sie die Sichtbarkeit der Kameravibration verringern und weil sie den Eindruck größerer Schärfentiefe entstehen lassen.

Häufig sieht sich ein Regisseur vor die Situation gestellt, daß eine Dekoration oder ein Originalschauplatz nicht über die räumlichen Maße verfügt, die wünschenswert wären. Eine der Eigentümlichkeiten des Weitwinkelobjektivs ist es, Objekte im unmittelbaren Vordergrund zu vergrößern und die Objekte im Hintergrund zu verkleinern. Das Weitwinkelobjektiv stellt den Raum verzeichnet dar und schafft die Illusion einer größeren als der tatsächlich vorhandenen Distanz. Mit einem Weitwinkelobjektiv aufgenommen, kann ein sechs Meter langer Flur doppelt oder dreimal so lang erscheinen. Sollen Schauspieler diesen Flur entlanggehen und dabei auf die Kamera zukommen, dürfen sie der Kamera nicht zu nah kommen, weil die Objekte unmittelbar vor dem Objektiv verzerrt werden und grotesk aussehen können. Ist jedoch ein verzerrtes Gesicht gefragt, weil es lustig ist oder weil es für einen Horroreffekt benötigt wird, dann ist dieses Objektiv genau das richtige. Weil Weitwinkelobjektive die Distanzen größer erscheinen lassen, als sie tatsächlich sind, scheinen Bewegungen von der Kamera weg und auf sie zu immer schneller zu sein, als sie tatsächlich ausgeführt werden.

Für Objektive mit **langer Brennweite** gilt das Gegenteil. Sie scheinen den Raum zu komprimieren, die Distanzen zu verkleinern. Personen, die sich auf die Kamera zu bewegen, scheinen kaum voranzukommen. Regisseur Mike Nichols setzte in *Die Reifeprüfung* sehr eindrucksvoll ein Teleobjektiv ein, als Dustin Hoffman die Straße entlangrennt, um die Trauung aufzuhalten, bei der seine große Liebe einen anderen heiraten will. In der Teleaufnahme ist das wie in einem Alptraum – er läuft und läuft und scheint nicht von der Stelle zu kommen.

Ein Teleobjektiv vergrößert das Bild – wie ein Fernglas oder ein Teleskop. Je länger die Brennweite ist, um so höher ist der Grad der Vergrößerung. Teleobjektive werden benutzt, um Großaufnahmen aus größerer Entfernung zu machen. Weil Objektive mit langer Brennweite einen sehr engen Schärfenbereich besitzen, eignen sie sich für Bilder mit selektiver Schärfe. Möchte ein Regisseur eine Person scharf abbilden, während Vorder- und Hintergrund verschwimmen, dann wird er immer zu einem Teleobjektiv greifen.

Filter. Das normale, richtig fokussierte Objektiv zeichnet ein klares und scharfes Filmbild, in dem die Farben und die Schwarz- und Weißwerte relativ wirklichkeitsgetreu wiedergegeben sind. Diese Bildeigenschaften lassen sich jedoch mittels spezieller Glas- oder Gelatinefilter gezielt verändern. Man unterscheidet zwei Gruppen: technische Filter und ästhetische Filter. Zu den technischen Filtern zählen der **neutrale Graufilter,** der die Lichtmenge, die durch das Objektiv einfällt, reduziert, und der *Polarisationsfilter,* der Spiegelungen und Reflexe vermindert und einen blauen Himmel dunkler macht, so daß ein Nachteffekt entsteht.

Zur Gruppe der ästhetischen Filter gehört ein ganzes Spektrum von Filtern, die das Bild verzeichnen, unscharf machen oder auf andere Art ändern, um visuelle Wirkungen zu erzielen, die auf die emotionale Reaktion des Publikums Einfluß nehmen.

Kapitel 7 ▮ Kameraführung

Starfilter werden ausgiebig in der Werbung, aber auch in manchen Fernseh- und Kinofilmen eingesetzt. Der Starfilter verwandelt helle Lichtquellen in sternförmige Reflexe oder Halos und erzeugt dadurch einen strahlenden, glamourösen, optimistischen, funkelnden Effekt, der einer Hochzeit Flair gibt, einer piekfeinen Bel-Air-Party Glanz verleiht oder den beschwingten Gang eines verliebten Paares durch regennasse Straßen verzaubert.

Diffusionsfilter machen ein Bild »weich«. Sie werden seit den frühesten Tagen des Hollywoodfilms dazu benutzt, die Königinnen der Leinwand noch schöner zu machen und Falten, Runzeln und andere Unvollkommenheiten der Haut zu verbergen. Ganz früher zog der Kameramann ein Stückchen Seidenstrumpf über das Objektiv, um diesen gazeartigen Effekt zu erzielen. An Schauplätzen im Freien werden Diffusionsfilter dazu benutzt, eine idyllische, friedvolle Stimmung zu erzeugen, denn sie verwandeln die oft sehr harten Linien der Natur in das weich schimmernde Ambiente eines impressionistischen Gemäldes. Diffusionsfilter werden heute teilweise durch Nebelfilter ersetzt.

Nebelfilter wurden ursprünglich eingesetzt, um den Effekt von – na, was wohl? – richtig: von *Nebel* zu erzeugen. Solche Einstellungen wurden gewöhnlich durch Rauchschwaden verstärkt, die aus einer Rauchbüchse knapp außerhalb des Bildes aufstiegen. Wer regelmäßig fernsieht, hat die Wirkung von Nebelfiltern schon viele, viele Male beobachten können. Sie erzeugen in einer Szene eine weiche, dunstige Helligkeit, die dann besonders auffällt, wenn die Kamera auf eine Lichtquelle, etwa ein Fenster, gerichtet wird. Das Bild ist idealisierend – undeutlich und strahlend zugleich, und äußerst schmeichelhaft für die rehäugigen schönen Damen, von denen die Werbespots bevölkert sind.

Zwar war es zunächst die Werbung, die den Einsatz von Nebelfiltern forcierte, aber in den Fernsehfilmen zog man schnell nach. Nebelfilter eignen sich hervorragend für Rückblenden. Die erkennbare Verschiedenartigkeit der Bildqualität setzt Sequenzen aus der Vergangenheit deutlich von den Szenen ab, die in der Gegenwart spielen. Die Wirkung von Nebelfiltern kann auch gut zu Fantasy passen, wobei der leichte Dunst eine andere Welt, eine andere Dimension andeutet. Gleiches gilt für Traumsequenzen. Es gibt Regisseure, die verwenden diesen Filter unbekümmert auch in Comedy-Shows oder in Abenteuer- und Actionfilmen. Einen seiner eindrucksvollsten Einsätze hatte der Nebelfilter in dem Kinofilm *Hinter dem Rampenlicht*. Regisseur Bob Fosse benutzte ihn für mehrere stilisierte halluzinatorische Sequenzen, in denen der Protagonist Roy Schneider sich mit einer eleganten Frau unterhält, die, wie sich später herausstellt, der Tod ist.

Polarisationsfilter verringern Reflexe und Spiegelungen. Normalerweise sind sie im **Kompendium** paarweise vorhanden, so daß einer von ihnen gedreht werden kann, um unterschiedliche Wirkungsgrade zu erzeugen. Polarisationsfilter machen tendenziell den Himmel dunkler, sie geben ihm ein tieferes Blau und werden manchmal dazu benutzt, einen annähernden Nachteffekt herzustellen. Außerdem lassen sie Farbe intensiver erscheinen.

Farbkorrekturfilter werden manchmal eingesetzt, um die Farbwerte einer Szene – gewöhnlich nur sehr geringfügig – zu verändern. Weil Farbe für den Regisseur eines der wertvollsten Instrumente ist, um beim Publikum emotionale Reaktionen hervorzurufen, können Korrekturfilter, insbesondere in der Hand eines sensiblen Kameramannes, äußerst nützlich sein. In einer Alptraumsequenz zum Beispiel könnten übermäßig satte Farben den Eindruck von Unwirklichkeit verstärken. Die hohe Farbsättigung würde die Vorgänge fremdartig und bizarr erscheinen lassen, durchzogen von einem Hauch von Wahnsinn. In eher realistischen Aufnahmen trägt eine leichte Blautönung (die das Publikum nicht bewußt wahrnimmt) zu einem Gefühl heiterer Gelassenheit bei. Wenn auf Film gedreht wurde, kann die Kopieranstalt auch noch in der Nachbearbeitung die Farbwerte des Ausgangsmaterials in den Kopien verändern.

Neben den Farbkorrekturfiltern bieten sich während des gesamten Produktionsprozesses zahlreiche andere Möglichkeiten der Farbgestaltung und Farbbeeinflussung: im Szenenbau, in der Lichtführung, durch Kostüme und Ausstattung. Ein Regisseur sollte das Gespräch über die Struktur der Farbgestaltung eines Projektes mit seinem Filmdesigner (Production Designer) oder dem Szenenbildner (Art Director), in dessen Aufgabenbereich die Farbgebung fällt, bereits in der Vorbereitungsphase suchen. Das kann sich für ihn als äußerst nützlich und hilfreich erweisen.

An dieser Stelle näher auf Fragen der Farbgebung einzugehen, würde zu weit führen, aber ich rate, über diesen sehr wichtigen Gestaltungsbereich nicht einfach hinwegzugehen. Es gibt eine ganze Reihe von guten Büchern über bildende Kunst, die sich ausführlich mit diesem Thema auseinandersetzten.

> Farbe kann wegen eines großen dramatischen Effektes wie um einer subtilen Andeutung willen gewählt werde. Farbe kann ein Gefühl von Konflikt oder von Ruhe vermitteln, ein Gefühl von Wohlsein oder von Unwohlsein, von Glücklichsein oder von Traurigkeit, von Intimität oder Distanz, von menschlicher Wärme oder Kälte, von Männlichkeit oder Weiblichkeit. Die Reihe ließe sich beliebig fortsetzen. In ihrer Wirkung auf die Empfindung des Zuschauers ähnelt Farbe sehr der Musik.[5]

Zusammenfassung

- Wie der Regisseur die Kamera einsetzt, ist von ihren drei Hauptfunktionen bestimmt: (1) dem *Photographieren des Geschehens* (zeigen, was vor sich geht, die Geschichte erzählen), (2) dem *Gewichten* (herausarbeiten wichtiger Szenenelemente), (3) ihrem Beitrag zu *Stimmung und Atmosphäre* einer Spielhandlung.

- Für das Photographieren des Geschehens hat sich ein allgemein anerkanntes Grundmuster bereits bei den ersten in Hollywood gedrehten Filmen herauskristallisiert: die Kamera beginnt mit einer weiten (totalen) Einstellung und rückt dann näher an das Geschehen oder die Personen heran. Die Totale am Szenenanfang gibt Orientierung. Mit wachsender Spannung werden die Einstellungen enger, bis auf dem Höhepunkt der Szene das Geschehen in Großaufnahmen gezeigt wird. Dieses Grundmuster hat von seiner Gültigkeit bis heute nichts verloren.

- Kameraeinsatz und -stil sind von Regisseur zu Regisseur verschieden. Einige bevorzugen eine sich fließend bewegende Kamera, andere arbeiten mit einer einzigen Haupteinstellung, die das Geschehen der gesamten Szene abdeckt (covert), und lösen sie dann in engere Einstellungen auf, die der Cutter später zusammenfügen kann. Jede Position, die für die Kamera festgelegt und eingeleuchtet ist, wird als *Einrichtung* bezeichnet.

- Haupteinstellungen (»Master«) sind in der Regel weite, totale Einstellungen. Sie zeigen die räumlichen Beziehungen zwischen den Personen und Bewegungen, die in engeren Einstellungen nicht zu sehen wären. Haupteinstellungen beginnen manchmal weit und werden dann enger, manchmal beginnen sie auch groß und werden dann totaler. Es kommt vor, daß Szenen ohne durchgängige Haupteinstellung aufgenommen werden.

- In jedem dramatischen Geschehen haben bestimmte Momente mehr Bedeutung als andere. Der Regisseur setzt die Kamera ein, um Gewichtungen vorzunehmen. Dies erreicht er durch Nähe, Vereinzelung, Position, Dauer, Wechsel und Bildkomposition.

- Große, enge Einstellungen allein machen etwas noch nicht bedeutsam, sie steigern oder intensivieren lediglich, was an Dramatischem bereits angelegt ist. Außerdem verdeutlichen sie Details und Emotionen, die in einer totaleren Einstellung untergegangen wären. Und schließlich erzeugen Großaufnahmen ein Gefühl der Intimität, aus dem heraus das Publikum Sympathie für eine Figur entwickeln kann.

- Eine Person, die frontal der Kamera zugewandt ist, erhält ein größeres Gewicht als eine Person, die im Profil zu sehen ist. Schüsse über die Schulter geben einer Person weniger Gewicht als Großaufnahmen, vermitteln aber das deutliche Gefühl, daß zwischen den gezeigten Personen eine *Beziehung* besteht.

- Gewichtung kann auch durch eine zeitliche Verlängerung erfolgen. Eine der Methoden dafür ist die Zeitlupe. Auch durch den Schnitt können wichtige Ereignisse und Momente verlängert werden, indem sie durch Einfügen zusätzlicher Schnitte gedehnt werden. Ebenso können durch Schneiden langweilige Momente gekürzt oder ganz eliminiert werden.

Teil 2 ▌ Fiction

- Der Schwerpunkt der Aufmerksamkeit wechselt innerhalb der meisten Spielszenen viele Male. Von einer Einstellung in die nächste zu schneiden ist die gebräuchlichste Methode, um die Aufmerksamkeit des Zuschauers von einer Figur auf eine andere zu lenken. Eine weitere Methode ist die Verlagerung der Schärfe. Der Zuschauer richtet seine Aufmerksamkeit auf das, was er am leichtesten und am besten erkennen kann. Wenn eine Person im Vordergrund scharf abgebildet ist, und eine andere ist im Hintergrund nur unscharf zu sehen, konzentriert sich die Aufmerksamkeit auf die Person im Vordergrund.
- Die Kamera beeinflußt Stimmung und Atmosphäre einer Spielhandlung durch ihre Position, durch ihre Bewegung sowie durch Objektive und Filter.
- Zuschauer ziehen aus der Kameraposition Schlüsse. Eine Aufsicht, eine Einstellung von oben, schaut auf eine Person hinunter, im übertragenen wie im wörtlichen Sinn. Eine Untersicht, eine Einstellung von unten, blickt zu einer Person auf, läßt sie stark und dominant erscheinen.
- Normalerweise liefert die Kamera ein objektives Abbild des Geschehens, sie kann aber auch eine subjektive Sicht zeigen. In der gebräuchlichsten Form subjektiver Photographie, der Subjektiven, nimmt die Kamera buchstäblich den Standpunkt und Blickwinkel einer Person ein. Eine zweite Form der subjektiven Kamera besteht darin, daß die gesamte stilistische Behandlung des Themas (Licht, Dekoration, Musik usw.) den Bewußtseinszustand einer Person ausdrückt – die äußere Welt spiegelt die innere.
- Gekippte oder gekantete Einstellungen deuten an, daß die Welt aus dem Gleichgewicht geraten ist, etwa so, wie sie sich für einen Wahnsinnigen oder Betrunkenen darstellen mag. Aufnahmen aus der Hand oder von der Schulter assoziiert der Zuschauer mit Nachrichtenbeiträgen oder Live-Übertragungen von besonderen aktuellen Ereignissen. Regisseure machen sich diese Sehgewohnheit zunutze, um bestimmten Sequenzen ein ungeschliffenes, dokumentarisches Aussehen zu geben.
- Jede Kamerabewegung sollte dramaturgisch motiviert sein. Ranfahrten und Rückfahrten zum Beispiel pflegen die zunehmende oder abnehmende Beteiligung des Zuschauers nachzubilden. Parallelfahrten sowie Voraus- und Hinterherfahrten werden in der Regel von Bewegungen und Gängen der handelnden Personen angetrieben.
- Objektive und Filter beeinflussen die Qualität eines Bildes. Objektive bestimmen die optischen Eigenschaften, Filter modifizieren durch ästhetische Korrekturen, durch die Beeinflussung der Farbabstimmung oder durch eine Veränderung der Belichtung.
- Weitwinkelobjektive und Teleobjektive verzeichnen das Bild. Je kürzer beziehungsweise länger die Brennweite des Objektivs ist, um so größer ist der Grad der Verzeichnung. Weitwinkelobjektive mit ihren kurzen Brennweiten vergrößern Objekte im unmittelbaren Vordergrund und verkleinern Hintergrundobjekte. Sie erzeugen dadurch die Illusion einer größeren Tiefe. Teleobjektive mit ihrer langen Brennweite reduzieren die Tiefe, verflachen das Bild und besitzen nur eine begrenzte Schärfentiefe.

Kapitel 7 ▮ Kameraführung

■ Starfilter verändern helle Lichtquellen in sternförmige **Reflexe.** Sie erzeugen dadurch einen strahlenden, optimistischen Glitzereffekt. Diffusionsfilter machen ein Bild »weich«, verdecken Unvollkommenheiten, idealisieren den abgebildeten Gegenstand. Nebelfilter wurden ursprünglich eingesetzt, um eine Illusion von Nebel hervorzurufen, und haben heute die Diffusionsfilter fast völlig ersetzt. Sie erzeugen ein weiches, dunstiges, leuchtendes Bild.

Übungen

1. Nehmen Sie zu Ihrem nächsten Kinobesuch Papier und Bleistift mit und machen Sie sich Notizen zur Kameraführung. Wann begann der Regisseur eine Szene mit einer weiten Einstellung? Wann mit einer engen? Wie lange dauerte es in der Szene, die groß begann, bis der Regisseur eine Orientierung bot? Auf welche Weise wurde sie gegeben? Gab es auch Szenen, in denen keine Orientierung angeboten wurde?

2. Gab es Szenen, in denen das Geschehen von der Kamera nicht vollständig gezeigt wurde? Um welche Art Szene handelte es sich? Haben Sie Coverage vermißt? Warum – oder warum nicht?

3. Markieren Sie in der Szene aus den »Übungen« von Kapitel 6 die Momente, die Sie in Großaufnahme beziehungsweise Detailaufnahme zeigen würden. Warum haben Sie gerade diese Momente ausgewählt? (Achtung: nicht zu schnell zu dicht herangehen, es müssen Steigerungen möglich bleiben!)

4. Gibt es in dieser Szene einen Moment, den Sie beim Schnitt verdoppeln würden? Soll heißen: Gibt es einen Augenblick, den Sie durch das Einschneiden von Großaufnahmen verlängern würden?

5. Markieren Sie im Kapitel 6 in der Szene *Der letzte Vorhang* die Momente, die Sie in Großaufnahmen zeigen würden, und die Momente, die Sie durch einen verdoppelnden Schnitt verlängern würden.

6. Schauen Sie sich ein oder zwei Stunden lang das Programm eines kommerziellen Fernsehsenders an. Notieren Sie, in wie vielen Werbespots ein Nebelfilter verwendet wurde. Warum setzten die Regisseure in diesen Spots den Nebelfilter ein? Wurde in irgendeiner Werbung ein Starfilter verwendet? In welcher? Warum hat der Regisseur ihn eingesetzt?

8

Spannung muß sein

> Die Kunst, Suspense zu schaffen, ist zugleich
> die Kunst, das Publikum zu packen, es am Film
> zu beteiligen. Einen Film machen, das ist
> bei dieser Art von Kino ein Spiel nicht mehr zu
> zweit (Regisseur + Film), sondern zu dritt
> (Regisseur + Film + Publikum).
>
> *FRANÇOIS TRUFFAUT[1]*

Der Begriff **Spannung*** findet normalerweise auf ein Genre von Fernseh-
und Kinofilmen Anwendung, die Beklemmung hervorrufen oder auf die
Folter spannen wollen. Diese »Thriller« versuchen im allgemeinen, ihr Publikum in Angst und Schrecken zu versetzen, indem sie ihre Protagonisten in
unheimliche, oft lebensgefährliche Situationen hineinstellen. Reißer, denen
es buchstäblich nur darum geht, aus der Angst Kapital zu schlagen, bereichern ihr Horrorszenario nicht selten um Schockszenen mit sinnloser Gewalt, mit Strömen von Blut und grausigen Verstümmelungen.

Weil Thrillerelemente in Film und Fernsehen so häufig sind, will ich mich
in diesem Kapitel ausführlich damit auseinandersetzen. Spannung meint
allerdings mehr als »Thrill«, mehr als reinen Nervenkitzel. Spannung gehört
zu jedem guten Film, sie ist Grundlage jeder Spielszene, auf sie läßt sich so
wenig verzichten wie auf Schauspieler oder Dialog. Ein Regisseur, der weiß,
was Spannung ausmacht, kann sein Publikum besser packen und seinen Film
überzeugender gestalten.

In den vier Hauptabschnitten dieses Kapitels untersuchen wir:

- **DIE WURZELN DER ANGST:** Wir haben vor dem Angst, was uns unbekannt ist,
  was wir ahnen, aber nicht sehen können.
- **HITCHCOCKS TECHNIKEN:** Der Meister spannt die Zuschauer auf die Folter, indem
  er ihnen genau das vorenthält, was sie gerne sehen möchten, und strapaziert auf

---

* Der Begriff *suspense* wird hier mit »Spannung« übersetzt, was zwar den vollen Wort-
sinn von *suspense* nicht erfaßt, dem jedoch, was der Autor (und auch Hitchcock) mit ihm
ausdrücken will, recht nah kommt (siehe dazu auch Hitchcocks Erläuterungen auf S. 64
sowie die Anmerkung auf S. 11 in Truffauts Hitchcock-Buch). (A.d.Ü.)

Kapitel 8 ▮ Spannung muß sein

vielerlei Art ihre Nerven, indem er sie mit Informationen versorgt, die sie in Unruhe versetzen.
- ▬ DREHBUCHASPEKTE: Was ein gutes Opfer und was einen guten Antagonisten auszeichnet und weshalb Glaubhaftigkeit wichtig ist.
- ▬ WAS IST SPANNUNG? Über einige Mißverständnisse.

Die Wurzeln der Angst

Jede wirklich erfolgreiche Spielhandlung wühlt uns auf. Sie rührt an Sehnsüchte und tiefe Schichten des kollektiven Unbewußten. Wenn uns ein Film oder eine Szene auf unerklärliche Weise zu Tränen rührt, dann, weil uns etwas auf einer sehr primitiven Ebene anrührt, uns unter die Haut aus jener dünnen, durchlässigen Schutzschicht geht, die uns zu »Zivilisierten« macht.

Wenn Regisseure ihr Publikum in Angst und Schrecken versetzen wollen, suchen sie nach deren ursprüngliche Wurzeln: Wovor fürchten sich alle Menschen, gleichgültig, welcher Kultur sie angehören, gleichgültig, wo sie leben? Viele solche tief wurzelnden Schrecken und Ängste reichen zurück bis in eine Zeit, in der wir alle noch Primitive waren: in unsere Kindheit.

Das Unbekannte

Fast jedes Kind hat im Dunkeln Angst. Warum? Weil es nicht sehen kann, was da lauern könnte. In der kindlichen Vorstellung kann es sich um die schrecklichsten Dinge handeln: um den großen schwarzen Mann, den Geist von Onkel Engelbert oder um ein scheußliches Ungeheuer. Wenn endlich das Licht angeknipst wird, ist der Raum beruhigend normal, die Furcht verfliegt. Ein paar Augenblicke später ist das Licht wieder aus, das Unbekannte kehrt zurück, und der Dunkelheit entsteigen wieder die Kobolde der Phantasie.

Wovor haben wir uns als Kinder gefürchtet? Vor Friedhöfen, Särgen, Gespenstern, Skeletten. Alles Symbole des Todes. Was ist der Tod? Für viele von uns ist er (da ist es wieder) das Unbekannte.

Als Kind habe ich immer vor Gewittern gezittert. Plötzliche, gleißend helle Lichtblitze waren die Vorboten von Donnerschlägen, deren furchtbares Krachen die Wände unseres kleinen Hauses (und mich) erbeben ließ. In primitiven Kulturen wird der Donner oft als Gott verehrt. Wir haben Ehrfurcht vor Blitz und Donner, die ebenfalls das Unbekannte repräsentieren.

Teil 2 ▮ Fiction

Furcht vor dem Unbekannten begegnet uns selbst in höchst trivialen Alltagssituationen. Vor einem Zahnarztbesuch bleiben die wenigsten von uns gelassen; die unbestimmte Möglichkeit, daß wir Schmerzen haben könnten, macht angst. Sobald der Zahnarzt ganz genau beschrieben hat, was uns erwartet, nimmt uns das – auch wenn es weh tun wird – einen Großteil der Angst.

Für einen Regisseur ist die Angst vor dem Unbekannten ein wertvolles Hilfsmittel bei der Gestaltung eines Films, in dem Schrecken erzeugt werden soll. Eine der ersten Fernsehserien, die ich produzierte, hieß »The Untouchables« (Die Unberührbaren). Die gewalttätigen, auf Angst ausgerichteten Stories handelten von Gangstern aus den späten zwanziger und frühen dreißiger Jahren. Bezeichnenderweise spielten in jeder Folge von sechs Szenen fünf bei *Nacht*. Mit einem Quentchen simpler Logik hätte jedem schnell auffallen können, daß diese Nächte absurd lang waren. Der Grund für so viele Nachtsequenzen hatte selbstverständlich mit Logik überhaupt nichts zu tun. Szenen mit Gewaltexplosionen, in denen Angst den alles beherrschenden Untertext bildet, sind nun einmal aufregender, wenn sie in einer finsteren Schattenwelt spielen. In einer solchen Welt tauchen unsere Kindheitsängste wieder auf, und wir halten den Atem an. Hat man je von einer Gespenstergeschichte gehört, die am *hellichten Tag* spielt? Hat es je eine Geschichte gegeben, in der der Held ein Spukschloß zur *Mittagszeit* betritt?

Das Ungesehene

Besonderes Grauen geht von Dingen aus, die man nicht sehen, nicht erkennen, nicht einschätzen kann, über deren groteske Gestalt sich nur Mutmaßungen anstellen lassen. In dem Film *Der weiße Hai* schwimmt das Ungeheuer verborgen in den Tiefen des Ozeans. Bezeichnend ist, daß das Publikum den Hauptdarsteller, den Hai, erst im letzten Drittel des Films zu sehen bekommt. Die Eröffnungssequenz zeigt Unterwasseraufnahmen aus dem subjektiven Blickwinkel des schwimmenden Tieres. Eine merkwürdig pochende, strawinskyähnliche Musik wird sein Thema. Jedesmal, wenn wir es wieder hören, beginnt das Zittern. Wir wissen, jetzt ist der Hai da. Von Zeit zu Zeit sehen wir, welche Verwüstungen er angerichtet hat. Aber erst in Szene 178 (von insgesamt 255) bekommen wir das Ungeheuer kurz zu Gesicht. So wie die Nacht verhüllt, so tarnt der Ozean den Hai; er verbirgt ihn, das steigert unser Entsetzen. Das Meer wird wie die Nacht zu etwas Furchterregendem. Eine blaue Bucht an einem unschuldigen Sonntagnachmittag kann unversehens einen solchen Schrecken ausstrahlen, daß wir vor Entsetzen wie gelähmt sind.

Kapitel 8 ▌ Spannung muß sein

Die verbergende Kamera. Die bekannteste Art, die Anwesenheit einer Figur mit der Kamera anzudeuten, ohne ihre Identität zu verraten, ist die, nur einen Schatten oder einen kleinen Teil des Körpers zu zeigen. Eine andere Möglichkeit ist das **klaustrophobische Bild** beziehungsweise eine klaustrophobische Kameraeinstellung. Im Normalfall wird der Protagonist, der einen neuen Schauplatz betritt, dort in einer weiten Orientierungseinstellung eingeführt. Ein Regisseur kann darauf aber auch bewußt verzichten, beispielsweise, indem er die Kamera eng am Gesicht des Protagonisten führt und dem Zuschauer gleichsam Scheuklappen aufsetzt. Er läßt ihn nicht sehen, wer oder was in der Umgebung lauern könnte. Solche Einstellungen erzeugen Klaustrophobie, das beklemmende Gefühl, hilflos eingesperrt zu sein. Dauern solche Einstellungen länger, beginnen sie spürbar an den Nerven des Zuschauers zu zerren.

Wir sehen, wie Ruth auf die heruntergekommene alte Villa zugeht und sie nervös mustert. Nächste Einstellung: Durch ein kleines Fenster im Obergeschoß sehen wir auf Ruth hinunter. Als sie hochblickt, zieht sich die Kamera schnell zurück, so als wolle sie nicht gesehen werden. Wir ahnen (und argwöhnen), daß diese Einstellung der subjektive Blickwinkel einer Person sein könnte. Unser Verdacht findet einen Augenblick später seine Bestätigung, als wir sehen, wie eine knochige Hand die Vorhänge vor dem Fenster zuzieht und uns damit die Sicht versperrt.

Jetzt geht Ruth zur Eingangstür und öffnet sie. Der hohe Türflügel kreischt – und zerrt, wie das gute alte Klischee es will, an unseren Nerven. Ruth wandert nun im Inneren des Hauses langsam von Zimmer zu Zimmer, die *Kamera bleibt eng* und fährt vor ihr her. Weil die Kamera bei der Großaufnahme bleibt, in der nur Kopf und Schultern zu sehen sind, tragen wir Scheuklappen. Wir sind wie Kinder in einem dunklen Schlafzimmer, irgend etwas ist da, aber wir können es nicht sehen. Unsere Anspannung steigt. Wir haben Angst vor dem Raum außerhalb des Bildausschnittes, wollen ihn nicht sehen. Zugleich ist uns bewußt, daß sich Ruth in Gefahr befinden könnte, und sind begierig, das drohende Unheil zu *sehen*, bevor es zuschlägt. Je länger wir die Scheuklappen tragen, desto unwohler wird uns. Schließlich biegt Ruth um eine Ecke und schreit auf, und im selben Moment wird uns mit der Großaufnahme eines gräßlichen Ungeheuers, Dämons oder Wahnsinnigen ein gehöriger Schock versetzt.

In diesem Beispiel setzt der Regisseur beide Arten der Verheimlichung mittels Kamera ein. Als jemand durch das Fenster im Obergeschoß hinunterschaut, bleibt die *Identität* dieses Beobachters im verborgenen, gezeigt wird nur seine knochige Hand. Und während die Kamera klaustrophobisch eng an der armen Ruth klebt, bleibt der *Aufenthaltsort* des Schurken ein Geheimnis. Dem Publikum wird nicht die geringste Chance gegeben, sich umzuschauen und die Gefahr einzuschätzen.

Die Spannungsmomente klaustrophobischer Einstellungen wirken auf zweierlei Weise: Erstens macht das, was man nicht sehen kann, mehr Angst als das, was man sehen kann. Und zweitens läßt das Hinauszögern des Augenblicks, in dem alles enthüllt wird, beim Zuschauer die Vorahnungen wuchern (über das Hinauszögern der Enthüllung gleich mehr).

Die Phantasie des Zuschauers. Wenn sich ein Thriller ins Reich der Fantasy begibt, sieht sich der Regisseur vor einer ganzen Reihe neuer Probleme. In den »Low-Budget-Schockern«, die im Nachtprogramm vieler Fernsehsender laufen, wirken die Tricks der Spezialeffekte und die Gestaltung der Kostüme oft plump und amateurhaft. Die abscheulichsten Monster sind um keinen Deut furchteinflößender, als ein Mann im grünen Gummianzug eben sein kann. Wenn ein Film ins Lächerliche abgleitet, trifft den Regisseur unweigerlich und zu Recht der größte Teil der Schuld.

Leser von Bestsellern sind von der Verfilmung eines Buches oder seiner Adaption in einer Fernsehserie oft enttäuscht. Der Grund dafür liegt in aller Regel darin, daß der Roman bei der Gestaltung der äußeren, sichtbaren Welt – der Schauplätze, Kostüme, Gesichter – darauf angewiesen ist, aus der *Phantasie des Lesers* zu schöpfen. Das Repertoire menschlicher Phantasie ist aber so reich, daß Filmkünstler nur schwer damit konkurrieren können. Die meisten versuchen es daher gar nicht erst.

Für den sogenannten Thriller gilt: Je vertrauter das Publikum mit den Antagonisten wird, um so weniger Furcht flößen diese Bösewichte ein. Stellen wir uns einen richtigen Teufel vor, einen sadistischen Vergewaltiger und Mörder, der bei jeder Gelegenheit und bis ins kleinste Detail über seine geheimsten Hoffnungen, Träume und Sehnsüchte schwadroniert. Nehmen wir zum Vergleich einen ähnlichen Schurken, der aber nie ein einziges Wort von sich gibt. Er setzt unsere Phantasie in Gang. Wir fragen uns, welche abscheuliche, unsägliche Leidenschaft ihn zu solchen Untaten treiben mag. Der erste Schurke mag der ungleich originellere Typ sein, der zweite verspricht jedoch den Zuschauern wesentlich mehr Angst und Schrecken einzujagen.

Wenn ein Regisseur eine Figur ganz oder teilweise im Schatten läßt, dann treibt unsere Phantasie eigene Blüten und macht aus dem Ungesehenen etwas weit Fürchterlicheres, als sich irgendein Special-Effects-Künstler je ausdenken könnte.

Kapitel 8 ▌ Spannung muß sein

Hitchcocks Techniken

Einer der anerkannten Meister der Spannung, der Regisseur Alfred Hitch-cock, verfügte über eine ganze Palette unterschiedlicher Techniken, um Vor-ahnung und Schock zu erzeugen: unter anderem zögert er den Moment hin-aus, der den Zuschauern zeigt, was sie sehen möchten; er reiht zufällige Ereignisse aneinander beziehungsweise führt Details ein, deren einziger Sinn und Zweck darin besteht, die Nerven der Zuschauer zu strapazieren; und er läßt das Publikum mehr wissen als den Protagonisten und gibt so der Zu-schauerbesorgnis reichlich Nahrung.

Die Enthüllung hinauszögern

In fast allen seinen Filmen schlägt Hitchcock aus der Angst vor dem Unge-sehenen und Unbekannten Kapital und verlängert die Zeit der Anspannung, indem er den Zeitpunkt, zu dem er dem Publikum das zeigt, was es sehen möchte, immer wieder hinausschiebt. Nehmen wir zwei Beispiele aus *Sklavin des Herzens*, einem seiner weniger gefeierten Filme. Im ersten Beispiel arbeitet er mit Kamera und Schnitt, im zweiten mit einem einfachen Inszenierungs-trick, um die Enthüllung hinauszuzögern.

Die Eröffnungsszenen umgeben die Frau eines australischen Geschäfts-mannes (Ingrid Bergman und Joseph Cotten) mit einer geheimnisvollen Aura. Die Zuschauer haben sie noch nicht zu Gesicht bekommen und wollen erfahren, was für ein Geheimnis wohl dahintersteckt. Bei einer Abendgesell-schaft bringen Cottens Geschäftspartner die Sprache auf sie, wechseln dann aber verlegen das Thema. Wenig später hören wir ihre Schritte auf der Treppe. Die Erwartung wächst, je näher sie kommen. Aller Augen sind auf die ge-schlossene Doppeltür gerichtet, die zur Eingangshalle führt. Die Schritte ver-halten, die Doppeltür beginnt sich langsam zu öffnen. Aber noch bevor wir die Bergman zu Gesicht bekommen, schneidet Hitchcock in eine Gruppen-aufnahme der Abendgesellschaft um und zeigt, wie sie reagieren. Jetzt, den-ken wir, schneidet Hitchcock ganz sicher in eine Subjektive der Gäste um. Aber wieder weigert sich der Regisseur, uns sehen zu lassen, was wir gerne sehen möchten. Statt dessen schwenkt er ganz langsam, von Kopf zu Kopf, über die bestürzten Gesichter der Partygäste. Wenn der Regisseur schließlich auf die Bergman schneidet, gibt es auch hier noch einmal eine Verzögerung. Die Kamera beginnt groß auf den Füßen und schwenkt langsam hoch. Wenn sie endlich groß auf Ingrid Bergmans Gesicht ankommt, kippt das Ganze aller-dings. Man fühlt sich an der Nase herumgeführt, denn die Enthüllung, daß die Bergman völlig betrunken ist, rechtfertigt nicht den großen Aufwand an Verzögerungstaktiken. Hitchcock hat das Spiel überreizt. Unsere Vorahnungen sind derart hoch gespannt worden, daß die banale Enthüllung einen emotionalen Absturz auslöst.

Das andere Beispiel aus demselben Film ist besser gelungen. Ingrid Bergman liegt im Bett und merkt plötzlich, daß da *irgend etwas* unter der Bettdecke ist. Sie schlägt nun aber ihre Bettdecke nicht sofort zurück, um dieses Irgendetwas buchstäblich aufzudecken, sondern steht vorsichtig auf und starrt in gebanntem Entsetzen auf die gegenüberliegende Bettseite. Langsam, ganz langsam geht sie den endlos langen Weg um das Bett herum, ebenso langsam schwenkt die Kamera mit ihr. Endlos verzögert sie jenen Zeitpunkt, an dem uns der Grund für ihr Entsetzen gezeigt wird. Wenn sie endlich, nach nicht weniger als zwanzig Sekunden, die andere Seite erreicht hat, schlägt sie abrupt die Bettdecke zurück, und Hitchcock schneidet in eine Detailaufnahme von einem dort liegenden grauenhaften Schrumpfkopf. Diesmal ist der Schock gewaltig und rechtfertigt jede einzelne von Hitchcocks Verzögerungstaktiken.

In vielen spannenden Kriminalfilmen geben Regisseure die Identität des Mörders nicht preis. Nur Schatten oder ein Paar Beine werden gezeigt. Dabei geht es nicht allein darum, die Enthüllung des Mörders hinauszuzögern. Sich nicht in die Karten sehen zu lassen bringt hier noch etwas ein: Es entsteht eine Atmosphäre der Angst. Die Phantasie des Zuschauers wird dazu angeregt, sich den Schurken viel schrecklicher vorzustellen, als man ihn hätte zeigen können.

Manchmal greifen Regisseure zu ganz langsamen Schwenks, um Vorahnungen und Spannung aufzubauen. Ein Beispiel: Ein Baby liegt friedlich schlafend im Bettchen. Außerhalb des Bildes öffnet sich leise und verstohlen ein Fenster. Während sich die Kamera ganz langsam von dem Kind abwendet, warten wir ängstlich auf das, was sie uns wohl zeigen will. Gezielt martert uns der langsame Schwenk, indem er die Enthüllung hinauszögert.

An den Nerven zerren

Ein Schockmoment ereignet sich nicht zufällig. Gewöhnlich haben Autor und Regisseur sorgsam darauf hingearbeitet. Er entwickelt sich aus einer Serie kleinerer vorbereitender Schrecknisse, die den Zuschauer nervös und unruhig werden lassen. Hier zeigt sich wieder ganz deutlich die **Progression**, von der wir bereits früher gesagt haben, daß sie untrennbar zum Dramatischen gehört. Wenn fünf, sechs kleinere Irritationen allmählich unsere Nerven bloßlegen, unser Gleichgewicht ankratzen, dann reagieren wir empfindlich und gereizt. Wir sitzen wie auf heißen Kohlen; jeder größere Schock wird uns jetzt aus unserem Sitz hochspringen lassen.

Kapitel 8 ▮ Spannung muß sein

In einem Zeitungsinterview fragte ein Journalist Hitchcock, warum am Anfang von *Psycho* dieser aggressive Motorrad-Polizist mit seiner bizarren, verspiegelten Sonnenbrille auftaucht. Hitchcocks Antwort: »Nur aus einem einzigen Grund – um die Leute nervös zu machen.« Aus dem gleichen Grund verwendet er hin und wieder auch gekantete Einstellungen. In entscheidenden Augenblicken setzt er, unerwartet und nervtötend, eine gekippte Einstellung dazwischen, um die Spannung zu steigern.

Ursache für Nervenverschleiß und Irritation können *Figuren, Ereignisse* sowie *atmosphärische Elemente* sein. Selbst in der *Schnittechnik* können sie begründet liegen. Im Verlauf eines Gesprächs über den Schnitt von *Der weiße Hai* erläuterte Verna Field, daß die meisten Cutter während der Arbeit an einem Film einen Rhythmus entwickeln, nach dem sie die einzelnen Teile zusammenschneiden. Bei *Der weiße Hai* habe sie diesen Rhythmus absichtlich durchbrochen, indem sie immer einen Augenblick früher oder später geschnitten habe, als es ihrem Gefühl nach eigentlich richtig gewesen wäre. Sie habe gehofft, damit beim Zuschauer ein gewisses Unbehagen hervorzurufen.

Auf der Liste der atmosphärischen Elemente, die in der Lage sind, den Zuschauer in Unruhe zu versetzen, steht die Musik ganz oben, weil sie ganz leicht Emotionen wecken kann. Der Schock des Publikums in der atemberaubenden Duschsequenz von *Psycho* ist natürlich zuallererst auf die Flut der brutalen Bilder zurückzuführen, aber die Musik, mit der diese Sequenz unterlegt ist, trägt ebenfalls wesentlich mit dazu bei. Schrille, beinahe disharmonische Geigen klingen in Tonlage und Lautstärke wie der gellende Schrei einer Frau in einem Alptraum. Die ohnehin blankliegenden Nerven werden sozusagen mit Sandpapier geschmirgelt.

Die wahrscheinlich bekanntesten atmosphärischen Elemente, mit denen wir nervös gemacht werden, sind Donner und Blitz. Obwohl sie in Gespenstergeschichten längst zum Stereotyp verkommen sind, können sie immer noch primitive Ängste wachrufen und uns aus der Ruhe bringen.

Auch Wind ist ein wirkungsvoller Gehilfe, wenn man Unbehagen erzeugen will, weil er Geräusche hervorbringt: schlagende Fenster- und Türläden, das Knarren und Ächzen hölzerner Bauten, Zweige, die gegen eine Fensterscheibe schlagen. In *Poltergeist* hat der Wind einen sehr wirkungsvollen Auftritt, der in der Entwurzelung eines Baumes seinen Höhepunkt erreicht. Allerdings ist er ein unsichtbarer Mitspieler, der Regisseur muß sich also sichtbare Ausdrucksformen einfallen lassen – etwa eine im Sturm hin und her schwingende Laterne oder ein lose aufgehängtes Schild, Äste, die sich wild bewegen, Blätter oder Staub, die herumgewirbelt werden. Wenn neben den Windgeräuschen eine äußere Lichtquelle (Mondlicht oder Straßenlaterne) wilde Schatten an die Wand eines Innenraums wirft, kann der Regisseur die Unbehaglichkeit von draußen in die warme Stube hereinholen.

Spannung oder Überraschung

Eine der vielen Arten, wie Hitchcock seine Zuschauer nervös macht, besteht darin, ihnen mehr zu verraten, als er seinen Figuren erzählt. Da die Zuschauer sehen, daß der Bösewicht wieder zuschlagen wird und sich auf die Lauer legt, können sie das Unglück kommen sehen und sich um die ahnungslose Heldin aufs heftigste Sorgen machen. Unfähig, sie vor dem drohenden Verhängnis zu warnen, schmort der Zuschauer in seiner Angst. Und während die Heldin dem schicksalhaften Moment entgegengeht, steigt seine Spannung mit jedem ihrer Schritte.

Wie andere Regisseure dieses Genres gab auch Hitchcock der Spannung den Vorzug vor der Überraschung. Er beschrieb den Unterschied mit dem klassischen Beispiel von der Bombe, die unter dem Tisch tickt, an dem zwei Manager miteinander konferieren. Wenn der Zuschauer nichts von der Bombe weiß, wird ihn die Explosion verblüffen. Aber um wieviel befriedigender ist es, behauptet Hitchcock, den Zuschauer an diesem Geheimnis teilhaben zu lassen: Wenn er weiß, daß unter dem Tisch die Bombe tickt und in fünf Minuten explodieren wird, wenn er die zukünftigen Opfer warnen will, sitzt er mit am Tisch. »Im ersten Fall hat das Publikum fünfzehn Sekunden Überraschung beim Explodieren der Bombe. Im zweiten Fall bieten wir ihm fünf Minuten Suspense. Daraus folgt, daß das Publikum informiert werden muß, wann immer es möglich ist.«[2]

Drehbuchaspekte

Wie für alle Künste gilt für die Kunst des Dramatischen: Allgemeingültige Regeln gibt es nicht. Keine Regel läßt sich in hundert verschiedenen Fällen hundertmal anwenden. Es gibt aber bestimmte Muster und Verfahren, die sich in vielen guten Filmen bewährt haben, in denen dem Publikum ein Schauer nach dem anderen über den Rücken läuft. Darum wollen wir uns mit ihnen beschäftigen und uns dazu das Opfer, den Antagonisten und die Glaubhaftigkeit in solchen Filmen näher ansehen.

Hier ein Lehrsatz, der in keinem Physikbuch steht: Das Maß an Spannung, das in einer Geschichte erzeugt wird, ist direkt proportional zu der *Verletzlichkeit* des Opfers und der *Schrecklichkeit* des Verfolgers.

Kapitel 8 ▌ Spannung muß sein

Das Opfer

Es ist Nacht. Die dreizehnjährige Lisa, ein zartes, zerbrechliches Mädchen, sucht am Hafen nach ihrer jüngeren Schwester. Sie geht über eine verlassene Pier auf ein altes heruntergekommenes Gebäude zu. Unter ihr knirschen und knarren laut die Dalben, als wollten sie warnen. Lisa schaudert, schluckt, faßt Mut, öffnet die Tür und tritt ein. Drinnen huscht vage ein Schatten vorbei.

Lisa, *stop!* Geh' nicht da rein! Als Zuschauer spüren wir die Gefahr. Wir haben ein mulmiges Gefühl, werden nervös und unruhig: alles erstklassige Komponenten von Spannung. Aber als ich Lisas Geschichte (im Rahmen eines Zeitschriftenartikels) zum ersten Mal formulierte, wollte bei der Einleitung (die beträchtlich umfangreicher war als hier) weder Anteilnahme noch Beklemmung aufkommen. Ich schrieb den Anfang wohl ein halbes Dutzend Mal um, bevor ich dahinterkam, worin das Problem bestand. Ich hatte eine der elementaren Grundregeln mißachtet, wie Spannung erzeugt wird.

Bei dem Versuch, den Teenagerjargon nachzuahmen, hatte ich Lisa den Satz in den Mund gelegt »Was hat das kleine Aas hier zu suchen?« und war mächtig stolz darauf, die typische geschwisterliche Feindseligkeit so gut getroffen zu haben. Von da an ging es mit der Figur von Lisa bergab. Es gab nicht eine einzige Stelle in dieser zum Scheitern verurteilten Szene, an der sie irgend etwas tat, was sie auch nur im entferntesten sympathisch gemacht hätte. Als sie widerwillig das alte Gebäude betrat, schien sie eher von Pflichtgefühl als von Geschwisterliebe getrieben.

Zuschauer müssen sich um das Opfer *Sorgen machen.* Wenn sie das nicht tun, sind sie auch nicht beunruhigt. Je mehr sie sich sorgen, um so unruhiger werden sie. Das ist doch logisch, oder? (Siehe auch Kapitel 4, »Eine Person hat ein Problem«.)

Mit ein paar neuen Sätzen, die zeigen, daß Lisa ihre Schwester gern hat, daß sie tatsächlich Angst um sie hat und viel Kraft braucht, um bei der Suche mit ihrer Angst fertig zu werden, hörte sich die Geschichte schon bedeutend besser an. Auf einmal war der Leser einbezogen, und es kam Beunruhigung auf.

Vielleicht haben Sie sich schon ein Bild von Lisa gemacht: dreizehn Jahre alt, dünn, große ängstliche Augen, Sommersprossen. Was passiert, wenn ich sie in eine Ringkämpferin verwandele, in eine muskulöse, zähe Frau von fünfunddreißig oder vierzig Jahren? Denken Sie darüber nach! Würden Sie noch genauso beunruhigt sein?

Was geschieht, wenn ich eine Geschlechtsumwandlung vornehme, sie zu einem Mann mache? Was ist anders, wenn es sich statt um ein verängstigtes junges Mädchen um einen abgebrühten, mit einer Pistole bewaffneten Polizisten handelt?

Die Antwort liegt wohl auf der Hand. Um verletzliche Protagonisten sorgen wir uns mehr und eher als um solche, die sich leicht selbst schützen können. Wir sorgen uns mehr um ein weibliches Wesen, weil – so verquer das sein mag – Frauen als das schwächere Geschlecht gelten. Erinnern wir uns an den klassischen Psychothriller *Warte, bis es dunkel ist*. Die Anspannung der Zuschauer wird unerträglich, weil die zarte, zerbrechliche Heldin, Audrey Hepburn, den Kampf gegen drei grausame, sadistische Killer aufnehmen muß – und sie ist auch noch blind.

In *Der weiße Hai* spielt Roy Schneider einen Polizeichef, theoretisch eine starke Autoritätsfigur. Aber Steven Spielberg hat sehr schlau eine Schwäche in die Figur eingebaut, eine Möglichkeit, ihn verletzlich zu machen. Sein Feind ist ein sechs Meter langer weißer Hai – und der Polizeichef hat panische Angst vor dem nassen Element.

Überhaupt wird in *Der weiße Hai* immer wieder mit dem dramaturgischen Mittel der Verletzlichkeit gespielt, er schlachtet es regelrecht aus. Rufen wir uns die Eröffnungsszene ins Gedächtnis! Eine Strandparty bei Nacht. Ein Mädchen möchte schwimmen gehen – alleine. Uns wird bewußt, daß dort, im Dunkel des Meeres, Gefahr lauert. Das Mädchen legt seine Kleidung ab, jetzt ist es noch verletzlicher. Wir halten den Atem an, wollen nicht hinschauen.

Später taucht der Hai ausgerechnet in einer Bucht auf, in der der Sohn des Polizeichefs schwimmen gegangen ist. Die Spannung ist jetzt eine andere, intensivere. Nun ist das mögliche Opfer jemand, den wir kennen, jemand, der uns am Herzen liegt, und obendrein jemand, der sehr verletzlich ist: Seine Hand blutet (was Haie anziehen wird), und er ist noch jung, ein Kind. Was da auf ihn zukommt, dem kann er gar nicht gewachsen sein. Das ist nicht seine Welt, er hat sich in den Lebensraum des Hais begeben.

Ob, wo und wie eine Figur verletzlich ist, ist natürlich im Drehbuch vorgezeichnet. Aber es liegt beim Regisseur, diese Verletzlichkeit dramaturgisch auszubauen und daraus Kapital zu schlagen – beispielsweise durch die Rollenbesetzung. Audrey Hepburn war für die blinde Heldin in *Warte, bis es dunkel ist* eine hervorragende Wahl. Hätte das Publikum ebenso gezittert, wenn das Opfer eine ältere und robustere Frau gewesen wäre, die nicht Zerbrechlichkeit, sondern Kraft ausgestrahlt hätte? Indem er die Opferrolle mit einem Schauspieler besetzt, dem seine Verletzlichkeit deutlich anzusehen ist, kann der Regisseur dafür sorgen, daß das Publikum für das Opfer eingenommen ist und seinen Film mit größerer Empathie und Spannung verfolgen wird.

Kapitel 8 ▌ Spannung muß sein

Abbildung 8.1 In *Poltergeist* wird eine typische amerikanische Familie zum Spielball von Mächten aus dem Jenseits und äußerst verletzlich.

Der Antagonist

Verletzlichkeit ist aber nur der eine Faktor in unserer Spannungsformel. Nur wenn der Held oder die Heldin von einem wirklich ernstzunehmenden Gegenspieler gejagt wird, kann der Regisseur Spannung aufbauen. Sind die Angreifer oder Verfolger womöglich noch mit außerirdischen Mächten im Bund und in der Lage, sich in den Eingeweiden unseres besten Freundes einzunisten, oder kommen sie uns in Gestalt unserer Verlobten entgegen (wie in *Alien* und in *Die Dämonischen*), ist der Paranoia Tür und Tor geöffnet. Wenn sie ihre Gräber verlassen (*Poltergeist*), um unsere Kinder zu stehlen oder unsere Familie zu terrorisieren, beginnt der Zuschauer nach den Beruhigungspillen zu greifen (Abb. 8.1).

Erinnern wir uns an *Der Exorzist,* an *Das Omen* oder *Rosemaries Baby*. Es gibt keinen furchtbareren Gegner als den Teufel oder dessen Boten: Sie haben sich dem Bösen verschrieben, sind fast allmächtig und überaus verschlagen. Hitchcock hat das so ausgedrückt: »Je gelungener der Schurke ist, um so gelungener ist der Film.«[3]

Der Regisseur muß also, um Schrecken und Spannung zu erzeugen, das Publikum emotional einbinden, und dazu müssen die Protagonisten verletzlich und die Angreifer oder Verfolger schrecklich sein. Offensichtlich ist das aber bei den unzähligen Zeichentrickfilmen für Kinder, die jeden Sonntagmorgen im Fernsehen gezeigt werden, anders. Diese hyperkinetischen Filme haben die fürchterlichsten Antagonisten, die man sich vorstellen kann – Gespenster, lebende Skelette und grüne, ganz gemeine Monster –, und ihre Helden und Heldinnen sind fast immer jung, also sehr verletzlich. Dennoch erzeugen diese Filme erstaunlich wenig Angst und Spannung.

Auch in vielen klassischen Thrillern ist der Antagonist ein ganz normales menschliches Wesen und kein böser Geist, keine Meeresbestie und kein Fremder aus dem Weltall.

Der Widerspruch klärt sich, wenn wir den dritten Spannungsfaktor untersuchen: Ein Thriller muß glaubhaft sein.

Glaubhaftigkeit

Glaubhaftigkeit läßt sich nicht nach einer mathematischen Formel konstruieren, sie hängt fast ganz von der Fähigkeit des Regisseurs und des Autors ab, die Illusion von Realität herzustellen.

Der weiße Hai hätte genausogut ein lächerliches Machwerk werden können: Ein aus einem Comic strip entlaufenes Meeresungeheuer macht Jagd auf Schwimmer. Aber das Produktionsteam war so geschickt, daß wir die Geschichte geglaubt haben. (Ich hatte übrigens das Glück, neben der Romanvorlage auch die fünf unterschiedlichen Fassungen des Drehbuchs lesen zu können, vielleicht hat meine Begeisterung für diesen Film auch damit zu tun). Die wichtigste Entwicklung zwischen der ersten und der fünften Drehbuchfassung war die, daß die Figuren an Plastizität gewannen. Sie wurden ehrlicher, weniger melodramatisch. Bezeichnenderweise hatte der Regisseur Steven Spielberg bei der Drehbuchentwicklung die ganze Zeit über seine Hand im Spiel, machte Richtungsvorgaben und steuerte Ideen bei. Die dritte Drehbuchfassung hat er sogar selbst geschrieben.

Die Endfassung setzte sich zum ersten Mal akribisch mit den Einzelheiten der Tagesroutine eines Polizeichefs auseinander: ein Alka Seltzer gegen den übersäuerten Magen, der Sekretärin zeigen, wie die Aktenordner aufgestellt werden, einen Bericht über einen Ertrunkenen tippen, sich mit einem Fahrraddiebstahl rumschlagen – alles Nebensächlichkeiten für den Fortgang der Handlung, aber ungeheuer wichtig, um die Geschichte für die Zuschauer glaubhaft zu machen. Zum ersten Mal erfährt das Publikum auch etwas über das Verhältnis zwischen dem Polizeichef und seiner Frau. Sie lieben einander – gewiß kein sonderlich neuartiger Drehbucheinfall, aber sehr wesentlich, um den Zuschauer besorgt zu machen. In gemeinsamer Anstrengung verführen

Regisseur und Autor ihr Publikum dazu, einem absonderlichen Konzept Glauben zu schenken, indem sie es mit glaubwürdigen Menschen bevölkern.

Die sonntagmorgendlichen Zeichentrickfilme sind deshalb keine Thriller, weil wir sie nicht als Realität akzeptieren können. Wir bleiben eher unbeteiligte Betrachter, weil wir uns mit ihren eindimensionalen Charakteren nicht (oder nur oberflächlich) identifizieren können.

Wenn im wirklichen Leben Ihr Bruder oder Ihr Vater seine Arbeit verliert, ist das eine ernste Angelegenheit. Würde jemand drohen, sie *umzubringen*, wären Sie entsetzt und Ihre Welt käme ins Wanken. Wenn der Held eines Fernseh- oder Kinofilms ebenso real wird und Ihnen so nahesteht wie Ihre Angehörigen, läßt es Sie nicht kalt, wenn diese Figur bedroht wird. Steigt der Druck, unter den die Figur gerät, steigert sich Ihre Besorgnis zur Anspannung und schlägt schließlich in Entsetzen um.

Was ist Spannung?

Sind folgende Behauptungen richtig oder falsch?

1. Angst und Schrecken sind notwendige Bestandteile eines spannenden Films.
2. Ein gut geschriebener und gut inszenierter Film kommt ohne Spannung aus.
3. Ein Film ist entweder spannend oder nicht spannend, ein Mittelding gibt es nicht.

Wenn Sie alle drei Behauptungen für unzutreffend halten, haben Sie den Haupttreffer gelandet. Aber räumen wir mit ein paar falschen Vorstellungen etwas gründlicher auf: Was ist Spannung? oder besser: Was ist Spannung *nicht*? Als Hitchcock von François Truffaut gefragt wurde: »Hängt Suspense notwendigerweise mit Angst zusammen?«, antwortete er: »Natürlich nicht.«[4] Spannung hat nicht allein mit Schock und Entsetzen zu tun. Womit wir uns in diesem Kapitel bisher beschäftigt haben, handelt nur von einem einzigen Genre aus dem bunten Welttheater des Dramas, vom Thriller. Das große Publikum setzt im allgemeinen *Spannung* mit *Thriller* gleich. »Du willst dir einen spannenden Film ansehen? Dann nimm vorher lieber eine Beruhigungspille, sonst halten deine Nerven das nicht aus!«

Jede gutgestaltete Spielhandlung, ob im Fernsehen, im Theater oder im Kino, enthält Spannung. Wird das kleine Mädchen, das sich verlaufen hat, nach Hause zurückfinden? Wird der Ehemann seine Frau verlassen, die ihn liebt? Wird die Abteilungsleiterin um der Karriere willen die Moral über Bord werfen? Jede Geschichte, in der jemand ein Problem hat (also 98,8 Prozent aller Geschichten, die je geschrieben wurden), läßt Besorgnis entstehen. Und Besorgnis ist gewissermaßen ein Synonym für Spannung.

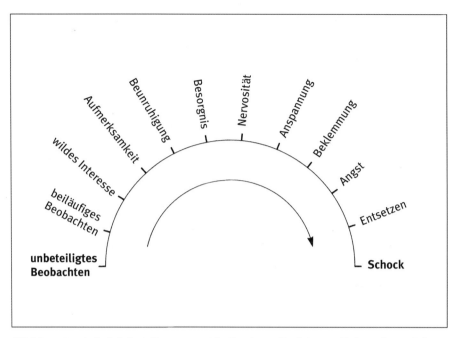

Abbildung 8.2 Jede Spielhandlung erzeugt im Zuschauer Reaktionen, die irgendwo auf dieser Skala beschrieben werden. Thriller lösen die ganz rechts eingetragenen Emotionen aus, menschlich anrührende Geschichten liegen um die Mitte herum. Filme, deren Publikumsreaktionen im ganz linken Bereich angesiedelt sind, sind gewöhnlich Flops.

Jede jemals geschriebene Spielhandlung ruft beim Zuschauer eine Reaktion hervor, die sich irgendwo auf der Skala der in Abb. 8.2 gezeigten Begriffe einordnen läßt. Zwischen Vor- und Abspann, zwischen dem dritten Klingelzeichen und dem Schlußvorhang wandert der Reaktionsanzeiger auf der Skala mal hierhin, mal dorthin, mal will nur mildes Interesse aufflackern, mal herrscht starke Anspannung. Jeder Film und jede Fernsehsendung, bei der der Zeiger der Zuschauerreaktion längere Zeit im Skalenfeld »Desinteresse« oder »beiläufiges Beobachten« hängenbleibt, hat ein ernsthaftes Problem.

Die meisten erfolgreichen »seriösen« oder »ernsten« Filme beunruhigen und machen besorgt – eventuell einige Augenblicke der Anspannung und der Angst. Wer sich den preisgekrönten Film *Kramer gegen Kramer* ansieht, ist zunächst beunruhigt, ob die Betreuung seines kleinen Sohnes womöglich auf Kosten von Teds Karriere gehen wird, an der ihm so viel liegt. Als Ted seine Einstellung ändert, sein neues Verhältnis zu Billy genießt und in seiner Vaterrolle aufgeht, verliert er seinen Job. Das geht nicht nur zu Herzen, wir sind ziemlich besorgt. Als dann seine Exfrau Joanna auftaucht und droht, ihm

Billy wegzunehmen, werden wir in Anspannung versetzt. Und als das Gericht zugunsten von Joanna urteilt, geht uns die Situation an die Nieren und wird quälend. Ist *Kramer gegen Kramer* ein spannender Film? Ganz ohne Zweifel! Wenn die Vater-Sohn-Beziehung bedroht ist, ist das viel beklemmender, schlägt das Spannungsbarometer viel höher aus als bei den blutrünstigsten Horrorfilmen mit all ihren Schlächtereien. Ted Kramer wird äußerst verletzlich, weil ihm das, was er am allermeisten auf der Welt liebt, fortgenommen werden könnte. Und Joanna wird zum »furchterregenden Ungeheuer«, als sie droht, ihm Billy gewaltsam zu entreißen.

Wie ist es mit Filmen, die Sie kürzlich gesehen haben? Haben diese Filme Sie in Unruhe versetzt? Dann waren es »spannende« Filme. Western, Seifenopern, Science-fiction-Filme oder Kinderfilme, sie alle lassen uns um einen Helden zittern und einen Gegenspieler fürchten. Wenn sie gut geschrieben, gut produziert und gut inszeniert sind, sind sie auch spannend.

Abgesehen vom dramaturgischen Handwerkszeug, das in den vorigen Kapiteln behandelt wurde, kann ein Regisseur seine Geschichte spannender machen, indem das Publikum dazu verführt wird, sich Sorgen zu machen. Grundlage dafür ist die vom Antagonisten ausgehende Bedrohung. Jeder Kunstgriff, jede Aktion, jede Bildkomposition, die den Zuschauer an diese Bedrohung erinnert, hält die dramatische Spannung aufrecht oder steigert sie.

In Hitchcocks *Der Fremde im Zug* wird der Ehemann, gespielt von Farley Granger, von Schuldgefühlen geplagt, die mit dem Tod seiner Frau in Zusammenhang stehen. In einer Szene sitzt er in seinem Arbeitszimmer, hinter ihm ein Regal voller Bücher, deren Titel wir auf den Buchrücken gut lesen können. Mitten hinein hat Hitchcock gut sichtbar ein Buch mit dem Titel *Murderer* (Mörder) gestellt. Ist das ein Hinweis, wie wir uns die innere Spannung des Mannes erklären können, ein weiteres Indiz für den Verdacht des Publikums? In einer anderen Szene trifft sich Granger heimlich mit Robert Walker, der den tatsächlichen Mörder spielt. Als Polizeisirenen zu hören sind, ducken sich beide hinter ein Tor. Hitchcock spielt ein weiteres Mal auf Grangers Schuldgefühle an und läßt die Kamera durch die Stäbe des Tors hindurch schießen. Wir sehen beide dadurch gleichsam schon hinter Gittern, um so mehr, als auf die Mauerwand hinter ihnen ebenfalls gefängnisgitterähnliche Schatten projiziert werden. In beiden Fällen hat der Regisseur einen Weg gefunden, Farley Grangers Problem sichtbar zu machen und seine Seelenqual in Bilder zu übersetzen, mit denen die Beunruhigung der Zuschauer verstärkt wird.

Zusammenfassung

- Das Etikett *Spannung* wird oft für Filme verwendet, die Angst oder Beklemmung erzeugen. Der Begriff hat aber eine wesentlich umfassendere Bedeutung: Spannung ist das Fundament einer jeden dramatischen Handlung.

- Sogenannte Thriller sind erfolgreich, weil sie unsere elementarsten Ängste ausbeuten. Kinder (und viele Erwachsene) haben Angst vor Dunkelheit, in der das *Unbekannte* – Motiv der meisten Ängste – lauert. Friedhöfe, Skelette, Gespenster und Särge sind (für viele unheimliche) Symbole des Unbekannten überhaupt: für den Tod. Das Unbekannte, Unsichtbare oder Ungesehene ist das Universalwerkzeug, mit dem der Regisseur den Spannungsbogen seiner Geschichte konstruiert.

- Einen Antagonisten verborgen zu halten, macht ihn in der Regel unheimlicher, weil der Zuschauer sich ihn dann selbst ausmalt, ihn größer, stärker und mächtiger macht. Wer der Bösewicht ist, halten Regisseure gerne offen. Sie zeigen ihn nur ausschnittweise oder verstecken ihn, indem sie die Kameraeinstellung sehr eng auf den Protagonisten begrenzen (klaustrophobische Einstellung).

- Hitchcock hat in seinen Filmen immer wieder mit solchen Techniken gearbeitet, die die Enthüllung dessen hinauszögern, was das Publikum mit wachsender Ungeduld sehen möchte. Außerdem baute er Szenen ein, die einzig und allein dem Zweck dienen, das Publikum nervös zu machen, damit der spätere Schock noch traumatischer wird. Zu seinen Techniken der Spannungserzeugung gehört auch, die Zuschauer mehr wissen zu lassen als seine Protagonisten. Um so mehr Sorgen muß sich dann das Publikum machen.

- Viele angsterzeugende Techniken setzen bereits auf der Ebene des Drehbuchs an. Der Grad der Spannung, den eine Geschichte erzeugt, hängt direkt von der Verletzlichkeit des Opfers und dem Schrecken, den der Angreifer verbreitet, ab. Verletzlichkeit ist oft ein äußerliches Attribut wie Alter, Geschlecht oder körperliche Gebrechen.

- Beispiele von schrecklichen Verfolgern oder Angreifern geben Filme wie *Der weiße Hai*, *Poltergeist*, *Alien* und *Der Exorzist*, in denen wilde Bestien, Geister, Außerirdische und höllische Dämonen den Part des Antagonisten spielen.

- Dritter und letzter Faktor in der Formel für Spannung ist Glaubhaftigkeit. Je leichter der Zuschauer die Spielhandlung als Realität akzeptiert, um so eher läßt er sich in Schrecken versetzen.

- Ein wichtiger Punkt: Spannung ist nicht auf Thriller beschränkt, jede Fernseh-, Film- und Theaterinszenierung lebt von Spannung. Spannung ist im Spiel, wann immer der Zuschauer die Probleme des Protagonisten zu seinen eigenen macht und um ihn bangt.

Kapitel 8 ▮ Spannung muß sein

Übungen

1. Wir wollen die Aschenputtel-Geschichte unter dem Gesichtspunkt der Spannung untersuchen.
   a. Benennen Sie (mindestens) zwei Faktoren, die in der Aschenputtel-Geschichte Spannung erzeugen.
   b. Ist Aschenputtel verletzlich? Sind ihre Antagonisten furchterregend? Gibt es in der Geschichte neben Stiefmutter und Stiefschwestern noch weitere Gegenspieler?

2. Wir wollen die Geschichte von Aschenputtel in einen Thriller verwandeln. Wie wäre es zu machen, daß es um ihr Leben geht? So böse Stiefmutter und Stiefschwestern auch sind, ein Motiv, Aschenputtel aus dem Weg zu räumen, finden wir für sie sicherlich nicht. Wir könnten also gezwungen sein, einen neuen, verzweifelteren Gegenspieler zu erfinden. (Überlegen Sie: Könnte es eine Figur geben, deren Leben zerstört wird, wenn der Prinz heiratet?) Ja, Sie haben recht, damit modeln wir die Story wahrscheinlich gründlich um. Aber das soll uns nicht kümmern, der Autor wird uns deswegen wohl kaum belangen.

3. Nun, da Sie einen gefährlichen Antagonisten haben, denken Sie sich für den Höhepunkt eine Schlußsequenz aus, in der Aschenputtel vom Ball zurück nach Hause geht. Es ist nach Mitternacht. Im Wald wird sie von den finsteren Mächten (vom Antagonisten selbst oder von seinen Vasallen) bedroht.

4. Zeichnen Sie ein Storyboard von nicht mehr als zehn Bildern (siehe Kapitel 6, »Übungen«), aus dem deutlich wird, wie Sie eine solche möglichst spannende Sequenz inszenieren würden. Setzen Sie Ihr bildliches Vorstellungsvermögen ein! Versuchen Sie, an beides zu denken: an das *Arrangement der Schauspieler* und an die *Einrichtung der Kamera*.

5. Schlüsselfrage: Soll dem Publikum gezeigt werden, wo die Gefahr für Aschenputtel lauert, oder ist es besser, das drohende Urteil als Schock unvermutet über es hereinbrechen zu lassen? Gibt es eine Möglichkeit, die Vorzüge der Spannung mit denen der Überraschung zu verbinden?

TEIL 3

Non-Fiction

Die Arbeit mit mehreren Kameras[*]

Eine Vorbemerkung

Für manche Regisseure ist es eine Marter, andere blühen dabei geradezu auf. Besonders für diejenigen, die beim Film gelernt haben, sind Live-Sendungen beim Fernsehen oft Selbstmordkommandos am Rand des Abgrunds. Wenn etwas schiefgeht, sitzt du sofort in der Tinte. Nichts kann wiederholt und geradegebogen werden, jeder Fehler geht über den Sender und hinaus in die Welt. Komischerweise gibt es aber auch Regisseure, die die Live-Regie aus genau diesen Gründen lieben. Sie scheint dieses prickelnde Gefühl von Gefahr zu stimulieren.

Regiearbeit mit mehreren Kameras ist deshalb eine so große Herausforderung, weil man seine Aufmerksamkeit gleichzeitig auf so viele unterschiedliche Dinge richten muß: auf den Ablauf mit den getippten und handschriftlich ergänzten Anweisungen, auf die Kameramonitore, auf denen ein und dasselbe Motiv (normalerweise) aus verschiedenen Perspektiven zu sehen ist, auf den **Vorschaumonitor** (Preview-Monitor) und den Monitor für den Sendeausgang (SAUS oder LINE), auf einen oder mehrere Monitore, auf denen Filme oder MAZen (Magnetaufzeichnungen) »vorgelegt« werden, auf einen Monitor für eine **Außenübertragung** (AÜ), auf die Aussteuerung der Tonkomponenten durch den Toningenieur, auf die Uhr, die anzeigt, ob man zu früh dran ist oder ob man »hängt«, auf das hektische Flüstern des Aufnahmeleiters auf der **Kommandoleitung**, auf die hingekritzelten Bemerkungen eines nervösen Redakteurs, auf das, was der Bildmischer als Anschluß benötigt, und auf die nützlichen Vorschläge des Regieassistenten (wenn das Budget der Sendung einen solchen erlaubt). Aber am wichtigsten ist, daß der Regisseur vorher auf dem Klo war.

Das hört sich nach einem schier übermenschlichen Job an, und das ist es auch. Eine große Fernsehproduktion ist nichts für Herzkranke mit schwachen Nerven. Aber man kann einen solchen Job in den Griff bekommen. Faktor Nummer eins ist unbestritten die *Vorbereitung*. Wer seinen Ablauf richtig durchgearbeitet, die Inhalte durchdacht und die Sendung von Anfang bis Ende durchgeprobt hat, kennt das Projekt in- und auswendig. Und wer mit der Sache vertraut ist, wird sicher (leider erhalten die Regisseure selten so viel Probenzeit, wie sie gerne hätten, denn Kameraproben sind oft teuer). Ein Regisseur, der sich sicher genug fühlt, ist von seinem Ablauf weitgehend unabhängig.

[*] Teil III behandelt, sofern nichts anderes angegeben, die Arbeit mit mehreren Kameras bei Fernsehaufzeichnungen und -Livesendungen.

Unerfahrene oder unsichere Regisseure kleben mit ihrem Blick meistens am Skript, um nur ja nichts zu übersehen, kein noch so winziges Detail und keine der vorgesehenen Einstellungen. Profis sehen auf die Kameramonitore und werfen nur gelegentlich einen Blick auf ihren Ablauf. Sie beobachten das Geschehen, kommen in den Rhythmus der Sendung, konzentrieren sich auf die magischen Momente, sind auf dem Sprung, um die Umschnitte von einem Akteur auf den nächsten haargenau hinzubekommen.

Wenn sich Routiniers ihren Ablauf einrichten, notieren sie sich dann Hunderte von Anmerkungen und Kommandos? Ganz sicher nicht! Sie schreiben meist nur das auf, was unbedingt wichtig ist, damit in ihrem Ablauf kein Durcheinander entsteht. Manche verwenden zur besseren Übersicht verschiedene Farben, Rot zum Beispiel für die MAZ, Grün für vorgegebene Zeiten, Schwarz für die Kameras.

Gute Regisseure verschwenden ihre Zeit nicht mit unnötigem Kommando-Schnickschnack. Sie geben nicht drei **Vorwarnungen**, wenn es eine auch tut.

Ich habe schon Studenten gehört, die einen ganzen Sermon losließen: »Achtung für die Aufzeichnung, Vorwarnung für die Musik, Fertig für **Aufblende** Kamera eins, Vorwarnung für den Ton, Achtung für den Moderator«. Was, um Himmels willen, spricht gegen: »Achtung alle, noch zehn Sekunden« oder gegen einen altmodischen Countdown: »Fünf, vier, drei, zwei, eins.« Einer unserer besten Regisseure hat einmal mit einem lakonisch kurzen »Auf geht's!« den Einsatz für die Übertragung einer Emmy-Preisverleihung gegeben.

Jay Roper, Nachrichtenregisseur bei NBC, hat für die Fernseh-Produktionsseminare an der California State University, Northridge, folgenden ausgezeichneten Aufsatz zum Thema Regiekommandos verfaßt.

Regiekommandos[*]

Für junge Regisseure ist es wichtig, mit ihrem Team eine effektive Kommunikation zu entwickeln. Eine Fernsehcrew kann eine eingefuchste Profitruppe sein, aber eines können sie alle nicht: Gedankenlesen. Als Regisseur müssen Sie darum klare, knappe und präzise Anweisungen geben. Das Folgende kann dafür als Richtschnur dienen.

Ein Regisseur gibt zwei Arten von Kommandos: *Vorbereitungskommandos* und **Ausführungsanweisungen**.

* Mit freundlicher Genehmigung von Jay Roper.

Kapitel 9 ▮ Eine Vorbemerkung

Nehmen wir an, Ihre Freundin soll Ihnen aus dem Schreibwarenladen Notizpapier mitbringen, das in Ihr spezielles Ringbuch paßt. Dazu geben Sie ihr präzise Anweisungen: »Bring mir bitte linierte Ringbucheinlagen DIN A5 mit vier Löchern mit, am besten 100 Blatt.« Ähnlich soll es mit den vorbereitenden Kommandos eines Regisseurs sein: Sie müssen genau erklären, was Sie haben möchten.

Später am Tag beobachten Sie eine Leichtathletikmannschaft, die für den 100-Meter-Sprint trainiert. Der Starter hebt seine Pistole und ruft: »Auf die Plätze ... fertig ...«, und dann, wenn alle fertig sind, gibt er den Schuß ab und startet damit das Rennen. Ähnlich ist es mit der Ausführungsanweisung im Regieraum. Genau in diesem Augenblick wird die durch das Vorbereitungskommando angekündigte Aktion in die Tat umgesetzt.

War die Vorwarnung klar und präzise, besteht überhaupt kein Anlaß, sie in der Ausführungsanweisung zu wiederholen. Oft bleibt dafür auch gar keine Zeit. Zum Beispiel sollte auf das vorbereitende Kommando »Achtung für Kamera 2« die Ausführungsanweisung »Schnitt«, nicht »Schnitt auf Kamera 2« folgen, denn in welche andere Kamera sollte der Bildmischer sonst umschneiden? Wenn Sie sich vorher klar und deutlich ausdrücken, reichen kurze, knappe Anweisungen vollkommen. Die meisten Ausführungsanweisungen kommen ohne Erläuterungen aus, sie »stehen für sich«, andere benötigen einen Zusatz (siehe unten die Liste der Regiekommandos.)

Wichtig ist, daß der Regisseur seinen Ablauf sehr sorgfältig durcharbeitet und nur das markiert und einträgt, was er für seine Arbeit wirklich braucht – nicht mehr, aber auch nicht weniger. Neulinge schreiben gern sowohl die Vorwarnungen als auch die Ausführungsanweisung in ihren Ablauf hinein. Das ist eindeutig falsch. Während der Sendung, in der Hitze des Gefechts, darf man nicht auch noch Markierungen entschlüsseln und Zeichen entziffern müssen. Wenn Sie in Ihren Ablauf »Playback ab« geschrieben haben, wird das Vorbereitungskommando gegeben, kurz bevor das Playback abgefahren werden soll. Also: »Vorwarnung für das Playback!« und danach »Ab!«

Denken Sie daran, daß auch Ihr Team unter Druck steht und daß jemand im Jagdfieber leicht einen Schuß abgibt, weil er *glaubt*, ein Rascheln gehört zu haben. Insofern ist es wohl einleuchtend, weshalb das Vorbereitungskommando besser nicht in die Ausführungsanweisung eingeschlossen wird. Ein Beispiel: Die Vorwarnung »Achtung für den Schnitt auf Kamera 2« enthält die Ausführungsanweisung »Schnitt auf Kamera 2«. Wer es bei einem schlichten »Achtung für die Zwei« beläßt, der umgeht den Flirt mit Murphys Gesetz.

Eine Variante für das Vorbereitungskommando ergibt sich, wenn Sie in die nächste Einstellung nicht *hart schneiden*, sondern vielleicht *blenden* (oder einen beliebigen anderen Effekt einsetzen) wollen. Jetzt müssen Sie besonders darauf achten, wie Sie diese Anweisung vorbereiten. Viele Regisseure benutzen in solchen Situationen das Wort »Vorwarnung«. Zum Beispiel »Vorwarnung für eine Durchblende in Kamera zwei« oder »Vorwarnung für den Schiebetrick in Weg eins«. Das Wort »Vorwarnung« signalisiert dem Bildmischer, daß etwas Neues kommt und daß dabei etwas anderes gefordert sein wird, als nur auf einen Knopf zu drücken.

Anweisungen, die nicht zur richtigen Zeit kommen, können für den Regisseur zu einer Falle werden. Während einer Live-Sendung bei NBC gab der Regisseur das Kommando »Achtung für das Playback!« Dann, weil ihn der Lärm im Regieraum störte, drehte er sich um und brüllte »Ruhe!« Bei der in der Regie herrschenden Hochspannung kam, was kommen mußte: Der Toningenieur fuhr prompt das Playback ab. Denken Sie stets daran: Wenn Sie ein Vorbereitungskommando gegeben haben, dann ist das nächste – und das einzige! –, was über Ihre Lippen kommen darf, die Ausführungsanweisung.

Womit wir beim richtigen Timing von Kommandos angelangt wären. Wenn Sie eine MAZ abgefahren haben, die drei Minuten lang ist, dann ist es nicht sinnvoll, nach Anlaufen des Bandes sofort die nächste Vorwarnung zu geben. Sie sollten damit bis kurz vor Ende der MAZ warten. Generell sollte ein Vorbereitungskommando das Team dazu veranlassen, sich gefechtsklar zu machen. Wenn die Vorwarnung lautet »Achtung für den Moderator«, sollte der Aufnahmeleiter seinen Arm heben, um das Zeichen zu geben. Wenn das Vorbereitungskommando lautet »Achtung für das Verdichten«, sollte der Kameramann seinen Daumen an die Zoomwippe legen. Wenn die Vorwarnung zu früh kommt, geht ihr eigentlicher Zweck, die schnelle Reaktion auf die Ausführungsanweisung, verloren.

Normalerweise werden Vorbereitungskommandos in der Reihenfolge gegeben, in der sie auszuführen sind. Werden zu viele Kommandos auf einmal gegeben oder kommen sie zu früh, kann das Verwirrung stiften. Manchmal werden Vorbereitungskommandos aber auch gerade deshalb außer der Reihenfolge gegeben, um Konfusion zu *vermeiden*. Nehmen wir an, Sie wollen aus einer Dreißig-Sekunden-MAZ mit einer einzelnen Kamera aussteigen und einen komplizierten Effekt anschließen. Ich schlage vor, daß Sie den schwierigen Effekt zuerst vorbereiten und dann die Vorwarnung geben. Das Vorbereitungskommando könnte lauten: »Vorwarnung für den Trick von Kamera drei in Kamera zwei. Vorher nehmen wir Kamera eins allein.« Sie fangen also mit Kamera 1 an und gehen dann weiter zu der Trickeinblendung von Kamera 3 in Kamera 2. Sie haben, indem Sie den schwierigeren Teil zuerst genannt haben, dem Bildmischer geholfen.

▌ Eine Vorbemerkung

Zu überlegen ist auch, wie Sie die Leute ansprechen, die Ihre Anweisungen ausführen sollen. Wenn Sie sagen »Kamera zwei nach links schwenken«, wird der Kameramann das wohl tun. Aber die meisten Menschen reagieren auf ihren Namen schneller als auf eine Funktionsbezeichnung. Wenn Sie sagen »Ralf, Schwenk nach links«, wird er schneller reagieren, weil er direkt angesprochen wurde. Studenten in Produktionsseminaren müssen im Verlauf der Übungen ständig wechselnde Aufgaben übernehmen und beziehen eine Anweisung manchmal nicht sofort auf sich und ihre Position. Eine solche Verzögerung kann die Wirkung eines auf die Zehntelsekunde genau berechneten Schnitts zunichte machen. Es ist keine schlechte Idee, an jeden Kameramonitor einen Zettel mit dem Namen des Kameramannes zu hängen. Dann können Sie auf den Monitor schauen und jeden Kameramann mit Namen ansprechen. Wer persönlich angesprochen wird, fühlt sich nicht als kleines Rädchen im Getriebe. Aus einem anonymen Crewmitglied wird eine Person, die im Team eine eigene Rolle zu spielen hat.

Einige gängige Regiekommandos

Folgende Regiekommandos sind bei der Produktion von TV-Livesendungen und -Aufzeichnungen in Gebrauch. Mit zunehmender Erfahrung entwickeln die meisten Regisseure ihren eigenen »Stil«. Das Schnippen mit den Fingern sollte meiner Meinung nach allerdings nicht zum Repertoire gehören.

- *Achtung!* – ist ein Vorbereitungskommando für eine schnelle oder einfache Aktion. Zum Beispiel: »Achtung eins«, »Achtung für die Musik«, »Achtung für den Moderator«.
- *Vorwarnung!* – bedeutet, daß eine kompliziertere Aktion bevorsteht, die etwa auf dem Mischpult eine Vorbereitung erfordert. Zum Beispiel: »Vorwarnung für eine Blende in Kamera drei«, »Vorwarnung Trickblende Kamera vier in Kamera eins«, »Vorwarnung für Bild- und Ton-**Abblende**«.

Folgende Kommandos sind Anweisungen zur direkten Ausführung und bedürfen keiner weiteren Ergänzung.

- *Einblendung!* (oder auch: *Insert!* oder: *SG!*)
- *Schnitt!*
- *Blende!*
- *Zeichen!*
- *Ab!*
- *Aufblende!* (Abblende!)
- *Schwarz!*
- *Aus!* oder *Cut!* (stoppt alle Ativitäten)

- *Galgen höher!* (der Mikrofonausleger soll angehoben werden)
- *Trick raus!* (gehe auf die Hintergrundkamera ohne Einblendung)
- *Wechsel!* (für die Bedienung am Bildspeicher)
- *Blättern!* oder *Nächste Seite!* (für die Bedienung des Schriftgenerators bei feststehenden, auf mehreren Seiten abgespeicherten Titeln)
- *Crawl!* (für die Bedienung des Schriftgenerators bei von rechts nach links durchlaufenden Titeln)
- *Rollen!* (für die Bedienung des Schriftgenerators bei von unten nach oben durchlaufenden Titeln)

Folgende Kommandos sind ebenfalls Anweisungen zur direkten Ausführung, bedürfen aber der Ergänzung und enthalten generell einen Hinweis auf die jeweilige **Video-** oder **Audio**quelle. *Alle* Kameraanweisungen sollten entweder die Kamera bezeichnen oder den Kameramann direkt ansprechen.

- *Kamera zwei raus!* (den Effekt, der von Kamera 2 kommt, ausschalten; manchmal wird auch gesagt »Auf Kamera drei *allein*«, wenn vorher zum Beispiel Kamera 2 in Kamera 3 eingeblendet ist oder wenn ein geteiltes Bild von Kamera 2 und Kamera 3 vorausgeht)
- *Vorschau Einblendung Kamera drei in Kamera zwei!*
- *Musik aufziehen!* (wenn zwei unterschiedliche Audioquellen vorbereitet sind, muß das Kommando die jeweils gemeinte bezeichnen)
- *Unter Kamera eins legen!* (für den Hintergrund eine andere Videoquelle benutzen)
- *Über Kamera drei legen!* (für den Vordergrund eine andere Videoquelle benutzen)
- *Kamera eins aufziehen/verdichten!*
- *Kamera zwei, Schwenk nach oben/unten!*
- *Kamera drei, Schwenk nach links/rechts!*
- *Kamera vier, Fahrt nach rechts/links!*

▌ Eine Vorbemerkung

9

Fragen und Antworten:
Das Interview

> Dieser Apparat kann belehren, kann erleuchten und sogar inspirieren. Aber nur in dem Maß, in dem die Menschen entschlossen sind, es zu diesem Zweck zu gebrauchen. Andernfalls ist es nichts anderes als ein Kasten mit Röhren und Drähten.
>
> *EDWARD R. MURROW*[1]

Ein Interview steht selten für sich allein, meist ist es ein Programmelement in einer umfangreicheren Sendung, zum Beispiel in Nachrichten oder Sportsendungen, Dokumentationen oder Showprogrammen... kurz, in allen Programmtypen, außer denen, die eine Spielhandlung zum Inhalt haben. Durch Interviews kommen wir mit den unterschiedlichsten Menschen zusammen, lernen aus ihren Erfahrungen, lassen uns von ihren Anekdoten unterhalten und fühlen uns ihnen vielleicht sogar emotional verbunden.

Bei der Vorbereitung eines Interviews muß sich der Regisseur zunächst Klarheit über das grundsätzliche Anliegen der Sendung verschaffen. Welche Aspekte des Interviews werden die Zuschauer interessieren? Schalten sie das Programm ein, um etwas zu lernen? Um sich weiterzuentwickeln? Oder um sich unterhalten zu lassen? Wenn der Regisseur das weiß, kann er die entsprechenden Aspekte mit den Mitteln der Inszenierung, Ausstattung, Kamera- und Bildführung in den Vordergrund rücken.

In diesem Kapitel wollen wir untersuchen:

- **DEN INTERVIEWER:** Die drei häufigsten Interviewer-Typen, aus dem Blickwinkel des Regisseurs betrachtet.
- **KAMERAEINSTELLUNGEN:** Die am häufigsten benutzten Einstellungsgrößen, was in ihnen zu sehen ist und warum sie eingesetzt werden.
- **DAS INTERVIEW-SPEKTRUM:** Ein Querschnitt durch die Programme, in denen Interviews erscheinen, und die Probleme, vor die Regisseure dabei gestellt werden.
- **DIE MARTHA-McCULLER-SHOW:** Eine Hausfrauensendung im Tagesprogramm als praktisches Beispiel dafür, wie eine solche Sendung bei einem Lokalsender realisiert wird.

Der Interviewer

Es soll Leute geben, darunter sogar Redakteure, die meinen, ein Regisseur habe sich einzig und allein darum zu kümmern, wie ein Geschehen arrangiert und mit welchen Kameraeinstellungen es aufgenommen werden soll. Dinge wie der Stil oder die Persönlichkeit des Interviewenden oder die Themen, über die er seine Gäste befragt, gehen den Regisseur in ihren Augen überhaupt nichts an.

Diese Ansicht ist natürlich vollkommen falsch. Ein Regisseur muß das Beste aus einer Sendung herausholen, damit sie bei den Zuschauern möglichst viel Interesse weckt. Insofern ist er für alles zuständig, was mit der Sendung zu tun hat: Kameraführung, Musik, Lichtführung, Ausstattung, Bildschnitt, Inszenierung und die Akteure vor der Kamera. Für den Erfolg einer Interviewsendung ist die Gesprächsführung des Interviewenden von zentraler Bedeutung und darum berechtigterweise Sache des Regisseurs.

Jeder Interviewer läßt sich im allgemeinen in eine von drei Kategorien einordnen: den Aufrichtigen Gesprächspartner, die Persönlichkeit und den Provokateur.

Der Aufrichtige Gesprächspartner

Die meisten Interviewer nehmen ihre eigene Person zurück und lassen so das besondere Wissen und die Sachkenntnis ihres Gastes in den Vordergrund treten. Der Aufrichtige Gesprächspartner überläßt dem Gast die Rolle des Stars. Er ist ein kreativer Zuhörer; aufmerksam, ermunternd und fürsorglich lotst er seinen Gast unmerklich in die zuvor festgelegte Gesprächsrichtung. Dick Cavett ist der typische Vertreter des Aufrichtigen Gesprächspartners.*

Zur Vorbereitung der Sendung führt ein Redakteur für gewöhnlich ein Vorinterview mit dem Gast. Es dient dem Zweck, einen Grundstock an Informationen sowie spezifische Fakten, Geschichten und Anekdoten zu sammeln und das Thema der Sendung zu bestimmen. Ausgewählt werden die Gesprächspunkte unter anderem nach ihrem Gehalt an Komik, nach ihrer allgemeinen Bedeutung oder nach ihrer besonderen Publikumswirksamkeit. Der Moderator notiert sich die Informationen des Redakteurs auf möglichst unauffällige Karteikärtchen, auf die er während der Sendung zurückgreifen kann. Sollte der Interviewer seinen Gast unmittelbar vor der Sendung noch treffen, dann nur, um ihn freundlich zu begrüßen und nicht, um mit ihm

---

* Im deutschen Fernsehen hat Hanns-Joachim Friedrichs diesen Typus beispielhaft verkörpert. (A.d.Ü.)

Kapitel 9 ▌ Das Interview

mögliche Gesprächsstoffe zu erörtern. Während der Sendung können Moderator und Gast dann zielgerichtet und doch spontan ihr Gesprächsterrain erkunden, ohne das Gefühl zu haben, auf bereits bekannten Pfaden zu wandeln.

Häufig legen Gäste bestimmte Tabubereiche fest: Gesprächsthemen, über die sie lieber nicht sprechen möchten. Dies gilt besonders für Prominente aus dem Showgeschäft, die es meistens ablehnen, über umstrittene Aspekte ihres Privatlebens zu reden. Wenn der Moderator Wert darauf legt, ein angenehmes Gespräch in lockerer Atmosphäre zu führen, oder wenn er diese prominente Persönlichkeit je wieder in seiner Sendung begrüßen möchte, muß er die Wünsche seines Gastes respektieren und diese Tabuthemen meiden. Häufig fordern bekannte Showstars einen »Preis« für ihr Erscheinen: ein bißchen Werbung für ihren neuesten Film oder ihre neue Fernsehserie. Manchmal bringen sie auch einen Filmausschnitt mit, den sich der Regisseur auf jeden Fall vor der Sendung ansehen muß. Falls ihm Text oder Handlung darin fragwürdig erscheinen, muß er das Material vom verantwortlichen Redakteur absegnen lassen.

Der Regisseur hat während der kurzen Vorbereitungszeit so vieles zu beachten und zu entscheiden, daß er der Versicherung des Gastes, das von ihm mitgebrachte Filmmaterial sei völlig harmlos, sehr oft am liebsten einfach glauben möchte. Hierzu ein guter Rat: Traue niemandem! Als Regisseur einer NBC-Livesendung gab ich mich einmal mit der Beteuerung einer Schauspielerin zufrieden, der Film, den sie aus Europa mitgebracht hatte (Amateuraufnahmen aus dem Urlaub), sei absolut unproblematisch. Gutgläubig ließ ich fünf gerade sein und reichte das Material ungeprüft an die Technik weiter, wo es auf mein Zeichen hin abgefahren wurde. Alles schien soweit auch ganz in Ordnung – bis in einer Sequenz aus den Folies-Bergère ein paar barbusige Showgirls auftauchten! Wir stiegen aus dem Film sofort aus – und die Moderatorin kicherte verlegen. In der Direktion des Senders kicherte allerdings niemand!

Wenn man – wie viele Regisseure – der Meinung ist, daß in einer Zweiereinstellung die Person rechts im Bild das Hauptaugenmerk des Publikums auf sich zieht, dann sollte man den Gast dort plazieren.* Da der Aufrichtige Gesprächspartner dem Gast stets den Vortritt läßt, weil in seinen Augen Erfolg oder Mißerfolg des Interviews von dessen Wirkung abhängt, sollte auch der Regisseur den Gast durch eine entsprechende Kamera- und Bildführung herausstellen. Der Moderator kann seine einleitenden Worte in einem ande-

---

* Theoretisch wandert der Blick des Zuschauers immer von links nach rechts über das Bild.

Teil 3 ▮ Non-Fiction

ren Bereich des Aufnahmestudios sprechen. Danach schneidet der Regisseur auf den Gast um (wenn mit zwei Kameras gearbeitet wird), und der Moderator/Interviewer kommt in diese neue Einstellung hinein und setzt sich neben den Gast. Oder die Kamera bringt den Moderator mit einem einfachen Schwenk zum Gast, und diese Zweiereinstellung wird für den Anfang des Interviews beibehalten. Wichtig ist, den Gast möglichst schnell in Großaufnahme zu zeigen, am besten schon während der Einleitung. Abgesehen davon, daß die Großaufnahme dem Zuschauer zeigt, wie der Gast aussieht, gibt sie ihm auch das Gefühl, »nah am Geschehen«, persönlich beteiligt zu sein.

Bei einem Interview sind die Kameras gewöhnlich so eingerichtet, daß sich ihre Schußrichtungen kreuzen, damit die Gesichter nicht im Profil erscheinen, sondern frontal und so stärker zur Geltung kommen. Die linke Kamera nimmt den Akteur auf der rechten Seite auf, die rechte Kamera den auf der linken, wie am Beispiel von Kamera 1 und 3 in Abb. 9.1 zu sehen ist. Nähme die linke Kamera den linken Akteur auf, könnten sie nur ein unbefriedigendes Profilbild anbieten.

Wenn der Regisseur Interviewer und Gast auf einer Couch oder auf Stühlen nah beieinander sitzen läßt, bietet sich eine Zweier-Naheinstellung an, die das 4:3-**Bildformat** des Fernsehgerätes fast exakt ausfüllt. Sitzen sie weiter voneinander entfernt, muß die Kameraeinstellung weitwinkliger werden, um beide Personen erfassen zu können. Diese totalere Einstellung ist aus zwei Gründen die schlechtere. Erstens, weil die Akteure weiter entfernt, also kleiner sind und dadurch viele Details gerade in der Mimik verlorengehen. Der Zuschauer hat nicht mehr das Gefühl von Nähe, er wird vom Beteiligten zum Beobachter. Zweitens ist in der totaleren Einstellung die Bildmitte leer: den wertvollsten Teil des Bildkaders füllt eine nackte Wand oder eine leere Couch. Ein erfahrener Regisseur denkt beim Arrangieren immer daran, seine Akteure so zu plazieren, daß sie sich gut in das Bildformat einfügen.

Bei einem Interview, das in den meisten Fällen im Sitzen geführt wird, müssen die Kameras die Akteure in deren *Augenhöhe* aufnehmen. Entweder müssen die Kamerastative soweit abgesenkt werden, daß Akteure und Objektive auf einer Höhe sind, oder die Sitzmöbel werden auf ein kleines Podest (ein **Praktikabel**) gestellt. Ein Praktikabel hat außerdem den Vorteil, daß das Hinsetzen und Aufstehen für Gast und Moderator leichter ist, weil Couch oder Stühle höher stehen.

Kapitel **9** ❙ Das Interview

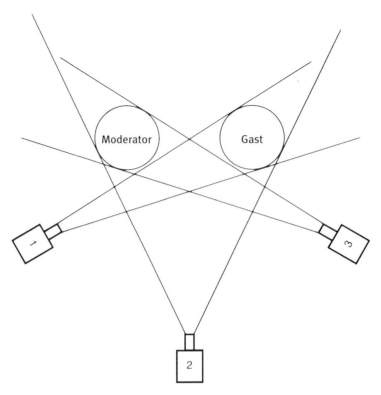

Abbildung 9.1 Um die Gesichter während des Interviews von vorne und nicht nur im Profil aufnehmen zu können, macht die rechte Kamera (3) die Bilder vom Moderator, die linke Kamera (1) die Bilder vom Gast und die mittlere Kamera (2) behält die Zweiereinstellung bei.

Die Persönlichkeit

Anders als der Aufrichtige Gesprächspartner begnügt sich die Interviewer-Persönlichkeit selten – wenn überhaupt – mit der untergeordneten Rolle. Sie nimmt vielmehr einen beträchtlichen Teil der Aufmerksamkeit für sich in Anspruch. Oft zieht ein solcher Interviewer durch seinen Witz, sein Auftreten oder sein Charisma mehr Interesse auf sich als der Gast. Johnny Carson und David Letterman sind Beispiele für diesen Typ des Interviewers[*], der interessanterweise meist nicht den Gast rechts im Bild sitzen läßt, sondern diesen Platz selber einnimmt.

Bei der Interviewer-Persönlichkeit setzt der Regisseur die Kameras anders ein als beim Aufrichtigen Gesprächspartner. Der Gast wird nicht in den

---

[*] In Deutschland könnte man vielleicht Harald Schmidt zu diesem Interviewertyp zählen, ebenso Thomas Gottschalk. (A.d.Ü.)

Mittelpunkt gerückt, sondern die Bildführung stellt Gast und Moderator abwechselnd heraus, je nachdem, wem gerade das größere Zuschauerinteresse gilt. Im Idealfall werden solche Interviews mit drei Kameras aufgelöst: Kamera 1 und 3 übernehmen die großen Einzeleinstellungen, die mittlere Kamera hält die Zweiereinstellung (siehe Abb. 9.1).

Wenn dem Regisseur nicht mehr als zwei Kameras zur Verfügung stehen, ist die eine bevorzugt auf den Gast zu richten, die andere ist vor allem dem Moderator vorbehalten und nicht etwa der Zweiereinstellung. Wiederholtes Umschneiden von der Zweiereinstellung zur Einzeleinstellung und wieder zurück kann ziemlich ermüdend wirken. Und wichtiger noch: Eine solche Auflösung nimmt dem Moderator viel von seiner Wirkung, weil sie ihn ständig mit dem Gast zusammen zeigt, und das kann sich negativ auf die ganze Sendung auswirken, wenn der Moderator eine bekannte Persönlichkeit ist. Es wird ihn wahrscheinlich veranlassen, sich einen neuen Regisseur zu suchen. Wenn der Regisseur mit zwei Kameras auskommen muß, sollte er auf Risiko spielen. Nachdem er dem Publikum mit einer Zweiereinstellung einen Überblick gegeben hat, läßt er diese Kamera große Einstellungen vom Moderator machen. Nun muß er mit den Großaufnahmen jonglieren, was den Adrenalinspiegel ziemlich in die Höhe treiben kann, zum Beispiel wenn das Gespräch an Tempo gewinnt, wenn sich die Beteiligten gegenseitig ins Wort fallen oder wenn es einem der Akteure (oder beiden) plötzlich in den Sinn kommt, herumzuspazieren. Gute Kameramänner fangen solche Situationen elegant auf, indem sie »aufziehen« (die Einstellung mit dem Zoom weitwinkliger machen), damit das Geschehen im Bild erfaßt wird. Ein Interview mit zwei Kameras ausschließlich in Großaufnahmen aufzulösen, hat seine Tücken. Es fordert dem Regisseur höchste Konzentration ab. Sprengt eine Aktion unerwartet den Rahmen der engen Einstellungen, kann beim Publikum leicht der Eindruck entstehen, der Regisseur sei ungeschickt oder unfähig. Aber andererseits geben diese Einstellungen einer Sendung Kraft und Dynamik, indem sie Spannung und Lebendigkeit in das Interview bringen. Dafür lohnt es schon, ein gewisses Risiko einzugehen.

Wenn ein Regisseur über längere Zeit mit demselben Interviewer zusammenarbeitet, hat das den Vorteil, daß sich beide allmählich aufeinander einspielen können. Bobby Quinn, der langjährige Regisseur von Johnny Carsons »Tonight Show«, ist überzeugt, daß sein Gespür für dessen Reaktionen wesentlich zum Erfolg der Sendung beigetragen hat.

> »Ich weiß, worauf er abfährt«, erklärt der Regisseur. »Ich weiß, wenn jemand dieses oder jenes sagt, dann kommt eine Reaktion von ihm. Ich versuche dann, ihm mit der Kamera zuvorzukommen, so daß ich schon da bin, wenn er den Mund aufmacht.«

Kapitel 9 ∎ Das Interview

Jeden spontanen Witz, jedes unvermittelte Zucken des Mundwinkels im Bild einzufangen – wohl wissend, daß es keine Wiederholung der Einstellung gibt, wenn etwas verpaßt wurde –, ist eine große Herausforderung, die Quinn im Regieraum unter ständiger Hochspannung hält.[2]

Eine längere Zusammenarbeit zwischen Starmoderator und Regisseur hat weitere Vorteile. Dem Star wird beispielsweise bewußt, daß plötzliches Aufstehen für die Kameraführung problematisch ist. Also signalisiert er seine Absicht, indem er sich zunächst nur vorbeugt und sich dann so langsam erhebt, daß die Kamera der Bewegung folgen kann. Oder wenn er ein kleines Objekt in Großaufnahme präsentieren will, weiß er genau, an welcher Stelle es der Regisseur haben möchte. Jeder Star ist erpicht darauf, daß seine Sendung ein Erfolg wird, also arbeitet er im allgemeinen bereitwillig mit dem Regisseur zusammen, damit die Interviewteile auch gut ins Bild kommen.

Natürlich decken sich die Interessen des Regisseurs nicht immer mit denen des Stars. Manchmal entstehen Reibereien. Für den angehenden Regisseur ist es wichtig zu wissen, daß die Qualitäten, die den Star als Darsteller beliebt machen und auf denen seine Wirkung beruht, sehr eng mit seinem Selbstbewußtsein zusammenhängen. Je mehr Erfolg er hat, um so aufgeblasener kann er unter Umständen werden.

Ich betone es noch einmal ausdrücklich: Ein Regisseur, der sein Handwerk versteht, ist mehr als nur Dirigent des Geschehens und Herr über die Kameraführung. Er beweist auch auf dem sensiblen Gebiet der zwischenmenschlichen Kommunikation seine Qualitäten und kommt selbst mit Leuten zurecht, die sich stur stellen oder sich kindisch verhalten. Ein kluger Regisseur weiß, wie er andere dazu bewegen kann, sich seinen Wünschen zu fügen. Manchmal gelingt es ihm mit Humor, manchmal durch Schmeicheleien, manchmal durch geduldiges Erklären. Allerdings gibt es auch Momente, in denen der Regisseur mit Bestimmtheit auftreten muß – beherrscht und höflich, aber bestimmt.

Der Provokateur

Manche Interviewer benutzen das Schlüsselelement der Unterhaltung, den Konflikt, um das Interesse des Publikums zu wecken und dem Gast Informationen zu entlocken. Mike Wallace war in seinen frühen Tagen als Interviewer ein Paradebeispiel für den **Provokateur.** Er verlockte seine Interviewpartner zu Äußerungen, die sie normalerweise nicht von sich gegeben hätten. Schonungslos sprach er unliebsame Tatsachen an, ließ sein Gegenüber am Haken zappeln, provozierte Wut und andere Gefühlsausbrüche und schaffte es so, die Schutzmauer des anderen zu durchbrechen und ihm ehrliche, erboste, manchmal leidenschaftliche Reaktionen zu entlocken. Auch Barbara Walters spielt gelegentlich die Rolle der Provokateurin.*

Der Provokateur respektiert nicht immer den Wunsch seines Gesprächspartners, bestimmte Themenbereiche nicht anzusprechen. Einige weisen vorher sogar offen darauf hin, daß sie ihre Nase so tief wie möglich in heikle Angelegenheiten stecken werden, weil es genau das ist, was das Publikum interessiert. In diesem Fall weiß der Gast, was auf ihn zukommt und daß er selbst den Moderator bremsen muß, wenn dieser zu weit geht.

Die Arbeit mit dem Provokateur verlangt vom Regisseur höchste Aufmerksamkeit, er muß ständig bereit sein, unvorhergesehene Reaktionen einzufangen. Die meisten Menschen sind von Kindheit an darauf trainiert, Gefühle zu verbergen. Wir errichten Mauern um uns herum und schützen uns vor allem, was uns aus dem Gleichgewicht bringen könnte. Ziel des Provokateurs ist es, diese Schutzwälle einzureißen, die Verteidigungsmechanismen zu durchbrechen und seinem Gegenüber ehrliche Antworten zu entlocken. Ständig muß eine Kamera auf das Gesicht des Gastes gerichtet sein, und der Regisseur muß versuchen, Reaktionen vorauszuahnen, in denen sich die wahren Gefühle offenbaren: ein Zucken des Nasenflügels, die plötzlich feucht werdenden Augen, das Zusammenpressen der Lippen, damit ihnen keine unbedachte Äußerung entschlüpft. Der Regisseur muß mit dem Bild *da sein*, wenn der Gast plötzlich die Beherrschung verliert, wenn die Dämme brechen und sich ein Strom ehrlicher Gefühle über das Studio ergießt.

Über Kameras, Objektive, Mischpulte und Regiekommandos sind unzählige Bücher geschrieben worden. Einem Regisseur kann es leicht passieren, daß er über die technischen Details der Regiearbeit den Blick für den einzig wirklich wichtigen Aspekt des Mediums Fernsehen verliert: für die Menschen vor der Kamera. Die Regiearbeit während einer Live-Sendung (oder auch bei einer Aufzeichnung) kann hektisch, turbulent, aufreibend sein. Unter solchen Bedingungen schneidet ein Regisseur manchmal notgedrungen um der visuellen Abwechslung willen hin und her, übersieht aber dabei vollkommen, worum es in der Sendung eigentlich geht. Ein guter Regisseur *hört zu, er hört genau hin*. Er konzentriert sich ganz auf die Interaktion vor den Kameras, damit sie im richtigen Moment auf dem richtigen Gesicht sind. Konzentration ist bei einem Interview, das von einem Provokateur geführt wird, ganz besonders wichtig.

---

* Friedrich Küppersbusch ist hierzulande wohl der bekannteste Vertreter dieses Interviewertyps, allerdings verkörpert er ihn nicht in reiner Form. (A.d.Ü.)

Kapitel 9 ❚ Das Interview

Kameraeinstellungen

Über Sinn und Zweck der meisten Kameraeinstellungen haben wir zwar schon gesprochen, eine kurze Zusammenfassung mag hier aber nützlich sein. Die folgenden Erklärungen beziehen sich auf die Einstellungsgrößen in Interviewsendungen, gelten jedoch auch für alle anderen Programmformen im fiktionalen wie im nichtfiktionalen Bereich.

Weite Einstellung; Halbtotale; Totale	Sie dient hauptsächlich der Orientierung, sie zeigt den Ort des Geschehens, die Akteure und was diese tun. Weite Einstellungen sind nützlich, um weiträumige Bewegungsabläufe festzuhalten, beispielsweise eine Person, die von einem Raum in einen anderen geht.
Amerikanische; Naheinstellung; Zweiereinstellung; Dreiereinstellung	Zwischeneinstellungen. Die Amerikanische zeigt eine Person normalerweise von den Knien aufwärts (»mit Colt«, daher der Name »Amerikanische«), eine Naheinstellung setzt etwa an den Hüften oder an der Taille an. Bei einem Interview sind in der Naheinstellung oder in der Amerikanischen beide Personen zu sehen, so daß sich das Auge von den ständigen Großaufnahmen erholen kann.
Enge Naheinstellung; Brustbild	Die untere Begrenzung des Bildes verläuft normalerweise in Brustmitte. Hebt die gezeigte Person stärker hervor als die zuvor genannten Einstellungsgrößen.
Großaufnahme	Zeigt normalerweise Kopf und Schultern, hat eine noch stärkere Wirkung/Dominanz. Sie macht Details deutlich sichtbar und erzeugt beim Zuschauer Anteilnahme für die gezeigte Person.
Detailaufnahme	Zeigt normalerweise nur den Kopf, ist manchmal auch noch enger. Wird im Interview selten benutzt. Verleiht Dominanz. Bei der Vorführung kleiner Objekte hilfreich.
Schuß über die Schulter	Person B wird, an Kopf und Schultern von Person A vorbei, von vorn aufgenommen. Die Einstellung kann weiter oder enger sein. Sie wird häufig benutzt, um eine Beziehung zwischen den Personen herzustellen.

Aufsicht	Wird manchmal zur Orientierung eingesetzt. Die Einstellung blickt auf die Personen herab, im übertragenen wie im wörtlichen Sinn. Läßt die Personen schwach und unterlegen erscheinen.
Untersicht	Schaut zu den Personen auf. Läßt sie stark und dominant erscheinen.

Als Faustregel für das Interview wie für andere Programmformen gilt: je enger die Einstellung, um so eindringlicher die Wirkung. Der kluge Regisseur spart sich Großaufnahmen für die Momente auf, die wirklich zählen.

Das Interview-Spektrum

Wer sich einmal einen ganzen Tag lang vor den Fernseher setzt, wird feststellen, daß Interviews in fast allen Programmsparten dazugehören. Bei Sportübertragungen sind Fragen an den Trainer ein beliebter Halbzeitpausenfüller: Welche Fehler wurden in der ersten Halbzeit gemacht, wie schätzt er die Stärken und Schwächen der gegnerischen Mannschaft ein und wie lautet sein Tip für das Endergebnis. In Gameshows werden vor Beginn der Wettspiele alle Gäste interviewt, damit die Zuschauer mit den einzelnen Kandidaten schneller vertraut werden. In einer Diskussionsrunde dienen Interviews oft dem Zweck, ein bestimmtes Expertenwissen zu erfragen. Zur Nachrichtensendung gehören Interviews mit Unfallbeteiligten, Katastrophenopfern, Augenzeugen und mit Künstlern und Politikern. Sportberichte enthalten Interviews mit Trainern und Sportlern. In Talkshows ist das Interview vorherrschendes Element, das im geistreich-witzigen Plauderton eher unterhaltend als informativ sein will. In Comedy-Shows und Musiksendungen greift man oft zum Kurzinterview, um die Gäste vorzustellen. In den Hausfrauensendungen der Vor- und Nachmittagsprogramme ist das Interview ein fester Hauptbestandteil.

Sport

Der Zuschauer interessiert sich zwar vor allem für das, was im Interview gesagt wird, aber der Regisseur kann das Interesse steigern, indem er es mit dem optisch reizvollen Element des Spektakels unterlegt (siehe Kapitel 2). Ein Sportler, der vor neutralem Hintergrund Spielstrategien erörtert, kann faszinierend sein oder auch unglaublich langweilig, das hängt ganz von der Persönlichkeit des Interviewten und vom Gesprächsthema ab. Der kluge

Regisseur baut vor, indem er einen lebhaft-farbenfrohen Hintergrund schafft, der durch seinen visuellen Reiz verhindert, daß das Interview zu »Kopfsalat« wird. So benutzten die Regisseure bei den Olympischen Spielen 1988 die **Stanze** (Chroma Key, Keying), um hinter den Moderatoren eine szenische oder graphische Kulisse zu errichten.

Interviews auf dem Spielfeld zu führen, bringt Farbe ins Bild. Sobald die Mannschaften in der Halbzeitpause das Spielfeld verlassen haben, ist die Gefahr gering, daß die Zuschauer durch ein Geschehen im Hintergrund vom Interviewer abgelenkt werden. Der Regisseur muß aber mit anderen *Pausenaktivitäten* rechnen. Mit einer Blaskapelle zum Beispiel mit ihrem Spektakel aus Klang, Bewegung und Farbe, oder mit glamourösen Cheerleadergirls in ihren grellbunten knappen Kostümen – solche Blickfänger im Hintergrund eines Interviews können Unruhe und Unzufriedenheit bewirken. Entweder ziehen sie die Zuschauer unwiderstehlich in ihren Bann und lassen damit das Interview uninteressant werden oder sie zwingen die Zuschauer, ihre Aufmerksamkeit wider Willen aufzuteilen.

Nachrichtenmagazine bringen oft Interviews mit dem Trainer oder mit einzelnen Spielern einer Mannschaft. Wenn solche Interviews im Stadion anstatt im Studio geführt werden, ist der optische Effekt wesentlich größer. Häufig wird das Frage-und-Antwort-Spiel so eingerichtet, daß der Moderator vom Studio aus seine Fragen stellt, die der Interviewpartner im Stadion über Ohrhörer erhält und vor laufender Kamera beantwortet.

Auch wenn der Moderator zusammen mit seinem Gesprächspartner auf dem Spielfeld steht, gilt das Hauptinteresse der Zuschauer eindeutig dem Gast. Da in diesem Fall meist nur mit einer Kamera gearbeitet wird, beginnt der Regisseur im allgemeinen mit einer Einzeleinstellung vom Moderator, der ein paar einleitende Worte sagt, und öffnet das Bild dann im passenden Moment zu einer Zweiereinstellung. Dadurch erspart er dem Gast die Peinlichkeit, überflüssig daneben zu stehen und »dumm aus der Wäsche zu gucken«, während er darauf wartet, daß der Moderator ihm das Wort gibt. Hat die Kamera erst einmal zu einer Zweiereinstellung aufgezogen, richtet sich das Interesse gewöhnlich schnell auf den Interviewten.

Nach einem kurzen Gespräch zwischen Moderator und Gast (in der Zweiereinstellung) sollte die Kamera der Aufmerksamkeit des Zuschauers folgen. Wenn das Interesse für den Gast zunimmt, kann die Kamera langsam zu einem Brustbild verdichten und diese Einstellung halten. Der Regisseur kann den Moderator näher zur Kamera stellen und so den Interviewten besser zur Geltung bringen, weil sein Gesicht in der gegenüber der Profilaufnahme günstigeren Dreiviertelansicht erscheint. Indem die Kamera von

Zeit zu Zeit auf den Moderator schwenkt, vollzieht sie das Interesse des Zuschauers an dessen Fragen und Bemerkungen nach. Dauert das Interview länger, läßt der Regisseur die Kamera gelegentlich zur Orientierung und visuellen Abwechslung zu einer Zweiereinstellung aufziehen.

In Seminaren habe ich bei meinen Studenten die fast zwanghafte Tendenz beobachtet, die Kamera auf das Gesicht derjenigen Person zu richten, die gerade spricht. Etwa nach der Hälfte des Semesters haben sie dann endlich begriffen, daß sich das dramatische Geschehen oft im Gesicht der *reagierenden* Person abspielt, die in der ganzen Szene vielleicht nicht mehr als zwei Sätze zu sagen hat. Bei dramatischer Handlung soll die Kameraführung im Idealfall das Interesse des Publikums spiegeln. Für andere Programmgenres bei Fernsehen und Film, ob informativ oder unterhaltend, gilt das ebenfalls. Das Interesse des Publikums bestimmt, was auf der Leinwand oder auf dem Bildschirm zu sehen ist – nicht die Person, die den Text liefert. In einem Sportinterview wird ein Studienanfänger vielleicht jedesmal, wenn der Moderator eine Frage stellt, mit der Kamera auf ihn schwenken. Eine so streng am Wort ausgerichtete Kameraführung ist unnötig und ungeschickt und macht den Zuschauer schwindelig. Wie bei einer Spielhandlung gibt es auch hier kein zwingendes Gebot, dem Zuschauer immer die Person zu zeigen, die gerade spricht. Die Frage kann der Zuschauer hören, und wie der Moderator aussieht, weiß er auch. Also kann die Kamera getrost auf dem Gesicht des Gastes bleiben. Natürlich ist ein gelegentlicher Schwenk zum Moderator, wenn dieser eine Bemerkung einfließen läßt oder eine neue Frage stellt, eine optische Auflockerung; das sollte aber die Ausnahme sein und nicht die Regel.

Bei entsprechender Vorbereitung läßt sich das Sportinterview durch MAZ- oder Filmeinblendungen aufwerten. Bildmaterial, das die Worte des Interviewten illustriert – spezielle Spielzüge der Mannschaft auf dem Spielfeld etwa –, geben dem Interview mehr Gewicht und erhöhen seinen Reiz. Wenn MAZ oder Film nicht verfügbar sind, kann das Gesagte mit Fotos unterlegt und optisch belebt werden.

Beim Sportinterview ist, wie bei jedem Interview, die Wahl des Interviewpartners ungeheuer wichtig. Ein Spieler mit Witz, Temperament und einem ansteckenden Lachen, den wir auf Anhieb sympathisch finden, ist sicher geeigneter für ein Interview als ein Langweiler, der kaum ein vernünftiges Wort herausbringt. Die Zuschauer fühlen sich zum Leben hingezogen; ein Akteur, der *Lebendigkeit* ausstrahlt, zieht sie unweigerlich in seinen Bann. Im Interview lenkt die dynamische Persönlichkeit unsere Aufmerksamkeit auf sich. Wer Energie versprüht, erzeugt die Schwingungen, die keine Langeweile aufkommen lassen.

Kapitel 9 ▍ Das Interview

Die Gesprächsrunde

Diskussionssendungen befriedigen die Neugier des Zuschauers in emotionaler und intellektueller Hinsicht. Sie bieten Informationen, die wir vielleicht brauchen, um Ziele zu verwirklichen, Freunde zu beeindrucken oder ganz allgemein unsere Weltkenntnis zu erweitern. Sind die Teilnehmer in feindliche Lager gespalten, kommt manchmal auch eine gewisse Dramatik auf.

Ziel der Gesprächsrunde ist es, wie beim Interview, den Gästen Informationen zu entlocken oder eine Diskussion zu entfachen. Auch wenn die Rahmengestaltung von Gesprächsrunden variiert, gehen sie inhaltlich immer vom Frage-und-Antwort-Prinzip aus, das auch das Interview kennzeichnet. Eine Diskussionsrunde ist demnach eine Interviewsendung, nur mit einer größeren Zahl von Gesprächspartnern.

Plazierung. Zu einer Gesprächsrunde gehören im allgemeinen ein Gastgeber/Moderator, der den Informationsfluß lenkt, und eine Gruppe von Fachleuten als Diskussionsteilnehmer. Wie man die Gesprächsteilnehmer am günstigsten vor der Kamera plaziert, hängt davon ab, wieviele es sind und in welcher Beziehung sie zum Moderator und untereinander stehen. Wenn etwa eine Journalistenrunde einen Politiker mit kritischen Fragen konfrontiert, wird der Regisseur die Situation optisch unterstreichen und den Politiker seinen Fragestellern gegenübersetzen, wie wir es aus »Face the Nation« kennen.* Die Journalisten, die ein gemeinsames Ziel verfolgen, sitzen in einer Gruppe zusammen (Abb. 9.2). Der Politiker, an den sie ihre Fragen richten und der vermutlich auf Angriffe gefaßt ist, sitzt ihnen allein oder mit einem Moderator gegenüber. Der Sinn einer solchen Sitzordnung ist so offensichtlich, daß man eigentlich kein Wort darüber verlieren müßte, aber da das Prinzip dieser Anordnung auf alle Diskussionsrunden anwendbar ist, gleichgültig, welche Beziehung zwischen den Teilnehmern besteht und wie unterschiedlich die Inhalte sein mögen, sollte es hier ausdrücklich erwähnt sein.

Wenn die Gesprächsteilnehmer nicht in klare Interessengruppen zu unterteilen sind, hat der Regisseur die Wahl, sie entweder dem Gastgeber gegenüber oder links und rechts neben ihm zu plazieren. »Washington Week in Review« ist hierfür ein Beispiel.** Gehören die Teilnehmer alle einer

---

* Im deutschen Fernsehen sind vergleichbare Sendungen »Was nun, Herr...?« im ZDF und »Fragen an...« in der ARD. (A.d.Ü.)
** In etwa vergleichbar dem ehemaligen »Frühschoppen« oder dem jetzigen »Presseclub« (ARD). (A.d.Ü.)

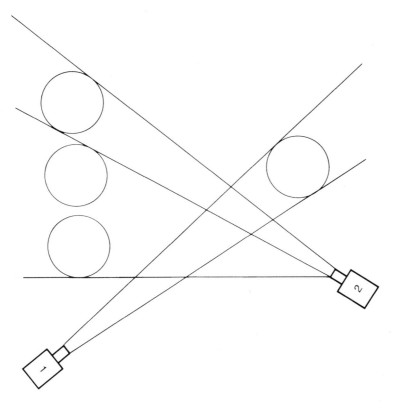

Abbildung 9.2 Wird ein Prominenter von mehreren Fragestellern zugleich interviewt, dann ist eine Kamera auf den Prominenten gerichtet, und die andere macht entweder eine Gruppeneinstellung oder Einzeleinstellungen von den Fragenden. Eine dritte Kamera würde es ermöglichen, zwischen einer Einstellung von der gesamten Gruppe und Großaufnahmen einzelner Fragesteller hin- und herzuschneiden.

bestimmen Berufsgruppe an oder verbindet sie ein gemeinsames Interesse, sollten sie als Gruppe plaziert für das Publikum als solche kenntlich gemacht werden. Wenn also Gewerkschaftsfunktionäre und Arbeitgebervertreter in einer Fragestunde zu den jüngsten Arbeitsniederlegungen aufeinandertreffen, sitzen sich Gewerkschafter und Unternehmensvertreter an den beiden Seiten eines Tisches gegenüber.

Der Zuschauer gewinnt einen besseren Überblick, wenn vor den Gesprächsteilnehmern Namensschilder stehen oder Name und Funktion der Teilnehmer bei der Vorstellung eingeblendet werden. Diese Einblendungen sollten als Gedächtnisstütze von Zeit zu Zeit wiederholt werden, besonders dann, wenn mehr als zwei Gäste beteiligt sind, oder wenn die Personen so prominent sind, daß ihr Name allein Zuschauer anlockt.

Studiodekoration. Die Dekoration für eine Gesprächsrunde sollte immer schlicht und zweckmäßig sein, den Charakter der Sendung und des Moderator spiegeln und die Aufmerksamkeit auf die Gesprächsteilnehmer lenken. Wenn es einen Tisch gibt, können sich die Teilnehmer leichter Notizen machen, man kann Namensschilder aufstellen, und außerdem sieht man Schöße und Beine nicht.

Eine Arbeitszimmer- oder Wohnzimmerdekoration mit Sofas und Sesseln schafft eine wärmere, entspanntere Atmosphäre. »Wall Street Week« bei PBS kombiniert beide Formen: zuerst befragt der Gastgeber die »Stammgäste« an einem Tisch, danach begeben sich alle in einen anderen Studiobereich, wo in einer Wohnraumdeko ein besonderer »Gastexperte« auf einer Couch auf sie wartet. Hier nehmen alle auf Sofas und Sesseln Platz. Um den Teilnehmern das Aufstehen zu erleichtern, kann man Bretter unter die Polster legen oder die Sitzmöbel auf kleine Praktikabel stellen.

Manchmal braucht man in der Dekoration auch Verstecke für die Kameras. Wenn Gäste und Moderator beim Gespräch um einen Tisch sitzen, müssen die Kameras weit in die Deko hineinfahren können (Abb. 9.3). Um zu verhindern, daß sich die Kameras dabei gegenseitig »abschießen«, müssen Deko und Ausleuchtung Verstecke anbieten. Indem man aus größerer Entfernung mit langen Brennweiten arbeitet, kann man solchen Patzern vorbeugen.

Manchmal werden hinter einer Sitzgruppe gaze-ähnliche Vorhänge aufgehängt. Von vorn angestrahlt, sieht man irgendwelche aufgemalten Muster. Von hinten aber (wobei die Kameras im Dunkeln stehen und in die beleuchtete Szene schießen) sind sie so durchsichtig, daß die Bilder keinen merklichen Qualitätsverlust erleiden. Dabei muß (wie übrigens auch bei Aufnahmen durch Glasscheiben hindurch) unbedingt das **Rotlicht** an den Kameras abgedeckt oder abgeschaltet werden, da es sonst vom Vorhang reflektiert wird und im Bild erscheint.

Kamerapositionen und -einstellungen. Für eine Gesprächssituation, in der eine Hauptperson von mehreren Journalisten befragt wird, ist die Einrichtung der Kameras recht simpel (Abb. 9.2). In der Grundversion, das heißt, wenn zwei Kameras für die Auflösung zur Verfügung stehen, ist die eine auf den Gast gerichtet und die zweite macht Dreier- und Einzeleinstellungen von der Journalistenrunde. Mit einer zusätzlichen dritten Kamera kann der Regisseur flexibler operieren, denn sie erlaubt ihm, verbindende Einstellungen von den Journalisten mit dem Prominenten im Vordergrund zu machen sowie Dreier- und Einzeleinstellungen von der Journalistenrunde direkt nacheinander zu schneiden.

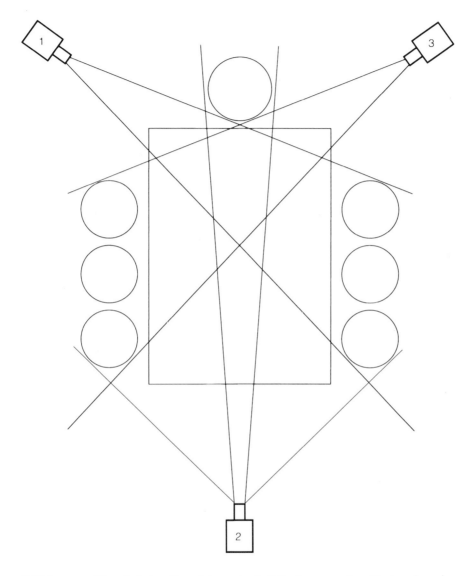

Abbildung 9.3 Sitzen bei einer Gesprächsrunde die Teilnehmer um einen Tisch und werden von einem Moderator befragt, macht die Mittelkamera (2) die Orientierungseinstellung und die Großaufnahme vom Gastgeber. Die Kameras 1 und 3 machen die Einstellungen von den Teilnehmern (Einzel-, Zweier- und Dreiereinstellungen).

Bei einer Tischrunde mit sechs Gesprächsteilnehmern (plus Moderator) wird der Kameraeinsatz schon etwas komplizierter. Wie Abb. 9.3 zeigt, macht Kamera 2 die einführende Haupteinstellung und außerdem die Einzeleinstellung vom Gastgeber, der am Kopf des Tisches sitzt. Ein Stück nach

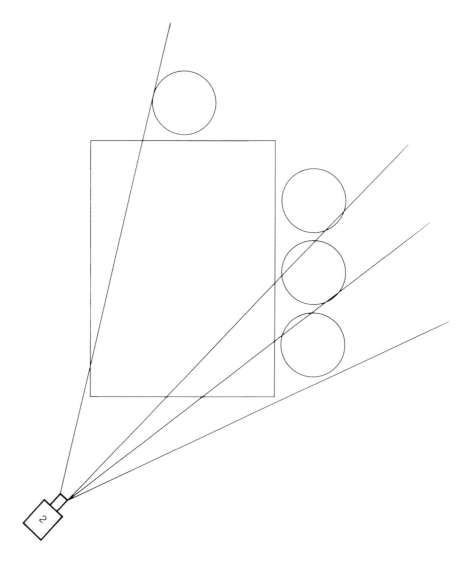

Abbildung 9.4 In einer Aufzeichnung kann Kamera 2 nach rechts oder links fahren, um Zweier-, Dreier- und Vierereinstellungen vom Moderator und den Teilnehmern anzubieten.

links oder nach rechts gefahren, kann Kamera 2 auch Zweier-, Dreier- und Vierereinstellungen von Gastgeber und Gesprächsteilnehmern anbieten (Abb. 9.4). Kamera 1 liefert dazu die Gegenschüsse am Moderator vorbei auf die Teilnehmer (Abb. 9.5). Die Gäste links von Kamera 2 werden von den Kameras 3 und 2 nach dem in Abb. 9.4 und 9.5 gezeigten Muster aufgenommen.

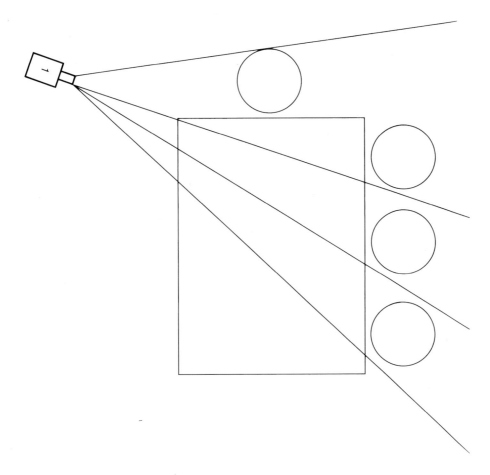

Abbildung 9.5 Die Kameras 1 und 3 können die Gegenschüsse zu Abb. 9.4 machen, das heißt, sie bieten Einstellungen an von dem/den Gesprächsrundenteilnehmer(n) zusammen mit dem Gastgeber. Von fast derselben Position aus können sie auch Großaufnahmen von einzelnen Teilnehmern anbieten, die sich an den Gastgeber/Moderator wenden.

In einer Gesprächsrunde mit sechs Teilnehmern wird die Kameraführung problematisch, wenn die Teilnehmer anfangen, sich miteinander zu unterhalten anstatt sich nur an den Moderator zu wenden. Kamera 1 und 3 müssen sich dann weiter nach vorne (Richtung Kamera 2) bewegen, um aus komplementären Blickwinkeln die miteinander Diskutierenden zu photographieren (Abb. 9.6). Sind die Blickwinkel nicht komplementär, kann es zu einer von zwei möglichen Pannen kommen: entweder sehen die aneinandergeschnittenen Einstellungen nicht so aus, als ob sich die beiden Personen miteinander unterhalten, weil ihre Blickrichtung nicht stimmt, oder es

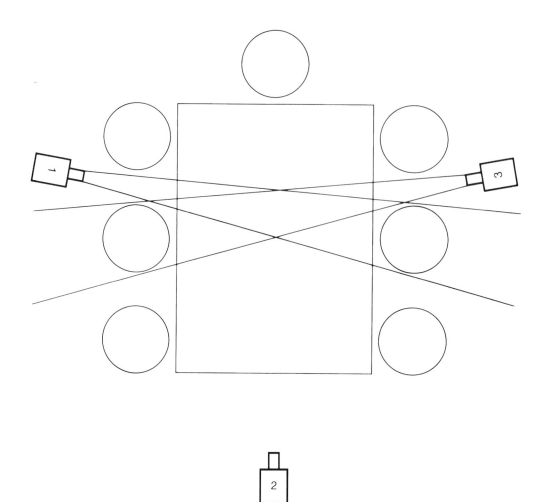

Abbildung 9.6 Wenn Teilnehmer einer Gesprächsrunde miteinander sprechen, müssen Kamera 1 und 3 in komplementäre Positionen fahren und über den Tisch hinweg schießen. Lange Brennweiten verhindern, daß die Kameras sich gegenseitig »abschießen«. Problematisch kann es werden, immer die richtigen, einander entsprechenden Blickrichtungen der Teilnehmer beizubehalten, so daß sich auch auf dem Bildschirm erkennen läßt, daß sie sich gerade miteinander unterhalten und sich dabei anschauen.

---

kommt zum *Achssprung*. Wir erinnern uns, daß bei komplementären Einstellungen alle Personen in jeder Einstellung dieselbe relative Position im Bildkader beibehalten müssen. Stellen wir uns eine durch zwei Personen verlaufende imaginäre Achse vor. Solange beide Kameras auf derselben Seite dieser Achse bleiben, ändert sich die relative Position der Personen nicht

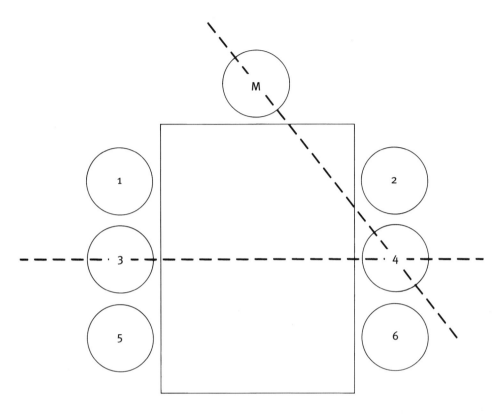

Abbildung 9.7 Die Akteure ändern ihre Position im Bild, sobald eine der Kameras die durch beide Personen hindurchgehende imaginäre Linie überquert. Solange beide Kameras auf derselben Seite der Linie bleiben, bleiben auch beide Akteure in der Zweiereinstellung in ihrer ursprünglichen relativen Position. Wenn der Moderator zum Beispiel Gast 4 anspricht, dann geht die Linie durch diese beiden Personen. Wenn sich dagegen Gast 3 an Gast 4 wendet, geht die Linie durch Gast 4 und Gast 3.

(Abb. 9.7). Sobald eine der beiden Kameras versehentlich die Achse überquert, gibt es einen Sprung: Die Personen scheinen von einer Seite des Bildes auf die andere Seite zu springen (Abb. 9.8). Ein solcher Umschnitt stiftet Verwirrung (siehe Kapitel 7) und zeigt: Hier war kein Profi am Werk.

Um in hitzigen Debatten zwischen Gesprächsteilnehmern schnell die richtigen komplementären Einstellungen zu finden, müssen Kameramänner, Regisseur und Bildmischer gut aufeinander eingespielt sein. Eine solche Zusammenarbeit wird mit zunehmender Erfahrung immer reibungsloser. Wenn die Schlüsselpositionen in einer wöchentlichen Sendung immer mit denselben Leuten besetzt sind, optimiert das die Produktionsqualität und minimiert beim Regisseur die Magengeschwüre.

Abbildung 9.8 Wenn der Moderator Gast 4 anspricht, und eine der Kameras überquert die imaginäre, durch die beiden Personen verlaufende Linie, erscheint der Moderator in einer Einstellung (a) auf der linken Bildseite und in der anderen (b) auf der der rechten.

Nachrichten

Die Wirkung von Interviews in einer Nachrichtensendung beruht – ebenso wie in einer Dokumentation oder einem **Magazin** (wie etwa »Monitor« oder »WISO«) – auf Unmittelbarkeit, Wahrheitsgehalt und fachlicher Kompetenz. Wir werden uns diesem Thema ausführlich in Kapitel 11 widmen.

Die Gameshow

Zwar spielt das Interview in diesem Genre nur eine untergeordnete Rolle, hat aber eine wichtige Aufgabe: Es sorgt dafür, daß die Zuschauer für einen bestimmten Kandidaten Partei ergreifen. Im Zusammenhang mit der dramatischen Handlung ist bereits gezeigt worden, daß eine Inszenierung um so erfolgreicher ist, je stärker sich die Zuschauer mit dem Protagonisten der Geschichte identifizieren. Je größer die Anteilnahme des Zuschauers an einer Figur ist, um so entschlossener ergreift er Partei für sie und wünscht sich, daß sie ihr Ziel erreicht.

Die Gameshow arbeitet mit vielen Elementen des Dramas: sie ist eine Arena, in der sich mehrere sympathische Protagonisten gegenüberstehen und Konflikte austragen. Die Information, daß der Kandidat frisch verheiratet ist, vor kurzem zum Wehrdienst eingezogen wurde oder daß eine Kandidatin eine berufstätige Hausfrau und Mutter ist, macht aus einem total fremden Menschen eine Person, in die sich das Publikum einfühlen kann. Der Regisseur kann die Anteilnahme des Publikums verstärken, indem er die Kandidaten in Großaufnahmen zeigt. Physische Nähe erzeugt emotionale Nähe. Über die Identifikation mit einem Kandidaten nimmt der Zuschauer intensiver am Spielgeschehen teil.

In der Regel ist die Aufmerksamkeit des Zuschauers während einer Gameshow geteilt: ein Teil seines Bewußtseins fiebert mit den Kandidaten im Studio, der andere sitzt im Wohnzimmer vor dem Fernseher und rät mit ihnen um die Wette. Mit diesem Teil seines Bewußtseins ist und bleibt er Zuschauer.

In Musiksendungen und in Comedy-Shows dient das Interview grundsätzlich demselben Ziel: Das Publikum soll auf den Akteur eingestimmt werden und ein Gefühl der Nähe zu ihm entwickeln. Großaufnahmen von beiden Beteiligten sorgen dafür, daß dem Interviewer wie dem Gast die gleiche Aufmerksamkeit zuteil wird.

Kapitel 9 ▌ Das Interview

Die Martha-McCuller-Show

Man hat Sie beauftragt, bei der nächsten Martha-McCuller-Show Regie zu führen. Sie sind fester Mitarbeiter eines lokalen Fernsehsenders und wissen, daß Martha McCuller ihre Show schon bei anderen Sendern moderiert hat. Sie ist eine redegewandte attraktive Frau Mitte Dreißig und hat einen Sponsor (eine Bank), der bereit ist, zwei ihrer drei wöchentlichen Shows bei Ihrem Sender zu finanzieren. Ihr Sendeleiter macht Sie darauf aufmerksam, daß sie als »schwierige Person« gilt, traut Ihnen aber zu, mit ihr fertig zu werden. (Sie beschließen, sich mit dem Regisseur ihrer letzten Sendung zu unterhalten.)

Sie treffen sich mit Martha McCuller und sind von ihr sehr angetan. Sie ist liebenswürdig, herzlich und offensichtlich begeistert von der Aussicht, mit Ihnen zu arbeiten (Ihr Sendeleiter hatte sicher unrecht!). Martha McCuller bringt ihre Redakteurin Terry mit, eine intelligente, sachlich-nüchterne junge Frau Anfang Zwanzig. Terry hat mit Martha (Sie duzen sich inzwischen mit beiden) bereits in früheren Sendungen zusammengearbeitet. Bei diesem ersten Treffen sprechen Sie das Format der Sendungen durch. Die meisten werden in zwei Hauptblöcke unterteilt sein, in denen es um Mode, Make-up, Gymnastik, Gartenarbeit, Inneneinrichtung, Kochen oder Eheprobleme geht – Themen, die vor allem Hausfrauen ansprechen. In einigen Blöcken werden Demonstrationen stattfinden (Modenschauen, wie packe ich Geschenke ein, wie stutze ich meine Rosen und ähnliche Themen), den weitaus größten Teil nehmen aber Interviews mit Gästen ein. Terry wird Ihnen am Morgen vor jeder Sendung eine detaillierte Aufstellung (Namen der Gäste, Informationen zur Werbung usw.) geben.

Nachdem Martha gegangen ist, spricht Terry ein heikles Thema an: »Wir müssen dafür sorgen, daß Martha in den Sendungen so attraktiv wie möglich aussieht. Würden Sie bitte mit ihrem Beleuchtungsteam darüber sprechen?« Sie versichern Terry, daß der **Lichtsetzende Kameramann** ein wahres Genie sei.

Ihre Versicherung ist kein Blabla, Sie wollen den Star nicht nur beruhigen. Sie wissen, daß der Erfolg einer Sendung wesentlich von ihrem Star abhängt. Wenn die Zuschauer eine/n Moderator/in als Persönlichkeit schätzen und lieben, sehen sie sich »seine« oder »ihre« Show auch dann an, wenn sie eher mittelmäßig ist. Ein kluger Regisseur hegt und pflegt seinen Star, damit er sich sicher und geborgen fühlt und optimal agieren kann. Er tut alles, was in seiner Macht steht, um die persönliche Ausstrahlung seines Stars zur Geltung zu bringen. Weil Sie das alles wissen, sprechen Sie umgehend mit ihrem Lichtsetzenden Kameramann. Vielleicht sehen Sie sich gemeinsam mit ihm

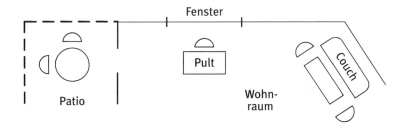

Abbildung 9.9 Dekoration für die »Martha-McCuller-Show«.

Aufzeichnungen früherer Sendungen an, um die günstigste Ausleuchtung zu ermitteln.

Die Dekoration für die Martha-McCuller-Show wird so gestaltet, daß es wie bei ihr zu Hause aussieht. In einem gemütlichen Wohnraum wird es zwei Hauptschauplätze geben: eine Sitzgruppe für Gespräche (Couch, Sessel, Couchtisch) und eine Art Pult, an dem Martha die Werbung präsentiert. An den Wohnraum grenzt ein kleiner, mit einem Gitterspalier umstellter Patio, wo zwei schmiedeeiserne Stühle und ein Glastisch stehen. Hier sollen Interviews und praktische Vorführungen stattfinden (Abb. 9.9).

Später bringt Terry Ihnen eine Tonkassette mit der **Schleife** der Erkennungsmelodie, ein heiter flottes Thema, das auf die Sendung einstimmt. Den Namen des Komponisten, Titel des Stücks und Label teilen Sie der Musikrechteabteilung Ihres Senders mit. Dort wird geprüft, ob für die Verwendung Gema-Gebühren abgeführt werden müssen.

Ihr Sendeleiter teilt Ihnen mit, daß Ihnen für Einleuchten und Kameraproben eine Stunde Zeit zur Verfügung steht. Sie sind begeistert. Das ist mehr, als Sie erwartet hatten. Sie setzen sich mit dem Szenenbildner zusammen. Er hat bereits Pläne für die Dekoration der Show gezeichnet und gibt Ihnen Kopien. Mit dem Bau wird sofort begonnen. Der Termin für die erste Sendung ist der kommende Montag.

Am Montagmorgen klingelt bei Ihnen zu Hause das Telephon. Es ist Martha. Sie sind doch ein Schatz? Ob Sie nicht etwas für sie tun könnten? Sie macht sich schreckliche Sorgen. Es geht einfach nicht, daß sie ihre Sendung probt und mit ihren Gästen spricht und gleichzeitig der Lichtsetzende Kameramann und die Beleuchter das Studio einleuchten. Das wäre die Hölle, das totale Chaos.

Sie atmen einmal tief durch und versuchen, sie zu beruhigen. Sie erzählen ihr, daß Sie zusammen mit dem Kameramann das Licht bereits gesetzt haben, daß er aber die einzelnen Aktionen jedes Programmpunkts sehen muß, um die Feinabstimmung der Ausleuchtung vornehmen zu können. Der Kameramann gibt sich sehr viel Mühe, damit die Sendung so gut wie nur möglich aussieht. Und er möchte speziell dem Star der Sendung gerecht werden und Martha im besten Licht zeigen. Natürlich, das versteht sie und weiß es auch zu schätzen, aber ... Sie fragen, ob sie mit ihren Gästen vielleicht in ihrer Garderobe sprechen könnte, abseits vom Trubel des Einleuchtens. Sie schlagen vor, sie eine Stunde vor Probenbeginn zu treffen und die einzelnen Handlungsabläufe mit ihr zu besprechen und zu planen. Danach wäre sie frei für die Maske und könnte ihre Gäste begrüßen. Sobald sie damit fertig ist, kommt sie ins Studio und geht die einzelnen Positionen des Ablaufs durch, so daß die Beleuchter letzte Korrekturen vornehmen können. Sie hoffen, daß es ihr so recht sei.

Sie ist sich dessen nicht so sicher. Insgeheim hegen Sie den Verdacht, daß der eigentliche Grund für diesen frühmorgendlichen Anruf Nervosität ist. Lampenfieber. Sie sind sich auch klar darüber, daß in diesem Augenblick die Weichen für Ihre künftige Arbeitsbeziehung gestellt werden. Sie bemühen sich, Freundlichkeit und Autorität zugleich zu vermitteln. Sie versichern ihr, daß es einfach keine andere Lösung gibt. Die meisten Sendungen dieses Hauses müssen mit wesentlich kürzeren Probenzeiten auskommen. Wie sie es geschafft hat, mehr zu bekommen, sei Ihnen ein Rätsel; ihr Name müsse wirklich Gewicht haben. Das Studio sei aber bis unmittelbar vor der Proben-/Einleuchtungszeit belegt, so daß Sie mit ihr lediglich den Ablauf durchgehen können. Schließlich akzeptiert sie Ihren Vorschlag. Sie sind ein Engel, und sie weiß Ihre Hilfe sehr zu schätzen. Sie wird eine Stunde vor Probenbeginn bei Ihnen sein.

Sie setzen sich, schieben Ihr kaltes Rührei beiseite und gießen sich noch eine Tasse Kaffee ein. Die erste Krise ist überstanden.

Vor der Probe sehen Sie sich den einminütigen Werbefilm an, den Martha in ihrer Sendung zeigen wird. Es wird zwei Werbesequenzen geben, die erste live aus dem Studio, die zweite als MAZ. Sie stellen fest, daß der Werbespot nach den letzten Worten des Sprechers mit einem **eingefrorenen Bild** von zwei Sekunden Länge endet, einem sogenannten **Freeze**; er besitzt einen Bildüberhang, nachdem der Ton bereits geendet hat. Der gesamte Spot besteht also aus 58 Sekunden Ton und 60 Sekunden Bild, was Ihnen zwei Sekunden Zeit läßt, um auf Martha zu schneiden oder zu blenden, bevor das Band ins Schwarze läuft. Sie notieren sich die letzten Worte des Sprechers, die für Sie das Zeichen für den Umstieg sein werden.

Der Ansager (der jeweilige Sprecher vom Dienst) wird vor und nach der Sendung ein paar Worte sagen. Sie müssen sich also darum kümmern, daß er seinen Text bekommt und sich auch damit vertraut macht (er wird ihn garantiert nicht lesen, aber das Gegenteil behaupten). Da seine Ansage aus zwei Teilen besteht (nämlich »Wir begrüßen einen neuen Star in der Familie unseres Senders, Martha McCuller...« und »... wird Ihnen präsentiert von der City-State Bank, die auch in Ihrer Nähe eine Zweigstelle hat«), weisen Sie den Sprecher an, mit dem zweiten Teil seiner Begrüßung zu warten, bis das Firmenlogo auf seinem Kontrollmonitor erscheint.

Vor Probenbeginn treffen Sie sich mit Martha und Terry und sprechen über den Inhalt der Show. Martha möchte ihren ersten Gast, eine berühmte Schriftstellerin, im Wohnraum interviewen und ihren zweiten Gast, eine alternde Filmdiva, im Patio. Sie stellt sich vor, zusammen mit ihrem ersten Gast auf der Couch sitzend zu beginnen. Da es die erste Sendung ist, schlagen Sie ihr dagegen vor, sich einen Augenblick Zeit zu nehmen und das Publikum mit ein paar freundlichen Worten in ihrem neuen Heim willkommen zu heißen. Sie könnte im Patio beginnen und dann mit einem Gang in das Wohnzimmer kommen, wo sie ihren ersten Gast begrüßt. Martha ist von der Idee begeistert.

Marthas Gesprächsnotizen (die auf dem von Terry geführten Vorinterview beruhen) sollen auf dem Couchtisch deponiert werden. Mit dem zweiten Gast, der Schauspielerin, wurde kein Vorinterview geführt. Ihr Auftritt wurde von einer Presseagentur arrangiert, die eine Liste ihrer Filmerfolge und eine Zusammenstellung möglicher Gesprächsthemen geschickt hat. Normalerweise würde eine so oberflächliche Vorbereitung Martha nervös machen. Aber mit diesem Filmstar hat sie schon öfter zusammengearbeitet. Sie sind alte Freundinnen, und Martha weiß genau, worüber die Schauspielerin sprechen möchte. Terry bittet Sie, von der Requisite einen Krug mit Eistee und Gläser im Wohnraum bereitstellen zu lassen, damit Martha ihren Gästen etwas zu trinken anbieten kann. Sie werden das natürlich gern tun, aber wäre es möglich, daß Ihnen Terry solche Wünsche künftig etwas früher mitteilt, damit es nicht zu unnötigen Enttäuschungen kommt?

Für die erste (live ausgestrahlte) Werbung wird ein weiteres Requisit, eine Stahlkassette, benötigt. Der Requisiteur wird sie auf Marthas Pult stellen, sobald sie das erste Interview begonnen hat. Sie haben den Text der Werbung gelesen und für die Kameraeinstellungen einen Plan skizziert. Sie werden die Einrichtung mit Martha und den Kameras vornehmen, sobald die Probe beginnt.

Martha begibt sich in die Maske, und Sie gehen in das Studio, aus dem die Show gesendet wird. Sie gönnen sich ein paar ruhige Minuten, bevor das Team eintrifft, und stellen sich den Ablauf der Sendung, wie Sie ihn mit Martha besprochen haben, bildlich vor. Sie machen ein paar Markierungen

Kapitel 9 ▮ Das Interview

auf dem Boden und schreiben sich einige Anmerkungen in ihren Sendeablauf, den Terry Ihnen heute morgen persönlich vorbeigebracht hat.

Später, nachdem Sie mit Martha alle wichtigen Stationen durchgegangen sind und festgelegt haben, wo sie was mit ihren Gästen tut, nimmt das Beleuchtungsteam die letzten Lichtkorrekturen vor. Sie verwenden ein paar Minuten darauf, Marthas Make-up mit den Kameras im eingeleuchteten Set zu kontrollieren. Sie haben die Maskenbildnerin in die Regie gebeten, um mit ihr gemeinsam zu begutachten, wie Marthas Make-up vor der Kamera wirkt. Sie sind sich darin einig, daß Martha großartig aussieht. Das Licht für sie kommt vorwiegend von vorn und gleicht kleine Unregelmäßigkeiten aus. Konturen und Schatten bleiben sichtbar, erscheinen aber im **Füllicht** weicher.

Der Titelvorspann ist bereits aufgezeichnet. Sie haben die Erkennungsmelodie mit auf das Band kopieren lassen. Die Titel sollen über Livebilder von Martha gestanzt werden, während sie im Studiowohnzimmer mit allen möglichen Dingen beschäftigt ist. Sobald der Vorspann durchgelaufen ist, wird Martha das Publikum bemerken, und die Show kann beginnen. Unter den Titeln für diese erste Sendung wird Martha ihrem Gast, der auf der Couch im Wohnraum sitzt, Tee einschenken. Dann geht sie in den Patiobereich hinüber und begrüßt die Zuschauer. Auf dem Weg dorthin kommt sie an ihrem Pult vorbei, auf dem das **Logo** der Bank angebracht ist. Die Kamera bleibt auf dem Logo und verdichtet, bis es bildfüllend ist. Sie beschließen, mit Kamera 2 in einer halbnahen Einstellung von Martha und ihrem Gast zu beginnen. Sie arbeiten sich aber von hinten heran, das heißt, Sie bestimmen zunächst sorgfältig die Position, von der aus Kamera 2 den Zoom auf das Banklogo machen kann. Von hier aus soll der Kameramann nun – *ohne die Position des Stativs zu verändern* – die Kamera auf Martha und ihren Gast richten. Nach dem Zoom auf das Banklogo werden Sie in die Kamera 1 umschneiden, die zeigt, wie Martha den Patio betritt.

Nachdem Martha die Zuschauer begrüßt und ihre Gäste angekündigt hat (die Kamera fährt dabei langsam auf sie zu), wird sie den Patio wieder verlassen. Kamera 1 läßt sie aus dem Bild gehen, Kamera 2 nimmt sie an, wenn sie den Wohnraum betritt, und begleitet sie auf dem Gang zur Couch, wo ihr Gast wartet. Während Martha den Raum von links nach rechts durchquert, fährt Kamera 1 ebenfalls in den Wohnbereich. Dann wird Martha sich setzen und ihren Gast vorstellen (Kamera 2 zeigt beide in einer weiten Zweiereinstellung). Sobald Kamera 1 auf Position ist, schneiden Sie in eine Großaufnahme vom Gast um. Für das anschließende Interview gilt folgendes Grundmuster: Kamera 1 ist für den Gast zuständig, Kamera 2 für Martha; beide machen entweder Schüsse über die Schulter, Brustbilder oder Großaufnahmen. Weil die Eröffnung wahrscheinlich der komplizierteste Teil der

Sendung ist, proben Sie den Ablauf mehrere Male, damit sich die Kameramänner und alle anderen Beteiligten sicher fühlen.

Das Sofa ist entsprechend Ihren Anweisungen auf ein unauffälliges, fünfzehn Zentimeter hohes Podest gestellt worden. So fällt den Akteuren das Hinsetzen und Aufstehen leichter, wenn Martha steht, ist der Größenunterschied zum sitzenden Gast geringer, und die Kameras nehmen die Gesprächspartner nicht so steil von oben auf.

Sollte Martha in einer zukünftigen Sendung zwei oder drei Gäste gleichzeitig interviewen, werden Sie darauf achten, diese Gäste nur zu einer Seite von Martha zu plazieren. Vielleicht lassen Sie dann die Gäste auf der Couch sitzen und Martha in dem hinteren Sessel. Denn wenn die Gäste zu beiden Seiten von Martha sitzen, hätten Sie es mit nur zwei Kameras sehr schwer, das Interview in gute Einstellungen aufzulösen.

Wenn das erste Interview beendet ist, bringt Kamera 1 (in einer weiten Einstellung) Martha an ihr Pult. Dort setzt sie sich und wendet sich direkt ans Publikum, wobei die Kamera langsam bis zur Großaufnahme heranfährt. An einer bestimmten Stelle wird Martha die Stahlkassette öffnen und schließen. In der Probe plazieren Sie die Kassette rechts von Martha (von der Kamera aus links), so daß sie von der genau gegenüber stehenden Kamera 2 bildfüllend gezeigt werden kann. Nach der Live-Werbung fährt Kamera 1 mit Martha mit, während diese den Raum zum Patio hin durchquert.

Es sind jetzt noch acht Minuten bis zum Beginn der Sendung. Sie wissen aus Erfahrung, daß die Akteure zwischen Probe und Sendung ein paar Augenblicke benötigen, um sich zu konzentrieren. Selbst wenn Sie unbedingt noch drei Minuten brauchen, um einen bestimmten Gang zu proben, machen Sie klugerweise erst eine Pause, in der die Licht-Crew ihre letzten Korrekturen vornehmen kann, während den Akteuren die Kleidung zurechtgezupft, die Frisur gerichtet und die Nase gepudert wird. Sie stellen Ihre Stoppuhr auf exakt acht Minuten ablaufend ein, verlassen die Regie und begeben sich ins Studio. Sie vermitteln den Akteuren nun das Gefühl, daß alles in Ordnung ist, sorgen für eine ruhige und entspannte Atmosphäre und geben letzte Regieanweisungen. Mit der Stoppuhr in der Hand wissen Sie genau, wieviel Zeit bis zum Sendebeginn verbleibt. Akteure, die man im Studio zu lange alleinläßt, werden leicht nervös.

Ungefähr eine Minute vor Sendebeginn (ja, sie setzen die Zeit verdammt knapp an) wünschen Sie allen toi, toi, toi und spurten in die Regie. Dort erinnern Sie Ihren Toningenieur daran, daß die Erkennungsmelodie auf dem Videoband ist, überzeugen sich, daß sich Kamera 1 im Patio-Bereich und Kamera 2 auf der Position für den Zoom befinden, holen tief Luft und schenken dem Bildmischer (Bimi), der neben Ihnen sitzt, ein aufmunterndes Lächeln.

Kapitel 9 ▮ Das Interview

Drei Sekunden vor Sendebeginn fahren Sie die MAZ mit den Titeln ab. Gleich darauf zeigt ein rotes Blinklicht an, daß Ihr Studio für die Sendung aufgeschaltet ist. Gleichzeitig erscheinen die Titel auf einem Vorschaumonitor. Sie haben den Bimi vorher informiert, daß der Titelvorspann über Kamera 2 gestanzt wird – auf der **Effektschiene**. Jetzt kommt Ihr ruhiges Kommando: »Zeichen für Martha – Stanze – Musik unterlegen – Ansage ab!«

Die Martha-McCuller-Show ist auf Sendung.

Zusammenfassung

- Das Interview steht selten für sich allein; normalerweise ist es ein Element in einer größeren Programmeinheit (Nachrichten-, Sport-, Showsendung). Es liefert Informatives und Unterhaltendes aus dem Wissens- und Erfahrungsschatz, den die Gäste mitbringen.
- Die interviewführenden Moderatoren lassen sich einer von drei Kategorien zuordnen: der »Aufrichtige Gesprächspartner«, die »Persönlichkeit« und der »Provokateur«. Der Aufrichtige Gesprächspartner hält sich zurück und überläßt dem Gast die Rolle des Stars. Üblicherweise führt ein Redakteur mit dem Gast ein Vorinterview, wobei Fakten und Anekdoten aus dem Leben des Interviewten ausgewählt werden, das Gesprächsthema bestimmt und das eigentliche Interview strukturiert wird.
- Beim »Aufrichtigen Gesprächspartner« wird der Gast durch die Bildführung herausgestellt. Um die Gesichter von vorn zu zeigen, läßt der Regisseur die Kameras über Kreuz schießen: Die linke Kamera photographiert den Akteur auf der rechten Seite, die rechte Kamera den auf der linken. Der Regisseur bemüht sich um ein Arrangement, das (zumindest annähernd) das Bildschirmformat ausfüllt. Ein Interview mit einem Gesprächspartner paßt ausgezeichnet ins Format.
- Die »Persönlichkeit« zieht aufgrund ihres Bekanntheitsgrades ebenso soviel Aufmerksamkeit auf sich wie ihre Gäste. Der Regisseur trägt dem Rechnung, indem er dem Interviewer im Bildanteil einen ebenbürtigen oder dominanten Platz einräumt. Stehen drei Kameras zur Verfügung, macht die mittlere die Zweiereinstellung, die Kameras 1 und 3 nehmen Moderator und Gast jeweils in Großaufnahmen oder in Schüssen über die Schulter auf.
- Der »Provokateur« zieht die Glacéhandschuhe aus, rückt seinen Gästen auf den Pelz und provoziert sie zu Äußerungen, die sie unter anderen Umständen lieber für sich behalten würden. Der Regisseur muß ein Gefühl für die Reaktionen der Gäste entwickeln, damit er die entscheidenden Augenblicke nicht verpaßt. Ein guter Regisseur konzentriert sich intensiv auf das Geschehen vor der Kamera, hört aufmerksam zu und greift seine Stichworte von den Akteuren auf.
- Von den verschiedenen Kameraeinstellungen dient die weite, totale Einstellung der Orientierung. Je enger die Einstellung ist, um so mehr Gewicht verleiht sie dem Bildobjekt. Schüsse über die Schulter stellen eine Beziehung zwischen zwei

Personen her. In der Aufsicht von hochgestellter Kamera wirkt das Bildobjekt kleiner, in der Untersicht größer und dominanter.

- Jedes Programmgenre (Nachrichten, Sport, Gesprächsrunde) bietet dem Regisseur unterschiedliche Möglichkeiten der visuellen Gestaltung. Sportveranstaltungen liefern eine besonders farbenfrohe Kulisse für das Interview. Das Spielfeld, Blaskapellen, Cheerleadergirls und Spieler im Hintergrund machen die Bilder lebendiger.
- In einem mit einer Einzelkamera aufgenommenen Interview sollte die Kameraführung den Gast bevorzugt behandeln, da vor allem ihm das Zuschauerinteresse gilt. Bei Profilaufnahmen gibt es keine Dominanz. Steht der Moderator/Interviewer dicht neben der Kamera, wird der Gast optisch betont, weil sein Gesicht nahezu von vorn aufgenommen wird.
- Bei der Gesprächsrunde, einer Sonderform des Interviews, tauschen mehrere Gäste Meinungen und Informationen aus. Der Regisseur gruppiert eine Gesprächsrunde so, daß sich die jeweiligen Interessenvertreter in einem Streitgespräch an einem Tisch gegenübersitzen. Zur Orientierung der Zuschauer sollten Namensschilder aufgestellt oder die Namen der Teilnehmer von Zeit zu Zeit eingeblendet (insertiert) werden.
- Ein großes Problem ist die Plazierung der Kameras, die einander gegenübersitzende Gesprächsteilnehmer aufnehmen müssen, ohne sich gegenseitig »abzuschießen«. Dekoration und Lichtführung können beim Verstecken der Kameras hilfreich sein.
- Der Regisseur hat bei fast allen Programmgenres vielfältige Aufgaben zu erfüllen, die sich keineswegs auf den Regieraum beschränken.

Übungen

Sie sind der Regisseur eines Interviews, das von einem »Provokateur« geführt wird. In welche Kameraeinstellungen würden Sie das folgende Interview auflösen? Denken Sie daran, die Großaufnahmen für die wirklich wichtigen, bedeutsamen Augenblicke aufzusparen. Und denken Sie daran, daß die Kamera nicht unbedingt auf das Gesicht der jeweils sprechenden Person gerichtet sein muß. Seien Sie mit der Kamera immer da, wo sich das *dramatische Geschehen* abspielt. Notieren Sie die Kameraeinstellungen Ihrer Wahl jeweils in der linken Spalte.

Interview eines Provokateurs

BILD	TON
AUFBLENDE:	PROV: (IN DIE KAMERA) Hallo! Willkommen bei »Leute in den Schlagzeilen«. Heute abend ist

BILD	TON

unser Gast Brad »Dutch« Fleming,
Cheftrainer der Los Angeles
Eagles. Brad ist in der letzten
Woche von der Presse beschuldigt
worden, seinen Spielern ein
Hormonpräparat gegeben zu
haben, um ihre Leistungen zu
verbessern. Er hat sich bereit
erklärt, uns die wahre Geschichte
zu erzählen. (ZU BRAD GE-
WANDT) Guten Abend, Brad. Wie
fühlen Sie sich?

BRAD: Ich glaube, ich bin ein
bißchen nervös. Und sehr
begierig darauf, die Sache richtig-
zustellen.

PROV: Zunächst einmal möchte
ich Ihnen zu einer tollen Saison
gratulieren. Nur eine einzige
Niederlage! Die beste Saison für
die Eagles seit neun Jahren.

BRAD: Naja, die Jungs haben
wirklich geschuftet. Sie haben
sich das schwer verdient.

PROV: Wie die *Los Angeles Times*
meldet, haben ihnen dabei ein
paar kleine Freunde unter die
Arme gegriffen.

BRAD: Das ... das ist eben nicht
wahr. Doping ist für uns kein
Thema. Wir sind so clean wie
jedes andere Team in der Liga.
Cleaner als die meisten!

PROV: Sie sagen das im Brustton
der Überzeugung.

BILD	TON

BRAD: Natürlich. Wir sind ziemlich sauer über diese Artikel. Unsere Anwälte sagen, wenn wir klagen wollen, hätten wir verdammt gute Chancen. Vielleicht machen wir das wirklich. Wir werden das sehen! Die Mannschaft ist sauber, Alan. Jeder Spieler hat die Tests gemacht. Und was hat die Liga gefunden? Nichts!

PROV: Ich habe heute nachmittag mit Blaisdell gesprochen, dem Reporter von der *Times*. Er behauptet, eine Zeugenaussage zu haben. Von einem Ihrer Spieler.

BRAD: Er war niemals auch nur in der Nähe unserer Spieler. Er erzählt dauernd solche Geschichten.

PROV: Aber warum sollte er das behaupten? Und warum sollte die *Times* diesen Artikel drucken, wenn es keine Beweise gibt? Die haben doch kein Interesse daran, verklagt zu werden.

BRAD: Soll ich ehrlich zu Ihnen sein? Blaisdell hat die Eagles auf dem Kieker, seit ich es abgelehnt habe, ihn für seine Zeitungskolumne »Blick hinter die Kulissen« Insider-Tratsch zu liefern. Jetzt versucht er eben, uns Ärger zu machen.

BILD	TON

PROV: Und an der Geschichte ist gar nichts dran? Nicht das kleinste Fünkchen Wahrheit?

BRAD: Gar nichts! Das ist von vorne bis hinten dummes Geschwätz!

PROV: Was wäre, wenn ich Ihnen jetzt sagen würde, daß ich ein Video habe, auf dem Blaisdell mit einem Ihrer Spieler spricht? (KEINE ANTWORT) Was wäre, wenn dieser Spieler die Geschichte bestätigt, wenn er sagt, daß die Vereinsleitung Druck auf Sie ausgeübt und Ihnen gedroht hat, Sie zu feuern, falls die Mannschaft nicht endlich ein paar Siege nach Hause bringt?

BRAD: Falls Sie... Falls Sie so ein Video haben, würde ich es mir allerdings gern ansehen.

PROV: Ich habe es.

BRAD: Wissen Sie, manche Leute sind da sehr trickreich, die legen einem Worte in den Mund, die man nie gesagt hat...

PROV: Sie würden das Band gerne sehen? Wir können es jetzt zeigen. Also gut, senden wir es!

BRAD: Nein, nein, ich... ich will ... um die Wahrheit zu sagen, Alan, ich würde es mir lieber allein ansehen. Ich glaube es ein-

BILD	TON

fach nicht, daß irgendeiner aus unserer Mannschaft...

PROV: Vielleicht sollten wir das Band doch zeigen und den Leuten zu Hause Gelegenheit geben, sich ihre eigene Meinung zu bilden. (WENDET SICH AN DIE REGIE) Jack, können wir das Band jetzt abfahren?

BRAD: Nein! Schauen Sie..., es kann sein, daß wir ein paar Medikamente benutzt haben, um die Jungs ein bißchen aufzumuntern. Völlig harmloses Zeug. Erlaubtes Zeug, verstehen Sie! Und es ist auch auf keinen Fall mehr als ein- oder zweimal vorgekommen. Wissen Sie, die Jungs waren fertig. Vollkommen deprimiert. Sie brauchten Hilfe. Einer unserer Trainer kam dann mit diesen Pillen an...

PROV: Pillen?

BRAD: Oh Mann, ich glaube nicht, daß sie stärker waren, als – naja – so ein leichter Muntermacher eben.

PROV: Dann ist die Behauptung der *Los Angeles Times* also wahr?

BRAD: Nein, eigentlich nicht. Naja, vielleicht irgendwie halbwegs. Aber es ist auch nicht annähernd so schlimm, wie das, was die daraus gemacht haben.

Kapitel 9 ▮ Das Interview

BILD	TON

PROV: Unsere Zeit ist fast um. Ich wünsche Ihnen alles Gute, Brad! (DANN) Ich muß Ihnen noch ein Geständnis machen.

BRAD: Was für ein Geständnis?

PROV: Um nochmal auf das Video zurückzukommen – ich habe es nur erfunden. Ein solches Band existiert nicht.

BRAD: Wie bitte? Was haben Sie . . .?

PROV: (IN DIE KAMERA) Gute Nacht und alles Gute! Das war »Leute in den Schlagzeilen«.

ABBLENDE

10

Zeigen und erklären: Sachsendungen

> In guter Arbeitsstimmung ziehen Schwärme
> von Bildern durch die Phantasie. Sie einzu-
> holen und einzufangen ist so, als wollte man
> einen Heringsschwarm zu fassen kriegen.
> *SERGEJ M. EISENSTEIN*[1]

Sach- und Bildungsprogramme wollen Wissen vermitteln, aber das tun im Grunde fast alle Fernsehsendungen, selbst reine Unterhaltungsprogramme. Ein im Ausland gedrehter Spielfilm führt uns fremde Lebensweisen vor Augen. Shows und Dokumentarfilme geben uns Einblick in soziologische und psychologische Zusammenhänge des eigenen Kulturkreises. Wir erweitern durch solche »nicht-lehrhaften« Unterhaltungsprogramme unseren Sprachschatz, erfahren etwas über die letzten Mode- und Einrichtungstrends und die neuesten Frisuren und lernen uns bisher unbekannte Formen der Selbsterfahrung kennen.

Sach- und Fachsendungen unterscheiden sich von Unterhaltungssendungen vor allem in ihrer Zielsetzung. Wann immer etwas vorgeführt oder vorgestellt wird, sei es ein Lehr-, Bildungs- oder Industriefilm, in erster Linie soll der Zuschauer nicht unterhalten, sondern belehrt werden, er soll durch Information und Anleitung seine theoretischen Kenntnisse erweitern und seine praktischen Fertigkeiten verbessern. Das Spektrum der Themen für Sachsendungen ist breit gefächert, da sie, ebenso wie das Interview, in eine Vielzahl von Programmformen eingebunden sind.

Wie Unterhaltungsprogramme Lerneffekte haben können, können lehrhafte Sendungen auch mehr oder weniger unterhaltsam sein. Ein guter Lehrer weiß, daß er die bittere Pille der Information versüßen muß, um das Interesse der Schüler zu wecken und wachzuhalten. Für den Regisseur heißt das, daß er die im zweiten Kapitel beschriebenen Prinzipien beachten muß: er muß die Zuschauer mit den klassischen Elementen der Unterhaltung – Spektakel, Komik, Überraschung, Konflikt, Neugier, Erotik – ansprechen und sie mittels szenischer Darstellung in das Geschehen einbeziehen.

Kapitel **10** ∎ Sachsendungen

In diesem Kapitel wollen wir der Frage nachgehen, was eine Sachsendung ist, und dabei drei Themenkreise berücksichtigen:

- DAS ZUSCHAUERINTERESSE: Ein paar Worte zur Rolle von Publikum und Regisseur
- ELEMENTE DER PRÄSENTATION: Regietechniken für die lebendige und leicht verständliche Umsetzung einer Sachsendung.
- ZWEI BEISPIELE: Kochshow und Modenschau – Analyse einer typischen und einer atypischen Sachsendung.

Das Zuschauerinteresse

Das Ziel einer jeden Fernsehsendung und eines jeden Films ist Kommunikation: der Regisseur will dem Publikum eine Botschaft vermitteln, die unterhaltend, lehrreich oder beides zugleich ist. Ob die Kommunikation gelingt, hängt von vielen Faktoren ab. Die Kompetenz des Absenders und die Aufnahmebereitschaft des Empfängers zählen zu den wichtigsten.

Sender...

Wir sehen uns eine Sach- oder Fachsendung an, wenn uns ihr Thema interessiert. Der Kunstliebhaber wird sich Sendungen ansehen, die sein Kunstverständnis ansprechen. Wer sich dagegen nicht für Kunst interessiert, wird eine solche Sendung wieder ausschalten – es sei denn, Regisseur oder Produzent machen ihm das Thema so schmackhaft, daß er anbeißt. Wenn die Sendung etwa von einem bekannten Filmstar moderiert wird, schalten vielleicht auch Zuschauer ein, die sich ansonsten nicht für Kunst interessieren. Das Beispiel ist zwar extrem – und die meisten Regisseure können über so etwas nicht entscheiden –, aber es zeigt, wie wichtig die Art und Weise ist, in der etwas präsentiert wird.

Doziert in einer Sendung eine Person mit monotoner Stimme über wenig bekannte Bilder und geht mit dem Zeigestock deren Kompositionsmerkmale durch, wird ein nur mäßig interessierter Zuschauer gähnend umschalten. Werden dagegen, um das andere Extrem vorzuführen, die »lebenden Bilder« des berühmten Art-Festivals von Laguna Beach gezeigt, unterlegt mit Musik und von einem sympathischen Moderator gut kommentiert, dann wird derselbe Zuschauer wahrscheinlich fasziniert vor dem Bildschirm sitzen.

Damit wird deutlich, worum es geht. Das Interesse des Zuschauers steht und fällt mit der Kreativität und der Unterhaltungskunst des Senders. Wenn ein begabter Regisseur die klassischen Elemente der Unterhaltung geschickt

Teil 3 ∎ Non-Fiction

einsetzt, werden selbst weniger interessante Themen vom Empfänger wohlwollend aufgenommen. Aber Vorsicht: Es ist zwar Aufgabe des Regisseurs, die Botschaft zu gestalten und zu interpretieren, aber häufig erliegt er der Versuchung, nur die gestalterischen Elemente hervorzuheben, während wichtige Inhalte auf der Strecke bleiben. Es stimmt, daß Unterhaltungselemente mehr Spaß machen und reizvoller sind, aber wenn sie den Inhalt verdrängen, sind sie wie Zuckerguß ohne Kuchen – solche Sendungen bleiben ohne Substanz und damit letztlich unbefriedigend.

. . . und Empfänger

Von allen im zweiten Kapitel beschriebenen Unterhaltungselementen ist das der *Neugier* für eine Sachsendung das wichtigste. Das Leben der meisten Menschen ist heute von Hektik bestimmt. Unsere Tage sind beherrscht von beruflichen, schulischen und privaten Aktivitäten und Zwängen. Unterhaltungsfernsehen hat für uns die Funktion eines Überdruckventils. Nehmen wir uns dagegen die Zeit, uns eine informative Sachsendung anzusehen, dann tun wir das in einer konkreten Absicht, mit einem bestimmten Ziel. Wir bezeichnen es zwar als »Neugier«, aber in Wahrheit sind Neugier und Eigeninteresse hier nicht auseinanderzuhalten.

Wenn wir unser Wissen über Quasare, über C. G. Jung oder über die klassische Musik zu erweitern suchen, dann tun wir dies häufig, um uns ein bestimmtes Ansehen unter unseren Freunden oder in gebildeten Kreisen zu verschaffen oder um vom anderen Geschlecht bewundert zu werden. Wir wollen uns theoretisch und praktisch weiterbilden, entweder aus persönlichem Interesse oder um auf der Karriereleiter voranzukommen und mehr Geld zu verdienen. Wenn das Fernsehen uns dabei helfen kann, dieses Ziel zu erreichen, dann sehen wir uns die entsprechenden Sendungen sogar mit einer gewissen Genugtuung an.

Verständlicherweise neigen wir dazu, uns Sendungen auszusuchen, die uns eher unterhalten und nicht so sehr fordern. Wenn allerdings eine hohe Belohnung winkt und die Motivation stark genug ist, dann essen wir den Kuchen auch, wenn der Zuckerguß fehlt, das Resultat macht alle Mühen wett.

Elemente der Präsentation

Man lernt, indem man etwas tut, das gilt für fast alle Menschen. Wenn eine Sendung den Zuschauer zum aktiven Mitmachen animieren kann, indem sie Aufgaben stellt, die der Zuschauer praktisch lösen muß , wird diese Sendung ihr Programmziel in der Regel erreichen. Gerade Vorschulprogramme wenden dieses Prinzip oft sehr einfallsreich an. Sie stellen Aufgaben, für deren Lösung die Kinder Papier und Schere oder Buntstifte benötigen und die den kleinen Zuschauern »spielerisch« Fertigkeiten oder Kenntnisse vermitteln. Da die Kunst der Wissensvermittlung – besonders, was die Mitarbeit der Schüler angeht – eher in ein pädagogisches Lehrbuch gehört als in ein Lehrbuch der Regie, will ich dieses Thema hier nicht weiter verfolgen.

Ein ständig wiederkehrendes Thema in diesem Buch ist die Aufgabe des Regisseurs, Programminhalte zu einem möglichst reizvollen visuellen Erlebnis zu machen. Dieses Regieprinzip gilt für Sach- und Bildungsprogramme noch stärker als für die meisten anderen Genres. Visualisierung ist eines der effektivsten Instrumente, um beim Publikum einen Lerneffekt zu erzielen. In einer Sendung, in der Gegenstände, Fertigkeiten oder Ideen anschaulich gemacht werden sollen, muß es deshalb oberstes Anliegen des Regisseurs sein, eine optimale visuelle Umsetzung zu finden.

Bei jeder Regiearbeit, ganz gleich, ob Fiktionales oder Nichtfiktionales inszeniert werden soll, hat der Regisseur zwei Hauptziele: dem Publikum das zu zeigen, was es selbst sehen möchte, und ihm zu zeigen, was er, der Regisseur, es sehen lassen möchte. Wenn der Küchenchef Möhren in kunstvolle Formen schnippelt, wollen die Zuschauer genau sehen, wie er das macht, sie wollen ganz nah dabei sein. Darum schneiden die meisten Regisseure intuitiv in diesem Moment auf eine Großaufnahme um. Hat andererseits der Küchenchef eine Liste der Zutaten für ein spezielles Rezept zusammengestellt, bleibt es der Entscheidung des Regisseurs überlassen, wann er diese Liste dem Publikum zeigt und wie oft – vielleicht einmal zu Beginn der Vorbereitung und dann noch einmal am Schluß des Kochens.

Einen Gegenstand zeigen

Wenn dem Zuschauer ein Objekt gezeigt und gleichzeitig dessen Funktionsweise demonstriert wird, gewinnt er eine Vorstellung von diesem Objekt, die ihm ein »sprechender Kopf« nicht vermitteln könnte. Nehmen wir zum Beispiel ein Gyroskop. Wenn der Zuschauer sieht, wie dessen Kreiselarm in schier unglaublichem Winkel, praktisch entgegen der Schwerkraft, auf der Nadelspitze steht, erhält er eine lebendige, plastische Vorstellung. Werden diese Eindrücke durch einen Filmbeitrag über Navigation noch ergänzt, in dem gezeigt wird, wie Flugzeuge und Schiffe mit Hilfe des Gyroskops gegen Wind- oder Meeresströmungen auf Kurs zu halten sind, dann hat er begriffen, was ein Gyroskop ist und wie es funktioniert, weil man es uns anschaulich erklärt und vorgeführt hat.

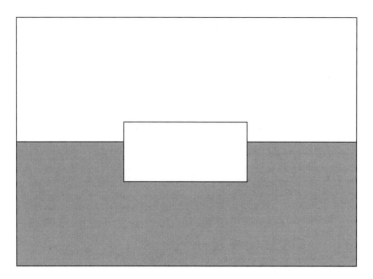

Abbildung 10.1 Wenn Objekte perspektivisch flach genau von vorn aufgenommen werden, sind sie schwer zu erkennen.

Nähe. Enge, große Einstellungen intensivieren (siehe Kapitel 6 und 7) die dramatische Wirkung. Sie erzeugen emotionale Nähe und Vertrautheit und geben einer Sache Gewicht. All das ist nützlich, wenn dem Zuschauer ein Gegenstand vorgestellt werden soll, der vielleicht neu für ihn ist.

Um ein Objekt für die Großaufnahmen in die richtige Position zu bringen, schaut es sich der Regisseur an, als hätte er es noch nie zuvor gesehen. Wird ein Objekt perspektivisch flach von vorne gezeigt, sind Form und Abmessungen für den Zuschauer nur schwer zu erkennen (Abb. 10.1). Wird das Objekt leicht gedreht oder aus einer höheren Kameraposition aufgenommen, entsteht ein dreidimensional wirkendes und damit leichter identifizierbares Bild (Abb. 10.2).

Der plastische Eindruck kann auch durch die Ausleuchtung verstärkt werden. Wenn der gezeigte Gegenstand eine wichtige Rolle in der Gesamtdemonstration spielt, sollte der Lichtsetzende Kameramann das **Führungslicht** (oder Hauptlicht) in einem Winkel von 45° setzen. Dann soll der Regisseur auf einem Monitor (oder von der Regie aus) überprüfen, ob sich das Objekt auch wirklich deutlich erkennen läßt.

Abgrenzung. Wenn ein Objekt in einer großen Einstellung photographiert wird, besteht die Gefahr, daß es mit dem Hintergrund verschmilzt oder sich in ihm verliert. Durch Farbe, Licht oder Struktur läßt sich eine Trennung von Vordergrund und Hintergrund erreichen.

Kapitel 10 ∎ Sachsendungen

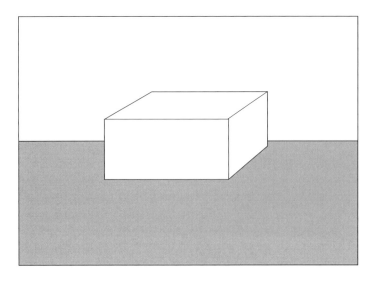

Abbildung 10.2 Wenn ein Objekt aus einem Winkel von 45° photographiert und plastisch ausgeleuchtet wird, sind Gestalt und Eigenschaften des Objekts leichter zu erkennen.

Ist der gezeigte Gegenstand seinem Hintergrund farblich zu ähnlich, wird die Abgrenzung schwierig. Die naheliegendste Lösung ist, Farbe oder Farbton des einen oder des anderen zu ändern. Eine bessere Trennung läßt sich dadurch erreichen, daß man das Licht teilweise oder ganz vom Hintergrund wegnimmt, so daß er dunkler erscheint.

Ein von hinten beleuchtetes Objekt erhält einen Lichtrand, der es plastisch wirken läßt und deutlich vom Hintergrund abhebt. Das **Hinterlicht** wirft darüber hinaus einen Schatten auf den Boden im Vordergrund, wodurch die Konturen des Gegenstands klarer erkennbar werden.

Vor einem **unruhigen** Hintergrund, der kleine oder komplizierte oder verworrene Muster oder viele Farben enthält, verliert sich ein Gegenstand leicht (Abb. 10.3). Ganz allgemein gilt, daß sich gute Erkennbarkeit durch Schlichtheit erzielen läßt.

Bewegung. Allein dadurch, daß ein Gegenstand aufgehoben und in Gebrauch genommen wird, erhöht sich automatisch seine Erkennbarkeit, denn es verändern sich dabei Position, Beleuchtung und Hintergrund. Auch die Größe des Objekts wird in der Relation zum Menschen deutlicher; ohne Vergleichsmöglichkeit betrachtet, könnte es jede beliebige Größe haben.

In der Bewegung zeigen sich auch die Funktionen eines Objekts. Das Gyroskop zum Beispiel wird für uns anschaulicher, wenn es uns, an einem

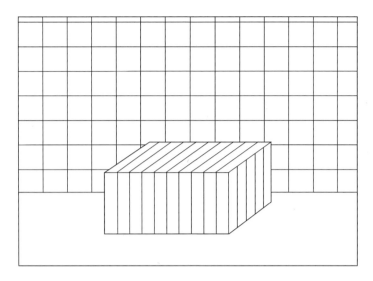

Abbildung 10.3 Ein komplizierter Hintergrund kann die Wahrnehmung irritieren.

Faden aufgehängt, mit drehendem Kreisel gezeigt wird als in hundert noch so raffinierten Kameraeinstellungen vom unbewegten Objekt. Ein im Stand aufgenommenes Auto wirkt auf dem Fernsehbildschirm kaum beeindruckender als auf einem Werbephoto in der Zeitung. Dasselbe Auto in voller Fahrt auf einer malerischen Gebirgsstraße zeigt nicht nur sein gelungenes Design, sondern suggeriert Geschwindigkeit, Kraft, Überlegenheit. Der Zuschauer begreift ein Objekt nicht nur anhand seiner optischen Erscheinung, sondern auch anhand seiner Funktionen.

Das Mittel der Demonstration gehört zu den wichtigsten Verkaufsstrategien in der Fernsehwerbung. Dem Zuschauer wird gezeigt, wie glücklich es die Menschen macht, ein bestimmtes Produkt zu verwenden, und wie einzigartig und großartig dieses Produkt ist. Ein Artikel verkauft sich im allgemeinen nicht wegen seiner besonderen Qualitäten, sondern weil er bei anderen offensichtlich Begeisterung auslöst. Wenn eine Hausfrau über ein neues Waschmittel oder eine neue Kaffeesorte in Verzückung gerät, identifizieren sich die Zuschauer oft unwillkürlich mit ihr.

Fertigkeiten und Ideen vorstellen

Nirgends ist die Notwendigkeit einer anschaulichen bildlichen Darstellung einleuchtender als bei der Erläuterung von etwas, das optisch nicht erfaßbar ist: einer Idee, einer Methode, eines Denkmodells oder einer Fertigkeit. In einer Sendung über Innenarchitektur sind Worte allein fast wertlos. Der Regisseur einer solchen Sendung muß Video- oder Filmbeiträge oder auch Photomaterial benutzen, oder er muß die Moderation direkt an den Ort verlegen, der gestaltet werden soll, damit die Zuschauer die Probleme bei der Einrichtung dieses Raums mit eigenen Augen sehen. Kreative Planung wäre hier sehr zu empfehlen. Beispielsweise könnte der Regisseur ein Photo des leeren Raums als Stanzhintergrund verwenden und verschiedene Möbelarrangements hineinstanzen, so daß der Zuschauer selbst beurteilen kann, was möglich und optisch ansprechend ist und was nicht. Anhand dieser Beispiele könnte ein Innenarchitekt erläutern, warum eine Lösung überzeugt und eine andere nicht. Ohne visuelle Darstellung wären seine Erklärungen nichtssagend, auch wenn er sie noch so kunstvoll vorträgt.

Um Ideen zu veranschaulichen, müssen sie oft in Handlungen umgesetzt werden. Industriefilme sollen den Firmenangehörigen Vertriebs- und Verkaufspolitik, Streßmanagement und interne Konfliktlösungsstrategien ihres Unternehmens näherbringen. Anstatt nur einen trockenen Lehrvortrag abzufilmen, erfinden die Produzenten manchmal eine Spielhandlung, in der neue Konzepte von fiktiven Akteuren umgesetzt werden, mit denen sich die Firmenmitarbeiter identifizieren können. Ich habe einmal einen Industriefilm gedreht, in dem eine junge Frau als Assistentin bei einem Zauberer eingestellt wird. Während ihrer Ausbildung bei dem Zauberer macht sie alle typischen Fehler, die einem Anfänger unterlaufen. Und indem sie aus ihren Fehlern lernt, lernt das Publikum mit ihr.

Die pädagogische Methode des Anschauungsunterrichts zur Ideenvermittlung eignet sich auch für das Fernsehen hervorragend. Erfahrene Lehrer nutzen im Unterricht gern visuelle Hilfsmittel wie Videos, Filme und Photos. Phantasievoll eingesetzt, können auch letztere als ungewöhnlich informatives Anschauungsmaterial dienen.

Wenn Photographien gezeigt werden, empfiehlt es sich, die Kamera in Bewegung zu halten, um so die Illusion einer Realaufnahme zu erzeugen. Entweder beginnt man in einer totalen Einstellung von der Photographie und fährt langsam heran, oder man zeigt zuerst ein Detail und fährt dann langsam zurück. Wenn das Photo groß genug ist, kann die Kamera von einem Detail zum anderen schwenken und so Leben ins Bild bringen. Das Verfahren ist allerdings eher geeignet für Photos, auf denen keine Personen zu sehen sind. Musik oder Soundeffekte können die Illusion einer dreidimensionalen Wirklichkeit verstärken, sie erzeugen eine dramatische Wirkung, wenn sie im Moment der Bildeinblendung unterlegt werden. Weil die Schärfe auf eine Fläche ausgerichtet ist und nicht auf einen dreidimensionalen Gegenstand, ist das Vor- und Zurückfahren der Kamera in Relation zum

Bild schwierig. Man sollte sich vergewissern, daß der Kameramann dieser anspruchsvollen Aufgabe auch gewachsen ist.

Es gibt eine ganze Reihe von Unterrichtsmitteln, die auch für das Fernsehen taugen. Eine Tafel, ein Flipchart, jede beliebige Fläche, auf der etwas skizziert werden kann, dient der Umsetzung einer verbalen Beschreibung in eine visuelle Darstellung. Schüler wie Zuschauer brauchen Hilfen, um eine abstrakte Idee zu verstehen. Ein Bild, selbst eine simple Kreidezeichnung auf einer Tafel, gibt der abstrakten Idee eine neue Dimension und macht sie begreifbar.

Wird eine Fertigkeit vorgeführt, sollte dies möglichst *aus der Sicht des Zuschauers* geschehen. Die spezielle Kameraeinstellung nennt man »**Null-Grad-Einstellung**«. Sie ist didaktisch wirkungsvoller als eine objektive Einstellung, weil sie den Zuschauer zum Beteiligten macht. Die Null-Grad-Einstellung gibt zugleich die Perspektive des Vorführenden wieder.

Für die anschauliche Demonstration einer Fertigkeit gelten dieselben Regeln wie für die Präsentation von Gegenständen. Wenn beispielsweise gezeigt wird, wie man Rosen zurückschneidet, muß der Zuschauer jeden einzelnen Schnitt der Rosenschere sehen. Während der Experte erklärt, daß der Schnitt diagonal sein soll und dicht über dem Auge ansetzt, das später austreiben soll, muß der Zuschauer sowohl das Auge als auch den diagonalen Schnitt unbedingt *sehen*. Die Triebe des Rosenstocks müssen sich deutlich vom Hintergrund abheben. Hinterlicht und ein kontrastierender, einfach gehaltener Hintergrund verstärken die optische Wirkung der Vorführung.

Der Regisseur als Zuschauer

In einer Sendung, die Kenntnisse vermittelt, ist der Regisseur nicht nur für Inszenierung und Kameraeinstellungen verantwortlich, sondern er übernimmt auch die wichtige Rolle des Zuschauers. Er verfolgt die Vorbereitungen und die Proben mit kritischem Blick. Wenn der Experte sein Thema nicht klar und verständlich präsentiert, muß der Regisseur Änderungen verlangen.

Da der Regisseur ein unbefangener Beobachter ist, kann er die Präsentation einigermaßen objektiv beurteilen: Geht der Experte zu schnell voran, so daß der Zuschauer keine Zeit hat, den Stoff zu erfassen? Führt er das Publikum Schritt für Schritt vom Bekannten zum Unbekannten, vom Einfachen zum Komplexen? Sind seine Erläuterungen verständlich genug? Oder ist seine Sprache zu abgehoben oder enthält sie Fachchinesisch? Macht er das Erklärte sichtbar? Was kann er tun, damit es *noch deutlicher* sichtbar wird? Indem der Regisseur die Fragen stellt, die das Publikum stellen würde, sorgt er dafür, daß die Kommunikation nicht unterbrochen wird.

Kapitel **10** ▌ Sachsendungen

Der Experte

Der Gartenexperte, der vorführt, wie man einen Rosenstock zurückschneidet, muß sich mit den Problemen der Regie genauso vertraut machen, wie der Regisseur sich mit den Problemen des Experten auseinandersetzen muß. Er muß zum Beispiel wissen, welche Kamera die Großaufnahmen macht, damit er seine Präsentation darauf ausrichten kann. Der Regisseur kann ihm seine Aufgabe erleichtern, indem er in der Nähe seines Aktionsbereichs einen Monitor aufstellen läßt, auf dem der Experte sieht, ob jeder Handgriff für das Publikum gut sichtbar ist und ob er im richtigen Winkel zur Kamera agiert. Während der Probe sollte der Experte Gelegenheit erhalten, mehrere Varianten durchzuspielen und auf diese Weise selbst herauszufinden, wie er sein Thema am besten für die Kamera präsentiert. Dadurch wird er mit den Gegebenheiten vertraut und ist vielleicht sogar ein bißchen stolz darauf, daß er die für ihn ungewohnte Aufgabe so gut bewältigt.

Auch wahre Koryphäen auf ihrem Gebiet sind vor der Kamera oft unsicher, weil sie wenig Erfahrung mit diesem Medium haben. Unter ihrer Nervosität leidet dann die Präsentation. Noch einmal zur Erinnerung: Der Regisseur ist verantwortlich für die Gesamtwirkung einer Sendung. Seine Aufgabe besteht nicht einfach darin, »den Verkehr im Studio zu regeln«, und er ist nicht darauf beschränkt, Kameraeinstellungen abzurufen. Es ist auch seine Aufgabe, eine Atmosphäre zu schaffen, in der sich der Gast als Akteur wohlfühlt. Eine Tasse Kaffee oder ein aufmunterndes Lächeln können dabei Wunder wirken.

Zwei Beispiele

Die Präsentation ist Bestandteil vieler Programme in den unterschiedlichsten Formaten, ob Kochsendung, Dokumentation, Hausfrauenprogramm oder Industriefilm. Eine typische und eine atypische Präsentationssendung wollen wir hier eingehend untersuchen. Auch wenn Sie sich für die beiden gewählten Programmformen absolut nicht interessieren, sollten Sie das Folgende gründlich lesen, denn die Einsichten, die Sie hier gewinnen, gelten für viele andere Sendungen, in denen etwas anschaulich erklärt oder vorgeführt wird.

Eine typische Vorführsendung: Die Kochshow

In den USA gehört die Kochshow für viele Lokalsender zum Basisprogramm. Auch bei den großen kommerziellen Sendern und bei PBS erscheint sie im Tagesprogramm. Eine Kochshow ist auch für kleinere Sendeanstalten kostengünstig im täglichen Rhythmus zu produzieren, wenn etwa Prominente der Stadt ihre Lieblingsrezepte vorstellen.

Drei Zutaten zu einer Kochsendung kann der Regisseur optisch so gestalten, daß sie Appetit machen: die Speisen, den Moderator und die Studiodekoration.

Die Speisen. Bei der Zubereitung eines Gerichtes kommt es vor allem darauf an, daß das Publikum Zutaten, Arbeitsgeräte und die einzelnen Arbeitsschritte deutlich sehen und mitverfolgen kann. Dafür wäre das Nächstliegende, die Kamera bis zur Detailaufnahme verdichten zu lassen, aber leider läßt sich das Problem so einfach nicht lösen. Da sich eine normale Küchenarbeitsfläche in Hüfthöhe befindet, ist die Kamera auch bei vollständig ausgefahrenem Stativ nicht hoch genug, um von den Zutaten und der Zubereitung eine wirklich gute Aufsicht anbieten zu können. Entweder läßt man die Kamera näher heranfahren, damit der Aufnahmewinkel steiler wird, oder man macht die Arbeitsflächen etwas niedriger (was für den Rücken des Kochs allerdings ungünstig sein kann). Beide Lösungen sind im allgemeinen nicht optimal.

In Kochsendungen wird oft für eine der Kameras ein großes Doppelspiegel-»Periskop« installiert (Abb. 10.4). Mit Hilfe dieser Vorrichtung gelingt der Kamera eine steile Aufsicht, so daß der Zuschauer einen ausgezeichneten Blick auf die Arbeitsplatte hat. Durch die beträchtliche Größe der Spiegel ist die Bewegungsfreiheit der Kamera natürlich etwas eingeschränkt, sie kann aber mit hochgefahrenem Stativ zwischen den Spiegeln hindurch oder auch links und rechts an den Spiegeln vorbei schießen. Steht kein Doppelspiegel zur Verfügung, muß die Kamera für ein befriedigendes Bild so hoch wie möglich über die Arbeitsfläche und so nah wie möglich herangebracht werden.

In den meisten Kochsendungen werden zwei Kameras eingesetzt. Die eine ist in einer weiten Einstellung auf den Moderator gerichtet und bietet den allgemeinen Überblick, während die andere in Großaufnahmen Schritt für Schritt die Entstehung des Gerichts verfolgt. Bei dieser Aufgabenteilung muß die Kamera vor den Spiegeln nur dann ihre Position verlassen, wenn sie zusätzlich Live-Werbung im Studio oder Schrifttafeln aufnehmen muß. Eine solche Kameraeinrichtung ist für den Moderator angenehm, weil er sich nur auf eine Kamera konzentrieren muß, die für ihn den Zuschauer repräsentiert.

Der Profikoch weiß, daß ein Gericht nicht nur gut schmecken, sondern auch gut aussehen muß. Auch der Regisseur sollte das berücksichtigen. Bei allen Arbeitsschritten müssen Herd, Spüle und Arbeitstheken makellos sauber sein. Wenn zum Beispiel ein Stück Fleisch von Fett und Sehnen befreit

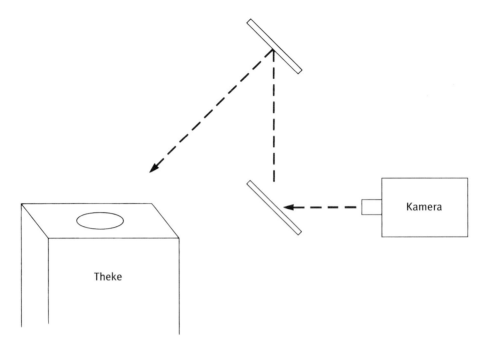

Abbildung 10.4 Um auf die Zubereitung der Speisen eine gute Aufsicht zu erhalten, wird in vielen Kochshows mit einem Doppelspiegelsystem gearbeitet.

oder Gemüse geputzt wird, müssen die Abfälle sofort aus dem Blickfeld der Zuschauer verschwinden.

Selbstverständlich sollten die Speisen möglichst künstlerisch auf Tellern und Platten angerichtet werden. Mit Garnierungen setzt man reizvolle Akzente. Petersilie, Möhrenkringel und Obstschalen mögen zwar nicht unbedingt zum Gericht gehören, sie geben dem Ganzen aber den besonderen Pfiff. Auch die Wahl des Geschirrs ist wichtig für den Augenschmaus. Geben Sie dem Moderator ruhig ein paar Hinweise, wenn er darin keine sichere Hand hat.

Werbephotographen wissen es schon lange: Lebensmittel sehen besonders appetitlich aus, wenn sie in verschwenderischem Licht präsentiert werden. Besonders mit Hinterlicht photographiert, erstrahlen sie in einem Glanz, der uns das Wasser im Mund zusammenlaufen läßt. Ein Blick in ein beliebiges Gourmetmagazin bestätigt diese Binsenweisheit. Wenn sich der Lichtsetzende Kameramann mit diesen Feinheiten nicht auskennt, weisen Sie ihn darauf hin. In den meisten Kochstudios gibt es einen bestimmten Bereich, in dem am Ende der Sendung das fertige Gericht präsentiert wird. Vor allem hier sollte er sein ganzes Können aufbieten.

Häufig ist die Zubereitung eines Gerichts sehr zeitaufwendig. In einer Livesendung empfiehlt es sich, zu »mogeln« und die vorbereiteten Speisen in unterschiedlichen Stadien der Entstehung griffbereit zu haben. So kann der Moderator einen Kuchenteig vor der Kamera zubereiten und dann die Stunde Backzeit überspringen, indem er einen vor der Sendung gebackenen fertigen Kuchen präsentiert. Dieser Zeitsprung bedarf keiner Erklärung, denn das Publikum ist sich der Grenzen einer halbstündigen Live-Sendung bewußt. Der Moderator muß nicht mit endloser Warterei langweilen oder auf die nächste Sendung vertrösten, sondern kann unverzüglich darangehen, in einem glänzenden Finale mit schwungvoller Hand den Kuchen zu verzieren.

Der Moderator. Ich habe im Laufe der Zeit drei Live-Kochshows als Regisseur betreut. In zwei Fällen hatte ich es mit wirklich hervorragenden Köchen als Moderatoren zu tun. Der dritte war zwar ein mittelmäßiger Koch, aber eine faszinierende Persönlichkeit. Welche der drei Sendungen hatte wohl die höchsten Einschaltquoten? Sie haben richtig geraten – es war die letztere.

Menschen reagieren auf Menschen. Selbstverständlich sehen wir uns eine Kochsendung in erster Linie deswegen an, weil wir etwas lernen möchten. Aber lernen muß nicht langweilig sein. Wie heißt es bei *Mary Poppins*: »Mit 'nem kleinen Löffel Zucker schmeckt jede Medizin!« Wenn das Lernen durch Unterhaltung versüßt wird, rutscht das trockene Zeug besser. Mit einem Quentchen Humor, etwas Schwung und persönlicher Ausstrahlung hebt der Moderator seine Sendung aus dem Mittelmaß heraus. Aber Vorsicht! Der geistreichste Witz ersetzt nicht das Können am Herd. Das Publikum will in einer Kochsendung vor allem kochen lernen. Aber wenn fünf Köche ungefähr gleich geschickt mit den Töpfen hantieren, erreicht derjenige, dem der Schalk im Nacken sitzt, garantiert die höchsten Einschaltquoten.

Die Sendung »The Julia Child Show« war unter anderem deshalb so erfolgreich, weil die Moderatorin über sich selbst lachen konnte, wenn sie etwa ein Rezept falsch verstanden hatte oder ihr ein Soufflé zusammenfiel. Ihre Fehler machten sie menschlich, mit ihrer Selbstironie gewann sie die Herzen der Zuschauer. Aber diese persönlichen Qualitäten hätten nichts bewirkt, wenn Julia nicht außerdem eine anerkannte Kochkünstlerin gewesen wäre.

Die makellos saubere Küche muß selbstverständlich im äußeren Erscheinungsbild des Moderators ihre Ergänzung finden. Kleidung, Kochschürze, Frisur, alles sollte einen sauberen und appetitlichen Eindruck machen. In der schweißtreibenden Hitze der Studioscheinwerfer ist das gar nicht so einfach. Jede Unterbrechung der Live-Sendung durch eingespielte Werbung

Kapitel **10** ▮ Sachsendungen

ist eine ideale Gelegenheit für den Moderator, sein Make-up auffrischen zu lassen.

Der Regisseur, der weiß, daß der Erfolg der Sendung sehr oft von der Popularität des Stars abhängt, setzt alles daran, seinen Moderator ins beste Licht zu rücken. Die Ausleuchtung muß dem Star schmeicheln. Und die Atmosphäre im Studio sollte ihn mit menschlicher Wärme umgeben. Wenn er nervös oder unsicher ist, sorgen der Regisseur und sein Team dafür, daß er sich bei ihnen gut aufgehoben und geborgen fühlt. Ein paar ehrliche Komplimente schaffen Vertrauen, ein kleiner Witz löst die Spannung, Autorität erzeugt Sicherheit. So wird der Moderator merken, daß er von Profis umgeben ist, die genau wissen, was sie tun und dafür sorgen werden, daß nichts schiefgeht.

Die Studiodekoration. Für eine Kochsendung sollte das Studio freundlich und praktisch gestaltet sein, egal ob in einem modernen oder eher klassischen Stil, in Edelstahl oder Holz. Wie jede gut durchdachte Dekoration sollte auch eine Küche nicht zu »unruhig« sein; zu viele kleine, verspielte Details, die eine klare Linienführung nur stören würden, sollten vermieden werden. Kacheln oder Fliesen sind daher eher ungeeignet. In einem Küchenstudio sind Backofen und Kühlschrank meist seitlich oder im Hintergrund angeordnet, so daß der Hauptarbeitsbereich, normalerweise eine Küchentheke mit Gaskochstelle, im Vordergrund zu sehen ist.

Kochshows sind für den Sender eine gute Gelegenheit, in Kooperation mit lokalen Supermärkten lukrative Werbeverträge abzuschließen. Die Absprache besteht darin, daß der Supermarkt einem der großen Lebensmittelhersteller die überaus begehrten Werbeflächen zur Verfügung stellt, wenn dieser auch in der Kochshow eine Werbung schaltet. Im Gegenzug wird der Supermarkt im Werbespot in der Kochshow erwähnt. Auf diese Weise haben alle Beteiligten einen Nutzen. Im Rahmen solcher Werbegemeinschaften tritt der Moderator gelegentlich im betreffenden Supermarkt auf, oder in der Sendung findet ein Quizspiel mit Fragen rund um den Supermarkt und seine Produkte statt.

Zwar muß der Regisseur etwaige Verpflichtungen des Moderators gegenüber dem Werbekunden berücksichtigen (Stars erhalten nicht selten ein hübsches Sümmchen aus dem Werbeetat der Firmen), solche Verpflichtungen sollten den Inhalt der Sendung aber nie beeinflussen. Denn sonst entsteht beim Zuschauer leicht der Eindruck, daß der einzige Sinn der Sendung in der Verkaufsbotschaft liegt. Um das zu vermeiden, empfiehlt es sich, Arbeits- und Werbebereich voneinander zu trennen, so daß der Moderator tatsächlich den Platz wechseln muß, um Produktwerbung zu machen. Der

Werbebereich kann an die Arbeitstheke im Vordergrund angrenzen und sollte im selben Dekor gehalten sein, wie die Küche.

Eine atypische Vorführsendung: Die Modenschau

Eine Modenschau wird, wie viele andere Präsentationssendungen auch, meist im Rahmen eines größeren Programmformats gezeigt. Das kann zum Beispiel ein Nachrichtenmagazin sein, in dem über die neuesten Kollektionen der Haute Couture berichtet wird. Weil eine Modenschau hauptsächlich das weibliche Publikum anspricht, erscheint sie häufig in den sogenannten Hausfrauensendungen, manchmal als Teil, manchmal als Hauptthema.

Eine Modenschau unterscheidet sich deshalb von anderen Präsentationen, weil das Ambiente hier fast ebenso wichtig ist, wie das vorgeführte Produkt. In dieser Hinsicht haben sie vieles mit der Werbung in Zeitschriften und im Fernsehen gemein. Sie dienen im Grunde ebenso dem Verkaufsinteresse wie der Information. Die Art, wie die Präsentation inszeniert wird, der Auftritt der Models, die Dekoration, die Musik und der Conférencier schaffen ein Ambiente, das die Wahrnehmung der Zuschauer beeinflußt.

Die Models. Alle erfolgreichen Models sind schön – lautet ein weitverbreiteter Irrglaube. Falsch! Models sind *manchmal* schön, keine Frage. Aber viel wichtiger ist der Stil, mit dem sie Kleider tragen. Ihre Art des Auftretens macht Mode zur Attraktion, die man sich nicht entgehen lassen will. Die Wirkung eines Models wird wesentlich von dessen Figur – normalerweise überschlank und mindestens ein Meter fünfundsiebzig – bestimmt. Aber auch die Mimik spielt eine wichtige Rolle.

Der Regisseur einer Modesendung muß wissen, wie wichtig Gesichtsausdruck und Auftreten des Models für das Besondere einer Modevorführung sind. Diese Frauen tragen ihre Kleider mit Stolz und mit einem Blick, der sagt: »Ich fühle mich in diesem Kleid fabelhaft. Ich bin reich. Ich bin sinnlich. Ich gefalle mir.« Dasselbe drückt sich in ihren Bewegungen, in ihrer Art zu gehen, in ihren Gesten aus – wie sie lässig einen Kragen hochschlagen oder auf Details hinweisen, die der Conférencier gerade beschreibt. Mit ihren Bewegungen, ihrem Gesichtsausdruck und ihrer Haltung vermitteln sie den Inbegriff von Schönheit.

Manchmal muß ein Regisseur mit Models arbeiten, die noch unerfahren sind oder denen es an Ausstrahlung fehlt. Auch wenn er nicht die Zeit hat, sich als Lehrmeister zu betätigen, sollte er doch in der Lage sein, ihnen klarzumachen, welche Gefühle sie mit ein wenig schauspielerischem Talent nach außen vermitteln können. Unerfahrene Models sind oft so sehr mit den

Kapitel 10 ∎ Sachsendungen

bloßen Bewegungsabläufen der Modevorführung im Studio beschäftigt, daß sie kaum auf etwas anderes achten können. In diesem Fall hält der kluge Regisseur seine Inszenierung so einfach wie möglich. Am besten behält er sich bereits bei der Wahl der Models für seine Sendung ein Mitspracherecht vor.

Inszenierung und Studiodekoration. Logischerweise muß die Dekoration zu der gezeigten Mode passen. Wenn die Kollektion zeitlos-elegant ist, muß sich die zeitlose Eleganz auch im Bühnenbild ausdrücken, vielleicht in der Verwendung von »marmornen« Säulen, Torbögen oder einer schön geschwungenen Treppe. Die künstlerische Gestaltung hängt natürlich auch vom Budget, von der Kreativität des Szenenbildners und von den vorhandenen Beständen im Fundus ab. Wird eine eher legere Mode vorgeführt, eignet sich als Szenarium eine Gartenlandschaft mit Pergola oder ein von üppigem Grün umgebener Aussichtspavillon, je nachdem, wieviel Platz (und Geld) zur Verfügung steht.

Männliche Models können sich offenbar besser in Szene setzen, wenn sie mit Requisiten arbeiten. Ein Tennisschläger oder ein Golfschläger zum Beispiel gibt ihren Händen bei der Vorführung von Sportmoden etwas zu tun. Bei der Präsentation von Straßenanzügen oder Abendgarderobe wirken sie natürlicher mit einem Mantel über dem Arm oder mit einer Aktentasche oder einer Schachtel Orchideen in der Hand. Wenn das Budget es erlaubt, vermittelt ein edles Requisit wie ein Rolls-Royce oder ein Oldtimer nicht nur einen Hauch von Luxus, sondern gibt dem Model auch etwas, worauf es sich in seinen Posen beziehen kann.

Mit etwas Phantasie lassen sich manchmal die Probleme eines kleinen Budgets lösen. Ich habe einmal bei einer Bademodenschau Regie geführt. Eigentlich wollten wir eine Strandszene aufbauen, aber dazu fehlte uns die Zeit – und das Geld. Wir behalfen uns mit einem Spot, der so auf eine Schale mit Wasser gerichtet wurde, daß flimmernde Reflexionen auf einen leeren **Rundhorizont** fielen. Die Models wurden bei ihrem Auftritt durch ein kleines, von einer Zoohandlung in der Nachbarschaft ausgeliehenes Aquarium photographiert. In dieser Haupteinstellung sah man zunächst im Vordergrund bunte Fische und Seegras, und das Mannequin verschwommen im Hintergrund. Dann verlagerte die Kamera ihre Schärfe auf das Model. Als nächstes schnitten wir in eine zweite Kamera um, die das Model in einer engeren Einstellung ohne Aquarium zeigte, wobei die Unterwasser-Illusion durch das Wellenflimmern auf dem Rundhorizont und durch ein paar Felsenbrocken im Vordergrund erhalten blieb.

Üblicherweise ist eine Modenschau in zwei Phasen gegliedert: den Auftritt des Models in einem neuen Outfit und die detaillierte Vorstellung der Kleidung, die es trägt. Die Präsentation kann so einfach oder aufwendig sein,

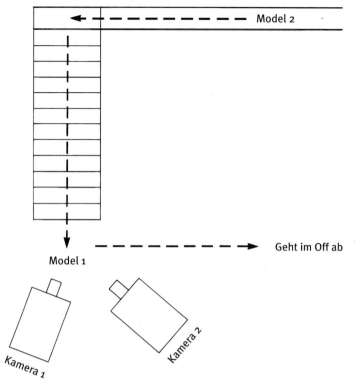

Abbildung 10.5 In dieser Treppen-Variante für die Inszenierung einer Modenschau schwenkt Kamera 1 in einer Halbtotalen mit dem Model mit, wenn es die Stufen herabsteigt. Kamera 2 bietet die engeren Einstellungen an.

wie die Studiogestaltung es zuläßt. Wird etwa eine elegante Kollektion vorgestellt, kann das Model am oberen Absatz einer Treppe auftreten. Kamera 1 begleitet es auf seinem Weg nach unten in einer Halbtotalen. Das Model geht dann nach vorn auf die Kamera zu, bis zu einem Punkt, den der Regisseur auf dem Studioboden markiert hat. Dort wird in eine engere Einstellung der Kamera 2 umgeschnitten, etwa in eine Nahaufnahme (von der Taille an aufwärts). Während sich das Model auf dieser Stelle dreht und das Kleidungsstück von allen Seiten präsentiert, folgt Kamera 2 den Bewegungen. Diese Kamera kann gelegentlich auch zu den Füßen schwenken, um Details des vorgeführten Modells zu unterstreichen.

In dieser Phase gibt der Aufnahmeleiter dem nächsten Model das Zeichen, am Kopf der Treppe in Warteposition zu gehen, wo es von Kamera 2 nicht erfaßt wird. Kamera 1 richtet sich jetzt auf das wartende Mannequin ein. Sobald das erste Model seine Präsentation beendet hat, wird in

Kamera 1 umgeschnitten, und das wartende Model setzt sich auf das Zeichen des Aufnahmeleiters hin in Bewegung. Währenddessen geht das erste Mannequin unbemerkt ab. Und so weiter (Abb. 10.5). Einen Grundsatz sollte jeder Regisseur beachten, ob er eine Modenschau oder etwas anderes inszeniert: Auftritte sind interessant und erzeugen freudige Erwartung, Abgänge sind langweilig. Die einzige Ausnahme von dieser Regel ist die Schlußeinstellung in Spielfilmen, in der mit dem melancholischen Abgang des Helden abgeblendet wird (eine Technik, die in vielen Charlie-Chaplin-Filmen und klassischen Western verwendet wurde).

Die Atmosphäre einer Modenschau wird durch Überblendungen besser unterstrichen als durch harte Schnitte. So wirken die Übergänge fließender, weniger abrupt.

Der Conférencier. Der Kommentator einer Modenschau hat nicht nur die Aufgabe, die vorgeführten Modelle zu beschreiben. Er gibt das Tempo der Show vor und verbindet die einzelnen Elemente zu einem Ganzen. Der Conférencier spricht seinen Text wirkungsvoller aus dem **Off**, weil er immer wieder auf Notizen zurückgreifen muß, was die allgemeine Atmosphäre der Modenschau und das Bild eher stört.

Ein reibungsloses Zusammenspiel zwischen Conférencier und Regisseur ist ungeheuer wichtig. In der Regel weiß der Regisseur nicht im voraus, wieviel Zeit der Conférencier auf die Beschreibung der einzelnen Modelle verwendet. Dieser muß ihm also ein Stichwort geben, wann das nächste Model an der Reihe ist. Dieses Signal kann ein höfliches »Dankeschön« an das Model vor der Kamera sein. Im allgemeinen erhält der Regisseur vom Conférencier oder vom Veranstalter eine Liste der Modelle und ihrer jeweiligen Besonderheiten, damit er den begleitenden Kommentar dazu in etwa vorhersehen kann. Wenn der Conférencier dann den Spitzenbesatz am Ausschnitt erwähnt, ist der Regisseur schon darauf vorbereitet, in eine Großaufnahme umzuschneiden. Ein eigener Monitor erleichtert es dem Conférencier, seinen Kommentar auf das Geschehen vor der Kamera abzustimmen.

Die Musik. Wie die Studiodekoration muß auch die Musik das Ambiente der Modenschau unterstreichen. Leichte Rockmusik oder Swing eignen sich für eine sportliche Kollektion, elegantere Mode verlangt dagegen eher nach getragenen Klängen: Geigen, Harfen, leichte Klassik. In jedem Fall ist darauf zu achten, daß die Musik die Stimme des Conférenciers dezent unterlegt, ohne sich je in den Vordergrund zu drängen. Die Musik soll lediglich ein Hintergrund für die Show sein, sie ist nicht die Show selbst.

Zusammenfassung

- Von Unterhaltungssendungen können wir lernen, Bildungsprogramme sind auch unterhaltend. Letztere bedienen sich der klassischen Elemente der Unterhaltung wie Komik, Spektakel, Konflikt, Neugier, Erotik sowie der Dramatisierung, um den Zuschauer anzusprechen und sein Interesse zu gewinnen.
- Wenn ein Objekt vorgestellt werden soll, muß es so photographiert werden, daß es möglichst gut zu erkennen ist. Dazu dienen Faktoren wie Nähe, geeignete Perspektive, Trennung vom Hintergrund und Bewegung. Die Trennung vom Hintergrund wird durch Farbunterschiede oder Hinterlicht (Konturlicht) erzielt. Bewegung, die auf die Funktion des Objekts hinweist, gibt auch den deutlichsten Aufschluß über seine Beschaffenheit.
- Um eine Fertigkeit oder eine abstrakte Idee zu präsentieren, muß der Regisseur eine Form finden, in der das visuelle Element überwiegt. Dazu eignen sich eingespielte MAZ- oder Filmbeiträge, Photos, die detaillierte Vorführung einer Arbeitstechnik (Zurückschneiden von Rosenstöcken), Spielhandlung mit Schauspielern, oder auch nur Tafel und Kreide.
- Experten bringen zwar ihr Wissen und Können in eine Sendung ein, sind aber mit den Produktionsbedingungen des Fernsehens oft wenig vertraut. Ein einfühlsamer Regisseur versucht darum, dem Moderator ein Gefühl von Sicherheit zu geben. Er übernimmt darüber hinaus die Rolle eines kritischen Zuschauers, um sicherzustellen, daß die Präsentation für ein Durchschnittspublikum nicht zu schnell, zu fachspezifisch oder zu kompliziert ist.
- Die Kochshow ist eine typische Vorführsendung. Oft werden Doppelspiegel verwendet, um Kochgeräte, Zutaten und Handgriffe aus einem steileren Winkel zu zeigen. Durch Ausleuchtung und Studiogestaltung sorgt der Regisseur dafür, daß die Zubereitung und die fertigen Speisen einladend und appetitlich wirken. Der Erfolg oder Mißerfolg einer Kochshow hängt entscheidend von der Persönlichkeit des Moderators ab.
- Die Modenschau ist insofern eine atypische Vorführsendung, als hier die Atmosphäre fast genauso wichtig ist wie das gezeigte Objekt. Die Studiodekoration sollte zur vorgeführten Mode passen, das heißt, eine zeitlos-elegante Kollektion braucht ein zeitlos-elegantes Szenenbild. Models wirken durch Mimik, Gestik und Körperausdruck.
- Der Conférencier einer Modenschau spricht seinen Text normalerweise im Off. Mit Hilfe eines Studiomonitors stimmt er seinen Kommentar auf die Bilder ab, die der Regisseur vorgibt.

Übungen

1. Entwickeln Sie das Konzept für eine Kochshow, die anders ist als alle Kochsendungen, die Sie bisher gesehen haben. Stellen Sie dazu folgende Fragen:
   a. Wer ist Ihr Moderator/Star? Gibt es mehr als einen Moderator? Wenn ja, wie sieht ihre Arbeitsbeziehung aus?
   b. Entwerfen Sie eine Studiodekoration, in der Sie als Regisseur die Aktionen effektiv und wirkungsvoll in Szene setzen können. Gibt es einen gesonderten Werbebereich? Wer wird die Live-Werbung machen?
   c. Ist in Ihrer Sendung eine aktive Beteiligung der Zuschauer vorgesehen? Gibt es Wettbewerbe? Können die Zuschauer Rezepte anfordern? Werden von Zuschauern eingesandte Rezepte in der Sendung vorgeführt?
   d. Wie gestalten Sie Texteinblendungen (zum Beispiel die der Zutatenliste)? Welche Musik wählen Sie? Wieviel Zeit benötigen Sie für Vorbereitung und Proben?

2. Schreiben Sie eine Kritik zu einer existierenden Sach- oder Fachsendung. Wie hätten Sie als Regisseur visuell wirkungsvoller gearbeitet? Seien Sie so konkret wie möglich!

3. Ein typischer Fall: Der Moderator einer Ihrer Sendungen möchte das Spiel »Scrabble« zeigen und erklären. Beschreiben und skizzieren Sie möglichst genau, wie Sie das inszenieren würden.

4. Und noch ein Regieprojekt: Der Moderator Ihrer Sendung möchte eine Anlage zur digitalen Musikerzeugung erklären. Denken Sie daran, daß dabei das akustische Moment im Vordergrund steht. Wie gehen Sie die Sache an?

5. Sie sind Moderator einer Wissenschaftsshow. Listen Sie auf, welche Eigenschaften der Regisseur haben soll, mit dem Sie am liebsten zusammenarbeiten würden.

11

Die Nachrichten

Nachrichten, oder anders ausgedrückt, die
Orientierung an der Realität, ist das Lebenselixier
der Demokratie, ohne das die Menschen
unglücklich werden und aus dem Gleichgewicht
geraten. Orientierungsverlust gehört zu dem,
was wir am meisten zu fürchten haben.

HARRY SKORNIA[1]

Die Fernsehnachrichten haben Karriere gemacht. In den siebziger Jahren
gab es zweimal täglich eine Viertelstunde lang Nachrichten, einmal zum
Feierabend und einmal die Spätnachrichten; heute bringen dieselben Sender
täglich insgesamt zwei bis drei Stunden Neuigkeiten unters Volk. Das sind
dann freilich nicht alles wirklich harte Nachrichten. Viele Sender sind stolz auf
die eigene Bildberichterstattung, bringen lokale Restaurantkritik und Ver-
braucherberatung und lassen medizinische Ratgeber, Gesundheitsberater, Ge-
sellschaftsreporter und eigene politische Kommentatoren zu Wort kommen.
Darüber hinaus gibt es Moderatoren für den Sport und die Wettervorhersage,
die fachkundig parlieren und wie Bekannte sozusagen mit zur Familie
gehören. Dazu kommen noch die Hauptmoderatoren (Anchormen, -women)
und die vielen bunten Computergraphiken. Angesichts all dieser Herrlich-
keiten muß man zu dem Schluß gelangen, daß sich die meisten »Nachrichten«-Sendungen zu einer neuen Form von Magazinsendung entwickelt
haben: zu einer an Nachrichten orientierten Unterhaltungssendung, einem
Entertainment-Special, zum Infotainment.

Diese Sendungen sind wegen ihrer vielen Einzelelemente und ihrer
komplizierten visuellen Struktur zum Konzentrationstest für Regisseure
geworden. Gute *Konzentrationsfähigkeit* ist ohnehin eine der wesentlichen
Anforderungen in diesem Beruf. Wer sie nicht besitzt, steht als Regisseur
eines Nachrichtenmagazins auf verlorenem Posten. Denn er muß die unterschiedlichsten Aspekte unter einen Hut bringen: den vorgegebenen Ablauf,
die Kameras im Studio und die einer Außenübertragung, MAZ-Einspielun-
gen, das Timing von besonderen Tonelementen, Computergraphiken und
Personen.

Kapitel 11 ▋ Die Nachrichten

Und noch eine zweite Eigenschaft braucht ein guter Ablaufregisseur: *Aufmerksamkeit*. Hat eine Nachrichtensendung erst einmal begonnen, stehen gleich ein Dutzend unterschiedlicher Dinge an. Der Reporter für den Wetterbericht, der sich direkt von einem Jahrmarkt meldet, hat Schwierigkeiten, seine Komparserie unter Kontrolle zu halten. Ein Nachrichtenredakteur bringt eilig die letzte Fassung des Ablaufs. Der verantwortliche Redakteur (der RvD, Redakteur vom Dienst, oder der CvD, Chef vom Dienst) hängt am Telephon und sagt dem Reporter einer Außenübertragung, er solle sich jetzt bereithalten. Der Bildmischer hat die falsche Graphik vorgelegt ... Der Regisseur hat seine Augen und Ohren überall und überwacht mit der gespannten Aufmerksamkeit eines Hexenmeisters alles, was im Augenblick über den Sender geht, und alles, was in der Regie passiert und in den nächsten Sekunden oder Minuten auf Sendung gehen soll.

Auch die Probleme der Mitglieder seines Teams nimmt ein aufmerksamer Regisseur wahr. Denn wenn der Toningenieur Schwierigkeiten mit einem Mikrophon hat, wird dieses Problem automatisch zu einem Problem des Regisseurs. Wenn der CvD den Zeitbedarf falsch eingeschätzt und den Ablauf mit zu vielen Einzelpositionen vollgestopft hat, führt seine Fehlkalkulation zu einem Timingproblem des Regisseurs.

Ohne Wissen nützt alle Aufmerksamkeit wenig. Ein guter Regisseur möchte möglichst umfassend über alle Funktionen, Ziele und Probleme der anderen Mitglieder seines Nachrichtenteams Bescheid wissen. Für ihn ist das eine Art Unfallversicherung. Geht einmal etwas schief, kann er sich besser auf die Situation einstellen und Fehler leichter kompensieren. Solche Kenntnisse machen aus einem Koordinator technischer Abläufe einen Regisseur.

In diesem Kapitel werden drei Hauptthemen behandelt:

- BAUSTEINE: Wie Wort- und Bildkomponenten einer Nachrichtensendung innerhalb einer sehr eng bemessenen Zeitspanne zusammengestellt und miteinander verbunden werden.
- ARBEITSABLÄUFE: Wir untersuchen die Tätigkeiten eines Regisseurs in einer Nachrichtensendung – während der Vorbereitung, während der Sendung, bei einer Außenübertragung (AÜ) und im Studio – sowie die hochentwickelte Technik, mit der heute eine moderne Nachrichtensendung »gefahren« wird.
- FACETTEN EINER ARBEITSPLATZBESCHREIBUNG: Werdegang, Eigenschaften und Arbeitsphilosophie von vier Regisseuren – einer aus einer großen Sendeanstalt, drei aus kleineren Stationen.

Bausteine

Das Material für dieses Kapitel beruht im wesentlichen auf persönlichen Beobachtungen, die ich bei der Produktion unterschiedlicher Nachrichtenmagazine in verschiedenen Sendern machen konnte: bei KHJ-TV, einem unabhängigen Lokalsender in Los Angeles, der zu RKO General gehört, bei KNBC (einer großen südkalifornischen Tochter von NBC) und bei »Entertainment Tonight«, einer von einem Zeitungskonsortium finanzierten halbstündigen, täglich ausgestrahlten Infotainment-Sendung, die (mit mehreren Kameras) in den Paramount Studios vorproduziert wird.

Der Unterschied zwischen den drei Sendern liegt hauptsächlich in ihrer Reichweite und in ihrer Betriebsgröße. KHJ-TV hat gerade einmal vierzig festangestellte Mitarbeiter, »Entertainment Tonight« (vom Team »ET« genannt) ungefähr 160, KNBC etwa 260, was für eine lokale Fernsehstation sehr viel ist. KHJ-TV besitzt vier Reportageteams, KNBC zehn oder zwölf.

Die meisten Zuschauer wären über die Komplexität und die Gründlichkeit erstaunt, mit der eine typische Nachrichtensendung zusammengestellt wird. Unsere Beschäftigung mit diesem Thema ist in drei Bereiche untergliedert: Bildmaterial, Vorbereitung und Papierkram.

Bildmaterial

In den Fernsehsendern weiß man sehr wohl, wie wichtig es ist, Meldungen mit anschaulichen und dramatischen Bildern zu versehen. Wenn ein Moderator uns von Ereignissen erzählt (seinen Text verliest), sind die Chancen eines visuellen Mediums verschenkt, und die Sendung verliert wesentlich an Unterhaltungswert. »Sprechenden Köpfen« zuzuschauen, bringt kaum mehr, als Meldungen im Radio zu hören. Deswegen bemühen sich fast alle Fernsehsender, ihren Berichten eine visuelle Dimension hinzuzufügen. Wenn eine Meldung nicht zu bebildern ist, wird sie nicht selten sogar von der Themenliste gestrichen.

Die ideale Art, eine Meldung interessant und anschaulich aufzubereiten ist die **Magnetaufzeichnung**, die MAZ. Sie verschafft einen unmittelbaren Eindruck, weil sie den Zuschauer mitten ins Geschehen hinein versetzt.

Magnetaufzeichnung (MAZ). Wie kann eine kleine Fernsehstation ihren Zuschauern Bilder von großen Nachrichtenereignissen bieten, die Tausende von Kilometern entfernt passieren? Nachrichtenregisseur Jay Roper von NBC-News erklärt, daß eine an eine große Sendeanstalt angeschlossene Station täglich »über einen eigenen **Satelliten** eine Nachrichtengrundversor-

Kapitel 11 ∎ Die Nachrichten

gung erhält, die für alle Tochterstationen zusammengestellt wird und sich normalerweise aus Sport, einigen wichtigen Meldungen und vielen ›bunten‹ Berichten zusammensetzt. Zu dieser Grundversorgung der Tochterunternehmen gehört manchmal auch eine Programmankündigung (ein Trailer) für die Abendnachrichten der Mutteranstalt selbst.« Der Satellit der NBC heißt SkyCom.

Aber die Töchter erhalten nicht nur, sie liefern auch selber Beiträge. Wenn sich in ihrem Sendebereich etwas von überregionaler Bedeutung ereignet, zeichnet die lokale Station das mit einem ihrer Reportageteams auf und schickt das Band an die Mutterstation in New York, die es bearbeitet und dann an die angeschlossenen Sender weiter verteilt. Da die Satellitennutzung teuer ist, wird Nachrichtenmaterial, das nicht ganz topaktuell über den Sender muß, auf anderen Wegen übermittelt. Ist das Ereignis von überregionaler oder nationaler Bedeutung, schickt die Mutteranstalt in der Regel selbst ein Team mit einem Regisseur für die Aufzeichnung vor Ort. In diesem Fall wird das Material mittels **Satellitenstrecke** nach New York überspielt, dort in den Nachrichten der Mutteranstalt gesendet und über das Verteilerprogramm an die Tochterstationen weitergegeben.

Unabhängige Stationen tauschen ihr Bildmaterial ebenfalls über Satellit aus. Sie bilden eine Art selbständige Fernsehkette und nennen sich INDX (gesprochen: »Index«), die Abkürzung für Independent Exchange (»Austausch der Unabhängigen« und auch »Unabhängiger Austausch«). Die beteiligten Stationen senden und empfangen Nachrichten-Bildmaterial. Die Station WPIX in New York dient dabei als Relaisstation und Quelle für die täglichen INDX-Überspielungen.*

Am Nachmittag erhalten die unabhängigen Fernsehstationen (per Fax) eine Liste der Beiträge, die INDX an diesem Tag senden wird. Diese Vorankündigung hilft dem verantwortlichen Redakteur, die eigene Nachrichtensendung inhaltlich zu planen. Ein bis zwei Stunden später (normalerweise gegen 17:00 Uhr) kommen die Beiträge per Satellit herein. Die Station zeichnet das Material mit zwei separaten Maschinen doppelt auf, falls eine der Maschinen nicht richtig funktioniert. Außerdem läßt sich mit einem zweiten Band der Schnitt beschleunigen. Zu jedem Beitrag gehört eine schriftliche Zusammenfassung und die Angabe der genauen Länge. Im Durchschnitt wird pro Tag Material für etwa vierzig Sendeminuten überspielt, aber nur

---

* In Europa fungiert die Zentrale der Eurovision (EBU – European Broadcast Union) in Genf als eine solche Relaisstation zwischen den großen Fernsehstationen in fünfunddreißig Ländern. Die angebotenen Berichte werden dort gesammelt und mehrmals täglich zu festen Zeiten per Standleitungsnetz oder via Satellit in die angeschlossenen Anstalten überspielt. (A.d.Ü.)

etwa zehn Prozent davon werden KHJ-TV-Chefredakteur Bill Northrup zufolge tatsächlich von der Station verwendet.

Ein lokaler Fernsehsender will vor allem das bringen, was die Zuschauer in seinem Sendegebiet interessiert. Er stellt deswegen eine Mischung von lokalen und regionalen Nachrichten in den Vordergrund und behandelt Weltnachrichten und nationale Ereignisse erst an zweiter Stelle. Um Bildmaterial für die lokalen Meldungen zu bekommen, ist die Station auf Live-Übertragungen und Aufzeichnungen ihrer Reportageteams angewiesen, zusätzlich wird Material von anderen lokalen oder regionalen Stationen übernommen; darüber hinaus kommen Photos, Graphiken und Texteinblendungen aus dem Computer zum Einsatz.

Das Fenster. Photos, **Graphiken** oder Text – oder eine Kombination aus allen drei Komponenten – werden ins Bild eingeblendet, um die Einstellung vom Moderator visuell aufzuwerten. Einen solchen **digitalen Video-Effekt** nennt man **Fenster.** Normalerweise erscheint es in der oberen linken Ecke des Bildes, über der Schulter des Moderators. Die Photos kommen von einer Agentur oder aus dem Archiv. Sie werden in einem **Bildspeicher (Framestore)** abgelegt, das ist ein Computer, in dem Tausende von Bildern (frames) digital gespeichert werden können. Ein solcher Bildspeicher sammelt neben Photos auch andere Formen visueller Information und besitzt fest installierte Grundgraphiken, Piktogramme, beispielsweise eine von Hitzestrahlen umgebene Sonne, die beim nächsten glühendheißen Sommertag im Fenster erscheinen wird.

Wenn der Regisseur ein bestimmtes Bild aus dem für die Sendung zusammengestellten Material abruft, wird es von der Bedienung des Bildspeichers auf einem Kontrollmonitor vorgelegt. Der Bildmischer kann es von dort übernehmen und blendet dann das Fenster mit diesem Bild per elektronischem Trick in die Kameraeinstellung vom Moderator ein.

Manchmal wird eine MAZ mit einem Nachrichtenbeitrag zunächst im Fenster gezeigt und erst dann zu einem Vollbild aufgezogen oder umgeschnitten. Will er das Fenster zum Vollbild vergrößern, gibt der Regisseur das Kommando »Vollbild!«. Um im Fenster von einem Bildinhalt zum nächsten überzugehen, lautet das Kommando »Wechsel!«. Beim Anschluß an eine MAZ wird mit »Achtung, Kamera eins mit Fenster« der Kameramann an der Kamera 1 darauf vorbereitet, daß als nächstes seine Kamera geschnitten wird. Der Bimi muß sich dann bereit halten, Kamera 1 zu schneiden und das Fenster mit dem vorgesehenen Bildinhalt in das Bild der Kamera 1 einzublenden.

Der genaue Wortlaut solcher Kommandos ist von Sender zu Sender etwas

Kapitel 11 ▮ Die Nachrichten

unterschiedlich, ein Regelwerk mit übergreifenden Normen gibt es nicht. Beim rasanten Fortschritt der Technik kommen heute praktisch täglich neue visuelle Effekte – und damit auch neue Kommandos – hinzu. Die Kommandos variieren zwar von Regisseur zu Regisseur, folgen aber mehr oder weniger einem Standardmuster (siehe Einleitung zu Teil III). Vor allem müssen sie *klar* und *knapp* sein.

Schriften erscheinen häufig als **Insert** und sind dann gewöhnlich von einem Computer erzeugt. Ein solcher **Schriftgenerator (SG)** kann Schriften in unterschiedlichen Größen, Schriftarten, Farben und Formaten herstellen und sie dem Mischpult als feststehende Titel oder durchlaufenden Text anbieten. Meist werden sie zur Identifikation von Orten oder Personen im unteren Teil des Bildschirms in einen Beitrag eingeblendet.

Der Schriftgenerator wird besonders bei Sportsendungen gern und ausgiebig eingesetzt, um Namen von Spielern, Statistiken und aktuelle Spielstände oder Ergebnistabellen einzublenden. Wenn der Sportmoderator die Resultate kommentiert hat, gibt der Regisseur das Zeichen für den Wechsel auf die nächste Tafel. Wird ein SG in der Liveübertragung einer Sportveranstaltung eingesetzt, sitzt derjenige, der ihn zu bedienen hat, im Ü-Wagen der Regie oder in einem MAZ-Wagen in der Nähe und versorgt den Regisseur ständig mit dem neuesten statistischen Zahlenmaterial. Bei »Entertainment Tonight« sitzt die SG-Bedienung mit in der **Regie**, an einem Pult hinter dem Regisseur. Da die Sendung im Start/Stop-Verfahren aufgezeichnet wird – das heißt, bei einem Fehler wird die Aufzeichnung angehalten und nach der Korrektur *vor* dem Fehler wieder aufgenommen –, muß die SG-Bedienung direkt ansprechbar sein, damit die Änderungen, die der Redakteur oder der Regisseur für notwendig erachten, sofort ausgeführt werden können.

Die meisten Nachrichtenredaktionen beschäftigen einen Graphiker, der die Bilder und Tabellen für die Fenster gestaltet. Manchmal hat der Regisseur bei Auswahl und Gestaltung dieser Bildelemente ein Mitspracherecht, manchmal nicht. Der Regisseur von »Entertainment Tonight« hält an jedem Morgen ein Meeting mit den Graphikern ab und macht Vorschläge, welche Bilder und Graphiken zu den einzelnen Meldungen passen könnten. Für einen Beitrag über das Surferparadies Malibu würde es sich beispielsweise anbieten, ein Photo von Surfern oder eine Graphik zu nehmen, die den Schriftzug *Malibu* zeigt.

Die graphischen Elemente können auch bewegt sein. Zu den bekannteren Beispielen gehören ziehende Wolken oder fallende Regentropfen in der Wetterkarte. Solche Effekte werden entweder graphisch entwickelt und von einer MAZ eingespielt (und eingestanzt) oder mit dem Computer generiert.

352   Teil 3 ▮ Non-Fiction

Einzelne Bilder werden aus einer MAZ herauskopiert, indem ein Stand-bild erzeugt und im Bildspeicher abgelegt wird (es gibt auch Mischpulte, in die für ein oder zwei Bilder ein Framestore integriert ist). Das Bild kann dann im Fenster erscheinen, wenn statt eines Originalbeitrags nur eine kurze Wortmeldung gesendet wird.

Fernsehkameras vor Ort. Ereignisse mit Nachrichtenwert werden gewöhn-lich von einem dreiköpfigen EB-Team, bestehend aus einem Kameramann, einem Techniker für Ton und Licht sowie einem Reporter/Redakteur, gedreht. Meist sind das kurzfristige Einsätze. Unabhängige Stationen beschäf-tigen für diese Aufnahmen nicht eigens einen Regisseur; seine Arbeit über-nimmt im allgemeinen der Reporter in Zusammenarbeit mit dem Kamera-mann.

Das kleine dreiköpfige Team mit einer Kamera hat den Vorteil, vielseitig einsetzbar zu sein, es hat wenig Gewicht mit sich herumzuschleppen, ist beim Transport auf niemanden angewiesen (dafür genügt in der Regel ein Kombi oder ein Kleintransporter) und kann sich schnell von einem Schauplatz zum nächsten begeben. Da die Teams in ständigem Funkkontakt mit der Nach-richtenredaktion stehen, ist der CvD immer über ihre Arbeit und eventuell auftretende Probleme unterrichtet und kann sie nach getaner Arbeit sofort zum nächsten Einsatzort dirigieren. Die meisten Teams sind ständig auf Achse – sie zeichnen Interviews auf, Feuerwehreinsätze, Preisverleihungen und Unfälle, politische Reden und Prominentenempfänge. Normalerweise verläßt ein solches Reportageteam morgens die Fernsehstation und kehrt nicht vor dem späten Abend zurück.

Diese vor Ort arbeitenden Teams haben zwei Möglichkeiten, ihre Ge-schichten in die Redaktion zu schicken: direkt während der Aufnahmen über eine **Richtfunkstrecke**, die Bild und Ton überträgt, oder mittelbar, per MAZ, nach Abschluß der Aufzeichnung. Im zweiten Fall wird das gesamte an einem Tag aufgenommene Material unbearbeitet und ungeschnitten per Richtfunk an die Station übermittelt, oder ein Kurier bringt das Band in den Sender. Wenn es per Richtfunk übermittelt wird, muß es in der Station auf-gezeichnet werden. Gleichgültig, wie das Material zum Sender gelangt, es wird in jedem Fall vom zuständigen Redakteur ausgewertet, der dann An-weisungen für die Bearbeitung und den Schnitt gibt.

Fällt ein Ereignis in die Sendezeit der Nachrichten, wird der Bericht live (mittels Richtfunkstrecke) an die Station übermittelt und in die Sendung integriert. Dieses Verfahren ist üblich bei lokalen Wahlen oder Sportveran-staltungen, wenn ein »Wetterfrosch« irgendwo draußen seine Vorhersage macht oder ein Reporter vor Ort über eine Katastrophe berichtet.

Kapitel **11** ❚ Die Nachrichten

Den Gegenpol zu den Berichten und Außenübertragungen (AÜs) bilden die live im Nachrichtenstudio aufgenommenen Moderatoren. Seit einiger Zeit ist es Mode geworden, die Verbindung zwischen Moderatoren im Studio und Reportern vor Ort zu visualisieren. Dazu wird das Bild des Reporters auf einen Monitor gelegt, der in die Studiodekoration eingefügt ist (diese Monitore stehen normalerweise auf hydraulischen Lifts, so daß sie währen der Sendung auf Blickhöhe hochgefahren und anschließend wieder abgesenkt werden können). Diesen Monitor benutzt der Moderator im Studio, wenn er seine Fragen direkt an den Reporter richtet. Manchmal wird das Bild des Reporters auch auf eine Wand hinter oder neben den Moderator gestanzt oder mit einem Video-Effekt, einem digitalen Trick, in das Bild der Kamera, die den Moderator aufnimmt, eingeblendet. Weitverbreitet ist heute auch die Verwendung der elektronischen Bildteilung, des »Schmetterlings«. Sobald die Frage gestellt ist, schneidet der Regisseur in der Regel auf das Vollbild des Reporters um, damit dieser die ungeteilte Aufmerksamkeit erhält.

Der Wetterbericht

Mit demselben Verfahren, mit dem der Reporter vor Ort auf eine Wand hinter den Moderator gestanzt (oder per digitalem Trick in ein Bild eingeblendet) wird, werden die Karten und Wettergraphiken in den Wetterbericht hineingebracht. Ist eine Wetterkarte hinter den Moderator gestanzt, muß er sich gelegentlich auf einem Studiomonitor orientieren, um zu sehen, auf welchen Punkt der Karte er zeigen muß. Einige Wettermoderatoren halten verborgen einen Schalter in der Hand, mit dem sie die gewünschten Karten und Graphiken abrufen. Andere signalisieren dem Regisseur mit bestimmten Stichworten, wann die Wechsel stattfinden sollen.

Wenn im Hintergrundbild Bewegung zu sehen ist – wie es bei meteorologischen Satellitenbildern häufig der Fall ist –, zeigt der Regisseur die MAZ als Vollbild und stanzt den Wettermoderator »darüber« (anders als der Fachjargon suggeriert, steht der Moderator selbstverständlich vor einer blauen Wand, und das Satellitenbild wird hinter ihn gestanzt).

Vorbereitung

Die Einzelbeiträge einer Nachrichtensendung werden Stück für Stück zusammengetragen. Für politische Großereignisse wie Wahlen oder Parteitage steht die Planung oft bereits Wochen, bevor die Sendung ausgestrahlt wird.

Aktuelle Berichte und Lokalnachrichten für die Dienstagssendung werden gewöhnlich am Montagnachmittag durchgesprochen. In dieser Sitzung

werden auch die Themen bestimmt, zu denen die Reportageteams Bild-
beiträge liefern sollen. Der Chef vom Dienst, der Chefredakteur und die
Redakteure diskutieren dabei auch Ideen für künftige Themen. Manchmal
schlagen auch Reporter Themen vor, über die sie gerne berichten möchten.

Bei »Entertainment Tonight« plant man größere Reportagen Wochen im
voraus, so daß sie rechtzeitig in den Programmzeitschriften angekündigt
werden können. (»ET« bringt im zweiten Teil gewöhnlich Reportagen, im
ersten werden unterhaltsame Nachrichten präsentiert.)

Wir wollen nun die Entstehung eines einstündigen Nachrichtenmagazins
unter die Lupe nehmen, das um 21:00 Uhr auf Sendung geht. Seit dem
frühen Morgen wird am Aufbau der Sendung gearbeitet. Bis zum Mittag
haben der CvD und seine Mitarbeiter die Meldungen aus den Nachrichten-
agenturen gelesen und drei oder vier nationale und internationale Meldungen für die Sendung herausgesucht. Ein Fax aus New York wird später bestätigen, daß INDX Videomaterial zu diesen Geschichten anbietet. Da der
CvD weiß, an welchen lokalen Schauplätzen die Kamerateams drehen, kann
er jetzt eine Liste der verfügbaren Berichte für die Abendsendung zusammenstellen: Ereignisse, die von den Kamerateams vor Ort aufgenommen
werden, und Reportagen, die bereits in der Bearbeitung sind. In dieser Liste
wird später (im Lauf des Nachmittags) das bis dahin spezifizierte INDX-
Material eingefügt. Inhalt und Reihenfolge dieser Liste werden sich bis 21:00
Uhr mindestens ein dutzendmal ändern, einige Themen werden auf der
Strecke bleiben, und andere werden buchstäblich in letzter Sekunde noch
hineingenommen.

Gegen Mittag kommt allmählich das erste MAZ-Material der Reportageteams herein. Der CvD schaut sich jedes »Stück«, das von draußen kommt,
an, bewertet es und legt fest, welche Länge dem Bericht eingeräumt wird.
Redakteure werden bestimmt, Kommentartexte zu schreiben, Cutter erhalten den Auftrag, Überflüssiges und Langweiliges herauszunehmen, Inter-
essantes zu verdichten und das Material auf die vorgesehene Zeit zurecht-
zuschneiden. Bei dieser Bearbeitung wird das Bildmaterial eher an den
Kommentartext des Redakteurs angepaßt als umgekehrt.

Die Atmosphäre in der Redaktion ist in den Morgenstunden entspannt
und locker. Die Redakteure unterhalten sich über die Arbeit und reißen
schon einmal Witze über den täglichen Irrsinn. Im Tagesverlauf ändert sich
die entspannte Atmosphäre nach und nach. Am späten Nachmittag ist sie
konzentriert und geschäftsmäßig. Am frühen Abend, wenn die Mitarbeiter
die letzten Änderungen am Ablauf vornehmen und sich beeilen, die Schluß-
fassung der Texte fertig zu machen, wird eine gewisse Anspannung spürbar.
Es gibt keine Panik, keine lauten Stimmen, nur macht sich jetzt der Zeitdruck

Kapitel **11** ▮ Die Nachrichten

bemerkbar, die Notwendigkeit, ein enormes Arbeitspensum in kurzer Zeit bewältigen zu müssen.

Um 15:30 Uhr treffen sich die Leiter der verschiedenen Ressorts zur Redaktionssitzung. Bei einigen Sendern nimmt der Regisseur daran teil und wirft einen ersten Blick auf die Programmplanung für die Abendsendung (Zuschaltungen, Zuspielungen von außen, Interviews im Studio oder mit einer Schalte verbunden usw.), bei anderen Sendern erscheint er erst ein oder zwei Stunden später.

Auf dieser Redaktionskonferenz (der, wenn es die aktuelle Nachrichtenlage erfordert, weitere folgen) wird die »endgültige« Zusammenstellung der Berichte, die in die Sendung hineingenommen werden sollen, diskutiert, bewertet und schließlich in eine Sendefolge gebracht. Die Sendung ist willkürlich in sieben oder acht Blöcke unterteilt, je nachdem, wieviel Werbeunterbrechungen es geben soll. Es gibt auch allgemeine Vorgaben für den Aufbau der Sendung (von Sender zu Sender, je nach Programmphilosophie, verschieden), die festlegen, in welcher Folge die einzelnen Beiträge kommen sollen. Bei KHJ-TV zum Beispiel schließt der Sport generell den dritten Block ab, und am Ende der Sendung werden die Ergebnisse dann noch einmal auf den letzten Stand gebracht, während die Wettervorhersage immer den vorletzten Block eröffnet. Bei allen Nachrichtensendungen steht der Aufmacher, die Meldung mit der größten Bedeutung für den Zuschauer, in der Sendefolge an erster Stelle.

Papierkram

Nachdem die Rang- und Reihenfolge der einzelnen Berichte auf der Redaktionskonferenz festgelegt ist, verteilt der CvD den **Ablauf**, einen Plan, in dem jeder Beitrag und seine Position in der voraussichtlichen Sendereihenfolge aufgelistet ist, außerdem der Autor des Berichts, der Reporter und weitere wichtige technische Informationen (Abb. 11.1 zeigt einen Ausriß aus einem solchen Ablauf). Wenn aktuelle Meldungen diese Planung später über den Haufen werfen, gibt es eben einen neuen Ablauf.

In einer Nachrichtenredaktion geht es zu wie in einer Papierfabrik. Aus vielen unterschiedlichen Quellen ergießt sich eine Flut von Papier. Sechs bis acht Agenturen schicken Meldungen per Fax oder E-mail und angeschlossene Drucker: Meldungen über Sport, Aktuelles, Dinge von allgemeinem Interesse, Hintergrundinformationen, Wettervorhersagen und Geschichten, die das Leben schrieb. Ein Dutzend Schreibmaschinen und Computer werfen Seite um Seite aus und vergrößern die Papierlawine. Die Papierkörbe quellen über, Papier ist überall, auf den Tischen und auf dem Boden, angepinnt

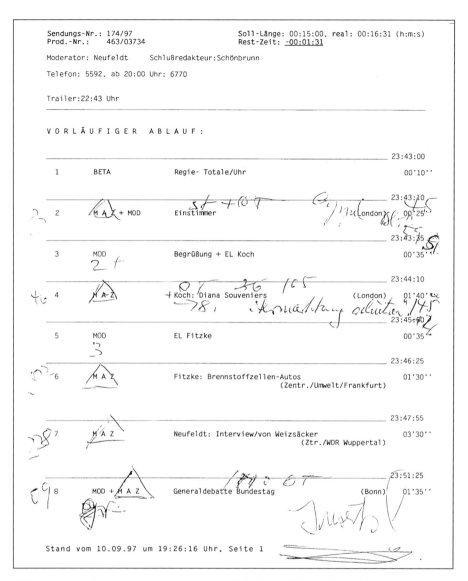

Abbildung 11.1 Auszug aus dem vorläufigen Ablauf der ZDF-Sendung »heute Nacht«, Mittwoch, 10.9.1997, 23:43. Arbeitsexemplar mit Notizen.

an Schwarzen Brettern und an den Wänden über den Schreibtischen. Ohne Papier könnte eine Nachrichtensendung überhaupt nicht entstehen.

Ein bis zwei Stunden nach dem ersten Ablauf tauchen auch die ersten Textseiten auf – so zwischen 19:00 und 20:00 Uhr. Der Entwurf dafür steht zwar schon früher, aber die Texte werden oft noch überarbeitet, um die neuesten Fakten bereichert, gekürzt, damit sie in die Zeitvorgabe passen, oder vom Sprecher nach seinen Vorstellungen umformuliert. Wenn der CvD kurz vor Sendebeginn eine topaktuelle Meldung in den Ablauf hineinnimmt, muß dafür eine andere herausfallen.

Die Autoren schreiben ihre Texte am Computer, drucken sie in mehreren Exemplaren aus, geben sie an verschiedene Abteilungen weiter. Später zeigt der **TelePrompter** den Text auf Bildschirmen, die vor jeder Kamera montiert sind, und auf einem Kontrollmonitor in der Regie. Eine Glasscheibe, im Fünfundvierzig-Grad-Winkel vor dem Objektiv der Kamera angebracht, spiegelt den Text, so daß ihn der Moderator lesen und dabei gleichzeitig in die Kamera, also zum Zuschauer vor dem Fernsehschirm, blicken kann. (Tele-Prompter ist übrigens ein Markenname. Es gibt Sender, die Geräte von anderen Herstellern benutzen, aber die Funktionsweise dieser **Autocue**-Anlage ist im Prinzip immer die gleiche.)

Für jede Meldung und jeden Bericht wird ein eigenes Blatt angelegt. Die Blätter werden in der Reihenfolge des Sendeablaufs numeriert und hintereinander gelegt. Dieses Paket, die »Lage«, erhalten der Regisseur, der Bimi, der Toningenieur, der CvD und die Moderatoren. Bei ihrem ersten Erscheinen ist die Lage nie vollständig. Sie enthält Platzhalter, fast leere Seiten, auf denen oft nur ein Titel vermerkt ist. Sie sollen anzeigen, wo welches Material später einzufügen ist. Sobald die entsprechenden Texte fertig sind oder Länge und Letzte Worte eines Berichtes feststehen, werden die Platzhalter durch die kompletten Seiten ersetzt. Daß die Länge bei Sendungsbeginn vollständig vorliegt, ist eher die Ausnahme. Professionelle Ablaufregisseure sind es gewohnt, die letzten Ergänzungen erst zu erhalten, wenn die Sendung bereits läuft.

Arbeitsabläufe

Die Arbeit des Regisseurs bei einer Nachrichtensendung ist weniger kreativ, dafür um so mehr integrativ. Er muß eine Vielzahl sehr unterschiedlicher Elemente zu einem lebendigen und zusammenhängenden Ganzen bündeln. Weil die Wort- und Bildelemente sehr schnell aufeinanderfolgen und sich kaum die Gelegenheit für ein ruhiges Überprüfen findet und weil jedes einzelne Element sich direkt auf ein anderes Element auswirkt, muß der Ablaufregisseur bei Nachrichtensendungen sehr konzentriert arbeiten. Die Koordination muß reibungslos funktionieren. Die Vorbereitung des Regisseurs vor der Sendung muß so gewissenhaft und peinlich genau sein, daß jeder nur mögliche Fehler so gut wie ausgeschlossen wird.

Nachrichtenregisseure arbeiten aber nicht nur im Studio, sondern bei der Berichterstattung über besondere Ereignisse auch vor Ort.

Vor Ort

Ein geistesgestörter Mann hat bei einem Überfall auf einen Vorort-Supermarkt mehrere Kunden erschossen und sich nun mit einigen Geiseln verschanzt. Eine lokale Fernsehstation hat einen Regisseur, einen Reportagewagen mit zwei oder drei Kameras und einen Reporter vor Ort geschickt, um das grausige Geschehen zu dokumentieren. Die Polizei hat den Supermarkt umstellt. Von Zeit zu Zeit spricht ein Polizeioffizier durch ein Megaphon. Der Täter, vor Angst völlig durchgedreht, reagiert nicht.

Wenn der Regisseur mit seinem AÜ-Team eintrifft, muß er als erstes die Lage abschätzen: Wo spielt sich das Drama ab? Wie kann man dem Publikum die Situation am besten begreifbar machen? Mit welchen Bildern kann man die Angst vermitteln, die in der Luft liegt.

Auch eine zweite Aufgabe fällt in seine Zuständigkeit: Er muß dafür sorgen, daß er und sein Team nicht die Arbeit der Polizei behindern. Nach einer kurzen Lagebeurteilung stellt er eine Kamera auf das Dach des Ü-Wagens, weil sie von dort oben den besten Überblick gibt. Von dieser günstigen Position aus kann sie dem Fernsehpublikum den Supermarkt, die Einsatzwagen der Polizei, die Polizisten sowie die neugierigen und ängstlichen Zuschauer vor Ort zeigen. Von den Kameras am Boden kann die eine den Reporter aufnehmen und engere Einstellungen vom Supermarkt anbieten, die andere kann den Einsatzleiter und Schaulustige zeigen. Falls bei einem Schußwechsel Polizisten getötet oder verletzt werden, fällt dem Regisseur eine weitere Verantwortung zu: Er muß dafür sorgen, daß das blutige Geschehen dezent auf den Bildschirm gelangt, ohne Schockbilder mit Blut und Leichen, die Anstoß bei den Fernsehzuschauern erregen könnten.

Nachdem Regisseur und Reporter ein Bild der Lage gegeben haben, beginnt das lange Warten. Der Regisseur schlägt Interviews mit Augenzeugen vor. Interviews schaffen persönliche Betroffenheit. Durch Interviews werden Naturkatastrophen wie Feuersbrünste oder Überschwemmungen personalisiert, so daß sich die Zuschauer mit den vom Unglück Betroffenen identifizieren können. Die meisten Fernsehstationen legen ihren Reportern allerdings strikte Zurückhaltung bei der Veröffentlichung der Namen von Opfern auf. Von ihrem Unglück sollen die Angehörigen nicht aus dem Fernseher erfahren.

Der Reporter spricht mit einer älteren Frau, die im Supermarkt war, als der Überfall stattfand. Sie zittert noch immer und ist völlig aufgelöst. Als sie das Geschehen zu beschreiben versucht, findet sie kaum Worte und läuft mitten im Interview davon. Als nächsten interviewt der Reporter einen Jungen von vierzehn oder fünfzehn Jahren, der kurz nach dem Blutbad auf der

Kapitel **11** ▐ Die Nachrichten

359

Bildfläche erschienen war. Er hat nur wenig oder gar nichts gesehen, aber er ist ein heller Kopf, macht viele Worte und will seine Wichtigkeit auskosten. Schließlich erwischt der Reporter für einen kurzen Moment den Einsatzleiter, der nur widerwillig Auskunft gibt. Er drückt lediglich seine Besorgnis über das Schicksal der Geiseln aus und teilt mit, daß er die Zentrale über Funk gebeten hat, ein Sondereinsatzkommando zu schicken.

Alle drei Interviews zeichnen sich durch ihre Unmittelbarkeit aus. Wenn der Junge auch nur wenig über das eigentliche Geschehen beisteuern konnte, so hat seine Aussage dem Zuschauer doch den Eindruck vermittelt, dabeigewesen zu sein. So schwach das Interview mit ihm inhaltlich auch war, es war doch immer noch besser, als gar keines.

Das Interview mit der älteren Dame war von allen dreien das stärkste. Es war unmittelbar und so authentisch, daß es dem Fernsehzuschauer wirklich an die Nieren gehen konnte und er die Angst und Panik, die ein solches Ereignis hervorruft, selbst zu spüren bekam. Die Worte der Frau sagten mehr aus, als bloße Fakten. Sie sprachen das Gefühl an und machten den Zuschauer zum Beteiligten.

Das Interview mit dem Einsatzleiter gab der Berichterstattung einen Hauch von Autorität. Es vermittelte dem Zuschauer das Gefühl, selbst zum Kreis der Entscheidungsträger zu gehören und an Insider-Informationen zu gelangen, die nicht einmal den Zuschauern vor Ort zugänglich waren.

Ein erfahrener Regisseur versucht, die Vor-Ort-Interviews möglichst so zu stellen und einzurichten, daß von der Atmosphäre des Schauplatzes soviel wie möglich eingefangen wird, um das Interview visuell aufzuwerten. Manchmal schaffen übereifrige Regisseure auch künstlich Hintergrundatmosphäre und versuchen, visuelle Attraktivität dadurch herzustellen, daß sie längst beendete Ereignisse für die Kamera nachstellen. Viele Verantwortliche verbieten derartige Praktiken allerdings.

Die meisten außerhalb des Studios geführten Interviews werden unter weit weniger spektakulären Umständen eingerichtet und aufgezeichnet, als es bei dem Blutbad im Supermarkt der Fall war. Für alltägliche Routine-Interviews wird schon aus Kostengründen normalerweise kein Regisseur vor Ort geschickt. Weil aber mit nur einer Kamera aufgezeichnete Interviews ein unverzichtbarer Teil der modernen Fernsehberichterstattung sind, wollen wir uns kurz mit ihnen beschäftigen, auch wenn sie nur selten in den Aufgabenbereich eines Regisseurs fallen. Als angehender Regisseur können Sie sich unversehens auch in der Rolle eines Kameramannes, eines Interviewers oder Redakteurs wiederfinden. Die Kenntnis dieser grundlegenden Inszenierungsform könnte sich dann als sehr nützlich erweisen.

Wenn ein Interview mit nur einer Kamera aufgezeichnet wird, ist es sehr

Teil 3 ∎ Non-Fiction

wichtig, für eine gewisse Flexibilität beim Schnitt zu sorgen. In jedem Interview gibt es Worte, Sätze oder längere Passagen, die unwichtig oder verwirrend sind und von den wichtigen und interessanteren Gedanken ablenken. Es ist deshalb notwendig, diese überflüssigen Passagen später herausschneiden zu können. Das ist aber nur möglich, wenn jemand schon bei der Aufnahme an die Arbeit des Cutters denkt.

Die Hauptschußrichtung für die Kamera ist natürlich die auf die interviewte Person. Eine zweite Einstellung, die gewöhnlich den Interviewer zeigt, gibt dem Cutter etwas zum Gegenschneiden, so daß er nicht benötigtes Material herausnehmen kann. Dafür dreht der Kameramann, nachdem das Interview beendet ist, normalerweise einen Gegenschuß, einen Schuß über die Schulter des Interviewten auf den Interviewer. Wenn die interviewte Person für die Aufnahme dieses Gegenschusses nicht bleiben kann (oder will), macht der Kameramann in der Regel eine Großaufnahme vom Interviewer allein, der so tut, als reagiere er auf Äußerungen seines in Wirklichkeit längst verschwundenen Gegenübers. Damit hat der Cutter Gegenschnittmaterial, um das Interview inhaltlich zu straffen und zu kürzen. Es widerspricht nicht dem journalistischen Berufsethos, solche Aufnahmen nachträglich zu stellen. Sie verändern weder das Gesagte noch die sich daraus ergebenden Schlußfolgerungen in irgendeiner Weise.

Auch wenn Äußerungen einer wichtigen Persönlichkeit aufgezeichnet werden, ist Flexibilität für den Schnitt notwendig, da in Nachrichtensendungen normalerweise nur einige wenige Sätze verwendet werden. Deswegen drehen erfahrene Kameracrews immer auch sach- oder themenbezogenes Zwischenschnittmaterial, Einstellungen vom Publikum, das applaudiert oder zuhört, oder von Presseleuten, die den Redner photographieren. Eine sehr weite Totale kann denselben Zweck erfüllen, da aus großer Entfernung die Lippenbewegungen des Redners nicht mehr wahrgenommen werden, so daß der Cutter mogeln und ihm eine andere Passage in den Mund legen kann.

Im Studio

Das Grundmuster der Vorbereitung bleibt für einen Regisseur im Prinzip immer das gleiche, auch wenn es in der Praxis von Sender zu Sender und von Redaktion zu Redaktion variiert. Normalerweise erhält der Regisseur seinen Ablauf zwei bis drei Stunden vor der Sendung. Dieser Ablauf (Abb. 11.1) gibt einen ersten Überblick über die einzelnen Studio- und MAZ-Beiträge, er ist ein Planungsentwurf, der eine Flut von Informationen zusammenfaßt. Der Ablauf bei KNBC enthält zum Beispiel folgende Angaben:
1. Die Seitennummer des Beitrages in der Lage

2. Liegt der Beitrag als MAZ vor, auf welchem Einspielweg (A, B, C, D) gelangt sie zum Bildmischpult
3. Das Thema
4. Produktionsdetails, zum Beispiel Fenster/Zweiereinstellung
5. Den Namen des Moderators, der die Meldung oder die Anmoderation spricht
6. Die Bezeichnung der Graphiken und auf welchem Zuspielweg (X oder Y) sie zum Bildmischpult kommen
7. Die ungefähre Länge des Beitrags
8. Den Namen des Autors

Sobald der Ablauf vorliegt, kann der Regisseur beginnen, den Einsatz seiner Kameras zu planen. Dabei geht er von der gegebenen Studiodekoration und den Standardabläufen aus: Er weiß, wie und wo jeder sitzt oder steht und wo bestimmte Programmpunkte stattfinden. Er notiert sich die geplanten Kameraeinstellungen im Ablauf, um sie später in seine Lage zu übertragen.

Wie wir in Kapitel 9 bereits erfahren haben, werden Kameras normalerweise über Kreuz eingesetzt. Kamera 1 (links) nimmt also den Akteur rechts auf, Kamera 3 (rechts) die Akteure auf der linken Seite. Kamera 2, die mittlere Kamera, macht meist die Zweiereinstellungen. Wenn eine andere Person dazukommt, der »Wetterfrosch« oder der Sportmoderator zum Beispiel, dann zieht Kamera 2 auf, um sie mit ins Bild zu nehmen, und Kamera 1 und 3 machen die großen Einstellungen.

Nehmen wir einmal an, daß der Mann aus der Wetterredaktion (wir wollen ihn Mario nennen) von rechts (immer von der Kamera aus gesehen) hereinkommt und sich neben die beiden Nachrichtenmoderatoren setzt. Kamera 2 zieht dann auf zu einer Dreiereinstellung, und Kamera 1 macht die Großaufnahme von Mario. Vielleicht verlangt der Regisseur von Kamera 3 zur Ergänzung eine Zweiereinstellung der links sitzenden Personen (der beiden Stammmoderatoren der Sendung), damit er zwischen der Zweiereinstellung der Moderatoren und der Einzeleinstellung von Mario hin- und herschneiden kann (Abb. 11.2).

Der sich anschließende Programmpunkt kann die Auflösung komplizieren. Nach dem kurzen Gespräch mit den Moderatoren wird Mario aufstehen und zur Wetterecke hinübergehen. Die »Wetterecke« ist nichts anderes als ein einfarbig gestrichenes Stück Wand, das als Stanzhintergrund für die Wetterkarte dient. Bei vielen Sendern ist diese Wand blau, bei KNBC hat man sich für Grün entschieden, hauptsächlich deswegen, weil Blau als Augenfarbe und in der Kleidung der Moderatoren häufig vorkommt. In

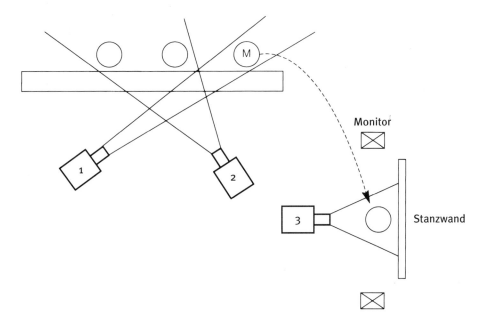

Abbildung 11.2 Die Kameras 1 und 2 decken das Gespräch zwischen Mario (M) und den Nachrichten-Moderatoren ab, bevor er sich vor die Wetter-Stanzwand begibt. Die Monitore, auf denen Mario die Graphiken, die hinter ihn gestanzt werden, sehen kann, stehen außerhalb des Bildes von Kamera 3.

Produktionsseminaren wird genau erklärt, wie eine solche Stanze funktioniert: Die Farbe des Hintergrundes wird durch ein anderes Bild, das entweder von einer weiteren Kamera, von einer MAZ oder aus dem Bildspeicher kommt, ersetzt.

Im Wetterteil der Nachrichtensendungen werden Graphiken, beispielsweise Wetterkarten, üblicherweise in den Hintergrund des Meteorologen hineingestanzt. Allerdings kann er die Karten auf der Wand hinter sich nicht sehen. Aus diesem Grund müssen links und rechts von der Kamera außerhalb des Bildes **Monitore** aufgestellt werden, mit deren Hilfe er sich in den Karten orientieren kann. Im allgemeinen wechselt der Regisseur die Graphiken hinter dem »Wetterpropheten« auf ein vereinbartes Stichwort hin. Läßt sich der Moderator aber zuviel Zeit, beschleunigt der Regisseur, indem er die Graphiken schneller wechselt und der Moderator sich beeilen muß, um mitzuhalten.

Nehmen wir an, die Wetterecke liegt ganz rechts. Wenn Kamera 3 Mario in der Wetterecke aufnehmen soll, müssen Kamera 1 und 2 die vorherigen Aktionen allein abdecken. Der Regisseur muß dem Mann an Kamera 3 einen Augenblick Zeit geben, um sie zur Stanzwand umzudrehen und einzurichten, und beschränkt sich deswegen für die Auflösung der Plauderei zwischen Mario und den Nachrichten-Moderatoren auf die Kameras 1 und 2. Weil Kamera 3 Mario *nicht mit einem Schwenk* in die Wetterecke bringen kann (die Wand ist ja leer, wie wir wissen), schneidet der Regisseur in der Regel in Kamera 3 mit der eingestanzten Wetterkarte um und läßt Mario dann in dieses Bild hineingehen.

Sobald die vorläufige Fassung der Lage ausgeteilt ist, überträgt der Regisseur seine Kameraeinrichtung auf die einzelnen Blätter. Wie bereits erwähnt, sind manche Seiten unvollständige Platzhalter, die später durch vollständig ausgefüllte Blätter ersetzt werden. Platzhalter enthalten Seitennummer, Titel und vorgegebene oder geschätzte Länge. Daß eine Lage zu Beginn der Sendung nur selten komplett ist, muß den Regisseur normalerweise nicht groß kümmern, da er die meisten notwendigen Angaben seinem Ablauf entnehmen kann – und die Kameraeinrichtung ist nach diesen Angaben festgelegt.

Zusätzlich zu den Kameraeinstellungen und den einzelnen Schauplatzänderungen markiert der Regisseur auch die Stellen in den Moderationen, an denen eine MAZ abgefahren wird. Vor Jahren, als die Nachrichtenbeiträge noch auf Film gemacht wurden, gab es Vorlaufzeiten zwischen fünf und zehn Sekunden. Diese Zeiten hatte der Regisseur in den Moderationstexten genau zu timen; bei beispielsweise fünf Sekunden Vorlauf mußte er fünf Sekunden, bevor der Moderator mit seinem Text fertig war, den Film abfahren, damit die Maschine ihre volle Geschwindigkeit erreicht hatte und er, sobald die Anmoderation beendet war, sofort auf das erste Bild umschneiden konnte. Damals probte ein Regisseur oftmals jede einzelne Moderation mit dem Sprecher und stoppte die Texte mit der Stoppuhr, um den exakten Zeitpunkt zu ermitteln, an dem er den Film abfahren mußte. Heute benötigen die MAZ-Maschinen keine Anlaufzeit mehr, sondern sprechen sofort an. Deshalb sind solche Proben überflüssig geworden. Der Regisseur kann eine MAZ abfahren und unmittelbar danach auf sie umschneiden.

Vor jeden Beitrag hängen die Cutter routinemäßig einen **Startvorspann.** Auf diesem Vorspann sind die fünf Sekunden vor dem ersten Bild mit den Zahlen fünf bis eins gekennzeichnet. Sicher hat jeder schon einmal solche Zahlen im Fernsehen gesehen, wenn der Bimi versehentlich zu früh auf die MAZ umgeschnitten hat.

In Nachrichtensendungen wird die MAZ in der Regel mit einem 1-Sekunden-Start vorgelegt, manchmal (wenn der Anfang keinen Ton enthält, der verloren gehen könnte) auch gleich das erste Bild. Der Regisseur kann dann die MAZ genau am Ende der Moderation, auf dem letzten Wort, abfahren, und der Übergang von der Moderation zum Beitrag klappt nahtlos.

Liegt das Band mit einem 1-Sekunden-Start vor, ist auf dem Kontroll-monitor in der Regie die »1« vom Vorspann zu sehen. Die MAZ wird auf das Zeichen des Regisseurs hin abgefahren, er »klingelt ab« oder startet die Ma-schine selbst per Knopfdruck (er »drückt ab«). Eine Zuspielung von außen (zum Beispiel von einem Ü-Wagen oder einer anderen Fernsehstation), wird über eine Kommandoleitung, die sogenannte »Vierdraht«, abgerufen.

Manchmal sind die Ziffern 2 und 1 im Startvorspann auch nicht enthal-ten, das Band ist dort durchgängig schwarz. Das ist eine Vorsichtsmaßnahme für den Regisseur und den Bimi. Wenn bei einem 3-Sekunden-Start (früher bei **U-Matic**-Maschinen üblich) versehentlich zu früh auf die MAZ um-geschnitten wird, huscht keine auffällige Zahl über den Bildschirm, sondern es ist für einen kurzen Augenblick »nur schwarz« zu sehen.

Bei einem Startvorlauf von drei Sekunden verläßt sich der Regisseur beim Markieren der Stellen für das Abfahren einer MAZ in der Regel auf sein Gefühl und seine Erfahrung, wie schnell der jeweilige Moderator spricht (3 Sek. entsprechen in etwa einer Zeile Sprechtext). Dazu markiert er im Moderationstext seiner Lage das jeweilige Stichwort.

In der Regie

Ein Regieraum hat etwas Beeindruckendes. Selbst alte Hasen werden immer wieder gepackt von Aufregung, Ehrfurcht und gespannter Erwartung.

In der Regie von KNBC-News hat der Regisseur eine Wand mit sechs-undfünfzig Monitoren vor sich, jeweils vierzehn nebeneinander und vier übereinander. Vier Monitore zeigen die Bilder der vier Studiokameras. Die Kameras 1, 2 und 3 sind für die Moderationen zuständig, Kamera 4 photo-graphiert normalerweise die Graphiken, Photos und Titel, die nicht aus dem Bildspeicher oder dem SG kommen.

Die vier Einspielwege der MAZ sind absichtlich mit Buchstaben – An-ton, Berta, Cäsar und Dora (A, B, C und D) – bezeichnet und nicht mit Zif-fern, damit es nicht zu Verwechslungen mit den Nummern der Kameras kommt. Graphiken (mit denen das Fenster gefüllt wird) kommen auf den Zuspielwegen X und Y zum Bildmischpult. Andere Monitore zeigen Zu-spielungen von außen, es gibt Vorschaumonitore für die unterschiedlichen Mischebenen und, in der Mitte, den Monitor für den Sendeausgang (SAUS oder LINE).

Einer der wichtigsten Ausrüstungsgegenstände einer Fernsehregie ist der Timer, eine elektronische Uhr mit mehreren digitalen Anzeigen für die normale Zeit (Realtime) und weitere Funktionen, die eine eigens zu ihrer Bedienung abgestellte Person steuert. Angezeigt werden die ablaufende wie die auflaufende Sendezeit sowie, als Allerwichtigstes, die auflaufende und die ablaufende Zeit eines jeden MAZ-Beitrages. Vor der Sendung wird für jeden Beitrag die exakte Länge in den Timer eingegeben und die Funktion dann jeweils beim Abfahren einer MAZ von demjenigen, der die Uhr bedient, oder vom Regisseur selbst aktiviert (meist liegt der Knopf für den Start der Uhr in der Nähe des Knopfes, mit dem die MAZ gestartet wird, so daß beide Knöpfe gleichzeitig und mit einer Hand bedient werden können). Die Hauptanzeige der Uhr befindet sich in der Regel in der Mitte der Monitorwand, unmittelbar vor dem Regisseur und dem Bimi. Darüber hinaus gibt es meist Tochteranzeigen am Regiepult, am Redakteursplatz und in der Tonregie. Eine Anzeige ist auf jeden Fall im Studio angebracht, zusammen mit einem Monitor in einer Konsole vor den Moderatoren oder auf einem fahrbaren Monitorständer.

Rechts vom Regisseur sitzt der Bildmischer. Ganz links befindet sich die Tonregie, von der Bildregie, in der es laut zugeht, durch eine Glastür abgetrennt. Der CvD sitzt hinter dem Regisseur ebenfalls in einem Glaskasten. Ein Aufnahmeleiter im Studio sorgt für die Verbindung zwischen Regisseur und Akteuren. Er gibt den Moderatoren Startzeichen, zeigt die Zeiten an und gibt ihnen, wenn sie nicht im Bild sind (zum Beispiel, wenn eine MAZ läuft), Anweisungen des Regisseurs weiter. Der Regisseur kann seine Anweisungen auch direkt über den Studiolautsprecher geben.

Während der Sendung kontrolliert der Regisseur vom Regiepult aus auch die Bedienung des TelePrompters, die zeitgenaue Umschaltung auf die Werbeblöcke, gibt die Zeichen für das Wechseln der Graphiken, sagt dem Außenreporter über die Vierdraht seine Anfangszeit durch und ist außerdem für die Einhaltung der Zeiten während der Sendung verantwortlich. Das ist ziemlich viel auf einmal. In manchen Sendeanstalten sitzt links neben dem Regisseur ein Regieassistent, der ihm einen Teil dieser Arbeit abnimmt. Ein guter und effektiver Regieassistent muß im Prinzip die gleichen Qualitäten besitzen wie ein guter Ablaufregisseur.

Magnetaufzeichnung (MAZ). Die meisten MAZ-Beiträge sind mit Ton versehen, mit Musik, Geräuschen und/oder gesprochenem Text, und zwar in der Regel vom Anfang bis zum Ende des Beitrags. Manche Beiträge bestehen aber auch nur aus Bild, und ein Moderator spricht live und »im Off« einen Kommentar dazu. Dieser Kommentar-Ton wird als »live-off« bezeichnet. Eine dritte Kategorie von Beiträgen hat nur auf einem Teil des Bandes einen Ton (meist den **O-Ton** eines Interviewten), der mitten im Stück beginnt, irgendwann abbricht oder bis zum Ende durchläuft. Diese »ungemischten« Beiträge, in denen der Ton irgendwo einsetzt und wieder abbricht, während das Bild des Beitrags weiterläuft und der Moderator im Off seinen Kommentar darüberspricht, sind für den Regisseur die komplizierteren Fälle und recht nervenaufreibend. In der Regel findet die **Mischung** von O-Ton und Kommentar-Ton vor der Sendung statt, im Anschluß an den Schnitt und in einem eigens dafür eingerichteten kleinen Tonstudio.

Ungemischte Beiträge erfordern von allen Beteiligten – Regisseur, Moderator und Toningenieur – ein Höchstmaß an Konzentration. Wenn zum Beispiel der O-Ton in einem Beitrag bei Sekunde 18 beginnt, muß der Regisseur den Toningenieur vorwarnen für den O-Ton bei Sekunde 18. Ein guter Toningenieur benötigt eigentlich keine Vorwarnung, denn auf dem Blatt in seiner Lage steht ganz genau, wann der O-Ton zu hören sein soll. Aber der gewissenhafte Regisseur überläßt nichts dem Zufall (er trägt immer Gürtel *und* Hosenträger).

Die Vorwarnung bereitet den Toningenieur darauf vor, »den Hahn aufzumachen« (den Regler für die Tonspur der MAZ hochzuziehen). Jetzt zeigt sich auch, ob der Moderator seinen Text richtig auf die O-Ton-Zeit berechnet hat und mit dem Kommentar endet, kurz bevor der O-Ton beginnt. Kommen in einer Sendung mehrere ungemischte Beiträge vor (was öfter passieren kann), wird die Konzentrationsfähigkeit und das Zusammenspiel der Mannschaft ordentlich auf die Probe gestellt.

In der Lage gibt es für jeden MAZ-Beitrag eine Seite, auf der **Länge** und **Letzte Worte (L.W.)** aufgeführt sind (Abb. 11.3). Es ist wichtig, daß von der jeweiligen MAZ auf eine andere Bildquelle umgeschnitten wird, bevor sie, was ziemlich amateurhaft aussehen würde, ins Schwarze läuft. Professionell gemachte Beiträge sind mit einem **Bildüberhang (BÜ)** von zwei oder drei Sekunden ausgestattet, um solche Pannen zu verhindern. Die letzten drei oder vier gesprochenen Worte im Ton werden normalerweise in der Lage angegeben, wenn nötig wird auch das letzte Geräusch vermerkt (zum Beispiel: Autotür schlägt zu) oder die Angabe lautet »Musik«. Die Letzten Worte sind für den Regisseur und den Bildmischer das Stichwort, auf eine andere Bildquelle umzuschneiden, für den Toningenieur, diese Tonquelle zu schließen und eine andere zu öffnen, und gegebenenfalls für den Moderator, danach mit der nächsten Moderation zu beginnen.

Timing. In vielen Live-Sendungen trägt der Regisseur allein die Verantwortung für die Einhaltung der genauen Sendezeit, nicht so bei den Nachrichten. Entweder ist der Aufnahmeleiter dafür zuständig oder, meistens, der für die Sendung zuständige Redakteur, der CvD also. (Bei »Entertainment Tonight« gibt es einen »script superviser«, einen Ablaufkontrolleur sozusagen, der die Einhaltung der Sendezeit überwacht.) Aber auch dann sollte der Regisseur

Kapitel **11** ▌ Die Nachrichten

```
Sendungs-Nr.: 213/97              Soll-Länge: 00:28:00, real: 00:26:40 (h:m:s)
Prod.-Nr.:    467/00825           Rest-Zeit: +00:01:20

Moderator     Co-Moderator    Schlußredakteur    Filmschichtleiter
von Lojewski   Wolf           Riemann            Hess
```

E N D G Ü L T I G E R   A B L A U F :

				21:45:00
1	TOTALE	Uhr + ASTON + Senkel		00'00''
				21:45:00
2	BETA	Vorspann		00'10''
				21:45:10
3	M A Z	Einstimmung: Lafontaine zu Weizsäcker	(Bonn)	00'30''
4	MOD	Begrüßung & ÜL von Sobeck		00'50''
5	M A Z	von Sobeck: Kanzler-Etat 98	(Bonn)	
6	MOD	ÜL News		00'05''
				21:51:05
7	RED BB GRAFIK	Wirtschaftswachstum		00'25''
				21:51:30
8	RED BB GRAFIK	Staatsdefizit		00'25''
				21:51:55
9	RED BB GRAFIK	Hinweis "Was nun?"		00'25''
				21:52:20
10	RED BB GRAFIK	Daimler		00'25''
				21:52:45
11	M A Z+RED	c DOW / BUNA	(Magdeburg)	00'25''
				21:53:10
12	M A Z+RED	c Urteil Grenzer	(Magdeburg)	00'20''

```
              vom 10.09.97 um 19:27:21 Uhr, Seite 1
```

Abbildung 11.3 Ablauf der ZDF-Sendung »Heute-Journal«, Mittwoch, 10.9.1997, 21:45. Arbeitsexemplar mit Notizen.

besser nichts dem Zufall überlassen. Er timt den Ablauf so sorgfältig wie möglich vom Ende her, rechnet also rückwärts, wobei er die voraussichtlichen Längen der noch nicht sendefertigen Beiträge einkalkuliert. Der Begriff der **Rückrechnung** ist vom Rundfunk übernommen worden. Der Regisseur muß bei diesem Verfahren mit bekannten und unbekannten (oder geschätzten) Faktoren rechnen. Im Idealfall, wenn die Lage vollständig ist, steht für jede

13	RED+MAZ BB GRAFIK	Bosnien-Treffen	(E-W/RTS)	21:53:30
				00'30''
				21:54:00
14	MOD	ÜL Schulz		00'50''
				21:54:50
15	MAZ	Schulz: Albright in Israel	(Tel Aviv)	03'00''
				21:57:50
16	MOD	ÜL Bitz		00'50''
				21:58:40
17	MAZ	Bitz: Sprachtherapeuten v.d. Petitions-Ausschuß (Ztr.)		03'30''
				22:02:10
18	RED+MAZ CT	Di-Ermittlungen	(E-2/WIN)	00'25''
				22:02:35
19	MAZ+RED	Jan Ullrich	(Berlin)	00'25''
				22:03:00
20	RED+GRAFIK CT	Lotto		00'40''
				22:03:40
21	RED+GRAFIKEN CT BÖRSE	Börse		00'45''
				22:04:25
22	MAZ+RED	Unwetter Azoren	(E-1/PTRTP)	00'20''
				22:04:45
23	MOD	ÜL Schnaar		00'50''
				22:05:35
24	MAZ	Schnaar: Fußball-Länderspiel	(Ztr.)	02'00''
				22:07:35
25	MOD	ÜL Fornoff		00'50''
				22:08:25
26	MAZ	Fornoff: Rodman trifft Backstreet-Boys	(Berlin)	03'00''

...and vom 10.09.97 um 19:27:21 Uhr, Seite 2

Abbildung 11.3 *(Fortsetzung)*

MAZ sowie für die Werbeblöcke die exakte Länge fest, außerdem sind die Längen des Vor- und des Abspanns bekannt. Die Zeiten für die Moderationen und die Improvisationen der Moderatoren bleiben immer eine Größe, die nur geschätzt werden kann.

Bei der Rückrechnung wird am Ende, bei der genauen Ausstiegszeit für die Sendung, begonnen. Von dort aus wird errechnet, wann der Abspann

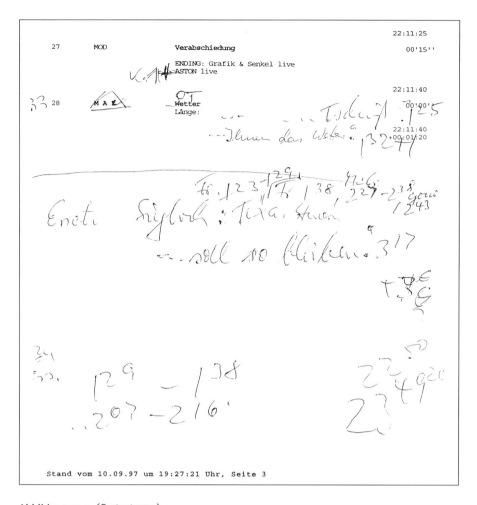

Abbildung 11.3 *(Fortsetzung)*

abgefahren werden muß, und so weiter, Punkt für Punkt bis zum Anfang. So genau wie möglich wird festgelegt, wann jeder Studio- oder MAZ-Beitrag beendet sein muß. Diese Soll-Zeiten werden in die Lage eingetragen und während der Sendung mit den Ist-Zeiten verglichen.

Jede Sendung besitzt in sich eine gewisse zeitliche Elastizität. Viele Studio-Timer haben einen Knopf, mit dem die Anzeige der auflaufenden Zeit eines Beitrags auf seine genaue Endzeit (entweder nach Realzeit oder nach Sendezeit, je nachdem, in welcher Zeit gerechnet wird) umzuschalten ist. So kann die tatsächlich zu erwartende Endzeit, noch während der Beitrag läuft, mit der Soll-Zeit verglichen werden. Falls erforderlich kann dann der Ablauf durch Eingriffe in den nachfolgenden Punkten angepaßt werden: Beiträge werden rausgeworfen oder ein bereits bereitliegender Reservebeitrag wird hineingenommen, Moderationen werden gestrichen, gekürzt oder verlängert.

Vor allem der letzte Punkt eines Nachrichtenablaufs gewährt in der Regel eine gewisse Flexibilität. Er läßt sich ausweiten oder abkürzen, je nachdem, was die Uhr verlangt. Bei KHJ-TV wird gewöhnlich der Nachtrag von aktuellen Sportergebnissen als Puffer benutzt. Wenn das Programm sehr gedehnt werden muß, stellt der Moderator dem Kollegen vom Sport einfach noch ein paar Fragen. In anderen Sendungen liegen als zusätzliche Anpassungsmöglichkeit, um die Sendung pünktlich zu beenden, zwei verschiedene Versionen des Abspanns vor, ein langer und ein kurzer.

Facetten einer Arbeitsplatzbeschreibung

Eine der häufigsten Fragen, die einem Profi von Regieaspiranten gestellt wird, ist die: »Wie haben Sie es geschafft, in diesen Beruf hineinzukommen?« Einen Einstieg in den Beruf kann man auf verschiedene Weise finden. Um ein paar Einblicke zu vermitteln, nehme ich im folgenden die Karriere von vier Regieprofis aus der Nachrichtensparte etwas näher unter die Lupe: Zwei von ihnen arbeiten bei Lokalstationen, einer bei einem überregionalen Sender und einer leitet ein bekanntes Nachrichtenmagazin.

Gene Leong führt Regie in den 17:00-Uhr- und den 23:00-Uhr-Nachrichten bei KNBC in Los Angeles. Während des Studiums belegte er an der San Francisco State University Fernseh- und Filmkurse. Beim Militärdienst hatte er in einer Abteilung für psychologische Kriegsführung Gelegenheit, eine zusätzliche Fernsehausbildung zu absolvieren. Aus der Armee entlassen, erhielt er einen Job bei einer kleinen Filmgesellschaft in San Francisco, bei American Zoetrope (der Produktionsgesellschaft von Francis Ford Coppola). Er fing als Aushilfe an, machte Botengänge, erledigte öde Jobs, stellte Fragen und stopfte seinen Kopf voll mit allem, was er über Filmproduktion in Erfahrung bringen konnte.

Mit diesem Background gelang es ihm, einen Job bei KGO-TV in San Francisco an Land zu ziehen, zunächst als Aufnahmeleiter, dann als Regieassistent. Später sprang Gene ein, wenn die festangestellten Regisseure ihren Sommerurlaub nahmen, und führte bei diesen Gelegenheiten Regie in vielen Programmgenres, von der Kochshow bis zur Kindersendung.

Er wechselte dann als Realisator und Regisseur zu KQED, einer PBS-Station in San Francisco, und ging schließlich nach Los Angeles, wo er glaubte, wegen des größeren Marktes die besseren Chancen zu haben. Gene arbeitete

Kapitel 11 ▌ Die Nachrichten

als freiberuflicher Regisseur bei Sportsendungen und inszenierte in dieser Zeit auch einige **Sitcoms**. Schließlich fand er seinen Weg zu KNBC, wo er sich jetzt auf die lokalen Nachrichtensendungen spezialisiert hat. Hin und wieder hat er Gelegenheit, in aktuellen Sendungen der Mutteranstalt Regie zu führen.

Gene Leong ist bei seiner Arbeit freundlich, leise, zurückhaltend, geschickt und ungeheuer penibel. Jeden Aspekt seiner Nachrichtensendung überprüft er doppelt und dreifach. Er hat die Erfahrung gemacht, daß sich in der Hektik dieser Arbeit sehr leicht Fehler einschleichen können. Danach gefragt, was ein erstklassiger Ablaufregisseur mitbringen muß, antwortete er: »Die Fähigkeit, schnell zu denken – und, wenn nötig, zu improvisieren.«

Chris Stegner ist der Regisseur der 21:00-Uhr-Nachrichten bei KHJ-TV in Los Angeles, ein gutaussehender Mann Mitte Dreißig, der sich klar auszudrücken weiß. Seinen Weg ins Showbusiness begann er an der Universität von Wisconsin, wo er im Hauptfach Fernsehen und Film studierte. Kurz nach seinem Abschluß gelang es ihm, einen Job bei UHF, einer kleinen Fernsehstation im Raum Chicago, zu finden. Mit etwas Berufserfahrung auf dem Buckel kam er dann später nach Los Angeles, wo er hauptsächlich als Sportregisseur arbeitete. Die Anforderungen an den Regisseur beim Sport, meint er, seien denen bei den Nachrichten bemerkenswert ähnlich, vor allem die Notwendigkeit, schnell zu reagieren und aus dem Stegreif zu handeln. Nach einiger Zeit ging Chris Stegner zu den Nachrichten. Sein Auftreten im Regieraum ist, wie das von Gene Leong, leise und zurückhaltend, er gibt seine Anweisungen ruhig, klar und präzise.

Jay Roper ist Nachrichtenregisseur bei NBC. Er ist für Berichte und aktuelle Meldungen von der Westküste zuständig. Jay studierte Telekommunikation an der UCLA (University of California, Los Angeles). Schon als Student erhielt er einen Job bei NBC – als Page. Ein Page arbeitet in der Abteilung, die für die Gästebetreuung zuständig ist. Er führt Besucher herum, weist dem Publikum von Quiz- und Gameshows den Weg in die Studios und ist Laufbursche für verschiedene andere Abteilungen des Senders. Es ist ein Einstiegsjob, bei dem man Leute aus allen Arbeitsbereichen kennenlernen kann. Viele Topmanager der NBC haben irgendwann einmal als Page dort angefangen.

Jay betont, wie wichtig es für Studenten ist, schon während des Studiums einen Job in der Unterhaltungsindustrie zu finden. Man hat dann bereits einen Fuß in der Tür, wenn man die Hochschule verläßt.

Er selbst arbeitete zwei Jahre lang als Page, dann wurde ihm eine Arbeit in der Verwaltung der NBC angeboten. Die stumpfsinnige Tipperei von Formularen ging ihm bald auf die Nerven. Er wechselte in die Lizenzabteilung, wurde aber auch dort nicht glücklich. Er spürte, daß er eigentlich in die

Produktion gehörte. Er lag den Managern der Produktionsabteilung in den Ohren, aber die Aussichten waren eher trübe. Schließlich hatte er Erfolg und eroberte sich einen Job als Aufnahmeleiter bei einem Lokalsender (damals KRCA). Fünf Jahre arbeitete Jay als Aufnahmeleiter und Regieassistent, bis er zum Regisseur befördert wurde.

Ein oder zwei Jahre später stand Präsident Nixons erste Pressekonferenz an der Westküste im Programmplan. Der Nachrichtenregisseur der Anstalt war in Urlaub. Ein NBC-Manager fragte Jay, ob er nicht die Regie führen wolle. Jay verschlug es fast die Sprache, aber er nahm an. Zwar hatten ihm, wie er in einem Interview bekannte, die Knie »fürchterlich geschlottert«, aber alles lief wunderbar. Am nächsten Morgen fragte ihn der Sender, ob er nicht regulär als Regisseur bei NBC arbeiten wolle.

Jay Roper hat zwölf Jahre lang als Regisseur NBC-Nachrichten »gefahren«. Als ich ihn fragte, welche Eigenschaften man in seinem Beruf brauche, antwortete er: »Jeder von uns ist ein verhinderter Schauspieler. Wenn wir nicht vor der Kamera stehen können, tun wir eben das Nächstbeste!«

Wayne Parsons, Emmy-Preisträger, ist der **Technische Leiter** und Bildmischer der halbstündigen Sendung »Entertainment Tonight«, die an sechs Tagen in der Woche ausgestrahlt wird. Ich nehme ihn in diese Reihe mit auf, weil Wayne in der Sendung manchmal Regie führt, wenn die regulären Regisseure Urlaub haben oder mit einer anderen Sendung beschäftigt sind.

Noch als er das Roanoke College in Virginia besuchte, erhielt Wayne einen Job beim lokalen Fernsehsender (WRFT) und »durfte Kameras schieben«. Für ein paar Dollar jobte er zehn Stunden pro Woche. Da er sich für alles interessierte, hing er viel im Sender herum und versuchte, soviel wie möglich vom Betrieb mitzubekommen. Er lernte, mit einem Bildmischpult umzugehen, und entwickelte sich schließlich zum besten Bildmischer im Haus. Nach seinem College-Abschluß nahm er eine volle Stelle als Bildmischer an. Ein paar Monate später versetzte ihn die Leitung des Senders in die Spätschicht, was einer Beförderung gleichkam, denn dort war er an den wichtigen Sendungen beteiligt.

Dreieinhalb Jahre blieb Wayne bei WRFT, dann ging er in die Werbung. Aber dort fehlte ihm das Aufregende, das Unmittelbare des Live-Fernsehens. Also schrieb er an jeden Sendeleiter in ganz Virginia einen Brief, in dem stand: »Ich habe gehört, daß seit kurzem in Ihrer Belegschaft die Stelle eines Regisseurs neu zu besetzen ist, und möchte mich um diese Stelle bewerben.« Wayne erhielt eine einzige Antwort, hatte ein Vorstellungsgespräch, und der Job gehörte ihm. Sein Rat für jeden, der Regisseur werden möchte: »Wenn du Glück haben willst, dann mußt du etwas tun, damit das Glück zu dir kommt, du mußt dein Glück *machen*. Du mußt auch mal ein Risiko ein-

Kapitel 11 ▮ Die Nachrichten

gehen.« Wie Jay Roper ist er der Ansicht, daß Studenten bereits *vor* ihrem Abschluß einen Fuß im Geschäft haben sollten.

Wayne Parsons meint, für einen Ablaufregisseur sei es besonders wichtig, die Fernsehtechnik zu kennen und zu wissen, wie sie funktioniert. Bücher über die elektronischen Wunderwerke, mit denen ein Regieraum vollgestopft ist, seien in jeder guten Bibliothek zu finden. Wer Regisseur werden will, solle mit Ingenieuren reden, Handbücher lesen und an Hersteller schreiben. Wenn ein Student Grundkenntnisse in Mathematik und Physik besitzt, könne er siebzig Prozent des technischen Stoffes in diesen Büchern verstehen.

Wayne erzählt die Geschichte von Marty Passetta, einem renommierten Regisseur, der große Musikshows und die Oscar-Veranstaltungen leitet. Er führte mit einem jungen Mann, der sich bei ihm als Regieassistent für die Übertragung einer Oscar-Verleihung beworben hatte, ein Einstellungs- gespräch. Passetta fragt ihn beiläufig: »Wissen Sie, was ein Timecode ist?« Der vielversprechende junge Mann schüttelte verwirrt den Kopf, nein, davon habe er noch nie gehört. Naja, Passetta suchte sich dann einen anderen Regieassistenten. Er war der Ansicht, daß jemand, der nicht weiß, was ein Timecode ist – immerhin ein wesentliches technisches Hilfsmittel beim In- szenieren von Musiknummern –, wohl nicht der richtige Mann für den Job des Regieassistenten sein könne.

Für Wayne Parsons führt der wahrscheinlich beste Weg zur Regie über den Schnitt. Ein guter Regisseur braucht eine gute Auffassungsgabe, muß hellwach sein und ein ausgezeichnetes Gedächtnis für Bilder haben.

Zusammenfassung

- ■ Gute Nachrichtensendungen arbeiten so viel wie möglich mit visuellen Elementen. Für nationale und internationale Berichte erhalten die Tochterstationen großer Sendeanstalten Videomaterial über einen eigenen Satelliten. Wenn größere Ereignisse in ihrem Sendegebiet stattfinden, liefern Tochterstationen ihre Berichte via Satellit an die Mutteranstalt.
- ■ Unabhängige Fernsehstationen stützen sich in ihrer Berichterstattung über entfernte Ereignisse auf INDX (Austausch der Unabhängigen). Die Sender erhalten jeden Tag ungefähr vierzig Minuten an Sendematerial. Davon nutzen sie etwa zehn Prozent.
- ■ Bei den lokalen Fernsehsendern nimmt die lokale und regionale Berichterstattung den größten Raum ein. Diese Meldungen sind durch Videobeiträge visualisiert, die entweder von einer anderen Station übernommen oder von den eigenen EB-Teams geliefert werden. Die vor Ort arbeitenden Reportageteams übertragen ihre Berichte

direkt zur Fernsehstation oder zeichnen sie für die spätere Verwendung auf. Steht für eine Nachricht kein gedrehtes Bildmaterial zur Verfügung, greift die Redaktion auf Photos zurück, die neben dem Moderator eingeblendet werden.

- Eine Redaktionskonferenz entscheidet über die Reihenfolge, in der die Meldungen gesendet werden. Diese Planung ist allerdings relativ vorläufig und wird oft durch aktuelle Ereignisse über den Haufen geworfen. Sie wird in Form eines Ablaufplans, dem sogenannten Ablauf, allen Beteiligten zur Kenntnis gebracht. Darin ist jeder einzelne Beitrag und jede Moderation aufgeführt, jeder Mitwirkende benannt und die einzusetzenden visuellen Elemente bezeichnet. Die einzelnen Berichte sind in Blöcken zusammengefaßt, die durch Werbung voneinander getrennt sind.

- Die Tätigkeit des Regisseurs teilt sich in zwei Arbeitsbereiche: die Arbeit vor Ort und die Arbeit im Studio.

- Soll über ein Ereignis vor Ort berichtet werden, muß der Regisseur das Geschehen einschätzen und bewerten und herausfinden, wie dem Publikum die Situation am besten zu vermitteln ist. Oft tragen Interviews dazu bei, ein Geschehen zu personalisieren. Weil sie meist nur mit einer Kamera aufgenommen werden, wird normalerweise eine zweite Einstellung gedreht, die den Reporter zeigt, um Material zu haben, mit dem der Cutter unnötiges Gerede herausschneiden kann.

- Bei der Vorbereitung einer Nachrichtensendung beginnt der Regisseur in der Regel mit dem Studium des Ablaufs. Mit den darin enthaltenen Informationen kann er die einzelnen Kameraeinstellungen für die Sendung weitgehend festlegen.

- Die elektronische Uhr, der Timer, ist eines der wichtigsten Hilfsmittel der Regie. Sie wird vorprogrammiert und zeigt in der Bild- und Tonregie sowie im Studio die reale Zeit oder die Sendezeit sowie die auflaufende und die ablaufende Zeit eines Beitrags an.

- Wenn die »Lage« ausgeteilt wird, überträgt der Regisseur die Kameraeinstellungen auf die jeweiligen Seiten und fügt seine Zeichen für das Abfahren der MAZ hinzu. Wenn eine MAZ gezeigt werden soll, muß sie von der Technik mit einem bestimmten Vorlauf – in der Regel eine Sekunde – vorgelegt und vom Regisseur so rechtzeitig »abgedrückt«, »abgeklingelt« oder (bei Zuspielungen von außen) über die Vierdraht »abgerufen« werden, daß das erste Bild genau im Anschluß an die Anmoderation angeschnitten werden kann. Ein Vorspann vor jedem Beitrag ist mit Zahlen versehen, mit denen die Sekunden bis zum ersten Bild angezeigt werden. Beim Ein-Sekunden-Start muß auf dem Vorschau-Monitor eine Eins zu sehen sein, beim Drei-Sekunden-Start entsprechend eine Drei. Der Startvorlauf ist bei manchen MAZ-Maschinen technisch notwendig, damit sie ihre Gleichlaufgeschwindigkeit - erreichen können.

- Die meisten MAZ-Beiträge haben Bild und Ton. Es gibt aber auch Bilder ohne Ton und teilweise stumme Beiträge, die einen oder mehrere O-Töne enthalten. Da auf dem entsprechenden Blatt der Lage die genauen Ein- und Ausstiegszeiten angegeben sind, wissen Moderator, Toningenieur und Regisseur mit Hilfe der auflaufenden Uhr genau, wann ein Live-off-Kommentar gesprochen werden soll. Außer den Zeitangaben für O-Töne enthalten die einzelnen Seiten der Lage auch die Zeitangaben

Kapitel 11 ▌ Die Nachrichten

für Inserts oder den Wechsel von Graphiken. Zu jedem Beitrag gehört die Angabe der genauen Länge und der Letzten Worte (L.W.). Die Letzten Worte dienen dem Regisseur und dem Bildmischer als Stichwort für den Umschnitt auf eine andere Bildquelle, dem Toningenieur zeigen sie an, daß der Regler für eine andere Tonquelle aufzuziehen ist, und der Moderator weiß, daß danach seine nächste Moderation beginnt.

Übungen

1. Schreiben Sie einen Brief an den Redaktionsleiter einer lokalen Nachrichtensendung (oder an den Sendeleiter). Erklären Sie darin, daß Sie Regie studieren und gern einmal bei einer Sendung dabei sein möchten. Rufen Sie, bevor Sie schreiben, im Sender an und finden Sie Namen und Titel der Person heraus, an die Sie schreiben. Lassen Sie Ihrem Brief einen Anruf folgen.

2. Falls es bei dem einen Sender nicht klappt, versuchen Sie es bei einem anderen. Wenn Sie bei der Produktion einer Nachrichtensendung dabei sein dürfen, stellen Sie sich, falls das irgendwie möglich ist, dem Regisseur vor. Wenn Sie Student sind, laden Sie ihn ein, in einem Ihrer Seminare einen Vortrag zu halten. Falls daraus nichts wird, versuchen Sie, ihn zu interviewen. Schreiben Sie einen möglichst detaillierten Bericht über seinen Werdegang, wann es Probleme gab und was seine größten Erfolge waren. Fragen Sie ihn nach seinen Ratschlägen für Berufseinsteiger.

3. Gewinnen Sie einen konkreten Einblick in die Struktur einer Nachrichtensendung, indem Sie selbst einen Ablauf zusammenstellen. Wenn Sie einen Videorecorder besitzen, nehmen Sie ein halbstündiges Nachrichtenmagazin auf, das Sie gut finden. Machen Sie sich ein Blankoformular für einen Ablauf, ähnlich dem in Abb. 11.1. Jetzt schauen Sie sich die aufgenommene Sendung genau an – Sie können das Band zwischendurch stoppen –, und füllen Sie das Formular Spalte für Spalte und Zeile für Zeile aus. Lassen Sie keine Spalte aus bis auf die für den Autor (sofern er nicht in einem Insert angegeben ist). Wenn Sie damit fertig sind, versuchen Sie die Frage zu beantworten, ob ein Regisseur allein aus den Informationen, die Sie jetzt zusammengetragen haben, diese Nachrichtensendung fahren könnte.

4. Timen Sie aus dieser oder einer anderen Sendung einen Bericht, der nicht gemischt ist und sowohl Off-Kommentar als auch O-Ton enthält, genau aus. Stellen Sie mit einer Stoppuhr (oder einer Uhr mit Sekundenzeiger) die stummen Zeiten und die O-Ton-Zeiten dieses Beitrags fest. Wenn es über dem stummen Teil einen Off-Kommentar gibt, beurteilen Sie, wie gut der Moderator die tonlose Lücke gefüllt hat.

12

»Und nun eine kurze Unterbrechung«: Die Werbung

Mich stört Werbung nicht, was mich anödet,
sind die Sendungen drumherum.
JOHN CROSBY[1]

Fernsehwerbung ist allgegenwärtig, kaum jemand kann sich ihr entziehen. Ihre Slogans sind Teil der Alltagssprache geworden. Schon bevor sie das Laufen gelernt haben, plappern Kleinkinder Werbesprüche nach, und wenn sie in den Kindergarten kommen, sind sie längst bestens mit so verheerenden sozialen Katastrophen wie einem gräßlichen Schmutzrand an Männerhemdkragen vertraut.

Die Produktionswerte mancher Werbespots sind geradezu gigantisch, sie sind so präzise konzipiert und entfalten eine solch überwältigende Verkaufsrhetorik, daß sie »zu einer amerikanischen Kunstform geworden sind, und... in ihrer Sensibilität gegenüber Strömungen des Zeitgeistes in den USA den meisten Fernsehsendungen um Längen voraus sind.«[2] Von einigen der kreativsten Regisseure des Landes gestaltet, arbeiten Werbespots mit den unterschiedlichsten Unterhaltungselementen, mit Komik, Musik, Spektakel, Spielhandlung und Dramatik, der Mitwirkung von internationaler Prominenz und einem außergewöhnlichen visuellen Stil. Einschlägiges Beispiel ist die Music-Clip-Werbung von Pepsi-Cola mit dem Grammy-Preisträger Michael Jackson. Sie hat annähernd zwei Millionen Dollar gekostet, eine Summe, die früher als luxuriöses Budget für einen ganzen Spielfilm gegolten hätte.

Der Regisseur bekommt ein Drehbuch und ein Storyboard in die Hand gedrückt. Deren Botschaft soll er kreativ interpretieren – so packend und verkaufsfördernd wie möglich; was herauskommt, soll ihm selbst gefallen, der Werbeagentur und dem Kunden. Aber damit nicht genug. Die Botschaft muß in unglaublich kurze dreißig oder sechzig Sekunden hineingepackt werden. Notgedrungen müssen dies Sekunden von äußerster Dichte sein, für die der

Kapitel **12** ∎ Die Werbung

377

Regisseur die Aktionen und Emotionen der Akteure destillieren, »eindampfen« muß. Jede Geste zählt und muß sitzen. Jedes Wort muß die Botschaft artikulieren. Jeder Gesichtsausdruck muß das Behauptete stützen.

Weil viele Werbefilme sowohl stilistisch als auch inszenatorisch und technisch auf dem allerneusten Stand sind, lassen sich auch Regisseure, die in ganz anderen Sparten der Unterhaltungsindustrie arbeiten, von ihnen inspirieren. Wer gute Spots gedreht hat, bekommt manchmal auch größere, prestigeträchtigere Projekte angeboten, beispielsweise die Regie in einem Spielfilm (womit ich den Rang von Werbefilmen nicht schmälern will; erfolgreiche Werberegisseure haben in der ganzen Branche einen Namen und verdienen gutes Geld).

Für Regisseure hält die Fernsehwerbung beides bereit, große Chancen und großen Frust: die Chance, alle in einem Drehbuch liegenden Versprechen nahezu perfekt einlösen zu können, und den Frust, in seiner kreativen Selbständigkeit deutlich eingeschränkt zu sein. Ein Storyboard, ein Kunde, ein Agenturchef – fast immer gibt es Ansprüche, die den Regisseur in das Korsett vorgeformter Schablonen und vorgegebener Rahmenbedingungen zwängen.

Dieses Kapitel behandelt:

- WAS VERKAUFEN WERBESPOTS? Mehr als nur ein Produkt!
- DER PRODUKTIONSABLAUF: Wie Regisseure angeheuert werden, welche Funktionen sie bei der Vorbereitung, während der Produktion und in der Nachbearbeitung erfüllen, wie sich das Arbeitsverhältnis zwischen Regisseur und Werbeagentur gestaltet und nach welchen Grundmustern in der lokalen Werbeproduktion gearbeitet wird.
- PRODUKTIONSTECHNIKEN: Die Kunst, eine große Botschaft in einen kleinen Zeitraum zu zwängen.

Was verkaufen Werbespots?

Auf den ersten Blick scheint es auf die Frage unzweifelhaft nur eine einzige Antwort zu geben: Werbespots verkaufen ein Produkt. Ein Sprecher rühmt dessen Vorzüge, es wird uns wunderschön im Bild präsentiert, und eine kleine Spielszene zeigt, daß es uns lästige Arbeiten abnimmt und unser Leben verschönt.

Werberegisseure entdecken allerdings schnell, daß sie weniger ein Produkt als einen »Lifestyle« verkaufen und dem Zuschauer zu zeigen haben, wie er sich selbst begehrens- und beneidenswert machen kann. In seinem wundervollen kleinen Buch *Sehen. Das Bild der Welt in der Bilderwelt* nennt

John Berger diesen Status des Begehrt-Seins »Glamour«[3] – verführerischer Schein. Berger meint, daß die Werbung dem Betrachter ein Selbstbild vermittelt, wie er sein könnte, wenn er durch das Produkt verwandelt und damit begehrenswert wäre. Was Werbung verkauft, ist vor allem das Glück, beneidenswert zu sein.

Zunächst erscheint Bergers Behauptung etwas sehr simpel. Ja sicher, vielleicht geben uns Bluejeans wirklich mehr Sex-Appeal, und unser Haar glänzt und läßt sich besser frisieren, wenn wir es mit einem bestimmten Shampoo waschen. Möglicherweise stimmt es sogar, daß das Waschmittel XY uns zu weißeren, porentief reinen Bettlaken verhilft, um die dann uns die Nachbarn beneiden. Aber wie steht es mit Produkten wie Deos, Kopfschmerztabletten oder Zäpfchen gegen Hämorrhoiden?

Wenn wir der Werbung Glauben schenken wollen (und die meisten von uns tun das!), dann verhelfen uns diese Mittel zu dem Gefühl, wieder ganz der Alte zu sein, jovial, guter Dinge und entschlossen, der Welt die Stirn zu bieten. Wenn die Werbung darum auch nicht viele Worte macht, das Verhalten der Beteiligten sagt es um so deutlicher: Vom quälenden Druck unter der Schädeldecke befreit, lächelnd, tief durchatmend, ist man plötzlich in der Lage, die Liebe der schönsten Männer, der schönsten Frauen zu gewinnen oder den Kampf mit den Haien an der Börse aufzunehmen. Man ist, mit einem Wort, beneidenswert.

Im Hinblick auf diese Werbeaussage muß der Regisseur bei der Vorbereitung eines Fernseh-Werbespots das Ambiente der zu erschaffenden Welt ebenso sorgfältig entwickeln wie die Vorgaben aus Drehbuch und Storyboard. Das Ambiente, das Kamera, Kostüme, Licht, Photographie, Musik, Wahl der Darsteller, Art der Darstellung, Szenenbild und Ausstattung schaffen, ist das einer beschwingten Traumwelt voll wunderbarer Menschen, die alle nur ein Ziel haben: beneidenswert zu sein. Wenn der Fernsehzuschauer das Produkt kauft, öffnet sich ihm das Tor zu dieser strahlenden Welt, und der Neid von Freunden und Nachbarn ist ihm gewiß.

Werbespots für Softdrinks zeigen häufig eine märchenhafte Szenerie, bevölkert mit gutgelaunten, schönen jungen Leuten, die herumtollen und flirten, küssen, ballspielen, tanzen, Autos waschen, miteinander in der Brandung toben oder sich an sonnigen Stränden beim Picknick amüsieren – es wird ein Lebensgefühl heraufbeschworen, an dem der Zuschauer für ein paar Groschen teilnehmen kann. Kaffeewerbung verkauft manchmal Geschmack, manchmal den Preis, manchmal die Qualität, häufiger aber verkauft sie Ambiente: Ein Mann und eine Frau, eingeschneit in einer einsamen Berghütte, blicken sich über ihre aromatisch duftenden Kaffeetassen hinweg in die Augen.

Kapitel **12** ▮ Die Werbung

Obwohl sich solche Szenen in Sekunden abspielen, nicht in Minuten oder Stunden, sind Mini-Schauspiele wie der Berghütten-Kaffee-Spot buchstäbliches Drama, Spielhandlung also; und sie bedienen sich der Prinzipien, die wir in den Kapiteln über Schauspieler- und Kameraführung besprochen haben. Eine der drei grundlegenden Aufgaben der Kamera ist es, Stimmung und Atmosphäre zu schaffen (mittels Ausleuchtung, Filter, Kameraposition, Kamerabewegungen). Eine Untersicht macht in der gleichen Weise aus einem LKW ein starkes, kraftvolles Monstrum, wie sie aus einem Schauspieler eine dominante Figur macht. Ein Weitwinkelobjektiv läßt auf die gleiche Weise aus einem neuen Automodell einen schicken langen Schlitten werden, wie es den kleinen Flur in einer Familienserie in einen endlosen Korridor verwandelt. Nebelfilter sind in der Werbung fast schon Klischee. Die Bilder atmen eine leuchtende, traumhafte Stimmung, die im Bewußtsein des Zuschauers mit dem Produkt assoziiert wird.

Ob das Ambiente ansprechend oder abstoßend sein soll, es herzustellen, bedarf immer einer gehörigen Portion an Kreativität und Know-how. Geschickte Kameramänner können Wunder wirken. Aber der Regisseur ist mehr als ein Koordinator, der sich auf die Fachkenntnisse anderer verläßt. Aus seiner Analyse des Drehbuchs, den Agenturvorgaben und seiner eigenen »Vision«, wie der Spot aussehen sollte, entwickelt der Regisseur für dessen Grundstimmung und Flairs ein Konzept, in das alle Elemente der Produktion einbezogen sind. Ob es ihm gelingt, ein Ambiente zu entwickeln, in dem die Personen glamourös (beneidenswert) sind und ihr Lifestyle begehrenswert erscheint, davon hängt der kommerzielle Erfolg der Werbung ab.

Der Produktionsablauf

Fernsehwerbung kann überregional oder lokal konzipiert und produziert sein. Überregionale Werbespots werden normalerweise von großen, landesweit sendenden Fernsehanstalten ausgestrahlt. Die aufwendigsten kosten Hunderttausende von Dollars. Alles darf opulent sein: exotische Schauplätze, extravagante Bildelemente, graphische Effekte, hochprofessionelle Schauspieler und Tänzer und eine eigens komponierte Kennmelodie. Es sind Kurzversionen von Broadway-Musicals oder von Hollywood-Melodramen – mit dem einen Unterschied, daß sie ein bestimmtes Produkt verkaufen. Der Spot mag das Publikum noch so begeistern, wenn er die Zuschauer nicht zum Kauf motiviert, ist er ein Flop.

Lokale Werbespots werden in der Regel von ortsansässigen Werbeagenturen oder von Regisseuren der lokalen Fernsehstationen gedreht. In solchen

Spots wird typischerweise für Autohändler und Service-Werkstätten, Supermärkte, Fachgeschäfte und Kreditinstitute geworben. Da die Einschaltquoten viel geringere sind, stellen die Auftraggeber natürlich auch sehr viel kleinere Budgets zur Verfügung. Der Produktionsaufwand ist bescheidener, die Drehbücher sind einfacher und die Produktionszeiten kürzer.

Die überregionale Werbung

Große Werbekampagnen werden von Werbeagenturen in Abstimmung mit dem Kunden konzipiert. Bevor ein Drehbuch oder ein Storyboard in die Hand eines Regisseurs gelangt, ist über Stil (entspricht der Spot auch dem Image des Kunden?), Verkaufsaussage und Erfolgschancen der geplanten Werbekampagne gründlich diskutiert, sind Konzepte geprüft, verworfen, revidiert, geändert und mehrfach getestet worden.

Die Regisseure überregionaler Werbespots arbeiten in der Regel für eine Produktionsfirma oder als Selbständige. Manchmal ist der Regisseur die Produktionsfirma. Gewöhnlich beauftragen Werbeagenturen bestimmte Produktionsfirmen, weil sie Regisseure unter Vertrag haben, an denen die Agenturen besonders interessiert sind.

Die Arbeitsprobe. Wenn eine Werbeagentur für eine Kampagne einen Regisseur sucht, schauen sich die Manager oft zuerst Arbeitsproben verschiedener Regisseure an. Paßt dieser oder jener Inszenierungsstil besser zum Konzept, besitzt dieser oder jener Kandidat mehr einschlägige Vorerfahrungen? Wer bereits Erfahrung in der Lebensmittelwerbung besitzt, wird für einen Lebensmittelwerbespot eher den Zuschlag bekommen. Hat sich jemand in der Modewerbung einen Namen gemacht, wird ihm unweigerlich als nächstes wieder eine Modewerbung angeboten. Daß Agenturen auf Spezialisierung setzen, ist notorisch; darüber wird oft gewitzelt. Eine typische Anekdote ist die von dem Regisseur, der bei einem Einstellungsgespräch vom Producer gefragt wird: »Haben Sie schon mal was mit Frühstücksflocken gemacht?« Antwortet der Regisseur mit »Ja!«, lautet die nächste Frage: »Heiße oder kalte?«

Weil sehr viel Geld auf dem Spiel steht und die Agenturen vom Werbeetat des Kunden auch künftig profitieren wollen, gehen sie lieber auf Nummer Sicher und verpflichten Regisseure, die früher schon für sie gearbeitet haben und deren Arbeitsstil, Kreativität und Zuverlässigkeit sie kennen.

Für Newcomer hat das natürlich einen bösen Haken: Wie soll man eine Arbeitsprobe vorlegen können, wenn man noch keinen Werbespot inszeniert hat? Es ist das klassische Paradox von der Henne und dem Ei. Man bekommt

Kapitel **12** ❚ Die Werbung

keinen Job ohne Erfahrung, aber man kann auch keine Erfahrung sammeln ohne Job: Eine gemeine Falle!

Wie man ins Geschäft kommt. Werberegisseure beginnen ihre berufliche Laufbahn so gut wie nie als Regisseur. Ihre ersten Sporen verdienen sie meist woanders. Tony Asher zufolge, der als Producer sowohl für Werbeagenturen als auch für Produktionsfirmen gearbeitet hat (Asher war bei Ogilvy & Mather für den Werbeetat des Spielzeugherstellers Mattel verantwortlich und hat für Paisley Productions gearbeitet), haben die meisten Regisseure von überregionalen Werbespots vorher als Szenenbildner oder Künstlerischer Leiter (Art-Director), als Kameramann/Photograph oder Cutter gearbeitet und Erfahrung gesammelt. Weil in Agenturen eher Eloquenz das ausschlaggebende Karrierekriterium ist, wandern die visuell orientierten Künstlerischen Leiter oft in andere Gebiete ab, besonders gern in die Regie. Der Künstlerische Leiter beim Fernsehen ist (anders als ein Art-Director in den Printmedien) vor allen Dingen ein »Augen-Mensch«, dem die Aufgabe, eine Werbebotschaft visuell wirkungsvoll umzusetzen, besonders liegt.

Viele Regisseure sind tatsächlich Kameramann und Regisseur in Personalunion. Sie haben meist als Kameramann angefangen und sich dann, bei entsprechender Begabung, zum Regisseur weiterentwickelt. Asher bestätigt:

> Bei vielen Werbespots muß man nicht mit Akteuren (Schauspielern) arbeiten. Die Spots sind zu Leben erweckte Photos – Großaufnahmen von Lebensmitteln oder von Autos, die eine Straße entlangfahren, während eine Stimme im Voice-Over das Produkt beschreibt. Diese Regisseure müssen zu keinem Schauspieler sagen: Mehr Gefühl, bitte! Die meisten dieser Regisseure sind exzellente Photographen. Sie arbeiten nicht mit Schauspielern, sie erzählen Geschichten in Bildern. Sie sind Maler.

Wie Kameramänner entwickeln auch Film- und Video-Cutter einen ausgeprägten Sinn für das Visuelle. Schließlich ist es ihr Handwerk, Einstellungen zu dramaturgisch wirkungsvollen Sequenzen zusammenzufügen. Asher sagt:

> Cutter bekommen ein ungeheuer gutes Gespür dafür, wie und warum ein Film funktioniert. Immer wieder stehen sie vor dem Problem, daß sie eine Sequenz einfach nicht ans Laufen bringen können, und klagen dann: »Hätte der Regisseur von dieser Einstellung doch nur sieben Bilder mehr gemacht – oder wenigstens einen Gegenschuß!« Sie wissen ganz genau, warum etwas funktioniert oder was nötig wäre, um es besser zu machen.

Viele, vielleicht sogar die meisten Cutter möchten liebend gerne Regisseur werden, nicht anders als viele andere an der Produktion Beteiligte auch:

Autoren, Schauspieler, Producer, Kameramänner. Asher erinnert sich, bei einer Filmvorführung seines Berufsverbandes ein T-Shirt mit Jojo, dem sprechenden Hund, gesehen zu haben. Vorwurfsvoll verkündet das arme Tier seinem Agenten: »Aber eigentlich wäre ich lieber der Regisseur!«

Stu Hagmann, ein überaus erfolgreicher Werberegisseur, bemühte sich nach dem Studium um eine Stelle als Dozent an der Northwestern University, während er seinen ersten Kurzfilm drehte. Er bekam fünfhundert Dollar Zuschuß und zahlte tausend Dollar aus der eigenen Tasche. Der Film gewann den ersten Preis bei den Filmfestspielen von Venedig, den ersten Preis in Edinburgh und den ersten Preis beim UNICEF-Filmfestival, außerdem den Preis, den der US-amerikanische Produzentenverband alljährlich vergibt. Trotzdem wäre er vielleicht immer noch Lehrer geworden, aber der Preis der Produzenten war mit einer sechsmonatigen Anstellung bei Universal verbunden: Das war der Anfang seiner Karriere. Seitdem hat Hagmann so ziemlich jeden Preis gewonnen, den ein Werberegisseur gewinnen kann.

Ein Regisseur wird engagiert. Wie die meisten Leute Kostenvoranschläge einholen, bevor sie ihr Haus neu anstreichen lassen, prüfen auch Werbeagenturen mehrere Angebote, bevor sie eine Serie von Werbespots (aus Kostengründen dreht man häufig mehrere Spots gleichzeitig) in Auftrag geben. Ehe eine Agentur sich für einen Regisseur entscheidet, gibt es lange Verhandlungen über die Angebote und Budgetvorstellungen der verschiedenen Produktionsfirmen.

Nehmen wir an, Sie stehen als Regisseur in den Diensten einer großen Produktionsfirma. Bevor die Produzentin ihr Angebot einreicht, wird sie sich mit Ihnen in Verbindung setzen und Sie bitten, das Drehbuch zu lesen und sich eingehend mit dem Storyboard zu beschäftigen. Sie sollen nämlich einschätzen, wieviel Stunden Sie voraussichtlich für den Dreh benötigen werden, ob Sie irgendein ungewöhnliches Problem für die Produktion voraussehen, und so weiter. Nachdem sie dann auch noch die vom Drehbuch vorgegebenen Produktionselemente in ihre Vorkalkulation einbezogen hat, kann die Produzentin der Werbeagentur ihren Kostenvoranschlag unterbreiten.

Hält sich der vorgelegte Budgetentwurf ungefähr im Rahmen des Erwarteten, holt die Agentur die Genehmigung des Kunden ein. Es gehört zum Spiel, daß der Kunde immer erst einmal aufschreit und jammert, die Kosten seien viel zu hoch, aber nach einigem Feilschen gibt er schließlich doch grünes Licht. Sobald der Kunde beidem, dem Budget und der Wahl des Regisseurs, zugestimmt hat, werden Sie von der Agentur zu einem ersten

Kapitel **12** ∎ Die Werbung

383

Gespräch mit ihrem Producer gebeten. Von diesem Augenblick an sind Sie und der Producer ein Team, das bei den Vorbereitungen und während der Produktion eng zusammenarbeitet. Zwischen Ihnen muß über Machart, Atmosphäre und Stil des Werbespots vollkommene Einigkeit herrschen.

In den folgenden Wochen wird der Spot und alles, was damit zusammenhängt, Ihre Gedanken beherrschen. Stück für Stück werden Sie ihn im Licht Ihrer bisherigen Erfahrung analysieren und die Implikationen studieren, die mit dem Storyboard verbunden sind.

Das Storyboard. Ein Storyboard besteht aus einer Reihe von Zeichnungen (Einzelbildern), die von der künstlerischen Abteilung der Agentur angefertigt werden und verschiedene Schlüsselmomente des Spots illustrieren: Kameraeinstellungen, Darstelleraktionen, die Art, wie das Produkt selbst präsentiert werden soll. Viele glauben, das Storyboard sei nur erfunden worden, weil es den Werbekunden an Vorstellungsvermögen fehlt und sie sich beim bloßen Lesen eines Drehbuchs den Werbespot nicht bildhaft vorstellen können. Das ist aber nur die halbe Wahrheit.

> Der Wert eines Storyboard erschöpft sich nicht darin, dem Kunden einen Werbespot klar und verständlich darzulegen. Das Storyboard ist das Konzept, an dem sich alle Beteiligten, Künstler, Handwerker und Techniker, orientieren. Es ist die klarste Art und Weise, in der eine Werbeagentur ihr Konzept allen Beteiligten erläutern kann, sowohl intern als auch nach außen. Das Storyboard ist eine Richtschnur, ein Wegweiser.[4]

Während der Vorbereitung entdecken Sie wahrscheinlich Möglichkeiten, wie bestimmte Dinge besser umgesetzt werden könnten, als es im Storyboard dargestellt ist. Wenn Sie die Idee für eine Änderung haben, und sei sie noch so geringfügig, müssen Sie auf jeden Fall mit dem Agentur-Producer darüber sprechen. Wahrscheinlich wird er sich anfänglich gegen jede neue Idee sträuben, denn schließlich hat der Kunde das Storyboard in der Form genehmigt, in der es jetzt vorliegt. Änderungen könnten verheerende Folgen haben. Und doch hat man gerade Sie wegen Ihrer Kreativität und Ihrer Fachkenntnis engagiert. Sie reagieren auf die Ablehnung gelassen: Schließlich eröffnen Sie dem Management der Agentur eine neue, wertvolle Perspektive! Wenn Ihre Argumente überzeugen, gehen Ihre Änderungsvorschläge an die künstlerische Abteilung und werden dem Kunden dann zur Genehmigung vorgelegt. Sobald die Änderungen abgesegnet sind (falls sie es werden), sollten Sie darauf drängen, daß sie in das Storyboard aufgenommen werden, damit jeder ganz klar weiß, was Sie meinen, und es hinterher nicht zu gegenseitigen Schuldzuweisungen kommt.

Manchmal schlägt der Producer vor, das fragliche Detail (eine Aktion, ein Stückchen Text, irgendeine Aktivität) in zwei Versionen zu drehen: so, wie es zuerst im Storyboard beschrieben war, und so, wie Sie sich die Änderung vorstellen. Solche Dubletten zu produzieren, kostet Zeit, Geduld und Geld, doch die Notwendigkeit dazu ergibt sich immer wieder. Werbespots müssen verschiedenen Chefs gefallen, die unterschiedliche Brillen tragen und unterschiedlichen Sachzwängen unterliegen. Es ist nicht immer möglich, mit einem Streich alle Beteiligten gleichermaßen zufriedenzustellen. Manchmal dreht ein Regisseur von einer Einstellung mehrere Takes, um die unterschiedlichen Ansichten über eine bestimmte Textstelle oder Aktion unter einen Hut zu bringen und alle Beteiligten glücklich zu machen.

Auch wenn sich viele Regisseure durch das Storyboard in ihrer Kreativität eingeschränkt fühlen und ihre Arbeit mit dem stupiden »Malen nach Zahlen« vergleichen, vermittelt ein Storyboard doch subtile Einsichten, die auf anderem Weg nur schwer zu erlangen sind. Man kann davon ausgehen, daß die künstlerischen Mitarbeiter einer Werbeagentur clevere Köpfe sind und wissen, was sie tun. Wenn Sie als Regisseur das in den Storyboard-Skizzen beschriebene Konzept genau studieren, müssen Sie zunächst einmal herauszufinden versuchen, aus welchem Grund und mit welcher Absicht ein bestimmtes, auf den ersten Blick weniger gut aussehendes Arrangement oder eine spezielle, nicht optimal erscheinende Kameraperspektive vorgeschrieben worden sein könnte.

> Wenn der Rasenmäher im Bild ganz nach hinten rückt, während im Vordergrund jede Menge grünes Gras zu sehen ist, könnte man natürlich einwenden, das Produkt sei nicht gut genug zu erkennen, und damit hätte man recht. Allerdings möchte die Agentur, sprich der Kunde, in diesem Fall den wunderbar gemähten Rasen hervorheben, und diese Einstellung ist ein Kompromiß.
> Das Storyboard ist ein ausgezeichnetes Vehikel, mit der Agentur ins Gespräch darüber zu kommen, was mit den Skizzen im einzelnen gemeint ist. Man muß jedes Bild in all seinen Nuancen verstehen. Unser Geschäft, das sind die Nuancen. Die Nuance ist die Ware, die ein Regisseur zu verkaufen hat. Dafür wird er engagiert. Die Fakten stehen bereits im Storyboard.[5]

Der Producer Tony Asher nennt zwei Kriterien, die bestimmen, wieviel Spielraum ein Regisseur im Umgang mit einem Storyboard hat: sein Renommee als Regisseur und die Art des Produkts. Einem Regisseur, der einen Clio (Preis für die besten Werbespotproduktionen eines Jahres) gewonnen hat, dessen Arbeit gefragt ist und dessen Spots internationale Anerkennung finden, gesteht man natürlich mehr kreativen Freiraum zu als jemandem, der vergleichsweise neu im Geschäft ist. In manchen Fällen wird solchen

Kapitel **12** ▌ Die Werbung

Regisseuren sogar fast völlig freie Hand bei der Gestaltung eines Spots gelassen. Weiter sagt Asher:

> Wenn du es mit einer bestimmten Art von Produkten zu tun hast, ist fast jedes Wort im Text von Anwälten, von Drehbuchexperten des Senders und von zuständigen Aufsichtsbehörden geprüft und abgesegnet. Wenn sich jemand beschwert: »Das ist aber eine blöde Art, dieses oder jenes auszudrücken!« dann ist die Antwort der Agentur: »Das ist die einzige Art, in der dieses oder jenes auszudrücken genehmigt wurde. Der Text muß in *genau* diesem Wortlaut gesprochen werden und mit *exakt* dieser Betonung! Dieser Schuß darf nicht weniger weit von oben kommen als vorgegeben, weil in der Einstellung der ganze Tisch zu sehen sein muß, damit die Kinder wissen, wie groß das Spielzeug ist. Und wir müssen eine sehr weite Einstellung machen, um zu zeigen, wieviele Personen sich in dem Raum aufhalten.« Fast jede Einstellung ist genau vorgeschrieben, und deiner Kreativität sind enge Grenzen gesetzt.

Die Wahl der Darsteller (Casting). Wie die Schauspieler bestimmt werden, hängt von der Agentur und der zur Verfügung stehenden Vorbereitungszeit ab. Oft ist eine Vorauswahl schon getroffen, bevor der Regisseur engagiert ist. Es kann sein, daß eine Agentur ihren eigenen Besetzungschef hat, ansonsten wird ein unabhängiger Casting-Direktor engagiert. In jedem Fall werden für die Hauptrollen immer mehrere Darsteller zum Vorsprechen gebeten. Normalerweise überwacht der Producer der Agentur diese ersten Vorsprechtermine.

Es gibt Agenturen, die von allen Darstellern, die für einen Part geeignet erscheinen, Videoaufnahmen machen (große Agenturen bauen sich mit diesen Aufnahmen ein umfassendes Archiv auf, das sie ständig aktualisieren und aus dem sie Schauspieler, mit denen sie schlechte Erfahrungen gemacht haben, aussondern). Häufig wird der Regisseur gebeten, sich diese Bänder anzusehen und nach möglichen Kandidaten zu suchen. Gewissenhaft ein solches Archiv durchzuarbeiten, kann eine frustrierende Prozedur sein. Da der Regisseur eng mit den Darstellern zusammenarbeiten muß, manchmal unter schwierigsten Produktionsbedingungen, und da er eine möglichst gute Arbeit abliefern will, möchte er natürlich auch auf die Wahl der Schauspieler Einfluß nehmen. Häufig schlägt ein Regisseur Darsteller vor, mit denen er bereits zusammengearbeitet hat – vor allem dann, wenn er sie für besser hält als die Kandidaten aus der Vorauswahl. Die Agentur wird in der Regel die Erfahrung des Regisseurs respektieren und diese Schauspieler zu einem Vorsprechtermin bitten.

Bei der endgültigen Entscheidung wird der Regisseur immer um seine Meinung gebeten, ebenso der Kunde. Diese Entscheidungen fallen im allgemeinen in einer großen Produktionsbesprechung ein oder zwei Wochen vor Drehbeginn.

Das Szenenbild. Die endgültige Genehmigung für das Szenenbild wird ebenfalls in der Produktionskonferenz erteilt. Wie bei der Darstellersuche wird auch mit dem Entwurf des Szenenbildes begonnen, bevor ein Regisseur auf der Bildfläche erscheint. Wenn die Möglichkeit besteht, sich in einem frühen Planungsstadium mit dem Szenenbildner (oder Art-Director) zu besprechen, gehört es zu den Aufgaben des Regisseurs, zusammen mit dem Agentur-Producer die ersten auf Drehbuch oder Storyboard basierenden Skizzen zu prüfen und zu genehmigen, wobei so wichtige Aspekte wie Farbe, Ausstattung, Kamerabedürfnisse und Darstellerarrangements diskutiert werden. Weil die Zeit knapp ist, müssen lange Gänge (etwa vom Küchenschrank zum Herd) abgekürzt werden. Jede Sekunde, jeder Bruchteil einer Sekunde, muß analysiert und genutzt werden. Äußerst wichtig ist auch, welchen sozialen Status die Familie haben soll, die diese Studiodekoration bewohnen wird. Ist die Familie wohlhabend, gehört sie der Mittelschicht an oder ist es eine junge Familie, die es auf der Wohlstandsleiter noch nicht weit gebracht hat? Das ist für das Werbekonzept sehr wichtig und wird normalerweise im Drehbuch ausdrücklich angesprochen oder geht aus den Produktionsvorgaben der Agentur hervor, in denen die einzelnen Charaktere, ihr Lifestyle, ihre Lebensphilosophie und ihr sozialer und ökonomischer Status genau beschrieben sind.

Viele Regisseure ziehen es vor, an einem **Originalschauplatz**, nicht in einer Studiodekoration, sondern einem wirklichen Gebäude zu drehen. Denn sie haben die Erfahrung gemacht, daß eine reale Umgebung wesentlich wirkungsvoller ist, besonders wenn der Spot eine Szene aus dem wirklichen Leben zeigen soll. An Originalschauplätzen zu arbeiten ist schwieriger als in einer Studiodekoration. Man braucht mehr Produktionszeit und ist weniger flexibel. Aber viele Regisseure sind der Ansicht, daß die Vorteile die Schwierigkeiten und Kosten mehr als wett machen. Ist ein geeigneter Schauplatz gefunden, werden Polaroidphotos davon gemacht, die den Verantwortlichen in der Agentur sowie dem Kunden zur Genehmigung vorgelegt werden.

Einen vorgeschlagenen Schauplatz muß der Regisseur jedoch zuerst unter die Lupe nehmen und prüfen, ob die Örtlichkeiten dem Drehbuch und dem Storyboard entsprechen. Welche technischen Probleme sind zu erwarten? Gibt es Parkplätze für die LKWs? Wo steht die Sonne am Morgen, wo am Nachmittag? Müssen Reklametafeln oder Werbeflächen abgedeckt werden? Ist in den Innenräumen genügend Platz für Scheinwerfer und Kamera? Müssen die Fenster mit Gelatine-Vorsätzen versehen werden (um

Kapitel **12** ∎ Die Werbung

den Lichteinfall von außen zu reduzieren)? Erlaubt die Akustik einwandfreie Tonaufnahmen? Oder müssen Dialoge **nachsynchronisiert** werden? Muß der Szenenbildner bauliche Veränderungen vornehmen? Paßt der Drehort zum Status seiner »Bewohner«, oder muß das Interieur edler oder bescheidener gemacht werden?

Die Produktionskonferenz. Nach all den Vor-Vorbesprechungen und Vorbesprechungen kommt nun die Produktionsbesprechung selbst auf die Tagesordnung. An der Konferenz, in der (fast) alle wesentlichen Entscheidungen getroffen werden, nehmen normalerweise Repräsentanten des Kunden und der Agentur teil, ebenso Mitglieder des Produktionsteams – Regisseur, Kameramann, Maskenbildner, Hauswirtschaftsexperte, Besetzungschef, Kostümmeister. Produktion per Ausschuß!

> Normalerweise wird die Konferenz vom Agentur-Producer geleitet. Er hat eine minutiöse Tagesordnung. Heutzutage sind diese Produktionskonferenzen oft bis ins kleinste Detail durchstrukturiert. Du erhältst ein dickes Buch mit Sitzungsunterlagen – du glaubst, du seist in einer UN-Vollversammlung – und in diesem Wälzer ist alles haarklein beschrieben, und die Leute blättern feierlich von Seite zu Seite, als wären sie in der Kirche. Die einfachsten Dinge werden immer und immer wieder erwähnt. Aber es gibt eben eine Tagesordnung, und diese Tagesordnung hat meistens der Producer aufgestellt, der auch die Konferenz leitet.[6]

Die Konferenz beschäftigt sich mit jedem Detail und mit jedem Aspekt des Werbespots, von der Farbe der Kücheneinrichtung bis zu den Sitzbezügen im Auto. Sollten die Ohrringe mit Diamanten besetzt oder doch lieber nur aus Gold sein? Sollten die Fingernägel lackiert werden oder besser natürlich bleiben? Sollte eine Bluse lange oder kurze Ärmel haben? Der Regisseur legt seine Inszenierungspläne vor, Bild für Bild, Einstellung für Einstellung. Abweichungen vom Storyboard werden in aller Ausführlichkeit diskutiert, seine Verbesserungsvorschläge muß er hart verkaufen. Auch die Entscheidungen über die endgültige Besetzung, den Drehort und das Szenenbild fallen meistens in dieser Konferenz.

Es gibt Regisseure, die die Produktionskonferenz dominieren, andere sitzen still dabei und nehmen die Gesichtspunkte der Agentur und des Kunden zur Kenntnis. Unterschiedliche Ideen müssen zusammengebracht, Punkte, über die noch Unklarheit oder Unstimmigkeit herrscht, müssen abgeklärt werden. Denn von nun an übernimmt der Regisseur als Kapitän das Schiff und schweißt alle Komponenten, die zu einer Produktion gehören, zu einem »Dreh« zusammen.

Die Produktion. Ein gewissenhafter Regisseur überläßt nichts dem Zufall. Er sucht ein oder zwei Tage vor Produktionsbeginn den Set oder den Original- schauplatz auf und kontrolliert, ob alles wie geplant vorbereitet worden ist. (Manche Regisseure besuchen den Set oder den Drehort mehrere Male; sie wollen die Atmosphäre in sich aufnehmen, gehen im Geist die Aktionen durch und machen sich Skizzen.) Kein Regisseur liebt Überraschungen. Einen Fehler zwei Tage vor Drehbeginn zu entdecken ist völlig in Ordnung, denn es bleibt noch genügend Zeit, um ihn zu beheben. Derselbe Fehler am Morgen des ersten Drehtages entdeckt, kann einer Katastrophe gleich- kommen. Daß den Regisseur keine Schuld daran trifft, ist unwesentlich. Wesentlich ist, daß kostbare Zeit verlorengeht, bis die Sache in Ordnung gebracht ist.

In einem wichtigen Punkt unterscheidet sich die Regiearbeit bei Werbe- filmen von jeder anderen: in der Anzahl der »Chefs« auf dem Set. Zu jedem beliebigen Zeitpunkt können auf dem Set folgende höchst interessierte Individuen auftauchen, die alles genau verfolgen, womöglich etwas aus- zusetzen haben und in die Arbeit des Regisseurs eingreifen wollen: aus der Werbeagentur der Künstlerische Leiter, der Cheftexter und der Werbetexter, der Art-Director, der Producer, der Herstellungsleiter und sein Buchhalter; von Kundenseite der Werbeleiter, der zuständige Markenmanager und an- dere.

Diese »Entscheidungsträger« sind ein nervöses Volk. Nervosität scheint in der Werbebranche überhaupt eine weitverbreitete und ansteckende Krankheit zu sein. Viele stehen unter Druck und haben Angst um ihren Job. Die einen befürchten, daß der Regisseur das Budget überschreitet. Andere haben Bedenken, ob sich die Versprechungen, die sie dem Kunden gemacht haben, auch einlösen lassen, oder sind skeptisch, ob der Regisseur dem Cha- rakter oder Stil ihres Werbespots auch gerecht wird. Wieder andere sind mit dem Spot selbst nicht recht glücklich. Und alle blicken auf den Regisseur – und halten ihn entweder für einen Missetäter oder betrachten ihn als Er- löser.

Daß ihm ein solches Publikum über die Schulter sieht, stellt den Re- gisseur vor zwei Probleme. Das erste Problem besteht darin, daß auf seinem Territorium eine Invasion stattfindet. Die Vertreter der Agentur oder des Kunden sind, wenn sie die Arbeit beobachten, manchmal mit der Lesart einer Textstelle oder der Inszenierung einer bestimmten Aktion unzufrieden, und äußern ihre Kritik entweder dem Regisseur gegenüber oder sprechen direkt einen Darsteller oder ein Teammitglied darauf an. Wenn sie sich nur an den Regisseur wenden, muß das kein Beinbruch sein, es sei denn, es artet in eine allgemeine Debatte aus: ein wichtiger Mensch aus der Agentur schlägt dieses

Kapitel **12** ▌ Die Werbung

vor und der Kunde etwas anderes. Zuzulassen, daß der Regisseur von einem halben Dutzend Leuten mit Vorschlägen bombardiert wird, führt zu Chaos und kostet Nerven und Zeit. Ein kluger Regisseur besteht deshalb darauf, daß alle Kommentare und Vorschläge nur über eine Person zu ihm gelangen, und das ist in der Regel der Producer der Agentur.

Sprechen allerdings die Vertreter der Agentur oder des Kunden Darsteller oder Mitarbeiter des Teams direkt an, wird es wirklich schwierig. Es ist, als ob es zwei Naturgesetze gäbe: Jeder möchte am liebsten selber Regisseur sein. Und jeder möchte, wenn ein Werbespot gedreht wird, einen Kommentar dazu abgeben. Das Motiv ist manchmal fehlende Sachkenntnis, manchmal Geltungssucht, manchmal sieht jemand einen »Fehler«, den er dann korrigieren möchte.

Der Regisseur darf solchen Gästen nicht gestatten, direkt mit Darstellern oder Produktionsmitarbeitern zu sprechen. Kritik und Anregungen müssen generell über den Regisseur eingebracht werden, und zwar leise und abseits vom Set. Daß »ein Schiff nur einen Kapitän haben kann«, gilt für jede Filmcrew – für eine, die einen Werbefilm dreht, aber ganz besonders. Kommentare von Außenstehenden untergraben die Autorität des Regisseurs, nicht zuletzt deshalb, weil die Darsteller beginnen, sich ihre Bestätigung aus anderen Quellen zu holen. Obwohl ihn die Agentur engagiert hat und er von ihr bezahlt wird, muß der Regisseur auf dem Set auf seiner Autonomie bestehen. In seinem ausgezeichneten Buch *Directing: The Television Commercial* zitiert Ben Gradus eine Ansprache, die er immer wieder vor Besuchergruppen aus Agentur- oder Kundenvertretern gehalten hat:

> Ich bin hier, um den bestmöglichen Werbespot zu machen, und Sie alle sollen mit dieser Arbeit zufrieden sein können. Ich bin überzeugt davon, daß Sie alle nützliche Vorschläge zu machen haben, und ich verspreche Ihnen, daß ich sie mir aufmerksam anhören werde. Es kann auf dem Set aber – wenn die Schauspieler und das Team wirklich ihr Bestes geben sollen – nur einer der Regisseur sein. Alle Ideen oder Einwände, die Sie haben, sollten nur über eine Person an mich herangetragen werden. Sprachrohr Ihrer Anregungen ist am besten der Producer der Agentur. Nur so können wir vermeiden, daß die Arbeit gestört wird. Ich möchte, daß künftig niemand außer mir selbst den Darstellern und Mitarbeitern meines Teams Anweisungen gibt, und bitte Sie deshalb alle, sich mit Ihren Vorschlägen nur an den Agentur-Producer zu wenden. Er wird sie an mich weiterleiten, und ich werde sie anhören und prüfen.[7]

Das zweite Problem, das mit den ständigen Besuchen besorgter Auftraggeber oder ihrer Vertreter auf dem Set verbunden ist, sind unliebsame Überraschungen, daß Ihr »Fachpublikum« die Fassung verliert, weil Sie auf eine bestimmte, überraschende Weise eine Szene einrichten, ein ungewöhnliches

Licht verwenden oder einen unerwarteten Kamerastandpunkt wählen. Das darf unter keinen Umständen passieren.

Der Regisseur ist, mehr als alles andere, Kommunikator, Ausgangspunkt von Information. Bekanntlich liebt es kein Regisseur, auf dem Set mit Überraschungen konfrontiert zu werden. Für seine »Fachbesucher« gilt genau dasselbe. Wenn ein Regisseur weiterhin mit Werbeproduktionen beauftragt werden will, muß er seine Lösungen dem Producer vorher bis ins kleinste mitgeteilt haben. Sieht das Storyboard eine Großaufnahme vor, die der Regisseur nicht für notwendig hält, darf er es nicht darauf ankommen lassen, daß irgend jemand am nächsten Tag im Vorführraum feststellt, daß diese Aufnahme fehlt. Vielleicht kann der Regisseur den Producer von seiner Änderung überzeugen. Vielleicht aber auch nicht. Wenn das Storyboard vom Kunden bereits genehmigt wurde, wird der Producer wahrscheinlich eher darauf bestehen, jede Einstellung genau so zu drehen, wie sie vorgegeben ist. Hält der Regisseur seine Änderung aber für wichtig, kann er die Sequenz immer noch in beiden Versionen drehen: wie sie das Storyboard vorsieht und wie er, der Regisseur, sie besser findet. Dann fällt die endgültige Entscheidung später im Schneideraum.

Die Nachbereitung (Postproduktion). Immer häufiger werden Fernseh-Werbespots im Videoverfahren geschnitten. Selbst wenn zunächst auf 35-mm-Film gedreht wurde, überspielt man das Material danach auf Videobänder, weil der computerisierte Schnitt sehr arbeitseffektiv und unglaublich schnell ist. Außerdem können optische Effekte sofort ausprobiert, geändert und eingebaut werden, ohne daß das Filmmaterial in die Trickabteilung eines Kopierwerkes geschickt werden muß und zusätzliche Wartezeiten (und Kosten) entstehen.

Der Regisseur hat theoretisch das Recht, mit dem Cutter zusammen den »Rohschnitt« zu erstellen. Diese erste Schnittfassung wird zur weiteren Bearbeitung den zuständigen Leuten in der Agentur übergeben, und der Regisseur wendet sich neuen Projekten zu. Regisseure drehen einen Werbespot meist mit einer ganz klaren Vorstellung davon, wie das Material zu schneiden und zu montieren ist. Wenn sie klug sind, respektieren sie aber auch die Ideen, die der Cutter beisteuert. Cutter gehen an ein Projekt mit einer Unbefangenheit heran, die ein Regisseur unmöglich aufbringen kann, nachdem er wochenlang fast an nichts anderes gedacht hat. Gute Cutter besitzen einen siebten Sinn dafür, was ankommt, was geht und was nicht geht, und sie haben ein Gespür für den dramaturgisch richtigen Rhythmus einer Sequenz. Der Regisseur wird vielleicht nicht immer alle Vorschläge des Cutters übernehmen, aber er wäre schlecht beraten, wenn er

Kapitel **12** ▌ Die Werbung

konstruktive Ideen und Verbesserungsvorschläge nicht aufgreifen und erwägen würde.

> Niemand, weder der Regisseur noch der Producer oder sonst irgendein Agenturmitarbeiter bringt die Sichtweise mit, die der Cutter beim Schneiden einbringen kann. Er allein ist unbelastet von all den Konferenzen und diktatorischen Vorschriften, den Unsinnigkeiten und den Schwierigkeiten beim Drehen und allen inzwischen längst überholten Vorstellungen. Er allein kann wirklich unterscheiden, was ankommt und was nicht, kann Zuschauerakzeptanz und Publikumswirksamkeit beurteilen. Politisches Hickhack, Personalquerelen oder andere Probleme müssen ihn nicht kümmern. Er vor allem sollte gehört werden und mitentscheiden.[8]

Die lokale Werbung

Weil lokale oder regionale Werbung weniger Zuschauer erreicht als überregional ausgestrahlte Werbespots, werden kleinere Budgets und kürzere Produktionszeiten dafür angesetzt. Lediglich ein Faktor ist größer: der Druck, der auf dem Regisseur lastet.

Art und Umfang eines lokalen Werbespots hängen von der Größe des Marktes ab. In einer Stadt mit 50 000 Einwohnern wird man eher bescheidene lokale Spots ausstrahlen als in Großstädten. Für die etwas größeren Werbemärkte arbeiten Regisseure im Auftrag von landesweit tätigen oder von (großen oder kleinen) lokalen Agenturen, gelegentlich auch im direkten Kundenauftrag. Hin und wieder sind sie bei einer Agentur oder einem Kunden fest angestellt, weit häufiger allerdings arbeiten sie bei der lokalen Fernsehstation oder dem örtlichen Kabelkanal.

Die meisten lokalen Werbeagenturen arbeiten professionell, gewissenhaft und anspruchsvoll. Es gibt aber auch schwarze Schafe, die ihr Geld mit der Produktion von Ausschuß machen und partout in derselben Zeit drei Spots produzieren wollen, die normalerweise für gerade einmal zwei ausreicht. Sie drängen den Regisseur, die Produktion rücksichtslos zu kürzen, oder verlangen Leistungen von ihm, die mit seinem Job überhaupt nichts zu tun haben. Ein Regisseur mit Selbstachtung arbeitet mit solchen Ausbeuterfirmen nicht zusammen oder weigert sich strikt, dieses Spiel mitzuspielen.

Die simpelsten lokalen Werbespots haben an Raffinement wenig mehr zu bieten als ein paar vor der Fernsehkamera arrangierte Photos und gedruckte Werbematerialien, zu denen ein Sprecher den Werbetext verliest. Andere setzen Videomaterial ein, zeigen Gebrauchtwagenausstellungen, Restaurants und Supermärkte, während irgendeine lokale Größe die Werbebotschaft dazu verkündet. Gelegentlich ergibt sich aber auch in der lokalen Werbung die Chance für den Regisseur, richtig kreativ zu sein.

Nehmen wir an, Sie sind als Regisseur bei einer lokalen Fernsehstation angestellt und eine Werbeagentur tritt direkt oder über die Geschäftsleitung Ihres Senders an Sie heran. Vielleicht haben Sie bei einer Ihrer Sendungen mit Leuten aus der Werbeagentur zu tun gehabt, denen Ihre Arbeit gefallen hat. Als dann beschlossen wurde, eine Serie von lokalen Werbespots zu produzieren, hat der Künstlerische Leiter der Agentur an Sie gedacht.

Zwar wird die Agentur auch einige Dienstleistungen von Ihrem Sender in Anspruch nehmen, aber Sie werden als eigenständiger Vertragspartner engagiert. Die Werbespots sind also nicht Teil Ihrer normalen Arbeit als Angestellter des Senders. Sie erhalten ein Extrahonorar und werden wahrscheinlich einen Teil Ihrer Freizeit opfern müssen. Einen Mercedes 350 SL werden Sie sich allerdings von dieser Nebentätigkeit nicht anschaffen können.

Ihr Sender ist hocherfreut, daß Sie bei den Werbespots die Regie führen werden. Solche Kooperationen fördern die Geschäftsbeziehungen mit örtlichen Werbekunden. Wer weiß, vielleicht wird deshalb künftig mehr Werbezeit bei der Station gebucht werden. Der Sendeleiter ist bemüht, Ihren Dienstplan den Bedürfnissen Ihrer Nebentätigkeit für die Agentur anzupassen.

Der Herstellungsleiter der Agentur übergibt Ihnen die photokopierten Drehbücher für drei einminütige Spots (Storyboards sind im lokalen Geschäft eher die Ausnahme). Eine bekannte Baufinanzgesellschaft will zum ersten Mal im Fernsehen werben. Der Herstellungsleiter grinst schuldbewußt: Der Präsident des Unternehmens will in allen drei Spots selbst vor der Kamera erscheinen. In zwei der drei Spots sollen junge Paare auftreten, die sich ihr erstes eigenes Heim kaufen und deshalb Geld aufnehmen möchten. Diese Spots beschließt der Präsident mit einer persönlichen Werbebotschaft. Der dritte Spot besteht zur Gänze aus einer zu Herzen gehenden Ansprache des Präsidenten.

Ihnen ist schnell klar, daß diese Werbespots nur dann etwas taugen können, wenn der Unternehmenschef werbewirksam auftreten kann. Sie stellen die alles entscheidende Frage: Hat er das Zeug zum Schauspieler?

Der Herstellungsleiter zuckt mit den Achseln: Er selbst *behauptet* das. Es stellt sich heraus, daß die Entscheidung des Kreditunternehmens für die Fernsehwerbekampagne an die Bedingung geknüpft wurde, daß der Präsident selbst das Unternehmen darin repräsentiert. Jetzt ist es an Ihnen, seine schlummernde schauspielerische Begabung zu wecken.

Das Büro des Präsidenten wird im Studio Ihres Senders nachgebaut. Einige Holzpaneele, ein paar Grünpflanzen, ein Bücherregal und ein statt-

Kapitel **12** ▮ Die Werbung

licher Schreibtisch. Im Gespräch mit dem Ausstatter bestehen Sie ausdrücklich darauf, daß der Schreibtisch groß sein und teuer aussehen muß (wichtige Chefs haben große Schreibtische – und Sie wissen bereits, daß der Mann
eine gehörige Portion Selbstvertrauen besitzt). Außerdem soll das Büro
gemütlich sein, es darf auf keinen Fall einschüchtern. Vielleicht mit Photos
von der Ehefrau und den Kindern.

Die jungen Paare werden unter den Eleven der örtlichen Schauspiel-
schule ausgewählt. Als Honorar erhalten sie zwar nur eine kleine Aufwands-
entschädigung, sie werden sich aber trotzdem dennoch reißen, weil es für sie
eine Gelegenheit ist, professionelle Erfahrung zu sammeln, die sich bei späteren Bewerbungen gut ausnehmen wird. Mit dem Herstellungsleiter der
Agentur zusammen entscheiden Sie sich für vier junge Leute (und ein Paar
als zweite Besetzung, falls jemand krank wird), die alle sehr natürlich und
sympathisch wirken.

Mit einem EB-Team Ihrer Station drehen Sie in der folgenden Woche,
wie die jungen Paare begeistert ein kleines, aber hübsches Häuschen nach
dem anderen besichtigen (lokale Werbespots werden gewöhnlich auf Video
gedreht, das ist billiger, flexibler, schneller zu schneiden und leichter mit
optischen Effekten zu versehen). Für diese Aufnahmen an Originalschauplätzen hat die Agentur das Team für zwei Stunden angemietet. Sie hatten
um etwas mehr Zeit gebeten, aber mehr kann die Agentur sich nicht leisten.
Zwei Stunden sind sehr knapp, ein Bruchteil dessen, was man Ihnen bei
einem überregionalen Werbespot zugestehen würde.

Da so wenig Zeit zur Verfügung steht, sind Sie mit Ihren Schauspielern
am Tag zuvor zum Drehort gefahren und haben die einzelnen Sequenzen
genauestens durchgeprobt (professionelle Schauspieler hätten sich diese
Sonderprobe extra honorieren lassen). Der Dreh läuft gut, die Zuschauer
werden diese sympathischen jungen Leute, die sich sehnlichst ein eigenes
Zuhause wünschen, ins Herz schließen. Sie drehen die Szenen in so vielen
unterschiedlichen Einstellungen, wie es die Zeit eben zuläßt, und achten
darauf, daß der Zuschauer sieht, wie verliebt die Paare sind.

In der Zwischenzeit haben Sie sich zweimal mit dem Präsidenten des
Kreditunternehmens getroffen, einem weißhaarigen Herrn mit warmherzi-
ger Ausstrahlung und gewinnendem Auftreten. Sie haben mit ihm seine
Texte durchgesprochen, er schien gut damit zurechtzukommen. Sie haben
ihm erklärt, daß der Text in einen TelePrompter eingegeben wird, so daß
er direkt in die Kamera schauen und dabei gleichzeitig seinen Text ablesen
kann (TelePrompter-Texte werden auf eine Glasfläche gespiegelt, die in
einem Winkel von fünfundvierzig Grad direkt vor dem Kameraobjektiv befestigt ist).

Vom Präsidenten waren Sie beeindruckt. Er strahlte mit seiner angenehm warmen Stimme freundliche Autorität aus. Die meisten Ihrer Zweifel waren ausgeräumt.

Als die Proben beginnen, sind sie wieder da. Der Mann ist nervös und angespannt. Sie versuchen, mit ihm zu scherzen, ihm seine Befangenheit zu nehmen und ihn aufzubauen. Aber er ist nicht bei der Sache. Was er laut Drehbuch tun muß, ist einfach. Er soll seine Ansprache am Schreibtisch sitzend beginnen, an einer bestimmten Stelle aufstehen, um den Schreibtisch herum nach vorne kommen und dort das Firmenzeichen seines Unternehmens in die Hand nehmen.

Im Lauf der Proben scheint er langsam lockerer und mit dem, was er tun soll, besser vertraut zu werden. Aber in dem Moment, in dem Sie den ersten Take versuchen, verspannt er sich wieder. Was er sagt, klingt plötzlich wie auswendig heruntergeleiert und fast verlogen.

Sie ändern ein paar Worte, passen den Text besser dem alltäglichen Sprachgebrauch an und klären die Änderungen mit dem Herstellungsleiter ab. Der kann seine eigene Anspannung selbst kaum verbergen. Sie wagen erneut einen Take, und wieder verkrampft sich ihr Hauptdarsteller. Die Worte klingen hohl und unaufrichtig. Sie wissen jetzt, daß eine mittlere Katastrophe droht, und entschließen sich zu einer kleinen List. Sie ändern seine Aktion ganz unwesentlich und geben vor, die neue Form erst proben zu wollen. Insgeheim haben Sie Ihren Technischen Leiter und Bildmischer angewiesen, auf ein bestimmtes Stichwort von Ihnen hin die MAZ zu starten und den Take aufzuzeichnen. Nein, Sie werden dabei nicht in der Regie sitzen, Sie werden im Studio bleiben und die angebliche Probe überwachen.

Ohne den Druck der Aufzeichnung verliert der Präsident alles Lampenfieber. Da er nicht weiß, daß die MAZ läuft, spricht er entspannt seinen Text, mit Gefühl und Überzeugung. Er ist phantastisch. Als die Leute von der Agentur später das Band sehen, gratulieren sie Ihnen zu Ihrem genialen Einfall.

Die Regisseure der großen, überregionalen Werbung beginnen ihre Karrieren zwar meistens als Kameramann, Szenenbildner oder Cutter, aber auch die Arbeit für eine lokale Fernsehstation oder den örtlichen Kabelkanal ist für einen jungen Regisseur ein hervorragendes Training. Außerdem können solche lokalen Werbespots, sofern sie nicht der ganz schlichten Kategorie angehören, die ersten Beiträge für ein Band mit eigenen Arbeitsproben werden. Das heißt allerdings nicht, daß auf lokaler Ebene die Konkurrenz weniger hart und ein Job als Regisseur leicht zu ergattern wäre. Leicht ist es nie. Aber Tag für Tag, Woche für Woche, Jahr für Jahr, finden talentierte neue Leute ihren Weg zum Fernsehen. Es ist zu schaffen.

Kapitel 12 ▌Die Werbung

Produktionstechniken

Die Produktionstechniken in der Werbung unterscheiden sich nicht wesentlich von den Techniken, die auch ansonsten bei der Herstellung von Filmen oder Fernsehsendungen eingesetzt werden, nur auf eines muß der Regisseur bei seiner Arbeit ganz besonders achten: auf das Produkt selbst.

Die Produktpräsentation

Für die meisten Werbekunden ist das Produkt verständlicherweise das wichtigste Element in einem Werbespot. Gleichgültig, wie verschwenderisch mit Schauwerten umgegangen wird, wie eingängig der Werbeslogan ist oder wie berühmt die Stars sind, die als Darsteller auftreten, wenn das Produkt nicht so ansehnlich präsentiert wird, daß es bei den Zuschauern auf positive Resonanz stößt, dann ist der Werbekunde nicht glücklich. Das Produkt oder dessen Logo ist oft die letzte Einstellung in einem Spot, das Bild, das am längsten im Bewußtsein der Zuschauer haften bleibt, und darum ist auch der Wunsch des Kunden nach einer perfekten Präsentation verständlich.

Produkte mit geringen Abmessungen zeigen Regisseure gern im **Limbo**, das heißt vor einem rundum gekrümmten Hintergrund »in der Schwebe«, so daß weder eine Bodenlinie noch eine Horizontlinie zu sehen ist. Manchmal wird das Produkt auch ähnlich präsentiert wie Models in der Haute Couture: vor einem nahtlosen Papierbogen, der hinter dem Produkt über den oberen Bildrand hinausgeführt wird, so daß ein neutraler, meist in einer angenehmen Pastellfarbe gehaltener Hintergrund entsteht, der die Aufmerksamkeit nicht vom Produkt abzieht.

Es können auch andere Objekte mit im Bild erscheinen, die durch das, was man mit ihnen assoziiert, den Charakter des Produkts unterstreichen. Eine Orchidee neben einem Parfumflacon suggeriert erlesene Schönheit und grazile Eleganz. Leuchtend rote, glänzende Äpfel mit Stiel und Blatt neben einer Dose Apfelmus lassen das Produkt appetitlicher erscheinen. Mit solchen Beigaben kann man dem angepriesenen Artikel mehr Farbe und Anziehungskraft verleihen, sie müssen allerdings immer mit dem Verantwortlichen von der Agentur abgesprochen sein. Denn was Ihnen als erstklassige Idee erscheint, kann aus verkaufspsychologischer Sicht durchaus kontraproduktiv sein.

Auch das Szenenbild beeinflußt die Wirkung der Präsentation. Ich hatte einmal den Auftrag, eine Autowerbung zu drehen. Das Skript verlangte nach einem »Beauty Shot«. Ich fragte beim Repräsentanten der Agentur nach, was mit dem Begriff denn gemeint sei. Er war offenbar unerfahren, druckste herum und sagte schließlich, das Auto solle so gezeigt werden, daß es phantastisch aussehe. Da es sich um eine Limousine mit klassisch eleganten Linien handelte, bat ich unseren Ausstatter, griechische Säulen (aus Pappmaché) zu besorgen. Als Kolonnade angeordnet, bildeten sie für das vor einem Rundhorizont brillant ausgeleuchtete Auto einen geradezu klassisch gediegenen Rahmen, und diese Gediegenheit übertrug sich auf das Produkt. Der Mann von der Agentur nickte beifällig, als er das Ergebnis sah. Ja, genau das hatte ihm vorgeschwebt.

Wenn Sie sich im Fernsehen Werbung ansehen, achten Sie einmal darauf, wie sehr der Hintergrund die Atmosphäre bestimmt. Oft werden Autos in der Werbung vor teuren Villen, eleganten Clubs oder Nobelrestaurants gezeigt. Selbst in einer ganz bescheidenen Studioproduktion kann eine phantasievolle Szenerie viel zur optischen Wirkung eines Produkts beitragen: Ein Hintergrund aus schottischem Tweed oder aus Leder kann einem Rasierwasser die besondere Note geben, ein Stück Kunstrasen hinter die Packung Golfbälle gelegt, und schon steht man mitten im Grünen. Da die optische Präsentation des Produkts für den Kunden das Wichtigste ist, gehört dieser auch die besondere Aufmerksamkeit von Regisseur und Producer. Ich erinnere mich an eine Bierwerbung, für die der Producer eine volle halbe Stunde darauf verwandte, den Mann, der das Bier einschenken sollte, zu instruieren, wie er das zu bewerkstelligen habe. Das Bierglas war von unten – durch ein Loch im Boden des Limbo – angeleuchtet, damit die aufsteigenden Kohlensäurebläschen besser zur Geltung kamen. Alles, was man von der einschenkenden Person sehen konnte, war deren Hand. Aber weil die Schaumkrone auf dem Bier perfekt sein sollte, war die Einschenktechnik von entscheidender Bedeutung.

Wenn sich die Werbung um Lebensmittel dreht, schickt der Kunde gewöhnlich einen Hauswirtschaftsexperten zum Set, der darauf achtet, daß das Produkt möglichst appetitlich präsentiert wird. Der Experte überwacht in der Regel die gesamte Tischdekoration: Tischtuch, Gedeck, Tafelsilber, Kerzen und Blumenschmuck. Soll das Gericht heiß präsentiert werden, wird es in mehrfacher Ausführung vorbereitet und in einem Backofen neben der Kamera warmgestellt, so daß es aus dem Ofen sichtbar dampfend vor die Kamera gebracht werden kann. Ein auf Lebensmittelwerbung spezialisierter Regisseur kennt die Wirkung von Glanzlichtern. Manchmal verwendet er Stunden darauf, eine Großaufnahme richtig einzuleuchten. Ich kannte einen Regisseur, der bestimmte Lebensmittelprodukte mit Öl einpinseln ließ, damit sie appetitlich glänzten.

In der Regel hütet jeder Hauswirtschaftsexperte, der erfolgreich in

Kapitel **12** ∎ Die Werbung

der Werbung arbeitet, seine »Betriebsgeheimnisse« sorgsam. Aber Maggie Kilgore hat uns ein paar ihrer Tricks verraten:

- Das Wachs, mit dem man gewöhnlich Tote einbalsamiert, läßt ein verschrumpeltes Hähnchen wieder prall aussehen.
- Mit Trockeneis erzeugt man die Illusion von eisiger Kälte oder von Rauch.
- Rindfleisch wird nur ganz leicht angebraten, weil es sonst schnell schrumpft.
- Aus Eiweiß oder flüssiger Seife kann man den Schaum für Espresso, Bier oder Limonaden erzeugen.
- Leim oder Stärkemehl dickt Bratensaft und Saucen an.
- Wenn Eiscreme nicht das eigentliche Produkt ist, für das geworben wird, kann man als Double Kartoffelbrei benutzen.

Es gibt natürlich Grenzen für das, was man tun darf, um das Image eines Produkts aufzupolieren:

> Hauswirtschaftsexperten werden auch dafür engagiert, daß sie sich mit ihrer Integrität für die Wahrheit in der Werbung verbürgen. Das war die Konsequenz, die Hersteller aus einem Musterprozeß im Jahr 1970 zogen. Darin war eine Suppenwerbung der Firma Campbell als irreführend beurteilt worden, weil durch Glasmurmeln am Tellerboden der Eindruck erweckt wurde, daß die Gemüseeinlage üppiger sei, als sie es in Wirklichkeit war.
>
> Seitdem darf das beworbene Produkt im Werbespot nicht mehr ausgewechselt oder verfälscht dargestellt werden. Die Federal Trade Commission* verbietet auch Praktiken wie das Ersetzen von Dosenbohnen durch appetitlicher aussehende Gefrierbohnen.[9]

Die Verpackung eines Produktes erfordert oft eine ganz besondere Aufmerksamkeit. Standardkartonagen, wie sie in den Ladenregalen zu finden sind, sind meist so reich bedruckt, daß sie in der Photographie zu »unruhig« erscheinen und ihre Wirkung vor der Fernseh- oder Filmkamera durch die optische Fülle beeinträchtigt ist. Werbeagenturen halten für solche Spots spezielle Verpackungen bereit, die, bei weitgehender Ähnlichkeit mit der handelsüblichen Verpackung, so einfach gestaltet sind, daß der Aufdruck gut lesbar ist und besser zur Geltung kommt. Beim Photographieren der Verpackungen achtet der Regisseur peinlich genau darauf, daß sie makellos sind: sauber, staubfrei, ohne Fehler im Design und selbst im kleinsten Aufdruck.

Folienverpackungen und Produkte mit metallisch glänzenden oder spiegelnden Oberflächen werfen beim Photographieren ganz eigene Probleme auf. Weil diese Oberflächen Licht reflektieren und sich auf ihnen die Kamera

---

* Nationale Kommission zur Verhinderung von unlauterem Wettbewerb in den USA. (A.d.Ü.)

oder sogar der Regisseur spiegeln kann, muß das Produkt unter eine Art Zelt plaziert werden, einem leichten Gewebe, das in der Spiegelung nicht zu erkennen ist und störende Reflexion verhindert. Das Gewebezelt muß eine kleine Öffnung haben, durch die das Kameraobjektiv paßt. Beim Photographieren metallischer Gegenstände wie Uhren, Schmuck oder Tafelsilber wird reichlich HI-Licht verwendet (Licht aus Hochintensitäts-Scheinwerfern), denn die so erzeugten funkelnden Reflexe gehören zum Kaufanreiz.

> Manchmal muß während einer Szene ein Objekt in Großaufnahme exakt auf einen bestimmten Punkt gestellt werden. Dazu bietet es sich an, die Packung von ihrem korrekten Standort *wegzunehmen*, während die Kamera rückwärts läuft... Allerdings muß man dabei den Bewegungsrhythmus beachten. Wenn man den Bewegungsablauf sehr sorgfältig studiert, wird man feststellen, daß die Hand beim Absetzen eines Gegenstandes gegen Ende der Bewegung langsamer wird. Darum muß sie in der umgekehrten Abfolge mit dem Aufnehmen langsam beginnen und darf erst, wenn sie ein paar Zentimeter Abstand von der Tischplatte gewonnen hat, zum Verlassen des Bildes schneller werden. Wenn man diesen Grundsatz nicht beachtet, macht das Objekt in der vorwärts abgespielten Fassung einen unnatürlichen Sprung.[10]

Diesen Rücklauftrick sollte jeder Regisseur kennen, der Werbefilme dreht, denn mit ihm wird sichergestellt, daß eine Aktion exakt an der gewünschten Stelle endet und optimal ausgeleuchtet ist. Verlangt das Drehbuch zum Beispiel, daß ein Auto auf die Kamera zufährt und dann kurz davor anhält, damit der Kühlergrill in einer engen Großaufnahme zu sehen ist, gelingt eine solche Einstellung am besten, wenn man die Aktion umkehrt: Das Auto startet in der Detailaufnahme vom schimmernden Kühlergrill und entfernt sich dann rückwärts.

Regietechniken

Tony Asher hat Hunderte von Werbespots produziert und mit den unterschiedlichsten Regisseuren zusammengearbeitet. Im folgenden äußert er sich zu den Problemen, die sich einem Regisseur bei der Produktion von Werbespots stellen:

> **Frage:** Über welche spezielle Begabung muß ein Regisseur verfügen, um eine komplette Geschichte in nur dreißig Sekunden erzählen zu können?
> **Antwort:** Ein Gespür für Proportionen, das ist klar. Ein Gespür für *reduzierte* Proportionen. Noch genauer: Er muß wissen, wieviel Stoff sich in einem Werbespot unterbringen läßt. Agenturen wollen oft zu viel in einen Spot hineinstopfen.

Kapitel **12** ▌ Die Werbung

F.: Aber Agenturen besitzen doch auch Stoppuhren. Timen die ihr Material nicht aus?

A.: Was passiert, ist folgendes: Da schreibt jemand einen wunderschönen Spot, der dauert vierunddreißig Sekunden. »He, das ist doch überhaupt kein Problem, den können wir ganz bestimmt zusammenschneiden.« Und dann fügt irgend jemand vier Zeilen ein, die unbedingt hinein müssen, und dann noch die Information »Mitglied im Kredit-Versicherungs-Verband«, und irgend jemand schlägt ein kurzes musikalisches Intro vor, und jetzt nehmen die Leute ihre Stoppuhr zur Hand. Aber sie lesen den Text nur im Kopf, sie lesen ihn nicht laut – sie berücksichtigen an dieser und jener Stelle nicht die richtigen Pausen.

Zu dem Zeitpunkt, zu dem der Regisseur das Buch in die Hand bekommt, ist es bereits in dieser Fassung an den Kunden verkauft, und der ist hochzufrieden, daß die neun wesentlichen Punkte, auf die es ihm ankam, eingearbeitet sind. Wenn es dem Regisseur dann nicht gelingt, alle neun Punkte im Spot unterzubringen, ist er der Sündenbock. Der Regisseur setzt sich also mit seiner eigenen Stoppuhr an das Drehbuch – er stellt sich bildlich vor, wie das Ganze möglicherweise aussehen könnte –, und er kommt immer auf etwa vierundvierzig Sekunden.

F.: Und das ist der Zeitpunkt, an dem die Agentur das Material zurechtstutzt?

A.: Naja, der Regisseur fragt: »Was kann man machen?« Und der Producer sagt: »Da ist nichts zu machen. Das ist dem Kunden so verkauft worden. Es muß, ganz egal wie, genau so abgeliefert werden.« Und manchmal sagt der Regisseur dann: »Also Jungs, das kann so nicht funktionieren. Auf dieser Basis können wir den Job nicht annehmen. Was in diesem Storyboard drin ist, können wir nicht in dreißig Sekunden liefern.« Was dann – natürlich – passiert, ist, daß schließlich eine ganze Szene unter den Tisch fällt – oder daß von den vier Punkten, die eigentlich vorgesehen waren, nur drei realisiert werden. Deshalb muß ein Regisseur im voraus wissen, wie ein Stoff später aussehen wird – das ist für ihn lebenswichtig.

Nimmt man einmal wirklich gute Fernseh-Werbespots unter die Lupe, stellt man fest, daß sie sich in der Regel auf einen einzigen Punkt konzentrieren. Weil die dreißig Sekunden Sendezeit ausschließlich dieser einen Argumentation dienen, kann die Werbebotschaft wirkungsvoll umgesetzt werden. Wer in zu kurzer Zeit zu viel Land beackern will, schafft nur Verwirrung.

Der Regisseur, der eine Geschichte in einer Minute oder in dreißig Sekunden erzählen muß, sieht sich mit vielerlei Problemen konfrontiert. Jeder Moment zählt. Kehren wir zum Interview mit Tony Asher zurück:

F.: Wie bringt man nun alles unter?

A.: Du mußt mit Kurzschrift arbeiten. Du mußt wissen, wie man aus einer hochgezogenen Augenbraue oder einer knappen Geste das herausholt, was im Spielfilm in dreißig Sekunden oder in einer ganzen Minute gesagt wird. Dinge, die im wirklichen Leben niemals gleichzeitig passieren können, spielen sich zur gleichen Zeit ab. Oder du kannst mit einer winzigen Geste etwas vermitteln, von dem neun Zehntel nicht sichtbar sind – aber man weiß, was davor passiert ist, weil man den Schlußmoment gesehen hat. Ein wirklich guter Regisseur weiß, wie man es anstellt, eine Botschaft knapp und doch präzise rüberzubringen.

F.: Wie lernt man das?

A.: Durch Praxis – und indem man sich die Arbeiten anderer ansieht, die wissen, wie man es macht. Du fragst dich: »Woher weiß ich, daß er gerade sein Auto gewaschen hat?« Naja, weil seine Hosen naß sind und er einen Schwamm in der Hand hält. Wege zu finden, um solche Geschichten ohne Worte und in kürzester Zeit zu vermitteln, das ist die wahre Kunst. Ein gewiefter Regisseur kann das. Er vermittelt Eindrücke, ohne die Handlung real zu zeigen. Das ist echte *Ökonomie*: Ökonomie der Worte, Ökonomie der Bewegung, Ökonomie der Bildsprache.

F.: Plant ein Regisseur all das durch, bevor er das Studio betritt?

A.: Unbedingt! Bild für Bild, Zeile für Zeile, Aktion für Aktion.

Regisseur Stu Hagmann behauptet, daß es beim Inszenieren von Werbespots in erster Linie auf den Stil ankommt, wenn sie später einen Preis gewinnen sollen:

Was mich interessiert, ist der Stil, nicht das Ambiente. Unglaublich viele Werbeproduktionen bauen nur auf das Ambiente. Das ist wie eine Kelle voll Sauce hollandaise über einem Ei, aber es fehlt die Scheibe Toast darunter. Auf dem Teller sieht es völlig okay aus, aber du kannst das Ding nicht in die Hand nehmen und zum Mund führen ...

Es kommt einfach darauf an, ob du eine Geschichte erzählen kannst oder nicht. Manche Leute können eben keine Geschichte erzählen. Die haben vielleicht nie ein gutes Buch gelesen. Sie sind nur daran interessiert, einen Effekt zu erzeugen, nicht aber, das Bewußtsein der Zuschauer in eine bestimmte Richtung zu lenken.[11]

Zusammenfassung

- Ein Werbespot verkauft mehr als nur ein Produkt, er verkauft »Lifestyle«. Er zeigt dem Zuschauer, was er tun muß, um glamourös und beneidenswert zu werden.
- Regisseure überregionaler Werbefilme kommen häufig aus den drei artverwandten Sparten: Szenenbild, Kamera und Schnitt. Lokale Fernsehstationen und Werbeagenturen sind eine gute Schule für den Regieanfänger.
- Bei überregionalen Werbespots arbeitet der Regisseur in der Regel mit einem Storyboard, das die wesentlichen Aktionen eines Spots enthält. Auch wenn sich viele Regisseure durch das Storyboard in ihrer Kreativität eingeschränkt fühlen,

erkennen sie doch an, daß es subtile Einsichten vermittelt und klare Wege in der Kommunikation vorzeichnet.

■ Wenn der Regisseur mit der Produktionsvorbereitung beginnt, ist oft schon eine Vorauswahl der Darsteller getroffen. Viele große Werbeagenturen unterhalten ein Schauspieler-Videoarchiv, aus dem die Auswahl getroffen wird. Die Werbeagentur bespricht die endgültige Besetzung sowohl mit dem Regisseur als auch mit dem Werbekunden. Während der Produktionsvorbereitung wählt der Regisseur die Originalschauplätze aus, arbeitet mit dem Szenenbildner an der Gestaltung des Sets und plant seine Inszenierung.

■ Die endgültige Entscheidung über Besetzung und Ausstattung, über Änderungen im Storyboard, über Kostüme und viele andere Details fällt in einer Produktionskonferenz, an der der Kunde, die Agentur und der Regisseur sowie wichtige Mitglieder des Produktionsteams teilnehmen. In dieser Konferenz erläutert der Regisseur seine Vorstellungen von der Gestaltung des Werbespots in allen Details.

■ Auch wenn Vertreter der Agentur und des Auftraggebers bei den Dreharbeiten anwesend sind, darf der Regisseur die Kontrolle über Darsteller und Team nicht aus der Hand geben und keine Störungen dulden. Änderungswünsche bezüglich der Inszenierung oder der Art der Darstellung müssen dem Producer der Agentur vorgetragen werden, der sie dann unter vier Augen an den Regisseur weitergibt.

■ In der Postproduktion erarbeitet der Regisseur mit dem Cutter zusammen den Rohschnitt. Die Anregungen des Cutters, der seine Erfahrung, sein handwerkliches Können und einen objektiven Blick in das Projekt einbringt, sind einem klugen Regisseur stets willkommen.

■ In der lokalen Werbeproduktion, die zahlreichen Zwängen unterliegt, sieht sich der Regisseur mit zwei Hauptproblemen konfrontiert: der Kürze der Produktionszeit und dem knapp bemessenen Budget. Welchen Spielraum der Regisseur hat, hängt unter anderem von der Größe des anvisierten Marktes ab. Die Regisseure lokaler Werbespots sind oft festangestellte Mitarbeiter des lokalen Fernsehsenders oder bei einer ortsansässigen Werbeagentur.

■ Dem Produkt muß immer die höchste Priorität eingeräumt werden. Die Attraktivität des Produkts kann durch Kulissen, Requisiten, Ausleuchtung und eine kameragerechte Modifizierung der Verpackung gesteigert werden.

■ Der erfahrene Regisseur weiß, daß die Zeit nicht dehnbar ist. Er lehnt es daher ab, einen Werbespot zu drehen, der zu viel Stoff enthält. Um eine Geschichte in einen zeitlich eng begrenzten Rahmen zu pressen, kondensiert der Regisseur die Aktionen, die nicht in voller Länge ausgespielt werden können, zu einer Art visueller Kurzschrift.

Übungen

1. Um das Publikum schnell zu interessieren, setzt die Werbung die in Kapitel 2 behandelten Elemente der Unterhaltung ein (insbesondere die des *Vergnügens*). Sehen Sie sich im Fernsehen ein paar Werbespots genau an. Stellen Sie eine Liste

von Spots zusammen, die eines der unten genannten Elemente enthalten.
In manchen Werbespots wird mehr als nur ein Unterhaltungselement verwendet.
Fällt Ihnen ein Spot ein, der alle Elemente enthält?

a. Spektakel
b. Konflikt
c. Mann-Frau-Beziehung
d. Ordnung/Symmetrie
e. Überraschung und Komik

2. Sie sind der Regisseur des folgenden Dreißig-Sekunden-Spots. Zunächst müssen Sie ein inhaltliches Konzept entwickeln, wie die Werbebotschaft in wirkungsvolle Bilder umzusetzen ist. Dann planen Sie die Einstellungen, die dafür benötigt werden. Beschreiben Sie, welche Effekte Sie mit Kamera, Licht, Filtern, Musik und Darstellern erzielen wollen, um dem Werbespot einen besonderen Reiz zu geben. (Anmerkung: Ich gebe kein Storyboard vor, weil Sie Ihre eigene Art der Kameraführung erarbeiten sollen.)

BILD	TON
	SPRECHER (ironisch)
	Sie brauchen Kleinmanns Frostige Früchte-Riegel nicht, um die heißen Sommermonate zu überstehen. Ein leichtes Unbehagen? Na, wenn schon! Vergessen Sie die Affenhitze da draußen, den kochenden Asphalt, Ihre staubtrockene Kehle! Denken Sie bloß nicht an die eiskalten Riegel, gefüllt mit köstlich süßen gefrorenen Fruchtstücken: Papaya, Orange, Ananas, Mango, Banane. Schlagen Sie sich jeden Gedanken daran aus dem Kopf: Sie sind doch stark! Klar sind Sie das! Und weil Sie so stark sind, haben Sie vermutlich sogar schon den Namen vergessen: Kleinmanns Frostige Früchte-Riegel.

3. Nachdem Sie nun die Bildfolge und die Kameraeinstellungen für Ihren Werbespot entwickelt haben, entwerfen Sie ein einfaches Storyboard von nicht mehr als zehn Bildern, das Ihr Konzept illustriert. Wie man ein Storyboard erstellt, ist am Ende von Kapitel 6 beschrieben.

13
Musik

> Von der ersten Stunde an – seit 1956 –
> haben sich Rock 'n' Roll und Fernsehen
> nicht besonders gut miteinander vertragen.
> Aber plötzlich ist es so, als wären sie
> miteinander verheiratet und könnten von-
> einander nicht lassen.
>
> *KEITH RICHARD (ROLLING STONES)*[1]

Musik weckt Emotionen – intensiver wahrscheinlich als jede andere Kunstform. Beim Rock-Konzert geht unser Puls schneller, im Kino rührt uns
das Liebesmotiv zu Tränen, eine Beethoven-Sinfonie versetzt uns in Hochstimmung. Bei einer Musiksendung im Fernsehen muß der Regisseur nicht
nur die Musik selbst vermitteln, sondern auch die in ihr enthaltenen Emotionen. Dazu reicht es nicht, das Instrument, das den Ton produziert, einfach
abzuphotographieren. Nur wenn das Instrument die Stimme ist und der
Interpret außergewöhnliches Talent besitzt, gilt diese Regel nicht. Emotionaler Ausdruck läßt sich mit technischen Mitteln (Kamera, Licht, Objektive,
Schnitt) erzeugen, durch das Szenenbild, Requisiten und Kostüme, durch
phantasievolle Bildsymbolik und durch das Können und Einfühlungsvermögen der Künstler.

Musiksendungen sind eine ungewohnte Herausforderung für den Re-
gisseur. Musik ist für das Ohr geschaffen, sie ist ein akustisches Erlebnis.
Wichtigstes Ziel eines jeden Regisseurs ist (und bleibt) es, Ideen, Vorstellun-
gen und auch Emotionen visuell auszudrücken, sie in Bildern sichtbar wer-
den zu lassen. Folglich stellt ihn eine Sendung, in der das Hauptelement
Musik ist, vor ein Paradox. Wie kann er das Instrument, sei es nun eine
E-Gitarre oder die menschliche Stimme, wirkungsvoll in Bilder umzusetzen?
Schweift er ab in weite Fernen und schafft eine mit der Stimmung der
Musik korrespondierende Bildsymbolik? Oder photographiert er einfach das
Instrument ab, das den Ton produziert? Schneidet er um auf eine MAZ
mit den Silhouetten eines Liebespaares, das verträumt am nebelumwallten
Strand wandelt, oder mit Blitzen, die grell über einen bedrohlichen Himmel

Teil 3 ∎ Non-Fiction

zucken? Richtet er die Kameras auf die Geiger oder auf den Schlagersänger, der im Scheinwerferlicht vor der Kulisse seinen Hit schmettert?

Reine Musiksendungen machen allerdings nur einen winzigen Teil der musikalischen Unterhaltung im Fernsehen aus. Wesentlich häufiger hören wir Musik, die als Hintergrund für eine Spielhandlung dient. Diese Musik, die **Filmmusik**, ist nur zu dem Zweck komponiert, eine dramatische Handlung zu bereichern; das Publikum ist sich ihrer über weite Strecken gar nicht bewußt. Das Schreiben von Filmmusiken erfordert ein hohes Maß an Kreativität; es hat sich fast zu einer eigenen Kunstform entwickelt.

Dieses Kapitel ist in fünf Themenbereiche untergliedert. Die ersten vier beschäftigen sich mit der Musiksendung, der fünfte Abschnitt untersucht, wie Filmmusik entsteht.

- WISSEN, WAS GESPIELT WIRD: DIE VORBEREITUNG: Künstler, Skript und Partitur.
- KAMERA UND SCHNITT: Eine Analyse der Inszenierungstechniken für klassische Musik und für Rock-, Pop- und Country-Musik.
- DRAMATISIERUNG: Die Verwendung visueller Elemente, die den emotionalen Gehalt der Musik widerspiegeln.
- STUDIO ODER ORIGINALSCHAUPLATZ: Eine Gegenüberstellung der Vor- und Nachteile beider Produktionsorte.
- FILMMUSIK: Einblicke in Absicht und Funktionsweise von Musik als Hintergrund einer dramatischen Handlung.

Wissen, was gespielt wird: Die Vorbereitung

Für einen Regisseur gibt es kein miserableres Gefühl, als ungenügend vorbereitet einen Regieraum zu betreten. Selbst bei den einfallsreichsten und mit allen Wassern gewaschenen Regisseuren, die in der Lage sind, jede Klippe elegant zu umschiffen, gefährdet eine ungenügende Vorbereitung den sicheren Ablauf einer Sendung. Mangelnde Vorbereitung zerstört das Vertrauen und kostet wertvolle Probenzeit, weil immer wieder Fehler korrigiert werden müssen; das teilt sich den Akteuren vor und hinter den Kameras mit, erzeugt eine gespannte Atmosphäre im Studio, sabotiert alle Bemühungen und fördert die Entstehung von Magengeschwüren.

Die Vorbereitung einer Musiksendung hängt zu einem Teil davon ab, wieviel der Regisseur von Musik versteht. Selbstverständlich tut sich ein Regisseur, der keine Ahnung von klassischer Musik hat, schwerer mit der Übertragung eines Sinfoniekonzerts als einer, der Musikwissenschaft studiert hat. In meiner Zeit als Live-Regisseur beim Fernsehen besaß ich absolut

Kapitel 13 ▍ Musik

keinen musikalischen Hintergrund und wußte nur sehr wenig über die Welt der Musik. Ich war gerade mal fähig (wenn mir jemand dabei half), ein Lied richtig zu summen. Deshalb übertrug mir die Leitung des Senders mit unbestechlicher Logik die Regie für fast jede Musiksendung, egal ob Sinfoniekonzert, Bigband-Jazz oder eine Show mit Country- und Westernmusik. Für mich war das jedesmal eine Zitterpartie.

Ob Sie nun musikalische Fachkenntnisse besitzen oder nicht, für jede Art von Musikprogramm sind bestimmte Vorbereitungen in bezug auf Künstler, Skript und Partitur unumgänglich.

Künstler

Sehen Sie sich die Künstler bei einem Live-Auftritt an, ganz gleich, ob es sich dabei um einen Sänger, eine Rockgruppe oder einen Konzertpianisten handelt. Noch besser wäre es, Sie sehen sich ein Video oder einen Film von früheren Auftritten der Künstler an. So können Sie bestimmte Sequenzen wiederholen, um mit den Künstlern, ihrer Musik und ihrem Präsentationsstil vertraut zu werden. Machen Sie sich Notizen! Stellen Sie sich Fragen wie:

- Sind die Künstler interessant oder eher farblos? Wie kann man sie in letzterem Fall für das Publikum interessanter machen? Was macht in ersterem Fall ihre besondere Ausstrahlung aus? Wie kann man die noch verstärken?
- Besitzen die Künstler eine ganz persönliche Note? Wie kann man die noch stärker herausstreichen?
- Sind ihre äußere Erscheinung und ihr Auftreten kamerawirksam genug? Kann man es verändern, ohne die Wirkung der Musik selbst zu zerstören?
- Wenn es sich um einen Sänger handelt: Ist sein Stil ätherisch oder eher derb? (Wie wird sich das auf Ihre Kameraführung auswirken?) Sieht er gut aus, oder ist er unattraktiv? Welche Einstellungen sind für ihn »vorteilhaft«, welche nicht?
- Enthält das Video Musiktitel, die auch in Ihrer Sendung geplant sind? Falls ja, haben Sie jetzt so etwas wie eine Probe vor Augen und können Ihre Inszenierung konkreter planen: Kameraeinstellungen, Licht und Bühnenbild.

Treffen Sie sich mit Ihren Stargästen, wenn möglich, schon einige Zeit vor der Sendung. Sagen Sie ihnen, daß Sie sich auf die Zusammenarbeit mit ihnen freuen, und erklären Sie ihnen, wie Sie die Sendung gestalten möchten. Bei dieser Gelegenheit müssen Sie – oder ein Vertreter der Redaktion – einige grundsätzliche Dinge klären. Wird die Sendung im Studio stattfinden oder an einem Originalschauplatz? Falls es eine Studiosendung werden soll, wie sollte die Dekoration aussehen? Gibt es Publikum im Studio? Wer wird der Moderator sein? Wird es ein **Skript** geben, oder wird die Sendung »aus dem

Hut gefahren«? (Wer schreibt das Skript?) Wie wird die finanzielle Seite geregelt? Wenn die Sendung einen Sponsor hat, wie wird dessen Werbung integriert? Sollten die Künstler irgendwelche Einwände gegen Ihre Vorstellungen haben, ist es besser, Sie erfahren es so früh wie möglich. Seien Sie offen für kreative Vorschläge und geben Sie den Künstlern das Gefühl, zum Team zu gehören.

Skript

Bei vielen Kabelkanälen und lokalen Fernsehstationen fungiert der Regisseur gleichzeitig als Redakteur und ist somit für den Inhalt der Sendung und für ihre formale Gestaltung zuständig. Zu dem vorbereitenden Treffen sollten die Künstler oder ihr Manager bereits eine Liste mit Titelvorschlägen mitbringen, damit Sie eine sinnvolle Reihenfolge der Stücke festlegen können, aus der sich das Grundkonzept für das Skript ergibt.

Wer als Regisseur glaubt, seine Arbeit beginne erst, wenn das Skript fertig ist, irrt gewaltig. Ein erfahrener Regisseur weiß, daß die Qualität einer Sendung beim Skript beginnt. Er hat aus bitterer Erfahrung lernen müssen, daß es nahezu unmöglich ist, mit einem mittelmäßigen Skript eine erstklassige Sendung zu machen.

Wird für Ihre Musiksendung ein Skript vorbereitet, scheuen Sie sich nicht, Ihre Ideen beizusteuern, bevor der Beton ausgehärtet ist. Seien Sie aber, wenn Ihnen der Entwurf des Autors zu schwerfällig, unrealisierbar oder altbacken vorkommt, mit Ihren Änderungsvorschlägen diplomatisch! Manche Regisseure besitzen die unschätzbare Gabe, ihre Ideen so zu verkaufen, daß der Autor sie für seine eigenen hält. Und weil das Ego entscheidend am kreativen Prozeß beteiligt ist, arbeitet ein Autor produktiver, wenn er seine eigenen Ideen verwirklicht, als wenn man ihm ein fremdes Konzept aufzwingt.

Partitur

Machen Sie sich bereits vor den Proben mit den Musiktiteln vertraut (bei Probenbeginn sollte das Konzept für die Kameraeinstellungen stehen. Hören Sie sich die Stücke auf Kassette oder CD an und beschaffen Sie sich die entsprechenden Partituren.

Um ein Musikstück adäquat in Bilder umsetzen zu können, müssen Sie Takte zählen. Wenn Sie keine Noten lesen können, brauchen Sie einen Menschen an Ihrer Seite – einen Regieassistenten oder einen Musiker, der es kann. Als musikalischer Laie – dem auch kein Regieassistent zugestanden wurde – habe ich mich beim Austimen der einzelnen Musikpassagen mit einer Stoppuhr beholfen. Das war hilfreich, aber nicht immer verläßlich, weil Musiker in unterschiedlichem Tempo zu spielen pflegen. Bei Sängern ist die Sache einfacher, weil sich der Regisseur am Liedtext orientieren kann. Er sollte, sauber und mit großem Zeilenabstand getippt, vorliegen.

Nur wenn der Regisseur mit der Musik vertraut ist, wird er in der Lage sein, die Kameras zur richtigen Zeit an den richtigen Ort zu dirigieren. Es ist ziemlich peinlich, in die Großaufnahme eines Keyboards umzuschneiden, wenn im selben Moment der Sänger einsetzt.

Kamera und Schnitt

Bei der Aufzeichnung eines klassischen Balletts wie *Schwanensee* benutzen viele Regisseure für den Wechsel zwischen den Kameraeinstellungen lieber Überblendungen als harte Schnitte. Diese weichen Übergänge von einem Bild zum nächsten sollen die Stimmung, die von Musik und Tanz ausgeht, verstärken. Kameraführung und Bildschnitt haben immer eine spezifische Wirkung und Bedeutung: Sie beeinflussen die Wahrnehmung der Zuschauer, schaffen Rhythmus, Stimmung und Atmosphäre. Oft geschieht diese Beeinflussung so subtil, daß sich die Zuschauer ihrer gar nicht bewußt werden. Da die Möglichkeiten der visuellen Beeinflussung und deren Bedeutung von Fall zu Fall und in unterschiedlichen Programmformen verschieden sind, können sie hier unmöglich alle aufgelistet werden. In einem Spielfilm deutet die Überblendung beispielsweise einen Zeitsprung oder Schauplatzwechsel an. Bei einer Ballettaufnahme bildet sie lediglich den eleganten Übergang von einer Einstellung zur nächsten.

Die Gestaltung der Übergänge zwischen einzelnen Einstellungen gehört zu den elementarsten Techniken der Regie bei der Dramatisierung einer Botschaft. Zwar haben digitale Video-Effekte gerade beim Bildschnitt von Musiktiteln (besonders bei MTV) für völlig neue Impulse gesorgt, harter Schnitt und Blende sind aber immer noch die am häufigsten verwendeten Übergänge.

Der harte Schnitt

Ein Schnitt ist eine saubere Sache, knapp, scharf und prägnant. Bei einem schnellen Musikrhythmus paßt der harte Schnitt zum Tempo und dem Charakter des Stücks. Bei solchen Titeln schneiden Regisseure gern auf Takt, so daß die Schnittfolge (alle zwei Takte, alle vier Takte) fast Teil der Musik wird:

408   Teil 3 ∎ Non-Fiction

Die Schnitte erhalten ihren eigenen Rhythmus, in dem die musikalische Vorlage sich widerspiegelt.

Ein sauber ausgeführter harter Schnitt ist unsichtbar, egal ob das Tempo der Musik schnell oder langsam ist. Ein Schnitt, der in eine Bewegung hinein erfolgt, ist praktisch nicht wahrnehmbar. Wirbelt zum Beispiel ein Rocksänger während eines instrumentalen Zwischenspiels auf der Bühne nach vorn, dann fällt der Übergang in eine totalere Einstellung nicht auf, wenn in die Drehbewegung hinein geschnitten wird. Ähnlich unsichtbar bleiben Schnitte, die genau auf das Einsetzen des Liedtextes erfolgen.

Die Technik des unsichtbaren Schnitts folgt demselben Prinzip wie die Bühnenvorstellung eines Zauberers. Wenn der Zauberer mit der Linken das Kaninchen aus seiner Innentasche zieht, lenkt er den Blick der Zuschauer im entscheidenden Moment ab, indem er mit der Rechten geheimnisvolle Dinge in der Luft vollführt. Genauso verhält es sich mit dem Kameraschnitt: Die Aufmerksamkeit des Publikums richtet sich auf die vordergründige Aktion, auf die Sprünge und Drehungen der Sänger oder Tänzer oder auf die neu einsetzende Liedstrophe, und nicht auf den Wechsel der Kameraeinstellungen.

Ein anderes wichtiges Prinzip beim Bildschnitt ist die Orientierung am Interesse der Zuschauer. Wenn die Spannung um einen Akteur zunimmt, möchte das Publikum näher heranrücken. Eine gute Bildführung folgt diesem psychologischen Bedürfnis nach größerer Nähe mit immer engeren Einstellungen. Wenn die Schnitte den Erwartungen der Zuschauer angepaßt sind, werden sie von diesen schlichtweg nicht wahrgenommen.

Die Überblendung

Eine Blende von einer Einstellung in eine andere ist flüssiger und weniger prägnant als ein harter Schnitt. Sie entsteht durch eine Vermischung beziehungsweise Verschmelzung von zwei Einstellungen, wobei die erste einen Moment lang die zweite überlagert. In Filmdrehbüchern wird die Technik als Überblendung bezeichnet, weil sich die Bilder übereinanderlegen, beim Fernsehen spricht man von Durchblende, weil das zweite Bild durch das erste hindurch erscheint und weil sie auf diese Weise gegenüber den verschiedenen Trickblenden begrifflich klarer abgegrenzt ist (»Durchblende auf die eins«, »Durchblende in die MAZ«).

Eine **Überblendung** kann von beliebiger Länge sein: Sie kann fast so schnell wie ein harter Schnitt erfolgen, und sie kann so lange ausgedehnt werden, wie der Regisseur es wünscht. In der Fernsehpraxis dauert eine Durchblende in der Regel etwa ein bis zwei Sekunden. In einer Spielhand-

Kapitel 13 ▋ Musik

lung deuten lange Überblendungen oft einen inhaltlichen Zusammenhang zwischen dem ersten und dem zweiten Bild an. Wenn zum Beispiel eine Szene mit einem brennenden Auto endet, und die Blende leitet langsam über zu einer Großaufnahme der Fahrerin in einem Krankenhausbett (das Autowrack überlagert geisterhaft für einen Moment ihr Gesicht), dann will der Regisseur möglicherweise andeuten, daß die Fahrerin in Gedanken noch bei dem brennenden Auto ist, daß sie es nicht vergessen kann.

Bei Ballettaufnahmen bildet die Überblendung die fließenden Bewegungen der Tänzer nach, sie unterstreicht sie und wahrt die Stimmung. Sehr langsame Überblendungen (besonders, wenn die Tänzer gegen einen dunklen Hintergrund aufgenommen werden) erzeugen Mehrfachbilder und verstärken die Poesie des Tanzes, lassen an Spiegelbilder auf der Oberfläche eines Teiches denken.

Aber natürlich ist nicht jedes Ballett wie *Schwanensee*. Modernes Ballett besteht oft aus stilisierten oder bizarren Bewegungen. Überblendungen, die ja ein Fließen der Bewegung andeuten, können völlig fehl am Platz sein, wenn dieses Fließen weder im Tanz noch in der Musik zum Ausdruck kommt. Ob Musikübertragung, Sportbericht, Spielfilm oder aktuelle Reportage – in jedem Fall müssen Kameraführung und Schnitt sich dem Charakter und der Stimmung des Gezeigten anpassen.

Kamera- und Bildführung

Grundsätzlich hängt die Wirkung einer Kameraeinstellung von der Abbildungsgröße des gezeigten Objekts ab. Eine Großaufnahme verstärkt seine Bedeutung, eine weiter gehaltene Einstellung oder eine Totale schwächen sie dagegen ab. Großaufnahmen gewinnen zusätzlich an Gewicht, wenn sie als Kontrast eingesetzt werden. Beim Spielfilm sind Regisseure und Cutter darum bemüht, Großaufnahmen nur in Momenten zu verwenden, in denen sie dramaturgisch begründet sind, denn es versteht sich von selbst, das nichts hervorgehoben wird, wenn alles hervorgehoben wird und eine ganze Szene in Großaufnahme spielt.

Für die Bildauflösung einer Instrumentalmusik muß diese Regel modifiziert werden. Hier ist es praktisch unmöglich, zu entscheiden, welcher Ausschnitt »wichtiger« ist als andere. Mit weiten Einstellungen sollte sehr sparsam umgegangen werden. Deren Hauptaufgabe ist und bleibt der allgemeine Überblick. Den weitaus größten Teil der Bildauflösung machen große und nahe Einstellungen aus. Ein Sinfonieorchester oder auch eine Rockgruppe in der Totalen ist visuell kein aufregendes Erlebnis, wobei die drei- bis vierköpfige Rockgruppe in einer solchen Einstellung eher zur

Geltung kommt, weil die Kamera hier näher heranfahren kann als bei einem siebzig Mann starken Orchester.

Klassische Musik. Großaufnahmen, vom Mann an der Pauke, von Geigern oder Flötisten beim Spielen ihres Instrumentes können interessant und reizvoll sein, ein Tubaspieler mit aufgeblasenen Backen und hervorquellenden Augen wirkt dagegen in der Großaufnahme eher grotesk, was die Stimmung zerstören und ungewollte Heiterkeit beim Zuschauert auslösen kann. Wenn Heiterkeit der Stimmung der Musik nicht entgegenläuft, kann eine solche Großaufnahme aber auch ganz erfrischend sein. Bei einer ausgelassenen Polka des Boston Pops Orchestra ist ein humoristisches Element durchaus nichts Abwegiges, und die Großaufnahme vom Tubaspieler wirkt belebend. Entscheidend ist auch hier, daß die Einstellungen den Gesamtcharakter und die Stimmung der Musik unterstreichen.

Sind schon Großaufnahmen überaus interessant, Detailaufnahmen bieten oft noch größeren Reiz: Das Fingerspiel auf den Klaviertasten, auf den Violinensaiten, an der Harfe oder an den Blasinstrumenten hat visuelle Dynamik, ebenso die Schlegel, die auf eine Kesselpauke herunterwirbeln, der Bogen, der einen Kontrabaß streicht, oder auch nur die Fußspitze, die im Takt wippt. Scheuen Sie sich nicht, ausdrucksstarke Großaufnahmen zu verwenden. Kühne kraftvolle Bilder geben Musikstücken, die für das Auge sonst wenig zu bieten hätten, eine besondere Frische.

Eine enge Einstellung muß nicht unbedingt das Instrument zeigen. Auch ein Blick auf das Gesicht des Klaviervirtuosen oder des Geigensolisten kann die Stimmung der Musik wiedergeben und verstärken und ein Gefühl der Nähe zwischen Zuschauern und Künstlern schaffen. Wer einmal ein Konzert des Geigers Itzhak Perlman erlebt hat, wird sich an dessen Mimik erinnern, an den Ausdruck von Ekstase oder von Trauer, die Augenbrauen in äußerster Konzentration zusammengezogen, ein plötzliches Lächeln in einem Moment musikalischer Begeisterung: Gefühlsäußerungen, die die Nähe zum Publikum vertiefen und in denen sich der emotionale Gehalt der Musik mitteilt.

Einstellungen vom Dirigenten sind in dreierlei Hinsicht nützlich und wirkungsvoll: sie vermitteln Emotionalität, bilden eine optische Abwechslung zu den Aufnahmen von Instrumenten und bieten dem Regisseur einen willkommenen »Notausstieg«, wenn er in Schwierigkeiten gerät. Hat er die Takte falsch gezählt und sich zeitweise in der Partitur verirrt, bringt ein Schnitt auf den Dirigenten schnelle Rettung. Die meisten Dirigenten haben ein theatralisches Naturell, sie dramatisieren ihre Musik mit großem schauspielerischen Geschick und sind für den Regisseur schon deshalb ein nie

Kapitel **13** ▌ Musik

versiegender Quell interessanter Bilder. Weniger spektakulären Dirigenten ist im allgemeinen eine geringere Bildschirmpräsenz vergönnt.

Um den Dirigenten wirkungsvoll ins Bild zu bringen, muß der Regisseur eine Kamera unsichtbar hinter dem Orchester plazieren. Mit dieser verborgenen Kamera werden auch Aufnahmen vom Publikum gemacht. Bei PBS-Übertragungen des Boston Pops Orchestra gehören Gegenschüsse von einzelnen oder mehreren Zuschauern zur normalen Bildauflösung, besonders dann, wenn das Orchester leichte Unterhaltungsmusik spielt und die Zuschauer mit lachenden Gesichtern und rhythmischem Taktklopfen die Atmosphäre beleben.

Bei der Planung der Kameraeinstellungen von Instrumenten und Musikern kommen viele der in Kapitel 3 vorgestellten Prinzipien zur Anwendung. Die dynamische Diagonale zum Beispiel entsteht immer wieder durch Einstellungen aus einer schräg-seitlichen Perspektive (etwa bei einem Schuß entlang einer Pultreihe von Violinen oder Blasinstrumenten). Diese seitlichen Diagonaleinstellungen (Raking Shots), in denen Musiker und Instrumente sich perspektivisch immer kleiner werdend wiederholen, beziehen ihre visuelle Kraft vor allem aus der rhythmischen Wiederkehr der Formen. Dazu muß nicht unbedingt die vollständige Reihe von Musikern im Bild erscheinen. Eine enge schräg-seitliche Einstellung von nur zwei oder drei Instrumenten (etwa der Kontrabässe oder der Celli) kann ein ausdrucksstarkes Bild vermitteln: das ruhige Gleiten der Bögen über die Saiten, Finger, die synchron auf den Griffbrettern tanzen.

Besonders eindrucksvoll kommt die diagonale Linie bei Aufnahmen der Klaviertastatur zur Geltung. Bei einem Klaviersolo benutzt der Regisseur meist drei oder vier Standardeinstellungen: eine Halbtotale des Musikers und des Flügels von der Seite, eine Großaufnahme des Fingerspiels auf der Klaviatur sowie Einstellungen unter dem geöffneten Deckel des Flügels hindurch, die den Pianisten zeigen, nicht aber die Tastatur. Ich habe festgestellt, daß mit zwei Kameras, die in Großaufnahmen Aufsichten von der Klaviatur machen (von beiden Seiten des Pianisten aus), sich kreuzende diagonale Linien durch Übereinanderblenden erzeugen lassen, die ein eindrucksvolles Bild ergeben: zwei Tastaturen und vier Hände in Bewegung. Aber Vorsicht! Eine solche Überblendung kann für den Regisseur zur Falle werden, weil keine der beiden Kameras im On aufziehen oder zurückfahren kann, ohne dabei die andere Kamera ins Bild zu bekommen. Die Lösung: Die Durchblende auf eine Kamera muß zu Ende geführt werden, und diese Kamera muß für kurze Zeit auf der Klaviatur bleiben, um der anderen den Abzug zu ermöglichen, oder der Regisseur schneidet auf eine dritte Kamera um, die unter dem geöffneten Deckel des Flügels hindurch eine enge Einstellung vom Pianisten macht. Bei der letzteren Variante können die beiden Kameras von der Klaviatur abgezogen werden, ohne daß sie ins Bild geraten.

Bisher ging es um feste Einstellungen von feststehenden Kameras aus. Aber auch durch Bewegung kann Musik in Bilder umgesetzt werden. Ein Heranfahren oder ein Zoom in den Telebereich (Verdichten) schafft einen visuellen Übergang von der Totalen über die Naheinstellung zur Großaufnahme. Wie bereits erwähnt, orientiert sich eine solche Kamerabewegung am Interesse der Zuschauer, das sich vom Orchesterensemble auf einzelne Instrumentgruppen oder auf ein Soloinstrument verlagert. Wenn sich das Interesse wieder dem gesamten Orchester zuwendet, kommt das Zurückfahren oder Aufziehen (Zoom in den Weitwinkelbereich) entsprechend zum Einsatz.

Wozu solche Kamerabewegungen, wenn doch ein einfacher Schnitt zu demselben Ergebnis führt, nur schneller? Zunächst einmal erhebt die Vorwärtsbewegung nicht den Anspruch, unsichtbar zu sein. Das Heranfahren wird von den Zuschauern so erlebt, als würden sie langsam vorwärts getragen, vom Allgemeinen zum Besonderen, zu einem neuen Brennpunkt des Interesses. Eine solche Bewegung sollte sich stets dem musikalischen Tempo anpassen. Mit dem Zurückfahren der Kamera wird der Zuschauer vom Besonderen wieder zum Allgemeinen geführt, und er kann sich im Überblick von der Spannung erholen, die durch die engeren, dynamischeren Einstellungen möglicherweise entstanden ist. Das Zurückfahren oder das ganz langsame Aufziehen wird häufig am Ende eines Musikstücks eingesetzt.

Da bei klassischer Musik selten mit Schwenks gearbeitet wird, hat sich deren optischer Reiz nicht verbraucht. Sie bieten dem Regisseur eine Möglichkeit mehr, das Publikumsinteresse von einem Teil des Orchesters auf einen anderen zu lenken. Auch beim Schwenk vollzieht die Kamerabewegung das Interesse der Zuschauer nach. Ein Schwenk wirkt dynamischer, wenn er beispielsweise bei einer Holzbläsergruppe beginnt und auf einem einzelnen groß im Vordergrund gezeigten Geiger endet, so daß die visuelle Ausdruckskraft noch durch ein Überraschungselement verstärkt wird.

Von allen Kamerabewegungen, die bei der Bildauflösung eines großen Orchesters zum Einsatz kommen, ist die Querfahrt die ausdrucksstärkste. Bei gekonnter Verwendung bringt diese seitliche Bewegung den emotionalen Gehalt der Musik viel kraftvoller zum Ausdruck als Ranfahrt, Rückfahrt oder Schwenk. Stellen wir uns einen schräg-seitlichen Schuß entlang einer Reihe von Streichern vor. Jetzt beginnt die Musik anzuschwellen und sich emporzuschwingen, und gleichzeitig setzt sich die Kamera in Bewegung, läßt Reihe um Reihe von Streichern vorbeigleiten, bildet mit ihrer schwungvollen Fahrt die Kraft und den emotionalen Gehalt der Musik nach. Die Querfahrt steigert

Kapitel **13** ∎ Musik

das Interesse des Zuschauers, weil sie ständig neue Bildinhalte offenbart, die vom Rand her (und folglich mit auffallend großer Geschwindigkeit) in den Bildkader hineinkommen, sich atemberaubend schnell von einer Seite zur anderen bewegen und dann verschwinden, um neuen Formen, neuen Gesichtern, neuen Instrumenten Platz zu machen.

Rock-, Pop- und Country-Musik. Bei diesen weniger traditionellen Musikgattungen kann der Regisseur die Kameraführung wesentlich freier gestalten. Geht man davon aus, daß die Bildführung das Thema einer Sendung widerspiegeln soll, muß sie für klassische Musik eher konventionell sein, für Punk und Hardrock innovativ und hemmungslos und für Pop- und Country-Musik eine Mischung aus beidem.

Im Folgenden werde ich mich – als Gegenpol zur klassischen Musik – mit der Rockmusik beschäftigen und einige Inszenierungsregeln dafür herausarbeiten. Pop- und Country-Musik werden nicht gesondert behandelt. Da beide im musikalischen Spektrum in der Mitte zwischen klassischer Musik und Rockmusik angesiedelt sind, läßt sich die geeignete Kameraführung hierfür aus den Betrachtungen der beiden anderen Genres ableiten.

Der populäre Musikkanal MTV exerziert täglich vor, was man mit der Kamera alles machen kann. Verzerrende Vorsatzlinsen und Mehrfachprismen-Vorsätze für die Objektive, bizarre Perspektiven, exzentrische Bildgestaltung, Negativbilder und Polarisierungen sowie Farbverstärkungen oder -verzerrungen dienen der optischen Verpackung der Musik. Ein paar Stunden vor den Programmen dieses Musiksenders stimulieren die Phantasie des angehenden Regisseurs und verschaffen ihm einen schier unerschöpflichen Fundus für die eigene Trickkiste.

Die Regeln für Kameraführung und Schnitt, die wir in diesem Kapitel vorgestellt haben, gelten weitgehend auch für die Rockmusik. Schneiden auf Takt zum Beispiel ist ein übliches Verfahren für jeden schnellen Musiktitel. Beim Rock, der in Tempo und Rhythmus oft wilder ist als Klassik oder Pop, kann man sich durchaus häufigere Schnitte leisten.

Sind ausdrucksstarke Großaufnahmen für die klassische Musik wichtig, so sind sie bei der Aufnahme von Rocktiteln fast obligatorisch. Ergibt bei klassischer Musik eine Großaufnahme von Kopf, Schultern und Geige bereits eine kraftvolle Einstellung, so wird die gleiche Wirkung beim Rock oft erst erzielt, wenn die Einstellung enger ist und der Kopf allein das Bild füllt. Bei diesen Aufnahmen werden Hand- und Schulterkameras wegen ihrer größeren Bewegungsfreiheit bevorzugt. Auch mit Weitwinkelobjektiven, die die Bilder auf dramatische, manchmal auch komische Weise verzerren, lassen sich unkonventionelle Effekte erzielen. Weitwinkelobjektive lassen den Vordergrund größer und den Hintergrund kleiner erscheinen und schaffen so die Illusion großer Tiefe. Je weitwinkliger das Objektiv, je kürzer also die Brennweite, um so größer ist der Grad der Verzerrung.

Unkonventionelle Bilder sind auch durch ungewohnte Perspektiven zu erzielen. Man kann beispielsweise den Drummer hinter seinem Schlagzeug, das den Vordergrund beherrscht, aus der Froschperspektive aufnehmen. Solche verfremdenden Schüsse gehen oft in die Studioscheinwerfer, die auf dem Objektiv Reflexe erzeugen und so die wilde Atmosphäre unterstreichen.

Beide Regeln müssen allerdings dem dramaturgischen Prinzip der Progression untergeordnet werden. *Progression* bedeutet einfach *Wachstum* oder *Entwicklung*. Im Spielfilm ist das die sich steigernde Handlung, die sich aus einer Folge sich allmählich zuspitzender Krisen zusammensetzt. Die Spannung erreicht für gewöhnlich gegen Ende der Geschichte in der Katastrophe ihren Höhepunkt (siehe Kapitel 4, Abschnitt »Handlungsprogression«). Das Prinzip der Progression ist in der Welt der Unterhaltung allgegenwärtig. Beim Boxen (oder Ringen) sehen wir zuerst die Vorkämpfe, dann folgt der Hauptkampf. Eine musikalische Revue steigert sich am Ende zum gloriosen Finale, das alle Sänger und Akteure im gleißenden Scheinwerferlicht auf der Bühne versammelt, wo sie gemeinsam noch einmal den Hit des Abends anstimmen. Früher traten in den Varietés die Starentertainer immer als vorletze Programmnummer auf, weil sie der dramaturgische Höhepunkt des Abends waren.

Bei der Ablaufplanung für eine Musiksendung muß der Regisseur darauf achten, daß die Reihenfolge der Titel eine solche Spannungssteigerung erkennen läßt. Eine halbstündige Sendung mit einem Werbeblock in der Mitte muß praktisch als Show in zwei Akten inszeniert werden, wobei jeder Akt sich zu einem musikalischen Höhepunkt hin entwickelt und der Höhepunkt des zweiten Akts das absolute Highlight des gesamten Programms ist.

In Kapitel 7 wurde das Konzept der »Kameraprogression« ausführlich behandelt. Danach erlebt das Publikum durch immer engere und größere Einstellungen eine Vergrößerung der Spannung. Im Idealfall soll die ansteigende Spannung, die durch die Kameraeinstellungen entsteht, dem Spannungsverlauf der dramatischen Handlung folgen, aber die immer größer werdenden Einstellungen allein genügen schon, um ein Gefühl der Progression zu erzeugen.

Dasselbe Prinzip kann der Regisseur in Musiksendungen anwenden. Wenn er einen Titel mit Detailaufnahmen beginnt, kann es passieren, daß ihm kein Mittel bleibt, um die Intensität zu steigern. Möchte er den Titel mit einer Detaileinstellung auf Händen, Instrument oder Gesicht des Musikers

Kapitel **13** ❙ Musik

beenden, muß er die Kameraprogression im voraus planen und berechnen, wie groß oder nah die Einstellungen in der Mitte und wie total sie am Anfang des Stückes sein sollten. Selbstverständlich ist es oft reizvoll, mit einer Detailaufnahme zu beginnen – mit dem Fingerspiel auf Gitarrensaiten oder auf einer Bongo-Trommel –, danach muß der Regisseur aber in eine totalere Einstellung zurückkehren und die Spannung neu aufbauen.

Wer eine Rocksendung inszeniert, sollte etwas Risikobereitschaft mitbringen. Es ist kein Verbrechen, etwas Neues und Verrücktes auszuprobieren, und es geht daneben – ein Verbrechen ist es jedoch, es *nicht* zu versuchen. Selbst wenn die Anschlüsse nicht immer hundertprozentig klappen, geben sie der Sendung doch zumindest einen frischen und unkonventionellen Look. Zum Teil ergibt sich frisches Aussehen durch Lichtregie und Bühnenbild und durch die Verwendung von MAZ oder Film mit »entliehenen« Bildsymbolen (worauf ich später kurz zurückkommen werde), aber innovative Kameraeinstellungen und ein klarer, sauberer Schnitt auf Takt sind für eine professionell gemachte Rocksendung absolut unentbehrlich.

Gesang. In den frühen Tagen des Fernsehens glänzte Dinah Shore zweimal wöchentlich in einer viertelstündigen Show bei NBC. Ein paar wundervolle Monate lang war ich der Aufnahmeleiter dieser Show. Der Regisseur, ein sensibler und begabter Mensch namens Alan Handley, führte die Kamera in Dinahs Show im Prinzip immer nach demselben Muster. Jeder ihrer Songs begann mit einer totalen Einstellung. Während Dinah das Publikum dann immer stärker in ihren Bann zog, kam Handley mit der Kamera näher. Im Moment der größten Nähe und emotionalen Verbindung zwischen Künstlerin und Publikum war die Kamera mit einer großen Einstellung (Kopf und Schultern) bei ihr, dann endete der Song. Während sich bei den Zuschauern die Spannung löste, fuhr auch die Kamera wieder zurück. In gewissem Sinn spiegelte die Kameraführung des Regisseurs den Bewußtseinszustand des Zuschauers: sie bewegte sich näher an die Sängerin heran, während die Zuschauer ihrem Zauber erlagen, und entfernte sich, wenn sie sich wieder daraus lösten.

Bei einem begnadeten Künstler muß der Regisseur im Grunde nicht auf ausgefallene Kameraführung und Effekthascherei zurückgreifen. Ob Schauspieler, Komiker oder Sänger, wenn es der Künstler versteht, das Publikum durch die Intensität seiner Darbietung zu fesseln, würde ein willkürlicher Wechsel der Kameraeinstellung seine unmittelbare Wirkung auf die Zuschauer nur stören.

Die Studenten an den Filmhochschulen lassen sich beim Thema Fernsehproduktion nur allzu leicht von der Hardware blenden, von Kameras und

Mikrophonen und dem ganzen elektronischen Zauberwerk im Regieraum. Sie glauben am Ende, der Erfolg einer Sendung sei von der gekonnten Anwendung der Technik abhängig – mit einer gelungenen Kombination aus phantasievoller Ausleuchtung, optischen Effekten und schwungvollen Kranfahrten könnten sie das Publikum zu Beifallsstürmen hinreißen. Das ist verständlich – aber weitgehend unzutreffend. Was *vor* der Kamera passiert, ist viel wichtiger für den Erfolg einer Show als der spektakulärste elektronische Zauber. Kameras, Licht, Mikrophone, Schnittcomputer und ausgefallene Optiken sind nur die Hilfsmittel, mit denen eine Botschaft weitergegeben wird. Es geht aber nicht um die Kommunikationsmittel, sondern um die Botschaft selbst: Sie allein ist es, die zählt.

Einem wirklich hervorragenden Sänger sollte man nicht mit technischen Tricks in die Quere kommen. Für weniger begnadete Künstler hingegen kann der Regisseur doch einiges tun. Optische und akustische Effekte erzeugen Theatralik und lassen einen mittelmäßigen Sänger oft besser aussehen, als er in Wirklichkeit ist: Einer schwachen Stimme kann man mit einem Nachhall mehr Resonanz verleihen; Tänzer im Hintergrund, ein glamouröses Bühnenbild, Lichteffekte und ständig wechselnde Kameraeinstellungen blenden die Zuschauer und lenken ihre Konzentration von der farblosen Darbietung des Sängers ab. Spektakuläre Effekte (Klang, Bewegung und Farbe) sind für den Regisseur dafür häufig das wertvollste Hilfsmittel (siehe Kapitel 2).

Spektakel-Elemente können natürlich nicht nur zur Aufwertung eines mittelmäßigen Künstlers eingesetzt werden. Der Inhalt bestimmt das methodische Vorgehen. Eine schlichte, einfache Ballade verlangt nach einer schlichten und einfachen Umsetzung. Eine flotte Shownummer erfordert eine theatralischere Inszenierung. Wenn der Künstler wirklich gut ist, zeigt sich seine Qualität auch ohne raffinierte Kameraeinstellungen, schnelle Schnitte und technische Spielereien – oder gerade trotzdem. Wenn das Budget Tanzeinlagen und ein aufwendiges Bühnenbild erlaubt – schön. Wenn nicht, kann sich der Regisseur immer noch auf die Hardware besinnen, die ihn in seiner Studienzeit so fasziniert hat, und mit Hilfe von Stanze, Mehrfachprismen-Vorsatzlinsen und ausgefallenen Kameraeinstellungen seine eigene Art von Spektakel kreieren.

Seien Sie nett zu Ihrem Sänger. Im Spielfilm kann es wirkungsvoll sein, auf eine aussagekräftige Großaufnahme zu schneiden, die jede Pore und jeden Pickel im Gesicht des Schauspielers offenbart. Für den Auftritt eines Sängers gilt das nicht. Während der letzten Probe (wenn der Künstler bereits für die Aufnahme geschminkt ist) fährt oder zoomt die Kamera ganz nah heran, und dann wird festgelegt, wie nah sie kommen darf, ohne daß die Einstellung unvorteilhaft wird. Trägt der Sänger ein Liebeslied vor, so stört es

Kapitel **13** ▮ Musik

417

die Illusion empfindlich, wenn der Zuschauer dabei die Goldfüllungen in den Zähnen zählen kann und sich bei einem lang gehaltenen Ton die Farbe der Mandeln begutachten läßt. Der Erfolg des Sängers ist der Erfolg des Regisseurs. Lassen Sie ihn also möglichst gut aussehen.

Sänger richten sich mit ihrer Darbietung oft eher an das Studiopublikum als an die Zuschauer vor dem Bildschirm, vielleicht, weil es leichter ist, mit Menschen zu kommunizieren, die man sieht. Einem begnadeten Künstler verzeihen die Fernsehzuschauer diesen Mangel an Beachtung eventuell, aber es entsteht bei ihnen unweigerlich der Eindruck, in der Künstler-Zuschauer-Beziehung nur außenstehende Beobachter zu sein. Es gibt Sänger (vor allem diejenigen, die oft in Clubs oder bei Live-Konzerten auftreten), die während eines Liedes die Bühne verlassen und sich direkt an einzelne Personen im Publikum wenden. Beim Live-Publikum kommt so etwas hervorragend an, der Enthusiasmus der Zuschauer zu Hause hält sich dagegen in Grenzen. Sie fühlen sich nicht mehr in der Gunst des Künstlers, sind verständlicherweise neidisch, haben den Eindruck, daß sie ignoriert werden. Ein guter Fernsehregisseur ist sich der Erwartungen seiner Zuschauer bewußt und lenkt die Aufmerksamkeit seiner Akteure geschickt vom Studiopublikum ab. Die Objektive der Kameras sind das Publikum, auf das es ankommt.

Dramatisierung

So, wie ein Autor das Thema der Geschichte, die er schreibt, kennen muß, muß auch der Regisseur einer Musiksendung die grundlegende Stimmung, ihre Farbe, ihr Thema erfaßt haben. Das eigentliche Konzept kann von den Musikern, von einem Autor, dem Redakteur oder vom Regisseur ausgehen, aber erst, wenn es in den Köpfen aller Beteiligten Form angenommen hat, kann sich das künstlerische Räderwerk in Bewegung setzen.

Die Entwicklung einer Musiksendung könnte nach folgendem Muster (hier stark verkürzt dargestellt) ablaufen: Passend zum Konzept wird die Musik ausgesucht. Musiker, Autor oder der Regisseur schlagen eine Reihenfolge der Titel vor. Das Redaktionsteam (Autor, Regisseur, Redakteur) diskutiert die unterschiedlichen Ideen für die Produktion. Auch wenn alle Beteiligten wissen, daß sich die Vorstellungen im Lauf der Vorbereitung ändern werden, muß schließlich irgendwo ein Anfang gemacht werden. Der Autor schreibt eine erste Skriptfassung. Das Redaktionsteam pflückt das Skript auseinander und setzt die einzelnen Elemente neu zusammen, so daß sich die ursprüngliche Idee der Sendung besser umsetzen läßt. Der Autor schreibt das Skript um und gibt ihm den letzten Schliff. Der Regisseur trifft seine Vorbereitungen, es folgen Musikerproben und das Timing (Festlegen der genauen Zeiten im Ablauf), schließlich Kameraproben und dann die Sendung.

Die Kunst, eine Bilderwelt zu schaffen, die den emotionalen Gehalt einer Musik hervorhebt, ist vergleichbar mit einem Rorschach-Test: Es gibt keine zwei Menschen, die auf einen Stimulus mit derselben Assoziation reagieren. Ein Rock-Song oder ein Instrumentalstück löst bei einem Dutzend Menschen ein Dutzend verschiedene Vorstellungen und Gefühle aus. Natürlich gibt es thematische Übereinstimmungen, aber die spezifische Umsetzung in Aktionen, Dekorationen und Kameraführung wird erheblich voneinander abweichen.

Regisseur und Redaktionsteam orientieren sich in jeder Entwicklungsphase der Sendung am ursprünglichen Konzept, erweitern es, bereichern es und erfüllen es, indem sie es auf ihre Weise in die Praxis umsetzen, mit Leben.

Die Dramatisierung von Rockmusik

Das Dramatisieren von Rockmusik gehört heute zu den innovativsten und kreativsten Bereichen in der Pop-Unterhaltung. Regisseure erfinden kunstvolle Szenarien mit allen möglichen ausgeklügelten Details, um Stimmung und Atmosphäre eines bestimmten Liedes szenisch umzusetzen.

Das Inszenieren von Rockmusik umfaßt im allgemeinen zwei Aspekte: Aufnahmen der Musiker in Aktion und die Erfindung einer Bildsprache, die (wortgetreu oder ironisierend) die Geschichte aus dem Songtext dramatisiert oder in freier Assoziation die Stimmung wiedergibt. Die beiden Aspekte sind nicht immer streng voneinander zu trennen, häufig sind sie ineinander verwoben. Dann gibt es Schnitte vom Drummer auf einen tropfenden Wasserhahn oder auf einen dahingaloppierenden Schimmel mit einer traumhaft schönen Reiterin. Manchmal werden die Einstellungen von den Musikern auch mit drei oder vier verschiedenen Bildmotiven unterschnitten, die das musikalische oder inhaltliche Thema des Songs aufgreifen.

Das Photographieren der Musiker. Über Kameraführung und -einstellungen bei der Aufnahme einer Rockgruppe ist im Abschnitt über Rock-, Pop- und Country-Musik ausführlich gesprochen worden. Manchmal setzen Regisseure weitere Techniken der Dramatisierung ein, aber Abbildung und Dramatisierung sind, wie bereits gesagt, Kategorien, die sich fast immer überschneiden. Im Normalfall muß sich die Inszenierung an der Art der Musik orientieren, aber bestimmte Stilelemente finden sich in sehr vielen Rock-

Inszenierungen wieder, vor allem, wenn es sich um eher bizarre oder surrealistische Stücke handelt.

Die Inszenierungen von Rockmusik – besonders die bei MTV – erinnern oft an einen psychedelischen Trip. Sie rufen die Traumwelten von Dali, Magritte und De Chirico wach und beziehen ihre Motive aus dem Unbewußten. Diese Interpretation der Musik erklärt, warum verzerrende Objektive, Lichtreflexe und bizarre Kameraeinstellungen angemessen scheinen. Der Regisseur, der eine solche Traumwelt erzeugen will, ist an nichts gebunden als an die Grenzen seiner eigenen Phantasie. Zu den Techniken, die ihm zur Verfügung stehen, gehören:

- Szenenbilder (auf eine Leinwand projiziert, mittels Stanze ins Bild hineingebracht oder real vorhanden), zum Beispiel eine Gefängniszelle, ein Mausoleum, eine Eisscholle oder ein Bordell
- Reizvolle Originalschauplätze wie eine Strandpromenade, eine Gänseblümchenwiese, eine stillgelegte Fabrik oder eine Geisterstadt
- Rauch (aus der Rauchbüchse, der Nebelmaschine oder mit Trockeneis erzeugt), der über dem Boden liegt und die Musiker wie auf Wolken schweben läßt
- Farbveränderungen, durch Farbvorsätze an den Scheinwerfern, durch Farbkorrekturfilter vor den Objektiven oder mit elektronischem Zauber erzielt. Die Veränderungen können ganz subtil oder auch extrem sein (Gesichter, die abwechselnd grün und lila werden), wobei letzteres weniger Traumwelten als Alpträume heraufbeschwört
- Bildteilung (Split Screen), entweder mit Masken, mit Mehrfachprismen-Vorsatzlinsen vor den Objektiven oder elektronisch erzeugt. Der Bildschirm kann in bis zu vierundsechzig Bilder aufgeteilt werden
- Lichteffekte, von der scharfen Silhoutte bis zu hartem Seitenlicht oder extrem niedrigem Führungslicht, das auf einen Hintergrund lange schwarze Schatten wirft; auch ein blitzendes Führungslicht, das ein Gewitter imitiert (vielleicht von Donner begleitet)
- Überlagerungseffekte oder Bildsymbole, die über die Bilder von den Musikern gelegt werden: Rauch, Flammen, Meereswellen, Sturmwolken, Rosenblüten – was immer zur musikalischen Stimmung paßt
- Elektronische Farbumkehr, in der Schwarz als Weiß und Weiß als Schwarz wiedergegeben wird: ein Negativ-Bild
- Einstellungen durch Objekte im Vordergrund hindurch oder an ihnen vorbei, etwa Wassertropfen an einem Glasperlenspiel, wobei die Schärfe von den Perlen auf die Musiker im Hintergrund verlagert wird und umgekehrt
- Kippen, Polarisieren oder Dehnen des Bildes mit elektronischen Mitteln
- Starfilter, die Glanzlichter wie Sterne funkeln lassen, oder Nebelfilter, die eine zarte, geheimnisvolle, tagträumerische Atmosphäre schaffen
- Computereffekte, mit denen alle diese Bilder gedreht, gekrümmt, umgekehrt oder herumgewirbelt werden können

Diese Effekte stellen nur einen Bruchteil der technischen Möglichkeiten dar, die dem phantasievollen Regisseur zur Verfügung stehen, um den Gehalt von Rockmusik in dramatische Bilder umzusetzen.

Kreieren einer dramatischen Bildersprache. Mit der Schöpfung einer dramatischen Bildersprache verbinden sich oft die bizarren oder erotischen Visionen eines psychedelischen Trips. Die Dramatisierung geht vom inhaltlichen und musikalischen Kern eines Songs aus, schwenkt dann aber ab in phantastische, faszinierende Bahnen, die, wenn sie gut konzipiert und geschickt umgesetzt werden, der Musik eine neue Dimension hinzufügen.

Kreatives Schaffen läßt sich nicht aus Büchern lernen. Jeder Mensch besitzt seinen ureigenen Vorrat an Bildern und entwickelt seinen ganz eigenen Weg, um in sein Unbewußtes vorzudringen und dieses Reservoir anzuzapfen. Es kann aber doch von Nutzen sein, den verschlungenen Pfaden der frei assoziierenden Kräfte einmal zu folgen, die das Bewußtsein bei der Erschaffung der Bildersprache für einen Rocksong manchmal einschlägt.

Unsere Aufgabe ist es, eine Rockballade mit dem Titel »Burn Me – Zünd' mich an« visuell zu gestalten. Der Text dieses aus ungenannter Quelle stammenden Songs lautet:

Burn me with your love:	Zünd' mich an mit deiner Liebe:
Warm me, take me, bake me,	Wärme mich, begehre mich,
	verzehre mich.
Fill the night with fires	Erfüll' die Nacht mit Feuersglut,
that wake me,	Laß sie mich wecken,
Though I run, they overtake me.	mich bedecken, niederstrecken.
Baby, burn me with your love.	Baby, zünd' mich an mit deiner
	Liebe.

Um diesen Text in Bilder zu übersetzen, wird der Regisseur oder der Autor zunächst einmal den Text lesen und darüber nachdenken, während er die Stimmung der Musik auf sich wirken läßt. Aus dem Bewußtseinsstrom taucht eine zufällige Folge von Worten und Bildern auf: Ein Schlafzimmer, Donner und Blitz, ein Mädchen schreckt entsetzt aus dem Schlaf auf. Zu vordergründig, zu prosaisch. Auch das Bild einer Flucht vor Flammen – oder vor einer namenlosen Bedrohung: zu platt. Ein Mädchen rennt – vielleicht in Zeitlupe, wie in einem Alptraum, einen langen Korridor entlang, endlos. Sie fällt hin, kann nicht aufstehen. Menschen stehen ihr im Weg, behindern sie, zerren an ihr, versuchen sie aufzuhalten. Gräßliche Menschen, hämisch grinsend, einer hat die Fratze des Teufels. Sie dreht sich ständig um, aber wir sehen nie, was sie verfolgt. Immer noch viel zu wörtlich. Aber das Bild vom

Weglaufen in einem Alptraum kennt jeder. Rot ist die dominante Farbe. Wohin sie sich auch wendet, sie ist von Symbolen des Feuers umgeben. Abstieg in die Hölle. Reklametafel: ein Bild des Teufels, aus seinem Schlund quillt Rauch hervor. Vielleicht können wir ein bißchen Ulk hineinbringen: Kinder lassen rauchgefüllte Luftballons zerplatzen. Ein Bettler läuft über glühende Kohlen. Die Statue im Park raucht eine Zigarette. Ein Blitz fährt in einen Baum, er geht in Flammen auf. Schwer zu realisieren, kostet ein Vermögen. Immer noch ist sie von unsichtbarer Angst getrieben. Wie soll es enden? Wird das Unsichtbare sie einholen? Die Treppe zur U-Bahn hinunter. (Abstieg in die Hölle.) In die Enge getrieben an einer Wand in der U-Bahn-Station, weiß, glänzend, gekachelt. Sie schreit. Menschen hasten achtlos vorüber, mit leeren, kalten Gesichtern – wie Schaufensterpuppen. Die Kamera übernimmt die Perspektive des Verfolgers. Und wir, die wir jetzt näherkommen, sehen sie im Schein einer roten Glut, die heller und heller wird. Könnte funktionieren. Es ist visuell. Viel Material, mit dem ein Regisseur einiges anfangen kann. Noch ziemlich wörtlich, aber immerhin eine Ausgangsbasis.

Die Dramatisierung klassischer Musik

Bei einem Konzert, das nicht außergewöhnlich stark thematisch eingebunden ist, erscheint es unmotiviert und unpassend, andere Einstellung zu zeigen als vom Orchester, von einzelnen Solisten und – Puristen würden selbst darüber die Stirn runzeln – vom Publikum. Spielt ein Sinfonieorchester aber zu einem speziellen Anlaß oder einer festlichen Gelegenheit (ein Weihnachtskonzert zum Beispiel), dann besteht das Repertoire für gewöhnlich aus traditionellen Melodien und bekannten Stücken, die das Publikum emotional berühren. In diesem Fall kann man dezente Bildsymbole verwenden, um das musikalische Ambiente abzurunden.

Bleiben wir beim Beispiel eines Weihnachtskonzerts. Als Bildmotive für »Adeste Fidelis« oder für »Stille Nacht, Heilige Nacht« könnten Ölgemälde wie »Die Jungfrau mit Kind« oder »Geburt Jesu« eingeschnitten werden. »Süßer die Glocken nie klingen« könnte man mit Bildern von Dickensschen Weihnachtssängern oder läutenden Kirchenglocken illustrieren. Auf diese Weise kann das Thema zwar unterstrichen werden, aber im Mittelpunkt des Interesses müssen immer Orchester und Solisten stehen.

Die festliche Stimmung der Musik kann in einer entsprechenden Dekoration aufgenommen sein, aber auch hier gilt, daß die visuellen Elemente dezent eingesetzt werden sollten. Ein Orchester ist für das Auge »unruhig«, es bietet viele Details, die besonders in Totalen nur schwer zu erfassen sind.

Dieser Eindruck von optischer »Unruhe« wird durch die 625-Zeilen des Fernsehbildschirms verstärkt, auf dem kleine Details nicht scharf abgebildet werden. Eine komplizierte Szenerie und aufwendige Dekorationen verschärfen das Problem eher. Schlichtheit heißt das Motto für die Ausstattung.

Sinfoniekonzerte werden wegen der Größe des Orchesters normalerweise aus einem Konzertsaal oder Opernhaus übertragen. Solokünstler lassen entweder im Studio oder an einem Originalschauplatz aufnehmen. Man denke etwa an die Konzerte des Pianisten Vladimir Horowitz und anderer namhafter Künstler im Weißen Haus.

Sänger. Früher war es beim Fernsehen üblich, zu bekannten Liedtexten kleine Geschichten zu erfinden, die mit Kulissen, Requisiten, manchmal Schauspielern und Sängern in Szene gesetzt wurden. Diese Art der Inszenierung hat inzwischen an Beliebtheit verloren, weil die »Geschichten« oft sehr selbstverliebt oder kitschig waren und die Aufmerksamkeit vom Interpreten abzogen.

Heute dienen Bühnenbild und Ausleuchtung nicht mehr dem Zweck, die Handlung eines Liedes zu dramatisieren, sondern dessen Stimmung wiederzugeben. Eine Gartendekoration schafft zum Beispiel, noch bevor der Sänger die Bühne betritt, eine bestimmte Atmosphäre. Das Bühnenbild bietet dem Künstler darüber hinaus Gelegenheit, sich während des Singens in der Dekoration zu bewegen, was seinen Auftritt unbefangen und natürlich wirken läßt. In vielen Stücken gibt es Instrumentaleinlagen, bei denen der Sänger untätig herumsteht und mit betretener Miene auf seinen nächsten Einsatz wartet. Die Dekoration bietet ihm eine elegante Lösung: Er schlendert durch den Garten, schnuppert an einer Blume, füttert den Vogel im Käfig oder schwingt sanft auf einer altmodischen Schaukel.

Für eine Sendung, in deren Mittelpunkt ein bestimmter Interpret steht, eignen sich Originalschauplätze mit ihrer lebendigen und weiträumigen Kulisse besonders gut. Ein Perry-Como-Special zeigte den Star beispielsweise an Bord einer kleinen Barkasse im Hafen von New York mit der Freiheitsstatue im Hintergrund.

Studio oder Originalschauplatz

Der Regisseur einer Musiksendung hat die grundsätzliche Wahl zwischen zwei Szenerien: Studio oder Originalschauplatz. Die Inszenierung im Studio bietet eine Reihe von praktischen Vorteilen, vor allem hat man dort alle technischen Aspekte der Produktion viel besser im Griff. In einer Musik-

Kapitel **13** ▌Musik

sendung ist die Tonqualität von entscheidender Bedeutung. Die Akustik im Studio ist der an Originalmotiven meist weit überlegen. Es gibt dort keine drüberwegdonnernden Flugzeuge, keine vorbeirauschenden LKWs und keine schrillen Polizeisirenen. Bei einer Open-Air-Veranstaltung verliert der Sound leicht seine »Lebendigkeit«, weil es keine schallreflektierenden Oberflächen gibt, die Nachhall erzeugen. Wählt man dagegen für die Aufnahmen einen Innenraum, wird der Ton oft von vielen harten Oberflächen unbarmherzig hin und her reflektiert, und es entstehen störende Echos. Beide Probleme sind leicht zu lösen, wenn man den Ton vorher aufnimmt und den Sänger dann Playback singen läßt, so daß Kamera und Künstler während der Sendung vollkommene Bewegungsfreiheit haben, wie es bei dem oben erwähnten Perry-Como-Special der Fall war. Fernsehzuschauer fragen sich nur selten, woher denn eigentlich die Orchesterbegleitung kommt.

Das Licht ist weniger problematisch, weil moderne Scheinwerfer relativ klein und leicht zu transportieren sind. Dennoch hat man an einem Originalmotiv gewiß nicht die Lichtqualität und auch nicht die Flexibilität, die ein Studio bietet. Wenn ein Requisit oder ein Kostüm fehlt, muß jemand zum Studio zurückfahren und das fehlende Teil holen, oder er muß in den nächsten Laden gehen und Ersatz kaufen. An einem Originalschauplatz dauert alles länger – einfach deshalb, weil man sich nicht auf eigenem Terrain bewegt.

Bei einer Studiosendung sitzt der Regisseur getrennt von Akteuren und Aufnahmeteam in einem Regieraum. An einem Originalschauplatz kann diese räumliche Trennung einer Isolation gleichkommen. Mehrere Kilometer Kabel verbinden die Kameras und Mikrophone an den verschiedenen Aufnahmeorten mit dem Ü-Wagen. Manchmal ist der Regisseur so sehr isoliert, daß er sich fast ausschließlich auf seinen Aufnahmeleiter verlassen muß. Oft muß er auch auf den Luxus verzichten, wie im Studio einfach in eine Kommandoleitung hineinbellen zu können (eine aggressive Angewohnheit, von der allerdings auch im Studio abzuraten ist!). Wenn der Aufnahmeleiter dann nicht den richtigen Durchblick und die nötige Autorität besitzt, senkt sich über den Regisseur eine düstere Wolke von Frustration und Hilflosigkeit, und er fühlt sich, als müsse er eine Stecknadel mit der Kohlenzange vom Boden aufheben.

Aber ein Originalschauplatz bietet auch enorme Vorteile. Wenn sich seine Atmosphäre und sein Charakter auf die Sendung übertragen und ihre Stimmung abrunden, wiegt das bei weitem alle Unbequemlichkeiten und Unannehmlichkeiten auf. Ganz gleich, wie kunstvoll das Bühnenbild, wie raffiniert das Licht gesetzt wurde und wie hervorragend die Tonqualität ist, eine Studiosendung sieht immer aus wie eine Studiosendung: sie ist so glatt und hochpoliert, daß sie, sofern nicht ein wirklich begnadeter Künstler darin auftritt, immer synthetisch wirken wird.

Vor einigen Jahren führte ich Regie in der »Tex Williams Show«, einem musikalischen Westernprogramm, das in seinen Anfängen im Vergnügungspark Knott's Berry Farm im kalifornischen Buena Park vor Hunderten von begeisterten Zuschauern aufgenommen wurde. Die dortige Geisterstadt bot die ideale Kulisse für diese Westernshow, und durch die Fans erhielt sie eine unglaubliche Farbigkeit und Vitalität.

Da wir mit unserer Arbeit den Verkehr blockierten und damit den Umsatz vieler Läden beeinträchtigten, wurde der Aufnahmeort verlegt. Man stellte uns eine eigens für die Sendung errichtete kleine, aber feine Westernkulisse zur Verfügung, mit einer Tribüne, die der dreifachen Zahl von Zuschauern Platz bot. Von hier aus ging die Show über ein Jahr lang an jedem Sonntagnachmittag auf Sendung. Wahrscheinlich weil die Kosten für den Übertragungsort zu hoch waren, wurde die Show schließlich in das Studio E von NBC verlegt. Ein paar Monate später wurde sie eingestellt.

Die »Tex Williams Show« begann als farbenprächtiger Western-Klamauk, der seinen Charme aus der Tuchfühlung mit den Fans und aus der derb-fröhlichen Atmosphäre der Geisterstadt bezog. Man konnte das heiße Popcorn förmlich riechen. Wenn während eines Sketches eine Postkutsche die Straße heruntergerattert kam, um so besser! Wenn ein Baby schrie (und es schrie immer eins – mitten in einer gefühlvollen Westernballade!), dann unterstrich das nur die lebhaft-familiäre Rummelplatz-Atmosphäre.

Als die Show auf die ruhigere Extrabühne verlegt und damit von ihrem Publikum getrennt wurde, verbesserten sich zwar die Produktionsbedingungen entschieden und wir hatten Ton und Bild viel besser im Griff, aber sie hatte mit der Tuchfühlung zu den Fans auch ihre Authentizität verloren. Die Show wurde immer noch aus dem Vergnügungspark ausgestrahlt, aber sie war zu einer Studiosendung geworden, die vor gemalten Kulissen nach dem traditionellen Muster der Trennung von Bühne und Publikum stattfand. Die Wärme und Direktheit war verschwunden und damit auch viel von dem, was den Reiz der Sendung ausgemacht hatte. Sie wurde immer steriler, und der abschließende Umzug ins Studio besiegelte ihr Schicksal.

Wenn eine Show und ihr Schauplatz eine stimmige Verbindung miteinander eingehen, vollzieht sich ein Wunder. Die Show erhält Charakter und gewinnt eine Lebendigkeit, wie das in einem Studio nie möglich wäre. Wenn Luciano Pavarotti in einer Kathedrale Weihnachtslieder singt, läßt der Fernsehbildschirm jedes Wohnzimmer zum Festsaal werden. Wenn Madonna im Madison Square Garden oder Sting im Los Angeles Coliseum auftritt, dann entstehen Schwingungen, die sich im Studio niemals erzeugen ließen.

Kapitel **13** ▌ Musik

Filmmusik

Ein Filmproduzent sucht seinen Komponisten nach denselben Kriterien aus wie seinen Regisseur: nach der Qualität seiner Arbeit und dem Gefühl, daß er die »richtige Besetzung« für ein bestimmtes Filmprojekt ist, daß also der Stil des Komponisten zum Charakter des geplanten Films paßt.

Der Komponist beginnt seine Arbeit, wenn die meisten anderen Mitglieder des Produktionsstabes ihre Sachen packen und nach Hause gehen, nachdem der Schnitt abgeschlossen ist. Dann sitzt der Komponist mit dem Produzenten und (manchmal) dem Regisseur im Vorführraum und sieht den Film zum ersten Mal an. Anschließend findet ein Planungsgespräch statt, bei dem der Komponist erste Vorschläge macht, wie er sich die Musik für den Film vorstellt. Zu diesem Zeitpunkt sind seine Vorstellungen meist noch vage und unverbindlich, weil er es im allgemeinen vorzieht, seine Ideen erst einmal reifen zu lassen, bevor er Noten zu Papier bringt.

Später sieht sich der Komponist den Film zusammen mit einem Toncutter auf dem Schneidetisch an. Dabei wird von beiden gemeinsam festgelegt, an welchen Stellen Musik benötigt wird und welcher Art der jeweilige Musiktake sein soll, wobei die Vorstellungen des Produzenten und des Regisseurs natürlich Berücksichtigung finden.

Wenn die Partitur geschrieben ist, engagiert der Komponist Musiker für die Aufnahmen. Wieviele er verpflichtet, hängt von der Art der Komposition und vom Produktionsbudget ab. Schon während des Schreibens hat der Komponist dem Produzenten in den einzelnen Entstehungsphasen Themen und **Motive** vorgespielt, um sich seiner Zustimmung zu vergewissern. Beim Einspielen der Musik im Tonstudio hört sie der Produzent zum ersten Mal als vollständiges Ganzes. Dank der aufwendigen HiFi-Technik, die heute in den Tonstudios Standard ist, klingt die Filmmusik überwältigend – so voll und bewegend wird sie später nie wieder zu hören sein.

Nach der Einspielung wird das Tonband, der »Senkel«, auf **Cordband** (»**Perfo**«) überspielt, mit dem der Cutter am Schneidetisch die Musik an den Film »anlegt«, das heißt die Zwischenräume zwischen den einzelnen Musiktakes mit Schwarzfilm füllt, so daß die Musik, wenn der Film läuft, an den richtigen Stellen einsetzt. Diese Abstimmung zwischen Film und Musikeinsatz wird in der Mischung überprüft und perfektioniert. Zur Erinnerung: Die **Mischung** ist der Prozeß, in dem Dialoge, Geräusche, Toneffekte und Musik zu einer einzigen Tonspur, dem Filmton (Soundtrack), vereinigt werden.

Bei der Mischung werden die einzelnen Tonelemente zusammengefügt. Produzent und Regisseur wachen darüber, daß die Geräusche richtig ausbalanciert sind und mit dem Dialog und der Musik ineinanderpassen. Mit der akustischen Dimension erwacht der Film nun plötzlich zu vollem Leben. Zum ersten Mal sind Produzent und Regisseur jetzt in der Lage, Bilder und Tonkomponenten in ihrer Beziehung zueinander zu überprüfen und, wenn nötig, umzugestalten. Dabei werden Musiktakes manchmal gekürzt, an eine andere Stelle verlegt oder auch, wenn sie ihren dramaturgischen Zweck verfehlen, ganz hinausgeworfen.*

Die Funktion von Filmmusik

Durch Musik gewinnt ein Film eine weitere Dimension. Sie setzt Akzente und erzeugt Emotionen. Vielleicht hat Musik darum eine solche emotionale Kraft, weil sie nahezu unmittelbar in unser Unbewußtes eindringt. Wir sehen eine szenische Handlung, gehen ganz darin auf, identifizieren uns mit den Figuren und ihren Problemen. Vor dem Fernseher oder im Kino sitzend, befinden wir uns in einer Art Alpha-Zustand. Ist die Geschichte gut geschrieben, gut inszeniert und gut gespielt, dann hören wir die Musik nicht einmal, so sehr gehen wir in der Handlung auf. Wir hören die Musik nicht *bewußt*, sie dringt direkt in unser Unbewußtes und berührt dort elementare Ebenen.

Weil die Musik eine solche emotionale Kraft besitzt, erhält die Beziehung zwischen Bild und Filmmusik eine außerordentlich große Bedeutung. Dieses Verhältnis ist auf eigenartige Weise symbiotisch. Die Musik beeinflußt den Charakter der Szene, die Szene beeinflußt den Charakter der Musik. Erinnern wir uns an den Song »As Time Goes By« in *Casablanca*. Bevor er in diesem Film auftauchte, war er lediglich ein unbedeutendes Schlagerliedchen. Nachdem er zum Liebesthema des Films geworden war, assoziierte das Publikum ganz bestimmte Personen und Bilder mit ihm. Der Song hatte etwas von deren Identität angenommen, er weckte bittersüße Emotionen, die sich direkt aus der unglücklichen Liebe zwischen Rick und Ilsa ableiteten. Als wiederkehrendes Thema auch in die Filmmusik integriert, erweitert der Song das Bild – und das Bild verstärkt den Song.

Musik kann eine Bereicherung sein, sie kann aber auch ablenken. Wenn sich die Musik in den Vordergrund drängt, kann sie die emotionale Wirkung einer Szene untergraben. Wird sich der Zuschauer ihrer Präsenz bewußt, weil sie zu laut oder atmosphärisch unpassend ist, dann merkt er plötzlich, daß er einem fremden Einfluß unterliegt, und zieht sich aus der Geschichte zurück.

---

* Eine differenzierte Darstellung der Verhältnisse in der bundesdeutschen Filmmusikbranche und der Produktionsweisen und -bedingungen von Filmmusik ist nachzulesen in: Norbert Jürgen Schneider, *Handbuch Filmmusik I*, Kapitel VII »Wie eine Filmmusik entsteht«, (München: Ölschläger, 2. Aufl. 1990), S. 143–179 (A. d. Ü.).

Musik kann auch ablenken, indem sie zu dick aufträgt. In den frühen Jahren des Kinos, als die Stummfilme von Piano- oder Orgelmusik begleitet waren, neigte man zur Platitüde, das heißt, die musikalische Begleitung war genau so, wie es das Publikum erwartete, plump und vordergründig. Wenn sich Cowboys und Indianer eine Verfolgungsjagd lieferten, spielte der Pianist flinke Jagdmusik, wenn die liebe weißhaarige Großmutter starb, dann schluchzte die Orgel eine populäre Abschiedsweise.

Diese Art der Musikbegleitung tat ihre Wirkung, solange der Film ein relativ neues Medium und das Publikum noch nicht verwöhnt war. Heute stellen die Zuschauer höhere Ansprüche. Platte und klischeehafte Musik, die sich allzu eng an dem Geschehen auf der Leinwand orientiert, die eine Oktave tiefer stürzt, wenn der Held von einem Baum springt, und die die Tonleiter abwärtsperlt, wenn er in einer Felswand abrutscht, wird »Mickey-Mouse-Musik« oder »Mickey-Mousing« genannt. Die Bezeichnung geht auf die Zeichentrickfilme zurück, in denen die musikalischen Phrasen exakt die Aktionen der handelnden Figuren widerspiegeln.

Sensiblere Komponisten bemühen sich oft, mit der Musik einen Kontrapunkt zur Handlung zu schaffen. Ein ausgezeichnetes Beispiel hierfür ist die Verwendung der Zither in *Der dritte Mann* von Sir Carol Reed. Er unterlegte seinen Oscar-preisgekrönten Krimi, der in den nächtlichen Straßen und in den Abwasserkanälen im Wien der Nachkriegszeit spielt, mit einer fast festlich-heiteren Musik. In den Klängen der Zither schwang die Aura des untergegangenen alten Europa mit, was sie zum idealen Instrument für diese Filmmusik machte. Die fröhliche Melodie setzte zum düsteren Geschehen den überraschenden Kontrapunkt, der den Zuschauern das Blut in den Adern gefrieren ließ.

Die Flut von Krimiserien, die heute das Fernsehen überschwemmt, macht es für Komponisten zu einer echten Herausforderung, Gewaltszenen musikalisch zu unterlegen, ohne in Klischees zu verfallen oder melodramatisch zu werden. Eine ganz schlichte Musik ist manchmal die Lösung des Problems. Ich erinnere mich an einen Abenteuerfilm, dessen übertrieben actionreicher Höhepunkt mit einem einzigen Instrument effektiv untermalt war, einer Kesselpauke, auf der sporadisch einzelne Schläge ausgeführt wurden: bumm – bumm, bumm – bumm – bumm, bumm. Man versteht wohl, was gemeint ist.

Themen/Motive

Meist stellt der Komponist einen Bezug her zwischen einer Melodie oder einem Musikinstrument und einer bestimmten Figur. Wenn der Zuschauer in den Szenen, in denen eine bestimmte Figur auftaucht, im Hintergrund immer wieder dasselbe Thema hört – besonders in Augenblicken großer emotionaler Intensität –, assoziiert er die Melodie mit dieser Person. Wenn dann die Protagonistin auf dem Bergesgipfel ihrem verlorenen Liebsten nachtrauert, könnte der Komponist das Thema des Liebhabers mit in die Musik verweben, damit dessen Bild heraufbeschwören und gleichzeitig dem Zuschauer vermitteln, was sich in der Frau abspielt: Die Musik erzählt uns, woran sie gerade denkt.

Musikalische Themen müssen nicht unbedingt einer Figur zugeordnet sein, sie können auch etwas über zwischenmenschliche Beziehungen aussagen. Am häufigsten findet man Liebesthemen. Wenn Sie sich das nächste Mal einen Liebesfilm ansehen, achten Sie besonders auf die Musik! Hören Sie genau hin! Versuchen Sie zu analysieren, wie der Komponist die Musikmotive einsetzt. Sie werden feststellen, daß er erstens bestimmte Motive bestimmten Charakteren zuordnet, daß er sie zweitens sehr subtil von Szene zu Szene variiert, um die dramaturgische Situation zu kommentieren, und daß er drittens bei Ihnen, dem Zuschauer, Reaktionen hervorruft, indem er diese Motive in emotional gesteigerten Momenten wiederaufnimmt. Wenn Sie an *Love Story* zurückdenken, werden Sie sich vielleicht daran erinnern, daß das Pianothema, das zunächst eine schöne und bewegende Liebesbeziehung untermalt, später im Film eingesetzt wird, um das Publikum zu Tränen zu rühren. In *Das Messer* taucht das ursprüngliche Liebesthema – ebenfalls eine Klaviermelodie – später wieder auf und kommentiert nun bitter die Verwandlung einer Liebe in blankes Entsetzen.

Oft enthält die Musik einen Hinweis auf das Wesen einer Figur. So wird ein Spaßvogel oft mit einem humoresken Thema untermalt, ein Finsterling mit düsteren Klängen, die nichts Gutes ahnen lassen. Denken Sie an die Musik zu *Der weiße Hai!* Das Hauptthema flößt Furcht und Schrecken ein. Jedesmal, wenn wir es hören, rutschen wir tiefer in unseren Sitz und sehen ängstlich dem nächsten Unheil entgegen. Auch wenn wir den Hai nicht sehen, verrät uns die Musik, daß er irgendwo in der Nähe lauert. Erinnern Sie sich an »Lara's Theme« Aus *Doktor Schiwago,* diese romantische, melancholische Melodie, die noch Jahre, nachdem wir den Film gesehen haben, Erinnerungen an Laras tragische Liebe in uns wachruft.

Auch die Diskussion über Rhythmus und Wiederholung im zweiten Kapitel gibt Aufschluß darüber, wie Musikthemen eingesetzt werden können. Wiederholt sich ein Thema, so weckt das die Erinnerung an die Szene, in der es zum ersten Mal zu hören war. Hat es beim ersten Mal eine grausame Szene begleitet, zucken wir bei der Wiederholung unwillkürlich zusammen, ohne zu wissen, warum. Passiert bei der ersten Wiederholung des Themas wieder etwas Grausames, vielleicht sogar noch etwas viel Schrecklicheres, sind wir bereits traumatisiert, und die Musik wird zum Symbol für dieses Trauma. Beim dritten Anklingen des Themas erstarren wir vor Angst, weil wir erwarten, daß jeden Moment das Grauen wieder zuschlägt. (Der Vorgang ist in gewisser Weise vergleichbar mit der Konditionierung von Reflexen in Pawlows berühmten Experimenten – Sie erinnern sich?) Wiederholt sich ein musikalisches Thema immer wieder, so verstärkt sich seine Wirkung, es stellt einen Zusammenhang her, prägt Erinnerungen im Zuschauer und schafft neue emotionale Färbungen.

Musik im On

Musik aus einer Tonquelle, die zur Szenerie gehört, wird **Musik im On** genannt. Sie ist auch dadurch definiert, daß sie für die Akteure der Szene zu hören ist – im Gegensatz zur Filmmusik, die nur vom Zuschauer vernommen wird. Beispiele für eine **Musikquelle im Bild** sind etwa ein Radio oder ein Fernsehgerät, eine Band in einem Nachtclub oder ein Musikinstrument, das von einer der Filmfiguren gespielt wird.

Ich erwähne die »Musik im On« im Zusammenhang dieses Kapitels, weil sie oft zuerst als solche in Erscheinung tritt, im späteren Verlauf aber Eingang in die eigentliche Filmmusik (die Musik im Off) findet. Wenden wir uns noch einmal dem guten alten Kinoklassiker *Casablanca* zu. Das Liebeslied wird zuerst auf einem Piano in einem Pariser Bistro gespielt und später auf dem Flügel in Ricks Café Americain. Und dann taucht die Melodie in der Filmmusik (die von Max Steiner stammt) wieder auf. Also: Wenn das Lied auf dem Piano gespielt wird, ist die Musikquelle im Bild, die Akteure können die Musik hören; wenn die Melodie, vom kompletten Ensemble eines Warner-Brothers-Orchester gespielt, später als Hintergrundmusik erklingt, die an unsere Emotionen appelliert und den dramatischen Gehalt der Szenen kommentiert, ist sie Filmmusik, die von den Akteuren im Film nicht vernommen wird.

Die Technik, Musik im On in die Filmmusik zu übernehmen, war schon zu der Zeit von *Casablanca* nichts Neues. Angefangen hat man damit in den frühen dreißiger Jahren, als die ersten Musikfilme entstanden. Die Liebeslieder und die Melodien, zu denen die Akteure in kunstvollen Dekorationen tanzten, bildeten die Grundmotive für eindrucksvolle Filmmusiken.

Eine passende Musik im On kann man heute ohne weiteres in Musikbibliotheken finden, sie muß nicht immer eigens für einen Film komponiert und eingespielt werden.

Festlegen der Musiktakes

Wenn der Komponist einen fertigen Film sieht, stellt er sich unter anderem die Frage: Wo will ich Musik einsetzen? Wo wird sie den Film bereichern? Wo würde sie eher stören?

Die Stellen, an denen Musik einsetzen soll, werden in einem Arbeitsprozeß bestimmt, den man als **Festlegen** (Spotting) bezeichnet. Dabei achten Komponisten besonders auf die Stellen im Film, die sich traditionell für **Musiktakes** anbieten, nämlich: Anfang und Ende, Übergänge, dialogfreie Passagen und emotionale Höhepunkte.

Anfang und Ende. Wie die Ouvertüre in einem Broadway-Musical, führt die Eingangsmusik eines Films die emotionale Färbung des Kommenden ein. Bei einer Komödie wird die Titelmelodie wahrscheinlich heiter, übermütig, schelmisch sein, sie sagt dem Publikum: »Gleich gibt's was zu lachen!« Handelt es sich um einen Thriller, so stellt die Eingangsmusik eine völlig andere Stimmung her, sie schafft eine vage Spannung, warnt vor den kommenden Schrecken. Wenn wir die Titelmusiken verschiedener Fernsehfilme vergleichen, wird schnell deutlich, wie sehr sich die musikalische Stimmung der Ouvertüre eines Krimis von der einer Sitcom unterscheidet. Das musikalische Thema wird zu einer Art Kennung, zum Markenzeichen, das Bilder aus dem Film heraufbeschwört und Erinnerungen an ihn weckt.

Die Musikpassage am Ende (vor dem Abspann) eines Films oder einer Serienfolge vermittelt im allgemeinen ein positives Gefühl, suggeriert, daß sich die Probleme lösen und die Dinge zum Guten wenden werden. Oft ist sie extrem kurz – eine **Pointe**, ein musikalischer Schlußpunkt. Komponisten benutzen solche Pointierungen auch zur Betonung einzelner Szenen, besonders in Komödien. Die musikalische Pointe setzt dann ein Ausrufezeichen hinter die Pointe der Handlung. Ist für eine Figur ein bestimmtes musikalisches Motiv eingeführt, kann eine drollige Variation dieses Themas die musikalische Pointe bilden.

Übergänge. Ein Übergang – etwa von einer heiter unbeschwerten zu einer unterschwellig bedrohlichen Szene – ist für den Zuschauer belastend, weil sie ihm innerhalb weniger Sekunden eine andere emotionale Gangart abverlangt. Um ihm das zu erleichtern, fügt der Komponist eine musikalische Überleitung ein. Indem er innerhalb eines Musiktakes die musikalische Farbe wechselt, gleitet das Publikum elegant von einer Stimmungslage zur nächsten.

Ein Überleitungstake kann eine Stimmung aber auch erhalten oder verstärken. Wenn in der darauffolgenden Szene etwas Entsetzliches passiert, wird der Komponist die bedrohliche Stimmung der vorausgehenden Szene nicht nur halten, sondern noch vertiefen, damit der Zuschauer sozusagen ohne Atempause in noch größere Angst und Spannung versetzt wird. Er wird einen Take voll düsterer Klänge komponieren, die das drohende Unheil ankünden und den Zuschauer auf das Monster oder die Leiche, die sich gleich in ihrem Sarg aufrichten wird, vorbereiten.

Lückenfüller. Die Natur kennt kein Vakuum. Wie ihr ist dem Produzenten jedes Vakuum auf der Tonspur seines Films ein Greuel. Filmpassagen ohne Dialog, Geräusche oder Toneffekte sind nach Meinung vieler Produzenten (und einiger Komponisten) für die Zuschauer wie schmale Treppen ohne Geländer. In solchen Augenblicken wird häufig Musik eingesetzt, um die Stimmung nicht abbrechen zu lassen, quasi als Vehikel, das den Zuschauer durch die Wüste des Schweigens in die nächste Ton-Oase bringt.

Diese Ansicht ist ein Relikt aus der Anfangszeit der sprechenden Bilder, als Filmproduzenten in ihrer Begeisterung über das neue Spielzeug (den Ton) jeden Filmzentimeter mit Dialogen, Songs, Musik und Toneffekten vollstopften.

Es ist erfrischend, Regeln zu durchbrechen und das Publikum mit Unerwartetem zu überraschen. Das Publikum ist für jede Abweichung von der Norm dankbar. Kein Paragraph schreibt vor, daß jedes Schweigen gefüllt werden müßte. Niemand befiehlt, am Ende einer Szene, eines Aktes oder eines Films eine musikalische Pointierung zu setzen. Klischees begegnen uns im Film und im Fernsehen zur Genüge. Ein wirklich kreativer Regisseur, Autor oder Komponist wird immer nach Wegen suchen, sie zu umgehen.

Emotionale Höhepunkte. Wenn ein Produzent das Publikum zu Tränen rühren möchte, ist die Musik sein wertvollstes Instrument. Es funktionierte 1909 bei David Wark Griffith, es funktionierte 1939 bei David Selznick* und es funktioniert auch heute noch.

Eine musikalische Komponente, die zur Emotionalisierung beitragen kann, ist die *Melodie,* die das Lexikon als »rhythmische Tonfolge« definiert, »die eine charakteristische musikalische Phrase oder ein musikalisches Thema entstehen läßt«. Das *rhythmische* Element ist bedeutsam, in ihm steckt die Wiederholung. Denken Sie an Melodien aus Fernsehserien oder Filmen (oder sonstwoher!), die sich tief in Ihr Gedächtnis eingeprägt haben. In der

---

* Produzent des Films *Vom Winde verweht.* (A. d. Ü.)

Regel sind dies einfache musikalische Phrasen, die sich ständig wiederholen. Das Motiv der Fernsehserie »Polizeirevier Hill Street« bestand zum Beispiel aus drei Tönen, die ohne nennenswerte Variation permanent wiederholt wurden. Diese lächerlich simple, aber ungeheuer erfolgreiche Melodie nahmen mehrere Musikgruppen in ihr Repertoire auf, und sie war ständig im Radio und im Fernsehen zu hören.

Musik, die ein Gefühl betonen soll, muß dieses Gefühl als Keim in sich tragen. Sie muß dieses Gefühl widerspiegeln, kommentieren oder hervorrufen, ohne dabei vordergründig oder klischeehaft zu wirken. Eine schwierige Aufgabe, gewiß, aber nicht umsonst verdient ein Filmkomponist, der sein Handwerk versteht, eine Menge Geld!

Zusammenfassung

- Weil Musik Emotionen weckt, sind Musiksendungen eine besondere Herausforderung für den Regisseur: Wie läßt sich diese Emotionalität visuell ergänzen? Das Problem ist mit den Mitteln der Technik – Kamera, Schnitt und Licht – und durch eine angemessene Bildsprache zu lösen.
- Musiksendungen erfordern, wie andere Programmgenres auch, eine sorgfältige Vorbereitung. Der Regisseur muß sich mit den Künstlern und den Titeln, die sie spielen oder singen werden, vertraut machen. Wird für die Sendung ein Skript erarbeitet, sollte der Regisseur von Anfang an den kreativen Prozeß begleiten und mit dem Autor zusammenarbeiten, um sicherzustellen, daß die Basis für eine erstklassige Präsentation geschaffen wird.
- Um eine Musiksendung zu inszenieren, muß man eine Partitur lesen und Takte zählen können. Ein Regisseur, der das nicht beherrscht, muß einen musikalisch bewanderten Assistenten oder zumindest eine Stoppuhr zu Rate ziehen.
- Kameraführung und Bildschnitt sollten sich der emotionalen Farbe und Stimmung der Musik anpassen. Saubere, scharfe und prägnante Schnitte eignen sich ideal für temporeiche Musik. Überblendungen dagegen, die fließende, melancholischere Übergänge schaffen, entfalten die geeignete visuelle Poesie für klassischen Tanz und romantische Liebeslieder.
- Ein Symphonieorchester oder eine Musikgruppe in einer Totalen zu zeigen ist im allgemeinen eher langweilig. Enge Einstellungen setzen visuelle Akzente. Schüsse schräg von der Seite (raking shots) entlang einer Pultreihe von Musikern ergeben einen eindrucksvollen visuellen Rhythmus. Die Stimmung einer Musik kommt im Gesicht eines Virtuosen oft besser zum Ausdruck als in einer Einstellung von seinem Instrument.
- MTV liefert uns täglich Lehrbeispiele für das Inszenieren von Rockmusik frei Haus. Regisseure sind gefordert, den oft bizarren und abenteuerlichen Charakter der Rockmusik in ihrer Kameraführung aufzunehmen. Allerdings ist dabei die

Kapitel 13 ∎ Musik

dramatische Progression zu beachten: Die Sendung muß sich zu einem Höhepunkt hin aufbauen.

- Bei wirklich guten Künstlern sollte der Regisseur seine Inszenierung schlicht halten und das künstlerische Talent zur Geltung kommen lassen. Einem weniger begnadeten Interpreten kann der Regisseur mit theatralischen Elementen wie Tänzern, phantasievollem Bühnenbild und Background-Sängern zu Hilfe kommen.
- Eine Musiksendung kann im Studio oder an einem Originalschauplatz aufgenommen werden. Beide Produktionsorte haben Vor- und Nachteile. Ein Studio bietet mehr Sicherheit, der Regisseur hat alle Produktionselemente, insbesondere Ton, Licht und Geräusche, besser im Griff. Dagegen sind Originalschauplätze aufregend, bieten die Möglichkeit zu origineller visueller Gestaltung und besitzen eine Atmosphäre, die im Studio kaum herstellbar ist.
- Der Komponist unterstreicht mit seiner Filmmusik thematische und emotionale Komponenten der Geschichte. Musikalische Themen können als Charakterisierung den Protagonisten und ihren Beziehungen zugeordnet sein und Emotionen wecken oder verstärken.
- Im allgemeinen werden Musiktakes an ganz bestimmten Stellen eines Films eingesetzt: am Anfang, um in die emotionale Färbung des Films einzuführen, an Übergängen, um das Publikum sanft auf eine atmosphärische Veränderung einzustimmen, in längeren dialogfreien Passagen und in emotional besonders anrührenden Momenten, die durch die Musik vertieft werden.

Übungen

1. Sie sind der Regisseur einer Musiksendung. Wählen Sie eine Musikgruppe, die Sie in Ihrer Show präsentieren möchten. Nehmen Sie die fünf erfolgreichsten Titel dieser Gruppe und bringen Sie (a) diese Songs in eine Reihenfolge, die Ihrer Meinung nach eine attraktive Programmfolge ergibt, und legen Sie (b) fest, wie Sie die einzelnen Stücke präsentieren möchten. Notieren Sie für jeden Titel, wie Sie ihn im einzelnen inszenieren wollen: Positionen, Bühnenbild, Licht- und Kameraführung und alles, was in Ihren Augen zu einer effektiven Präsentation gehört.

2. Nehmen Sie einen der obigen Programmtitel und überlegen Sie sich, wie Sie diesen Song als **Video-Clip** präsentieren würden, bei dessen Produktion weder Zeit noch Geld eine Rolle spielen. Lassen Sie Ihrer Phantasie freien Lauf. Tippen Sie den Songtext als Skriptvorlage ab und notieren Sie, welche Einstellungen Sie in Ihrem Video-Clip verwenden wollen, Zeile für Zeile, Satz für Satz.

3. Für die folgende Aufgabe benötigen Sie einen Videorecorder. Nehmen Sie einen Spielfilm Ihrer Wahl und ermitteln Sie zunächst exakt die Stellen, die mit Musik unterlegt sind. Wenn Sie damit fertig sind, beantworten Sie folgende Fragen:
   a. Welche Länge hat die Filmmusik insgesamt, in Minuten gemessen? Wieviel Prozent der Gesamtlaufzeit des Films macht das aus?

b. Scheint Ihnen die Musik irgendwo fehl am Platz, nicht im Einklang mit dem dramatischen Inhalt? Können Sie analysieren, warum an dieser Stelle Handlung und Musik nicht übereinzustimmen scheinen?

c. Nehmen Sie die ersten zehn Musiktakes und überlegen Sie, mit welcher Absicht der Komponist sie genau dort eingesetzt hat. Wie werden sie im einzelnen benutzt: Als Übergang? Um eine ansonsten leere Tonspur zu füllen? Als Hintergrund, um Emotionen zu verstärken? Können Sie Musiktakes finden, die in keine der genannten Kategorien einzuordnen sind? Beschreiben Sie diese Takes auf einem Blatt Papier und versuchen Sie herauszufinden, welchen Zweck der Komponist mit ihnen erfüllen wollte.

d. Ein Experiment: Nehmen Sie die Eingangsmusik des Films auf einem separaten Tonband auf. Dann spielen Sie diese Ouvertüre über die Titelsequenz eines anderen Films, bei dem Sie den Ton abgestellt haben. Analysieren Sie den Effekt. Verbessert die falsche Eingangsmusik den zweiten Film oder schmälert sie dessen Wirkung? Falls sie eine Verbesserung ist, können Sie herausfinden, warum? Falls sie dem Film eher schadet, können Sie herausfinden, warum?

Anmerkungen

Kapitel 1

1 Eric Sherman, Hrsg., *Directing the Film: Film Directors on Their Art* (Boston: Little, Brown, 1976), S. 3
2 Toby Cole und Helen Krich Chinoy, Hrsg., *Directors on Directing* (New York: Bobbs-Merrill, 1976), S. 3
3 Cole and Chinoy, a.a.O., S. 4

Kapitel 2

1 Sergej M. Eisenstein, *Film Form – Essays in Film Theory* (New York: Meridian Books, 1957), S. 84
2 Heinz-Dietrich Fischer und Stefan Melnik, Hrsg., *Entertainment – a Cross-Cultural Examination* (New York: Hastings House, 1979)
3 Entnommen dem Aufsatz von Elihu Katz und Michael Gurevitch, »On the Use of Mass Media for Important Things«, *American Sociological Review 38*, Nr. 2 (1973), S. 166–167
4 Frank Mankiewicz und Joel Swerdlow, *Remote Control* (New York: Ballantine Books, 1979), S. 99
5 Carl Sagan, *Die Drachen von Eden* (München: Droemer Knaur, 1978), S. 163
6 Eric Barnouw hat solche Versuche der Problemlösung bis zu den Radio-Seifenopern zurückverfolgt in seinem Buch *The Golden Web* (New York: Oxford University Press, 1968), S. 97
7 *Sex, Violence and the Media* (New York: Harper & Row, 1978)
8 Fischer und Melnik, a.a.O., S. 16
9 Aus dem Buch des verehrten Lehrers für *Dramatic Writing* an der Yale University, George Pierce Baker, *Dramatic Technique* (Boston: Houghton Mifflin, 1919), S. 43
10 Erik Barnouw, *Mass Communication* (New York: Holt, Rinehart & Winston, 1956), S. 56

Kapitel 3

1 Zitiert nach Fritz Henning, *Concept and Composition* (Cincinnati: North Light, 1983), S. 4

2 A. Thornton Bishop, *Composition and Rendering* (New York: John Wiley, 1933), S. 13
3 Rudolf Arnheim, *Kunst und Sehen* (Berlin: Walter de Gruyter, 1965), S. 5
4 Bishop, a.a.O., S. 14
5 Bishop, a.a.O., S. 19
6 Herbert Zettl, *Sight, Sound, Motion* (Belmont, Calif.: Wadsworth, 1973), S. 129
7 »Über das Rechts und Links im Bilde«. In: Heinrich Wölfflin, *Gedanken zur Kunstgeschichte* (Basel 1941), S. 82–96

Kapitel 4

1 Zitiert nach John Brady, *The Craft of the Screenwriter* (New York: Simon & Schuster, 1982), S. 179
2 In Sherman, a.a.O., S. 52
3 *The Newsletter of Directors Guild of America* 13, Nr. 8 (Juli–August, 1988): 6
4 Lajos Egri, *The Art of Dramatic Writing* (New York: Simon & Schuster, 1946), S. 242

Kapitel 5

1 In: *Actors Talk About Acting*, hrsg. von Lewis Funke und John E. Booth (New York: Avon Books, 1963), S. 27
2 In Alan A. Armer, *Writing the Screenplay – TV and Film* (Belmont, Calif.: Wadsworth, 1988), S. 138
3 Egri, a.a.O., S. 49–59
4 Zitiert nach David W. Sievers, Harry E. Stiver und Stanley Kahan, *Directing for the Theatre*, 3. Aufl. (Dubuque, Iowa: W. C. Brown, 1974), S. 43
5 Gal. 6,7
6 Aus einem Interview mit dem Autor
7 Directors Guild of America Newsletter, Oktober 1988, S. 2–3
8 Tony Barr, *Acting for the Camera* (Boston: Allyn & Bacon, 1982), S. 36
9 Barr, a.a.O., S. 37

Kapitel 6

1 Cole and Chinoy, a.a.O., S. 364
2 Beschrieben bei Barr, a.a.O., S. 68–74

3 Wsewolod Ilarionowitsch Pudowkin, *Über die Filmtechnik* (Zürich: Die Arche, 1961), S. 53

4 Dieses Konzept vertritt Wolf Rilla in *The Writer and the Screen* (New York: William Morrow, 1974)

5 Verwendet mit freundlicher Genehmigung der Samuel French, Inc.

Kapitel 7

1 Zitiert von Louis Giannetti in *Understanding Movies*, 5. Aufl. (Englewood Cliffs, New York: Prentice-Hall, 1990), S. 36

2 Berichtet von Arthur Knight in *The Liveliest Art* (New York: New American Library, 1979), S. 24

3 Besonders von André Bazin in seiner Studie *Qu' est-ce que le cinéma? »I. Ontologie et langage«* (Paris 1958, S. 131–148) deutsch: *Die Evolution der Filmsprache*, in: Dieter Prokop, *Materialien zur Theorie des Films* (Hanser: München, 1971), S. 85–99, besonders S. 94–97

Kapitel 8

1 François Truffaut, *Mr. Hitchcock, wie haben Sie das gemacht?*, 18. Aufl. (München: Heyne, 1995), S. 13

2 Truffaut, a.a.O., S. 64

3 Truffaut, a.a.O., S. 187

4 Truffaut, a.a.O., S. 62

Kapitel 9

1 Zitiert von Fred W. Friendly in *Due to Circumstances Beyond Our Control* (New York: Random House, 1967)

2 Directors Guild of Ammerica Newsletter, März 1988, S. 1

Kapitel 10

1 Eisenstein, a.a.O., S. 261

Kapitel 11

1 Harry Skornia, *Television and the News* (Palo Alto, Calif.: Pacific Books, 1974), S. 2

Kapitel 12

1 Zitiert nach Robert Hilliard, *Writing for Television and Radio*, 4. Aufl. (Belmont, Calif.: Wadsworth, 1984), S. 41

2 Albert Book und Norman Carey, *The Television Commercial: Creativity and Craftsmanship* (Chicago: Crain Books, 1970)

3 John Berger, *Sehen. Das Bild der Welt in der Bilderwelt* (Reinbek: Rowohlt, 1974), S. 134

4 Ben Gradus, *Directing: The Television Commercial* (New York: Hastings House, 1981), S. 55.

5 Gradus, a.a.O., S. 56

6 Ein Regisseur, zitiert nach Gradus, a.a.O., S. 113

7 Gradus, a.a.O., S. 100

8 Gradus, a.a.O., S. 187–188

9 Übernommen aus: Maggie Kilgore, »The Unsung Hero« in *EMMY, The Magazine of the Academy of Television Arts & Sciences*, April 1987, S. 48–51

10 Gradus, a.a.O., S. 47

11 *EMMY, The Magazine of the Academy of Television Arts & Sciences*, Juli/Aug. 1985, S. 22

Kapitel 13

1 »Sing a Song of Seeing«, *Time*, 26. Dezember 1983, S. 54–56

Glossar

Ab! Kommando des Regisseurs zum Abfahren eines Films, einer MAZ oder einer Tonkonserve.

Abblende *(Fade out)* Abgestufter Übergang von einem Bild zu Schwarz, kennzeichnet oft einen Aktschluß oder den Übergang zu einem Werbeblock.

Ablauf(plan) *(Rundown sheet)* Auflistung aller Beiträge und Moderationen für eine Fernsehsendung (Magazin, Nachrichten) in ihrer zeitlichen Reihenfolge.

Above-The-Line-Kosten Kosten, die in Kalkulation und Budgetierung einer Filmproduktion für den »kreativen Aufwand« (Drehbuchautor, Regisseur, Komponist, Hauptrollen, Produzent, Rechte, usw.) ausgewiesen werden.

Achssprung Mißlungener Bildanschluß, in dem die Positionen von Personen in zwei aufeinanderfolgenden Bildkadern vertauscht sind; zum Achssprung kommt es, wenn Personen von unterschiedlichen Seiten der zwischen ihnen verlaufenden imaginären Linie aus aufgenommen werden.

Action! International gebräuchliches Kommando des Regisseurs an die Schauspieler/Darsteller, mit ihrem Spiel zu beginnen. In Deutschland wird meist »Bitte!« verwendet.

ADR *(Automated dialog replacement)* Computerisiertes Verfahren zur Nachsynchronisation, bei dem schlechter O-Ton-Dialog durch im Tonstudio aufgenommenen Dialog ersetzt und lippensynchron angelegt wird; wird auch allgemein als Begriff für Nachsynchronisation benutzt.

Aktivität *(Business)* Begleitende Tätigkeit, mit der ein Darsteller in einer Spielszene beschäftigt ist; Beispiel: Haare kämmen, nähen, bügeln, Zeitung lesen.

Amerikanische (Einstellung) Kameraeinstellung, deren Größe zwischen einer Halbnahen und einer Nahaufnahme liegt, zeigt eine Person etwa ab Knie aufwärts (»mit Colt«).

Amerikanische Nacht *(Day for night photography)* Verfahren, bei dem Außenaufnahmen tagsüber gedreht, die Bilder jedoch durch Filter und Belichtung so verändert werden, daß sie wie Nachtaufnahmen aussehen.

Antagonist Der meist in einer Figur personifizierte Faktor, der dem Protagonisten beim Erreichen seines Zieles entgegenwirkt und den Grundkonflikt des Dramas bzw. der Spielhandlung prägt.

Anthropomorphe Natur Natur, in der sich die innere Verfassung von Figuren spiegelt.

Arrangieren Anordnen der Schauspieler im Set entsprechend den Erfordernissen der Szene durch den Regisseur, wobei Positionen, Gänge und Bewegungen, Aktivitäten und Aktionen – meist gemeinsam – entwickelt werden.

AÜ → Außenübertragung

Audio Tonanteil bei der Übertragung, Aufzeichnung oder Wiedergabe einer Fernsehsendung oder eines Werbespots.

Aufblende *(Fade in)* Abgestufter Übergang von Schwarz bis zur richtigen Belichtung eines Bildes, kennzeichnet oft einen Akt- oder einen Szenenbeginn.

Aufhellung → Füll-Licht

Aufnahmeleiter Assistent des Regisseurs im Studio; sobald der Regisseur in der Regie eingesperrt ist, leiht er ihm im Studio Arme und Beine und seine Stimme.

Aufsicht *(High angle shot)* Kameraeinstellung, bei der die Kamera von oben hinunterschaut, wird häufig zur Orientierung verwendet; wird auch dazu benutzt, um eine Person abzuwerten oder schwach erscheinen zu lassen.

Aus! *(Cut!)* Kommando des Regisseurs, um die Aufnahme zu unterbrechen oder zu beenden.

Ausführungsanweisung Kommando des Regisseurs an den Bildmischer, etwas auszuführen, was durch ein Vorbereitungskommando bereits angekündigt worden ist, zum Beispiel »Schnitt!« oder »Blende!«

Außenaufnahme Filmaufnahme, die nicht im Studio gedreht wird; beim Fernsehen spricht man von Außenübertragung (AÜ).

Außenübertragung (AÜ) Fernsehaufnahme mit mehreren Kameras, die nicht im Studio entsteht.

Ausstatter *(Set dresser)* Person, die den Set, sobald das Szenenbild entworfen und gebaut ist, möbliert und ihn beispielsweise mit Tischen, Stühlen, Bildern, Aschenbechern usw. ausstattet.

Autocue Gerät, mit dessen Hilfe ein Text direkt vor das Objektiv einer Studio-E-Kamera gespiegelt wird, so daß ein Sprecher oder Moderator ihn ablesen kann, während er direkt in die Kamera blickt.

Automated Dialogue Replacement
→ ADR

Beiseite Ein in einer Spielhandlung direkt an den Zuschauer gerichteter Text ist ein »beiseite gesprochener Text«.

Below-The-Line-Kosten Kosten, die in Kalkulation und Budgetierung einer Filmproduktion für den technischen und organisatorischen Aufwand (technisches Personal, Ton- und Filmmaterial, Kopierwerk usw.) ausgewiesen werden.

Betamax (kurz: Beta) Video-Recorder-System für 1/2-Zoll-Bänder.

Bewegungsrichtung *(Screen direction)* Gleichbleibendes Muster eines Bewegungsablaufs von einer Einstellung

zur nächsten: von links nach rechts oder von rechts nach links.

Bild *(Frame)* 1. Bildfeld eines Film- oder Fernsehbildes. 2. Photographische Einheit auf einem Filmstreifen (»Bildkader«). 3. Kompositorische Gestaltung des Bildkaders.

Bildformat Das Verhältnis von Breite zu Höhe (b:h) des Bildes. Das übliche (vom frühen Film übernommene) Fernsehformat beträgt 4:3 (1:1,33); das HDTV-Verfahren benutzt das europäische Breitwandformat 5:3 (1:1,66), das europäische Fernsehgroßbild arbeitet mit dem Format 16:9 (1:1,77); Kinofilme werden auch in anderen Formaten gedreht und/oder projiziert.

Bildkader *(Frame)* Einzelbild auf einem Filmstreifen in seinem jeweils genau festgelegten Format (→ Bild 2.)

Bildmischer Person, die am Bildmischpult die Video-Effekte erzeugt und zwischen den unterschiedlichen Bildquellen hin und her schneidet.

Bildmischpult *(Switcher)* Elektronische Anlage, mit der ein Bildmischer zwischen mehreren Kameras und anderen Bildquellen hin und her schneidet und optische Effekte erzeugt.

Bildspeicher *(Frame store)* Computer mit Riesenspeichen für einzeln abrufbare visuelle Informationen.

Bildsprung *(Jump cut)* 1. Schlechter Umschnitt zwischen zwei sehr ähnlichen Kameraeinstellungen, wobei das abgebildete Objekt zu springen scheint. 2. Schnittechnik, bei der aus der Aufnahme einer kontinuierlichen Bewegung ein paar Bilder herausgeschnitten werden.

Bildteilung *(Split screen)* Bildkader, der in zwei oder mehrere Segmente aufgeteilt ist, von denen jedes eine eigene Bildinformation enthält.

Bildüberhang (BÜ) Zusätzliche Bilder über das Ende eines MAZ-Beitrages hinaus, die den problemlosen Umschnitt auf eine andere Bildquelle ermöglichen.

Bimi → Bildmischer

Bitte! → Action!

Blendenwert (f-stop) Öffnungsgröße der Objektivblende; je höher der Wert, desto kleiner die Öffnung und desto größer der Schärfenbereich.

Blicklinie Linie, die eine Person durch ihren Blick erzeugt; Zuschauer neigen dazu, mit ihrem Blick dieser Linie zu folgen und in dieselbe Richtung zu schauen.

BÜ → Bildüberhang

Bühnenbildner → Szenenbildner

Bundesverband für Fernseh- und Filmregisseure in Deutschland e.V. Verband mit Sitz in München, dem sehr viele Regisseure in Deutschland angehören.

Chefkameramann *(Director of photography)* Leiter der Kameracrew, der für die Lichtführung, die Bildkomposition und die richtige Belichtung des Filmmaterials verantwortlich ist; beim Fernsehen entspricht ihm der Lichtsetzende Kameramann.

Chroma Key → Stanzen

Cordband Perforiertes Magnetband im Filmformat, auf das alle Tonaufnahmen für einen Film überspielt werden; wird vom Cutter mechanisch geschnitten und an das Bildmaterial »angelegt«.

Coverage Gesamtheit der unterschiedlichen Einstellungen, die ein Regisseur dreht, um eine Szene dramaturgisch richtig aufzulösen und über genügend gutes Material für den Schnitt zu verfügen; zum Beispiel: eine Halbtotale als Haupteinstellung und dazu Schüsse über die Schulter und Großaufnahmen.

Covern Filmische Aufnahme (oder elektronische Aufzeichnung) der gesamten Handlung (»Abdecken«) einer Szene in einer oder mehreren Einstellungen.

Crawl → Lauftitel

Cut! → Aus! → Schnitt!

Day-for-night → Amerikanische Nacht

Diagonale Linie In einer Bildkomposition die kraftvollste Linie, um die Auf-

merksamkeit des Betrachters zu lenken.

Diffusionsfilter Optischer Filter, der die Konturen der Gegenstände weich macht und sie damit häufig vorteilhafter erscheinen läßt und idealisiert.

Digitale Video-Effekte Elektronische Bildaufbereitung, bei der Graphiken, Muster oder Trickblenden in ein Videobild eingeblendet werden.

Distanzierende Bewegungen Gänge und Bewegungen eines Darstellers weg von einem anderen, dienen als Zeichen von Rückzug, Flucht oder Unbehagen bei physischer Nähe.

Dolly Vierrädriger Kamerawagen, der Bewegungen der Kamera in alle Richtungen ermöglicht.

Dominanz Ein Objekt innerhalb eines Bildkaders, das mehr Aufmerksamkeit des Zuschauers auf sich zieht als andere Objekte, ist »dominant«.

Drehbuch *(Screenplay, Script)* Szenario, das durch eine Geschichte, Figuren und Dialog eine Spielhandlung oder eine Abfolge von Ereignissen festlegt.

Drehplan In Formularform gebrachte Auflistung aller Szenen, mit der die Zeitplanung und die Budgetierung erleichtert wird. Dazu werden die Drehbuchauszüge, in denen alle benötigten Schauspieler, alle Extras und andere Informationen für jede Szene zusammengefaßt sind, in ihrer Reihenfolge so geordnet, daß sie einen praktischen und kostengünstigen Drehablauf ergeben, der dann im Drehplan erfaßt wird. Der Drehplan gibt für jeden Drehtag das zu bewältigende Arbeitspensum an.

Drehschluß 1. Ende eines Drehtages. 2. Ende der Produktion.

Dutch Angle → Gekippte Kamera

Effektschiene *(Effects bus)* Teil eines Bildmischpults, mit dem visuelle Effekte wie Trickblenden und Überblendungen gestaltet werden.

Einbeziehende Bewegungen In einer Spielhandlung die Gänge und Bewegungen einer Person zu einer anderen

Anhang ∎ Glossar

Person hin, denen entweder ein forderndes oder aggressives Verhalten oder ein Bedürfnis zugrunde liegt.

Einblendung (Matte) Hinzufügen eines Bildes oder eines Titels zu einem anderen Bild auf elektronischem Weg.

Eingefrorenes Bild (Freeze frame) Optischer Effekt und elektronischer Trick, mit dem die Bewegungen in einem Bild angehalten (»eingefroren«) werden, oft als Bildüberhang am Ende eines MAZ-Beitrags.

Einrichten 1. Das Bestimmen der Positionen und Bewegungen der Kamera, der Optik und des Lichts; meist in enger Zusammenarbeit zwischen Chefkameramann und Regisseur. 2. Die technischen Vorbereitungen für die Kameraeinrichtung (Schienen verlegen, Kamera umbauen, Scheinwerfer aufstellen, einleuchten usw.). 3. Das planerische Entwickeln einer Inszenierung für eine Szene.

Einrichtung (Setup) 1. Kameraposition mit der dazugehörigen Ausleuchtung des Set. 2. Inszenierungsplan für eine Szene.

Einstellung 1. Ein ohne Unterbrechung aufgenommenes Stück Film. 2. Der durch die Wahl von Kamerastandpunkt, Objektiv, Bildinhalt und Kamerabewegung bewußt gestaltete Bildauschnitt (genauer auch: Kameraeinstellung). 3. Mehrere Aufnahmen mit ein und derselben Kameraeinstellung.

Einstellungsliste (Shot sheet) Liste der Einstellungen, die ein Kameramann in einer Sendung anbieten soll.

Electronic field production (EFP) Magnetaufzeichnung (MAZ) von Spielhandlung oder Dokumentarmaterial außerhalb eines Studios. EFP benötigt in der Regel eine Nachbearbeitung (Schnitt).

Elektronische Berichterstattung (EB) Einsatzeinheit mit tragbarer elektronischer Kamera samt Videorecorder, Mikrofon und Licht für die schnelle Aufzeichnung oder Direktübertragung

von Nachrichtenberichten oder Dokumentarmaterial.

Eröffnungseinstellung (Establishing shot) Umfassende Einstellung, die zur Orientierung einen Überblick gibt, normalerweise eine Totale, oft auch von oben als Aufsicht.

Erstkopie Erste Filmkopie vom geschnittenen Negativ (oder vom Umkehr-Original), in der vom Kopierwerk ein Licht- und Farbausgleich vorgenommen wurde. Sie enthält bereits den fertig abgemischten kompletten Ton. Wird auch Nullkopie genannt. Jede weitere Kopie, in der Farb- und Lichtabstimmungen vorgenommen werden, heißt Korrekturkopie.

Exposition Informationen, die der Zuschauer benötigt, um eine Geschichte verstehen zu können, üblicherweise durch Dialog oder visuelle Hinweise vermittelt.

Expressionistisch Filmstil, bei dem Drehbuch, Bildmaterial oder Inszenierung auf starke emotionale Wirkung beim Zuschauer ausgerichtet sind.

Externe Berichterstattung → Elektronische Berichterstattung

Fahrt Kameraeinstellung, in der sich die Position der Kamera verändert.

Farbkorrekturfilter Optische Filter, die für eine bestimmte ästhetische Wirkung die Farbwerte einer Szene verändern – normalerweise nur in Nuancen.

Fenster Rechteck, das mittels digitalem Trick oder Stanze neben einen Nachrichtensprecher in das Fernsehbild eingesetzt wird und visuelle Informationen enthält.

Festlegen 1. (Blocking) Das Plazieren der Kamera entsprechend den Erfordernissen der Szene, Grundlage der Kameraeinrichtung. 2. (Spotting) Das Bestimmen der Stellen, die mit Filmmusik unterlegt werden sollen.

Filmmusik (Score) Hintergrundmusik, mit der vor allem die dramatischen und emotional anrührenden Passagen eines Films gesteigert werden.

Filter 1. Optische: Glas- oder Gelatinescheiben vor dem Kameraobjektiv, die die optische Qualität oder Farbe des Bildes verändern. 2. Akustische: Elektronisches Gerät, das bestimmte Schallfrequenzen aussondert; wird vornehmlich in der Nachbearbeitung eingesetzt, um bestimmte Toneffekte zu erzielen, etwa eine Stimme so klingen zu lassen, als sei sie durch ein Telephon zu hören.

Format Grundmuster oder Grundform einer Fernsehsendung.

Frame Store → Bildspeicher

Freeze → Eingefrorenes Bild

Froschperspektive Kameraeinstellung aus einer extremen Untersicht.

Führungslicht *(Key light)* Hauptlichtquelle einer Ausleuchtung, bestimmt den Stil der Lichtführung.

Füll-Licht *(Fill light)* Lichtquelle, die Schattenzonen aufhellt.

Galgen 1. Ein langer, beweglicher aus- und einziehbarer Metallarm, an dessen Spitze ein Mikrophon angebracht ist, das sich so ausrichten und drehen läßt, daß es den Schauspielern im Set folgen und ihren Dialog aufnehmen kann. 2. Senkrecht stehender Holzrahmen mit einem Auffangkasten, an dem im Schneideraum an numerierten Klammern einzelne Filmstreifen aufgehängt werden.

Gang Ortsveränderung eines Schauspielers auf der Bühne oder im Set.

Gegenanspielen Dialoge oder Aktionen, die eine andere Richtung einschlagen, als die, die vom Szeneninhalt vorgegeben zu sein scheint, zum Beispiel mit Humor gegen Tragik anspielen, um dramatische Übertreibung zu verhindern.

Gekippte Kamera *(Dutch angle)* Die Kamera ist seitlich geneigt und der Horizont verläuft schräg, womit eine in Schieflage geratene Welt angedeutet wird (auch: »gekanntete Kamera«).

Gemogelte Subjektive Subjektive Einstellung, die höher, tiefer oder größer eingerichtet wird, als nach der vorhergehenden Einstellung eigentlich zu erwarten wäre. Zum Beispiel wird die Einstellung von einer Zeitung größer gemacht, damit der Zuschauer die Schlagzeile lesen kann.

Gestorben! *(»That's a wrap«)* Ende der Dreharbeiten an einer Szene, einem Take oder einem Film; wird von den Schauspielern wie vom Team immer besonders gern gehört.

Gleichgewicht *(Balance)* Ein als angenehm empfundener Zustand in der Bildkomposition, der durch sich die Waage haltende Objekte innerhalb eines Bildkaders erreicht wird, vergleichbar den Personen auf einer in der Schwebe gehaltenen Wippe.

Goldener Schnitt Wird von manchen Künstlern als der nach ästhetischen Gesichtspunkten perfekte Ort für die Position eines Objektes innerhalb eines Bildrahmens angesehen.

Graphik Zweidimensionale visuelle Informationen wie Zeichnungen, Karten, Tabellen und Diagramme, die für das Fernsehbild von Graphikern – von Hand oder mittels Computer – erstellt werden.

Großaufnahme *(Close-up, Close shot)* Kameraeinstellung, die den Kopf eines Darstellers oder einen Gegenstand groß zeigt; sie klärt über Details auf und erhöht die Dramatik.

Halbtotale *(Full shot)* Kameraeinstellung, mit der ohne größere Distanz eine gesamte Szenerie aufgenommen wird.

Handkamera Aufnahmetechnik, die Regisseure benutzen, um den Eindruck von Nachrichten- oder Dokumentarmaterial entstehen zu lassen und ein grobkörniges Bild von Realität erzeugen.

Haupteinstellung *(Master)* Einstellung, in der alle Aktionen einer gesamten Szene durchgedreht werden, in der Regel eine Totale oder Halbtotale.

Hintergrundgeschichte Der soziale, ökonomische und intellektuelle Hintergrund einer dramatischen Figur und

Anhang ▌ Glossar

die ihren Charakter prägenden Ereignisse in ihrer Lebensgeschichte.

Hinterherfahrt Kameraeinstellung, bei der die Kamera hinter einem Bildobjekt her fährt, das sich von ihr weg bewegt.

Hinterlicht *(Backlight)* Gerichtetes Licht, das ein Bildobjekt von hinten anleuchtet; erzeugt Glanzlichter und hebt das Bildobjekt deutlich vom Hintergrund ab.

Honey Shot Einstellung mit hübschen jungen Mädchen (meist Cheerleadergirls), die in die Einstellungen von einem Sportereignis eingeschnitten wird, um ihm zusätzlichen Reiz zu verleihen.

Horizontale Linie In der Bildkomposition erzeugt sie den Eindruck von Stabilität, Frieden, Gelassenheit und Sicherheit.

Horizontaler Schwenk *(Pan)* Kameraeinstellung, bei der sich die Kamera horizontal um eine vertikale Achse (Stativkopf) dreht, während ihre Basis feststeht; das Bild wandert horizontal und schafft ein *Panorama* (wovon sich der amerikanische Ausdruck ableitet).

Hörspieltext Dialog, der etwas beschreibt, was der Zuschauer sehen kann, und der insofern überflüssig ist.

Identifikation Emotionale Beteiligung des Zuschauers am Geschick einer Figur in einer Spielhandlung, normalerweise dem des Protagonisten: Der Zuschauer wird so selbst zum Protagonisten.

Improvisation Texte und Aktionen, die vom Schauspieler oder vom Moderator frei und spontan erfunden werden.

INDX (Abkürzung für: Independent Exchange) Austausch von Nachrichten-Bildmaterial zwischen unabhängigen Fernsehstationen in den USA via Satellit.

Insert → Einblendung

Jump Cut → Bildsprung

Kameraeinrichtung *(Camera setup)* → Einrichtung

Kameraeinstellung → Einstellung 2.

Kameraposition *(Camera angle)* Standpunkt, von dem aus die Kamera ein Geschehen aufnimmt, zum Beispiel bei einer Aufsicht oder bei einer Untersicht.

Keying → Stanzen

Klaustrophobisches Bild Unangenehm enge, am Bildobjekt klebende Einstellung, die den Blick des Zuschauers einschränkt.

Kommandoleitung Draht- oder Funkverbindung, die die Kommunikation zwischen Regie und Studio resp. zwischen Ü-Wagen und Aufnahmeort herstellt, häufig eine Verbindung zwischen Regisseur oder Regieassistent und Aufnahmeleiter.

Kompendium Balgenförmige Gegenlichtblende vor dem Objektiv der Filmkamera mit dreh- und schwenkbaren Halterungen für Filter und Masken.

Komplementäreinstellungen Paarweise angeordnete Kameraeinstellungen, die gleich groß und gleichartig aufgebaut sind, aber die entgegengesetzten Ansichten von etwas bieten, zum Beispiel zwei Schüsse über die Schulter, in dem einen ist Schauspieler A, in dem anderen Schauspieler B von vorne zu sehen.

Komposition (Bild-) Harmonisches Arrangement von zwei oder mehreren Elementen, von denen eines alle anderen dominiert.

Konturlicht → Hinterlicht

Korrekturkopie → Erstkopie

Kran Langer Metallarm, an dessen Spitze eine Kamera angebracht ist, mit dem ausgedehnte gleitende Aufwärts- und Abwärtsbewegungen ausgeführt werden können.

Kreisfahrt Geschwungene Kamerabewegung auf einem Kreisbogen, kann jeden beliebigen Kreisausschnitt oder einen Vollkreis beschreiben.

Kurze Brennweite → Weitwinkelobjektiv

Lage »Drehbuch« für eine Nachrichtensendung, in dem für den Text jeder

Meldung und für jeden Bericht eine eigene Seite benutzt wird, so daß die Reihenfolge den aktuellen Erfordernissen schnell angepaßt werden kann.

Länge *(Total running time)* Exakte Gesamtlaufzeit eines Film- oder MAZ-Beitrages; wird in Minuten und Sekunden angegeben.

Lange Brennweite → Teleobjektiv

Lauftitel *(Crawl)* Vor- oder Nachspann als Buchstabenlaufband, das sich von rechts nach links (meist am unteren Bildrand) durch das Bild bewegt.

Leader → Startband

Leitmotiv Wiederkehrendes musikalisches Motiv oder Thema, das mit einer speziellen Person, Situation oder Idee verbunden ist und normalerweise die Funktion hat, die Dramatik zu steigern.

Letzte Worte (L.W.) Werden für jeden Beitrag und für jeden ungemischten O-Ton angegeben; sie dienen dem Regisseur als Stichwort, um auf eine andere Bild- resp. Tonquelle überzugehen.

Lichtführung Art und Stil der Ausleuchtung eines Set; liegt in der Verantwortung des Chefkameramannes.

Lichtsetzender Kameramann → Chefkameramann

Limbo Studiodekoration, die dazu dient, Objekte »in der Schwebe« zu photographieren; mit einem naht- und kantenlosen, neutral gefärbten halbkugel- oder halbröhrenförmigen Hintergrund.

Location → Originalschauplatz

Logo Firmenname, Emblem oder Warenzeichen, das durch seine Gestaltung oder Typographie einen hohen Wiedererkennungswert besitzt.

Magazin-Format Struktur oder Grundmuster einer Fernsehsendung, die sich aus verschiedenen Berichten zusammensetzt, zum Beispiel »60-Minuten-Format« oder »20/20-Format«.

Magnetaufzeichnung (MAZ) 1. Speicherung der Bild- und Tonsignale einer mit einer elektronischen Kamera gemachten Aufnahme oder einer Fernsehsendung auf einem Videoband. 2. Auf Videoband gespeichertes Bild- und Tonmaterial; Beitrag. 3. Magnetband. 4. Kurzform für MAZ-Maschine (Videorecorder). 5. Raum, in dem die MAZ-Maschinen stehen, von denen aus die Beiträge in eine Sendung eingespielt werden.

Master 1. → Haupteinstellung, 2. Dup-Positiv, direkt vom Originalnegativ gezogen, das als »Meister-Kopie« zur Herstellung weiterer Negative für den Kopiervorgang dient.

MAZ → Magnetaufzeichnung

Mischung *(Dubbing)* Zusammenführen von Sprache, Musik und Geräuscheffekten auf eine einzige Tonspur.

Mogeln *(Cheat)* »Anpassen« der Position eines Schauspielers oder der Kamera an dramaturgische oder gestalterische Erfordernisse, das von den Gegebenheiten der Haupteinstellung abweicht, aber so geringfügig, daß der Zuschauer es nicht bemerkt.

Monitor Fernsehbildschirm in der Regie oder im Studio, auf dem spezielle Aspekte des technischen Sendeablaufs zu sehen sind; Beispiel: ein Vorschaumonitor.

Montage 1. Begriff, der ursprünglich generell das Zusammensetzen von Filmeinzelteilen beim Schnitt bezeichnete, mit dem heute das Schneiden nach ästhetischen und/oder theoretischen Prinzipien gemeint ist. 2. Schnelle Folge von Bildern, die zur Übermittlung einer einzigen Idee dienen; Beispiel: eine stürmische Umwerbung.

MOS Die Buchstaben stehen für »mit out sound« und bezeichnen das Drehen ohne Ton. Ein Überbleibsel aus den Kindertagen Hollywoods und eine liebevoll-spöttische Hommage an den deutschen Regisseur, der diese Worte zum ersten Mal aussprach.

Motiv 1. Originalschauplatz, wird bei der Motivsuche entdeckt, bei der Motivbesichtigung in Augenschein

Anhang ▌ Glossar

445

genommen und dann als Drehort genehmigt. 2. Handlungsmotivation für eine Figur. 3. Kurze, prägnante musikalische Einheit.

Moviola Die in den USA meistverbreitete Schneidetischmarke für 16-mm- und 35-mm-Film mit senkrecht stehenden Spulen; wird als allgemeiner Gattungsbegriff verwendet.

Musik-Clip → Video-Clip

Musik im On *(Source music)* Musik, die aus einer zur Szene gehörenden Tonquelle stammt; die Personen im Film können sie hören, im Gegensatz zur *Filmmusik,* die der Zuschauer hören kann, die Personen im Film aber nicht.

Musikquelle im Bild → Musik im On

Musiktake Zusammenhängendes Stück Filmmusik, eine Phrase, ein Motiv, eine Passage, komponiert zur Unterlegung für bestimmte Stellen in einem Film.

Muster *(Dailies, Rushes)* Erste Kopie, die von einem Film-Originalnegativ gezogen wird.

Mustervorführung Während der Dreharbeiten die tägliche Präsentation der Muster von den (normalerweise) am Vortag gedrehten Einstellungen.

Nachbearbeitung (Postproduktion) Arbeitsphase nach Abschluß der Dreharbeiten, in der der Schnitt, das Erstellen der Filmmusik und der Geräuscheffekte sowie die Mischung erfolgt.

Nachsynchronisation *(Looping)* Technik, mit der in der Nachbearbeitung ein mangel- oder fehlerhafter O-Ton-Dialog durch eine neue, lippensynchrone Sprachaufnahme ersetzt oder ein fehlender O-Ton erstellt wird.

Nachtaufnahme *(Night-for-night photography)* Bei Nacht gedrehte Einstellung oder Szene, die bei Nacht spielt; sie benötigt mehr Zeit als eine → Amerikanische Nacht, die bei Tag gedreht und bei der durch Filter und Belichtungsveränderung der Eindruck von Nacht erzeugt wird.

Naheinstellung *(Medium shot)* Kamera-

einstellung, deren Größe zwischen einer → Amerikanischen und einer → Großaufnahme liegt, zeigt eine Person ab Hüfte oder ab Bauch aufwärts.

Nebelfilter *(Fog filter)* Optischer Filter, der ein weiches, leuchtendes Bild in unterschiedlichen Verwischungsstufen erzeugt.

Neger *(Cue cards)* Tafeln, auf denen in großer Schrift der Dialog oder eine Ansage steht, die außerhalb des Bildes aufgestellt werden, damit der jeweilige Akteur seinen Text ablesen kann.

Neigen → Vertikaler Schwenk

Neutraler Graufilter Reduziert die einfallende Lichtmenge, ohne die Eigenschaften des Bildes zu beeinflussen.

Night-for-night → Nachtaufnahme

Nullgrad-Einstellung Kameraeinstellung, die ein Gerät oder eine Fertigkeit aus der Sicht des Zuschauers zeigt.

Nullkopie → Erstkopie

O-Ton Originalton, der bei der Bildaufnahme mit aufgenommen wird. 1. Beim Film wird der O-Ton vom nachsynchronisierten Ton (Sprache, Geräusche) und von der Musik unterschieden. 2. Beim Fernsehen wird der O-Ton von nachträglich hinzugefügtem Ton (Berichte, Kommentare, Musik) unterschieden.

Objektive Kamera »Normale« Kameraperspektive, bei der die Kamera in der Rolle der neutralen, objektiven, unparteiischen Beobachterin der Handlung bleibt.

Off Tonquelle, die nicht im Bild zu sehen ist, zum Beispiel ein Kommentator.

Originalschauplatz *(Location)* Reale Szenerie außerhalb des Studios, zum Beispiel ein Strand oder eine Fabrikhalle, in der gedreht wird.

Parallelfahrt *(Trucking shot)* Kameraeinstellung, bei der sich die Kamera mit einem Bildobjekt mitbewegt, normalerweise in einer schräg seitlichen Position zu ihm.

Perfo → Cordband

Pickup Einstellung, die die Hauptein-

446

Anhang ∎ Glossar

stellung einer Szene wiederaufnimmt, nachdem sie unterbrochen wurde; eine zeitsparende Technik, mit der das nochmalige Drehen der gesamten Haupteinstellung wegen eines nur geringfügigen Fehlers vermieden wird.

Plastisches Material Pudovkins Begriff für Aktionen, die dazu beitragen, den Charakter einer Figur genau zu bestimmen.

Point of View Shot (POV) → Subjektive

Pointe *(Tag)* Letzter Satz, abschließende Handlung oder Musiktake, durch die am Ende einer Szene ein Schlußeffekt gesetzt, eine Pointierung angebracht wird.

Polarisationsfilter (kurz: Polfilter) Er schwächt Spiegelungen und Reflexe ab oder schaltet sie ganz aus; läßt einen blauen Himmel dunkler erscheinen, was zur Herstellung eines Nacht-Effekts genutzt wird.

Postproduktion → Nachbearbeitung

POV → Subjektive

Praktikabel Zerlegbare Podeste von unterschiedlicher Höhe, zum Teil auch höhenverstellbar.

Preview-Monitor → Vorschaumonitor

Problem Im Kapitel 4 wird dieser Begriff verwendet für alles, was einen Protagonisten daran hindert, sein Ziel zu erreichen.

Produktion 1. Gesamtprozeß der Herstellung eines Films von der ersten Idee bis zur fertigen Vorführkopie. 2. Dreharbeiten, vom ersten bis zum letzten Drehtag; davor liegt die Phase der Produktionsvorbereitung, danach die Postproduktion. 3. Kurzform für Produktionsfirma.

Produktionsleiter Person, die für die Einhaltung des Zeitplans und des Budgets verantwortlich ist, ebenso für die Einstellung des technischen und des organisatorischen Personals.

Produktionsvorbereitung *(Preproduction)* Vorbereitungszeit vor den Dreharbeiten für einen Spielfilm oder Fernsehfilm, in der das Drehbuch überarbeitet, die Schauspieler ausgewählt, die

Szenenbilder gebaut und die Motive gesucht werden.

Produktionswerte *(Production values)* Faktoren, die einem Kino- oder Fernsehfilm ein großzügiges und abwechslungsreiches Aussehen verleihen: farbenprächtige Originalschauplätze, wertvolle Kostüme, teure Szenenbilder.

Produzent *(Producer)* Person, die für die gesamte Produktion eines Films verantwortlich ist, oft Angestellter eines Studios beziehungsweise einer Produktionsfirma, deren Leiter der Produktionschef ist.

Progression Ansteigende Handlung in einem Drama, Anwachsen dramatischer Spannung; zunehmend enger werdende Kameraeinstellungen stellen die Kameraprogression dar.

Proszeniumsbogen Portal, das im Theater die Bühne vom Zuschauerraum trennt.

Protagonist Figur, mit der sich der Zuschauer emotional identifiziert, der Held, die Person, die ein Problem hat.

Provokateur Interviewer, der seine Gäste reizt und Antworten herauszulocken versucht, indem er provozierende Fragen stellt.

Ranfahrt Kamerabewegung auf ein Bildobjekt zu.

Reflex *(Flare)* Halo oder helles Aufblitzen, zu dem es kommt, wenn die Kamera auf eine Lichtquelle gerichtet wird.

Regie(raum) Raum, von dem aus Regisseur und Techniker die Proben und den Verlauf einer Live-Sendung (oder eine Aufzeichnung) überwachen und steuern.

Regieassistent Beim Film gibt es erste und zweite Regieassistenten. Sie unterstützen den Regisseur und sorgen auf dem Set für Ordnung. Der »Zweite« ist für den Papierkram zuständig. Beim Fernsehen entlastet der Regieassistent den Regisseur von den organisatorischen Aufgaben, gibt Zeiten und timt den Sendungsablauf.

Regisseur Person, die die Botschaft einer Sendung oder eines Spielfilms mit künstlerischen und technischen Mitteln so gestaltet, daß deren Wirkung auf das Publikum möglichst groß ist.

Reißschwenk *(Swish pan, Whip pan)* Plötzlicher, schneller, meist verwischter Schwenk von einem Objekt auf ein anderes oder von einer Szene zur nächsten.

Requisiten *(Props, Properties)* Gegenstände, die Personen in einer Spielszene benutzen oder mit denen sie hantieren.

Rhythmus 1. In der Bildkomposition die als angenehm empfundene gleichmäßige Wiederholung von Bildelementen. 2. In einer Spielhandlung die regelmäßige Wiederholung von Redewendungen, Handlungen oder musikalischen Themen zur Steigerung eines dramatischen Effekts.

Richtfunkstrecke Übertragung von Bild und Ton mittels einer Parabolantenne von einem Ü-Wagen zur Fernsehstation oder von einer Fernsehstation zur Sendeanlage.

Rohschnitt *(Rough cut)* Erste, vom Cutter grob zusammengesetzte Fassung eines Films; für den Regisseur die erste Gelegenheit, das Werk im Zusammenhang zu sehen und einzuschätzen.

Rotlicht *(Tally light)* Rote Signallampe an einer Videokamera, die anzeigt, daß ihr Bild gesendet oder aufgezeichnet wird.

Rückblende *(Flashback)* Augenblick, Sequenz oder Episode in der Retrospektive; sie wird normalerweise von einer Person erinnert und ist deswegen von deren persönlicher Sichtweise gefärbt. → Subjektive

Rückfahrt Kamerabewegung von einem Objekt weg.

Rückgrat *(Spine)* 1. Hauptziel einer Figur, ihre Bedürfnisse oder Beweggründe. 2. Thema oder zentrale Aussage einer Geschichte.

Rückrechnung Verfahren zur genauen Einhaltung einer vorgegebenen Sendelänge für eine aus mehreren Komponenten zusammengesetzte Fernsehsendung (Magazin, Nachrichten), bei dem jede einzelne Komponente möglichst genau zeitlich determiniert wird und dann vom Ende her bestimmt wird, wann sie beginnen oder enden muß.

Ruhezeit Gesetzlich oder tarifvertraglich oder anderweitig festgelegte Zeit zwischen zwei Arbeitsperioden, zum Beispiel zwischen Drehende am Montagabend und Drehbeginn am Dienstagmorgen; wird in Deutschland die gesetzlich vorgeschriebene Ruhezeit von zwölf Stunden nicht eingehalten, kann der Unfallversicherungsschutz verlorengehen.

Rundhorizont *(Cyclorama)* Breiter, hoher Stoffhintergrund für beliebige Aktionen, meistens in blauer Farbe.

Satellit Gerät, das in ungefähr 1500 km Höhe über der Erde im Weltraum fliegt und u. a. als Relais-Station dient, um Video- und Audiosignale von einem Punkt der Erde zu einem anderen zu übertragen.

Satelliten-Strecke *(Uplink)* Richtfunkstrecke, die mittels Parabolantenne zu einem Satelliten errichtet wird.

Schärfe ziehen *(Pull focus)* → Schärfenverlagerung

Schärfenbereich *(Depth of field)* Bereich, in dem ein Objektiv Gegenstände scharf abbildet.

Schärfentiefe *(Deep focus)* Ausgedehnter Schärfenbereich, der als Mittel ästhetischer Gestaltung dient. Bilder mit großer Schärfentiefe, in denen Vordergrund wie Hintergrund scharf abgebildet werden, entstehen durch eine kleine Blendenöffnung und eine entsprechend hellere Ausleuchtung.

Schärfenverlagerung *(Rack focus)* Verlagerung der Schärfenebene vom Vordergrund auf den Hintergrund (oder umgekehrt). Die Aufmerksamkeit der Zuschauer folgt in der Regel der Schärfenverlagerung.

Schauwerte → Produktionswerte

Anhang ▌ Glossar

Schleife 1. *(Cartridge, »Cart«)* Endlostonband. 2. *(Loop)* An den Enden zusammengeklebter kurzer Filmstreifen, der bei der Synchronisation verwendet wird (deswegen heißt Nachsynchronisieren auf Amerikanisch »looping«).

Schneiden 1. *(Editing)* Allgemein: das Wechseln von einer Einstellung zu einer anderen durch Zusammenkleben von Filmmaterial, durch elektronisches Aneinander- oder Ineinanderkopieren von MAZ-Material oder durch Umschalten von einer Bildquelle auf eine andere mittels Bildmischpult. 2. *(Cut)* Das Hineinnehmen einer Einstellung in einen Film, eine Live-Sendung oder eine Aufzeichnung. 3. *(Cut)* Das direkte Aneinandersetzen (hart schneiden) von unterschiedlichen Einstellungen. 4. *(Cut)* Das Herausnehmen von Bildmaterial aus dem Original-Drehmaterial.

Schnitt *(Editing, Cut)* Zusammenstellung von Film- und Tonmaterial (auch von MAZ-Material) nach technischen und künstlerischen Gesichtspunkten – um die dramatische Wirkung zu erhöhen oder um das Material einer vorgegebenen Laufzeit anzupassen – zu einem fertigen Werk.

Schnitt! *(Cut!)* 1. Kommando des Filmregisseurs, mit dem das Ende der Aufnahme einer Einstellung angezeigt wird. 2. Kommando des Fernsehregisseurs für den harten Wechsel von einer Kamera auf eine andere.

Schriftgenerator (SG) Computer, der Buchstaben, Zahlen und Zeichen in unterschiedlichen Größen, Farben und Schriftarten erzeugt, die in ein Fernsehbild eingeblendet werden können.

Schuß über die Schulter *(Over-shoulder shot)* Kameraeinstellung, in der im Vordergrund Kopf und Schulter von Person A und im Hintergrund Person B frontal zu sehen ist.

Schwenk Kameraeinstellung, bei der die Basis der Kamera feststeht, während sich der Kopf des Stativs mit der Kamera entweder horizontal oder vertikal bewegt (oder eine kombinierte Bewegung ausführt).

Selektive Schärfe Begrenzung der Schärfe auf den Bereich, der dramaturgisch von größtem Interesse ist; die Aufmerksamkeit des Zuschauers richtet sich normalerweise auf die Bildobjekte, die gestochen scharf abgebildet sind.

Sequenz 1. *(Sequence)* Aufeinanderfolge von mehreren, inhaltlich zusammenhängenden Einstellungen. 2. *(Beat)* Kleinere dramatische Einheit innerhalb einer Szene, eine Szene in der Szene, deren Grenzen durch Wechsel in der Ausrichtung des Szeneninhalts bestimmt sind.

SG → Schriftgenerator

Sitcom *(Sit*uation *com*edy) Situationskomödie.

Skript Mittelding zwischen Ablauf und Drehbuch, stellt eine Abfolge von Ereignissen nicht nur formal, sondern auch inhaltlich dar. → Ablauf → Drehbuch

Slomo (für: *Slow motion*) Zeitlupe durch verlangsamtes Abspielen einer MAZ; wird oft bei Sportübertragungen eingesetzt.

Souveränität Fähigkeit von Darstellern, Akteuren, Moderatoren, locker zu agieren und das Gefühl zu vermitteln, alles, inklusive Publikum, unter Kontrolle zu haben.

Soziale Funktion Bildung eines Gemeinschaftsgefühls, das durch das Fernsehen und andere Formen der Unterhaltung vermittelt wird.

Spannung *(Suspense)* Wird üblicherweise mit Filmen in Verbindung gebracht, die Angst oder Anspannung erzeugen, ist aber tatsächlich eine Komponente jeder gut gebauten Spielhandlung; entsteht durch Beunruhigung oder Besorgnis im Hinblick auf den Ausgang einer Geschichte.

Spektakel Unterhaltungselement, das auf Zuschauer anziehend wirkt, besteht aus Klang, Bewegung und Farbe.

Anhang ▌ Glossar

Spezialeffekte *(Special effects)* Filmtricks, optische Tricks und Tricks, die auf dem Set ausgeführt werden, wie Rauch, Explosionen, Gewehrkugeln, die in ein Ziel treffen.

Stanzen *(Chroma key, Keying)* Trickverfahren, bei dem eine Hintergrundfarbe (in der Regel Blau) durch ein Bild aus einer anderen Bildquelle (MAZ, Kamera) ersetzt wird.

Starfilter Optischer Filter, der Lichtquellen oder Reflexe mit sternförmigen Strahlen versieht und dadurch einen gefälligen Glitzereffekt erzielt.

Startband *(Leader)* Vorlauf vor dem ersten Bild eines Films und am Anfang einer jeden Filmrolle (Akt), ist häufig mit Sekundenzahlen versehen, kann aber auch aus Klarfilm oder Schwarzfilm bestehen. Der Vorlauf für einen MAZ-Beitrag heißt Startvorspann.

Startvorspann Zahlen im Sekundenabstand vor dem ersten Bild auf einem Videoband, ein visueller Countdown, um genaue Anschlüsse zu ermöglichen. Der Vorlauf für Filmrollen heißt Startband.

Stichwortgeber Figur, die in einem Dialog nur belanglose Dinge sagt, die lediglich dazu dienen, einer anderen Person Reaktionen zu ermöglichen; zum Beispiel: »Und was geschah dann?«

Stil Charakteristische Art und Weise, wie ein Regisseur ein Thema behandelt und in Bilder umsetzt; erkenntlich unter anderem daran, wie er mit der Kamera und mit den Schauspielern arbeitet, wie er die Drehbuchvorgaben interpretiert und wie er die Musik einsetzt.

Storyboard Abfolge von Bildern oder Skizzen, in denen die wichtigsten .dramatischen Momente einer Szene, eines Drehbuchs oder eines Werbespots dargestellt sind; häufig wird der dazugehörige Text oder Dialog unter die Skizzen geschrieben.

Studio Raum, Gebäude oder Gebäudegruppe, die zur Herstellung eines Films oder einer Fernsehsendung dienen.

Subjektive (Einstellung) *(Point of view [Pov] shot)* Kameraeinstellung, die die Perspektive einer Figur darstellt: der Zuschauer sieht die Welt mit den Augen dieser Figur.

Subjektive Kamera Bedeutet, daß die Kamera, anstatt objektiver Beobachter zu sein, zur Teilnehmerin, zur Beteiligten geworden ist. Die Subjektive (Einstellung) ist dafür ein Beispiel, sie deutet durch eine ganz allgemein subjektive Behandlung (Lichtführung, Musik, Optiken) die Stimmung und die Emotionen einer Figur an.

Szenenbildner *(Art director)* Person, die das Bühnen- oder Szenenbild entwirft und das für die visuelle Gestaltung verwendete Produktionsmaterial koordiniert.

Take Durchgehend aufgenommenes Stück Film oder MAZ; beim Film in der Regel identisch mit Einstellung oder Szene, bei der Fernsehaufzeichnung mit mehreren Kameras ein längerer, fertig geschnittener Abschnitt.

Technischer Leiter Person, die für die technische Einrichtung eines Studios oder eines Ü-Wagens sowie für den technischen Ablauf einer Sendung verantwortlich ist (übernimmt in den USA meist auch die Funktion des Bildmischers, in Deutschland nur in seltenen Ausnahmefällen).

Teleobjektiv *(Long lens)* Objektiv mit langer Brennweite, besitzt teleskopische Eigenschaften, holt entfernte Objekte nah heran, verflacht den Raum und verringert die Distanz, reduziert die Geschwindigkeit der Bildobjekte, die sich auf die Kamera zu oder von ihr weg bewegen.

TelePrompter Markenname für ein → Autocue-Gerät, wird synonym für Autocue verwendet.

Totale *(Long shot)* Kameraeinstellung, die ein Geschehen aus größerer Entfernung aufnimmt, um eine weiträumige Orientierung zu ermöglichen.

Trickblende *(Wipe)* Trick zum Übergang von einer Einstellung zur nächsten, bei dem ein Bild sich in ein anderes Bild hineinschiebt und es nach und nach ersetzt; kann horizontal, vertikal, diagonal oder auf eine beliebige andere Art erfolgen.

Trocken Proben ohne Kamera; oft ohne Szenen- oder Bühnenbild und Requisiten, in einem Probenraum.

U-matic Videorecorder-System für 3/4-Zoll-Bänder.

Überblendung *(Dissolve)* Optischer Übergang zwischen zwei Szenen oder Einstellungen, bei dem es zu einem Verwischen oder Überlappen von Bildern kommt, wobei eines mit dem anderen »verschmilzt«.

Ungleichgewicht Als unangenehm empfundener unausgewogener Zustand in einer Bildkomposition oder einer Handlung, der als Bruch mit der Normalität empfunden wird.

Unruhig Bezeichnung für visuell Verwirrendes oder sehr Buntes; oft handelt es sich dabei um einen Hintergrund, der ein sehr kompliziertes Muster aufweist.

Untersicht *(Low angle shot)* Kameraeinstellung, die von einer tiefergestellten Kamera aus zu einer Person hinaufschaut und sie dadurch stark und dominant erscheinen läßt.

Vertikale Linie Erzeugt ein Gefühl von Kraft und Energie in einer Bildkomposition und weckt spirituelle Assoziationen.

Vertikaler Schwenk *(Tilt)* Kameraeinstellung, die dadurch entsteht, daß die Kamera sich vertikal um eine horizontale Achse (Stativkopf) dreht, während ihre Basis feststeht.

Video Bildanteil bei der Übertragung, Aufzeichnung oder Wiedergabe einer Fernsehproduktion.

Videoband Magnetband, auf dem Bild- und Tonsignale elektronisch gespeichert werden.

Video-Clip Visuell gestalteter Musiktitel, bei dem der Text, die Stimmung oder die von der Musik übermittelten Emotionen in Bilder umgesetzt werden, oft bizarr und in höchstem Maß phantasievoll in ihrer Bildsymbolik.

Videorecorder Gerät, das Audio-, Video- und Kontrollsignale auf einem Videoband aufzeichnet und von ihm abspielt.

Vierdraht(-Leitung) Kommandoleitung, die eine Kommunikation zwischen zwei Studios oder zwischen Studio und Ü-Wagen ermöglicht.

Vogelperspektive Kameraeinstellung von einer senkrecht über den Schauspielern oder dem Set angebrachten Kamera, die eine abgehobene, »gottähnliche« Perspektive bietet; wird manchmal für Tanznummern benutzt, um die von den Tänzern erzeugten choreographischen Muster stärker herauszustellen.

Voice-Over Kommentarton im Off, der über einen O-Ton gelegt wird; Beispiel: die Übersetzung bei einem fremdsprachigen Interview.

Vorausfahrt Kameraeinstellung, bei der die Kamera vor einem auf sie zukommenden Bildobjekt zurückweicht.

Vorgabe Die dem Schauspieler vom Regisseur vorgeschlagene emotionale Grundhaltung oder geistige Verfassung, mit der eine Szene gespielt werden soll.

Vorschaumonitor *(Preview monitor)* Bildschirm (Monitor) in der Fernsehregie, auf dem der Bildmischer für den Regisseur das nächste Bild zur Beurteilung vorlegt.

Vorwarnung Vorbereitendes Kommando eines Regisseurs, mit dem er Mitglieder seines Teams auf eine bevorstehende Ausführungsanweisung hinweist, zum Beispiel: »Achtung (Kamera) eins« oder »Vorwarnung für Bild- und Tonabblende«.

Weitwinkelobjektiv *(Short lens, Wide angle lens)* Objektiv mit kurzer Brennweite und großem Blickwinkel. Je größer der Blickwinkel (je kürzer die Brennweite), um so mehr Verzerrung

Anhang ▌ Glossar

erzeugt diese Optik, indem sie Objekte im Vordergrund vergrößert und Objekte im Hintergrund verkleinert.

Zeitlupe *(Slow motion)* Verfahren zur Verlangsamung einer Aktion, durch das der Bewegungsablauf in mehr Einzelbilder zerlegt wird und genauer betrachtet werden kann; wird in einer Spielhandlung normalerweise zur dramaturgischen Gewichtung eingesetzt.

Zeitverdichtung *(Timing cut)* Schnitte, mit denen langweiliges oder überflüssiges Material gekürzt oder ganz eliminiert wird, entweder durch einen kurzen Zwischenschnitt oder durch einen Sprung in die folgende Aktion.

Zoom-Aufnahme *(Zoom shot)* Veränderung des Blickwinkels, schnell oder langsam, von einer weiten Kameraeinstellung zu einer engen oder umgekehrt; wird durch eine fließende Veränderung der Brennweite in einem Zoomobjektiv (»Gummilinse«) erreicht.

Zweiereinstellung *(Two-shot)* Kameraeinstellung, in der zwei Akteure zu sehen sind.

Zwischenschnitt *(Cutaway)* Das Schneiden auf eine Person oder ein Geschehen, das gerade nicht im Mittelpunkt des Interesses steht, zum Beispiel auf einen Beobachter; dient dem Cutter manchmal dazu, überflüssiges Bildmaterial aus der Haupteinstellung zu eliminieren.

Weiterführende Literatur

Appeldorn, Werner van. *Handbuch der Film- und Fernseh-Produktion.* München: TR-Verlagsunion, 1984

Arnheim, Rudolf. *Anschauliches Denken.* Köln: DuMont Schauberg, 1972

Arnheim, Rudolf. *Kunst und Sehen.* Berlin: Walter de Gruyter, 1965

Beier, Lars O.; Midding, Gerhard. *Teamwork in der Traumfabrik.* Berlin: Henschel, 1993

Berger, John. *Sehen. Das Bild der Welt in der Bilderwelt.* Reinbek: Rowohlt, 1974

Čechov, Michail A. *Die Kunst des Schauspielers.* Stuttgart: Urachhaus 1990

Cheshire, David. *Filmen.* Stuttgart, 1979

Dickreiter, Michael. *Handbuch der Tonstudiotechnik.* München: Saur, 5. Aufl. 1987

Feininger, Andreas. *Die neue Foto-Lehre.* München: Droemer Knaur, 1970

Field, Syd. *Das Handbuch zum Drehbuch. Übungen und Anleitungen zu einem guten Drehbuch.* Frankfurt am Main: Zweitausendeins, 1991

Fischer, Robert (Hrsg.). *Monsieur Truffaut, wie haben Sie das gemacht?* Köln: VGS Verlagsgesellschaft, 1991

Frese, Frank. *Filmtricks und Trickfilme.* Düsseldorf: Knapp, 1987

Highsmith, Patricia. *Suspense oder Wie man einen Thriller schreibt.* Zürich: Diogenes, 1985

Jenisch, Jakob. *Der Darsteller und das Darstellen.* Berlin: Henschel. 1996

Kandorfer, Pierre. *DuMont's Lehrbuch der Filmgestaltung.* Köln: DuMont, 1984

Keller, Max. *DuMont's Handbuch Bühnenbeleuchtung.* Köln: DuMont, 1985

Kließ, Franciska. *Produktion von Fernsehserien.* Dargestellt am Beispiel einer Kriminalfilmserie. Mainz: ZDF, 1992

Lessing, Gotthold Ephraim. *Hamburgische Dramaturgie.* Stuttgart: Reclam, 1981

Mehnert, Hilmar. *Das Bild in Film und Fernsehen.* Leipzig: Fotokinoverlag, 1986

Mikunda, Christian. *Kino spüren. Strategien der emotionalen Filmgestaltung.* München: Filmland-Presse, 1986

Monaco, James. *Film verstehen.* Reinbek: Rowohlt, 1995

Müller, Gottfried. *Dramaturgie des Theaters, des Hörspiels und des Films.* Würzburg: Triltsch, 7. Aufl. 1962

Ribbeck, Dietrich von. *Filmproduktion verstehen.* München: TR-Verlagsunion, 1990

Schaper, Michael. *Wir handeln mit Träumen.* Frankfurt: Fischer, 1988

Schneider, Norbert Jürgen. *Handbuch für Filmmusik. 2 Bände.* Konstanz: UVK Medien-Verlagsges., 1989, 1990

Seydel, Renate (Hrsg.). *Aller Anfang ist schwer...* Berlin: Henschel, 1988

St. John Marner, Terence. *Filmdesign.* Hanau: Gottlieb, 1980

St. John Marner, Terence. *Filmregie.* Hanau: Gottlieb, (1978)

Stanislawski, Konstantin Sergejewitsch. *Die Arbeit des Schauspielers an der Rolle.* Frankfurt: Zweitausendeins 1996

Strasberg, Lee. *Ein Traum von Leidenschaft.* München: Schirmer/Mosel, 1988

Truffaut, François. *Mr. Hitchcock, wie haben Sie das gemacht?* München: Heyne, 18. Aufl. 1995

Vale, Eugen. *Die Technik des Drehbuchschreibens für Film und Fernsehen.* München: TR-Verlagsunion, 1987

Register

Abendmahl (Gemälde von Leonardo da Vinci) 89

Ablauf(plan) 15, 286 ff., 318, 361 f., 370, 375
  – Musiksendungen 415 f.
  – Nachrichtensendungen 348, 355, 356 (Aufmacher, Sendefolge), 357 (ZDF-Spätnachrichten *heute Nacht*), 358, 364, 368 ff. (ZDF-Nachrichten *heute Journal*)
  → Lage

Ablaufregisseur
  → Regisseur

»Abschießen«
  → Kameraführung, gegenseitiges Abschießen

Abspann 369, 371

Achssprung 223 f., 227 (relative Positionen der Schauspieler), 310, 311 (beim Interview), 312

Actors Studio, New York 182

ADR (Automated Dialog Replacement) 10

Ästhetik 30, 40

Agent 22

Agentur
  → Nachrichtenagentur
  → Werbeagentur

Akteure (Darsteller/Schauspieler) 11, 20, 22 f., 37 f., 57, 63, 64 (Souveränität), 65, 99, 137 (Rolle, Charakter), 153 (Zuhören, Wahrnehmung), 158, 197 (Instinkt), 382 (Werbefilm)
  – Auftritt/Abgang 142, 176, 221, 341 (Modenschau), 343
  – Blickkontakt mit dem Zuschauer 73 f.
  – der Kamera/dem Zuschauer zugewandt 174 f., 216, 219 ff., 239 (Gewichtung)
  – Energie/Ausstrahlung 152 f., 155, 303 (Wahl der Interviewpartner)
  – Zusammenarbeit mit dem Team 138, 149, 151 f.
  → Model

Aktivitäten/Aktionen 54, 56 (Rauchen, Trinken), 99, 101, 161, 164, 166, 168 f., 176 (in Richtung Kamera), 177

(Gewichtung), 190 (Festlegung vor Kameraeinrichtung), 194 (Logik), 200, 226, 399 (Aufnahme im Rücklauf)
  – zeitlich dehnen 243 f.

Akustik 388, 424

Alien – Das unheimliche Wesen aus einer anderen Welt (Film) 45, 278

Allen, Woody 128

Alltagssprache 126
  → Sprache

Allyn, John XIV

Ambiente (Werbung) 379 f., 401

American Graffiti (Film von G. Lucas) 36

American Zoetrope, Los Angeles 371

Amerikanische, die (Kameraeinstellung) 15, 300

Amerikanische Nacht (Day-for-Night Photography) 45

Amityville Horror (Film) 45

Amphore (rhythmische Darstellung) 91

Angst 42, 47 f., 53, 59, 269 ff., 273 ff., 281, 283
  – Angst und Schrecken (Zuschauerreaktion) 267 f., 271, 280
  – Wurzeln/Ursprung 267 f.

Ansager 316

Anspannung 272, 279–282

Anspielung 169

Antagonist 53, 66, 113, 134, 141, 283
  – Schrecklichkeit 275, 278 f., 282
  → Schurke

Anteilnahme des Publikums 4, 26 ff., 36, 62, 67, 112 (für den Schurken), 112 und 135 (Sympathie, Empathie, Antipathie)
  – Zuschauer-Darsteller-Beziehung 61, 111 f.

Anthropomorphismus 61

Antipathie 112, 135
  → Zuschauerreaktionen

Anziehung im Bildrahmen
  → Bild

Apocalypse Now (Film von F. F. Coppola) 36

Appia, Adolphe 5

Arbeitgeber (Gesprächsrunde) 305

ARD 304

Aristoteles 109

Arrangieren einer Szene (Stellen/Einrichten/Festlegen) 160, 162, 173, 181, 190 (Kameraeinrichtung nach den durchgestellten Szenen), 192 (Vorbereitung), 194, 200, 219 f., 226, 295 (Interview), 387 (Werbefilm)

Arrangieren eines Bildes
→ Bildkomposition

Art of Dramatic Writing (Schrift von L. Egri) 139

Art-Director 382, 387 (Werbefilm), 389
→ Bühnen-/Szenenbildner

Art-Festival, Laguna Beach 328

»As Time Goes By« (Lied in *Casablanca*) 54, 427

Aschenputtel 67 f., 113 f.

Asher, Tony XIV, 382 f., 385 f., 399 f.

Asphalt-Cowboy (Film) 91 f., 249

Assoziation 256 (Handkamera)

Atmosphäre
→ Stimmung

Attraktion, sinnliche/emotionale 42, 47, 48 (Konflikt), 49, 65, 69

AÜ (Außenübertragung)
→ Außendreh

Auf der Flucht (TV-Serie von B. Graham) 163

Auflösung (des Handlungsknotens/Problems) 120, 124

Auflösungsvermögen 107

Aufmacher 356

Aufnahmeleiter 12, 17, 35 (Karriere), 106, 366, 424

Aufrichtiger Gesprächspartner
→ Interviewer

Aufruhr, emotionaler
→ Bewegung (Motivation)

Aufsicht (Kameraposition) 251, 252 (Vogelperspektive), 301 (Orientierung), 321, 337 (Kochsendung)

Aufzeichnung (TV) 12 f., 37, 154, 286
– Nachrichten 351, 353

Ausbeutung 392

Ausführungsanweisungen
→ Regiekommandos

Ausgewogenheit 43 f., 52, 69 ff., 74 (Herstellung), 79, 82 (Unausgewogenheit), 103, 234, 235 (Kameraführung)
→ Bildkomposition
→ Komplementäreinstellung

Ausleuchten 106, 212, 226, 332 (plastisches), 340
→ Einleuchten

Außendreh/Außenübertragung (AÜ) 20 f., 24, 37, 193, 286, 348, 353 f., 359, 366

Ausstatter 9, 144, 226

Ausstrahlung (der Akteure) 63 f., 67, 341 (Models)
– Energie 152 f., 155

Autocue 358

Automated Dialog Replacement (ADR) 10

Autor 20, 22 f., 28, 35 (Karriere), 37, 51, 109, 114–117, 122, 124 (Dialoge texten), 125 f., 128, 130, 135, 137 (Entwicklung der Charaktere), 141, 173, 193, 418 (Skript für Musiksendung), 433

Autoritätsperson
→ Regisseur als Autorität

Ballett 410

Barker, David XIV

Barr, Tony 152, 164 ff.

Beatles 256

Beauty Shot 396

Begräbnisszene (Stimmung) 254

Beklemmung 281, 283

Berger, John 379

Bergman, Ingrid 272 f.

Berichterstattung 17 (aktuelle), 347, 360
→ EB

Berkeley, Busby 252

Berkeley, George 44

Bertolucci, Bernardo 141

Besetzung (der Rollen) 20 ff., 37, 124, 149 (Rolle gegen den Typ besetzen)
– Werbefilm 386, 402
→ Casting

Besorgnis (Zuschauerreaktion) 272, 277 ff., 280 (Spannungsvoraussetzung), 281 f.

Betamax-Kamera 17

Beunruhigung 281 f.

Bewegung (Motivation) 119, 174, 190, 200
– Distanzierung 171, 190, 200 ff.
– Einbeziehung 171, 190, 200, 202
– emotionaler Aufruhr 172, 200 f.
– ungerichtete 172, 201
→ Positionen, Gänge, Bewegungen

Big Boy, jetzt wirst du ein Mann (Film von F. F. Coppola) 36

Bild 27, 39 (Licht-, Schattenbilder), 41, 43, 69, 82–85, 90, 92 (Bild und

Abbild/Spiegelbild), 94, 96 f., 125, 135, 316 (eingefrorenes, Freeze), 353 (Standbild), 354 (Satellitenbilder), 409 (Überblendung, Durchblende), 414 (Negativbild), 420, 427 (Filmmusik)
– Hauptblickpunkt/magnetische Anziehung 70 ff., 77 ff., 95, 102
– klaustrophobisches 270, 283
– Komposition/Arrangement 8, 69–91, 93, 98, 102 (Regeln), 106 f. (Qualität), 220 (Kameraführung), 249, 250 (Techniken)
– Rahmen/Rand/Zentrum 70–78, 80, 83, 86 f., 89, 95, 102 f.
– Regie 366, 375
– Seh-, Lesegewohnheit 96 ff., 294
→ Großaufnahme
→ Zweier-, Dreiereinstellung
Bildberichterstattung 347
→ EB
Bildersprache 421
Bildhauerei 29
Bildkader 71
Bildmischer (Bimi) 37, 289 (Regie-kommandos), 311, 348, 351, 358, 366, 373, 376
Bildmischpult
→ Mischpult
Bildschirm
→ Fernsehen
Bildspeicher (Framestore) 351, 353, 363
Bildteilung (Split Screen) 209, 420
Bildüberhang (BÜ) 367
Bimi
→ Bildmischer
Bishop, A. Thornton 77
Blende
→ Objektive
Blickrichtung/-linie 87–90, 92 f., 102, 250
– beim Interview 309 f.
– der Schauspieler 174, 229, 259 (horizontaler/vertikaler Schwenk)
→ Hauptblickpunkt
Blütentag (Gemälde von D. Rivera) 92 ff.
Blutgericht in Texas (Film) 58
Bocksgesang 39
Bonnie und Clyde (Film) 241 f.
Boruszkowski, Lilly Ann XIV
Boston Pops Orchestra 412
Botschaft (des Films, Werbespots, Bilds) 4, 28, 36, 69, 99, 103, 138, 328 f., 340, 408 (Musiksendung), 416 f.
→ Thema

Boxen 48
Brady, Stephany XIV
Brooks, Mel 128
Brustbild (Kameraeinstellung) 300
Budget/ Etat (einer Filmproduktion) 24, 37, 212 f., 342 (Modenschau)
– Werbefilm 380, 383, 392, 402
BÜ
→ Bildüberhang
Bühnen-/Szenenbildner (Art-Director) 9, 21, 263, 315
Bühnentechnik 174
Burrows, Tom XIV

California State University XIV, 36 (Long Beach), 287 (Northridge)
Carné, Marcel 208
Carson, Johnny 64, 296, 298
Casablanca (Film) 54, 427, 430 (Film-musik)
Casting (Rollenbesetzung) 8, 55, 144 (Schauspielerauswahl), 149 (Rolle gegen den Typ besetzen)386 (Werbefilm)
→ Besetzung
Cavett, Dick 293
CBS 152, 164
Chamberlin, Carol XIV
Chaplin, Charlie 35, 56, 101, 177, 343
Charaktere (Figuren) 109, 112, 123, 125, 147 (Nebenfiguren), 159, 172, 181
– äußere Erscheinung 143 f., 158
– Entwicklung/Zeichnung 137, 138f. (Hintergrundgeschichte), 142 f., 145 (Eigenheiten, Manierismen, Ticks), 146 (Gewohnheiten), 148 (Masken), 154
– gegensätzliche Charaktere 123 f., 135
→ Rolle
Charme 63, 67
Chase, Chevy 245
Cheerleadergirl 51
Chinatown (Film von R. Towne) 142
Chomsky, Marvin 35
Christie, Julie 86
Christus und die Frauen von Kanaan (Gemälde von R. Marconi) 90
Cinderella 67
Cinéma-Vérité 115
Citizen Kane (Film von O. Welles) 27, 175, 247 (Schärfentiefe)
Clio (Werbefilmpreis) 385
Close, Glenn 141, 243
Close-up
→ Großaufnahme

Anhang ▌ Register

Cody, Diane J. XIV
Comedy-Show 106, 313 (Interview)
Comic 114
Como, Perry (Special) 423 f.
Computergraphik 46, 347
Conférencier 341, 343, 345
Coppola, Francis Ford 36, 371
Cotten, Joseph 272
Country-Music 414
Coverage/Covern 210 f.
Craig, Sandra XIV
Crosby, John 377
Cutter 26, 35 (Karriere), 37 f., 212, 241
    (Gewichtung durch Schnitt), 242
    (Zeitdehnung durch Schnitt), 245, 274
    (Rhythmus der Schnittechnik), 355
    (Nachrichtensendung), 361, 364 (Start-
    vorspann), 375, 382, 402, 426 (Ton-
    cutter)
CvD (Chef vom Dienst) 348, 353, 355,
    358, 366 f.

Dämonen 42, 283
Darsteller
    → Akteure
Das Innere einer Kirche bei Nacht (Gemälde
    von A. de Lorme, L. de Jongh) 89
Das Kabinett des Dr. Caligari (Film) 254
Das Messer (Film) 243, 429 (Filmmusik)
Das Omen (Film) 278
Day-for-Night Photography
    → Amerikanische Nacht
Dehnen
    → Schnitt
    → Zeit
Denken in Bildern
    → visuelles Denken
DePalma, Brian 36
Der Apostel St. Andreas (Gemälde von El
    Greco) 75
Der Dialog (Film von F. F. Coppola) 36
Der dritte Mann (Film von O. Welles) 179,
    428 (Filmmusik)
Der Einwanderer (Film von Ch. Chaplin) 56
Der Exorzist (Film) 278, 283
Der Fremde im Zug (Film von A. Hitchcock)
    282
Der große Gott Brown (Schrift von
    E. O'Neill) 148
Der letzte Kaiser (Film von B. Bertolucci)
    141
Der Pate I und *II* (Filme von F. F. Coppola)
    36

Der Reigen (Film von M. Ophüls) 258
Der Überfall auf die Virginia Post (Stumm-
    film) 168
Der unsichtbare Dritte (Film von A. Hitch-
    cock) 118
Der weiße Hai (Film von St. Spielberg) 36,
    113, 269, 274 (Schnittechnik), 277,
    279 (Glaubhaftigkeit), 283, 429 (Film-
    musik)
Detailaufnahme (Kameraeinstellung)
    300, 411 (Musiker, Instrumente)
Deus ex machina 118
Diagonale
    → Linien
Dialekt 127
    → Sprache
Dialoge 31, 33, 50, 54 (Wiederholungen),
    69, 101 f., 116, 124, 125 (gelungene),
    131 (Monolog), 132 (Texten), 134
    (Spontaneität), 135, 145 (Charakter-
    eigenschaft), 163 (Glaubwürdigkeit),
    164 (Subtexte), 166, 194, 200, 276,
    388 (Nachsynchronisieren)
    – mißlungene 128 ff.
    – Ökonomie 125, 131 f.
    – Schlichtheit 126 f.
Dichtung 92
Die Dämonischen (Film) 278
Die Dame im See (Film) 253
Die Drachen von Eden (Schrift von
    C. Sagan) 47
Die Flucht ins Ungewisse (Film von
    S. Lumet) 150
Die Reifeprüfung (Film von M. Nichols)
    261
Die Straßen von San Francisco (TV-Serie von
    W. Grauman) 196
Die wundervollen Ambersons (Film von
    O. Welles) 247
Diffusionsfilter 262
digitaler Video-Effekt (Fenster) 351 (Voll-
    bild), 408
Dionysos 39
Directing: The Television Commercial (Schrift
    von B. Gradus) 390
Directors Guild of America (Verband
    amerikanischer Regisseure) 26, 32
Diskussionssendungen 304 (Plazierung,
    Sitzordnung), 305–312
    → Interview
Disney, Walt 61
Disziplin (bei Dreharbeiten) 11, 37
    → Regisseur als Autorität

Doktor Schiwago (Film) 86, 429 (Film-
  musik)
Dominanz (in der Bildkomposition) 70 f.,
  81 f., 95, 102
Dominanz einer Figur 180, 300
  – durch Untersicht 252 f., 257
Double 199 (Lichtdouble), 241 (Stunt-
  double), 398 (Lebensmitteldouble)
Doublette 385
Douglas, Michael 141
Drama 62, 109 f., 112, 120 (klassischer
  Aufbau)
Dramatik/Dramaturgie 53 f., 56, 61
  (Beziehung der Zuschauer zum
  Darsteller), 109 (Aristoteles), 111 f.,
  114 ff., 118 (Zufall), 119 (Ziel/
  Bewegung), 120 (Konflikt), 123,
  135, 162, 242 (Zeitdehnung),
  303 (Reaktionen der Akteure), 345
Dramatisierung von Musik
  → Musik
Drehbuch 7 f., 19 (Lesen), 20 (Auszüge),
  22, 101, 103, 108 f., 112, 115, 118 f.,
  124, 126 (Dialoge), 127, 134 (Check-
  liste), 135, 137, 142, 158, 162, 173,
  195, 274
  – Überarbeitung/Änderung 20 (Szenen
  »ausziehen«), 22 (Kopien), 55, 113,
  124 f., 133, 138 (Analyse), 149 (Lese-
  proben mit dem Ensemble), 193 f., 196,
  279 (*Der weiße Hai*)
  – Werbefilm 381, 384, 387
Drehbuchautor
  → Autor
Drehbuchschreiben (Seminare) 30, 33,
  98, 109, 134 (Checkliste)
Drehort 21, 24, 37, 389 (Werbefilm)
  → Außendreh
  → Originalschauplatz
  → Studio(dreh)
Drehplan 20 f., 24, 25 (Drehschluß),
  154 (Reihenfolge der Szenen),
  155 (Handlungsfolge)
  → Ablaufplan
Dreiereinstellung 227 ff., 238, 300
  – beim Interview 307 f.
  → Gruppeneinstellung
Drolling, Martin 87
Duell (Fernsehfilm von St. Spielberg)
  36
Durchblende 409, 412
  → Überblendung

EB-Einheit (elektronische bzw. externe
  Berichterstattung) 10, 17, 37, 353,
  374, 394
  → Berichterstattung
EB-Kamera 12, 14, 17 (Team)
EBU (European Broadcast Union), Genf
  350
Eckstein, George XIV
Effektschiene 320
EFP (Electronic Field Production) 16
  (Vor-/Nachteile), 17 (Qualität)
Egri, Lajos 131, 139
Einblenden (Matting) 15
Eine amerikanische Familie (TV-Serie von
  C. Gilbert) 116
Eine verhängnisvolle Affäre (Film) 141
Einleuchten 107, 199, 212, 217, 315
  → Ausleuchten
Einrichten/Arrangieren
  → Kameraeinrichtung
  → Szenen einrichten
Einsamkeit 40, 59
Einschaltquoten 45, 116, 339 (Koch-
  sendung)
Einstellungsliste 14
Einzeleinstellung
  – beim Interview 302, 307
  → Vereinzelung
Einzelkamera
  → Kameraarbeit
Eisenstein, Sergej M. 6, 39, 101, 219,
  240, 241 (Dehnung der Filmzeit),
  327
El Greco 75
Electronic Field Production (EFP) 16 f.
elektronische Berichterstattung
  → EB
Emotionen 62, 64, 112, 145 (Charakter-
  eigenschaft), 154, 167, 169, 178
  (Gewichtung, Progression), 200, 208
  (Kameraführung), 404 (Musik), 433
  – Darstellung 163, 166, 170, 200
Empathie 112, 135, 237 (Großauf-
  nahme), 277
  → Anteilnahme
Empfänger (Kommunikationstheorie) 40,
  66, 328 f.
Empfinden, ästhetisches 40
English, Jack 244
Ensemble-Lesen
  → Probe (Leseprobe)
Entertainment Tonight (TV-Sendung) 349,
  352, 355, 367, 373

Anhang ▌ Register

Enthüllung, hinausgezögerte 272 f., 283
→ Spannung
Entsetzen 281
Erleben, emotionales 40
Eröffnungseinstellung (Establishing Shot) 258 f.
→ Haupteinstellung
Erotik 52, 66, 345, 421
Erster Schnitt
→ Regisseur
→ Schnitt
Erstkopie
→ Nullkopie
Erzählen in Bildern 101
E. T. – Der Außerirdische (Film von St. Spielberg) 36, 113
Euklid 94
European Broadcast Union (EBU), Genf 350
Eurovision 350
Exposition 130, 132, 136
externe Berichterstattung
→ EB
Eysenck, H. J. 59

Face the Nation (TV-Interviewsendung) 304
Fantasy-Film 121
Farbe 263, 420
Farbkorrekturfilter 263
Faszination 42, 57 f., 66
Fauvell, James XIV
Federal Trade Commission 398
Felix und Oskar (TV-Serie von N. Simon) 124
Fenster (digitaler Video-Effekt) 351 (Vollbild), 408
Fernsehen 37 f., 40 (Unterhaltungsangebote), 44, 52, 125, 175 (Vergleich mit Film)
– Bildschirmformat 70 f., 82, 102 f., 107, 295 (Interview), 320, 351
– Geschichte 7, 44
Field, Verna 274
Fiktion 60, 109 (fiktive Welt), 115 (reale Welt)
Film 6 (Einführung des Tons), 10 (Farbwerte), 115 (Cinéma-Vérité), 125, 175 (Vergleich mit Fernsehen), 281 (Bandbreite der Zuschauerreaktionen)
– Fernsehfilm 18, 26 (Erfolg), 45
– Filmgeschichte 6, 39
– Kinofilm 18, 26 (Erfolg), 37

Film Actors Workshop 152
Filmausgang/-ende 55
→ Schlußeinstellung
Filmdesigner 263
Filmfestspiele von Venedig 383
Filmgesellschaften/-industrie 45, 52
Filmhochschulen 30, 33 (Yale Drama School), 36 (Filmfakultäten der California State University, Long Beach; University of California Los Angeles UCLA; University of Southern California), 38, 100 (Regiekurse), 101, 159, 164 (Werkstatt für Schauspieler, North Hollywood), 371 (San Francisco State University), 372 (Universität von Wisconsin), 383 (Northwestern University), 416
– Studenten 31 ff., 101, 372
Filmmusik
→ Musik
Filter 203 (Tonfilter), 261 (Glas-/Gelatinefilter), 262 (Diffusionsfilter), 263 (Farbkorrekturfilter), 265, 420
– Graufilter, neutrale 261 f.
– Nebelfilter 255, 262, 266, 380 (Werbung), 420
– Polarisationsfilter 261 ff.
– Starfilter 262, 420
Flashlight 47
Fleischer, Richard (Dick) XIV, 33, 145
Fletch – Der Troublemaker (Film von M. Ritchie) 245
Flicka (TV-Serie) 244
Flirt 51
Floskel 130
→ Dialoge, mißlungene
Flucht (vor Alltagsproblemen) 40, 59 f., 65 ff.
→ Unterhaltungselemente
Folk 52
Fontanne, Lynn 137
Ford, John 98, 233
Format (einer Sendung) 49 f.
Fosse, Bob 241, 262
Frage-und-Antwort-Prinzip 302, 304
Fragen an ... (TV-Gesprächsrunde, ARD) 304
Framestore 353
→ Bildspeicher
Freeze 316
→ Bild
French Connection – Brennpunkt Brooklyn (Film von W. Friedkin) 254

Friedkin, William 3, 254
Friedman, Jim XIV
Friedrichs, Hanns-Joachim 293
Froschperspektive
→ Perspektive
Frühschoppen (Diskussionssendung, ARD) 304
Furcht 268 f., 271

Galerie 99
Gameshow 313 (Interview)
Gast (Interviewter) 293, 294 (Wünsche, Tabus), 295 f., 302, 304 (Politiker), 305 (Prominente), 313, 320
– Reaktionen 299, 303
Gaststar 21
Gedanken/Fertigkeiten darstellen 163, 166 f., 169 f., 200, 237 (Groß-aufnahme), 333, 335, 404
Gegenspieler 119
→ Antagonist
gekippte/gekanntete Kamera
→ Kameraeinstellung
Gema-Gebühren 315
Gemeinschaft, Bedürfnis nach 40, 60 f., 65, 67
gemogelte Subjektive
→ Subjektive
Geometrie 94
Gesang 416
Geschichte (eines Drehbuchs, Films)
→ Story
Geschmack
– des Publikums 45, 65
– des Regisseurs 4, 29 f., 52, 67
→ Publikum
→ Regisseur
geschürzter Knoten 114
Gesicht 148 (Maske)
Gespenster/Geister 42 (Poltergeist), 45, 274, 283
Gesprächsrunde
→ Interview
Geste 101, 106, 122, 145, 152, 171, 377, 378 (in der Werbung)
»gestorben« (abgedrehte Szene) 25
Gewaltdarstellung (im Film) 37, 44, 253
Gewerkschafter (Diskussionsrunde) 305
Gewichtung, dramaturgische 81, 82 (photographische), 102, 103 (visuelle), 174, 175 (Unterscheidung), 180 (Über-bewertung), 208, 209, 211 (Coverage),

215, 234, 236, 238, 248 (Schärfentiefe, selektive Schärfe), 249 (Linien), 320
– Akteure der Kamera zugewandt 176, 221
– durch Aktivität 177 (Text vor/nach Aktivität)
– durch Schnitt 175, 241
– Kamerabewegung 208, 234, 257, 264
Gilbert, Craig 115 f.
Glamour (Werbung) 379
Glas-/Gelatinefilter 261
Glaubwürdigkeit 163 (Dialog), 167 (Handlung), 192, 253 (bizarre Kamera-einstellung), 274
– Spannung 279, 283
Gleichgewicht/Ungleichgewicht (in der Bildkomposition) 53 f., 66, 73, 80, 255 (gekippte/gekanntete Kamera-einstellung)
– Angelpunkt/Hebelwirkung 80, 102
Glück 30, 38, 373
Goldener Schnitt 70, 93–96, 102
→ Bild, Hauptblickpunkt
Gottes vergessene Kinder (Film von R. Haines) 215, 219
Gottschalk, Thomas 296
Gould, Cliff 196
Gradus, Ben 390
Graham, Billy 163
Granger, Farley 282
Grant, Cary 118
Graphik/Graphiker 348, 351 f., 354 (Wetterkarte), 362 f., 376
→ Computergraphik
Graufilter 261 f.
Grauen, das 58, 67, 269
Grauman, Walter E. XIV, 32, 197, 252
Greco, El 75
Greenstreet, Sidney 112
Greystoke – Die Legende von Tarzan, Herr der Affen (Film) 54
Griffith, David Wark 6, 35, 37, 101, 179, 209, 244, 432
Großaufnahme (Close-up) 16, 73 (Kopf), 74 f., 157, 159, 199, 210 f., 214 (Szeneneröffnung), 218, 237 (Dar-stellung der Gedanken und Gefühle), 264, 295 und 307 (Interview), 411 (Musiker, Instrumente)
– Gewichtung 234 ff., 240, 331 (Präsentation von Produkten)

Anhang ▌ Register

– im Profil 78, 175, 240
– Musiksendung 412, 414
Gruppeneinstellung (Interview) 305, 307 f.

Hagmann, Stu 383
Haines, Randa 215
Halbtotale
→ Totale
Halo 262 (Lichreflexe)
Handbuch Filmmusik (Schrift von N. Jürgen) 427
Handkamera 256
→ Kameraausrüstung
Handley, Alan 416
Handlung 55 (Muster), 61, 146 (Unterlassung), 167 (Glaubwürdigkeit)
Harmonie 69 f.
Hauptblickpunkt/magnetische Anziehung 70 ff., 77 ff., 95, 102
Hauptdarsteller 24 f.
→ Akteure
Haupteinstellung (Master Angle/Master Shot)) 16, 25, 208, 210, 213 f., 215 (ohne zusätzliche Auflösung), 216 (Szenen mit mehreren Master), 217 (Kosten), 218 f., 264
– Eröffnung 213 f., 258 (Western, Kranfahrt), 259, 269
– Gegenschuß 222, 225
– Orientierung 213 f., 307 (beim Interview)
→ Coverage
Hauswirtschaftsexperte (Werbung) 397 f.
Hayden, Becky XIV
HDTV (High Definition Television) 107
Hebelwirkung
→ Bildkomposition
Held 53, 61, 113, 135, 275, 282 (Verletzlichkeit)
→ Protagonist
Henning, Albin 69
Henrys Liebesleben (Film von R. Hill) 242
Hepburn, Audrey 277
heute Journal (ZDF-Nachrichten) 368
heute Nacht (ZDF-Spätnachrichten) 357
Hexen 42
HI-Licht 399
High Definition Television (HDT) 107
Hill, George Roy 242
Hindernis, dramaturgisches 114, 123
Hinter dem Rampenlicht (Film von B. Fosse) 241, 262 (Nebelfilter)

Hintergrundgeschichte (eines Charakters) 138 ff., 158 f.
Hinterherfahrt
→ Kameraführung
Hinterlicht
→ Licht
Hitchcock, Alfred 6, 60, 113, 118, 219, 267, 272 f., 278, 280
– Regietechniken 272–275, 280 (Spannungserzeugung)
Hörspiel 132 (Dialogtexte)
Hoffman, Dustin 250, 261
Hollywood 65
Honeyshot 51
Hooper, Tobe 241
Horowitz, Vladimir 423
Horrorfilm 42, 45, 58
Humor
→ Komik
Hurt, William 215

Identifikation 41, 49, 51, 61 f., 67, 112, 237, 243, 313, 359, 427
Identität 62, 331, 333
Illusion 42, 60, 74 (vierte Wand), 115, 124, 128, 135, 191 (auffällige Kameraeinstellungen), 260 (Verzerrung/Verzeichnung), 266, 342 (Unterwasser-Illusion), 415 (große Tiefe)
– Illusion von Realität 169, 279, 334
Indiana Jones (Filmreihe von G. Lucas) 36, 45
INDX (Independent Exchange) 350, 355, 374
Information 40 f., 57, 60, 65 f., 130 (Drehbuch), 136, 304 (Diskussionssendungen)
→ Publikum, Information zur Orientierung
Innenarchitektur 334
Innovation 55
Insert 352
Inspiration 108
Inszenieren/in Szene setzen 13, 19 (ökonomische Aspekte), 31, 34, 38, 56 (Muster), 115, 125, 135, 160 f., 162 (Richtlinien), 171, 181, 190, 195, 196 (Probleme), 213, 219, 221 (typisches Inszenierungsbeispiel), 282, 313 (Interview), 381 (Werbefilm)
– Modenschau 342 f.
– Rockmusik 419 f.
– Techniken 31, 175 (Gewichtung),

201, 214 (Haupteinstellung), 219
(Profilaufnahmen), 221, 272
(A. Hitchcock), 401 (Werbespot),
419 f.
Intensität (der Darstellung) 155, 156
(emotionale Tiefe), 218 (ohne Haupt-
einstellung), 236
→ Stimmung
Interview 37, 292–301, 302
(»Kopfsalat«), 303 (Wahl der
Interviewpartner), 321, 361
(zu Schnittzwecken), 375
– Gesprächs-/Diskussionsrunde 304,
305 (Plazierung, Sitzordnung), 306 f.
(Studiodekoration, Kameraeinstel-
lungen), 308–312, 321
– Gesprächsthemen 293, 294 (Tabu-
themen), 299
– in Nachrichtensendungen 359 f.
– in Sportsendungen 301, 303
– Vorinterview 293, 317, 320
→ Diskussionssendungen
Interviewer 361 (Großaufnahme)
– Aufrichtiger Gesprächspartner
293–296, 320
– Persönlichkeit 296 ff., 320
– Provokateur 298 f., 320
Interviewpartner
→ Gast
Intimität 46
Intoleranz (Film von D. W. Griffith 179

Jackson, Michael 377
Jambus 92
James-Bond-Filme 128
Jargon 126 f.
→ Sprache
Jongh, Ludolf de 89
Journalisten 304, 306
Jürgen, Norbert 427

Kameraarbeit 286–291
– mit der Einzelkamera 106, 107
(Nachteile)
– mit einer Kamera (EB/EFP) 16 f.
– mit mehreren Kameras 14, 106,
286–291, 296, 305, 307 ff.
Kameraausrüstung 17 (Betamax-
Kamera), 21 (Polaroidkamera), 107
(Videokamera, »Slave«), 218 (Dolly),
337 f.
– Doppelspiegel-Periskop 337 f.
– Handkamera 256, 414

– Monitore 286 (Preview, SAUS,
MAZ, AÜ), 365 (Vorschaumonitor,
SAUS, LINE)
Kameraeinrichtung 18, 190 (Schauspieler
vor Festlegung der Kamerapositionen),
212, 270, 271 (klaustrophobische),
337 (Kochsendung)
Kameraeinstellung/-position 28 (hoch-
gestellte/niedrige), 54 (Raking Shot),
82, 191 (auffällige), 201, 210, 218
(Dolly), 218 (*Psycho*), 222, 234
(Komplementäreinstellung), 251, 253
(bizarre), 264 (Hauptfunktionen), 300
(Liste der Möglichkeiten), 306 (bei
Gesprächsrunden), 320, 335 (Null-
Grad-Einstellung), 399 (Aufnahme im
Rücklauf), 408 (Musiksendung), 420
– Aufsicht 251 (Kavaliersperspektive),
252 (Vogelperspektive), 265, 337
– gekippte/gekanntete Kamera 255 f.,
265, 274
– klaustrophobische 270, 283
– Untersicht 252, 253 (Froschperspek-
tive), 257, 265
→ Amerikanische
→ Großaufnahme
→ Haupteinstellung
→ Nahaufnahme
→ Schuß über die Schulter
→ Subjektive
→ Totale
→ Vereinzelung/Einzeldarstellung
→ Zweier-/Dreiereinstellung
Kameraführung/-bewegung 208 ff., 211
(Kameraprogression), 212–216, 217
(Kamerafahrt als Haupteinstellung),
218, 219 (Schlichtheit), 234 f.
(Komplementäreinstellungen), 239
(Kreisfahrt), 256 f., 265, 294, 362
(über Kreuz), 410 (Ballettaufnahme),
413 (Querfahrt), 416 (Musiksendung)
– beim Interview 294, 297, 303, 309,
321
– gegenseitiges »Abschießen« 295,
306, 310, 321
– Hinterherfahrt 258, 265
– Kranfahrt 258 f.
– Parallelfahrt 215, 258, 265
– Ranfahrt 257, 260, 265, 413
– Rückfahrt 215, 221, 257, 260, 265,
413
– Schuß und Gegenschuß 221–226,
229, 231, 234 (sich ergänzende Ein-

stellungen), 308 (beim Interview),
309, 361
– Schwenk 215, 225, 257, 259
(Reißschwenk), 259 (horizontaler/
vertikaler), 260, 272 f., 413
– Vorausfahrt 216, 258, 265
→ Achssprung
→ Komplementäreinstellung
Kameramann 23 f., 35 (Karriere), 38,
106 f., 193, 298 (beim Interview), 311,
351, 382
– Lichtsetzender 226, 314, 331
– Regiekommandos 289 f.
Kameraprogression 211, 415 f.
Kampf auf Leben und Tod 48, 66, 120
Katastrophe 119
Katharsis 62
Kazan, Elia 160, 200
KGO-TV, San Francisco 371
KHJ-TV, Los Angeles XIV, 349, 351, 356,
371 f.
Kilgore, Maggie 398
Kinderanimationsfilm 17
Kino 6, 17 f., 37, 42, 52, 59 (Zuschauer-
zahlen), 60, 120
Kitsch 129
– Dialog 128, 136
Klang, Bewegung, Farbe (elementare
sinnliche Reize) 41 ff., 45 f., 62, 66,
302, 417
Klaustrophobie 75, 270
Klischee 47, 55 f., 131 (in Dialogen),
134, 154
KNBC XIV, 349, 361 f., 365, 371 f.
Knoten, geschürzter 114
Kochsendung 49 (Konflikt), 337 (Doppel-
spiegel, Aufsicht), 338 f., 340 (Mode-
rator), 345
Körpersprache 166
Kolumbus, Christopher 58
Komik 40 f., 55, 57, 65, 67, 131
– in der Werbung 377, 403
Kommandoleitung 286, 365 f., 424
Kommandos
→ Regiekommandos
Kommunikation 4, 40, 62, 66, 106, 335
– zwischen Regie und Team 287, 298
Komödie 128, 192
Komplementäreinstellung 234 ff., 310
– beim Interview 309, 311
Komponist (Filmmusik) 426, 433
Komposition, visuelle 99
→ Bildkomposition

Konflikt 49 (innerlicher), 298 f., 403
– als dramaturgisches Element 48
(Attraktion), 49 f., 58, 66, 68, 120, 121
(Muster), 122 ff., 134 ff., 298, 299
(im Interview), 313 (in Gameshows),
345, 403 (in der Werbung)
– als Problem der Regiearbeit/Pro-
duktion 11 f., 37, 140
Kontakt, sozialer 40
Kontrast (Licht/Schatten) 106, 254 (Low
Key), 255 (High Key), 274
Kontrast (Objekte im Bild) 82 f., 102, 103
(Farbe)
Kontrast (Schnitttechnik) 214
Kontrolle, kreative 34
Konventionalstrafe 25
Konzeption 65 f.
Konzert(übertragung) 46, 54
Kopierer 200
Kopierwerk 10
Kosten 44, 47, 107, 117, 133, 212, 217
(mehrere Haupteinstellungen), 383
(Werbespot)
Kostümbildner 23
Kostüme 37, 174 f.
KQED, San Francisco 371
Kramer gegen Kramer (Film) 117, 281 f.
Kranfahrt
→ Kameraführung
KRCA 373
Krieg der Sterne (Film von G. Lucas) 36,
45, 141
Kriminalfilm 53, 113, 122, 273, 428
(Filmmusik), 431 (Kennmelodie)
Krise (Dramaturgie) 119 f.
Krisis 178
Kubrick, Stanley 35
Küppersbusch, Friedrich 299
Kuleschow, Lew 237 (Experiment)
Kunst 4 (als Kommunikation), 6 (Film
als Kunstform), 29, 99 (Geschichte),
162

Läuterung 62
Lage (Ablauf in Nachrichtensendungen)
362, 367 f., 370
– Platzhalter 358, 364
Lampenfieber 316, 395
Langeweile 55, 60, 111, 122 f., 125, 135,
162, 214 (Haupteinstellung in Totalen),
244 (Kürzen durch Schnitt), 245
(Zeitverdichtung), 303 (Wahl der Inter-
viewpartner)

Leben, wirkliches 60, 115 ff., 135, 162, 247 (Schärfentiefe), 387 (Werbefilm)
– reale Zeit 240, 242
→ Realität
Lebensmittel (Präsentation) 337 f., 340, 397
Lehman, Ernest 108
Leigh, Janet 218
Leinwand (Kino) 71, 102
– Proportion 70, 82, 107
Leiter, Künstlerischer 382, 389
Leiter, Technischer 193 f., 251, 373
Leitmotiv 54
→ Musik
Leonardo da Vinci 73, 89
Leong, Gene XIV, 371 f.
Lernen 58
Lese-/Sehgewohnheit 96 ff.
Leseprobe
→ Proben
Letterman, David 296
Letzte Worte (L. W.) 358, 367, 376
→ Stichwort
Licht 174 f., 254, 331 (Führungs- oder Hauptlicht), 345 (Konturlicht), 399 (HI-Licht), 424
– Hinterlicht 332, 335, 338, 345
– Reflexe 262, 266, 342 (Bademodenschau), 415 (Musiksendung), 420
Lichtführung 254 f. (Low/High Key)
Liebe 46, 52, 239 (Liebesszene, Schuß über die Schulter)
Liebesmotiv 404
– Filmmusik 429 f.
Lifestyle (Werbung) 378, 380, 387, 401
Limbo 397
LINE (Sendeausgang) 365
Linien (in der Bildkomposition) 82, 84–89, 92 (Wiederholung), 93, 95 ff., 102, 249 (Gewichtung), 340 (Dekoration)
– diagonale 90 f., 103, 174, 250, 412 (Musiksendung)
– horizontale 85 f., 98
– konvergierende/sich schneidende 85–88, 94 f., 103, 250
– vertikale 85 f., 250
→ Blickrichtung
Literatur 29, 32
Live-Sendung/-Fernsehen 13, 37 f., 45, 234, 286, 367 (Timing), 406 (Musiker, Sänger)

Live-Übertragung 15 (Proben vor der Sendung), 351 (Nachrichten)
– Preisverleihung 12, 14
Location
→ Motive
→ Originalschauplatz
Logik 115, 117 ff., 135, 162, 194 (Aktivitäten), 230 (Bewegungsrichtung), 231, 269
Lola Montez (Film von M. Ophüls) 258
Look 250 f.
Loren, Sophia 156
Lorme, Anthonie de 89
Lorre, Peter 112
Loud, Pat und William 115 f.
Love Story (Film) 429 (Filmmusik)
LSD 255 (Trip), 256
Lubitsch, Ernst 6
Lucas, George 36
Lugosi, Bela 112
Lumet, Sidney 150

Macbeth (Schauspiel von Shakespeare) 112
Männlicher Akt (Zeichnung von E. More) 88
Märchen 114
Magnetaufzeichnung
→ MAZ
Maler, niederländische 89 f.
Malerei 29
Malkurs 99
Mamoulian, Rouben 6
Manipulation
→ Publikum, Beeinflussung
Mann, Delbert XIV, 32 ff., 156 f.
Mann-Frau-Beziehung 40 f., 47, 50 ff., 66 ff., 403 (in der Werbung)
Mannequin 342 f.
→ Model
Marconi, Rocco 89 f.
Martha-McCuller-Show 314, 315 (Dekoration)
Maske 25 (Schminken der Akteure), 144
– Charaktereigenschaften 138, 148, 158
Master/Mastershot
→ Haupteinstellung
Matinee Theater (US-TV-Serie) 9
Mattel (Spielzeughersteller) 382
MAZ (Magnetaufzeichnung) 43, 286, 289, 303, 316, 320, 347, 349, 352 f., 365 (Ein-/Zuspielweg), 366 (O-Ton),

Anhang ▮ Register

367 (ungemischte Beiträge),
409 (Durchblende)
– 1-Sekunden-Start 364 f.
Melnik, Stefan 40
Melodie 432 f.
→ Musik
Melodramatik 132 f., 136, 180, 253
Mickey-Mouse-Musik 428
Milius, John 36
Mimik 101, 106, 164, 166, 173
Mirisch, Walter XIV
Mischpult 15, 352, 362, 365 (Ein-/
Zuspielwege)
Mischung 426
Model 341 (Ausstrahlung)
– Auftritt 342 ff.
Modenschau 341, 342 (Bademoden), 343
(Inszenierung), 344 f.
→ Conférencier
Moderation
– Anmoderation 362, 364, 375
Moderator 336 (Experte einer Sachsen-
dung), 339 (Kochsendung), 340, 345,
351 (Nachrichten), 362, 366 (live), 376
– beim Interview 297 f.
Molière 32
Monet, Claude 88, 94 ff.
Monolog 131
→ Dialog
Monstrositäten 57 f.
Montage 26, 218
Montgomery, Robert 253
More, Ellen 86, 88
Mosschuchin, Iwan 237
Motiv (einer Figur) 141 f., 158, 171
→ Protagonist, Ziel
Motivation 138, 162
– äußere 173
– innere 170 f., 173, 200
→ Bewegung
Motive (Locations) 21, 37, 193 (für
Außendrehs)
→ Originalschauplatz
Moviola (Schneidetisch) 155
MTV 408, 414, 420, 433
Murrow, Edward R. 292
Musburger, Robert XIV
Musik 29, 91 (Rhythmus), 128 (im
Vordergrund), 315, 334, 377 (in der
Werbung), 404 ff., 407 (in Bilder
umsetzen), 408, 410 (Instrumental-
musik), 416 (Gesang), 427 f., 430,
432 (Emotionen), 433

– Filmmusik 31, 54 (Leitmotiv), 269,
274 (Emotionen), 405, 426 (Einspie-
len), 427 (Funktion), 428 (Themen,
Motive), 429, 430 (Konditionierung der
Zuschauer), 431 (Festlegen der Takes),
432 (emotionaler Höhepunkt), 433 f.
– im On 430
– Kenn-/Titelmelodie 380, 431
– klassische 405, 411, 413, 422
(Dramatisierung)
– Modenschau 341, 343
– Music-Clip/Musiksendung 46, 313,
377 (in der Werbung), 404, 405
(Vorbereitung), 406, 408 (Kamera,
Schnitt), 410 (Kamera-, Bildführung),
412, 418 (Dramatisierung), 419
(Timing), 434
– Rockmusik 414 (Inszenierung,
Kameraführung), 416, 419 (Drama-
tisierung), 420
Muster 26 (Mustervorführung)
Muster, stereotype 55 f.
Mythen 39

Nachrichenagentur 355 f., 361
Nachrichten(sendung) 17, 43, 49 (Kon-
flikt), 62, 67, 312, 313 (Interview),
347–353, 354 (Vorbereitung), 355, 356
(Aufmacher, Sendefolge), 357–362,
363 (Inszenierung), 364–368, 372, 374
– Bildmaterial 43, 66 (visuelle
Elemente), 349 ff., 355, 360 (Ereignisse
nachstellen), 375
Nacht 269
→ Amerikanische Nacht
Nachtaufnahme (Night-for-Night Photo-
graphy) 45
Nachteffekt 261
Nahaufnahme/-einstellung 76, 210 f.,
300, 331 (Präsentation von Produkten)
Naked City (TV-Serie) 45
Namen (in Dialogen) 132
Natur, anthropomorphe 61
Naturgewalt 42
NBC XIV, 31, 287, 289, 294, 349 (NBC-
News), 372 f., 416
Negativbild 414, 420
»Neger« 14
Nervenkitzel 42, 120, 267, 270, 273, 275,
281
Neugier 30 f., 41, 57, 58 (gesunde), 329,
345
– morbide 57 f., 67 f.

1984 (Film/Roman) 121
Neurosen 62
New York Institute of Technology XIV
Nias, D. K. B. 59
Nichols, Mike 261
Night-for-Night Photography (Nacht-
aufnahme) 45
Nixon, Richard 373
Northern Kentucky University XIV
Northrup, Bill 351, XIV
Nullkopie (Erstkopie) 10

O-Ton
→ Ton
O'Neill, Eugene 148
Objektive 249, 257 (Vario-Objektiv),
265, 420
– Blende 247, 409
– Brennweite 257, 260, 265, 415
– Musiksendung 414 f.
– Schärfe 246
– Weitwinkel-/Teleobjektive 260 f.,
380, 414
Objektivität 29
Ökonomie 115 ff., 125 (im Dialog), 135,
244 (Kürzen durch Schnitt), 401 (im
Werbespot)
– in Dialogen 131, 134
Off 343 f., 366
Ogus, Andrew XIV
Olympische Spiele 1988 302
Opfer(rolle)
→ Protagonist, Verletzlichkeit
Ophüls, Max 7, 258
Orchester 411 ff., 423
Ordnung/Symmetrie 40 f., 53 ff., 66 f., 85,
403 (in der Werbung)
Orientierung
→ Publikum, Information/Orientierung
Originalschauplatz (Location) 18, 37, 394,
420
– Musiksendung 423, 434
– Werbefilm 387, 389, 402
Over-shoulder-shot
→ Schuß über die Schulter

Pädagogik 334
Panning Shot
→ Kameraführung, Schwenk
Panzerkreuzer Potemkin (Film von S. Eisen-
stein) 219, 240
Parallelfahrt
→ Kameraführung

Paranoia 278
paranormale Phänomene 42, 278 (außer-
irdische Mächte)
Parsons, Wayne XIV, 373 f.
Partitur 406 f., 411
Passetta, Marty 374
Pause 318
PBS 51, 306, 336
Penthouse (Magazin) 52
Perlman, Itzhak 411
Perrin, Nat 114
Perry-Como-Special 423 f.
Perspektive 237, 251 (Kavaliersper-
spektive), 252 (Vogelperspektive),
257 (Kamerabewegung)
– des Akteurs 221, 235, 253
– Froschperspektive 253, 415
– Musiksendung 414 f.
Phänomene, paranormale 42, 278
Phantasie 32, 60, 67, 148 (Masken), 149
– Zuschauer 271, 273
Phoenix, River 150
Picasso 73
Pickup 214
Pierson, Frank 138
Platitüden 132 f., 136, 180
Playback 289, 424
Playboy (Magazin) 52
Plazierung (Objekte im Bildrahmen) 82 f.,
85, 102
Plot 65, 112, 133
– Plot Point 173, 191, 201
Point of View Shot 253
Polarisationsfilter 261 ff.
Polaroidkamera 21
Politiker 304
Poltergeist (Film von T. Hooper) 45, 113,
241, 274, 278, 283
Porter, Edwin 6, 37
Portrait von des Künstlers Sohn (Gemälde
von M. Drolling) 86 f.
*Portrait von Mrs. Edward L. Davis und ihrem
Sohn* (Gemälde von J. S. Sargent) 83
Positionen, Gänge und Bewegungen (der
Schauspieler) 160 (Stellen und Fest-
legen), 162, 170 ff., 175, 190 (vor Fest-
legung der Kamerapositionen), 192 f.,
195–198, 214 (Haupteinstellung), 216,
219, 230, 235 (komplementäre Positio-
nen), 258 (Kamerafahrt/-bewegung),
259 (horizontaler/vertikaler Schwenk),
265, 300 (Totale, Halbtotale), 387
(Werbefilm)

Anhang ▌Register

467

– als Darstellung der Beziehungen
180 ff.
– Bewegungsrichtung 230 ff., 233
(Änderung)
– Gewichtung 201, 239
– relative Positionen im Bildkader
227–230, 310 (beim Interview), 311
Postitionen der Kamera
→ Kameraeinstellung/-position
Postproduktion
→ Produktion
POV (Point of View) 253
→ Subjektive (Kamera)
Präsentation 329 f., 332, 333 (Wahr-
nehmung), 336
– Vorführung von Produkten 330 ff.,
335, 396–399
– Mode 341 ff.
Praktikabel 295
Presseclub (Diskussionssendung, ARD) 304
Preview-Monitor
→ Kameraausrüstung
Price, Vincent 112
Proben 15, 16 (bei EFP), 25, 137, 155 f.,
159, 195, 199, 318, 336 (Sachsendung)
– »trocken« proben 14, 150
– Leseproben 149 (mit dem
Ensemble), 150, 199
– vor Live-Übertragungen 15, 336
(Sachsendung), 395
Problem, dramaturgisches 109, 111, 113,
115, 118 (Zufall), 119, 135 f., 280, 282
– Auflösung 118, 120
→ Protagonist
Producer 381 f., 384 ff., 389, 402
Production Designer (Filmdesigner) 263
Produkt 47, 398 (Verpackung)
Produktion 13 (Verfahren), 18 (Auf-
wand), 19 (drei Phasen), 24, 37, 39
(Elemente), 44, 47, 125 (Beginn),
349 (Nachrichtensendung), 396 (Tech-
niken)
– Bedingungen 10, 12, 140, 150
(Proben), 152, 193, 386 (Werbefilm)
– Konferenz 23, 388, 402
– Nachbearbeitung (Postproduktion)
19, 26, 37, 402
– Vorbereitung (Produktionsvorlauf)
19 (Drehbuch), 37, 133 (Drehbuch-
änderungen), 152, 387, 402
– Werbespot 380, 387, 389, 402
– Zeit 18, 140, 212
Produktionsleiter 20, 213

Produktionswerte 21, 44 f.
→ Schauwerte
Produktpräsentation 330 ff., 335,
396–399
Produzent 21, 23, 26, 35 (Karriere), 45
(Einschaltquoten), 52 (Spielfilme),
133, 144, 193, 213
→ Producer (Werbung)
Profil(aufnahme) 175, 220, 239, 264, 296
(Interview), 321
Programmzeitschrift 355
Progression
– der Handlung 115, 119, 131 (in
Dialogen), 135, 234 (dramatische),
273, 415
– der Gefühle 178
→ Kameraprogression
Projektion 237
Prominente (Interviewte) 294, 306
Proszenium 6, 209
Protagonist 49, 53, 61, 62 (Beziehung
der Zuschauer zum Held), 66, 112 ff.,
122 (Krimi), 123, 134, 275, 313
– Problem 111, 118 f., 280, 282 f.
– Verletzlichkeit 275–278, 282 f.
– Ziel/Aufgabe 114 f., 119, 123, 135 f.,
138, 141 (Motiv), 158
Provokateur
→ Interviewer
Psycho (Film von A. Hitchcock) 218 f., 274
Psychologie 62
Publikum 4, 14 (Perspektive des
Zuschauers), 44 (Massenpublikum),
46 (junges), 52 (Altersgruppen), 59
(Zuschauerzahlen), 61 f., 111, 131, 170
(Intelligenz), 174, 237 (Projektion
eigener Emotionen in die Darstellung),
271 (Phantasie), 412 (Gegenschüsse
in Musiksendungen)
– Anteilnahme/Aufmerksamkeit/
Beziehung zu den Schauspielern 26,
27 (Gefühle), 28, 36, 61 f. 111 ff., 115,
154, 167 f., 174, 208 (Kameraführung),
211 (Kameraprogression), 212, 236
(Gewichtung durch Kamera), 237, 242
(Schauspieler-/Zuschauerreaktionen),
265, 281, 300, 313, 418 (Musiksendung)
– Bedürfnisse, Erwartungen 4, 6, 39 f.,
48, 50 (voyeuristisches Vergnügen),
53 f., 56, 61 (nach Identifikation), 67,
112, 118, 149 (Rollen gegen den Typ
besetzen), 153, 230 (Bewegungsrich-

tung), 237 (Projektionsbereitschaft), 272, 409 (Musiksendung), 432
– Beeinflussung/Publikumswirksamkeit 27 f., 40, 63 (Werbung), 65, 113, 162, 208 (Kameraführung), 212 (psychologische Stimmigkeit der Kameraprogression), 246 (Schärfenverlagerung, selektive Schärfe), 255 (Suggestion), 256 (Assoziation), 293 (Themenwahl im Interview), 427 (Filmmusik)
– Information/Orientierung 132, 136, 191, 201, 213 (Haupteinstellung), 215, 232, 233 (Bewegungsrichtung), 258 (Kranfahrt), 274 (Spannung), 300 (Totale, Halbtotale), 304 (Interview)
– Sehgewohnheit 234, 257 (Kamerabewegung), 294 (beim Interview)
– Verwirrung/Irritation 162, 273 f., 303, 311 (Achssprung)
→ Zuschauerreaktionen
Pudowkin, W. I. 168
Puzzle 53, 66
Pythagoras 94

Querfahrt
→ Kameraführung
Quinn, Bobby 297 f.

Radio
→ Rundfunk
Rätsel 42
Raking Shot 54, 433
Ranfahrt
→ Kameraführung
Realismus 6, 27
Realität (reale Welt/Wirklichkeit) 27, 60, 67, 115, 135, 156, 192, 280 (Zeichentrickfilm)
Redakteur 16 f., 23, 294 (beim Interview), 353, 355 (Chefredakteur)
– Nachrichtenredakteur 43, 348, 355 (Kommentartext-Bildmaterial-Anpassung)
– Redakteur vom Dienst (RvD) 348, 350
Redaktionskonferenz 356, 375
Redlichkeit der Darstellung vs. Geschäft 44, 46
Reed, Sir Carol 428
Regie
– Filmregie/Regie führen 5, 11 (Arbeitsatmosphäre), 12 f., 17, 19 (drei Phasen), 30, 34 (Attraktivität), 151,

160, 164, 174 (Gewichtung), 200, 282, 408 (Musiksendung)
– Kommandos/Anweisungen 162, 200, 287, 288 (Vorbereitungs-/Ausführungsanweisungen), 289 (richtiges Timing), 290 (übliche Kommandos), 291, 351 f., 367
– Psychologie in Verhalten übersetzen 160, 164, 200, 282
– Regienotizen 137 f.
– Regieraum 12, 14 ff., 37, 106, 348, 352 (Schriftgenerator), 365 f.
– Regiestil 5, 20, 26, 27 (manipulativer/expressionistischer), 28 (Unsichtbarkeitsverfahren), 37 f., 66, 67 (Muster), 115, 191 (unsichtbarer), 273 (von A. Hitchcock), 399 (in der Werbung), 408 (Musiksendung)
Regieassistent 20 f., 365
Regisseur 3 ff., 9, 17, 18 (Spielfilmregisseur), 26 (Recht auf »ersten Schnitt«), 28, 29 (Geschmack), 36, 45 (Einschaltquoten), 59, 64 f., 69, 98, 102, 117, 119, 125, 133 f., 144, 158, 173, 212, 242, 249, 272, 311 (Interview), 335 (als Zuschauer), 342 (Modelauswahl), 348, 352 (Mitspracherecht), 366, 371
– Ablaufregisseur (Nachrichtensendung) 348, 358, 366, 371 f., 374
– als Autorität 3, 5, 10 f., 34, 37, 64, 157, 340, 390
– als Künstler/Techniker 4, 7, 9 f., 33, 35, 37
– als Psychologe 4, 10 f., 140, 151 f., 156 (Schauspielerführung), 157, 172
– Anforderungsprofil 29 (Geschmack), 30 (Sachverstand, Neugier), 31 f. (Bildung), 33, 38, 98, 100, 106, 145, 347 (Konzentrationsfähigkeit)
– Arbeitsfeld 12 f., 133 (Drehbuchänderungen), 141 (Interpretation des Filmthemas), 149 (Arbeit mit den Schauspielern), 155 (Rollenumsetzung, Darstellung), 163 (Gedanken und Gefühle darstellen), 178 (Gewichtung), 245 (Zuschauerreaktionen steuern), 358 (Nachrichtensendung), 371 (Ablauf)
– beim Interview 294, 298 f.
– Berufseinstieg/Karriere 4 f., 7, 34 f., 37 f., 371, 395
– Fernsehregisseur 7, 13, 18, 29

Anhang ▎ Register

469

(Geschmack), 102, 249, 337 (Koch-
sendung), 341 (Modenschau), 358
(Nachrichtensendung), 372 (freiberuf-
licher)
– Instinkt 195, 251
– Rundfunkregisseur 6
– Stummfilm 6, 101
– Theater-/Bühnenregisseur 6, 69,
201, 249
– Werberegisseur 378, 381 ff., 385
(kreativer Freiraum), 386, 389 f.
Reinhardt, Max 5
Reisman, Del 196
Reißschwenk
→ Kameraführung
Reiz, sinnlicher 41
→ Attraktion
Reportage 350 f., 359, 374 (vor Ort)
Reporter 44, 353, 355 f., 359 f.
Requisiten 23, 138, 193, 226, 317, 342
(Modenschau)
Resonanz, emotionale 27
Rezeptionsforschung 40
Rhetorik 92
Rhythmus 54, 66, 69 f., 91 f., 429 (Film-
musik), 432 f.
– Musiksendung 409, 412
Richard III. (Schauspiel von Shakespeare)
112
Richard, Keith 404
Richtfunk 353
Ritchie, Michael 245
Rivera, Diego 92, 94
Rivers, Joan 64
RKO General (TV-Sender) 349
Robinson, Edward G. 252
Rockmusik
→ Musik
Rock'n'Roll 52
Rohschnitt
→ Schnitt
Rolle 138, 144, 149 (Rolle gegen den Typ
besetzen), 151, 154 (Klischee), 158
– Rollenumsetzung 138, 140 (Fest-
legung), 143 (Rollenbewußtsein des
Akteurs), 149, 151, 154 (vor der
Kamera), 155 ff.
→ Charakter
Rollenbesetzung
→ Besetzung
→ Casting
Roman 126 (Dialoge), 169, 271
– als Filmvorlage 117, 121, 271, 279

Roper, Jay XIV, 31 f., 287, 349, 372 f.
Rosemaries Baby (Film) 278
Rotkäppchen 68
Rückblende (Flashback) 254
Rückfahrt
→ Kameraführung
»Rückgrat«
→ Thema
Rücklauf-Aufnahme 399
Rückrechnung 368 f.
→ Timing
Ruhezeit 24
Rundfunk 6, 349, 368
Rundhorizont 342
RvD
→ Redakteur

Sachsendung 327 (Lehrfilm), 328 f., 330
(Vorschulprogramme), 331–335, 336
(Experte/Moderator), 341 (Hausfrau-
ensendung), 345 (Bildungsprogramm)
– Industriefilm 327, 334
→ Vorführsendung
Sagan, Carl 47
Sage 39
Salkow, Sidney XIV
Sargent, John Singer 82 f.
Satellit 349 f.
– Übertragung 350, 354 (Wetter-
vorhersage), 374
SAUS (Sendeausgang) 286, 365
Schärfe 246 (Verlagerung), 249, 261, 265
– selektive Schärfe 245, 248 f.
– Tiefe 246 f., 260, 265
Schatten
→ Kontrast
Schauer (Publikumsreaktion) 42, 274
Schauspieler
→ Akteure
Schauspielerführung 160, 161 (Inszenie-
rung), 162, 163 (Gedanken und
Gefühle darstellen), 164, 166–173,
175–182, 190 (Schauspieler vor
Kameraeinrichtung)
Schauspielschulen/-unterricht 30, 32 f.,
38, 151, 159
→ Filmhochschulen
Schauwerte (Produktionswerte) 21, 44,
47, 396
Scherz 57
Schindlers Liste (Film von St. Spielberg) 36
Schlager 405
Schlesinger, John 250

Schlichtheit 126 f. (Dialoge), 134 f., 153
Schlußeinstellung 177, 259, 343
Schmerz (Darstellung) 178 (Gewichtung), 269
Schmidt, Harald 296
Schneiden 15, 37, 175 (Techniken der Gewichtung), 213 (Montage), 214 (Kontrast), 243 (Kürzen), 245, 265, 361 (Gegenschneiden), 414 (Schneiden auf Takt)
→ Schnitt
Schneider, Roy 241, 262, 277
Schnitt 13, 26 (Recht auf »ersten Schnitt«), 216, 218 (*Psycho*), 223 (Achssprung), 241 (Gewichtung), 242 (Zeitdehnung), 244 (Kürzen, Zeitverdichtung), 245 (Zwischenschnitt), 274 (*Der weiße Hai*), 361 (Interviewmaterial), 361 (Zwischenschnittmaterial), 409 (unsichtbarer)
– harter Schnitt 344, 408 f. und 414 (Musiksendung)
– Rohschnitt 26, 37, 402
→ Schneiden
Schönheit 341
Schrader, Paul 36
Schreck/Schock (Publikumsreaktion) 42 f., 120, 269, 273 f., 278, 281, 283
→ Angst und Schrecken
Schreiben/Schreibseminare 33, 125 (Dialoge), 131 f. (Drehbuch)
Schriftgenerator (SG) 352
Schurke 112, 271, 273, 278
→ Antagonist
Schuß über die Schulter (Over-shoulder-shot) 16, 81, 210, 218, 221, 223, 225 (komplementärer), 227, 239 (Liebesszene, Beziehungen), 264, 300, 320
– Gegenschuß 218, 222 f.
Schwenk
→ Kameraführung
Science-fiction-Film 45
Scorsese, Martin 36
Script 109
→ Drehbuch
Seconds to Go (PBS-Sendung) 51
Sehen. Das Bild der Welt in der Bilderwelt (Schrift von J. Berger) 378
Sehgewohnheiten 234, 257 (Kamerabewegung), 265, 294
Seifenoper 38, 56, 216
Selznick, David 432

Sender (Kommunikationstheorie) 40, 66, 328
Sendezeit 367, 370 (Soll-/Ist-Zeit), 371
– ab-/auflaufende 366, 370, 375
Sensibilität 64
– visuelle 70, 98 f.
Sequenz 26, 138, 142 (Etikett), 143, 158, 182 (Wechsel), 189, 217 (Richtungswechsel)
Set
– Grundrißzeichnung 194 f.
Sex/Sexualität (Darstellung im Film) 37, 44, 50 f., 52 (Geschlechtsakt), 53, 66
SG (Schriftgenerator) 352
Shakespeare 112, 178
Sharman, Tim XIV
Shockley, Brian XIV
Shore, Dinah 416
Shylock (Schauspiel von Shakespeare) 112
Sidaris, Andy 51
Simon, Neil 124
Sinfonie 405, 422 f.
Singtänze, rituelle 39
Sinnbilder/Symbole 167 f., 177, 422
Sinnlichkeit 51 ff., 169
Sitcom (Situationskomödie) 13, 39, 106, 150, 192, 372, 431 (Kennmelodie)
Sklavin des Herzens (Film von A. Hitchcock) 272
Skornia, Harry 347
Skript (für eine Musiksendung) 406 f., 418, 433
SkyCom (NBC-Satellit) 350
Slave (Videokamera)
→ Kameraausrüstung
Slogan 377
Slomo (Slow Motion)
→ Zeitlupe
Soffitten 118
Soundeffekt 334
Soundtrack 426
Southern Illinois University XIV
Souveränität 64
Spalding, Terry XIV
Spannung 48, 67, 115 f., 119, 124, 134 f., 178 (Gewichtung), 235, 242 f. (in die Länge ziehen), 257 (Ranfahrt der Kamera), 259 (langsamer Schwenk), 267–270, 271 (klaustrophobische Kameraeinstellung), 272 f., 274 (Zuschauerinformationen), 275, 276 (Grundregeln), 277, 280 (Besorgnis des

Zuschauers), 282, 283 (Glaubhaftigkeit), 415 (Musiksendung), 416
– Bewegungsrichtung 232 f.
– Spannungsbogen/-steigerung 283, 415

Special Events 12 f., 15

Spektakel/spektakuläre Elemente 40–47, 60, 62, 65 ff., 301 (Sportveranstaltungen), 302, 345, 377 (Werbung), 417

Spezialeffekte 18, 46, 47 (Rauch, Flashlight)

Spiegel 91 (Spiegelbild), 92, 337 und 345 (Doppelspiegel bei Kochsendung)

Spielberg, Steven 35 f., 113, 277, 279

Spielfilm 17 (Dauer), 18 (Unterschied zum Fernsehfilm), 37, 52 (Fernsehen)

Split Screen (Bildteilung) 420

Spontaneität (in Dialogen) 134

Sportübertragung/-berichterstattung 12, 15, 43, 51, 301 (Interview), 303 (Bildmaterial), 347, 352 (Schriftgenerator), 371 (als Sendezeitpuffer bei Nachrichten)

Sprache (im Dialog) 125 f., 134, 335 (bei Sachsendungen)
– charakteristische Sprechweise 127, 135 f., 276 (Teenagerjargon)

Standbild 353

Stanislawskij, Konstantin 5, 140
– Methode 141 f.

Stanzen (Keying) 15, 302, 318, 320, 334, 354, 420
– Stanzwand 362 ff.
– Wetterkarte 352, 362

Star 24 f., 44, 112

Starfilter 262, 420

Star Treck (Film) 45

Startvorspann
→ Vorspann

Stegner, Chris XIV, 372

Steiger, Rod 86

Steiner, Max 430

Stellen
→ Arrangement

Stereotypie 55 f., 67, 154, 274

Stichwort 131 (Stichwortgeber), 153, 343, 354, 363, 365, 367, 376
→ Letzte Worte (L.W.)

Stimmung/Atmosphäre 64, 153, 155, 158, 209, 218, 250, 251 (Objektive/Filter), 254, 274 (Blitz, Donner, Wind), 294 (beim Interview), 380 (Werbespot), 419 (Musiksendung)

– Kameraführung 208, 264
→ Intensität der Darstellung

Story/Stoff/Thema (eines Films) 37, 43, 52, 108 (Erfindung), 111 (Problem), 118, 134, 139 (Hintergrundgeschichte), 141, 162

Storybewußtsein 98 f.

Storyboard 103, 202, 203 (Bilder), 385
– Werbefilm 381, 384, 385 (zwei Versionen), 387, 401

Strand bei Honfleur (Gemälde von C. Monet) 88, 94, 96

Strasberg, Lee 182

Striptease 50

Stroheim, Erich von 112

Studio 361
– Musiksendung 423 f., 434

Studiodekoration 306 (Gesprächsrunde), 340 (Kochsendung), 342 (Modenschau), 345, 387 (Werbefilm)

Studiodreh 21, 37, 423

Stummfilm 6, 101, 209, 428 (Filmmusik)

Subjektive (Kameraeinstellung) 215, 219, 253, 254 (gemogelte), 255

Suggestion 255, 256 (Handkamera)

Suspense 267, 275, 280
→ Spannung

Symbole 170, 180 f., 200 f., 219, 422
– des Todes 268, 283
→ Sinnbilder

Sympathie 113, 135
→ Anteilnahme

Szene 116 (Anzahl), 121 (konfliktarme), 122 ff., 129 (schwache Dialoge), 134, 136, 154 (Reihenfolge der Drehs), 170 (Verfolgungsjagd als treibende Kraft), 179 (Gewichtung des Höhepunktes/Entscheidungen, Enthüllungen), 214 (Eröffnung mit Haupteinstellung), 218 (ohne Haupteinstellung), 223 (Weiterentwicklung), 228 (mit drei Akteuren)
– Dehnen 242 (durch Schnitt), 243 (durch Aktion)
– Einrichten/Arrangieren/Inszenieren 143, 194, 212, 219, 226
– Tempo 216, 244 (Kürzen durch Schnitt)

Szenenbildner 21, 23, 37, 144, 193, 263, 342 (Modenschau), 387 (Werbefilm)
→ Bühnenbildner

Tageslicht 25
Take 16
Tarzan 54
Technik (Regie/Studio) 14, 45
    (Perfektion), 348, 352, 417
Teleobjektiv
    → Objektive
TelePrompter (Autocue) 14, 358, 366,
    394
Tempelarchitrave 91 (Friese)
Tempo (Musiksendung) 408 f., 413
    → Szene
Tex Williams Show (TV-Sendung) 425
Texas Christian University XIV
The Julia Child Show (TV-Kochsendung)
    339
The Untouchables (TV-Serie) 45, 269
Theater 5 f., 50 (Zweipersonenstücke),
    69, 102, 125, 159, 175 (Inszenierungs-
    techniken), 175 (Vergleich mit Film)
    – Gewichtung 174, 201
Theatralik 253, 259, 417
Thema (»Rückgrat« des Films) 138,
    140 f., 158, 182, 199
    → Botschaft
    → Musik
Thriller 267, 271, 277, 279 (Glaubhaftig-
    keit), 283
THX 1138 (Film von G. Lucas) 36
Tilting Shot
    → Kameraführung, Schwenk
Timing 289 (Regieanweisungen), 348
    (Nachrichtensendung), 364 (Vorlauf-
    zeit), 365 (Timer), 367 (Live-
    Sendungen), 368, 375, 408, 419
    (Musiksendung)
    – Rückrechnung 368 f.
Tod 268, 283
Toland, Gregg 247
Ton 6 (technische Einführung), 10,
    16, 101, 107 (digitaler), 180, 182, 200
    (Tonmaschine), 316, 334 (Sound-
    effekt), 424, 426 (Soundtrack)
    – live-off 366, 375
    – O-Ton 366, 367 (Mischung mit
    Kommentar-Ton), 375
    – Tonregie 366, 375
    – Tonspur 10, 39 (Lacherton), 367, 426
Tonfilm 6
Tonfilter
    → Filter
Tonight Show (Interviewsendung) 297
Toningenieur 16, 43, 286, 289 (Regie-

kommandos), 348, 358, 376, 426
    (Toncutter)
Totale 211, 214, 236 (Gewichtung),
    295 (beim Interview), 300
    – Halbtotale 213, 300
Towne, Robert 35, 142
Tragödie 39, 118, 178
Traum 47 f., 262 (Nebelfilter)
Trickblende 209, 409
»trocken« proben
    → Probe
Truffaut, François 267, 280

U-Matic-Maschine 365
Überblendung 344 (Modenschau), 412
    – Musiksendungen 409 f.
    → Durchblende
Überleben 40 f., 47, 48 (Überlebensspiel),
    49, 66
Überraschung 40 f., 55 f., 67, 275, 403, 432
Übertragungswagen (Ü-Wagen) 15, 37,
    359, 424
UHF, Chicago 372
Umgangssprache 126
    → Sprache
Unbehagen (Zuschauerreaktion) 273 ff.
Unbekannte, das 268 f., 272, 283
Unbewußte, das 48, 62, 268 (kollektive),
    420 f., 427 (Musik)
Ungesehene, das 269, 272
Ungleichgewicht
    → Gleichgewicht
Unheimliche Begegnung der dritten Art
    (Film von St. Spielberg) 36, 45
UNICEF-Filmfestival 383
Universal (Studios) 36, 386
University of California Los Angeles
    (UCLA) 36
University of Houston XIV
University of Michigan XIV
University of Southern California 36
Unsichtbarkeitskriterium 28, 191 (Regie-
    stil), 409 (Schnitt)
Unterhaltung 39, 40 (Definition), 41, 45,
    52, 55, 59 f., 62, 66, 345
Unterhaltungselemente 39 f., 43, 66, 123,
    328 f., 345
    – Flucht 40 f., 59 f., 65 ff.
    – Gemeinschaft 40 f., 60 f., 65, 67
    – Information 41
    – Konflikt 48-50, 58, 66, 68, 120–124,
    134 ff., 298, 299 (im Interview),
    313 (in Gameshows), 345, 403

Anhang ▌ Register

– Vergnügen 40, 50, 54, 65 ff., 91 f.,
377 (in der Werbung)
Untersicht (Kameraposition) 252
(Dominanz der Figur), 253 (Froschperspektive), 257, 301, 321, 380
(in der Werbung)
Urinstinkt 48

Valentino, Venessia XIV
Verdrängung 62
Vereinzelung 238
Verfolgungsjagd 170 f., 233 (Bewegungs-
richtung), 253 f.
Vergnügen 40 ff., 50 (voyeuristisches), 54,
65 ff.
– sinnliches 91 f.
Verhalten (der Menschen) 145
Verzeichnung 260, 265
Verzerrung 240 (zeitliche), 414 (Rock-
musiksendungen), 415, 420
Video-Clip 46
Videokamera (»Slave«) 107
Videokassetten 18
Videorecorder 17, 155
Vierdraht (Kommandoleitung) 365 f.
vierte Wand 74
Visualisierung 99, 101 f., 330, 335
visuelles Denken 69, 99 f.
→ Sensibilität, visuelle
Vogelperspektive
→ Perspektive
Voight, Jon 91 f., 250
Vom Winde verweht (Film) 432
Vorausfahrt
→ Kameraführung
Vorbereitungskommando
→ Regiekommandos
Vorführraum 26
Vorführsendung 336 (Kochsendung),
337–340, 341 (Modenschau), 345
Vorgabe 165
Vorinterview
→ Interview
Vorlauf 364
→ MAZ-Maschine
Vorschaumonitor (Preview) 286, 365
Vorspann 191, 258, 318, 320, 369, 375
– Startvorspann 364 f.
Vorsprechen 22
Vorstellungskraft 53, 268 (kindliche)
Vorwarnung 287
→ Regiekommandos

Wadsworth Publishing Company XIV
Wahrnehmung 153 (Zuhören), 212
(psychologische Stimmigkeit der
Kameraprogession), 245, 333 (Präsen-
tation von Produkten), 341, 409
(Schnitt/Rhythmus bei Musik-
sendungen)
– visuelle 71, 100, 245 (durch selek-
tive Schärfe)
Walker, Robert 282
Wall Street Week (TV-Gesprächsrunde) 306
Wallace, Mike 298
Walters, Barbara 299
Warner Brothers 36
Warte, bis es dunkel ist (Film) 277
Was nun, Herr ... ? (Gesprächsrunde, ZDF)
304
Washington Week in Review
(TV-Diskussionssendung) 304
Weitwinkelobjektive
→ Objektive
Welles, Orson 27, 35, 179, 247
Weltwirtschaftskrise 53, 59
Wendepunkt, dramaturgischer 133,
142 (Sequenz), 173 (Plot Poit), 179
(Gewichtung)
Wendkos, Paul 217 f.
Werbeagentur 383 ff., 390
Werbung 47 (Werbeblock), 51 (Sinnlich-
keit), 63 (Lebendigkeit), 66, 68, 90,
245 (Zeitverdichtung), 317, 331 (Pro-
duktpräsentation), 333, 338 (Lebens-
mittel), 377–380, 381 (überregionale),
382–387, 389 (Regie), 392 (lokale),
396 (Beauty Shot), 397, 403 (Unter-
haltungselemente)
– Verkaufsbotschaft 47, 340, 377 ff.,
382, 392 f., 401
– Werbespot 15, 17, 47 f., 103, 262
(Nebelfilter), 377 f., 381 f., 383
(Kosten), 384, 387 f., 392 f., 400, 401
(Ökonomie), 403
Western 98, 258 f., 343
Wettbewerb, unlauterer 398
Wettervorhersage/-bericht 347 f.
– Wetterkarte 352, 354, 362 f.
Wexler, Haskell 35
Wiederholung 54, 66, 91–94, 412
(Musikrhythmus), 429, 432
→ Rhythmus
Williams, Tennessee 32
Winner, Michael 108
Wirklichkeitssinn 6

Wise, Robert 35
Wissensvermittlung 330
Wölfflin, Heinrich 96
WPIX, New York 350
WRFT 373

Yale Drama School 33

Zanuck-Brown 36
Zauber 42
ZDF 304, 357, 368
Zeichentrickfilm 279 (Glaubhaftigkeit),
    280 (Realismus)
zeigen (vs. erzählen) 167
Zeit 318, 366, 370 (Real-/Sendezeit), 371,
    375
    → Sendezeit
Zeitdehnung (Filmzeit) 239, 241, 242
    (durch Schnitt), 243 (Spannungs-
    aufbau), 244, 264
    – Elastizität 240, 245
Zeitlupe (Slow Motion) 241, 242 (visuelle
    Poesie), 264
Zeitplan 19
Zeitverdichtung 244, 245
    (Zwischenschnitt)
Zensur 134

Zerstreuung 59
Zimmer mit Aussicht (Drehbuch von
    D. Reisman, C. Gould) 196
Zoom 257, 289, 298 (beim Interview),
    318, 413 (in Musiksendungen)
Zufall 118 (Akzeptanz durchs Publikum),
    119, 135
Zuhören 153, 158
Zuhörer 6, 132
Zuschauer
    → Publikum
Zuschauerreaktionen 208 (Kamera-
    führung), 211 (Kameraprogession),
    237 (Experiment von L. Kuleschow),
    237 (Projektionsbereitschaft), 242
    (aufgrund Schauspielerreaktionen),
    245 (aufgrund der Regieführung),
    246 (Schärfenverlagerung), 257
    (Kamerabewegung), 265, 272 (Besorg-
    nis), 273, 276–279, 281 (Bandbreite
    der Intensität), 282
20th Century Fox 244
Zweiereinstellung 77, 97, 225, 227 f.,
    230, 238, 240 (im Profil, Gewichtung),
    300, 362
    – beim Interview 294–297, 302 f.,
    307

Bildnachweise

(3.5) mit freundlicher Genehmigung des Los Angeles County Museum of Art: Los Angeles County Funds (3.13) mit freundlicher Genehmigung des Los Angeles County Museum of Art: Frances and Armand Hammer Purchase Fund (3.15) mit freundlicher Genehmigung der Warwick Advertising, Inc. (3.16) mit freundlicher Genehmigung der Metro-Goldwyn-Mayer Inc., © MGM 1965 (3.17) mit freundlicher Genehmigung des Los Angeles County Museum of Art: Museum Purchase mit Balch Funds von Mr. und Mrs. Allan C. Balch Collection, Mrs. Eloise Mabury Knapp, Mr. und Mrs. Will Richeson, Miss Carlotta Mabury, John Jewett Garland, Mrs. Celia Rosenberg, Mr. und Mrs. R. B. Honeyman, Bella Mabury und Mrs. George William Davenport (3.18) mit freundlicher Genehmigung von Ellen More (3.19) mit freundlicher Genehmigung des Los Angeles County Museum of Art, Schenkung von Dr. Hans Schaeffer (3.20) mit freundlicher Genehmigung des Los Angeles County Museum of Art: William Randolph Hearst Collection (3.21) mit freundlicher Genehmigung der Jerome Hellman Productions, Inc., © 1969 United Artists Film (3.22) mit freundlicher Genehmigung von Chiat/Day Advertising (3.23) mit freundlicher Genehmigung des Los Angeles County Museum of Art: Los Angeles County Funds (3.25) mit freundlicher Genehmigung des Los Angeles County Museum of Art: Schenkung von Mrs. Reese Hale Tayler (6.4) mit freundlicher Genehmigung von The Taft Entertainment Company und Walter E. Grauman; © 1973 QM Productions (7.19) aus *Ringo*, mit freundlicher Genehmigung der Caidin Film Company (7.22) mit freundlicher Genehmigung von RKO Pictures, Inc. (7.24) mit freundlicher Genehmigung der Jerome Hellman Productions, Inc.; © 1969, United Artists (8.1) mit freundlicher Genehmigung der Metro-Goldwyn-Mayer Film Co. und SLM Entertainment Ltd.; © 1982 MGM-Film (11.1, 11.3) mit freundlicher Genehmigung der »heute«-Redaktion, ZDF.

Über den Autor

Im Alter von fünfzehn Jahren gewann Alan A. Armer in einem Radio-Wettbewerb der NBC den Titel »Der schnellste Sprecher der Welt« mit einer Rezitation von Lewis Carrolls Geschichte »Das Walroß und der Zimmermann« (613 Wörter) in 57 Sekunden. Seitdem hat er seine Geschwindigkeit erheblich gedrosselt.

Nach seinem Abschluß an der Stanford University mit dem Diplom in Sprechkunde und Schauspiel versuchte sich Alan Armer zunächst als Diskjockey bei dem Radiosender KEEN in San Jose, danach arbeitete er als Autor, Regisseur, Cutter und Sprecher und trat in den ersten Fernseh-Werbespots auch als Schauspieler auf. Mit dem, was er dabei über Fernsehen gelernt hatte, war Armer in der Lage, für den Sender KNBH in Los Angeles eine wöchentliche Sendung für junge Berufsschauspieler, »Lights, Camera, Action«, zu schreiben und zu produzieren.

Als die Sendung nach drei Jahren auslief, wurde Armer beim gleichen Sender Aufnahmeleiter. Sechs Monate später begann er, Regie zu führen. Mehr als vier Jahre arbeitete er als fest angestellter Regisseur. Als die Tage der großen Studio-Live-Produktionen gezählt waren, engagierte ihn die 20th Century Fox als Produzenten für einige ihrer ersten eigenen Fernsehfilme.

In den folgenden fünfzehn Jahren schrieb, produzierte oder inszenierte Armer mehr als 350 Fernsehsendungen, -serienfolgen und -filme für Fox, Desilu, Quinn Martin Productions, Paramount und Universal. Viele seiner Serien gehörten zu den Top Ten, darunter »The Fugitive« (»Auf der Flucht«), »The Untouchables«, »Cannon«, »The Invaders« (»Invasion von der Wega«), »Broken Arrow«, »Lancer« und »Name of the Game«, gleiches gilt für eine ganze Reihe von Fernsehfilmen.

Während seiner Jahre beim Fernsehen erhielt Armer fast alle großen Auszeichnungen, die die Branche zu vergeben hat, darunter den hochangesehenen *Emmy Award* der Fernsehakademie, den *Mystery Writers' Award,* den *TV Guide Award,* den *Western Writers' Award* und den *Sound Editors' Award.* Er saß auf dem Präsidentenstuhl der Fernsehakademie in Hollywood, war Treuhänder für die Nationalakademie und wurde mehrmals in den Vorstand des Produzentenverbandes gewählt.

Nach fünfundzwanzig Jahren praktischer Fernseharbeit wechselte Armer an die Hochschule. Um seine Qualifikation als Lehrer zu vervollständigen, besuchte er selbst die Universität und erwarb seinen Magistertitel an der UCLA (University of California, Los Angeles). Heute, ein Jahrzehnt später, wirkt Armer als Dozent an der California State University, Northridge, wo er Regie und Drehbuchschreiben lehrt.

Dieses Buch, einschließlich Vorsatzpapier und Einband,
wurde auf Recyclingpapier gedruckt, das zu 100 % aus Altpapier besteht.
Das Kapitalband und das Leseband wurden
aus 100 % ungefärbter und ungebleichter Baumwolle gefertigt.